KB043110

사카모토 료마와
메이지 유신

Sakamoto Ryōma and the Meiji Restoration

Sakamoto Ryōma and the Meiji Restoration

사카모토 료마와
메이지 유신

초판 1쇄 발행 2014년 1월 29일
초판 5쇄 발행 2023년 5월 23일

지은이 마리우스 B. 잰슨
옮긴이 손일 · 이동민

펴낸이 김선기
펴낸곳 (주)푸른길
출판등록 1996년 4월 12일 제16-1292호
주소 (08377) 서울시 구로구 디지털로 33길 48 대륭포스트타워 7차 1008호
전화 02-523-2907, 6942-9570-2
팩스 02-523-2951
이메일 purungilbook@naver.com
홈페이지 www.purungil.co.kr

ISBN 978-89-6291-245-6 93910

*이 도서의 국립중앙도서관 출판시도서목록(CIP)은 서지정보유통지원시스템 홈페이지
(http://seoji.nl.go.kr)와 국가자료공동목록시스템(http://www.nl.go.kr/kolisnet)에서 이용하
실 수 있습니다.(CIP제어번호 : CIP2014001185)

사카모토 료마와
메이지 유신

Sakamoto Ryōma and the Meiji Restoration

마리우스 B. 잰슨 지음 | 손일 · 이동민 옮김

푸른길

Sakamoto Ryōma and the Meiji Restoration

서 문

   서구 세계와 마찬가지로 아시아 역시 19세기 중반 몇십 년간은 불안정과 폭력으로 점철된 시기였다. 여러 가지 움직임이 나타났는데, 이들 움직임의 결과는 미국의 노예 해방과 러시아의 농노제 폐지가 그러하듯 아주 중요한 의미를 지닌다. 하지만 아시아에서 일어난 역사적 발전은 서양의 개입 정도에 따라 속도와 영향력 측면에서 다양한 양상을 보였기 때문에, 동서양의 차이 역시 중요하게 바라볼 필요가 있다. 일본처럼 서구인이 정복 욕심 없이 전통 사회와 충돌한 곳이라 할지라도, 진보, 입헌주의, 산업화 등에서 그들이 보여 준 활기찬 모습은 변화를 원하는 사람들을 끌어들이거나 돌려세우는 새로운 발판이 되었다. 인도에서는 1857~1859년 세포이 항쟁으로 영국 지배의 전모가 밝혀졌다. 1850~1864년 중국에서 일어난 태평천국의 난 지도자들은 만주족 지배자들을 몰아내고 신정 체제와 공산주의 체제가 결합된 새로운 나라를 건설하기 위해, 특이한 형태의 기독교 교리를 이용하였다. 그들은 한족 엘리트들의 지지를 얻어 내는 데는 실패했지만, 그들의 군사적 성공은 외국 기술이 최초로 도입되는 계기가 되었다. 왜냐하면 기술 도입은 당시 중국 지도자들에게 절실한 문제였기 때문이다.

   19세기 중반 일본 역시 서구의 위협에 직면했다. 일본의 위기는 인도와 중국의 그것에 뒤이어 닥쳐왔지만, 실제로 외세의 침략은 일본 지도자들이 생각했던 만큼 위협적인 것은 아니었다. 1858년 미일수호통상조약부터 1867

년 에도 막부 멸망에 이르는 10년간은 오랜 기간 쌓여 온 적대감과 긴장이 한순간에 폭발한 시기였지만, 이 시기의 이념적·정치적 격동은 메이지 유신(明治維新)을 촉발한 밑거름이 되기도 했다.

일본은 메이지 유신으로 통일된 국민 국가로 발전했고, 나아가 국제적 평등과 아시아 맹주 자리를 차지하기 위해 몸부림쳤다. 일본 지도자들의 이 같은 성공은, 프랑스 혁명이 유럽 여러 나라에 영향을 미쳤듯이, 아시아의 이웃 나라들에도 영향을 주었다. 쑨원(孫文), 캉유웨이(康有爲), 김옥균, 에밀리오 아기날도(Emilio Aquinaldo), 수바스 찬드라 보스(Subhas Chándra Bose)와 그 밖의 많은 지도자들은, 일본에서 최초로 힘과 재능의 측면에서 아시아인과 유럽인을 대등하게 만든, 바로 그 추진력과 통합을 이제 자신들의 나라에서 이루어 보겠다는 꿈을 꾸기 시작했다. 이들 중 많은 사람들은 일본이 이룩한 성취의 공을 유신을 이끌었던 개성 넘치면서도 헌신적이었던 민족주의자들에게 돌렸다. 그 결과 유신 지도자들은 그들의 행동을 본받으려는 아시아의 지도자들에게 영웅이 되었다. 일본 국내에서도 유신 지도자들은 참신하고 이상적인 정치가의 전형으로 자리 잡았다. 황실에 대한 대의명분을 위해 모든 것을 바친 이상주의적이면서도 신념과 용기에 찬 사람들, 그들을 일컬어 '지사(志士)'라고 부른다. 제2차 세계대전 발발 전 일본군의 황도파(皇道派) 청년 장교들은 20세기 '쇼와(昭和) 유신'**1을 일으키면서 전례의 도덕과 규율의 기준을 조롱하기도 했는데, 이때 내세웠던 명분이 바로 메이지 유신의 전통이었다.

　메이지 유신이 지니는 중요성과 흥미로움에 비추어 볼 때, 이에 대한 서구 학계의 저조한 관심은 놀라울 정도이다. 최근 서구 학계는 일본 사회과학자들의 주도에 발맞추어, 유신이 가져온 변화 자체라든지 변화를 일으키는 데 기여한 사람들보다도 유신의 의미와 그것의 '원동력'에 더 많은 관심을 갖게 되었다. 이들은 분명 중요 관심사이지만, 사건 자체에 대한 설명에 앞서 제시되기보다는 그 뒤에 언급되는 편이 오히려 적절하다고 본다.

　필자는 이 책을 통해 사카모토 료마(坂本龍馬), 그리고 일부지만 나카오카 신타로(中岡愼太郎)의 업적과 사상을 살펴보면서 메이지 유신을 이야기하고자 한다. 이 두 사람은 메이지 유신에서 중요한 역할을 했던 지역인 도사 번(土佐藩) 출신이다. 이들은 상대적으로 하급 무사이며, 일본의 '서양 전문가' 그룹과는 아무런 관련도 없었다. 그들의 출신지인 도사는 메이지 유신에 기여하기는 했지만 중심적인 역할을 한 번(藩)···**2**은 아니었기에, 사쓰마(薩摩)나 조슈(長州)와 같은 웅번의 무사들과는 달리, 세계 정세에 관한 젊은 무사들의 교육에 지방의 권력 정치나 대망 등의 내용이 처음에는 거의 포함되지 않았다. 료마와 신타로는 1867년 에도 막부의 마지막 쇼군(將軍)이 하야한 직후에 암살당했기 때문에, 이들의 유신 활동에 대한 우리의 생각은 그들의 사후

8

명성이나 실패에 영향을 받지 않는다. 그럼에도 불구하고 두 사람은 메이지 유신이라는 드라마에서 중요하면서도 눈부신 역할을 수행한 것만은 틀림없다. 사실 료마의 화려한 행적은 여러 일본인 작가와 극작가들의 재능에 힘입어, 낭만주의가 어느 정도 사실을 호도한 측면이 있다. 그러나 외국인 학자는 이러한 점에서 비교적 자유스럽다. 전기 작가나 소설가들로 하여금 그 매력에 빠져들게 하는 료마의 인간미는 이미 발긴된 사료에 충분히 담겨 있기 때문에, 그들이 사실을 픽션으로 가공할 소지는 충분하다고 본다.

　필자는 중국의 신해혁명(辛亥革命)에 관한 연구를 수행하면서, '높은 뜻을 가진 사람'이라는 의미를 지닌 '지사(志士)'라는 용어에 관심을 갖기 시작했다. 메이지 후기에 접어들면서, 스스로를 '대륙 낭인'[3]이라 부른 일본인 모험가들 그리고 쑨원과 같은 그들의 중국인 친구들은 자신들을 메이지 유신의 주역들과 비교하기도 했다. 이후 필자는 19세기 일본에서의 민주주의 운동을 연구하면서 연구 주제가 도사 번 출신들에 의해 주도된 운동[4]에 이르자, 유신 당시의 도사 번으로 관심의 무대가 옮겨갔다. 그것은 엄청난 흥미와 기회를 간직한 영역이었지만, 동시에 쉽게 접근하기 어려운 주제이기도 했다. 그러므로 근현대사의 중요한 주제 중의 하나인 도사 번에 대해 관심을 갖는 역사학자는 거의 없었으며, 이 책의 주제인 사카모토 료마 역시 지금까지 일본에 관한 서구 문헌에 거의 언급되지 않았다. 필자는 료마의 이야기를 글로 풀어 나가면서, 오늘날 일본의 주된 화두인 메이지 유신의 발생 원인을 논의하기보다는 전개 과정에 초점을 맞추었다. 하지만 유신의 발생 원인이 오늘날 일본 사회에서 왜 화두가 되는가에 대해서는 분명히 이야기할 수 있다. 지사들이 보여 준 이상주의, 헌신, 용기는 서구 사회가 불러온 도전에 대해 일정한 패턴의 응전을 구성하는 실행과 자기 성취의 열망과도 쉽게 결합되기 때문이다. 어찌 되었든 당시의 영향력과 열렸던 기회들은 처음에는 각 개인들에게 영향을 미쳤다. 필자는 에도 막부 말기라는 역사적 무대는 하나의 인과론만으로 설명하기 어려운, 다양하면서도 상충되는 동기와 신념으로 충만한 곳이었다고 생각한다.

이 책을 집필하면서 참고한 자료 가운데 상당수는, 1955년부터 1956년까지 포드 재단의 후원으로 일본에 체류하면서 얻은 것들이다. 도사 지역에 머무르는 동안 필자는, 일본 지방사에 관해서라면 모든 일본인 역사학자들과 많은 외국 역사학자들이 신세를 지는 세계적인 권위자 히라오 미치오(平尾道雄) 선생과 친분을 쌓는 행운을 얻었다. 아시아재단의 후원으로 1958년 여름에 히라오 선생을 워싱턴대학교로 모셔 올 수 있었고, 선생은 오자마자 에도 막부 시대 도사 번의 역사에 관한 세미나를 주재하였다. 이 과정에서 도사 번의 사회경제적 발달에 관한 문헌 자료를 개발할 수 있었다. 여전히 진행 중인 이 자료의 개발을 위해, 필자는 워싱턴대학교 극동러시아연구소의 연구 프로그램 후원하에 동료 연구자인 히라가 노부루(平賀延) 선생의 도움도 받을 수 있었다. 이 책에는 히라오 선생의 저작물들이 여러 차례 인용되어 있는데, 이는 그만큼 선생의 도움을 크게 받았음을 의미한다. 지도에 관해 도움을 주었고 지금은 고치(高知) 시립도서관의 후원하에 도사 번 역사 지도 제작 일을 맡고 있는 기요시 히로에(廣江淸) 선생, 그리고 이 책에 수록된 사신의 복사를 허락해 주거나 대여해 준 고치 시 요시무라 쇼쿠호(吉村淑甫) 선생, 이노우에 가즈오(井上和夫) 판사[현재 오카야마 현(岡山縣), 다마시마 시(玉島市) 재직]에게도 감사드린다. 또한 이 책은 프린스턴대학교 연구 재단의 재정 지원을 통해 출판될 수 있었다.

주석을 참고하면 山內(도사 번주 가문의 성)를 야마우치보다 야마노우치로 읽는 독자들의 혼동을 잠재울 수 있을 것이라고 확신한다. 이 책에서는 수많은 이름들을 부를 때 현재 도사 식 발음이 최선이라고 판단했기 때문이다.""[5] 모든 날짜는 서력(西曆)으로 전환시켜 놓았는데, 왜냐하면 독서량이 풍부한 전문가들은 서기 연도를 일본 연호로 재환산하는 데 별다른 어려움을 겪지 않을 것이기 때문이다. 그러나 인명만큼은 성이 먼저 오는 일본식을 따랐다. 거의 대부분의 일반 지명에서는 장모음을 나타내는 장음 기호를 유지했다.

워싱턴대학교 일본 세미나에 참석한 내 동료들의 도움과 격려에도 감사를 드린다. 1958년과 1959년 두 해에 걸쳐 진행된 이 세미나에서 이 책의 초고가 만들어졌다. 미국과 일본의 전문가들과 사서들에게도 큰 감사를 보내는데, 너무나 많아 일일이 다 열거할 수 없을 정도이다. 원고 준비에 도움을 준 그레이스 브루어(Grace Brewer) 양과 앤 예이니(Ann Yaney) 부인에게도 진심 어린 감사를 드린다. 물론 사실과 해석의 오류, 그리고 번역하지 않았으면 몰랐을 모든 번역의 오류에 대한 책임은 필자 본인에게 있다.

1960년 5월, 뉴저지 주 프린스턴대학교에서

마리우스 B. 잰슨(Marius B. Jansen)

12

1. '쇼와 유신'이란 1930년대 당시 이른바 '황도파'로 불리던 일본 군부 내 극우 성향의 파벌이 주도한 정당 정치와 입헌주의 척결 및 천황 친정을 통한 군국주의적·극우주의적 체제 수립을 추구했던 일련의 반동적인 움직임을 일컫는다. 이들은 메이지 유신 '정신'의 부흥을 기치로 내걸었으며, 이러한 움직임은 1930년대 황도파 청년 장교단이 사이토 마코토(齋藤實) 당시 수상을 포함한 고위 관료들을 암살하고 천황 친정 체제를 구축하고자 한 일종의 정변 시도였던 2·26 사건, 5·15 사건 등을 야기하기도 했다. 이와 같은 시도들은 실패로 돌아갔지만, 그 당시 일본 사회의 군국주의적 분위기를 보여 주는 사건으로 평가받기도 한다.

2. 일본사에서 에도 시대(江戸時代)에 연공(年貢) 1만 석 이상의 영토를 보유한 봉건 영주인 다이묘(大名)가 지배했던 영역을 일컫는 용어.

3. 메이지 초기부터 제2차 세계대전 종전에 이르는 기간 동안 중국을 중심으로 주변 지역에 거주하거나 방랑하면서 정치 활동을 했던 일본인들을 일컫는 말. 이들은 민간인 자격으로 활동하면서 이들 지역에 대한 정치적 영향력을 행사하였다. 경우에 따라서는 '지나 낭인'이라고 부르기도 한다.

4. 이타가키 다이스키(坂垣退助) 등이 주도한 자유 민권 운동. 이 책 제9장(도사에서의 유신)에 비교적 자세히 소개되어 있으며, 더 많은 이야기가 필요하다면 최승표(2012)의 『메이지 이야기 2』를 참조할 것.

5. 에도 막부 창설 이래 메이지 유신기까지 도사 번을 통치했던 山內 가문의 경우, 그 읽는 방법이 하나로 확정되어 있지 않고 '야마노우치'와 '야마우치'의 두 가지가 혼용된 탓에 오늘날에도 이에 대한 혼동 및 논란을 야기하고 있다. 실제로 2005년 NHK에서 이 가문 출신의 도사 번 초대 번주였던 가즈토요(一豊) 부부를 주인공으로 한 사극 '공명의 갈림길(功名が辻)'(2006년 방영)을 제작하던 당시, 그 성(姓)인 '山內'를 읽는 방법을 두고 논의를 벌인 끝에 '야마우치'로 정했다는 일화도 있다.

차 례

Sakamoto Ryōma and the Meiji Restoration

제1장.. **사카모토 료마와 일본**

···▶

유신 활동가들이 자신들의 신념을 형성하던 시기에 가졌던 특별한 지적·정치적 경험은, 일본 사회가 서양 세력의 위협에 충분히 대처할 수 있는 능력이 없다는 사실에 대한 자각이었다. 이러한 현실 자각은 자신들의 약점과 무능함을 개선하기 위한 정치적·사회적 변혁의 제안으로 이어졌다. 이전에는 몇몇 사람들만의 염원이었던 개혁이 이제 초미의 긴박한 과제로 떠올랐다. 개혁을 위한 프로그램들은 서구 세력이 본격적으로 접근해 오기 전부터 존재했던 여러 갈등에 의해 규정될 수밖에 없었지만, 이제는 서구의 힘을 따라잡겠다는 희망에 들떠 점차 서구의 이미지로 탈바꿈하기 시작했다. 또한 사카모토 료마와 그의 동시대 사람들이 꿈꾸어 왔던 개혁의 내용과 강령은, 그들이 알고 있던 세계의 가치들에 영향을 받았다. 그런 만큼 이 책의 서두는 메이지 유신의 지도자들이 태어난 해인 1830년대의 일본 사회에 대한 개관으로부터 시작하는 편이 효과적이라고 본다.

···▶

도쿠가와
체제

1830년 나가사키(長崎)에 있던 네덜란드 무역공사의 대표가 작성한 보고서는, "한 나라의 정부는 그 나라에서 살아가는 사람들의 가치관과 관습에 지대한 영향력을 행사한다. 그리고 내가 계획하고 있는 개설서의 도입부에서 일본 정부에 대해서는 개괄적으로, 그리고 나가사키에 대해서는 상세하게 언급하려 한다."[1]라는 문구로 시작한다. 메일란(Meijlan)의 소책자는 제한된 관찰에 기초해서 작성된 탓에 적지 않은 오류가 발견된다. 하지만 당시 일본에 거주하던 다른 네덜란드인들의 설명과 마찬가지로, 이런저런 제약을 받고 있던 관찰자라 하더라도 당시 일본의 여러 중요한 특색과 문제점을 알아낼 수 있는 방법이 있었다는 사실 그 자체가 시사하는 바는 매우 크다.

19세기 초반의 일본은 17세기 초 세키가하라(關ヶ原) 전투[*1] 이후 확립된 봉건적 질서에서 벗어나지 못하고 있었다. 도쿠가와 이에야스(德川家康)는 세키가하라 승리 후 상징적이지만 권력이 없던 천황으로부터 쇼군(將軍)으로 임명받은 다음, 가신들의 위계와 서열을 공고히 하는 한편 자기 가문의 지배가 영속될 수 있도록 경쟁자들을 제거해 나갔다. 초창기 쇼군들은 자기 뜻대로 영주들을 재임명했는데, 그런 과정에서 '친족'인 신판 다이묘(親藩大名)[*2]와 '세습 영주'인 후다이 다이묘(譜代大名)[*3]를 우대하는 한편, 이전 경쟁자이자 적이었던 '외부 영주'인 도자마 다이묘(外樣大名)[*4]들의 수와 영지를 점차 줄여 나갔다. 신판 다이묘와 최고위 후다이 다이묘들은 에도(江戶: 오늘날의 도쿄)에 위치한 무가 정권, 즉 막부(幕府)를 위해 국가 주요 대사를 수행하는 중앙 회의와 태각(台閣)의 일원으로 활약했다. 막부는 고쿠다카(石高)[*5] 700만 석에 이르는 방대한 직할 영지를 소유했는데, 이는 당시 전 일

도사의 주요 지역들

• 메이지 유신 관련 활동들이 일어난 근거지

가나자와

가가

후쿠이

교토

오와리

미토

에도

시모다

─────── : 주요 육상 교통로

·············· : 주요 연안 항로

─·─·─·─ : 도사 번주의 산킨고타이 이동 경로

1860년대 메이지 유신이 일어날 무렵
일본의 주요 지역과 교통로

본 토지 생산력의 4분의 1에 해당하는 규모였다. 이 중 300만 석에 해당하는 토지는 하타모토(旗本)[6]라 불리는 다이묘보다 격이 낮은 직속 가신들에게 배정되었다. 막부는 믿을 만한 가신들을 부교(奉行)[7], 다이칸(代官)[8], 메쓰케(目付)[9] 등으로 임명하여 영지에 대한 관리 책무를 맡겼다. 막부의 직할 영지는 매우 광대했기 때문에, 다이칸들은 때때로 그 당시 어지간한 다이묘들보다도 면적이나 소출에서 더 넓은 토지를 관리하는 경우도 있었다. 하지만 그들은 순환 교대 방식으로 봉직했기 때문에 다이묘에 비해 권세는 낮았다. 다이묘라는 영주는 연공(年貢) 1만 석 이상의 소출을 가진 토지를 지배한다. 그들은 기독교를 규제하기 위한 막부 대리인의 주기적 방문과 감찰 활동을 제외하고는 막부의 직접적인 간섭으로부터 자유로웠다. 하지만 가장 중요한 특징은, 그들에게는 영지에서 얻은 조세 수입 일부를 막부에 정기적으로 상납할 의무가 없었다는 점이다. 그들에게 부과된 의무는 중요 행사 때의 공납, 경비 업무, 그리고 막부가 소재한 에도로의 출석 정도였다. 간혹 막부가 다이묘 급들에게 초법적인 규모의 대부(貸付)를 요구하는 경우도 있었으나 장기적으로 지속되는 경우는 거의 없었다. 사정이 급하면 막부가 나이묘에게 대출을 해 주는 경우도 있었다. [2]

다이묘들은 막부에 정기적인 납세를 하지 않았지만, 막부는 독특한 수단을 통해 다이묘들을 통제했다. 간혹 일본 역사학자들은 이로 인한 특이한 정치 질서를 설명하기 위해 '중앙 집권화된 봉건제'라는 용어를 사용하기도 한다. 다이묘들은 혼사나 이동이 있을 때 반드시 쇼군의 재가를 받아야 했으며, 막부가 벌인 사업에 적극적으로 협조해야 했다. 그들은 막부의 허락 없이 성이나 요새를 건축 또는 개축할 수 없었으며, 통행세 징수를 위한 관문도 마음대로 세울 수 없었다. 이 중에서도 가장 두드러진 점은 산킨고타이(參勤交代)라 불리는 제도와 관련된 요구 사항들이었다. 이는 영주들이 쇼군의 수도 에도에 격년제로 거주해야 하는 제도로, 영주가 에도를 떠나 있을 경우에는 처자식을 에도에 볼모로 남겨 두어야 했다. 다이묘들의 에도 상경 행차는 엄격한 격식과 규율에 맞추어 이루어지는 호사스러운 행사였으며, 에도 체류 기간에는 이전처럼 군사적 대비보다는 제례나 궁중 의례에 더 많은 시간을 보냈다. 다이묘들은 에도에 머물 때 주요 가신들을 동반했고 광대한 시설을 유지해야 했기 때문에, 이 제도의 영향력은 애초에 의도했던 최고위 가신들 수준에만 국한되지 않았다. 즉 에도 체류는 다이묘 행차에 묻어온 대부분의 하급 수행원들에게도 소비이자 모험인 동시에 기회로 다가왔다.

초기 쇼군들이 강조했던 통제 수단 중에는 자신의 최고 가신, 특히 최근에 복속한 가신들과 교토(京都) 조정 사이의 정치적·사회적 접촉 확대를 막기 위해 만들어진 제도도 있었다. 당시 천황은 군소 다이묘들의 재정 상태보다 높지 않은 수준을 유지하게끔 최소한의 지원을 받았는데, 궁정 귀족인 구게(公家)¨¨¹⁰에 대한 처우나 지원은 그보다도 낮았다. 교토에 상주한 막부의 관리들은, 궁정의 관리나 에도 막부에 전통(傳通)을 보내는 요직에 구게들을 임명하는 일을 독점했다. ■³ 막부는 다이묘들이 교토에 상경하는 것을 특히 경계하였으며, 다이묘와 구게 간의 정략결혼 역시 중요한 경계 대상이었다. 하지만 에도 막부 평화의 시기가 이어지면서, 엄격한 통제의 끈도 느슨해져 갔다. 3대 쇼군 도쿠가와 이에미쓰(德川家光)는 1634년 대규모 병력을 이끌고 교토에 상경하여 조정을 위압했으며, 쇼군의 호의로 허용받았던 권한의 범위를 넘어선 천황은 결국 퇴위당했다. 하지만 정통성을 중시하는 유교 사상이 뿌리를 내리고 교토의 황실 및 조정으로부터의 위협이 사실상 소멸되면서, 그와 같은 초기의 견제는 느슨해졌다. 유력한 도자마 다이묘들은 구게들과의 정략결혼을 통해 그들과의 연대를 점차 확대해 갔다. 사쓰마

(薩摩)의 시마즈(島津) 가문은 본래 그들의 상전이기도 했던 고노에(近衛) 가문과 오랜 기간 동안 강한 유대를 맺어 왔고, 마찬가지로 도사(土佐)의 야마우치(山內) 가문은 산조(三條) 가문과 유대 관계를 형성하였다. 조슈(長州)의 모리(毛利) 가문은 과거 어느 전쟁[16세기 중반 오기마치(正親町) 천황이 모리가의 당주였던 모리 모토나리(毛利元就)의 도움을 받아 즉위한 사건—역주] 이래로 황실로부터 특별한 비호를 받아 왔다. 그 결과 이 번들의 대표자들은 19세기 들어 막부의 약화, 우유부단, 무능 등으로 어떤 계기나 동기가 부여될 때마다 이러한 연대를 더욱 발전시키려고 했다.

네덜란드 무역상을 제외한 모든 서양인을 배척한 것 역시 다이묘와 궁정에 대한 정치적 규제의 대표적인 사례인데, 이는 체제 전복과 변화에 대한 두려움에서 비롯되었다. 초기에 에도 막부는 해외 무역이 가져다줄 이익에 대해 잘 알고 있었고 무역의 확장을 강력히 원했지만, 해외 무역상과 함께 기독교가 유입된다는 인식이 점차 확산되면서 기독교 자체는 물론 기독교를 유입하는 자들에게까지 금지령이 내려졌다. 1637~1638년에 걸쳐 기독교도들의 마지막 저항이 무너진 이후에는 가톨릭을 신봉하지 않는 네덜란드 상인들에게 최소한의 무역이 허락되었다. 이들 네덜란드 상인에게도 애초에 포르투갈 상인들에게 제시되었던 제한적이고 모욕적인 조건들이 강제로 부여되었다. 시간이 흐르면서 이들 네덜란드 인에 대한 처우는 일부 개선되기는 했다. 그럼에도 불구하고 메일란이 1830년에 경험한 통행과 접촉에 대한 제약 때문에, 그가 이전에 가지고 있던 '우호적인 관계'는 통탄스런 평가로 바뀌고 말았다. "이런 식으로 친구를 대한다면, 하느님은 일본인들이 적으로 간주한 모든 사람들을 용서하실 것이다!"▪4

막부 초기에 마련된 여러 가지 제도적 장치들 대부분이 1830년대에 이르러서도 추진력과 효력을 유지하고 있는 것처럼 보였지만, 그 이면에는 이미 중대한 변화가 싹트고 있었다. 막부 사회는 엄격한 신분 체계를 기반으로 하며, 여기서 사무라이(侍)라는 무사 계급은 자신들의 생계를 책임지고 있는 농민들을 지배하였다. 유교적 신분 질서에 입각하여 상인과 직인은 농민보다도 천시되었고 생산성도 낮았다. 그 결과 그들은 일반적으로 과세의 대상도 아니었다. 하지만 에도 막부 시대의 사회적 안정 덕분에 상업과 기예(技藝) 분야에서 커다란 발전이 나타났음에도 불구하고, 당시의 지도층인 무사들은 자신들의 조직 및 기능을 개선하거나 쇄신하는 데 아무런 기회도 자극도 받지 못했다. 그들의 관료 조직은 고도로 발전해 나갔지만, 그들의 군사적 능력은 눈에 띌 정도로 퇴보하였다. 조상들의 칼과 갑주를 가진 자들은 17세기에 마지막으로 사용했던 전술과 무기 체계를 더 이상 발전시키지 못했고,▪5 19세기에 이르러 서양에서 새로운 군사 기술과 전술 개념이 도입되자 이를 봉건 사회의 특권과 전통에 대한 위협으로 인식했다. 당시까지 무사 계급은 조카마치(城下町)⋯11에 몰려 살았는데, 그들은 점차 영주를 모시는 일에 소홀해지기 시작했다. 도시 생활의 매력으로 말미암아 무사들은 무사도의 엄격함 대신 평화의 쾌락에 탐닉했다. 19세기 들어 압도적인 무장을 한 서양 군함의 출현이라는 도전이 등장하기 전까지는, 무예를 연마하는 무사는 사실상 찾아보기 어려울 정도였다. 무도에 정진하는 무사들은 여러 분파로 나누어져 있었으며, 각 분파는 그들의 선조가 창시한 검법과 병법을 전승해 가고 있었다. 서양 세력의 위협에 대한 초기의 대응은 전통 무예의 중요성을 새로이 강조하는 형태로 이루어졌고, 1860년대의 양이(攘夷) 운동은 시대에 뒤떨어진 검술 전문가들에 의해 주도되었다.

군사적 전통에는 별다른 진전이 없었던 반면, 도시민들의 활동은 그 범위나 중요성이 점차 커져 갔다. 이 같은 도시민의 성장은, 무사 계급과 도쿠가와 가문의 특권을 보장하기 위해 마련된 정치 제도가 경제적으로 중요한 결과를 낳을 수 있었기 때문에 가능했던 측면도 어느 정도 있다. 영주들은 자신의 영지를 떠나 에도에 머물러야 했기 때문에, 영지에서 거둔 수익 가운데 상당 부분을 에도 체류 비용 및 에도까지의 여행 경비 명목으로 상인들에게 지불해야 했다. 이런 과정에서 그들은 오사카의 미곡 상인들과 협상할 필요성을 자각하기 시작했다. 에도나 지방의 조카마치에 거주하던 가신들 역시 영지나 자신의 봉토를 떠나 있는 기간이 점차 길어지자, 도시 생활에 필요한 필수품을 구입하기 위해 연공미(年貢米)를 처분하는 자들이 늘어났다. 어디서든지 무사 계급의 생활은 상인들의 협조와 도움이 없이는 유지되기 어려울 정도였다. 상인들의 재산에 대해서는 법적으로 완전한 보장이 이루어지지 않았기 때문에, 그들은 기회가 주어지면 가리지 않고 최선을 다했다. 상인들은 사회가 혼란하거나 이완된 시기에 금전적 이익과 자신의 유교적 가치를 기꺼이 바꿀 의향이 있는 관리들의 협조를 받으면서 상당한 영향력을 행사했다. 하지만 도시에서의 생활은 사무라이들을 타락 수준까지는 아니었지만 의례적인 과시나 장식에 빠져들게 만들었고, 그 결과 부채가 증가했다. 또한 그들은 실리보다는 명예를 중시하는 자신들의 교육과 사고방식 때문에 제대로 대처하지도 못할 문제들에 매달렸다. 물품으로 지불되기보다는 화폐로 표현되는 관계가 그들의 생활 전반에서 차지하는 비중이 증가했다. 막부에서 일부 가신들의 녹봉을 주화로 지급한 것은 이 시기 화폐 경제의 발달을 보여 주는 사례에 해당한다. 이러한 경향은 막부 직할 영지에서 가장 강하게 나타났으며, 상인들의 영향력 역시 유력 도자마 다이묘들이 다스리는 지역보다 높았다. 상인들의 공모와 정부의 무능력이 열악한 교통 체계와 결합되면서, 식료품 시장은 자연재해에 쉽게 영향을 받게 된 데다가 인위적인 조작에도 좌우되기에 이르렀다. 미곡 가격의 불안정한 변동은 도시 생활자들에게 산발적이지만 충격적인 긴장감을 안겨 주었다. 이곳에서의 항의의 목소리는 대개 부유한 미곡 상인들에게 집중되었으며, 불안정한 미곡 가격 변동은 당시 건전한 생각을 가진 정부 관계자들에게 고민거리로 다가왔다.

농촌 지역의 생활에도 많은 변화가 일어났다. 당근과 채찍을 통해 봉건 관리들의 지배를 받아 오던 농민들 역시 도회지의 시장 발달에 따른 생산으로 초래한 변화, 그리고 신세대 실업가들에게 돈을 받고 토지를 처분할 수도 있다는 가능성에 대해 눈뜨게 되었다. 한편으로 일부 벽촌에서는 계급 서열과 봉건적 사회 구조가 거의 바뀌지 않았다. 이러한 지역에서는 오래전부터 농민들이 촌락의 지도자 구실을 하던 농민 무사들에게 복종하고 있었다.▪6 하지만 교역로와 대도시 중심지가 가까워짐에 따라 수공예품 생산을 위한 화폐 사용, 채무 관계, 계약 관계 등이 활발히 이루어지면서 새로운 형태의 소작인이 생겨났다. 농촌 집단 사이에서는 근면한지 태만한지의 정도에 따라 최소한의 이동만이 이루어졌다. 하지만 토지에 대한 영향력을 놓고 경쟁할 경우에는 기존의 농촌 지도자들이 반드시 도시 세력이나 집단에게 뒤처지는 것도 아니었다.▪7 당시 농촌 사회 어디에도 획일적으로 억압받고 차별받는 '소작농'의 모습은 찾아볼 수 없었다.▪8 농민층은 쇼야(庄屋)⋯*12, 도시요리(年寄)⋯*13, 지누시(地主), 혼뱌쿠쇼(本百姓)⋯*14, 사쿠닌(作人), 게보쿠(下僕) 등 다양한 계층으로 분화되어 있었다. 대부분의 사무라이들은 영지를 직접 다스리지는 않았는데, 이로 인해 촌락 지도자들의 위신과 그들에게 주어진 권력은 새로운 유형의 자기주장과 자신감으로 이어졌다. 에도 시대 평론가들은 농민들 간의 빈부 격차에 대해 부정적인 시각을 가지고 있었지만, 부자를 일깨워서 빈자를 구하려는 어떠한 방책도 내놓은 적이 없었다.

에도 시대에는 농업 생산력이 점진적으로 증대되었다. 토지 개간, 종자 및 비료 개량, 인구 증가에 따른 보다 집약적인 농사법의 도입 등으로 농업 생산이 증가하였는데, 소출은 종종 막부 가신들이 믿고 있던 공식적인 소출량의 곱절에 이를 것으로 예상되었다. 하지만 막부는 이에 비례하여 세율을 높일 수 없었다. ▪9 지방으로부터 이와 같은 초과 생산액의 일부를 짜내기 위해 부정기적 혹은 특별 세금이 부과되었지만, 초과 생산량의 대부분은 촌락에 그대로 남았다. 그리고 세금은 기본적으로 농촌에 부과되며 세금 징수의 실패는 대개 쇼야나 도시요리(年寄)의 농간에서 비롯되기 때문에, 결국 잉여 생산물은 토지를 소유한 농민(혼뱌쿠쇼)들의 몫으로 돌아갔고, 그들과 그들의 임차인 사이의 격차는 더욱 뚜렷해졌다. ▪10

무사 계급이 성곽 도시로 이동하면서 지방 행정은 촌락의 도시요리나 쇼야의 몫이 되었고, 이들은 지역 행정 관료들의 전반적인 감독을 받았다. 책임 회피와 개인의 이익 추구를 교묘하게 줄타기하듯 해 나간 재주 덕분에, 그들은 토지, 부, 문자 해독력을 축적할 수 있는 전략적 위치를 점한 가운데 동료들을 지켜 나갔다. 새로운 세금이나 전매 사업으로 자신들이 만들고 유지해 온 구조가 위협을 받으면 항의를 하고, 받아들여지지 않으면 영주에 대한 저항 운동을 조직하던 세력이 바로 촌락의 지도자들이었다. 그들의 판단이 대부분 현명했고 사신들의 영역을 잘 지켜 나갔다는 사실은, 1850년대와 1860년대 외국 여행자들이 묘사했던, 희희낙락하며 번영하는 지방과 빈곤에 찌들어 몰락한 도시 간의 극명히 대조되는 모습에서 확인할 수 있다. 따라서 러더퍼드 올콕(Rutherford Alcock)은 '평화, 풍요로움, 분명한 만족감'의 근거에 대해 언급했고, "보다 완벽하면서도 신중하게 경작되고 관리되는 농촌은 심지어 잉글랜드에 비견될 만큼 도처에 장식용 나무가 들어차 있다." 라고 말했다. 한편 휴 미트퍼드(Hugh Mitford)는 다른 지역에 대해 언급하면서, "우리는 이 나라가 이룩한 엄청난 번영을 도처에서 볼 수 있었으며, 더 이상 행복한 국민을 발견하기란 쉽지 않을 것이다."라고 지적했다. ▪11 메일란(Meijlan)은 신용 및 상업 제도의 광범위한 발전에 놀랐고, 모든 집단, 심지어 지방에서조차 적어도 최소한의 문자 해독력을 가졌다는 사실에 놀랐는데, 이는 그가 알고 있던 지역들이 봉건 체제하에서 번영을 이루었다는 또 다른 증거이기도 하다. ■12 뒤에 논하겠지만, 도사 출신의 메이지 유신 주역들은 주로 이와 같은 촌락의 지도자들이었다. 이들에게 정치적 야망은 경제적 번영이나 그들의 사회적 입지와도 관련이 있었다.

19세기 초반, 일본 지배 계급의 문제점은 정점에 도달한 사회의 높은 생산력을 그들의 소득이 따라잡을 수 없다는 사실에서 비롯되었다. 사무라이 개인은 영주의 세수(稅收)로부터 한몫을 받기 위해 경쟁했는데, 그 세수는 17세기의 액수에 비견될 정도로 작았다. 신분이나 직위 상승으로 보상한다고 하지만, 대부분 성공하지 못한 무사들의 희생을 바탕으로 무사 계급 일부만이 신분 상승을 할 수 있는 수준이었다. 무사들의 숫자가 증가하면서 이 같은 문제는 한층 복잡해졌고, 일부 어린 자식들이 특권 계급에서 밀려날지라도 나머지는 여전히 피부양자 신분으로 남았다. 한 집안의 당주인 무사들이 자신의 녹봉만으로 생계를 꾸려 가기 힘든 경우도 심심찮게 볼 수 있었다. 다이묘들이 수하 무사들에게 돌아갈 녹봉 일부를 '빌려 간다'는 명목으로 자신들의 경제적 문제를 해결하려 들면서 문제는 훨씬 더 심각해졌고, 이로 인해 무사들의 수입은 더욱 줄어들었다. 그 결과 대다수의 사무라이들은 영예롭지만 궁핍한 삶을 영위해야 했다. 에도 시대의 기록에는 사무라이들이 칼을 저당 잡히고, 급전을 내고, 꼭 보고 싶은 책도 살 수 없었던 무수한 예가 있으며, 심지어 일부 지역에서는 곤궁한 가계 형편 때문에 식솔을 줄이기 위한 영아 살해가 이루어지기도 했다. 영지 간에는 상당한 지역적 차이가 있었는데, 이는 농업 생산성뿐만 아니라 사무라이의 수입과 그 수에서도 큰 차이가 있었음을 일러 준다. 나카오카 신타로(中岡愼太郎)에 의

하면, 도사 번에서는 낮은 수준으로 여기는 녹봉이 사쓰마 번에서는 괜찮은 수준이었다고 한다. ▪13 어쨌든 분명한 사실은 지역을 불문하고 생활 수준이 높은 '상급' 사무라이의 숫자는 적었으며, 촌락 지도자들의 생활 수준은 대개 어지간한 사무라이들보다도 높은 수준이었다.

수입과 지출의 불균형 문제를 해결하기 위해 막부와 번에서는 독점 조합을 허가하고 이용했으며, 동시에 상인들로부터 돈을 빌려 썼다. ▪14 중앙 시장에서 거래되는 지역 특산품은 관인 조합들에게 배정되었는데, 이들 조합은 공식적인 중개인으로 활약했고 특산품에 대한 독점권을 갖고 있었다. 봉건 체제하의 관리들은 이들 상인 집단을 통해 물자를 싼값에 사들이고 이익을 남겨 되팔았다. 그러나 이러한 시책은 지역 유지들의 반감을 사지 않을 정도까지만 유효했을 뿐이다. 또한 막부는 주화를 재주조해서 화폐 가치를 절하함으로써 재정 문제를 해결하려 했다. 주화를 주조할 수 없었던 지방 다이묘들의 경우에는 지폐 발행을 통해 비슷한 시책을 행할 수 있었다. 그러나 이 지폐는 영지 내에서만 통용되었던 것으로, 이러한 조치 역시 단지 하나로 통합된 몇몇 거대 영지에서나 가능한 일이었다. 설령 그렇다고 하더라도 지방 다이묘들은 한 해 걸러 강제적으로 다이묘를 알현해야 했고, 번의 산물을 쇼군의 도시인 에도나 교토의 대도시에서 판매해야 했기 때문에, 지방 경제는 계속해서 중앙으로 흡수되어 갔다. 그 결과 지폐 발행 조치들은 대부분 성공을 거두지 못했다. 약삭빠른 상인들은 이 지폐들을 다른 시장으로 확산시킬 때 야기되는 환전 문제를 알아차리고는 지폐 사용을 거부했다.

대중의 지나친 소비를 줄이려는 주기적인 여러 가지 시도는 세수 증대를 위한 노력들과 관련이 있다. 제도 개혁의 시기가 도래하기 전에는 장기간의 방종과 정실주의(情實主義)가 계속해서 이어지는 것이 보통인데, 이런 문제점들은 대체로 성군이라고 일컬어지는 쇼군이나 다이묘들의 비교적 평탄하면서도 긴 치세가 이루어진 시기에 등장했다. 그러한 개혁을 주도한 통치자가 양자(養子)였던 것은 그리 드문 경우도 아니었다. 이들은 다이묘 후계자로 에도에 강제적으로 거주해야 했던 데에 따른 정실주의와 진부함이라는 향락적인 환경에서 성장했고, 그로 인해 피폐해진 육체적·정신적 결과들에서 벗어나고자 했다. 개혁의 시기에는 엄격한 법률 제정을 통해 모든 형태의 허례허식을 금지하고 서민들의 소비를 제한하기도 했다. 하지만 이 같은 노력은 지배 계급의 재정 문제를 푸는 해결책이 되기보다는 구호에 그쳐 버릴 소지가 더 높았으며, 에도 막부의 마지막 50년에 들어서면서 전통적인 개혁들로 당면한 문제점을 해결하기에는 역부족이었다. 이러한 개혁 조치들은 도시화, 전문화, 상업화를 야기한 체제를 개선하고 농민들을 도시로 이주하게 만든 도시 인접 지역의 세금 부담을 경감시키기보다는, 오히려 당시의 모순을 증폭시키고 말았다.

막부가 이와 같은 경제적·사회적 문제를 해결하는 데에 얼마나 무능했는가를 보여 주는 명백한 불만의 징후들도 때때로 나타났다. 그중 한 예로 1837년에 일어난 사건[오시오 헤이하치로(大鹽平八郞)의 난—역주]을 들 수 있는데, 유교를 신봉하는 관료 무사의 전형이던 오시오 헤이하치로는 탐욕스런 상인들 그리고 그들과 결탁한 관리들에 결사적으로 맞선 주민들의 봉기를 주도하였다. 오시오 헤이하치로의 난은 막부의 상업 중심지였던 오사카에서 일어났으며, 이때의 격문은 일본 전체로 퍼져 나갔다. ■15 1830년대에 접어들면서 농민 반란과 봉기의 빈도는 눈에 띄게 증가하였다. 농민 폭동의 의미와 평가는 여전히 학술적 논쟁의 대상이지만, 이러한 농민 반란과 봉기가 봉건 행정 당국에 경고가 되었음은 의심의 여지가 없다. ■16

1841년 막부 로주(老中)···■15 회의의 수장이 된 미즈노 다다쿠니(水野忠邦)가 실시한 개혁은 이러한 문제를 해결하기 위한 막부의 마지막 시도였으나 별다른 성과 없이 끝났다. ▪17 미즈노 다다쿠니는 모든 분야에 걸쳐 막부의 입지를 강화하려고 노력했다. 그는 칙령을 통해 식료품 가격을 인하하고자 했다. 상인들의 영향력과 이익에 미칠 위험을 감수하면서, 독점 상인들의 가격 담합이 없는 자유 시장이 소비자 물가를 낮출 것이라는 잘못된 판단으로 거대 운송 조합의 해산을 명령했다. 그의 예측과는 달리 생산자들은 가격을 올릴 수 있었다. 또한 그는 에도의 인구 증가를 탈번(脫藩) 금지령에 대한 농민들의 불복 증거, 그리고 식량 생산의 부족 원인으로 간주하였다. 따라서 에도 주민들에게 자신들의 번으로 귀환하라는 명령을 내렸다. 검약 법령을 발효해 도시 향락을 규제했고, 인형, 의복, 두발, 가옥의 장식과 물가를 단속했다. 동시에 그는 오사카와 에도에 영지를 할당받은 다이묘들의 수를 줄여서 이 일대에 막부 직할지를 늘리고자 했다. 이러한 조치로 관료 집단의 지지를 상실했으며, 결국에는 그의 지지자들조차 등을 돌렸다. 1843년 미즈노 다다쿠니가 로주 자리에서 물러나면서 일본을 상업 발달 이전의 사회 질서로 되돌리려는 그의 필사적인 노력은 종언을 고했다. 그리고 얼마 지나지 않아 그의 자택은 에노의 군중들에게 습격을 받고 말았다. ▪18 실패로 끝난 이 개혁은 전개 당시의 연호를 따서 '덴포(天保) 개혁'으로 불리고 있다. 막부는 애당초 정치적 이유로 중앙 집권화를 시도했지만, 어떤 측면에서는 그 희생자로 전락하고 말았다. 이제 분권화된 봉건적 자연 경제로의 회귀는 전혀 기대할 수 없는 상황이었다. 왜냐하면 무사든 평민이든 모두 절약의 압박이나 수입 감소를 아무런 저항 없이 받아들일 수 없었기 때문이다. 재정 건전성과 지불 능력에 대한 희망이 사라지면서, 도쿠가와 막부는 불리한 조건으로 개항을 강요당하기 전에 개국을 해야만 한다는 제안에 의욕적이고 창의적으로 대응할 능력을 완전히 잃어버렸다. 1844년 네덜란드 국왕이 보낸 이와 관련된 제안에 대해 막부는 아무런 답도 하지 않았다. 텅 빈 국고와 낙후된 국방 체제만을 떠안고 있던 막부 정권은 외국과의 접촉을 회피하는 데만 골몰했다.

막부의 안목 부족과 제대로 갖추어지지 않은 조직 체계는 그들의 경제적 무능력과도 상응했다. 어느 문헌에서 지적된 것처럼, 막부의 로주들은 하나의 체제를 있는 그대로 받아들여 훼손시키거나 손대지 않고 온전히 전해 주는 것을 의무로 하는 집사와도 같은 것이 자신들의 역할이라고 간주하였다. ▪19 몇몇 뜻있는 사람들은 다이묘들이 국방 대비에 좀 더 많은 지출을 할 수 있도록 산킨고타이 제도를 개혁할 것을 주장했을 것이고, 국방 대비를 위해 서양의 장비와 조언을 받아들일 수 있도록 쇄국 정책의 변화를 주청하기도 했을 것이다. 하지만 막부의 주요 로주들은 단지 조상들의 과업을 묵묵히 이어 나갈 뿐이었는데, 후다이 다이묘 신분이었던 이들의 선조는 16세기 도쿠가와 이에야스의 측근들로 휘하에서 그의 군대를 지휘하였다.

에도 시대에 이루어진 지적 활동의 상당 부분은 기존 질서가 정당하고 합당하다는 신념을 강화하는 방향으로 이루어졌다. 유교적 윤리 사상은 국가의 기본으로서 농업의 존엄을 강조했는데, 자연 경제를 강조하는 이 같은 농본주의(農本主義) 때문에 논평가들은 당시의 상업적 가능성을 이용하고 채택하기보다는 과거의 도덕적 질서를 재건하는 데 더 많은 관심을 가질 수밖에 없었다. 어떤 경우든 다양한 정치적 관점은 나타날 수 없었다. 유학에 여러 학파가 존재했던 것은 사실이지만, 단지 정치적인 이유로 주자학만이 1790년에 공식 학파로 인정받았다. 이 시기에 이루어진 개혁안의 대부분은 도시 생활의 부패를 종식시키고 무사들과 농민들을 고향으로 돌려보내는 데 초점이 맞추어져 있었다. 19세기가 시작되기 직전까지 나가사키 소재 네덜란드 상관(商館)을 통해 걸러진 학문을 배운 학생들 중 일부는 자기들 사회의 교리들에 의문을 품기 시작했다. 하지만 그런 사람들의 수는 너무나 적었고, 널리 알려지지도 읽히지도 않았다. 중앙 집권적 관료 국가를 지향하면서 봉건 제도를 일소하려던 19세기 초 사토 신엔(佐藤眞圓)의 급진적인 계획은, 1860년대 급변하는 시대적 흐름 속에서 막부 정권이 그것에 주목하기 전까지는 거의 알려지지도 않았고, 심각하게 다루어지지도 않았다. [20]

비록 정치적 대안으로서 명확하게 공식화된 부분은 거의 알려진 바가 없지만, 1830년대 들면서 현상 부정을 위한 여러 가지 잠재적 기반들이 마련되었다. 양학(洋學)에 흥미를 갖기 시작한 지식인 집단은 비록 수는 적었지만 성장해 가고 있었고, 이들의 관심 영역은 기술이나 의학과 같은 좁은 영역에서 다양한 분야의 저술이라는 방향으로 전환되었다. 막부 정권 스스로 천문방(天文方) 내에 서양 서적 번역 기구인 반쇼와게고요(蕃書和解御用)를 설치하여 이 같은 시대적 흐름을 반영함은 물론 더욱더 박차를 가했다. [21] 민간 학자들은 한층 더 앞서 나갔는데, 독서를 통해 서양의 기술적·군사적 발전을 이해하고 영국의 남지나 침입과 러시아의 북방 진출에 관해 자각한 것은 도쿠가와 정권의 정책과 약점에 대한 불만을 고조시키는 자양분 구실을 했다. 잠재적으로 그들은 에도 막부의 통치 자체를 부정하지는 않았지만, 적어도 막부의 통치 방식에는 불만을 가진 지식인 집단이었다. 충성심에 의심의 여지가 있는 양학자들에 대한 배제 조치가 미즈노 다다쿠니의 덴포 개혁에 포함되었다는 사실은 주목할 가치가 있다. [22]

신도(神道) 전통에서 고대 천황의 신성(神性)과 제정일치(祭政一致)의 이론을 찾으려는 신도 전통 연구자들에 의해, 에도 막부의 통치에 대한 이론적 저항의 또 다른 토대가 마련되었다. 유학자들은 노골적이지는 않았지만, 에도의 무가 정권보다 교토 황실의 우위에 대한 합법성을 지지하는 성향을 가지고 있었다. [23] 그렇지만 이러한 이론적 논의가 에도와 교토 사이에 존재하던 권위의 균형에 의미 있는 변화를 불러일으키려면 무엇보다도 조정과 막부의 대립을 보여 주는 구체적인 사례들, 그리고 조정의 의지가 무시되고 있음을 입증하는 증거가 필요했다. 19세기 초반에는 여러 지식인들이 이념적 의혹을 제기했다. 하지만 이들의 목소리는 이론적 의혹을 입증할 만한 새롭고도 극적인 불경스런 사건들이 일어나기 전에는 별다른 반향을 얻지 못했다. 기존의 문제 해결책과 제도화된 절차로는 도저히 해결하기 어려운 미증유의 난국에 직면하면 격동의 시기가 도래하는 법이다.

메이지 유신이라는 역사적 드라마가 막을 내릴 때까지 그 주역들은 자신들이 건전하다고 판단한 정치적·사회적 틀 안에서 활약했다는 사실을 강조할 필요가 있다. 19세기 중반에 이르기까지 막부 정권은 250여 년에 걸쳐 영속해 오고 있었다. 이는 여러 측면에서 일본 역사상 가장 길고 안정적이면서도 성공적인 사회경제적 조직체라고 평가받을 만하다. 막부 정권의 경제적 위기와 사회적 부조리가 대체로 심화되고는 있었지만, 이는 17세기 이래로 일본의 통치자들이 다루어 오던 문제들의 또 다른 모습이었다. 유교와 신도는 체제 전복적인 측면과는 거리가 멀어 막부 정권의 비호나 후원을 받아 왔다. 국학(國學)은 막부 정권의 중심적인 위치에 있으면서 도쿠가와 가문의 전폭적인 지원을 받았다. 양학(洋學) 역시 마찬가지였다. 서양에 대한 관심과 서양 연구의 후원은 아라이 하쿠세키(新井白石)나 8대 쇼군이었던 도쿠가와 요시무네(德川吉宗)와 같은 에도 막부의 지도자들에 의해 이루어졌다. 18세기 말에 이르기까지 '난학(蘭學)'의 연구 기관들이 사쓰마 번이나 사가 번(佐賀藩)처럼 나중에 국가 정치 무대의 주역으로 등장하는 번들의 지원으로 발달한 것은 사실이다. 하지만 이후 그들이 보여 준 정치적 행보를 양학자들이 도입한 체제 전복적 경향 탓으로 돌리는 것은 지나치게 단순화된 측면이 있다. 왜냐하면 막부 정권 그 자체인 에도보다 더 양학이 활발하게 연구되거나 적극적인 지원을 받은 곳은 없었기 때문이다. 서양 서적과 기술 그리고 이 분야의 전문가들은 욕심 많은 번주들이 나쁜 마음을 가지고 사장 시키거나 은폐하는 대상이 아니었으며, 오히려 주요 연구 기관들 사이에 교환하고 빌려 주며 공유하는 대상이었다. 이러한 교환에서 이익을 구하려는 후원자는 없었고, 다른 지역의 학자 영입이나 처우에 관한 측면에서 막부를 능가할 힘을 가진 세력도 존재하지 않았다.

19세기 중엽까지 번창했던 난학숙(蘭學塾)˙˙˙**16**에 대해서는 앞서 언급한 내용에 약간의 수정을 가해야 할지도 모르겠다. 사실 오가타 고안(緒方洪庵)이 오사카에 설립한 데키주쿠[適塾: 후쿠자와 유키치(福澤諭吉)˙˙˙**17**가 여기서 수학하였음]와 같은 학숙들은 강력한 후원자를 얻지 못했기 때문에 한층 주의 깊고 신중한 운영이 요구되었을 뿐만 아니라, 소장한 서적과 자료를 더욱 엄중하게 감시해야 했다. 그렇다고 해서 막부 연구 기관들의 여러 이점이 그들에게 닫혀 있지는 않았다. 후쿠자와 유키치의 말년은 자신이 성장기를 보냈던 막부 체제에 대한 경멸 그 자체로 점철되었지만, 그 역시 막부 연구 기관의 도서관을 이용할 수 있었고 막부가 제공하는 일자리를 얻은 적도 있었다. ▪**24**

후쿠자와 유키치가 유학에 대해 심한 반감과 편견을 가졌다는 사실 때문에 또 다른 중요한 사실이 호도되어서는 안 된다. 서양의 문물을 연구하는 개개의 학자들이라고 해도 대부분은 전통적인 유교적·봉건적 가치에 뿌리를 두고 있었다. 그들은 반란이나 좌절의 울적한 감정을 달래기 위한 방편으로 양학을 연구한 것이 아니라, 최신 기술자로서 자신들에게 흥미로운 일거리를 보장할 수 있는 분야에서 삶을 꾸려 나가고자 추구했던 것이다. 그들이 그 시대의 본질을 꿰뚫어 보았다고 보기는 분명 어렵지만, 국가적으로 재능 있는 자를 찾고 있는 상황에서 의학과 군사학에 적용된 서양의 지식이 유리한 입지를 제시할 가능성이 있음은 틀림없는 사실이었다. 이러한 일차적 유용성은 수많은 학자들의 현실적인 지석 호기심을 자극했다. 하지만 어떤 식으로든 이것이 체제 전복적인 방향으로 이어져서는 곤란했다. 학자들은 막부와 번주들의 지시에 철저히 부응했고, 연구 활동 역시 이념적으로는 지극히 유교적인 관념인 '격물(格物)'의 테두리 안에서 행해졌다. 에도 말기에서 메이지 초기에 이르는 기간 동안 '원리 탐구'를 의미하는 '궁리(窮理)'라는 용어는 주자학 연구에서 서구 '과학'을 뜻하는 의미로 변화되었다. 이러한 변화가 그 중요성을 충분히 이해할 수 있는 논리와 냉철함을 소유한 사람과 만났다면, 유교 철학에 대한 전반적인 의문 제기로 이어질 수 있었을 것이다. 이는 후쿠자와 유키치에 해당하는 사례로 여겨진다. 하지만 다른 학자들 역시 지적 경험의 구분을 어렵지 않게 해 나갔다. 서구 과학의 배후에 있는 이론과 방법론에 대한 충분한 성찰이 부족했기에 가능했던 일이었다. 후쿠자와 유키치의 경우만 하더라도 유명한 그의 자서전에 젊은 시절 자신의 반체제적 성향을 과장해 놓은 구절이 있다. 덧붙여 그가 나고 성장했던 신분제 사회에 대한 분노에는 개인적인 이유도 있었다. ▪25

다시 말해서 잠재적인 불만 요소들이 구체적으로 드러나기 위해서는 외부에서 야기된 새롭고 특별한 문제라는 요소가 필요했다. 이런 식의 도전은 서양 세력의 출현으로 촉발되었다. 이는 러시아로부터 북방 도서를 방어하는 문제에 대해 고심하던 사람들이 이미 예견한 문제이기도 했다. 또한 중국에서 영국 세력이 활개를 치기 시작한 이후에 전개된 이야기였다. 네덜란드인들은 나가사키 상관에서 이 문제를 이미 통보해 둔 터였는데, 그들은 향후 일어날 일들에 대해 엄중히 경고했다. 이러한 위험과 관련된 구체적인 내용과 결과는 글을 읽을 줄 아는 사람이면 누구라도 예측할 수 있는 수준이었다. 왜냐하면 아주 신중하게 그 문제의 중요성을 고민하던 '난학자'들이 아니더라도, 교육받은 일본인이라면 대부분 별다른 번역 없이도 읽을 수 있는 중국 문헌들이 존재했기 때문이다. 이 모든 정보는 일본 저술가나 평론가들에 의해 적절하게 단순화되고 왜곡되어 일본의 광범위한 식자층에 급속히 퍼져 나갔다.

이와 같은 시대상을 구체화하기 위해 여기서부터는 일본 전체가 아닌 도사 번으로, 그리고 사카모토 료마와 나카오카 신타로가 알고 있던 사회적·경제적 상황으로 돌아가려 한다. 도사 번은 다른 번들과 마찬가지로 심각한 경제적 문제를 안고 있었는데, 이로 인해 번 정부는 수입을 증대시키기 위해 야심찬 개혁을 시도했다. 이러한 개혁안들은 전통적인 이해관계 및 집단들 사이에 갈등을 유발했고, 메이지 유신 지도자들로 하여금 처음으로 두각을 나타내게 했던 불신과 공포의 상황을 만드는 데 일조했다. 서양의 지식은 널리 보급되지 않았고 일본 사회의 취약점이 드러나면서, 이는 젊은 무사에게는 강렬한 자극으로 다가섰다. 촌락 사회에는 상급 무사들이 없었으며, 다수의 젊은 무사들은 이곳을 지배하던 농촌 지도자 집단에 뿌리를 두었다. 근왕당(勤王黨)이 조직되었고, 그 지도자들은 신도 사상과 유교적 충의관(忠義觀)을 토대로 한 교육을 받았다. 외세의 위협에 대한 그들의 첫 번째 반응은 외국인 배척으로 나타났다. 이러한 점에서 사카모토 료마와 나카오카 신타로는 동시대인들을 대표하는 인물이라고 할 수 있다. 이 두 사람은 적극적인 개혁가라기보다는 동료의 의견을 따르는 편이었고, 어느 정도의 교육을 받은 인물들이기는 했지만 결코 지식인으로 보기는 어렵다. 그들은 전통을 중시했지만 관점에 있어서는 결코 반(反)계몽주의자는 아니었고, 기존의 제도나 군주들에게 충성심은 있었지만 결코 맹종적이지는 않았다. 학업을 연마하던 시절에 근왕 사상과 신도의 가르침을 대부분 받아들였다고 할지라도 그들은 유학자나 지식인은 아니었고, 그런 이유로 신도와 유교 사상에 특별히 심취하지 않았으며, 서양의 문물이나 가치관에 대해서도 마찬가지였다. 두 사람은 형식적인 복종심만 갖고 있던 대상인 지배층의 경제적 모순을 처음에는 어렴풋이, 그리고 한참 뒤에는 완전히 알게 되었다. 두 사람의 교육 배경이 출신지의 특색에 따라 좌우되었다는 사실에는 주목할 필요가 있으며, 이에 대한 그들의 반응은 사실 자신들이 속해 있던 세대의 일반적인 범주에서 크게 벗어나지 않는 것이었다.

도사

오늘날 고치 현(高知縣)의 경계는 에도 막부 시대의 도사 번에서 달라진 부분이 거의 없다. 이곳은 시코쿠(四國) 섬 남부에 자리 잡은 부채꼴 형태의 산악 지역으로, 일본에서 가장 접근성이 낮고 실제로도 빙문객이 아주 적은 지역에 속한다. 이곳에는 1936년에야 비로소 동북부의 다카마쓰(高松)를 잇는 철도가 부설되었으며, 지금도 에도 시대에 또 다른 이웃 조카마치였던 마쓰야마(松山)나 우와지마(宇和島) 쪽으로 가려면 완행버스를 타고 산지의 깊은 계곡을 따라 나 있는 비포장도로를 달려야 한다.

고치 혹은 (현지인들이 선호하는 옛 지명인) '도사'는 천연의 경계를 이루는 산지들로 둘러싸인 하나의 영역이다. 에도 시대에는 번주 간의 접촉을 막기 위해 일본 전역의 도로를 황폐한 상태 그대로 두었고, 외부와의 의사소통 및 교류는 느린 속도로 이루어졌다. 고치의 지배층은 특히 이러한 제약을 유지시키는 데 많은 공을 들였다. 17세기 도사의 통치자들은 겁에 질린 농민들이 이웃 영지로 흘러 들어가는 문제로 골치를 썩였다. 이후에도 변경 지역 거주민들은 과세나 새로운 정책이 잠잠해질 때까지 산악 지형에 퍼져 있는 종교적 성지를 찾아다니면서 과세나 새로운 정책에 저항을 거듭했다.

그러므로 주요 교통로들은 엄중하게 감시되었고, 산악 지형은 인접 번들과의 통행을 가로막는 장애물 역할을 했기 때문에 어지간히 마음먹지 않고서는 도사 번을 벗어나기란 쉽지 않았다. 이 시기에 이 정도로 외부와의 접촉을 차단할 수 있었던 지역은 규슈 남부의 사쓰마[薩摩: 오늘날의 가고시마(鹿兒島)] 정도였다. 오사카 및 그 외의 내해 항구로 가는 대부분의 공무 여행이나 공인된 상업적 수송은 모두 배편을 이용했으며, 육상 운송로는 그 수도 적었을 뿐만 아니라 험난한 길이었다.

　도사의 기후는 온화하며, 무상 기간(無霜期間: 마지막 서리가 내린 후부터 첫 서리가 내린 날까지의 기간−역주)은 241일로 벼농사의 이모작이 가능하다. 연간 100인치(약 2,540mm)가 넘는 풍부한 강수량 덕분에 관개는 문제가 되지 않았다. 하지만 이처럼 온화한 기후에 비해 토양은 그다지 기름지지 않아, 벼농사에 적합한 계곡 바닥의 평지에서는 오래전부터 계단식 농업이 활발히 이루어져 왔다. 이는 농촌 사회에 많은 수익을 가져다주었다. 에도 막부가 수립될 무렵에 약 30만 명으로 추정되던 인구는 1842년 50만 명으로 증가하였다.

　유명한 작가들은 종종 온난한 기후, 예고 없이 몰아치는 폭풍, 거친 지세에서 만들어진 두 가지 유형의 인간성을 구분했다. 하나는 거칠고 편협하며 엄격하고 굽히지 않는 산악형 인간이고, 다른 하나는 타협함에 있어 보다 유연한 자세와 새로움과 진기함에 대한 개방적인 호기심으로 가득 찬 해안형 인간이다. 이러한 상투적인 성격 분류나 그 지리적 근거에 신뢰를 보내는 이는 거의 없겠지만, 주목할 점은 이런 구분이 이 책의 중심 인물들을 설명하는 데 유효하다는 사실이다. 사카모토 료마는 어쩌면 계략이 뛰어난 바닷가 사람이었고, 그에 비해 나카오카 신타로는 좀 더 외골수적인 산사나이였다. ■26

도사 번은 야마우치(山內) 가문의 당주가 통치했다. 야마우치 가문은 도자마 다이묘였지만 에도 정권의 전폭적인 비호를 받고 있었다. 에도 막부를 세운 도쿠가와 이에야스는 1600년 세키가하라 전투에서 승리한 이후, 도사를 지배했던 조소카베 모리치카(長宗我部盛親)를 몰아내고 그 영지를 야마우치 가즈토요(山內一豊)에게 수여했다. 가즈토요는 도토미(遠江)····18 일대의 5만 석 영지를 다스리던 소영주였는데, 세키가하라 전투 직전 이에야스 측에 가담했지만 전투에 직접 참가하지는 않았다. 그런 만큼 그가 받은 보은은 그의 공적에 비해 과분하다고 여겨졌고, 이처럼 황송할 정도의 처우는 야마우치 가문 대대로 에도 막부에 대한 큰 부채 의식으로 작용했다. 이 같은 야마우치 가문의 의리는 에도 말기에 그들이 마지못해 토막(討幕: 막부를 토벌함-역주) 활동에 가담할 수밖에 없었다는 식의 정당화 논리에 쓰이기도 했다. 신념에 기초한 것이든 주도면밀함에서 비롯되었든, 이는 충분한 변명이 되었다. "우리 가문은 도쿠가와 가문에 큰 은혜를 입었기 때문에 그대들과는 매우 다른 입장에 있소."라고 가즈토요의 14대 후손인 도사 번 15대 번주 야마우치 도요시게[山內豊信: '야마우치 요도(山內容堂)'라고 불리기도 함]는 사쓰마 번의 대표였던 사이고 다카모리(西鄕隆盛)에게 말했다. ■27

도사 번주는 막부의 제후들 가운데 수입에서 열아홉 번째를 차지하고 있었다. 조정에서 종4위(從四位) 직이라는 세습 관직을 수여받아 온 지방 영주인 도사 번주는 이미 유력 도자마 다이묘의 한 사람이었으며, 에도의 지요다(千代田) 성····19 오히로마(大廣間)에서 행해지는 쇼군을 알현하는 의식에서 동료들과 함께 한자리를 차지했다. ■28 의례에서 책임과 예우는 봉토의 고쿠다카(石高)에 비례했다. 도사 번의 공식적인 연간 쌀 생산량은 20만 2,600석이었다. 하지만 실제 도사 번의 생산력은 이보다 더 높았던 것으로 알려졌는데, 막부 관리들이 야마우치 가문에 공식적인 고쿠다카보다 추가된 5만

석 정도의 연공을 눈감아 준 것은 도쿠가와 가문의 호의를 보여 주는 사례로 흔히 언급된다. 이처럼 고쿠다카를 낮춤으로써 또 다른 중요한 경제 활동이 가능해졌다. [29]

역대 도사 번주들은 자신의 고쿠다카 이외에 별도의 수입원을 확보하고 있었다. 울창한 삼림이 산지를 덮고 있었고, 야마우치 가문의 감독 아래 혼슈(本州)로의 목재 수출은 날로 증가하였다. 그중 일부는 축성(築城), 사찰 건립, 조선(造船) 등 막부의 요청에 따라 상납되기도 했지만, 대부분은 번의 수입을 늘리기 위해 오사카 상인들에게 매각되었다. 숲의 나무는 장작으로도 이용되었으나 도사지(土佐紙)의 원료로 사용되었다는 점에서 특히나 중요한 자원이었다. 도사 만은 풍부한 어장을 제공했고, 도사에서 생산된 가쓰오부시(鰹節: 가다랑어를 쪄서 말린 포—역주)는 어민 자치 조직을 통해 오사카와 에도의 시장으로 팔려 나갔다. 이와 더불어 토지 간척, 집약적 경작의 강화, 농법 개선 등을 통해 쌀과 다른 작물의 수확량이 늘어났다. [30] 도사 번의 잠재력 덕분에 야마우치 가문은 최고 유력 다이묘의 반열에 오를 수 있었다.

야마우치 가문의 통치는 막부 및 다른 유력 다이묘들과 거의 유사한 행정 기구를 기반으로 하여 이루어졌다. 행정 기구에의 참여 및 그 유지와 관련된 문제는 에도 시대 후기에 일어난 정치적 책동의 핵심이었다. 다음과 같이 번 정부의 주요 행정 조직을 살펴보는 것은 나름의 의미가 있는 일이다.

- **나이조칸**(內朝官): 번주 가문에 관한 업무를 담당하였다.
- **나이칸**(內官): 무사들에 대한 감독, 에도 및 기타 지역에 소재한 번주 저택의 운영, 무사 교육 기관의 운영, 기록 및 고문서 관리 등의 업무를 담당하였다.

- **가이조칸**(外朝官): 번의 행정 업무를 담당하였다.

앞으로 알게 되겠지만, 번 정부의 행정 조직 가운데 지위의 높이보다는 실질적인 의미에서 세 번째 집단이 가장 중요했다. 일반 백성과 사무라이들은 가이조칸의 정책과 인물이 어떠한가에 따라 번 정부의 구성을 평가하게 된다. 여기서 가장 주요한 직책을 보통 '미야쿠(三役)'····**20**라고 불렀다.

- **부교쇼쿠**(奉行職): 3명의 고위 가로(家老)들이 임명되었으며, 최고의 권위와 책임을 지니고 있다.
- **시오키야쿠**(仕置役): 부교쇼쿠를 보좌하는 역할로, 3인으로 구성되었다. 보좌역과 동시에 신사(神社)와 사찰에 관한 업무도 관장했기 때문에 종교적인 점검과 조사를 책임졌다.
- **오메쓰케**(大目付): 역시 3인으로 구성되었으며, 번의 치밀한 치안 유지 및 감찰 업무를 맡았다.

이 가운데에서도 시오키야쿠가 가장 중요한 역할을 맡았다. 이 직책 밑으로 시, 군, 연공, 재정, 공공사업, 건설, 조선, 해안 지대, 산림의 행정 장관들이 있었다. 이들 행정 장관 중에서 중앙 행정 기관과 지방 사무 사이의 가교 역할을 하는 이들이 바로 고리부교(郡奉行)라고 하는 군(郡)····**21**의 행정 책임자들이었다. 도사에 있던 7개 군에 고리부교가 파견되었으며, 이들은 하급자인 다이칸(代官)의 보좌를 받거나 때로는 촌장의 협조를 통해 임무를 수행했다. ■**31**

여기서는 번의 요직에 해당하는 몇몇 직책만 나열해 보았는데, 이마저도 특별한 지위에 있는 무사들에게나 해당하는 직책이었다. 한편 무사들의 계급은 그에 상응하는 지방으로부터의 수입에 좌우되었고, 해당 지방에는 보유자의 신분이나 녹봉에 걸맞은 이름이 붙여졌다. 게다가 16세기 이후 실전이 일어나지는 않았지만, 무사들의 계급과 직함은 군 조직 내에서 명령권을 의미했다. 오랜 기간 동안 무사들의 군사적 활동은 단지 의례나 열병에 불과한 행사에 참여하는 정도로 국한되었지만, 그 조직은 계속해서 유지되었다. 에도 시대 후기 도사 번의 중요한 무사 계급의 서열은 다음과 같다.

'상급' 사무라이는 조시(上士), 오사무라이(大侍), 또는 시카쿠(士格)라는 호칭으로 불렸다.

- **가로**(家老): 연공 1,500~10,000석의 사무라이 11명으로 구성되었다. 나이조칸(궁정)과 나이칸(번 행정)을 통괄하거나, 부교쇼쿠(봉행직)를 맡기도 했다. 또한 주요 부대의 지휘도 맡았다. 야마우치 성을 쓰도록 허락받았으며, 막부에서 후다이 다이묘나 신판 다이묘가 차지한 위치와 마찬가지로 번주에게 가장 신뢰받는 가신이었다.
- **주로**(中老): 연공 450~1,500석의 사무라이 11명으로 구성되었다. 번의 요직을 담당했으며, 직급은 가로 다음이었지만 대개 실무와 밀접한 직책을 맡았기 때문에 이들 못지않은 영향력을 행사하였다.

상급 사무라이 중에는 '히라자무라이(平侍)'라고 불리는 무리가 있었다.

- **우마마와리**(馬廻): 그 수는 대략 800명쯤 되며, 연공은 100~700석 정도이다. '우마마와리'라는 명칭은 전장에서 다이묘 본진을 둘러싼 그들의 위치에서 유래되었다. 전투 대형에서는 영관급(領官級) 장교의 역할을 했다. 실제 행정 업무의 책임자는 대부분 이 계급에서 나오는데, 특히 시오키야쿠(仕置役: 부장관)는 이 계급이나 주로에서 선임되었다.
- **고쇼구미**(小姓組): 연공 70~250석의 사무라이들로, 그 수는 일정하지 않았다. 각종 행정 담당관들은 우마마와리와 함께 이 계급에서 나왔다.

- **루스이구미**(留守居組): 이들은 연공 50~200석의 사무라이들로, 그 수는 일정하지 않았다. 일부 행정 담당관이나 그 하위 직책을 고쇼구미와 함께 담당하였다.

이 5가지 서열은 당시 봉건 체제에서 찾기 힘든 도사 번만의 독특한 관료 제제 내의 공식적 계급이었다. 사무라이들은 연공 이외에 상여금 형식의 추가 녹봉을 받았다. 시오키야쿠의 경우 정식으로 받는 연공 수입 외에 연간 450석의 상여금을 추가로 받았고, 고리부교의 경우는 250석을 받았다. 사무라이들의 소비 및 지출 역시 계급 서열에 따라 규제되었다. ■32

상급 사무라이 중에서 하위 서열 간에는 신분 이동이 어느 정도 가능했지만, 이들 고위직과 그 밑에 존재했던 가시(下士) 또는 게이카쿠(經格)라고 불린 5개의 하급 사무라이 집단 사이에는 신분 이동이 거의 없었다. 5개 하급 사무라이 신분의 서열은 다음과 같다.

- **고시**(鄕土): 연공 30~250석의 하급 무사들로, 그 수는 900~1,000 정도였다.
- **요닌**(用人): 그 수는 일정하지 않았다.
- **가치**(徒士): 연공 12~17석이었으며, 그 수는 일정하지 않았다.
- **구미가이**(組外): 연공 10석의 하급 무사들로, 그 수는 일정하지 않았다.
- **아시가루**(足輕): 보졸(步卒)을 의미하며 이들은 또다시 여러 하위 계급으로 구분되었는데, 3~7석이라는 근근이 생계를 유지할 수 있는 수준의 연공을 받았다.

이 가운데 고시를 제외한 나머지 네 계급은 그들이 모신 상전의 가계에서 녹봉을 받았다. 어떻게 해서 공직을 얻었다 하더라도 최하위직에 불과했으며, 봉급을 받는다고 해도 대개 딸린 식구들에게 주는 배급 정도에 불과한 형편없는 봉급이었다. 실제로 최하위 무사 계급인 아시가루들은 벌채와 같은 육체노동에 동원되었다. [33] 따라서 상위 5계급과 그 아래 하위 계급 간에는 넘을 수 없는 벽이 존재했으며, 그 벽은 도사 근왕당 운동의 전개에 중요한 요인으로 작용했다. 근왕당 운동의 초기 멤버 가운데 상당수가 고시 출신이라는 사실이 이를 뒷받침해 준다.

막부가 도시에 가신들을 불러 모았듯이, 도사 번 역시 점차 고치로 가신들 대부분을 불러 모았다. 도시는 고치 성을 중심으로 성장했다. 야마우치의 지배가 공고히 되자마자 고치의 모든 민중을 강제 노역에 동원해 언덕을 쌓고 그 위에 성을 세웠다. [34] 평온한 시대에는 무사들이 자신들에게 배정된 봉토를 찾는 기회가 점점 줄어들었고, 그 결과 촌락의 행정은 점차 지방 장관의 손에 넘어갔다. 고치에서 수집되는 연공미로 가신들에게 녹봉을 지급하는 것이 제도화되면서 지번(支藩)[22] 제도는 소멸되었다. 야마우치 가즈토요가 동생 야쓰토요(康豊)에게 수여한 완전 자치 지번은 17세기 말 막부가 지번 소유자를 해임하면서 다시 도사 번의 관리로 들어갔다. [35]

이러한 계급 가운데 하급 사무라이들 중 가장 높은 계급인 고시는 이 책의 내용 전개에서 중요한 역할을 담당한다. 도사 근왕당 운동의 지도자와 영웅들은 모두 고시 계급 출신인데, 그들 가운데 사카모토 료마와 다케치 즈이잔(武市瑞山)도 있다. 고시 계급은 야마우치 가문이 도사 번주로 임명된 후 벌어진 행정적 문제와 관련이 깊다. 17세기 초 야마우치 가즈토요가 도사 번에 입성했을 당시 그를 따르던 무사의 수가 영지에 비해 적었기 때문에 앞에서 나열한 모든 관직을 충당하기에 부족했다. 당시 도사는 여전히 조소카베 가문의 가신들 지배하에 있었고, 그들은 영지에 강력하게 뿌리를 내리고 있었다. 한동안 조소카베 가신들은 새로운 다이묘인 야마우치 가문에 산발적으로 저항을 거듭하였다. 수차례에 걸친 반란과 광범위하게 일어난 탈출 등으로 새로운 번 정부는 질서를 확립하기 위해 고압적인 자체를 취했다. 이에 야마우치 가문은 조소카베 가신들 일부에게 고시 계급을 부여하면서 이용하거나 회유하고자 했다.

'농촌 지방의 사무라이'라는 뜻의 고시는 1613년 고치 성 일대의 조소카베 가신 일부를 고시로 받아들임으로써 제도화되었다. 고시들은 원래 농촌 지역에 거주해야만 했는데, 그들이 관리하는 영지는 나중에 30석에서 250석을 생산하는 지역으로 규정되었다. 그들에게는 군역이 주어졌는데 대략 부사관 정도에 해당했으며, 신년 하례 때 다이묘 앞에서 벌어지는 열병에 참석할 수 있을 정도의 서열은 되었다. 때로는 산킨고타이(參勤交代) 때 다이묘를 수행하기도 했다.

이처럼 고시 계급을 부여하는 초기 조치는 농촌 지방의 질서를 확립하고 유지하기 위한 조치라고 볼 수 있다. 하지만 1644년 집정관인 노나카 겐잔(野中謙山)은 고시 계급을 토지 개간을 위한 장려책으로 이용하면서 지금까지의 관례를 바꾸어 놓았다. ■36 최소 30석 이상의 소출이 있는 '신덴(新田)'이라는 새로운 토지를 개간한 경력을 인정받은 자라면, 누구라도 노나카가 마련한 100개의 고시 자리 중 하나에 지원할 수 있었다. 당시에도 여전히 조소카베 가신의 후예를 내세울 필요가 있었지만, 벽지의 개간을 장려하기 위해 마련된 후속 조치 덕분에 가문보다는 인물을 더욱 중시하게 되었다. 1763년과 1822년에 고시 계급이 대대적으로 부여됨에 따라 800개가 넘는 고시 가문이 새로이 탄생하였다. ■37

당시의 이러한 정치적·경제적 정책들은 상급 사무라이들을 조카마치(城下町)로 유인했으며, 그 후 번 정부가 제공한 개간 유인책은 토지를 소유한 새로운 사무라이 집단의 성장에 기여했다. 이들 대부분은 상당한 규모로 토지를 늘리지 않으면 안 되었는데, 이는 1690년 제정된 법령에서 고시 출신의 사무라이 후손들이 상급 무사인 루스이구미 계급이 되기 위해서는 연간 100석 이상의 쌀을 산출할 수 있는 토지를 보유할 것을 명문화했기 때문이다. 이와 같은 신분 상승이 얼마나 빈번하게 이루어졌는지를 검증하기는 어렵지만, 1735년에 루스이구미로 승진하는 조건이 연간 100석에서 200석으로 새롭게 강화된 것을 보면 신분 상승이 과도할 정도로 이루어졌음을 알수 있다. ▪38

그러나 '고시'라는 계급을 단순히 상업화된 사회에서 농본적·봉건적 이상을 유지하던 농민 무사 집단으로만 규정지을 수는 없다. 에도 막부 중기까지는 고시가 되고자 했던 사람들이 자기 하인들의 힘으로 개간한 한 필지의 토지로 법적 요구치를 맞추기란 거의 불가능했기 때문이다. 이 무렵 고시들의 봉토는 조그만 토지들이 여기저기 흩어져 있는 형국이었고, 그 토지들을 일구려면 그 일을 할 노동자와 임차인에게 지불할 자금이 필요했다. 이러한 봉토를 효과적으로 운영해 나가려면 경영 수완도 요구되었다. 이처럼 도사 번의 규제는 토지 이용을 극대화하려는 열망에서 나왔기 때문에, 고시가 되려는 이들에게 무사 집안 출신인지의 여부는 큰 의미가 없어졌다고 볼 수 있다. 1763년 하타 군(幡多郡)이 만들어지면서 내려진 포고령에는 "장사치라하더라도 능력과 자질을 갖추고 있으면 고시로 선발할 수 있다."라고 언급되어 있는데, 이로써 고시 지원자는 더 이상 출신 가문에 연연할 필요가 없게 되었음을 알 수 있다. 이제는 일족 중에 범죄자만 없다면 누구든지 고시가 될 수 있었다. 나아가 1822년의 포고령에서는 구매자의 인품이나 실적에 결격 사유가 없다면 고시 계급의 자유 매매를 허락하기에 이르렀다. ▪39

이러한 변화 덕분에 고시 계급을 사들인 대표적인 계층인 상인이나 부농은 고시 계급의 일원이 될 수 있었다. 더욱 주목할 만한 사실은 새로 고시가 된 무사들 대부분과 기존 고시 계급에 속해 있던 일부 무사들이 자신의 봉토가 아닌 고치 성 조카마치 내부나 주변에 거주하는 것을 선호했다는 점이다. 19세기 초반에 행해진 조사에 따르면, 82개 가문 출신의 고시 800여 명이 고치 성 조카마치나 그 인근에서 살고 있었다. 같은 고시 계급이면서도 애초부터 고시였던 조소카베 가신 출신의 무사와 상급 사무라이들은 이들 도시화된 '시골뜨기 사무라이'들을 업신여기고 낮추어 보았으며, 이 같은 세태에 개탄하는 탄원서가 쏟아져 나왔다는 사실은 놀랄 만한 일도 아니었다.■40 1835년에 태어난 사카모토 료마 역시 이러한 집안 출신이었다. 부유한 양조 징인이었던 그의 조부는 1771년에 돈을 주고 고시가 되었지만, 그의 집안은 고시가 되기 전부터 고치에 살고 있었다.

그렇다고는 하지만 도사 번 고시들의 절대다수는 농촌 지역에 살고 있었고, 그들은 조카마치로 옮겨 간 상급 사무라이들의 부재 속에서 민중의 정서를 피부로 느끼고 있었을 뿐만 아니라 그에 대한 영향력도 가지고 있었다. 긍지와 결속력을 지녔고 교육도 받은 도사 번 전역의 농촌 지도자 집단은 바로 이들 고시 집단에 뿌리를 두었다. 그들은 일련의 사건에서 상급자들과 마찰을 일으켰다. 일례로 1797년 다카무라(高村)라는 이름의 고시가 이노우에(井上)라는 상급 사무라이를 모욕했다가 그가 휘두른 칼에 치명상을 입은 사건이 발생했다. 번에서는 하급자가 무례한 행동을 저질렀다는 근거를 들어 이노우에의 행동을 정당한 것으로 간주하였다. 그러자 이내 고시들 사이에서 불만의 목소리가 흘러나오기 시작했고, 번의 조치에 항거하는 모임과 탄원으로 이어졌다. 긴장이 고조되자 번은 입장을 바꾸어 이노우에를 강등시키고 연공을 삭감하는 조치를 취했다. 하지만 고시들의 불만은 여전했고, 이들의 조직력과 결단은 집단적·개인적 탄원으로 이어졌다. 1801년 위기감을 느낀 도사 번주는 이노우에를 추방했다. 사건은 이렇게 끝났지만, 폭발적인 반향을 불러일으키면서 번 관리들이 줄줄이 사직을 하거나 울화병으로 몸져눕는 일마저 일어났다. ■41 이 사건이나 이와 유사한 사건들로 미루어 보면, 고시들이 상급 사무라이의 오만과 횡포에 얼마나 분개하고 있었는가를 알 수 있다.

농촌 지역에 대한 직접적인 통치권을 행사하지는 못했지만 고시들만큼 중요한 역할을 수행했던 집단이 또 있었다. 바로 쇼야(庄屋)라고 불렸던 촌장 역할을 한 사람들로, 고시와 함께 도사 근왕당의 주축을 이룬 집난이었다. 나카오카 신타로와 요시무라 도라타로(吉村寅太郎)가 속해 있던 쇼야 계급이 막부 후기에 어떻게 정치적 역할을 맡게 되었는지를 이해하기 위해서는, 그들이 가졌던 직책의 권한과 받았던 교육의 내용을 개관할 필요가 있다.

쇼야는 번정에 참여하는 집단 중에서는 최하위 계층을 이루었지만, 실제로 그들은 사무라이가 아닌 평민 신분이었기 때문에 자동적으로 촌락 조직의 정점에 있었으며 지방이나 농촌의 이익을 가장 잘 대변할 수 있는 집단이기도 했나. 쇼야는 군(郡)의 행정 책임자였던 고리부교(郡奉行)에 의해 촌락의 유력 집안에서 선발되었다. 쇼야 대부분은 사실 집안 대대로 번정에 참여해 온 가문의 일원이었는데, 이들 가문의 명성은 농민과 사무라이 간의 구분이 아직 엄격하게 굳어지지 않았던 에도 막부 이전 시기까지 거슬러 올라가는 경우도 많다. 따라서 이런 경우 조소카베 농민 무사의 후손인 경우도 있어서, 그들은 초기 고시들이 요구했던 것과 같은 배경을 요구하기도 했다. 이러한 배경을 가진 가문은 19세기까지 고시들 사이에서도 소수였기 때문에 아마 수적으로도 극히 소수였을 것으로 짐작된다. 하지만 매우 효과적이면서도 권위를 지닌 사회적·심리적 신화가 제대로 작동한다면, 통계

50

수치 따위는 사실상 영향력을 잃어버리고 만다. 두 집단 사이에는 여러 가지 연결 고리가 있었는데, 대부분의 고시들은 쇼야, 더 구체적으로 이야기하자면 그들의 차남 이하에서 선발되었다.

쇼야는 촌락을 운영했으며, 나카오카 신타로와 같은 상급 쇼야, 즉 오조야(大庄屋)는 13개 또는 그 이상의 여러 마을을 담당하기도 했다. 그들은 일부 중범죄를 제외한 대부분의 사안에 대한 경찰권 및 사법권을 부여받았으며, 토지 조세가 제대로 이루어지는가를 감독할 책임도 가지고 있었다. 쇼야는 또한 촌락에 거주하지 않는 사무라이들의 부당한 요구로부터 촌락 사람들을 지킨다는 의식도 지니고 있었다. 어떤 경우든 촌락 현지에 거주하지 않는 사무라이들은 영향력과 권위에서 쇼야들과는 경쟁자일 수밖에 없었다. 현존하는 문서를 살펴보면 그들은 스스로를 '백성들의 수장'으로 여겼음을 확인할 수 있다. 그리고 그들의 세금 징수와 보고 업무에는 보통 고시와 다른 사무라이들을 포함하여 담당 지역 안의 모든 주민세 부과와 종교 활동 보고까지 포함되어 있었으므로, 자신들의 중요성에 대한 근거를 확실하게 갖고 있었다. 이러한 책임감 때문에 종종 그들은 업무나 징세의 일률적인 집행이 농촌 사회의 평안과 질서를 저해한다고 판단될 때면 중앙 권력에 저항하기도 했다. 나카오카 신타로가 자신이 담당했던 군의 문제를 탄원하기 위해 여러 차례 멀리 떨어진 고치로 향했던 것■42도 이러한 맥락에서 이해할 수 있다. 번 당국은 쇼야를 봉건적 질서를 지탱하는 버팀목으로 인식하고 있었다. 도사 번 행정부의 쇼야 기록에는 항거나 반란을 초기에 진압했거나 보고한 촌장에 대해 상찬했다는 내용이 포함되어 있다. 반면에 반란을 성공적으로 진압하지 못했을 경우에는 쇼야가 문책을 당하기도 했다.■43

쇼야는 사회적으로 중요한 역할을 수행했던 집단이었지만, 고시보다 하위 계급이었을 뿐만 아니라, 사실 공식적으로는 지배 계급도 아니었다. 자신의 봉토에 거주하던 고시들은 쇼야가 행사하는 여러 가지 권력에 복종할 필요가 없었는데, 이는 17세기에 고시들이 자신보다 사회적으로 하급자인 쇼야에 대한 복종을 거부함으로써 얻은 결과였다. 쇼야들은 고시에 대한 재판권 회복을 공식적으로 요구하기도 했고, 그 결과 일상생활이나 행정적인 면에서 두 집단 사이에 무수한 갈등의 요인들이 있었음은 의심의 여지가 없다. 하지만 또 다른 측면에서 보면, 쇼야와 고시는 경쟁자라기보다는 동반자에 가까웠다고 할 수 있다. 쇼야와 고시는 모두 도시에 거주하는 상급 사무라이들로부터 차별받던 집단이었다. 그들은 대체로 농촌 지역을 대변하며 촌락의 이해관계, 그중에서도 특히 경제적 측면에 많은 관심을 두었다. 이러한 그들의 입장은 농촌 지역으로부터 최대한 많은 조세 수입을 거두려 했던 고치 당국의 요구와 늘 상충될 수 있는 잠재적 요인이었다고 볼 수 있다. 고시와 쇼야의 자식들은 대개 같은 학교에서 비슷한 수준의 교육을 받았다. 따라서 고시와 쇼야는 같은 미래관을 공유했으며, 쇼야 계급의 상당수가 고시가 되기도 했다. 에도 말기 도사 근왕당으로 대표되는 긴박한 정치적 저항 운동이 늘 검술과 독서를 함께 하던 고시와 쇼야 집단에 의해 주도되있음은 당연한 귀결이라고 할 수 있다.

도사에서 고치 당국의 정책과 농촌 지도자들 사이에 형성된 경제적·사회적 적대감은 당시 봉건 지배자들이 일본 도처에서 직면했던 문제들에 관한 여러 가지 측면을 시사해 준다. 본질적으로 이러한 적대감은 농촌의 잉여 생산물을 둘러싼 투쟁에서 비롯된 것인데, 이는 당시 지배층이 얻을 수 있는 유일한 실질적인 부였다.

도사의 농촌 지역은 언뜻 보아도 당시 일본의 다른 어떤 지역보다 효과적이고 효율적으로 통치되고 있었음에 틀림없다. 왜냐하면 1622년 야마우치

가문은 번주의 직할지인 토지, 즉 '혼덴(本田)'을 정기적으로 재분배하는 제도를 복원했기 때문이다. 나라(奈良)-헤이안(平安) 시대, 그리고 궁극적으로 거슬러 올라가면 중국의 당나라에 연원을 두는 이 제도에서는 5년이나 7년, 때로는 10년 주기로 바람직하다고 판단되는 토지 이용 유형에 따라 혼덴을 작은 토지 단위로 분할하였다. 이렇게 분할된 토지는 '구지치(くじ地)'라고 불렸으며, '지와리(地割り)'라는 다음 토지 재분배 때까지 경작되었다. 외곽 지역에서는 배분 간격이 극도로 불규칙적이었으며, 이러한 배분이 고치 성 주변의 고치 평야에서 보다 효율적으로 진행되었음은 의심의 여지가 없다. 혼덴 지역을 떠나 고치 또는 다른 도시 지역으로 이주하는 것이 일상적으로 이루어졌다는 사실은 이와 같은 토지 제도가 농민들에게 환영받지 못했거나, 적어도 세금에 관한 한 그들에게 별 도움이 되지 못했음을 보여 주는 증거라고 할 수 있다. 일부 지역에서는 경작되지 않고 방치된 토지가 신덴(新田)으로 개간되는 일도 종종 일어났는데, 이는 아무래도 고시들이 주도한 것으로 보아야 할 것이다. 혼덴에는 6:4 비율의 과세가 이루어졌고, 이 중 6할이 다이묘의 몫으로 돌아갔다. 하지만 신덴의 경우 대체로 한계 농지(限界農地)였고, 개간을 유도하기 위한 유인책이 필요했기 때문에 혼덴과는 달리 다이묘에게 돌아가는 몫은 6할이 아닌 4할이었다. 에도 후기에 여러 번들은 연공 수입 확대를 위해 에도 초기의 토지 분배 제도를 복원하려고 시도했지만, 대부분 실패로 돌아갔다. 도사 번에서 이 제도를 유지할 수 있었던 것은 관리 주체였던 번 관리와 쇼야들이 성공적으로 자신들의 역할을 수행했음을 일러 주는 증거로 해석된다. ■44

도사 번 지도부는 농업 생산에 대한 과세만으로는 충분한 재원을 확보할 수 없었기 때문에 여러 가지 보조 재원을 마련했다. 이 가운데 가장 중요한 수단은 목재와 종이 및 기타 상품을 오사카의 시장에 내다 파는 것이었다.

재정 분야의 책임자 밑에 지역 특산물을 담당하는 관리를 두어 판매용 상품의 생산을 장려하고 거래를 통제했다. 중요한 사업은 도사 번내의 독점 구매권을 가진 특정 상인 조합에 위임되었기 때문에 이윤 추구를 위한 개인 기업은 그 영역에 한계가 있었다. 조합에 가입한 상인들은 이 같은 특혜의 대가로 번에 면허세를 납부했다. 그 결과 특혜를 받은 상인들과 재정 담당 관리들 사이에 긴밀한 관계가 형성되는 것은 필연적인 일이었다.

이와 같은 독점적인 상행위는 독점 조합에 손해를 보고 파는 농촌의 공급자들은 물론, 자유 경쟁이 이루어지던 시기에 규모는 직지만 이들과 동일한 종류의 사업을 하던 지방의 사업가들에게도 마찬가지의 피해를 주었다. 이처럼 강력한 압제가 이루어지던 시기는 흔히 그렇듯이 부패의 시기라는 비난을 받았다. 상인들이 번의 정책을 좌우할 정도의 존재로 떠올랐기 때문이었다. 민중의 삶이 고달파졌던 만큼 악정의 시기라는 비난도 함께 가해졌다. 따라서 개인 사업의 권리나 가치에 대한 긍정적인 시선은 없었던 반면, 관제 상인들의 폐단에 대해서는 분명한 거부감이 자리 잡고 있었다.

독점과 결탁이 농촌과 지방의 민감한 사람들에게 어떻게 받아들여졌는지는 1787년에 일어난 유명한 사건인 이케가와(池川)의 '종이 반란'에 잘 드러나 있다. 이 사건은 당시 독점 상인 조합이 자신들의 이윤을 극대화하기 위해 생산된 종이를 매우 낮은 가격으로 매입한 것에 대해, 종이를 만들던 마을 사람들이 반발하면서 일어났다. 600여 명의 이케가와 마을 주민들은 항의 탄원서를 제출했으며, 얼마 후 산을 넘어 인근 마쓰야마 번(松山藩)···23으로 도주했다. 그들은 번이 사태의 마무리를 원한다면 마쓰야마 관리들과의 장기간 교섭, 도주자들의 신분 등 보장, 그리고 상당수 관리들의 사직과 해임이 선결되어야 한다고 주장했다. ■45

이 사건은 항상 다음과 같은 교훈의 사례가 되었다. 즉 수입을 늘리고 비공식적인 지출을 제한함으로써 번의 재정을 강화시키겠다는 '개혁파'는 고압적인 조치들에 대한 책임을 지고 날카로운 비난과 공격을 받을 수밖에 없으며, 또한 번 정부를 은밀한 상거래에 개입시켜 부패의 길로 들어서게 했다는 비난도 받았다. 치수, 개간, 독점 상거래를 통해 도사의 경제를 중흥시키고자 했던 명정치가 노나카 겐잔조차 이런 복병을 만나 실각하고 말았다. 노나카 겐잔은 그가 행한 정책이 사농공상을 막론한 번의 모든 백성들에게 고난을 안겨 주었다는 이유로 탄핵을 받아, 1663년 실각한 후 추방되었다. 이어지는 장에서 다시 한 번 언급하겠지만, 1860년대 번정 개혁을 주도했던 요시다 도요(吉田東洋)에게도 비슷한 운명이 기다리고 있었다. 노나카 겐잔의 몰락 이후, 독점적 상업은 번 정부의 어려움과 민중의 저항에 따라 부침을 반복했다. 하지만 민중의 저항은 농촌 지역의 고시나 쇼야의 도움 없이는 주목을 끌기 어려웠다. 이와 마찬가지로 그러한 개혁 성책 역시 자신들이 속한 집단의 협조를 받지 못한다면 성공하기 어려웠다. 왜냐하면 그들을 사회적·정치적 지도자뿐 아니라 경제적 지도자로 우뚝 서게 만들어 준 원천은 바로 그들의 재산이었으며, 개혁 정책은 그들의 재산에 직접적인 영향을 주었기 때문이다. 에도 시대 경제 연구자들, 특히 사토 신엔(佐藤信淵)은 도사를 고대 봉건적 도덕과 제도가 본디 그대로 온전하게 작동하는 몇 안 되는 지역 중의 하나라고 칭송했는데, 이러한 감상은 도사에 대한 이야기보다는 나머지 일본 전역이 어떠했음을 시사하는 측면이 훨씬 크다. ■46 짐작건대 사토 신엔의 극찬을 이끌어 낸 원동력은 바로 도사의 고시들이었을 것이다. 그의 눈에는 이들이 자급자족적 농민 무사라는 종래의 이상을 간직해 온 극소수의 집단으로 비쳐졌던 것이다. 하지만 앞서 언급한 바와 같이 고시들 중 상당수는 자급자족적인 농민도 무사도 아니었다.

그럼에도 불구하고 고시와 쇼야를 단순히 도시의 독점에 대항하는 농촌의 이해관계를 대표하는 세력으로 결론지은 다음, 1850~1860년대에 걸쳐 일어난 그들의 활동이 반봉건적 혹은 상업자본주의적 이념에서 비롯된 것이라고 결론짓는 것은 아주 잘못된 판단이라고 본다. 이 시기에 그들의 반발 기조는 도사의 젊은이들이 자라왔고 교육받아 온 사회적 환경에 영향을 받은 측면이 크며, 당시의 이념적 배경은 상업 기업의 촉진보다는 농본주의 부활의 사상 쪽에 힘을 실어 주었다.

고시와 쇼야의 자식들은 대부분 고치 성내 또는 인근에 스무 곳 정도 자리하고 있던 사설 교육 기관인 사숙(私塾)에서 교육을 받았다. 도사 번사(藩士: 번의 가신)의 자식들은 관립 번교(藩校)에서 교육을 받았고, 평민들은 도처에 산재한 초등 교육 기관인 데라코야(寺子屋)[24]에서 기초적인 교육을 받았다. 도사 번은 하급 무사나 촌락의 유력한 농민의 자식들이 학문과 무예를 연마하도록 장려했으며, 이와 관련된 교육 활동은 대부분 사숙에서 이루어졌다. 사숙에는 여러 유형이 있고 교사 역시 다양한 신념을 갖고 있었지만, 대체로 주자학이 교과 내용의 핵심이었다. 주자학은 다니 신잔(谷秦山: 1663~1718)에서 비롯된 유학의 일파를 통해 전파되었다. 야마자키 안자이(山崎闇齋)의 제자인 다니 신잔은 신도(神道)를 강조하는 스승의 가르침을 대부분 받아들였으며, 중국 성현의 가르침과 애국주의적 사상을 결합한 학풍을 주창하였다. 다니 신잔이 1670년대에 각광을 받았던 이토 진사이(伊藤仁齋)[25]의 학풍을 따르라는 번의 명령을 거부하여 받은 처벌로 고치에서 추방된 후 후학 양성에 진력하였다는 사실은 상당히 중요한 의미를 띠고 있다. 따라서 사숙은 애초부터 이단적인 측면을 내포하고 있었다. 하지만 다니 신잔은 1711년 사면을 받았고, 난가쿠(南學)라 불린 그의 학풍은 사숙은 물론 관립 교육 기관에도 점차적으로 세력을 확대해 갔다. 19세기에 이르러서는 유학을 배제한 신도만을 가르치는 사설 교육 기관도 생겨났다. [47]

난가쿠 교육이 정치적으로 어떤 경향성을 가지고 있었든 간에, 난가쿠에서 도사 번과 에도 사회의 기반이 되었던 농본주의 가치를 부정하는 사상을 찾아보기란 쉽지 않다. 역사적으로 난가쿠의 뿌리는 노나카 겐잔의 후원을 받았던 야마자키 안자이로부터 찾을 수 있다. 다니 신잔이 애초에 겪었던 어려움은 불신받고 있던 노나카 겐잔과 야마자키 안자이의 사상을 자신의 학설과 결합시키려 했던 데에 기인하는 부분도 적지 않았다. 후년에 노나카 겐잔의 가르침은 대부분 재조명되었으며, 이에 따라 그의 철학적 후계자들 역시 자연스럽게 면모를 일신할 수 있었다. 사숙에서의 교육이 고급 무사의 자식들이 다니는 번교의 교육보다 더 반봉건적인 것은 결코 아니었다. 고시나 쇼야가 학업을 마치면서 진보적인 사상을 가진다는 주장은 사리에 맞지 않는다. 사실 번이 직면한 문제를 해결해야 할 책임이 있고 실용주의적인 시도를 통해 그 해결책을 찾으려 했던 상급 사무라이들보다 고시나 쇼야가 더 진보적인 성향을 가졌다고 보기는 어렵다. 이에 반해서 지도자로서의 막중한 책임감을 지니지 않았던 초기 근왕파 지도자들은 상급 사무라이들이 자신의 사상적 입장을 전환한 후에도 오랫동안 사상적으로 일관된, 다시 말해 '봉건적' 사고에 머물 수 있었다. 도시 출신의 고시이자 도사 근왕당의 지도자였던 다케치 즈이잔(武市瑞山)은 상업 자본을 몰수해서 군사 개혁을 위한 자금으로 활용해야 한다는 생각을 가지고 있었으며, 그의 추종자들이 자기 지도자에 비해 상인들에게 더 동정적이었다고는 볼 수 없다. ■48 1825년부터 1850년에 이르는 시기를 대변하는 계층인 고시와 쇼야는 반봉건주의적 이념과는 거리가 멀었고, 대체로 농본주의적 이상으로의 회귀를 부르짖던 집단이었다. 하지만 그런 와중에도 때로는 도시화된 상급 사무라이들의 가치와 역할에 대해 의문을 품기도 했다.

19세기 중반의
도사

　사카모토 료마와 나카오카 신타로를 비롯한 유신 지도자들은 1825년에서 1850년 사이에 태어났다. 이 시기는 체제에 대한 불만이 고조되는 동시에 지배층의 입지를 회복하기 위한 번 정부 정책에도 변화가 두드러졌던 시기였다. 일본 각지에서 일어난 봉기와 반란은 지배 계급에 큰 타격을 입히지 못한 채 진압되는 것처럼 보였다. 일부 번에서는 봉건적 지배를 강화하기 위한 후속 조치들이 성공을 거두기도 했다. 하지만 19세기 중반 서양에서 온 사절들이 국가적 위기의식을 촉발하자, 일찍부터 있어 왔던 체제에 대한 불만은 새로운 전환점을 맞이했다. 개혁과 재편성이라는 번 정부의 공식적 대응에서 볼 수 있듯이 가능성과 한계를 여전히 지니고 있었는데, 이는 그 이전에 행해진 정책에서도 확인할 수 있다. 이러한 점을 염두에 두고 덴포 (天保) 시대(1830~1843) 도사 번의 움직임을 살펴보는 것은 나름의 의미가 있을 것이다.

　이 시기 도사 번에서는 쇼야들의 불만이 표출되기 시작했다. 쇼야들은 도시 상인에게 이익을 가져다준 높아만 가는 상업화의 물결이 자신들의 입지를 위협하는 것으로 받아들였던 것이다. 곳에 따라서는 도시요리(年寄)와 같은 평범한 촌락의 지도자가 관리로 임명되는 대접을 받거나, 한때 쇼야에게만 주어졌던 명예를 놓고 다투는 경쟁자가 되었다. 다수의 쇼야들은 자신들의 지위나 경제적 이점을 이용해 지방에 있는 소규모의 상업적 기업 활동에 진입했고, 이를 통해 얻은 이윤을 바탕으로 자기 자식들을 위해 토지 구입 혹은 그들의 지위 상승을 꾀하였다. 나아가 그들은 상인들의 독점 조합에 유리한 번의 정책들을 비난하기 시작했다. 다른 번의 예를 통해 언급한 바 있듯이, ▪49 이제 봉건 지배자들은 이윤을 추구하기 위한 정책 전환을 할 수 있었다. 즉 그들은 더 이상 이윤을 가져다주지 못하는 중상주의나 지역적 자급주의 정책에서 벗어나, 과거에는 일부만을 손에 넣을 수 있었던 농업적·수공업적 잉여 생산물을 놓고 자신이 다스리는 지역의 부유층과 경쟁하는 형태의 정책을 취했다. 만일 도사 번에서도 이러한 정책이 실시되었다면, 이는 틀림없이 농촌 지역에서 지도자 역할을 하던 쇼야 계급에 대한 중대한 도전으로 다가갔을 것이다.

하지만 쇼야들의 불만은 에도 초기에 만들어진 비상업적 질서에 입각한 전통적 가치 체계의 틀 속에서 표출되었다. 사숙에서는 과거 시대의 지혜에 초점을 맞춘 교육이 이루어졌고, 여기서 유교적 가치관과 일본의 전통적 개념들은 순수한 사회로 회귀하려는 희망 속으로 스며들었다. 이러한 사회에서는 쇼야 자신들의 억할에 어떠한 경쟁이나 모욕도 개입될 수 없었다. 1830년대에 들어 그러한 경쟁이 바로 상인과 사무라이라는 도시의 두 이해집단 사이에서 발생했다. 하급 가신들의 현장 조사가 계기가 되어 쇼야들의 불만이 야기되었는데, 그들의 오만함은 한때 그들 상급자가 가졌던 오만함과 결코 다를 것이 없을 정도였다.

유신기에 아주 유용한 구호로 사용되었던 '복고'의 사조는 도사에서도 분명하게 확인될 수 있었다. 가모치 마사즈미(鹿持雅澄: 1791~1857)와 같은 사숙의 교육자들은 일찍이 모토오리 노리나가(本居宣長)▪▪▪26가 제창했던 가르침을 고시와 쇼야 학생들에게 가르쳤다. 이러한 점에서 사숙에서 공부한 고시와 쇼야 출신들이 1860년대 다케치 즈이잔의 주도로 일어난 근왕당 운동의 주역으로 활동했다는 사실은 어찌 보면 당연한 일이라고 하겠다. 이와 더불어 다케치 즈이잔 자체도 가모치 마사즈미의 조카인 동시에 제자였다는 사실 역시 주목할 만한 가치가 있다. ▪50

지금까지 남아 있는 이 같은 불만에 관한 기록들은 대부분 쇼야에 관한 내용이 주를 이루고 있으며, 이들 자료에서 쇼야들이 고시 수준의 신분 상승을 원했다는 사실을 발견할 수 있음은 매우 흥미로운 일이다. 비난을 받았던 고시들은 대개 돈을 주고 그 지위를 산, 고치 내부나 인근에 살고 있던 자들이었다. 왜냐하면 우리가 가진 기록에 담긴 쇼야들의 불만은 대부분 고치 근처 마을들에 집중되어 있기 때문이다. 하지만 이러한 불만이 고시와 쇼야의 동지적 관계에 심각한 균열을 가져다주었다고 보기는 어렵다. 훗날 결성되는 도사 근왕당의 핵심 세력이 바로 이 두 계급 출신인 것을 보면 알수 있다.

1830년대와 1840년대에 일어난 일련의 사태는 쇼야들이 가졌던 불만을 극적으로 끌어올렸다. 1837년 마에하마(前濱) 촌의 진수제(鎭守祭) 때 지방 관리를 맡고 있던 무사가 쇼야보다 상석을 요구하는 사건이 일어났다. 한 무리의 쇼야들은 이를 도시와 상인들이 농촌과 농민들을 무시하는 가치 전도의 상징적인 사건으로 받아들이면서, 그러한 폭거가 되풀이되지 않도록 상부에 탄원했다. "수익에는 귀천이 있나이다. 논에서 얻은 수익은 고결한 것이옵고, 은이나 ㅓ리를 팔아 얻은 수익은 비천하나이다."라고 그들은 주장했다. 도시의 관리들은 이기적인 상인들과 결탁한 집단으로, 고결한 농민들과 함께하는 쇼야와는 비교 자체가 될 수 없다고 규탄했다. 또한 그들은 자신들이 사회 유지를 위해 가장 중요한 임무를 수행하는 집단임을 역설했다. "소인들은 농업과 어업을 장려해 왔고, 조세를 거두고 공무를 집행해 왔으며, 번에 변란이 닥쳤을 때에는 군사를 징발하기도 하였나이다. …… 아뢰옵건대 소인들은 번을 다스림에 있어 가장 막중한 소임을 맡고 있나이다." 그러면서 쇼야를 도시 관리들의 삶과 비교하려 하는 것은 마치 "하늘과 땅을 비교하는 것과 같다"고 항변했다. ■51

나카오카 신타로

사카모토 료마

유신기의 후쿠오카 고테이

만년의 후쿠오카 고테이

낭인 시절의 다나카 고켄

장년기의 다나카 고켄

보신전쟁 중 이타가키 다이스케(앞줄 중앙)와 부하들

젊은 시절의 이타가키 다이스케

자유당 당수를 역임하던 장년기의 이타가키 다이스케

요시다 도요

이와사키 야타로

다케치 즈이잔

고토 쇼지로

야마우치 요도

쇼야들의 불만이 가장 잘 나타난 사례는 1841년에 결성된 쇼야 동맹이라고 할 수 있다. 여기에 가담한 쇼야들은 이전의 행정적 업무를 되돌려 달라고 탄원했는데, 점차 사라지고 있는 자신들의 명예는 바로 이들 업무 때문에 가능한 것이라고 생각했다. 쇼야는 이전부터 자신들이 관리하고 감독하던 지역에 거주하는 모든 백성들에 대한 배타적인 지배권을 요구해 왔다. 또한 자손들에게 성(姓)과 칼을 물려줄 수 있는 특권, 심문할 때 고문할 수 있는 권한, 고시들의 편지에서 자신들이 '도노(殿: 다른 사람, 특히 무사 등 신분이 높은 사람의 이름이나 직명 등에 붙이는 경칭—역주)'라 불릴 권리 등을 요구했다. 하지만 동맹원을 위해 쓴 문서에서는 그 이상의 특권을 요구했다. 근왕주의 교육과 상처받은 그들의 자존심이 하나로 결합되면서, 스스로를 고대부터 천황에게 국토 관리의 임무를 부여받았고 그런 만큼 자신들이야말로 천황의 제일가는 충복이라는 믿음을 갖고 있었다. 오랜 영광의 역사를 가진 쇼야와는 달리, 사무라이는 오늘날 무익한 겉치레에 불과한 존재로 대비시켰다. "천하 사해(天下四海)에 오직 한 분만이 존귀하시다. …… 우리가 우러러러야 할 이 존귀한 분은 바로 천황 폐하이시다. 쇼군은 천황 폐하의 대리인, 다이묘는 쇼군의 지휘관으로 행정의 총괄자, 그리고 쇼야는 토지와 백성에 대한 책임을 맡은 관리들이다." 뒤에 이야기하겠지만, 사무라이는 이 지휘 계통도에 들지도 않았다. 어디서든지 그들은 스스로를 '백성의 우두머리'로 인식한 반면, 사무라이는 '귀족의 발' 정도로 여겼다.▪52 이러한 저항 운동에 대해 어떤 공식적 대응을 했다는 기록은 없지만, 1850년대 들어 다수의 쇼야들은 자신들의 열정을 설파하는 데서 한걸음 더 나아가 그 열정을 지닌 채 국정에 참여하기에 이른다. 이러한 내용이 반영된 교육이 고시와 쇼야의 자식들에게 같은 방식으로 전해졌기 때문에 이념이나 이해관계에서 충돌이 빚어졌을 때 사회적·군사적 상급자들은 사숙의 학생들을 규제할 수 없었다.

쇼야 저항 운동은 근왕 사상이 쇼야 집단 사이에서 강한 영향력을 가졌다는 사실을 시사해 준다는 점에서 나름의 의미가 있다. 이는 도사 번 교육에서 꽃을 피운 다니파(谷派) 난가쿠(南學)의 국가주의적 교육과 가모치 마사즈미와 같은 신도 전문가들의 개인적 영향에 기인하다고 볼 수 있다. 그러나 아직까지 도사 번에서 이러한 사상이 발달했다고 단언하거나, 다른 계급 역시 그 사상을 열정적으로 지지했다고 추론하기는 어렵다. 가모치의 제자들 중에는 상급 무사 출신도 적지 않았다.[53] 하지만 사숙에 꾸준히 나오는 학생들은 주로 고시나 쇼야 출신이었기 때문에 가모치는 이들에게 더 많은 영향을 미쳤을 것이다. 어쨌든 이미 언급했던 쇼야 동맹의 문서에서 신도 사상의 영향력은 부인하기 어렵다. 논의는 『고지키(古事記)』[27]부터 시작되는데, 분명한 것은 행동이나 변화를 정당화하기 위해 봉건적 관행에 호소하는 것보다는 조정에의 봉사나 선례를 참조하는 것이 더 중요하다고 인식했다는 사실이다. 바로 이러한 점이 1850년대에서 1860년대에 걸쳐 근왕당의 열성분자들에게서 되풀이되었다. 상급 무사들이 누리는 세습적인 특권에 분개하고, 자신들의 사회적 역할과 중요성을 자각한 하급 무사들은 보다 높은 권위의 존재와 천황 지배 질서의 선례를 인정하는 사상에 완전히 매료되었다. 사카모토 료마와 그의 동지들이 가족이나 주변의 지인들에게 봉건적 상급자의 명에 불복하는 자신들의 행위에 이러한 정당성이 있다는 점을 당당하게 주장했다는 사실은 그리 놀랄 일도 아니다.[54]

앞서 살펴본 쇼야 동맹 직후에 도사 번 지도부는 번의 경제적 입지를 강화하기 위한 개혁 정책을 단행했다. 이 개혁안에서 쇼야 개개인의 저항과 직결된 부분은 찾아보기 힘들지만, 권력과 독점에 관한 제도를 강화하기 위해 고안된 안들이 포함되었다는 사실은 분명했다. 쇼야들이 불만을 가졌던 죄악은 대부분 이 제도에서 비롯된 것이었다. 하지만 도사 번의 개혁이 상인과 봉건 세력 간에 나타난 불균형을 해소하려는 보편적이면서 실질적인 국가적 노력의 일환으로 시도되었다는 사실에서 이 개혁이 지닌 포괄적인 의미를 이해할 수 있다.

덴포 개혁은 오랜 기간 동안 안정적으로 일본을 통치해 왔던 에도 막부 11대 쇼군 도쿠가와 이에나리(德川家齊: 재위 1787~1837)의 치세 직후에 이루어졌다. 장기간에 걸친 치세에는 흔히 정실, 허례, 부패가 일상화된다. 이는 에도 막부도 예외는 아니었다. 사쓰마 번주였던 시마즈 시게히데(島津重豪: 1745~1833)는 1787년에 공식적으로 번주 자리에서 물러났지만, 1833년 사망할 때까지 계속해서 번정에 영향력을 행사했다. 그는 문화와 학술 분야에 파격적인 지원을 한 데다 에도에서의 사치스러운 생활로 사후에 막대한 빚을 남겼다. 도사 번주 야마우치 도요스케(山內豊資: 1794~1872)는 1843년 은퇴할 때까지 34년간 도사 번을 통치했다. 1836년에 사망할 때까지 27년 동안 조슈를 통치했던 번주 모리 나리히로(毛利齊熙: 1783~1836) 역시 조슈 번의 37년치 연공 수입에 해당하는 막대한 부채를 남겼다. 이와 같은 장기 집권이 종말을 고하자 도처에서 재정 문제가 불거지고, 이에 새로운 진용이 갖추어지면서 개혁의 필요성이 제기되기 시작했다.

최초의 덴포 개혁은 고산케(御三家)***28의 하나였던 미토(水戶) 번주 도쿠가와 나리아키(德川齊昭)가 1830년 번주 자리에 오르면서 시작되었다. 미토 평야의 농민들이 고향을 떠나 에도 부근으로 몰려들면서 번의 인구가 줄어들기 시작했다. 나리아키는 문제의 원인인 농업 부진을 만회하기 위한 노력을 경주했다. 또한 그는 검약과 긴축 정책을 시도하면서, 조카마치에 거주하던 가신들을 강제로 농촌 지역으로 돌려보내 그곳에서 더 검소하고 보다 유익한 생활을 하도록 했다. 하지만 이러한 노력은 성공을 거두지 못했다.

한편 하급 관리이자 유학자인 오시오 헤이하치로(大鹽平八郞)가 1837년에 주도한 난은 엄청난 반향을 일으키며 전국적 수준에서 개혁의 급박함을 모든 이에게 일깨워 주었다. 나리아키는 막부 각료단에 대한 자신의 영향력을 이용해 부교 미즈노 다다쿠니(水野忠邦)를 내세워 영향력을 행사했다. 미즈노는 1841년 로주 회의의 필두에 임명되어 막부에 일련의 광범위한 개혁을 단행했다. 미즈노는 독점 조합을 해산시키고자 했으며, 또한 백성들의 소비 수준을 제한하거나 낮추려 했다. 그러나 야심차게 추진한 정책은 그의 정치적 지지 기반이었던 다이묘들의 반발을 초래했고, 이로 말미암아 그는 1843년 실각하고 말았다. 일본 사회를 상업 발달 이전의 생활 수준이 낮았던 사회로 회귀시키려 한 그의 필사적인 노력은 결국 실패했다. 앞서 언급한 바와 같이, 에도에 있던 그의 자택은 1843년 그가 실각한 지 얼마 지나지 않아 폭도들의 습격을 받고 말았다. ◾55

막부의 개혁은 실패로 돌아갔다. 막부의 지출이 수입을 상회하는 문제는 지속되었다. 에도로 들어오는 식료품 수송이 일시적으로 중단되면서, 상인 조합을 배제하려던 시도는 오히려 그들의 중요성을 부각시키는 결과를 낳았다. 게다가 미즈노 다다쿠니의 예상과 달리 식료품 가격이 떨어지기는커녕 자유 경쟁하에서 상승하고 말았는데, 이는 사실 그동안 독점 상인들이 식료품 가격을 어느 정도 조절해 왔던 것이기 때문이었다.

그렇지만 이런 와중에도 경제적 이해관계가 덜 복잡하고 중상주의적 목표에 도달하기 쉬웠던 개개의 번들은 번정 개혁의 노력이 성과를 거두기도 했다. 사쓰마 번에서는 부채와 불충분한 연공 수입을 해결하기 위한 여러 조치들이 실시되었다. 오사카 중개인들에게 진 거래 부채 중 일부는 차환하거나 포탈했다. 또한 가고시마에서 양학 연구의 실험과 발전을 위해 시작했던 대규모 조치들을 단기간이나마 중단함으로써 번의 지출을 줄일 수 있었다. 사무라이들의 녹봉은 종국적으로 최소 수준이 되도록 줄여 나가는 한편, 전국 시장을 목표로 한 상품 작물(商品作物: 시장에 내다 팔기 위한 농작물—역주) 재배에 전력을 기울여 번의 수입을 확대할 수 있었다. 사치품 교역에서의 이익은 류큐(琉球)'''**29**와의 교역을 통해 유지할 수 있었다. 사쓰마 본토에서 생산된 밀랍, 면, 사탕수수는 우선 농민들에게 강제로 재배하게 했고, 이를 생산한 농민들이 마음대로 처분하거나 이용하지 못하도록 신중하게 막음으로써 번의 재정 문제를 개선하고자 했다. 그 결과 사쓰마 번은 에도 시대 말기 수십 년 동안 비교적 탄탄한 재정을 확보할 수 있었다. 막부에서 실패했던 이와 같은 노력이 사쓰마 번에서 성공할 수 있었던 까닭은 다음과 같다. 첫째 사쓰마 번은 외부와의 접촉을 어느 정도 차단할 수 있었고, 둘째 사쓰마 번에는 사무라이의 수가 많아 이들을 평민들의 생활 수준을 통제하기 위한 조치들을 감시하거나 실행하는 데 활용할 수 있었으며, 셋째 사쓰마 번은 규슈 남단이라는 지리적 이점을 이용했을 뿐만 아니라 류큐와의 교역을 통해 많은 이익을 얻을 수 있었다. 몇몇 역사가들이 지적했듯이, 사쓰마 지도자들의 성공 비결은 그들이 다른 번의 지도자에 비해 더 '근대적'이었기 때문이 아니라, 그들의 사회가 막부가 다루어야 했던 사회에 비해 덜 근대적이었기 때문이다. ■**56**

혼슈(本州) 최서단에 자리 잡은 조슈 번에서는 다른 수단을 통해 적지 않은 성과를 거두었다. 1831년에 일어난 대규모의 반란으로 위기에 몰렸던 조슈 번 당국도 막대한 부채에 시달리고 있었다. 번 정부는 1838년 시작된 일련의 개혁 조치를 통해 관직을 정비했으며, 의례 비용을 줄이고 사무라이들의 부채에 대해 지불 유예를 선언해 그들의 생활 수준을 향상시키고자 했다. 이러한 시도는 농민들의 어려움 역시 다소나마 완화시킬 수 있는 소지가 있었다. 가장 역점을 두어 추진된 조치는 바로 번의 부채를 감소시키기 위한 조치였다. 토지 개간 사업이 시작되었고 제염업을 일으켰으며, 이로 인한 연공 수입의 확대로 연안 해운업과 관련된 융자도 가능하게 되었다. 조슈 번 당국자들은 번이 상인들에게 부채를 지는 전통적인 형태를 뒤집어, 그들의 전략적·지리적 이점을 활용하여 곧 들이닥칠 격랑의 시대에 번을 유지할 상당한 규모의 예비 자금을 확보할 수 있었다. 조슈 번에서 경제를 통제하기 위해 채택한 조치들은 사쓰마 번만큼 엄격하게 통제되지는 않았지만, 미즈노 다다쿠니의 막부 개혁에 비해 훨씬 진보적인 것이었다. 결국 조슈의 정책들은 전체적으로 에도 시대에 이루어진 개혁 양상의 논리적 연장선상에 있었다. 번 당국이 고리대금업과 같은 개인 사업 분야로 진출하면서 이전에 이루어졌던 번의 정책과는 확연하게 구분되는데, 이전에 고리대금업은 상인들의 영역이었다. 조슈의 대부업자들은 강제로 사무라이의 빚을 포기하거나 지불 유예당할 수밖에 없었고, 사무라이들이 더 이상 빚을 얻지 못하도록 하는 조치도 취해졌다. [57]

사쓰마 번과 조슈 번에서 이루어진 개혁은 실행의 측면에서는 상당한 차이를 보였지만, 그 의도는 에도에서 미즈노가 추진했던 개혁과 큰 차이가 없었다. 사쓰마와 조슈의 개혁 성공은 그것들이 진행된 지역의 입지적 요인에 힘입은 바가 컸는데, 그곳은 무역에 유리한 전략적 입지인 동시에 규제로부터 벗어난 곳이었다. 하지만 어떤 점에서 그들은 중요한 차이를 보였다. 미즈노의 개혁은 반동적인 성격을 지녔을 뿐만 아니라 양학에 대해서는 배타적이었다. 덴포 개혁 기간 동안 에도에 있던 상당수의 '난학자'들은 박해를 받았다. [58] 조슈 번의 개혁 결과로 난학을 장려하는 것을 포함해 공식적인 번 교육에 변화를 가져왔으며, 중요한 서적을 번역하는 활동을 지원하기도 했다. 한편 사쓰마 번에서는 이제 와서 새롭게 양학 연구에 대한 관심이 증대되지는 않았는데, 이는 더 이상 필요가 없었기 때문일 것이다. 이보다 바로 앞선 시기의 번주였던 시마즈 시게히데(島津重豪)는 상당한 액수의 부채를 내어 양학의 응용과 관련된 값비싼 실험을 지원했다. 덴포 시기에 사쓰마의 지출은 줄어들었지만, 그렇다고 해서 서양 문물에 대한 극단적인 거부감이 있었던 것은 아니었다. ■59

도사 번 역시 덴포 시대에 접어들면서 개혁 정책을 추진했는데, 이는 널리 알려진 사쓰마와 조슈의 개혁 방식과 비교해 보면 하나의 변종에 해당된다. 1843년 13대 도사 번주 야마우치 도요테루(山內豊熙)는 번이 부채에 시달리고 있으며 매년 적자에 허덕이고 있다는 사실을 직시했다. 번의 연간 순수입인 14만 1,689석의 연공 수입 가운데 3분의 2에 해당하는 98,372석이 에도, 오사카, 교토-후시미(伏見)에서의 비용으로 지정되어 있고, 번정에 사용되는 액수는 43,417석에 불과했다. 도요테루가 번주가 되기 바로 전해에 일어난 나오카와(直川) 지방의 농민 반란으로 수백 명의 농민들이 탈번(脫藩)■30하여 이웃 번으로 흘러들었고, 이로 말미암아 도사 번은 저항 없이 추가적인 징세를 할 수 있는 상황이 아니었기 때문에 증세나 독점과 같은 방법은 타당한 해결책이 될 수 없었다. ■60 게다가 부채와 상업화가 지배층 전체에 영향을 미치고 있었음이 분명했다. 이는 고시 자격의 양도가 빈번해졌다는 사실을 통해 잘 알 수 있다. 1845년 기준으로 도사 번의 고시는 총 742명이었는데, 1830~1867년 사이에 전체의 3분의 1인 212명이 매매를 통해 고시 자격을 다른 사람의 손에 넘겼다. ■61

도사 번의 개혁 시도는 전통적인 조치들로부터 출발했다. 1842년에는 전년도에 반포되었던 미즈노 다다쿠니의 포고문을 모방하여, 13개의 주요 상인 조합을 철폐했다. 그 이후 포고문에서는 물가를 인하하고, 그것을 다시 올리는 것을 금지했다. 또한 번 정부는 경비 절감에 관해 발표했고, 관례대로 사무라이들의 녹봉 삭감 역시 여기에 포함되었다. 이에 따라 채권자인 오사카 상인들과의 관계를 차단하려는 이런저런 수단이 강구되었으며, 결국 채무 불이행까지 고려되었다. 이런 조치가 상인과 일부 사무라이들의 반발을 산 것은 당연한 일이었다. 이 중에서도 특권을 누리던 최고위층은 이러한 조치가 새로운 대부를 제한한다는 점에 반발했으며, 자신들의 수입이 번에서 실시하는 긴축 정책의 표적이 되지 않을까 우려했다. ■62

하지만 도사의 덴포 개혁이 실패하게 된 것은 경제적 어려움 때문이라기보다는 주로 개인적이고 이념적인 측면에 기인했다. 야마우치 도요테루는 개혁을 추진한 새로운 인재로 상급 사무라이 중에서 가장 낮은 계급에 속하는 루스이구미 출신의 마부치 가헤이(馬淵嘉平)를 발탁했다. 그는 1820년대 에도에서 재정직(勘定方) 관리로 일했으며, 에도 상인들과 접촉하는 과정에서 당시 상인 계층에 퍼져 있던 새로운 혼합주의 사상을 받아들이게 되었다. 교토 포목상의 견습생 출신인 이시다 바이간(石田梅巖: 1685~1744)을 시조로 하는 신가쿠(心學)는 유교·신도·불교 사상을 혼합한 것으로, 바이간은 자신의 상인 이력을 포기하고 대신에 스스로 '쇼닌도(商人道)'라고 명명한 학문을 발전시켰다. 그는 상업과 적절한 이윤은 상인에게 정당한 권리라고 가르치는 한편, 정직, 공정, 존중, 충성을 지고의 덕목이라고 설파했다. 신가쿠의 교사들은 지배층의 공격을 받지 않았으며, 오히려 사무라이를 모든 계층이 본받아야 할 이상적인 인물로 삼았다. ■63 신가쿠는 교역로를 따라 일본 전역으로 전파되면서 지배층의 관심을 끌었고, 이 가운데에는 도사 번 사무라이 마부치 가헤이도 포함되어 있었다. 막부는 신가쿠의 덕목에 주목했지만(덴포 개혁에서는 신가쿠와 신도 강좌, 무도 수련, 만담을 제외한 모든 공공 집회를 금지했다), 상인에게 적합한 이념을 사무라이들이 신봉하는 것은 그다지 달가워하지 않았다. 1827년 마부치 가헤이는 약간의 불명예를 안고 에도에서 도사로 송환되었다. 도사에 돌아와서는 자신의 연구에 몰두했고, 또 다른 관심사였던 유술(柔術: 유도의 모태가 된 일본 옛 무술-역주) 전수에 전념하면서 드높았던 명망을 지켜 나갔다.

야마우치 도요테루는 자신의 개혁 프로그램을 추진하면서, 마부치를 재정 장관 직속의 회계 관리로 임명했다. 그 직위에서 마부치는 번의 경제 개혁에 착수했다. 그의 주변에는 유술 문하생은 물론, 그에게 신가쿠를 배운 제자들이 모여들었다. 이들 중에는 가로(家老)였던 시바타(柴田)를 포함한 상급 사무라이들도 있었다. 마부치를 따르는 사람들의 수가 늘어나면서 그의 영향력도 커졌고, 이 가운데에는 신가쿠뿐만 아니라 서양 의학에 심취한 사람들도 있었다.

덴포 개혁으로 자신들의 입지와 수입에 위협을 느낀 도사 번 사무라이들은 당연히 마부치 세력의 영향력과 명성을 견제하고자 했다. 그들은 마부치의 추종 세력을 '운 좋은 오코세(鰧: 못생긴 여자를 비유적으로 일컫는 말. 못난이-역주)'라고 매도했으며, 얼마 지나지 않아서는 그를 중상하기 시작했다. 마부치의 믿음에 관해 맹렬히 소문을 퍼뜨리는 무리들은 그가 비밀리에 기독교를 믿고 있다고 모욕을 주었으며, 한때 신가쿠를 추종했었다는 사실을 끄집어내 널리 퍼뜨렸다. 번주 야마우치 도요테루는 결국 이러한 목소리를 이기지 못해 자신의 중신에게 마부치의 행적을 감시하게 했으며, 그가 여전히 신가쿠 추종자임이 밝혀지고 나서는 투옥시키고 그 추종자들을 공직에서 해임했다. 이로써 그의 개혁 정책은 수포로 돌아가고, 도사 번의 덴포 개혁은 1843년에 그 막을 내렸다. ■64

덴포 개혁은 학계의 주목을 끌어온 연구 주제이기도 하다. 같은 시기에 일어난 개혁임에도 막부에서는 실패했지만 사쓰마와 조슈 번에서는 성공했다는 사실로 미루어, 당시 일본에서 가장 상업적으로 발달한 지역이었던 에도와 달리 일본 남서부의 이 두 웅번은 덜 '근대적'이었으면서도 더 엄격하게 개혁을 추진했기 때문에 성공할 수 있었다고 해석하는 시각도 많다. 또한 사쓰마와 조슈의 번정을 주도했던 젊은 사무라이들은 이 개혁 기간에 쌓은 경험을 바탕으로 19세기 후반 국정에 참여하는 관료로 성장할 수 있었다고 보는 시각도 있다. 그리고 봉건주의 요소와 자본주의 요소가 근왕 사상에 의해 합의되고 방향을 잡아 나간 것으로 특징지어지는 메이지 초기는 보통 '절대주의' 시대로 일컬어진다. 이런 연유로 많은 연구자들은 새로운 정치 및 국가 구조의 기원을 덴포 개혁에서 찾기도 한다. 하지만 짧은 기간 동안 이루어진 도사 번의 개혁에서 지속적이고 의미 있는 경제적 혹은 정치적 결과들을 찾아내기란 쉽지 않다. 부분적으로 군사 개혁이 시도되었고 개정 개혁을 위한 몇 가지 조치들이 실시되기는 했지만, 그것들의 형태나 목적에서 그 이전에 시도된 개혁들과의 차별성을 도출하기는 어렵다. 더욱이 조슈 번이나 사쓰마 번과 마찬가지로, 덴포 개혁 당시 도사 번의 유신 지도자 대부분은 열심히 공부하던 소년들이었지 관료 정치의 기술을 배우던 학생들이 아니었다. 그렇지만 다른 지역처럼 도사의 젊은 무사들이 덴포 시기에 겪은 경험을 바탕으로 1850년대 안세이(安政) 시대에 유력한 개혁가로 거듭나게 되었다고 볼 수 있다. 또한 1860년대 유신 지도자들은 안세이 개혁가들에 맞서 최초로 저항을 했으며, 안세이 개혁 덕분에 자신들의 번이 갖게 된 힘을 스스로를 위해 이용했던 것이다. 하지만 안세이 개혁에서 보여 준 열의와 효과는 서양 세력의 출현에 따른 새롭고도 급박한 위기의 산물이지, 결코 지배 계급 일부가 만들어 낸 새로운 동기나 방침의 결과로 보기는 어렵다. ▪65

마부치 가헤이가 실각한 이후 도사 번에서, 현재의 관점에서 보더라도 낡은 봉건 체제의 사회적·경제적 문제점을 다루기 위한 창의적인 시도가 이루어졌다고는 볼 수 없다. 마부치가 천거한 인물 중의 하나로 해운 장관과 치안 장관을 역임했던 요시다 도요는 마부지의 실각으로 공직에서 해임된 이후 역사와 서양 문물에 대한 연구에 전념했다. 1850년대에 도사 번에서 추진했던 그의 대대적인 정책들은 이 시기에 연구한 성과에 힘입은 바 크다. 이 시기에 그가 탐독했던 서적 중에는 중국에서 수입된 위원(魏源)[66]의 저서 『해국도지(海國圖志)』 등도 포함되어 있었다.[···31] 하지만 요시다는 예외적인 경우였다. 그와 동시대인이었던 사사키 다카유키(佐々木高行)는 마부치 가헤이의 실각 이후 도사에서 그러한 연구를 하기는 매우 어려웠다고 훗날 회고한 적이 있다. 사무라이들이 지적 활동에 지나친 관심을 보인다고 알려질 경우 동료들부터 비난의 대상이 되기 십상이었고, 당시 금지된 신가쿠파 사상에 몰래 경도되었다는 이유로 고발을 당하기도 했다. 1850년대 도사 번정을 장악한 요시다 도요조차도 정신적 음모자들로 이루어진 '신(新) 오코제' 파의 주모자라고 비난받을 성도였다.[67]

19세기 중반 도사 번의 향방을 결정한 가장 중요한 마지막 요인은 열정적이고 유능한 다이묘 야마우치 도요시게(야마우치 요도)가 1848년 번주가 되었다는 사실이다. 야마우치 요도는 10대 도사 번주 야마우치 도요카즈(山內豊策)의 방계 후손이었다. 그는 에도 마지막 10년간 국정에 영향을 미쳤던 몇 안 되는 유능한 다이묘 가운데 한 사람이었다. 그는 부하들의 인물과 능력을 판단하는 예리한 통찰력을 갖고 있었으며, 요시다 도요와 같은 유능한 장관들에 대한 신임과 더불어 해박한 역사 지식은 그로 하여금 자신이 살고 있는 시대를 제대로 읽어 낼 수 있는 시야를 틔워 주었다. 그는 유명한 애주가로, 덕분에 도사 남자들의 호주(好酒)는 전국적으로 유명했다. 또한 대단한 수준의 개인적 매력과 사람을 끄는 힘을 갖춘 인물이었다. 그는 활달한 성격의 소유자이기도 했는데, 허례허식에 얽매이는 것을 싫어하여 신분이 낮은 사람들과도 폭넓게 교유했지만 동시에 자신과 동격이라고 할 수 있는 고위 무사들에게는 충격을 주기도 했다. 도사 번주직을 물려받은 직후 이루어진 막부의 로주(老中) 아베 마사히로(阿部正弘)와의 첫 대면은 그러한 사실을 보여 주는 대표적인 사례라고 할 수 있다. 야마우치 요도는 아베 마사히로가 막부의 고위 관료로서 지고 있던 막중한 책임에 대해 형식적인 이야기를 몇 마디 걸어 보고는 곧이어 자신의 속내를 말했다. "내 생각에 그대는 저런 멍청한 다이묘들 따위야 별 어려움 없이 다룰 수 있으리라 보네. 걱정 말고 편히 지내게나. 하지만 나는 다르다네, 조심하게."■68 야마우치 요도는 번주라는 위상에 걸맞은 활동력, 유머, 질박함, 그리고 관대함을 갖추고 있었으며, 정파와 개인들 간에 균형을 이루고 있어 언제라도 번의 정책과 발전을 확고하게 규제할 수 있을 정도였다. 그는 가신들은 물론 반대파에게까지 존경을 받던 번주로서, 이만한 다이묘는 에도 말기에 찾아보기 어려울 정도였다.

야마우치 요도 바로 밑에는 최상급 사무라이 가문을 대표하는 가신들이 자리 잡고 있었다. 이런 부류의 사람들에 대한 당대의 평판을 따른다면, 그들 대부분은 곱게 자라나 자신들의 안전을 과신하고 있었으며, 나태한 데다 자질이 출중하지 못했고, 전체적으로 창의성과 지략이 완전히 결여된 집단이었다. 다른 번들과 마찬가지로 도사 번의 문벌 역시 밑바닥까지 보수적이었는데, 선조로부터 전래된 높은 신분을 보장받는 현실에 극도로 만족하는 분위기였다. 더욱이 이들은 선대 번주 야마우치 도요스케(山內豊資)의 지원을 받았다. 그들은 번의 정책에 관한 것이든 막부의 정책에 관한 것이든, 어떤 종류의 변화도 두려워했다. 그들 대부분은 번이 막부의 의지와 마찰을 빚을 소지가 있는 정책을 가장 두려워했다. 따라서 이들은 번이 재정 및 군사 분야에 관한 강력한 개혁을 추진할 경우, 그것들이 막부의 의심이나 불가 판정을 받지 않는 한 생색내는 수준에서 형식적으로 지지하는 데 그쳤다. 후일 야마우치 요도는 교묘한 수단을 동원하여 문벌의 영향력을 제거해 나갔지만, 이들을 공직에서 완전히 배제할 수도 없었을뿐더러 실제로 배제하려고도 하지 않았다. 1850년대와 1860년대에 걸쳐 요시다 도요가 주도한 일련의 개혁 정책이 실시되었을 때, 문벌들은 요시다 도요 자체와 그의 영향력을 도사 번의 정치 무대에서 끌어내리고 제거하기 위해 최하위 신분의 불평분자들과 결탁함으로써 결과적으로 자신들의 자부심마저 내팽개치는 모습을 보이고 말았다.

도사 번정에 참여한 주요 사무라이 집단은 최상위 계급이지만 5개의 하위 계급으로 나누어지는 '상급 무사'보다 그 아래에 있는 신분이었다. 야마우치 요도의 번정에 참여한 가장 유능한 사무라이들은 그중에서도 우마마와리(馬廻)와 고쇼구미(小姓組) 출신이 특히 많았다. 요시다 도요 스스로는 연공 200석을 받던 비교적 낮은 계급의 우마마와리 출신이었으며, 그의 조상은 야마우치 가문에 복속한 조소카베의 가신이었다. 고토 쇼지로(後藤象二郞), 이타가키 다이스케(板垣退助), 후쿠오카 고테이(福岡孝弟) 등과 같은 중상급 사무라이 출신의 추종자와 제자들은 에도 시대 말기에 도사 번의 정책을 이끄는 핵심적 지위에 올랐고, 메이지 시대에 접어들어서는 일본 정치사에 커다란 발자취를 남겼다.

히라자무라이(平侍) 아래에는 하급 사무라이 계급이 존재했고, 이 중에서 가장 핵심적인 계급은 고시였다. 한편 이들과 농촌의 동반자이자 이웃인 쇼야는 사회적·경제적 기반을 가지고 있었는데, 이러한 기반은 안심하고 저항 운동을 할 수 있는 근거가 되었을 뿐만 아니라 개혁 정부의 과도한 중앙 집중적 정책에 항거하게 하는 원천이 되기도 했다. 또한 이들은 유교와 근왕 사상이 깊숙이 침투된 집단이었다. 그들이 번의 고위 관료직을 맡는 것은 근원적으로 차단되어 있었지만, 그럼에도 특정 지역에 대한 통제력을 가지고 있었다는 것 자체가 중요한 의미를 지니고 있었다. 에도 시대 후기에 고조된 대외적·대내적 위기는 그들로 하여금 군사 훈련, 특히 검술 수련의 필요성에 눈뜨게 했다. 이들이 몸담고 있던 검술 도장은 후일 이루어질 정치적 결사의 토양이 되었다. 이러한 시대적 흐름 속에서 향후 유신 쟁투에 가담하는 수많은 이상주의자와 광란의 활동가들이 등장한다. 1863년에 사망한 고시 출신의 요시무라 도라타로(吉村寅太郎)는 자신의 활동을 설명하기 위해 부친에게 처음으로 편지를 보냈는데, 이 편지에는 1841년 결성된 슈야 동맹이 당시 어떤 영향력을 행사했는지가 담겨 있다. ▪69 유신 전쟁에서 가장 용명을 떨친 집단은 바로 도사의 고시와 쇼야 출신들이었다. 이 중 상당수는 유신 전쟁을 계기로 오랜 기간 진입을 거부당해 오던 사무라이 계급으로 진입하는 기회를 맞이할 수 있었다. 도사 동부의 오조야(大庄屋) 집안에서 태어난 나카오카 신타로는 이러한 전개 양상을 잘 보여 주는 사례라고 하겠다. 도사 근왕당의 당원이었던 나카오카 신타로는 주로 고시와 쇼야로 이루어진 지원자들과 함께 에도로 떠났다. 거기서 그는 잠시 동안 야마우치 요도를 위해 일했고, 그 후 도사를 탈번해 소슈 군사 조직의 비호 아래 자신의 군대를 확보했다. 이들 집단과 같은 뿌리에서 아주 다른 인물이 등장한다. 그는 자신의 초기 교육과 견문 때문에 고시 근왕파의 강령에 기명(記名)하기는 하지만, 나중에는 약간의 수정을 거쳐 훗날 메이지 신정부의 최초 강령이 되는 계획안 작성에 일조하게 된다. 그가 바로 1771년 고시 계급에 진입한 양조 장인의 손자 사카모토 료마이다. 우리는 그의 인생 역정에서 동시대의 정치 교육을 전형적으로 보여 주는 당시의 사상과 행동이 어떻게 전개되었는가를 살펴볼 수 있을 것이다.

이러한 점에서 19세기 중반 도사 번은 1840년대에 이루어진 개혁 조치에서 해결하고자 했지만 성공하지 못했던 경제적·사회적 문제점에 여전히 직면해 있었다. 바로 그때 이례적일 정도로 유능했던 다이묘가 그 직책을 맡고 있었다. 선대로부터 전해 내려온 도쿠가와 가문에 대한 보은 때문에 정치적 변혁의 필요성에 관한 그의 의지는 제약을 받을 수밖에 없었고, 1860년대 토막(討幕) 운동 가담 역시 일정한 거리를 둘 수밖에 없었다. 보은과 특권이 서로 결합되어 자신의 중신들은 기존 질서의 대변인 구실을 했지만, 그 아래 실무 수준의 행정에서는 상당한 실무 경험과 유연한 사고를 지닌 개인들을 발견할 수 있다. 하지만 농촌 지역의 사회적·정치적 지도자들 가운데 상당수는 16세기에 폐위된 다이묘의 전통과 연계를 맺고 있었다. 또한 관리로서 입신할 수 있는 기회가 상급 무사에게만 주어져 그들은 관리가 될 수 없었고, 따라서 상급 무사들만이 살아왔던 조카마치에는 들어갈 수가 없었다. 1850년에 접어들기까지 사회적 긴장을 나타내는 사례들은 무수히 많다. 하지만 이러한 것들은 그 자체만으로 새로운 변화나 강령을 만들기에는 부족했다. 일본 사회가 1850년대에 등장한 새로운 문제들을 제대로 대처하지 못함으로써 새로운 변화와 강령이 필요하다는 사실이 밝혀졌다. 또한 하층 계급에서 나왔던 제안들은 그 형식과 내용 대부분이 신도학자들의 그것과 거의 일치한다는 사실을 인식하게 되었고, 신성한 영토와 지배자에 관한 신도학자의 관심은 점차 사숙으로 스며들기 시작했다.

|미주|

1. G. F. Meijlan, *Japan: Voorgesteld in schetsen over de zeden en gebruiken van dat ryk, byzonder over den Ingezeten der stad Nagasaky*(Amsterdam, 1830).

2. 도사 번도 1732년에 막부로부터 금전을 대출받은 적이 있었다[출처: 高知地方史研究会, 『高知県歴史年表』(高知, 1958), p.52].

3. 보다 자세한 내용은 다음 문헌을 참조할 것. 維新史料編纂事務局(刊), 『維新史』, I(東京, 1941).

4. Meijlan, p.30.

5. 이러한 양상은 1866년 조슈로 진격하는 막부군의 모습을 묘사한 다음과 같은 기술에서 잘 드러난다. "이이 나오노리(井伊直憲)의 군사들은 조상들로부터 물려받은 갑주를 입고 기다란 깃발을 펄럭이며 북소리와 소라고둥 소리에 맞추어 진군했다. 이는 가신들을 인솔하면서 도카이도를 따라 에도로 향하던 다이묘의 전형적인 모습이었다."(출처: Yosaburo Takekoshi, *The Economic Aspects of the History of the Civilization of Japan*, III(London, 1930), p.371.

6. Thomas C. Smith, "The Japanese Village in the 17th Century", *Journal of Economic History*, XII, 1(New York, 1952), pp.1-20.

7. 다음 문헌은 이 문제에 대해서 광범위하게 다루고 있다. Thomas C. Smith, "Landlords and Rural Capitalists in the Modernization of Japan", *Journal of Economic History*, XVI, 2(June 1956), pp.165-181.

8. 쇼야, 도시요리, 지누시, 혼뱌쿠쇼, 나고, 모토 등의 용어는 이러한 차별과 관련되어 매우 광범위하게 쓰이던 것들이다.

9. Thomas C. Smith, "The Land Tax in the Tokugawa Period", *Journal of Asian Studies*, XVIII, 1(November 1958).

10. 에도 막부 시대 촌락 지역의 경제적·사회적·기술적 변화에 관한 부분은 다음 문헌을 참조할 것. Thomas C. Smith, *The Agrarian Origins of Modern Japan*(Plato Alto, Calif, 1959), 250pp.

11. 올콕 경의 간토(關東) 평원에 관한 기록 전문은 다음과 같다. "이곳에서는 기사도가 부재한 외형상의 봉건 체제가 재생산되어 왔다. …… 우리는 지금까지 무엇을 보았는가? 평화와 풍요로움이 가져다준 만족감을 곳곳에서 느낄 수 있었고, 아름다운 나무가 우거진 가운데 정성스레 가꾸어진 경작지의 모습은 영국의 전원 풍경보다도 빼어나다고 할 것이다." 반면 규슈(九州)에 대한 기록은 다음과 같다. "굉장히 비옥하고 풍요로운 대지는 거기에서 살아가는 사람들에게서 찾아볼 수 있는 빈곤한 생활상과 극명한 대조를 이룬다." *The Capital of the Tycoon: A Narrative of a Three Years' Residence in Japan*, I (New York, 1863), 75, 383. 한편 미트퍼드의 저술은 가가(加賀: 오늘날 이시카와 현 남부-역주) 지방에 관한 내용을 담고 있

다. Memories by lord Redesdale, II(New York, n.d.), p.405.

12. Maijlan, p.134.

13. 나카오카 신타로의 병단(兵團)은 『人傑 坂本龍馬傳』(大阪, 1926), p.362에 수록되어 있다.

14. 이 당시 상인 집단에 관한 내용은 다음 문헌을 참조할 것. John W. Hall, "Bakufu and Chonin", in Occasional Papers, 1(Michigan Center for Japanese Studies, Ann Arbor, 1951), pp.26f.

15. 오시오 헤이하치로의 전기는 다수 출간되었다. 오시오 헤이하치로의 난이 전개된 과정은 다음 문헌에 잘 나타나 있다. 幸田成友, 『大鹽平八郎』(東京, 1910), pp.175ff.

16. 19세기 초에 에도 정권에는 마지막이라고 할 수 있는 안정기가 도래했지만, 그 시기가 끝난 직후인 1830년대 중반에 접어들면서 농민 반란의 횟수는 급격히 증가했다. 에도 막부 말기에는 쌀값 역시 폭등했다. 다음 문헌에는 이에 대한 내용이 표로 잘 정리되어 있다. 遠山茂樹, 『明治維新』(東京, 1951).

17. 막부의 최고위 관료인 로주(老中)는 연공 25,000석 전후의 후다이 다이묘(譜代大名) 4~5명으로 구성되었다. 이들은 다이묘들의 통제·조정 관련 업무, 기타 최고위 관료들이 수행하는 업무를 관장했다.

18. 이에 대한 분석은 다음 문헌을 참조할 것. 坂田吉雄, "明治維新と天保改革", 『人文學報』, 2(京都, 1952), pp.1-27. 덴포 개혁의 과정과 실패에 대해서는 다음 문헌을 참조할 것. 三上參次, 『江戶時代史』, II(京都, 1944), pp.544-628.

19. W. G. Beasley, *Select Documents on Japanese Foreign Policy, 1853-1868*(London, 1955), p.3.

20. 石井孝, "佐藤眞圓學說實踐の企圖", 『歷史學硏究』, 222(August 1958), pp.1-10.

21. 新村出, "蘭書訳局の創設", 『史林』, I(京都, 1916), p.3.

22. Grant K. Goodman, "The Dutch Impact on Japan(1640-1853)"(Univ. of Michigan Ph.D. Dissertation, 1955), pp.270f.

23. 이러한 경향은 특히 미토(水戶) 학파(에도 시대 후기에 일어난 성리학의 한 학파—역주)의 학자들에게 중요하게 받아들여졌으며, 이들의 저작과 사상은 메이지 유신에 지대한 영향력을 행사했다. 이를테면 후지타 도코(藤田東湖)는 도사 번주 앞에서 강연을 하였다. 그리고 에도 시대 후기 유학자로 유명한 라이 산요(賴山陽)의 역사책 『일본외사(日本外史)』는 이와 같은 관점을 보급하는 데 기여했으며, 이토 히로부미(伊藤博文)나 도사 번주 요시다 도요(吉田東洋) 등 다양한 사람들에게 영향을 주었다.

24. 후쿠자와 유키치는 반쇼시라베쇼[蕃書調所: 에도 말기 막부가 세운 학교로, 양학(洋學)을 가르치고 서양 서적 및 외교 문서를 번역하였음—역주]의 도서관을 이용할 수 있게 되었지만, 여기서 꼭 구해 읽으려 했던 서적을 이틀 이상 대출해 주지 않는다는 사실에 분노하고 떠나 버렸다. *The Autobiography of Fukuzawa Yukichi*(Tokyo, 1948), p.108.

25. 나가사키에서 서양 문물을 공부하던 후쿠자와 유키치는 그 와중에 고향으로 돌아와야 했는데, 이유는 그의 학문적 성취가 번 고위 무사의 아들을 앞질렀기 때문이었다. *Autobiogra-*

phy, p.25. 그의 또 다른 저서인 『구한조(旧藩情)』에는, 당시 하급 사무라이들은 대체로 현실을 순순히 받아들이는 편이었다는 기록이 나와 있다[Translated by Carmen Blacker in *Monumenta Nipponica*(Tokyo, 1953), pp.304-329]. 메이지 유신 이후 에도 시대의 봉건적 사회 체제에 대한 비판적인 저작을 남긴 후쿠자와 유키치 자신도, 1868년 이전에는 정치적 관점이 투영되지 않은 서양 문물을 다룬 저작만을 집필했다. 沼田次郎, 『幕末洋学史』(東京, 1950), p.262.

26. 岩崎英重, 『坂本龍馬關係文書』(東京, 1926), p.2; 德富猪一郎, 『土佐の勤王』(東京, 1929), p.4.

27. 尾佐竹猛, 『明治維新』, III(東京, 1947), p.773.

28. 다이묘들이 한 해 걸러 거주하던 에도 성에서 열린 의식들이 어떤 기능을 했는기에 대해서는 다음 문헌을 참조할 것. John W. Hall, *Tanuma Okitsugu(1719-1788): Forerunner of Modern Japan*(Cambridge, Mass., 1955), pp.24-25.

29. '석(石)'은 우리말에서는 '섬'에 해당하는 단위로, 쌀 144kg을 1석으로 한다. 도사 번에서는 이 '석'이 당시 연간 쌀 1석을 산출할 수 있는 토지 면적의 단위였던 '단(段: 약 991.7㎡에 해당)'과 혼용되어 사용되는 경우가 많았다. 여기서 언급된 도사의 고쿠다카에 관한 내용은 다음 문헌을 참조할 것. 平尾道雄, 『土佐藩財政史』(高知, 1953), pp.1-2; 沼田頼輔, "土佐穀高考", 『歷史地理』, Vol. 28, 1(東京, 1924), pp.45f.

30. 히라오 미치오(平尾道雄)의 저서에는 이와 같은 도사의 산업 발달에 관한 내용이 들어 있다. 히라오 미치오는 『土佐藩林業経済史』(高知, 1956)에서 1634~1838년에 걸쳐 이루어진 목재 수송량을 차트로 제시했으며, 이는 목재 수출이 상업적 목적으로 이루어졌음을 보여주는 증거로도 활용되었다. 1617년부터는 삼림 보호 및 식목 계획이 이루어졌으며, 1691년에 이르러 도사는 순환적인 벌채를 위해 25개의 벌채 구역을 설정했다. 또한 매년 벌채한 나무 수와 심은 나무 수를 꼼꼼히 기록해 두기도 했다. 어업 및 수공업에 관한 내용은 각각 다음 문헌들을 참고할 것. 平尾道雄, 『土佐藩漁業経済史』(高知, 1955); 『土佐藩工業経済史』(高知, 1957). 또한 도사 번의 전반적인 재정에 관한 내용은 다음 문헌을 참조할 것. 『土佐藩財政史』(高知, 1953).

31. 여기서 살펴본 에도 시대 도사 번의 행정 조직 전반에 관한 내용은 다음 문헌을 참조하였다. 『高知縣史料』(大阪, 1924), pp.201ff.; 高知市史編纂委員会, 『高知市史』(高知, 1958), pp.316ff.

32. 이는 에도 후기 요시다 도요(吉田東洋)가 편찬한 행정 관련 서적인 『海南政典』에 언급된 내용이기도 하다. 여기서는 토지를 14등급으로 세분화하여 토지의 생산량에 따른 연공 산정의 문제점을 해소하고자 하였다. 松好貞夫, 『土佐藩經濟史研究』, p.7.

33. 平尾道雄, 『土佐藩林業経済史』, p.165.

34. 고치 성 축성을 위해 하루에 1,200~1,300명의 노동력이 동원되었으며, 여성은 물론 어린 아이들까지 축성에 필요한 돌과 흙을 운반하는 노동에 동원되었다. 平尾道雄, "高知市の今

昔", 高知建築史會 發行(n.d.), pp.2, 3; 『高知市史』, pp.289ff.

35. 도사 나카무라 번(土佐中村藩)은 오늘날 고치 현 하타 군(幡多郡)에 해당한다. 번주 야마
우치 도요아키라(山内豊明)는 1689년 막부의 로주(老中)를 보좌하고 하타모토(旗本)를 보좌
하는 관직인 와카도시요리(若年寄) 직책에서 물러났다. 이는 직책 수행에 따른 비용 지출을
회피하기 위함이었다. 이러한 그의 행위는 에도의 저택과 지번의 성, 그리고 지번에서 나오
는 수입을 잃게 만들었고, 400명에 달하는 그의 가신들은 뿔뿔이 흩어져 대부분 장인이나
상인으로 전락했다. 막부는 도사 나카무라 번이 야마우치 본가로 귀속되기 여러 해 전에 지
번으로부터의 수입을 몰수했다. 中村町役場, 『中村町史』(高知, 1950), p.32.

36. 노나카 겐잔(1615~1663)은 도사를 유력 번으로 성장시킨 교육적·경제적·정치적 정책들
을 입안한 도사 번의 가로이자 학자였다. 토지 개간의 확대와 치수 사업은 농업생산력을 증
가시켰고, 물자 독점을 통해 번의 수입을 증대시켰다. 또한 주자학을 도입했으며, 야마자키
안자이(山崎闇齋)나 남학파(南學派: 일본 주자학의 한 유파–역주) 유학자들을 지원하고 그
들의 활동을 장려했다. 그는 타계하기 직전에 민중을 탄압했다는 구실로 정적들에 의해 실
각했다. 노나카 겐잔의 전기는 다수 출간되었으며, 그의 업적과 몰락에 대해서는 다음 문헌
을 참조할 것. 小關豊吉, "漢文の解體について", 『土佐史談』, 24(高知, 1928), pp.24-40.

37. 고시 제도는 다음 문헌에 자세히 서술되어 있다. 入交好脩, 『徳川幕藩制の構造と解体』(東
京, 1957); 小關豊吉, "高知藩の鄕士に就いて", 『土佐史談』, 48(高知, 1934), pp.117-154; 松
好貞夫, 『新田の研究』(東京, 1936), pp.233-311. 고시 계급의 성장에 대한 내용은 다음 문헌
을 참조할 것. 近世村落研究会, 『近世村落自治史料集 2卷: 土佐の國地方史料』(東京, 1956),
pp.383-431. 다음 문헌에는 관련 내용을 영문으로 언급한 문서를 수록하고 있다. E. H.
Norman, *Soldier and Peasant in Japan: The Origins of Conscription*(New York, 1943), pp.58-
65. 한편 이 문헌의 해당 부분은 다음 문헌들을 바탕으로 작성되었다. Matsuyoshi; and R.
B. Grinnan, "Feudal Land Tenure in Tosa", TASJ, XX, 2(Tokyo, 1893), pp.228-247.

38. 入交好脩, 『徳川幕藩制の構造と解体』, p.296.

39. 『徳川幕藩制の構造と解体』, p.281; 入交好脩, "土佐藩町人鄕士'の改正に關する一資料",
『社會科學討究』, I(東京, 1956), p.102.

40. 여기서 언급된 82개 가문의 이름과 수입, 봉토에 대해서는 다음 문헌을 참조할 것. 『高知
市史』, pp.330-337.

41. 상세한 내용은 다음 문헌을 참조할 것. 平尾道雄, 『長岡村史』(高知, 1955), pp.88-92.

42. 平尾道雄, 『陸奥郷隊始末記』(東京, 1942), p.9.

43. 에도 시대 도사 이외의 타 지역에서 쇼야들이 가졌던 영향력에 대해서는 다음 단행본을 참
조할 것. 児玉幸多, 『近世農民生活史』(東京, 1957), pp.94-130. 쇼야는 당시 대부분의 지역에
서 상당한 수준의 영향력을 발휘했지만 도사 번만큼 높은 영향력을 발휘했던 지역을 찾아
보기는 어렵다. 그들은 구(舊) 조소카베 가신이라는 의식이나 전통 및 자부심을 가졌을 뿐
만 아니라, 에도 시대 다른 지역에 비해서도 관료 조직의 수가 부족하고 집중적인 통치가

이루어지지 못했던 도사 번에서 봉건적 위계질서를 유지하는 데 중요한 역할을 하였다.

44. 高知県(編), 『高知県農地改革史』(高知, 1952).

45. 보다 자세한 내용은 다음 문헌을 참조할 것. 平尾道雄, 『土佐農民一揆史考』(高知, 1953), pp.31-61.

46. 松好貞夫, 『土佐藩経済史研究』, p.182.

47. 『高知市史』, pp.495-497.

48. 도사 근왕당에 대해서는 이후로도 많은 지면을 할애해 다루겠지만, 내용 이해를 위해 다케치 즈이잔의 어느 추종자가 그에게 했다는 이야기 정도는 다음과 같이 언급해 둔다. 만일 오사카 상인들이 그들의 융자 요구에 저항한다면, 그 자리에서 근왕당의 지사가 할복을 함으로써 그들의 저항을 꺾을 수 있다는 주장을 했던 것이다. 그리고 그 추종자는, 아무리 완강한 상인들이라고 하더라도 세 사람만 할복을 하면 충분히 위협할 수 있다고도 주장했다. 瑞山会(編), 『維新土佐勤王史』(東京, 1912), pp.294-296.

49. 關順也, 『藩政改革と明治維新』(東京, 1956), p.56.

50. 다음 문헌들은 가모치 마사즈미의 삶과 영향력에 대해 살펴볼 수 있는 귀중한 사료이다. 松澤卓郎, 『萬葉と鹿持雅澄の生涯』(東京, 1943), p.254; 尾形裕康, 『鹿持雅澄』(東京, 1944).

51. 平尾道雄, 『土佐農民一揆史考』, p.126.

52. 여기서 인용한 문구의 전문은 다음 문헌을 참조할 것. 平尾道雄, 『土佐農民一揆史考』, pp.128-140.

53. 사사키 다카유키의 경우, 근왕당 운동에 참여하면서 그가 본래 속해 있던 상급 무사들에게는 배척받게 되었다. 다음 문헌은 그의 회고록이다. 『勤王秘史: 佐々木老侯昔日談』(東京, 1915).

54. 사카모토 료마는 탈번한 친구의 부모에게 다음과 같은 내용의 편지를 보냈다. "다이묘들은 친황 폐하께 대권을 돌려드린다는 사상에 대해서도, 왜 그런 행동이 필요한가에 대해서도 이해하지 못하고 있습니다. 이러한 때에 우리 하급 무사들이 천황 폐하의 심중을 헤아려 실천에 옮겨야 할 일은 무엇이겠습니까? 어르신께서는 조정이 고향보다도, 그리고 양친보다도 더 존귀하다는 사실을 잘 알고 계시리라 믿습니다."

55. 미즈노 다다쿠니는 행정과 국방의 중앙 집권화를 도모하기 위해 에도 인근의 영지들을 막부 직할령으로 편입시키고자 했기 때문에 후다이 다이묘들의 분노를 사게 되었다. 三上参次, 『江戸時代史』, II(東京, 1944), pp.544-628.

56. 사쓰마 번에서 이루어진 개혁에 대한 간략한 내용은 다음 문헌을 참조할 것. 遠山茂樹, 『明治維新』(東京, 1951), pp.34-41.

57. 조슈 번의 개혁을 요약 설명한 가장 최근에 작성된 문헌은 關順也(n. 49)임.

58. Grank K. Goodman, "The Dutch Impact on Japan"(n. 22).

59. 사쓰마 번과 조슈 번의 난학에 대해서는 다음 문헌을 참조할 것. 沼田次郎, 『幕末洋学史』(東京, 1950), pp.163-172.

60. 보다 상세한 내용은 다음 문헌을 참조할 것. 平尾道雄,『土佐農民一揆史考』, pp.76-88.

61. 池田敬正, "天保改革論の再檢討: 土佐藩を中心に就いて",『日本史研究』, 31, p.5.

62. 池田敬正, "藩政改革と明治維新: 高知藩",『社會經濟史學』, Vol. 212, Nos. 5, 6, pp.561-582; "土佐藩における安政改革と其の反對派",『歷史學研究』, No. 205(東京, 1957), pp.18-29.

63. 신가쿠에 대해서는 다음 문헌을 참조할 것. Robert N. Bellah, *Tokugawa Religion: The Values of Pre-industrial Japan*, Ⅲ, Chap. Ⅵ(Glencoe, 1957).

64.『高知市史』, pp.395-399; 平尾道雄, "天保'膳組'始末",『土佐診斷』, 36(高知, 1931), pp.23-39.

65. 다음 문헌은 새로운 극단주의적 정치 운동으로서 덴포 개혁이 발휘한 영향력을 잘 설명하고 있다. 遠山茂樹,『明治維新』. 다음 문헌들은 조슈 번에서의 덴포 개혁 초기 상황에 대한 내용을 충분히 설명하고 있다. 奈良本辰也,『近世封建社會史論』(東京, 1948).

66. 福島成行,『吉田東洋』(東京, 1927), p.11. 중국 위원(魏源)의 명저『해국도지(海國圖志)』는 1844년 초판 간행되었으며, 아편전쟁 당시 임칙서(林則徐)의 명을 받아 입수한 서양 지도의 요약·번역본이 실려 있다. 요약 및 발췌문은 다음 문헌을 참조할 것. John K. Fairbank and Ssu-yüTeng, *China's Response to the West*(Cambridge, Mass., 1954), pp.29-35.

67. 佐々木高行,『勤王秘史: 佐々木老侯昔日談』(東京, 1915).

68. 大町桂月,『伯爵後藤象二郎』(東京, 1914), p.20.

69. 平尾道雄,『吉村寅太郎』(東京, 1941);『土佐農民一揆史考』, pp.149-150.

|역주|

1. 1600년 음력 9월 15일(10월 21일) 일본 기후 현(岐阜縣) 일대의 세키가하라에서 도요토미 히데요시(豊臣秀吉) 사후 그 권좌를 놓고 도쿠가와 이에야스(德川家康)와 히데요시의 아들 도요토미 히데요리(豊臣秀賴)의 후견인을 자처했던 이시다 미쓰나리(石田三成) 사이에 벌어진 전투. 이 전투에서 도쿠가와 이에야스가 승리함으로써 에도 막부(江戶幕府)가 수립되어 에도 시대가 시작되었음.

2. 에도 시대 쇼군과 혈연관계에 있는 다이묘를 일컫는 말.

3. 대대로 주군을 모시며 군사 동원은 물론 정치나 무가의 내부적 사안에 대해서도 관여하는 세습적인 주종 관계의 가신을 일컫는 말. 에도 시대에는 세키가하라 이전부터 도쿠가와 가문 휘하에 속해 있던 가문 출신의 다이묘를 지칭하는 용어로 사용되었음.

4. 원래의 의미는 주군의 가문과 주종 관계에 있기는 하지만 오직 군사 동원만 의무를 가지며, 주군의 집안에 분란이 발생할 경우 주군의 세력에서 이탈해도 도의적 책임이 없는 가신을 가리키는 말. 에도 시대에는 세키가하라 전투를 전후하여 에도 막부의 체계에 편입된 다

이묘를 지칭하는 용어로 사용되었음.

5. 원래 곡식(주로 쌀)의 수확량 또는 연간 일정 수준의 수확량을 거둘 수 있는 토지의 규모를 가리키는 말. 에도 시대에는 쌀로 지급하던 무사의 녹봉, 또는 그 정도의 수확량을 가져올 수 있는 영지를 의미하는 말로도 쓰임.

6. 본래 진중(陣中)에서 대장이 있던 본영을 지키는 무사를 의미하는 말이었으나, 에도 시대에는 쇼군 직속이면서 1만 석 이하의 녹봉을 받던 무사를 지칭하게 됨.

7. 무가(武家) 시대에 행정 재판, 사무 등을 담당한 각 부처의 장관을 일컫는 말.

8. 에도 시대에 막부의 직할지를 다스리던 지방관.

9. 무사들의 위법을 감찰하던 직명, 또는 그러한 직을 맡은 무사를 일컫는 말.

10. 본래 무인과 비교하여 조정에 출사하는 궁정 귀족을 일컫는 말. 헤이안(平安) 시대까지만 해도 이들은 실질적인 일본 사회의 지배 계급이었으나, 1185년 미나모토노 요리토모(源頼朝)가 가마쿠라(鎌倉) 막부를 수립한 이래 일본 사회의 무가 지배 체제가 이어지면서 일본 조정의 권위에 의존하여 명맥을 유지하는 유명무실한 존재로 전락함.

11. 일본사에서 무로마치(室町: 1336~1573) 시대 이후 다이묘의 성관(城館: 군주나 귀족이 살던 자택이나 별장)을 중심으로 발달한 시가(市街).

12. 에도 시대에 영주의 명령으로 납세 등의 사무를 맡아보던 마을의 장(長).

13. 에도 시대에 촌락의 행정을 맡은 우두머리.

14. 에도 시대에 논밭과 가옥을 소유하고 영주들에게 직접 연공을 바칠 수 있었던 자영 농민. 농민 중에서는 상층에 해당함.

15. 연공 25,000석 이상의 후다이 다이묘 4~5명으로 구성된, 에도 시대 막부의 최고 책임자에 해당하는 중신. 이들은 다이묘들을 통제하고 정무를 총괄하는 등 막부 정치의 중심적 역할을 수행하였음.

16. 네덜란드어 서적으로 서양 학문을 가르친 사설 학원으로, 에도 시대 후기에 성행하였음.

17. 에도 말기부터 메이지 시대에 활동한 교육자이자 사상가(1835~1901). 오늘날 게이오대학의 기원이 되는 난학숙인 게이오기주쿠(慶應義塾)를 설립했으며, 메이지 시대에 와서는 부국강병을 주장하여 일본 자본주의 발달의 사상적 근거를 마련했다고 평가됨.

18. 옛 지명으로 지금의 시즈오카 현(静岡縣) 서부.

19. 도쿄 지요다 구에 있던 에도 막부 쇼군의 거성(居城). 오늘날에는 일본의 황궁인 고쿄(皇居)로 사용됨.

20. 원문에는 이 세 직제를 통틀어 'Three Offices'로 언급되어 있으며, 우리말로는 '세 명의 고급 관료'라는 의미를 가짐.

21. 에도 시대 각 번에 설치되었던 하위 행정 구역을 일컫는 말.

22. 에도 시대에 번주 가문이 형제나 서자 등 가독(家督)을 물려받을 권리가 없는 자에게 영지를 분할해 줌으로써 그 영지가 1만 석이 넘어 다이묘의 자격을 갖추면서 생성된 번. 본번의 대리인이나 후견인으로 활동할 수 있었으며, 본번에 후계자가 없을 경우 지번으로부터 양자

를 들여 대를 잇게 하는 등 중요한 역할을 하였음.

23. 오늘날 일본 시코쿠 에히메 현(愛媛縣) 일대.

24. 우리 나라의 서당에 해당하는 에도 시대의 초등 교육 기관으로, 생활 및 실무 전반에 걸친 기본적인 문자 해독, 글쓰기, 산술, 기술 등에 대한 교육을 실시하였음. 데라코야(寺子屋)라는 명칭은 무로마치(室町) 시대 승려가 서당을 연 데서 비롯되었으며, 사찰에 속해 있는 것은 아니었음.

25. 에도 전기의 유학자.

26. 에도 시대의 학자(1730~1801)로, 국학 발전에 많은 기여를 하였음.

27. 오노 야스마로(太安麻呂)가 겐메이(元明) 천황의 부름을 받아 저술한, 고대 일본의 신화·전설 및 사적을 기술한 책. 천황가(天皇家)의 연대기와 계보를 기록한 『제기(帝記)』와 신화·전설 등을 기록한 『구사(舊辭)』에 있는 내용을 중심으로 편찬했으며, 712년에 완성되었음.

28. 도쿠가와 이에야스의 후손 가문인 오와리[尾張: 오늘날 시즈오카 현 일대] 번, 미토[水戸: 오늘날 이바라키 현(茨城縣) 중·북부 일대] 번, 기슈[紀州: 오늘날 미에 현(三重縣) 일대] 번의 번주 가문을 일컫는 용어. 에도 막부에서는 도쿠가와 이에야스의 방계 후손으로도 여겨졌으며, 쇼군의 후계자를 정할 수 없을 때에는 세 가문 중에서 후계자를 낼 수 있는 권한을 가졌음.

29. 오늘날의 오키나와(沖繩)를 일컬음. 오키나와에는 원래 '류큐 왕국'이라는 독립된 왕국이 존재했으나, 1609년 사쓰마 번주 시마즈 요시히로(島津義弘)에 의해 점령된 후 사쓰마 번에 복속함.

30. 에도 시대에 무사나 농민 등이 관청의 허가 없이 무단으로 번을 이탈하는 행위를 일컫던 말.

31. 청조 말기의 사상가(1794~1857). 고전보다는 현실 문제를 중요시하는 청조 말의 신흥 유학파인 공양학(公洋學)의 대두에 많은 영향력을 행사했으며, 서구 열강의 압력에 대처하는 방안을 탐구하는 데에도 천착하였음.

Sakamoto Ryōma and the Meiji Restoration

제2장.. **개항**

···▸

1853년 여름 페리 제독이 지휘한 소함대의 도래는 에도 막부와 여러 다이묘들, 그리고 그들의 가신들에게 새로운 문제와 가능성의 시대를 열어 준 사건이었다. 막부 정권은 외교와 국방 분야에 대한 결단을 내려야만 하는 상황에 직면했다. 이와 같은 시대적 상황에 부응하기 위해 막부는 다이묘들의 지지를 결집시키는 노력을 경주했다. 외세의 위협은 막부가 입지를 공고히 하는 기회가 되기도 했지만, 이미 살펴본 바와 같이 서양 열강들 사이의 경쟁 구도 때문에 이제 막 문을 연 일본에서 특별한 우위를 점할 수 있는 몇몇 나라의 지지만을 얻어 낼 수 있었다.

이러한 시대적 조류 속에서 막부의 일부 유력 관료들이 다이묘에 대한 통제력을 완전히 장악하기 위해 특정 서양 국가의 지원을 받으려 했다는 사실 또한 당연한 현상이라고 할 수 있다. 하지만 다이묘들 역시 오랜 기간 동안 이러한 조치가 필요하다는 점을 스스로 확신하고 있었다. 다이묘들의 주된 관심사는 쇼군의 요청에 대해 의견을 조율하고, 영지의 방어를 위한 조치들을 마련하는 일이었다. 이러한 가운데 도사 번의 사례에서 볼 수 있듯이, 오랜 시간에 걸쳐 영속되어 온 특권 및 권력 체제에 근본적인 변화가 나타나기 시작했다.

한편 다이묘 휘하의 가신들에게 이와 같은 사상과 행동의 새로운 조류는, 오늘날에야 국가적 · 문화적 전통의 보존이라는 슬로건에 의해 정당화될 수도 있겠지만, 당시로서는 상상조차 하기 어려운 유형의 조직화와 음모의 길을 열어 주었다. 서양 세력의 위협에 막부 정권 내부에서는 어떠한 대응이 있었는지, 그러한 대응에 동반해 도사 번에서는 어떠한 변화가 있었는지, 그리고 이러한 모든 것이 젊은 고시 출신 사카모토 료마의 성장기에 어떠한 방식으로 영향을 주었는지를 살펴봄으로써 이 시대의 새로운 흐름들을 자세히 이해할 수 있을 것이다.

···▶

에도 막부의
개항

　이미 지적했듯이 도쿠가와 막부의 지배 형태는 세 가지 주요 관심사로 구분될 수 있다. 첫 번째 주제는 거대 다이묘의 통제에 관한 것이다. 다이묘는 자기 조상들과 쇼군가의 관계에 따라 서열이 매겨졌으며, 일정 기간 에도에 거주해야 했기 때문에 상당한 시간과 재산을 그곳에서 소비해야만 했다. 두 번째 문제는 국내에서 쇼군의 권위에 도전하는 세력을 차단하는 것이었다. 이는 교토의 황실을 고립시키고 그 권위를 약화시키는 과정을 통해 이루어졌다. 천황의 일거수일투족은 막부에서 파견한 관리의 감시와 통제를 받았으며, 유력 다이묘와 교토의 귀족인 구게(公卿)들 간의 접촉은 막부가 인정하는 수준에서 최소한으로 억제되었다. 또한 조정을 정부 기능으로부터 성공적으로 분리할 수 있어서 대부분의 일본인들은 황실가에 정치적·종교적 요구권이 있다는 사실을 거의 모르고 있었다. 네덜란드 무역상들은 조정을 단지 일종의 종교적 상징으로 여겼으며, 대개 쇼군을 일본의 정통적인 통치자로 간수했다. 교토가 에도 막부에 별다른 위협이 되지 못했기 때문에, 막부는 일본의 고대 신화를 다시 발굴하고 천황의 신성함과 권위를 중시하는 국학 학자들을 적극 지원했다. 19세기에 이르러 다이묘와 조정의 접촉을 규제하는 초기의 많은 법령들이 느슨해지기는 했지만, 막부는 필요하다면 언제든지 자신들의 권위를 다시 주장할 준비가 되어 있었다. 히라타 아쓰타네(平田篤胤)[1]의 신도(神道) 연구가 막부가 정해 놓은 선을 넘은 수준으로 이루어지자, 막부는 당연히 그의 입을 막는 조치를 취했다. 이는 막부의 덴포 개혁 기간 동안에도 마찬가지였는데, 앞으로 살펴보겠지만 1858년 조정의 일원들이 처음으로 자기주장을 했을 때 막부는 이를 지체 없이 무력화시켰다.

세 번째 관심사는 유력 다이묘가 외부 세계와 접촉하는 것을 차단함으로써 앞서 밝힌 두 가지 관심사를 강화하는 것이다. 막부는 외국과의 무역을 나가사키에 있던 네덜란드 상인들과 그곳의 막부 직속 상관(商館) 간의 안전하고도 수지맞는 거래로 제한하는 쇄국 정책을 폈는데, 그 결과 외국과의 관계는 막부 자신에게 이익이 되는 최소한의 물품과 정보로 제한되었다.

페리(Metthew C. Perry) 제독의 기항은 앞서 말한 전통적인 도쿠가와 지배의 세 번째 관심사, 즉 쇄국 정책에 대한 도전으로 작용함과 동시에 나머지 두 요소에 대한 회의를 불러왔다. 에도 시대 평화기에 이미 근본적인 변화가 이루어져 왔던 만큼, 이러한 도선과 변화는 불가피했다. 막부는 이와 같은 19세기의 위기에 대처하는 데 필요한 재원이 바닥난 실정이었다. 실패로 돌아간 1840년대의 여러 개혁들은 결과적으로 막부가 의지대로 경제적 사건들을 조정할 수 없는 무능력만을 극적으로 보여 주는 것이었을 뿐이다. 유력 다이묘들 역시 재원이 고갈되기는 마찬가지였다. 이러한 상황은 특히 막부를 지탱하는 축이라고 할 수 있는 후다이 다이묘들과 쇼군의 방계 가문에서 더욱 심각했다. 이들의 영지는 이미 발달한 도심 주변의 넓은 평야에 입지해 있었으며, 상업 시장의 급속한 발달로 지배 계급이 극도로 약체화되고 있었다. 막부가 다이묘의 재정 상태를 지속적으로 악화시키는 비용을 감면해 주지 않는 한, 그들로부터 효과적인 재무장과 지지를 받을 수 없음이 자명해졌다. 더욱이 페리의 기항이 초래한 위기는 근본적으로 외세에 의한 것이었기 때문에, 국방과 국익이라는 명분으로 다이묘들의 협력을 구하는 것은 필연적인 수순이었다. 이러한 점에서 무엇이 국가적이고 외세에 물들지 않은 것인지, 무엇이 전통적이고 외세로부터 수입되지 않은 것인지에 대한 논의를 불러일으켰다. 이와 같은 논의는 당연히 교토를 향하게 되었다. 신도 학자들의 저술이 식자층 사이에 깊숙이 침투해 있었기 때문에, 앞서 살펴본 것처럼 그들의 영향력은 도사와 같이 멀리 떨어진 지역에서도 확인될 수 있었다. 막부의 대외 방어가 아주 견고하다고 인식되던 1840년대에는 극단주의적 해석을 금지하는 법률 제정이 가능했지만, 이제 하나의 허점이 또 다른 곳에서 중대한 결함으로 드러나는 상황이 되고 말았다.

　페리 제독의 조약 체결 요구는 막부에 어려운 선택을 강요하는 것이었다. 만일 요구를 거절한다면 일본에게는 승산 없는 전쟁으로 이어질 터였다. 그럼에도 불구하고 그 길은 요로에 있는 많은 사람들이 주창하는 그것이었다. 18세기 후반에 들어 러시아의 위협이 공론화되기 시작한 이래로, 외세의 침입으로부터 자국을 지켜 낼 대안에 대한 상당한 논의들이 꾸준히 이루어져 왔다. 그리고 영국과의 아편전쟁에 의한 청나라의 개국은 그러한 문제에 대한 새로운 위기의식을 더욱 가중시켰다. '개국'과 '쇄국'은 1850년대와 1860년대 국가 정책을 지배했던 논쟁의 양대 축이었지만, 이 양극단 사이에 선택할 수 있는 입장의 스펙트럼은 아주 넓었다. 미국의 요구를 거부해야 한다고 주장하던 사람들을 단지 서양의 실력을 무시한 개화 반대론자라고 단성 지어서는 곤란하다. 오히려 이들이 서양 세력의 기술적·군사적 우위를 제대로 인식하고 있는 경우가 많았으며, 이를 바탕으로 페리 제독의 통보를 거부해야 한다고 주장했다. 이들은 페리 제독의 요구에 대해 굴복하면 일본이 서양 세력에 종속될 것이고, 반면에 거부하면 위험이나 어쩌면 패배로 이어지겠지만, 일본 혼의 부활과 일본 사회의 재무장을 위해서는 이러한 정화 작업이 요구된다고 판단했다. 일본 정신의 정수를 강조하는 이러한 입장은 그러한 정신을 정화하고자 하는 지적 발달 과정과 논리적으로 연계되어 있다. 당시 일본 사회 대부분의 지식인들은 고산케(御三家) 출신인 도쿠가와 나리아키(德川齊昭)를 중심으로 하는 미토(水戸) 학파의 학풍에 영향을 받고 있었다. 에도 시대에 가장 영향력 있는 유학 학파이며, 특히 근왕주의 전통을 강조한 미토 학파는 서양의 실력에 대해 충분히 인식하고 있었다. 하지만 아이자와 세이시사이(會澤正志齋)와 후지타 도코(藤田東湖)를 비롯한 미토 학파의 주요 인사들은 외국과 교류하기 전에 먼저 민족정신을 공고히 할 것을 주장했다. 이들의 다이묘이자, 서구의 군사 기술을 시급히 도입하여 서양인들의 일본 진입을 거부하고자 했던 도쿠가와 나리아키는 이러한 1850년대 입장을 강력하게 지지한 인물이었다.

이에 대한 대안으로, 미국인의 요구를 받아들여 승산 없는 항전은 피하고 그들의 욕심가 시나칠 징도가 되기 전에 만족시켜 주면서, 한편으로는 무기의 전면 수입을 위한 길을 열어 궁극적으로 외세를 거부할 수 있게 하자는 주장도 있었다. 일반적으로 이러한 관점은 서양 학문을 연구해 온 이른바 난학자(蘭學者: 란가쿠샤)들과 연계되어 있다. 19세기 중반 일본 사회에서 외부 세계에 정통한 이들의 권위는 그 중요성과 자부심의 측면에서 점점 부각되고 있었다. 에도 북서부의 작은 영지를 다스리던 사쿠마 쇼잔(佐久間象山)은 교육과 저술 활동에 열성적인 인물이었으며, 막부에서 영향력이 높았던 주군을 모시고 있던 덕분에 에도는 물론 그를 고용하고 싶어 한 다른 번에서도 상당한 명성을 얻고 있었다. 그의 수많은 제자들 중에는 후일 쇼게(松下)에서 연금 생활을 하며 미래의 일본 지도자들을 길러 낸 조슈 출신의 학자인 젊은 시절의 요시다 쇼인(吉田松陰)도 포함되어 있었다.

이러한 두 가지 입장은 당시 전개되던 논쟁에서 양극단처럼 보일 수 있지만, 공통된 요소를 상당 부분 공유했다는 사실에 주목할 필요가 있다. 양이론자들 역시 서구 문물의 우수성과 이점에 대해 인식하고 있었으며 개국을 주장하는 자들도 마찬가지였는데, 그들 모두 향후 서양 오랑캐들을 막아내기 위해서는 국가를 강하게 만들어야 한다는 꿈을 갖고 있었다. 결국 페리 제독과 맺고 만 조약이 일본에 굴욕적인 불평등 조약이라고 신랄하게 반대했던 사쿠마 쇼잔은 그를 배신자로 여긴 어느 골수 몽매주의자에게 암살당했다. 이와는 반대로 그의 제자인 요시다 쇼인은 외세의 위협을 직시하기 위해 페리 제독의 군함에 무단으로 승선했던 일이 로버트 스티븐슨(Robert L. Stevenson)의 우호적인 저작물을 통해 서방 세계에 널리 알려지기도 했다. 그런 그가 서양과의 교섭을 꾀했던 막부의 '역적'들에 대해서는 무자비한 획책을 꾸몄으며, 또한 열정적으로 제자들을 길러 낸 덕분에 조슈 근왕파와 양이론자들의 영웅으로 추앙받기도 했다. 더욱이 개국과 쇄국이라는 상반된 구호의 내용은 시간이 흐르고 새로운 정치적 가능성이 전개됨에 따라 크게 달라졌다. 이 두 입장은 확고하게 고정되지도 않았으며, 완벽하게 배타적이지도 않았다.

이러한 문제에 대해 막부의 정책을 마련하는 것은 원칙적으로 로주(老中)의 업무인데, 여기에는 4~5명의 후다이 다이묘가 임명되어 한 달씩 돌아가면서 직무를 맡았다. 직책 중에서 가장 중요한 직책에 선정된 후다이 다이묘는 16세기 마지막 25년 동안 도쿠가와 이에야스(德川家康)를 충실히 보필했던 공신 가문 출신에서 선발되었다. 이들은 기존의 사회 질서에서 중요한 버팀목 구실을 하면서, 자신들의 특권을 유지하는 데 각별한 관심을 쏟았다. 따라서 도자마 다이묘(外樣大名)들의 외세와의 접촉 가능성 때문에 외국인들의 무제한적인 접근은 어떤 희생을 치르더라도 막으려 했지만, 한편으로 막부가 관리하거나 막부령에 제한적인 부분적 개국은 차라리 외국과의 전쟁보다는 낫다고 생각했다. 왜냐하면 전쟁으로 도자마 다이묘들의 중요성이나 독립성이 강화될 소지가 있었기 때문이다. 고산케라 불린 도쿠가와 가문의 방계 다이묘, 그중에서도 특히 미토 번(水戶藩)의 영주 역시 막부의 중요한 정책 결정에서 어느 정도의 권한을 가지고 있었다. 쇼군의 후계자가 없는 경우에는 일반적으로 고산케 중에서도 오와리(尾張)[2] 번주나 기이(紀伊)[3] 번주 가문에서 후계자를 정했으며, 미토 번주는 전통적으로 후계자 계승에서는 배제된 채 쇼군의 후견 등 그들만의 독특한 지위를 유지해 왔다. 외세의 위협에 대한 미토 번주 도쿠가와 나리아키의 강력한 입장과 자신의 번내 학자들이 인정하는 예언자로서의 역할을 고려한다면, 미토 번주와 후다이 다이묘들의 현실에 대한 입장차는 막부 내부의 극한 대립과 분열을 예견하고 있었다.[1]

분열과 불협화음은 이러한 공포로부터 나왔다고만 할 수 없다. 이와 같은 분열과 불협화음은 막부가 무엇을 해야 할지에 관해 의견을 물은 것을 계기로 증폭되었다. 로주의 수장이었던 아베 마사히로(阿部正弘)는 국론을 일치시키고 회피할 수 없는 결정에 대한 책임을 분산시킬 목적으로, 페리 제독이 일본에 도착하고 한 달 후에 전달한 필모어(Millard Fillmore) 미국 대통령의 친서 번역본을 회람시켰다. 그와 함께 다음과 같은 요청이 모든 다이묘, 특별히 선정된 관리나 학자, 심지어 일부 상인들에게까지 전달되었다. "우리 나라는 지금 난국에 봉착해 있소. 미국 대통령의 친서를 심사숙고해서 읽어 본 다음, 그대들의 의견을 기탄없이 말해 보시오."[2] 이처럼 기발하고 교묘한 제안에는 제출된 의견들에 대해 각자 책임져야 한다는 위험한 의미도 내포되어 있었다. 이는 새롭고 특별한 위기가 닥치면 체제 개편이 요구된다는 것을 막부 스스로가 인정한 최초의 사태였다. 평화로운 시기에는 별탈 없이 잘 돌아가던 체제라 할지라도, 다이묘들이 복종을 거부할 경우 그들의 지지를 이끌어 낼 수 있는 방법은 없다. 약관의 아베 마사히로가 새로운 정책을 추진할 수 있었다는 사실은, 막부가 뛰어난 유연성과 도전 정신을 가진 인재를 수용할 태세가 되어 있었음을 보여 준다. 하지만 이후에 발생한 사건들을 살펴보면, 아베는 자신의 정책을 견지할 강단이 부족했으며, 불만과 증오가 쌓여만 가는데도 정책을 일관되게 유지하려는 합리적인 면모를 보여 주지 못했다.

지금도 전해져 오는 59명 다이묘들의 답서를 보면, 아베는 다른 이들에게 자문을 구해 자신의 문제를 해결하지는 못했지만 그 문제를 완화시키기는 했음을 확인할 수 있다. 영주들의 의견에 최고위 가신들의 의견이 반영된 것은 당연한 일이며, 쇄국을 유지하려는 이론적 희망과 일치했다. 그들은 효과적인 무장 항쟁이 불가능하다는 점을 잘 알고 있었으므로 낭연한 전쟁을 회피하는 데 급급했으며, 한편으로는 국가 방위에 신속하게 대비하기를 진심으로 원했다. 다이묘들의 답서 가운데 현존하는 것(전체 답서 가운데 5분의 1 정도 분량)을 살펴보면, 답서의 대부분은 페리 제독의 요구에 대해 적어도 당분간은 동조해 줄 것을 요청했던 것으로 해석할 수 있다. 가장 강경한 주장은 의외로 막부 측에서 나왔다. 이러한 주장은 정책 결정에 참여하는 사람들의 의견이었던 만큼, 아베 마사히로는 자신이 찾고자 했던 견해를 가진 사람들 몇몇을 멀리하지 않으면 안 되는 사정에 직면하게 되었다. 도쿠가와 나리아키의 아들이 명목상의 다이묘 역할을 하고 있던 미토 번에서는 개항에 반대하는 중요한 답서를 보내 왔는데, 여기서는 미국의 요구에 대한 확고부동한 거부를 주장했다. 이에 반해 유서 깊은 후다이 다이묘였던 히코네(彦根) 번주 이이 나오스케(井伊直弼)는 미국의 요구 사항을 적극 수용할 것을 주장했다. 그는 서양과의 교류가 일본의 국방력을 충실히 해 줄 것이라는 입장을 취했다. 막부 내부에 이와 같은 두 가지 상반된 의견이 있다는 사실은 머지않아 심각한 논쟁의 빌미가 되었다. 이이 나오스케의 주장은 국방과 무역을 직접 담당한 많은 소장파 관료들로부터 열렬한 지지를 받았는데, 이들은 아베 마사히로의 비호를 받고 있던 막부 관료 집단이었다. 한편 향후 드러나게 되겠지만, 도자마 다이묘들의 성서에는 막부의 예상된 의도에 조직적으로 반대하는 그 무엇도 포함되어 있지 않았다. 사쓰마 번주는 외세에 대한 방비를 준비할 시간을 벌 수 있도록 결정을 연기할 것을 막부와 다이묘들에게 제안했고, 조슈의 모리(毛利)는 무역 요구를 거부하고 국방에 전념할 것을 주장했으며, 사가(佐賀)의 나베시마(鍋島)는 미국의 요구를 당장 그리고 전면적으로 거부할 것을 역설했다. 이와는 달리 도사 번주 야마우치 요도(山內容堂)는 조속한 국방 체제 정비를 위해 미국을 거부하는 대신 네덜란드에 접근하자는 제안을 내놓았다. 하지만 이러한 입장과는 달리 후쿠오카(福岡)의 구로다(黑田)와 같은 또 다른 다이묘들은 서양 세력과의 무역을 위해 개항을 주장하기도 했다. 따라서 의견을 구하려 했던 막부의 노력은 아무런 문제도 해결하지 못했다. 막부는 상당수, 아니 거의 대다수에 가까운 다이묘들에게 외세와의 전쟁으로 이어질 조치에 반대되는 대안과 조언을 강요했다. 이는 처음부터 알려진 사실, 즉 서양 세계와의 교류를 일신할 열정이 전반적으로 부족했음을 보여 준다. 그리고 이것은 정상적이라면 막부가 조언과 리더십을 위해 의존해야 했던 계층 내부에 결정적인 의견 분열이 있었음을 의미하는 것이었다. [3]

1854년 페리 제독이 막부의 대답을 받기 위해 재차 일본에 내항했을 때, 막부는 페리에게 결정적인 답변을 회피하는 한편 평화를 추구하고 있다는 사실을 다이묘들에게 확신시켜 주었다. 또한 막부는 무역에 관해 명확하게 명문화하지는 않았지만, [4] 페리의 목적에 부합되는 조약을 승인하지 않으면 안 되는 상황에 놓이게 되었다. 그리고 막부는 다이묘들에게 국방 태세가 신속히 진척될 것이라고 약속을 했는데, 이 시기에 이르러 실제로 진행되고 있었다. 이러한 군사적 시도가 성공하기 위해서는 불평불만을 잠재울 정치적 움직임이 선결되어야만 했다. 아베 마사히로는 미국과의 조약에 대한 지지를 얻기 위해 미토 번의 도쿠가와 나리아키를 국방 책임자로 앉혔다. 이런 방식으로 양이파의 제1인자를 향후에 보다 강력한 정책을 수행할 수 있는 조치들을 맡을 책임자로 앉히면서, 그가 지지하지 않던 정책에 협조할 수 있는 명분을 마련하고자 했다.

그러나 정치적·군사적 변혁에 대한 도쿠가와 나리아키의 강력한 신념은 급격한 변화를 위협으로 받아들인 막부의 보수파들에게 분노와 우려를 불러일으켰다. 사실 다이묘의 가계를 무시하고 인재를 등용(나리아키가 논했던 것처럼)함으로써, 그렇지 않았다면 한지에라도 배치되었을 사람들이 배제되는 것은 당연한 일이었다. 예를 들면, 새로 탄생한 양학연구소에 2명의 교수 요원과 10명의 조수, 그리고 3명의 낭독자를 두었는데, 이들은 막부에서는 지위나 명성이 가장 낮은 축에 드는 가신들이었다. ▪5 어쨌든 나리아키에 대한 거부는 오래가지 않았다. 그의 주요 지원자였던 아베 마사히로가 관료 사회에서 다툼이 지속되는 것을 허용하지 않았기 때문이다. 1855년 가을 아베 마사히로는 홋타 마사요시(堀田正睦)를 로주의 일원으로 임명하고 그에게 지휘권을 주었다. 그로부터 2년 후 아베 마사히로가 사망했지만, 이미 그전에 처음부터 강력한 개국주의를 견지하고 있던 마사요시는 마사히로의 그늘에서 벗어나 있었다. 아베 마사히로라는 든든한 후원자가 사라지면서, 막부 내에서 도쿠가와 나리아키의 입지는 사실상 유지될 수 없게 되었다. 결국 에도에서 쇄국론은 더 이상 공감이나 지지를 얻지 못하게 되었다. ▪6

1856년 미국 영사 타운센드 해리스(Townsend Harris)가 시모다(下田)에 내항해 조심스럽게 교섭을 시작했으며, 이는 1857년 막부와의 통상 조약으로 결실을 맺게 된다. 이 시기에 이르면 서양의 힘을 모든 사람들이 분명하게 인식하게 되었다. 제2차 아편전쟁에서 서구가 중국에 승리하자, 많은 사람들은 해리스와의 조약 체결에 반대했다. 하지만 해리스와 교섭했던 막부의 관리 등은 서양과의 항전은 무익하다고 확신하고 있었다. 이 시기에 와서 나리아키는 양이에 대한 입장을 어느 정도 누그러뜨리지만, 막부가 해리스와 교섭하는 것에 대해서는 반대 입장을 분명히 표명하였다. 대신에 그는 서양 세력과 거리를 두는 다양한 조치들을 제안했는데, 그것은 일본의 정책에 대해 내용보다는 태도 면에 더 반대하는 방식이었다. 그는 어느 정도 통상하지 않고서는 미국 세력을 저지할 수 없다면, 그 자신이 300~400명의 낭인과 장남이 아닌 농민의 아들들을 데리고 미국에 건너가겠노라는 주장을 폈다. 그는 "이는 농민과 도시 거주자를 비롯한 많은 사람들에게 피해를 주지 않을 것이다. 왜냐하면 그들로서는 미국에 건너가기를 원치 않을 장남들 대신 다른 아들들을 데리고 갈 것이기 때문에, 이로 인해 무슨 일이 일어난다고 해도 가문이 단절되는 피해는 없을 것"▪7 이라는 논리를 폈다.

도쿠가와 나리아키는 에도에서 소외당하는 처지가 되었던 까닭에, 교토의 궁정에서 측근을 구하고자 한 그의 행동은 당연한 귀결이라고 보아야 할 것이다. 전통적 근왕주의를 강조하는 미토 학파의 관점에서 볼 때, 교토의 구게(公卿)들은 태생적으로 그와 동지가 될 수 있었다. 더욱 주목할 사실은, 다이묘들 사이에 새로운 통상 조약에 반대하는 목소리가 있다는 것을 감지한 막부 역시 교토의 지지를 얻기 위한 시도에 착수했다는 사실이다. 전통적으로 막부는 중요한 정책 결정에서 황실의 승인을 받아 왔지만, 홋타 마사요시는 이러한 전통을 서양과의 통상 개시 결정을 윤허하는 칙령을 받을 수 있는 기회로 삼았다. 이처럼 막부의 두 날개가 모두 비막부 세력으로부터 지지를 얻기 위해 교토를 바라보게 되었다. 이러한 변화로 말미암아 이제 교토는 내정의 중심지로 떠올랐다. 이와 더불어 이전에는 국정에 관여하는 것을 철저히 차단당했던 젊은 구게들이 정치적으로 눈을 뜨기 시작했다. 나아가 이 시기 국가적 상황에 대한 이러한 논의가 '천황의 심려(聖慮)'를 유발한다는 사실이 사람들의 입에 오르내렸다. 막부는 필요하다고 느낄 때면, 천황을 보좌하고 지킨다는 명분을 오랫동안 자신들의 정당성을 입증하는 근거로 내세웠다. 그러나 이 시점부터 천황의 명예를 훼손하고 고민에 빠뜨린 책임자가 바로 막부라는 소문에 직면하지 않을 수 없었다. 하지만 에도 막부의 몰락이 가시화된 것은 아니었다. 그리고 이와 같은 논의는 주로 세련된 근왕주의자들과 그보다는 덜 세련된 행동주의자들 사이에서 중요한 화두로 대두되었고, 이 중에서도 나중에 사카모토 료마 역시 가담하게 될 후자의 숫자는 얼마 안 있어 급속히 증가하였다.

교토는 국내외 정치의 중심이 되었다. 긴박한 시대적 흐름과 함께 무기력한 쇼군 도쿠가와 이에사다(德川家定)의 효과적인 리더십 부재로, 수많은 일본 사람들은 지금이야말로 유능하고 강력한 쇼군이 절실히 필요하다는 사실을 뼈저리게 느끼기 시작했다. 이에사다에게는 후사가 없었기 때문에 후사 선정을 위한 인선 작업이 가능해졌다. 후사가 없는 쇼군의 후계자 선출 전통과 혈연관계로 비추어 보면 기이(紀伊) 번주 가문 출신의 후계자가 유력했으며, 후다이 다이묘들도 이를 지지했다. 하지만 이 후계자[후일 쇼군이 되는 도쿠가와 이에모치(德川家茂)]는 어린 데다가 미숙하여, 미토 번주 도쿠가와 나리아키의 총명한 아들이자 히토쓰바시(一橋) 가문의 양자로 들어간 도쿠가와 요시노부(德川慶喜 혹은 게이키)가 후계자로 더욱 적합하다는 주장도 나온 터였다. 이때 나리아키는 인재 선발권을 가진 요직을 차지하여 아들 게이키를 충분히 후원할 수 있는 입장에 서 있었다. 게이키는 사쓰마 번주 시마즈 나리아키라(島津齊彬), 도사 번주 야마우치 요도, 우와지마(宇和島) 번주 다테 무네나리(伊達宗城) 등 아베 마사히로가 비공식적으로 포섭해 둔 소수의 유능한 다이묘들은 물론, 에치젠(越前) 번주 마쓰다이라 슌가쿠[松平春嶽: '게이에이(慶永)'라고도 불림]를 비롯한 도쿠가와 방계 출신 다이묘들의 열렬한 지지를 받았다. 이들 다이묘는 교토에 밀사를 보내, 조정에서 경륜 있고 유능한 쇼군을 원한다는 입장을 표명해 줄 것을 촉구했다. 여기서 주목할 점은 아직 이들 집단 사이에 반막부적 의도 같은 것은 거의 없었다는 사실이다. 이들 다이묘가 추구한 것은 유능한 쇼군을 선출하여 막부의 관행들을 바꾸어 놓는 것이었다. 그들은 이 새로운 인물이 눈앞에 다가온 외세에 대항해 국가적 단결과 역량을 이끌어 낼 수 있는 각종 조치를 통해 기존 제도를 개선해 나갈 만한 충분한 상상력을 지녔기를 기대했다.

1858년 봄 홋타 마사요시는 천황이 막부의 정책을 승인하는 칙령을 하루라도 빨리 반포하도록 하기 위해 몸소 교토로 상경했다. 그가 교토에 두착했을 때, 해리스와의 조약 체결과 쇼군의 후사 문제는 마구 꼬여 있었다. 이제 교토는 모략의 중심지가 되고 말았다. 게이키를 지지했던 유력 다이묘들의 대다수는 혼인을 통해 궁정 귀족 가문과 연계되어 있었기 때문에 자신들의 영향력을 행사하기가 용이했다. 그들은 조정에 대해 대변인 역할을 할 믿을 만한 가신들을 교토에 파견했는데, 이러한 인물로 보통 세심하면서도 비밀스런 일을 능숙하게 처리하기에 가장 적합한, 별로 알려지지 않은 중간 계급의 남자들이 선택되었다. 하지만 에도에 비해 막부 경찰의 감시와 통제가 비교적 적었던 이 고도(古都) 교토는 일본 혼의 수호를 자임하면서 독립적으로 움직이는 활동가에게는 천혜의 중심지였다. 수많은 낭인과 선동가, 광폭한 배외주의자(排外主義者)들이 이와 같은 정치적 분위기 속에서 자신들의 영향력을 확보해 나갔다.

궁정 귀족인 구게는 복잡한 관등과 계급으로 나누어져 있었다. 홋타 마사요시와도 면식이 있던 고위 귀족들은 막부 측의 요구에 부응하는 편이었지만, 소장파 하위 구게들은 고위 귀족에 비해 그 수가 많았고 종국에는 구게들의 논의를 주도해 나갔다. 어쨌든 홋타 마사요시는 자신의 요구를 힘겹게 관철시켰고, 조정에서는 막부의 정책을 승인한다는 칙령이 내려졌다. 하지만 이렇게 반포된 칙령은 사실 천황의 의지를 거스른 것이라는 풍문이 돌기 시작했고, 후일 유신의 주도자가 되는 이와쿠라 도모미(岩倉具視)를 비롯한 소장파 궁정 관료들은 저항 모임을 조직하여 칙령의 철회를 이끌어 냈다. 이로 인해 조정의 위상은 역전되었고, 쇼군은 기존 막부 체제에 보다 충실해야 한다는 압력을 받게 되었다. 칙령에는 "도쿠가와 이에야스로부터 공고히 전해져 내려온 건전한 법질서를 거스르는 것은 일본 백성들의 생각을 흐뜨려 놓고, 지금까지의 안정을 보존할 수 없게 만든다."라고 되어 있다. 이어서 칙령에는 잠정적인 조약 때문에 국가의 명예를 보전하는 것이 불가능해졌다고 되어 있다. 따라서 막부는 다시 한 번 다이묘들과 논의하고 그 후 궁정의 뜻을 물으라는 지시가 내려졌다. ▪8

훗타 마사요시는 도쿠가와 나리아키의 아들 게이키를 쇼군 후계자로 추진하려는 복안을 가지고 에도로 귀환했다. 이 무렵 막부는 비상시에만 임명되는 로주의 최고위 관직인 다이로(大老)▪9를 임명했다. 게이키 옹립 운동을 주도한 마쓰다이라 슌가쿠는 다이로의 적임자로 여겨졌으며, 그가 실제로 다이로 직에 취임했더라면 다른 다이묘나 막부 관료들도 당연히 전폭적인 지지를 보냈을 것이다. 막부의 협력이 실현된다면 조정은 신뢰를 얻을 수 있기 때문에 더욱더 막부를 지지할 것이며, 조정에 이런저런 간섭을 하고 있는 유력 다이묘들도 마찬가지로 자신의 목적을 달성할 수 있었을 것이다. 하지만 에도 정치권에서 여전히 힘의 균형을 유지하고 있던 후다이 다이묘들은 이로 말미암아 자신들의 특권이 위협받을 것을 우려했고, 따라서 이같은 계획은 무산되고 말았다. 그들은 슌가쿠 대신에 히코네 번주 이이 나오스케를 다이로 자리에 앉히는 데 성공했다. 얼마 지나지 않아 쇼군의 후계 문제는 기이 번주 가문의 뜻을 따르는 쪽으로 해결되어 갔는데, 그 직후 막부의 핵심부에서 게이키 지지자들에 대한 숙청이 이루어졌고, 이러한 흐름은 조정과 지방 영지로까지 확대되어 갔다. 이 숙청의 피바람은 특히 유력 다이묘들이 정치적 목적으로 교토에 파견한 가신들에게 가혹하게 몰아쳤으며, 이들 중 상당수가 처형당하거나 옥사하는 운명에 내몰렸다. ■10 현명한 처사라고 보기는 어렵지만 이처럼 막부가 새롭게 적극성을 보여 주던 와중에, 중국에서 일어난 훨씬 거세고 새로운 서양 세력의 약진에 따른 여파가 이곳 일본에도 밀어닥쳤다. 타운센드 해리스로부터 이에 관한 소식을 전해 들은 막부의 외교 담당자들은 혼란에 빠졌으며, 조약의 비준을 더욱 서두르게 되있다. 다이로인 이이 나오스케는 1858년 천황의 재가 없이 조약을 체결했다. 이처럼 조약 체결이 전격적으로 이루어지는 과정에서 많은 도자마 다이묘들이 막부로부터 배제되었는데, 이는 교토의 구게들이나 막부 내의 미토파도 마찬가지였다. 이러한 상황에 반발하면서 도사 번을 비롯한 여러 지역에서 근왕 운동이 일어나기 시작했다.

페리 제독의 도래 이래로 일본에서 일어난 정치적·외교적 변화는 국가적인 쟁점들에 심대한 영향을 미쳤다. 서양 세력에 대한 막부의 대응에는 막부의 국방 태세를 강화하기 위해 계획된 조치들도 포함되었는데, 이를 간략하게 정리하는 것도 나름의 의미가 있다고 본다. 1850년대는 네덜란드의 영향이 돋보인 시기였다. 무역을 통해서든 다른 경로를 통해서든 서양식 무기와 군사 기술이 국방력 강화를 위해 필요하다는 것은 분명한 사실이었으며, 네덜란드 상인들은 이를 위한 중요한 정보원이었다. 따라서 이 시기는 서양의 과학 기술을 도입하던 과도기적 통로가 마지막으로 이용되던 단계였는데, 왜냐하면 1860년대 개항 이후에는 네덜란드의 영향력이 영국과 프랑스 쪽으로 대체되었기 때문이다. 또한 1850년대는 훗날 해군 전문가로서 막부 정치에 두각을 나타내는 몇몇 인물이 등장한 시기였는데, 그중에는 나중에 사카모토 료마의 최측근이 되는 가쓰 린타로(勝麟太郎)도 포함된다. 막부의 여러 계획들은 불행하게도 앞서 언급한 정치적 문제 때문에 중단되었고, 기술 증진 계획을 지원하려던 노력 역시 예상만큼의 성과를 얻지 못했다. 이는 앞으로 다가올 격동의 10년 동안 막부 권력에 중대한 영향을 미친다.

네덜란드 무역상을 통한 서양 서적과 무기의 수입은 1850년대 들어 주목할 정도로 증가했다. 1850년대 말기에 이르면 지볼트(Philipp Franz von Siebold: 일본에 파견된 독일계 네덜란드 의사—역주)가 나가사키에 돌아오면서 네덜란드와의 무역은 정점에 다다르는데, 19세기 초반에 그의 존재는 일본인들의 서양 연구에서 매우 중요한 역할을 했다.■11 1854년에는 파비우스(G. Fabius) 대위가 지휘하는 기선 소엠빙(Soembing)호가 일본에 입항했다. 파비우스 대위는 때마침 발발한 크림전쟁(Crimean War)으로 군함을 확보하기가 어려워짐에 따라, 앞서 긴급하게 군함을 구입하려던 일본의 요청을 들어주기 힘들다는 친서를 가져왔다. 하지만 네덜란드 왕은 일본 측 상대방에게 우의를 보여 주기 위해 파비우스 대위를 일본에 파견한 것이었으며, 그런 만큼 그는 일본 측에 조선술 및 항해술에 관련된 조언과 협력을 아끼지 않았다. 파비우스는 그해 8월 21일부터 10월 26일까지 나가사키에서 200명 이상의 수강생들을 대상으로 교육을 실시했다. 그는 일본을 떠나는 출항 직전에 감사의 징표로 두 자루의 검을 받았다.■12

파비우스 대위의 귀국 보고서는 네덜란드의 일본 지원에 새로운 지평을 열었다. 이 중 가장 중요한 사건은 1855년 펠스 라이켄(Pels Rijcken) 대위 휘하 21명의 병력으로 이루어진 분견대(分遣隊)와 함께 소엠빙호를 파견한 것이었다. 소엠빙호는 막부에 증정되었으며, 항해술에 관한 교육도 제공되었다. 소엠빙호는 간코마루(觀光丸)로 개칭되어 일본에서 근대적 항해술 교육에 사용된 최초의 선박으로 활약했다. 1857년 3월에는 네덜란드 인 분견대에서 훈련받은 일본인 함장과 승조원이 이 선박을 몰고 에도로 향했다. ■13 1857년 9월에는 첫 번째 분견대와 교대한 두 번째 네덜란드 분견대가 다른 배를 가지고 교육을 계속했는데, 이 배는 네덜란드 정부가 막부에 판매한 것이었다. 하지만 막부 당국이 선박 구입에 관련된 일본인 관리들을 의심하면서, 일본-네덜란드 간 교류는 1859년 3월을 기해 종지부를 찍었다. 나가사키의 의학교는 1863년까지 운영되었다. ■14

　훈련을 담당했던 두 분견대가 네덜란드 정부에 제출한 보고서에 의하면, 일본인 교습생들의 실력 향상은 그다지 만족스럽지 못했다고 한다. 이들은 일본의 봉건적 체제가 근대적 항해술 훈련에 저해 요소로 작용한다는 사실에 깊은 인상을 받았다. 그들의 보고서에 따르면, 일본인 선원들의 건강 상태는 매우 양호했지만, 신분이 낮은 경우 무엇보다 대포를 조작하거나 포술 연습을 할 수 있는 허가조차 받지 못했다. 급양(給養) 협정이 제대로 이루어지지 않아 선원들은 소엠빙호 선상에서 끼니를 해결해야 했고, 이에 신경이 쓰인 함장은 불이 번져 나가지 않도록 주의를 기울였다. 반면에 고위층 출신 견습생들은 우선 나이가 많았던(20대 후반에서 30대 초반) 데다가 권위적인 태도를 견지하고 있어서, 효과적인 지휘에 요구되는 반복적인 잡무를 쉽게 받아들이지 못했다. 하지만 네덜란드 교관들의 항의로 점진적인 변화가 일어났다. 선원들은 무기를 사용하는 훈련을 허가받았다. 네덜란드 어 강의가 사관 전원에게 실시되면서 수학과 항해술 강의는 통역 없이 이루어지게 되었다. 그럼에도 네덜란드 교관들은 여전히 일본인 견습생들이 지나칠 정도로 계급 의식에 사로잡혀 있다는 생각을 가지고 있었다. 이들은 다채롭고 흥미를 끌 만한 훈련 방식에는 흥미를 가지고 기꺼이 참여했지만["고수(鼓手) 훈련 장면은 완전히 난장판을 방불케 할 정도였으며, 헤프타이(Heftij) 이등수병에게 훈련받은 10~12명쯤 되는 견습생들은 하루 종일 신이 나서 북을 두드려댔다."], 그에 비해 따분한 정신교육은 필수 과목이지만 마지못해 참가하는 수준이었다. 네덜란드 인들의 보고서에는 특이하게도 다이묘들의 영지에서 파견된 교습생이나 관리들에 비해 막부 관리들의 정신적·제도적 적응력이 더 떨어졌다고 기록되어 있다. 이 중에서도 히젠[肥前: 오늘날 사가 현(佐賀縣) 일대-역주] 출신자는 막부가 파견한 인원에 비해 특히 월등한 기량을 가졌다고 평가되었다. ▪15

물론 막부 가신들에 대한 이러한 참담한 평가에도 예외가 있었는데, 네덜란드 2차 분견대의 지휘관이었던 반 카텐다이크(van Kattendyke)는 그들에 대해 다음과 같이 말했다. "황실(즉 막부) 출신과 지방 출신의 관리 중에는 특출한 역량을 가지고 있어 크게 기대되는 인원도 있다. 견습 과정에서 조교 역할을 했고 1857년 에도로 출항한 간코마루를 지휘했던 가쓰 린타로는 틀림없이 여기에 포함된 인물이었을 것이다." 이러한 점에서 네덜란드 인들의 항해술 교육은 근대적 항해 훈련의 효시였을 뿐만 아니라, 일본의 미래를 선도할 거인을 양성한 과정이기도 했다. 장차 사카모토 료마의 후원자가 될 가쓰 린타로에게는 이때의 경험이 매우 중요한 의미를 지닌다.

이 시기에 나가사키를 통해 수입된 서적들은 대부분 서양에 대한 연구를 목적으로 에도에 새로 설립된 기관에서 사용하기로 예정된 것들이었다. 페리 제독의 기항 직후, 가쓰 린타로는 건의서를 통해 서양 지식의 수집과 보급을 집중적으로 통제하기 위해 이러한 기관을 조속히 설립할 것을 강력히 주장했다. 그는 군사 지식, 포술, 천문학, 지리학 및 관련된 제반 과학 수준에서 서양과 중국의 지식을 따라잡을 수 있도록 교육 기관을 설립할 필요성을 역설했다. 그는 이렇게 해야만 일본이 서양과의 새로운 접촉으로 초래된 위기에 대처하는 실력을 기를 수 있다고 주장했다. 그의 제안은 막부의 고위 인사들에게 호의적으로 받아들여졌고, 여러 가지 계획이 세워지는 과정에서 '서양 오랑캐의 서적을 연구하는 기관'이라는 뜻의 반쇼시라베쇼(蕃書調所)가 1857년 초 에도에 개설되는 결실로 이어졌다. 막부는 전국에서 인재를 발굴해 반쇼시라베쇼의 임원으로 활용했다. 이윽고 반쇼시라베쇼는 양학(洋學) 연구에서 가장 중요한 기관 중의 하나가 되었다. ■16

혼란하고 불안정한 국내 정세에도 불구하고, 그 후 일부 다이묘와 조정에 비해 막부의 급격한 입지 변화에도 불구하고, 페리 제독이 기항한 이래 막부는 서양 기술, 그리고 그들과의 무역과 접촉이 더 증가하는 쪽으로 분명히 나아가고 있었다. 이와 같은 개항의 첫 단계를 가장 상징적으로 대변하는 것이 바로 1860년 일본이 서양 세계에 처음으로 공관을 개설한 것이다. 대사 일행은 미국 선박을 이용했지만, 나가사키에서 네덜란드 교관들에게 훈련받았던 일단의 일본인 선원들은 자국 선박인 간린마루(咸臨丸)로 샌프란시스코까지 항해함으로써 능력을 과시했다.

이 사절단은 서적 및 개인적 경험의 형태로 새로운 서양 지식의 편린들을 국내로 도입했다. 네덜란드 어보다 영어가 한층 더 중요하다는 사실이 직접적으로 확인되면서, 일본에서는 벌써 네덜란드 어보다 영어가 더욱 중시되기에 이르렀다. 이들이 미국과 직접 접촉하고 미국에서 서적을 구입하면서, 이러한 전환은 이제 돌이킬 수 없는 수순에 다다랐다.

또한 사절단은 일본 국내 정치에서 여러 가지 다른 견해가 생겨나게 만든 계기가 되기도 했다. 여기에는 일본이 당면한 문제에 대해 완전히 상이한 시각을 가졌던 세 명의 중요한 인물이 포함된다. 세 사람은 각자 자신의 길을 가면서 당면한 문제의 합당한 해결책을 제시하는 대표적 인물로 성장했는데, 어떤 의미에서 막부 지배의 마지막 시기는 이들의 견해 사이를 오갔던 시기라고 할 수 있다. 이들 가운데 정치적인 성향이 가장 얕았던 인물은 후쿠자와 유키치(福澤諭吉)로, 그는 오사카 난학숙(蘭學塾)에서 공부를 했지만 요코하마(橫濱)에 서양 무역상이 들어온 직후에는 네덜란드 어에서 영어로의 힘든 전환을 단행했다. 그는 일본이 당면한 문제는 주로 교육과 계몽의 문제라고 결론짓고, 자신의 나머지 생애를 해박한 서양 지식을 널리 보급하는 데 바쳤다. 그는 정치나 정치가에 대해서는 별다른 직접적인 관심을 보이지 않고 오로지 시대에 뒤떨어진 동포들에게만 관심을 집중했다. ▪17 서양 학문과 기술의 증진에 광범위하게 기여하게 될 연구 기관인 반쇼시라베쇼의 설립을 주창한 가쓰 린타로는 미국에서 귀환하면서 전반적인 근대화와 자유주의화라는 목표로의 전진이 가지는 중요성을 갈수록 확신하게 되었다. 그는 쇼군에게 대정봉환(大政奉還)을 처음으로 권고한 사람들의 일원이었다. 그는 세월이 흐르면서 다양한 계급과 지역의 인물들, 예를 들어 마쓰다이라 슌가쿠에서 사카모토 료마에 이르기까지 폭넓게 교류하면서 인습에 얽매이지 않는 자유로운 사상을 발전시켜 나갔다. 한편 훗날 가쓰 린타로의 군함부교(軍艦奉行) 직위를 물려받는 오구리 다다마사(小栗忠順) 역시 이들과 마찬가지로 일본의 전반적인 근대화의 필요성에 대한 확신을 품고 귀국했다. 그런데 그는 가쓰 린타로와는 달리 일본의 근대화는 막부의 지원 아래에서 이루어질 수 있고 또한 그것이 바람직하다고 믿었다. 그는 막부가 필요로 하는 외부의 도움을 받아 반대자들을 분쇄하고 봉건 체제를 종식시킨 다음 독재 지배를 바탕으로 근대적 통일 국가를 세워야 한다는 입장을 점차 받아들여 갔다. ▪18 하지만 이들의 사상은 뚜렷한 시각차에도 불구하고 제대로 실현될 경우 전통적인 막부 체제의 해체로 이어지리라는 공통점을 지니고 있었다.

서양과의 첫 접촉으로 말미암아 일본의 정치적 전망에 중대한 변화가 나타났다. 소수의 유능한 다이묘들은 이전에는 그들에게 허용되지 않았던 정책 결정의 영역으로 과감히 뛰어들었다. 이러한 무모험 때문에 이들 중 상당수가 쇼군으로부터 처벌을 받았지만, 그럼에도 불구하고 그들은 계속해서 영향력을 과시했으며, 어떤 경우에는 은퇴 후에도 현직에 있을 때와 같은 영향력을 발휘했다. 막부는 다이묘의 의견을 구하고 조정의 권위를 빌림으로써 힘을 잃지 않았고, 오히려 그 힘을 통제하기 어려운 지경에까지 이르렀다. 마침내 서양에 대한 학습과 서양과의 접촉 계획은 이제 시작된 만큼 중도에 포기할 수는 없었다. 이러한 계획을 통해 새로운 조언자와 전문가 집단이 배출되었는데, 그들의 의견은 전문적 지식과 직접적인 경험에 근거하고 있었기 때문에 머지않아 매우 중요한 역할을 하게 된다. 막부 일본을 특징지었던 권위, 계급, 전통에 대한 존중이 자기주장과 확신으로 대치되는 과정이 시작되었다. 지금까지 언급한 사건에 직접 가담한 사람은 그다지 많지 않았다. 하지만 그들의 노력이 지방으로까지 그 영향력을 확대해 나가면서 참가자는 소수에서 수백, 수천으로 늘어났다. 따라서 이제부터는 사카모토 료마가 유소년기를 보낸 도사 번에 초점을 맞추어 보려 한다.

도사 번에서의
개혁

새로운 외교 정책에 대처하기 위한 막부의 노력으로 다이묘들 역시 많은 문제점을 안게 되었다. 그들은 자기 능력 밖의 문제에 대해 의견을 개진해야 했을 뿐 아니라, 지역 방비 태세를 서둘러 완비할 것을 종용받기도 했다. 하지만 그와 동시에 일본이 직면하고 있던 심각한 현실은 일반적인 상황에서라면 정당화되기 어려웠을 관료 조직의 전면적인 혁신에 대한 정당화의 근거가 되기도 했다. 여러 번에서는 취약한 리더십 때문에 막부의 요청이 제대로 실현되지 못했고, 내정이나 군사적 개혁 역시 지지부진한 실정이었다. 그러나 국정을 논하는 데 손색이 없다고 아베 마사히로가 인정한 몇 안 되는 다이묘 가운데 하나인 도사 번주 야마우치 요도[야마우치 도요시게(山内 豊信)]는 흔들림 없이 자신의 의견을 개진할 수 있는 인물이었다. 그는 1858년 히토쓰바시 게이키(15대 쇼군 도쿠가와 요시노부가 양자로 가기 전의 이름—역주)를 쇼군 후계자로 옹립하고자 했던 소수파 다이묘 중의 한 사람이기도 했다. 그는 도사 번의 내부적 변화의 필요성에 대해서도 제대로 인식하고 있었으며, 따라서 당시의 위기 상황을 이용해 번정을 지배하고 있던 무능한 문벌가를 제거하거나 그들과 거리를 두었다. 그 결과 서양 세력에 대한, 그리고 막부와의 협력 조율에 대한 도사 번의 대응은 요도라는 뛰어난 다이묘의 개인적 아이디어에 지나치게 좌우되는 양상을 보였다.

페리 제독의 친서에 관한 의견을 요청하는 막부 측에 대해 도사 번은 미국의 요구를 들어주어서는 안 된다는 의견을 제출했다. 여기서 야마우치 요도는, 서양 국가들은 일본의 완전한 지배를 노리고 있다고 여겨지며 그들의 전술은 군함을 이용한 위협으로부터 시작된다고 판단했다. 그는 "그들은 먼저 무력시위를 통해 통상을 요구할 것이옵고, 그런 다음에는 우정과 선의를 보여 줌으로써 우리 순진무구한 백성들을 지배하거나 속박하려 들 것입니다."라고 지적했다. 그는 무역을 일정한 실험 기간 동안만이라도 미국 한 나라에 한정시킬 수는 없으며, 만약 그러한 특권이 유럽 열강과 러시아에까지 확대된다면 일본은 빈곤과 종속으로 내몰릴 것이라고 보았다. 그는 대안으로 해안 방어 대책의 마련, 네덜란드 기술자와 군사 교관의 고용, 사무라이 계급의 사기 고양을 위한 위기감의 완벽한 활용 등을 제안했다. ▪19

112

야마우치 요도는 그 후로도 계속 이러한 입장을 지켜 나갔는데, 이는 양이파와 개국파 사이의 중간 입장이라고 할 수 있다. 일본은 서양의 요구에 굴복해서도 안 되지만, 국방력 강화라는 시대적 요청을 위해 나가사키의 네덜란드 상인들을 통해 기술자와 군사 전문가를 도입하고 서구의 물품을 수입하는 일도 게을리해서는 안 된다는 논리였다. 물론 회피할 수 없는 조약 체결 협상을 놓고 막부를 비난하는 것은 비현실적인 처사인데, 실제로 요도는 이 협상을 인정하는 쪽이었다. 왜냐하면 서구에 크게 양보한 후 그것을 비난하는 목소리에 전혀 가담하지 않았기 때문이다. 한편 그는 양이파와 개국파 양쪽에 영향력을 행사할 수 있는 입지에 서 있었고, 양 진영 모두 요도가 자신들의 견해에 동조하고 있다고 생각했다. 결과적으로 타운센드 해리스와의 통상 조약이 체결된 이후 야마우치 요도의 조언은 지나칠 만큼 중요시되는 한편 비상한 관심을 끌었다.

야마우치 요도는 막부에 보내는 서신을 통해 새로운 조약에 대한 반감을 표출했고, 특히 일본 내 치외 법권 조항에 대해서는 단호히 반대 의사를 표명했다. "우리가 미국인들에게 마치 자기네 나라에 와 있는 것처럼 공관과 거주 지역을 다룰 수 있는 권리를 부여한다면, 이는 종국적으로 비극적인 결과를 불러올 것이옵니다. 나아가 이 조항에 담긴 무수히 많은 모욕적이고 무례한 요구에 신은 분노를 금할 길이 없사옵니다. 소신은 막부가 위신을 지키고 외세를 제압할 수 있도록 정도를 가기를 간청하는 바이옵니다."[20] 이와 동시에 그는 교토에 서신을 보내 막부의 입장을 지지해 줄 것을 요청했다. 그는 자신의 숙부이며 구게였던 산조 사네츠무(三條實萬)에게 보낸 서신에서, 서양 오랑캐를 무조건 배척하자는 식의 주장은 현실성이 없다고 언급했다. 당시 일본이 직면한 위기 상황 속에서 천황은 서양 국가들과의 교섭에 직접 나서는 대신 막부와 쇼군에 일임해야 한다고, 그는 조언했다. 국방 대비라는 중요한 문제를 놓고 일치된 전선을 유지하기 위해 막부가 공약한 일들은 존중되어야 한다는 것이 그의 핵심적 논리였다. ■21

이 무렵에 야마우치 요도는 국방의 원칙을 수립하기 위해서는 반드시 변화가 필요하다는 사실을 막부가 납득할 수 있도록 신중한 자세로 막부에 압력을 가하고 있었다. 외세를 완전히 격퇴한다는 비현실적이고 무지몽매한 환상을 품고 있던 교토의 귀족들을 지지하는 행동은 부국강병은커녕 분열을 조장하여 오히려 일본을 약체화시킬 것이라고 생각했다. 어찌 되었든 요도는 자신의 신분에 대한 드높은 긍지를 지닌 진정한 봉건 영주의 표상이라고 할 만한 인물로, 그는 교토의 궁정 귀족들이 가지고 있는 정치적 역량이나 안목에 대해서는 거의 신뢰하지 않았다. 1858년 그는 에치젠 번주 마쓰다이라 슌가쿠와 대화하면서, "막부의 쇄신이 성공하려면 조정의 무분별한 언동에 대해 어떤 식으로든 통제를 가해야 할 것입니다. 그렇지 못하면 그들은 민심을 어지럽히고 말 것입니다."■22라고 경고한 바 있다.

'막부의 쇄신'이라는 요도의 언급은 차기 쇼군으로 히토쓰바시 게이키의 옹립을 의미하는 것이었다. 이는 요도의 절친한 친구이자 게이키의 또 다른 후원자인 마쓰다이라 슌가쿠의 정치적 위상을 높일 뿐만 아니라, 게이키의 부친인 도쿠가와 나리아키의 전폭적인 후원을 이끌어 낼 수 있는 방안이기도 했다. 따라서 이와 같은 결정이 윤곽을 갖추게 되자, 요도는 자신이 구상해 온 전술들이 성공할 것이며, 해리스 공사와의 조약 체결에 관해 자신의 입장을 바꿀 수 있을 것이라는 확신을 가졌음이 분명하다. 막부 자체의 개혁이 제대로 이루어진다면 일본 내에 새로운 힘이 마련됨으로써 조약이 가져올 폐해를 상쇄할 수 있다고 판단했다. 따라서 막부가 조정의 지시를 받아 다이묘들에게 다시 한 번 조언을 구했을 때, 요도는 일련의 개혁이 동시에 착수된다는 조건하에 조약 비준을 촉구하는 답신을 보냈다. 그는 이러한 개혁안에 막부의 행정 기구 개편, 다이묘를 약체화시키고 재정 궁핍을 겪게 하는 전통적 정책들의 폐지, 막부의 개혁안에 대해 제후들의 광범위한 지지를 모으려는 노력 등을 포함시켰다. ■23 요도는 조약에 동의하면서 전통적인 쇼군 선출 방식의 재검토, 다이묘들을 정기적으로 에도에 체류시키는 산킨고타이(參勤交代) 제도의 완화, 그리고 유력 다이묘들이 국사에 참여할 권한을 확대하는 것 등의 요구 사항을 제시했다. 이는 마쓰다이라 슌가쿠와 그의 동지들이 공무합체론(公武合體論: 조정과 막부를 하나로 합치자는 주장, 또는 그 정치 사상)의 기치 아래 부르짖었던 개혁안의 핵심인 동시에, 자신들의 특권에 혈안이 되어 있던 막부의 후다이 다이묘들로서는 전혀 받아들일 수 없는 것이기도 했다.

이와 같은 일단의 제안들은 의사 결정을 위한 대의 제도로의 발전에 몇 걸음 더 다가섰음을 보여 주며, 후일 마쓰다이라 슌가쿠 일파가 내놓은 그런저런 제안들에서 합의 조직에 대한 많은 이야기들을 추적해 낼 수 있다(이는 1870년대 헌법 제정 운동으로 이어진다). ■24 하지만 이러한 개혁안이 지닌 잠재적 '근대성' 못지않게, 그것이 지닌 유교적·봉건적 뿌리도 중요하다. '능력을 가진 자에 의한 통치'라든가, 중요한 정책 결정에서 주요 제후들과의 협의 등은 사실 19세기 중반 일본의 위정자들을 길러 낸 지배적인 정치 사상과 일맥상통하는 것이었다. 그들과 그들의 조언자들 역시 본질적으로 민주적인, 혹은 진정으로 그 특성상 대의적인 그 무엇을 생각하고 있지는 않았다. 다만 사건들이 진행되는 속도에 비해 그들의 제안이나 기치들의 원래 내용이 이 10년 동안에 급속히 달라진 것만은 확인할 수 있다. 하지만 그 후 이러한 개혁안을 선구적으로 주도한 사람들이 사망하거나 암살당하는 등 정치 일선에서 퇴장하면서, 서구 사상들로 새롭게 무장한 관련 개혁안은 원래의 모습과는 사뭇 다른 모습으로 발전했다. 따라서 정치적 급변과 더불어 서양 사상의 급속한 확산으로 말미암아 서유럽에서 더 많은 기간이 걸렸던 과정을 수십 년 만에 이루어 내는 효과도 있었다. 사카모토 료마, 그리고 그 외 여러 인물들이 나중에 파악하고 이용했던 정치 체제의 종국적인 사상을 어떻게 얻게 되었는지를 지적하는 것이 중요하기는 하다. 마찬가지로 이러한 기치를 최초로 만들어 낸 동시대인들의 전망에 대해 생각해 볼 필요도 있다. 그렇게 하지 않으면 1858년 '전국적 통일'에 관해 논의했던 다이묘들의 생각에 들어 있는 의미 이상으로 이러한 기치들을 오해할 가능성이 있기 때문이다.

그러나 새로운 정책으로 쉽게 전환될 수 있으리라는 야마우치 요도의 희망은 정작 현실 속에서는 실패로 끝나고 말았다. 앞서 언급했듯이, 무지몽매한 교토의 구게들이 거둔 일시적인 정치적 승리는 오히려 막부 내부의 전통적 특권을 주장하는 쪽으로 이어졌다. 막부의 다이로(大老)에 마쓰다이라 슌가쿠가 아닌 히코네 번의 이이 나오스케가 임명되었으며, 쇼군의 후계자 역시 히토쓰바시 게이키가 아니라 후일 쇼군 이에모치(家茂)로 등극하는 다른 청년의 손에 넘어갔다. 새로운 막부 당국자들은 막부 내부의 온건파를 일소하기 시작했으며, 자신들을 먼저 숙청한 다음 막부의 정책에 성급하게 간섭하려 했던 교토의 구게들을 응징할 수단을 강구했다. 조정의 구게들에게 자신의 견해를 펼치기 위해 교토로 몰려든 이름난 낭인과 학자들이 체포되었고, 그들에게 다리를 놓아 주던 구게의 하인이나 조수들도 마찬가지였다. 장차 유신의 순교자 명부에 오르는 많은 영웅들이 이이 나오스케의 숙청에 희생되었는데, 그중에는 한학자로서 조정에서 발표된 몇몇 중요한 문서를 작성하는 데 일조한 우메다 운핀(梅田雲濱)과 같은 이도 포함되었다. 사형을 모면한 사람으로 나라자키 소사쿠(楢崎將作)가 있는데, 후일 사카모토 료마는 그의 딸과 결혼했다. 유력 다이묘들이 교토에 파견한 가신들 역시 막부 관헌의 요시찰 대상이었다. 막부를 불편하게 만드는 소요와 관련된 가르침을 발설하는 자도 마찬가지였다. 이로 인해 하시모토 사나이(橋本左內)와 요시다 쇼인(吉田松陰)이 처형되었다. 하시모토 사나이는 마쓰다이라 슌가쿠의 측근이고, 요시다 쇼인은 조슈 출신의 학자이자 교육자로 이이 나오스케에 충성하는 막부 관리의 암살을 주창하고 계획하는 일에 점점 깊이 가담하였다. 이윽고 이이 나오스케는 유력 다이묘들을 타도하려는 수순에 들어갔다. 도쿠가와 나리아키와 마쓰다이라 슌가쿠는 은거하라는 압력을 받은 끝에 가택 연금에 처해졌으며, 야마우치 요도 역시 비슷한 조치에 처해질 운명에 내몰렸다.

야마우치 요도는 조만간 있을지도 모를 외세의 침략에 대비해 오사카 성을 강화하고 방어하라는 막부의 지시를 거부함으로써 스스로 정치 무대에서의 퇴장을 재촉한 꼴이 되었다. 그는 진정서를 제출하면서 자기 영지의 해안 방어를 위한 충분한 능력을 갖추지 못하고 있다는 사실을 부각시켰으며, 에도에 체류하는 산킨고타이 의무를 7년간 유예받아 자신이 감당해야 할 추가 비용을 마련할 수 있게 해달라고 청원했다. 덧붙여 막부가 군수품과 최근 네덜란드에 발주한 선박을 지원해 주기를 바라며, 효과적인 방어를 위해 오사카를 소개(疏開)할 필요성이 있음을 제안했다. ■25 이러한 언동으로 요도는 에도에 있는 신흥 관리들의 눈 밖에 났다. 사실 그는 이미 게이키의 후원자로서 징계 처분 대상에 올라 있었다. 요도는 처음에 다이묘 자리에서 물러나라는 명령을 받았다. 그의 행동과 자유는 조금씩 제한을 받기 시작했으며, 1859년에 이르러서는 에도 성 밖 시나가와(品川)에 있는 자신의 저택에 연금당하는 처지에 내몰려 외부로부터 서신을 받는 것조차 금지되었다. 그는 이곳에서 1862년 봄까지 머물렀다. ■26

야마우치 요도는 전국적 정치 개혁을 주장하는 것 이외에, 페리 제독의 기항으로 초래된 위기를 도사 번정의 철저한 변화를 위한 계기로 활용했다. 사사키 다카유키(佐々木高行)의 회고에 따르면, 요도는 오랜 기간 동안 개혁안을 실행할 구실을 기다렸다. 이 말이 사실이라면 그는 막부의 조언 요청을 그 기회로 삼았던 것이다. 1853년 여름 특사가 막부의 칙서와 필모어(Millard Fillore) 대통령의 친서 번역본을 전달하기 위해 파견되었을 때, 요도는 고치 성에 머물고 있었다. 특사는 보통 30일 걸리는 에도에서 도사까지의 거리를 9일 만에 주파했다. 신분이 낮은 근왕주의자들의 활동을 기념하기 위해 편찬된 한 권의 책에 따르면, 요도가 그의 최고위 가신들에게 막부로부터 하달된 문서를 보여 주자 그 누구도 이 미국인의 친서 속 언어를 이해하지 못했다고 한다. ■27 어떤 점에서 이러한 현실은 극단적으로 전통에 사로잡힌 다이묘마저도 자신의 영지에서 대대적인 개혁의 필요성을 인식하도록 하기에 충분했다.

얼마 후 야마우치 요도는 당시 연호를 따서 안세이(安政: 1854~1859년까지 사용된 일본의 연호―역주) 개혁이라는 이름으로 추진되던 개혁을 주도할 신진 관료들을 임명했다. 이들 신진 관료의 지도자는 요시다 도요(吉田東洋, 1816~1862)로, 마부치 가헤이(馬淵嘉平)가 실권을 잡은 짧은 기간 동안 명성을 얻었던 우마마와리 계급 출신의 사무라이였다. 그는 시오키야쿠[仕置役: 번의 행정 책임자인 부교(奉行)의 보좌역―역주]에 임명되었고, 이후 몇 년 동안 이 지위에서 실질적으로 모든 인사와 행정을 총괄했다. 번의 요직을 차지한 요시다 도요와 그의 동료들은 비록 고위 사무라이(조시) 신분이었지만 자신들보다 몇 단계 더 높은 계급의 사무라이들이 맡았던 자리에 앉게 되었고, 이들의 출현이 보수 세력에게는 곱게 받아들여질 리 만무했다. 요시다 도요는 역사와 정치·경제 분야에 많은 관심을 가진 학자풍의 인물이었다. 또한 그는 해운과 지역 치안 유지 분야에 관련된 정부의 실무 경험도 충분히 가지고 있었다. 에도에 재직 중이던 기간에 그는 미토 학파의 학자로 유명한 후지타 도코(藤田東湖)와 접촉한 바 있었다. 『해국도지(海國圖志)』를 비롯하여 도코가 번역한 중국 서적들을 탐독하면서, 그는 이른바 '서세동점(西勢東漸)'이라는 당시의 시대상에 눈뜨게 되었다. ■28 이처럼 중국 서적을 통해 얻은 간접적인 경험과 더불어, 조업 중에 조난당했다가 미국 포경선에 구출된 후 미국에서 교육을 받고 돌아온 도사 번 출신의 어부였던 나카하마 만지로(中濱萬次郎)와 나눈 대화는 도요가 가진 서양에 대한 이해를 한층 더 깊게 해 주었다. ■29

1858년까지 요시다 도요는 주로 군비 확충과 관련된 정책 수행에 집중했다. 이는 그해에 미일수호통상조약이 체결되기 전까지는, 서양과 관련된 문제는 무력 충돌 없이 해결될 수 없다는 인식이 지배적이었기 때문이다. 국방력 강화를 위한 조치는 페리 제독으로부터 친서가 전달된 즉시 실시되었다. 도사 번의 군사들은 오사카 인근의 스미요시(住吉)를 방어하도록 명령받았는데, 이때 군사들이 보여 준 맹렬한 움직임은 이미 전쟁이 일어난 것으로 착각할 정도였다. 사사키 다카유키의 회고에 따르면, 젊은이들은 군사적 임무를 띠고 번 경계 밖으로 여행할 수 있다는 기대로 흥분된 상태였다고 한다. 이 시기에 이루어진 국방력 강화 조치에는 도사의 경우 화포(火砲)와 같은 신무기 제조도 포함되어 있었다. 이와 같은 조치를 위해 번들 사이에 어느 정도 협력이 이루어졌는지를 알아보는 것은 흥미로운 일이다. 1854년 도사 번은 무기 제조법을 전수받기 위해 사쓰마 번에 관리들을 파견했다. 도사에서는 완성하지 못했지만 반사로(反射爐) 건설이 추진되었으며, 대포도 제작했지만 그 성능은 썩 만족스럽지 못했다. 그에 비해 비교적 만들기 쉬웠던 청동제 무기들은 성공적으로 제작되었고, 이를 위해 많은 사람들이 애국적인 견지에서 구리를 헌납했다.

군사적 측면에서 가장 주목할 만한 혁신은 '민페이타이(民兵隊)'라고 불렸던 소규모 서양식 군사 조직이었는데 농민, 어부, 선원 출신의 17~50세의 남성 1만 명으로 구성되었다. 각 100명으로 짜여진 대대(大隊)는 고시들이 지휘했고, 분대와 소대는 대원 스스로 지휘관을 선택했다. 민페이타이는 막부 말기에 등장한 최초의 근대식 군사 편제였다. 다카스기 신사쿠(高杉晉作)가 조직한 사병 부대인 조슈 번의 기헤이타이(奇兵隊)는 비록 민페이타이에 비해 명성이 높기는 하지만, 민페이타이보다 10년 정노 늦은 1863년에 출범했음에도 불구하고 농민에 비해 사무라이의 비율이 더 높았다. 하지만 1863년에 이르러 도사 번의 민페이타이는 해산되었고, 다카스기 신사쿠의 기헤이타이는 막부 타도를 위해 조직된 부대였던 만큼 훨씬 더 높은 명성을 얻게 되었다. 한편 도사 번의 민페이타이는 서양과의 무력 충돌이 있을 것이라는 전제하에 공식적인 번의 정책으로 조직된 부대였기 때문에 1858년 미일수호통상조약이 체결된 후에는 존재 가치가 희미해졌다. 1869년에 재조직될 때까지 민페이타이의 중요성과 병력은 계속해서 감소했다. ■30 요시다 도요는 이상과 같은 변화를 추진했으며, 그가 임명한 관리들이 이를 실행에 옮겼다. 하지만 그 자신은 1854년 여름부터 1858년 초에 이르는 기간 동안 자유롭게 활동할 수 없는 상황에 내몰렸다. 이는 야마우치 요도와 같은 유력 다이묘들조차도 막부와의 관계가 얼마나 중요한지를 일러 주는 좋은 사례가 된다. 1854년 여름 야마우치 요도는 산킨고타이 의무로 에도에 상경해야 했는데, 그곳에서 어느 날 저녁 막부에 봉직하고 있던 먼 친척을 자신의 처소에 초청했다. 이 자리에는 요시다 도요를 포함한 도사 번의 고위 관료들도 동석했다. 밤이 깊어 가고 취기가 거나하게 오르자, 막부에 봉직하던 요도의 친척은 쥐고 있던 부채로 도사 번 가신들의 머리를 치는 등 그들에

120

게 무례한 행동을 하며 모욕을 주었다. 요시다 도요는 이러한 행동은 번주에 대한 모욕적인 처사라고 경고하면서 그의 행동을 제지하다가 더 이상 참지 못하고 소란을 피우는 그자에게 일격을 가했다. 모욕을 받고 분개한 그 손님은 야마우치 요도에게 이 무례한 가신의 죄는 할복감이니 할복에 처할 것을 권고했다. 하지만 요도는 일이 커지는 것을 피해 요시다 도요를 해임시키고 고향으로 돌려보냈다. 도요는 작은 마을에서 조용히 은거했다. 그는 그곳에서 후학을 양성하고 사색하는 한편, 궁극적으로 권좌에 복귀할 그날을 위해 골몰하고 있었다. ■31

야마우치 요도가 해리스와의 조약 체결 및 게이키의 옹립과 관련된 일에 정력적으로 관여하던 1858년 초에 접어들면서, 요시다 도요는 도사 번에 재기용되었다. 막부는 이전에 비해 관대한 태도를 보였으며, 요시다 도요의 재기용은 막부에 아무런 위협이 되지 않는다고 판단했다. 번정 전반을 맡을 측근을 원했던 요도는 도사 번 보수파의 반대에도 불구하고 요시다 도요를 재기용했다. 도요는 재기용된 직후 그의 측근과 문하생들을 요직에 앉혔다. 이들 중 도사 번 출신의 유신 지도자 세 사람을 열거하면 후쿠오카 고테이(福岡孝弟), 고토 쇼지로(後藤象二郎), 이타가키 다이스케(板垣退助)로, 이들은 요시다 도요 휘하에서 두각을 나타내기 시작했다.

요시다 도요가 도사 번에서 다시금 실권을 잡은 지 몇 달 지나지 않아 에도에서는 이이 나오스케가 다이로에 임명되었고, 이에 따라 요도의 국정 참여도 막을 내렸다. 이로 말미암아 요도가 에도 인근 시나가와에 억류당하면서, 요시다 도요는 명목상의 다이묘가 된 소년 야마우치 도요노리(山內豊範) 아래에서 최고대신직뿐만 아니라 사실상 섭정 역할을 맡았다. 이이 나오스케의 보복이 어디까지 미칠지는 아무도 예측할 수 없었고, 고치 성의 보수파들은 분노한 막부 지도자가 아예 야마우치 가문의 영지를 몰수하지는 않을까 근심하는 지경에 이르렀다. 물론 요시다 도요는 번주의 신상에 위해가 되지 않도록, 그리고 번정에만 전념할 수 있도록 국정에 대해서는 아무런 관심도 보이지 않으려고 노력했다.

요시다 도요가 직면한 가장 주된 문제는 번의 재정력을 재건하는 것이었다. 도사 번은 민페이타이와 같은 부대를 훈련시키고 무장시키는 등 급작스런 군사력 증강으로 과중한 지출에 시달려 온 터였다. 엎친 데 덮친 격으로 1857년에 발생한 대지진으로 번 전역이 막대한 피해를 입었다. 오사카 상인들에게서 많은 돈을 빌렸음에도 불구하고 재징 문제에 너욱더 항구적인 대책이 요구되었다. 요시다 도요는 설탕, 목재, 숯 등 상품 작물의 증산, 종이 생산량 증대, 구리 광산 개발, 다른 번에서 수입해 온 상품에 대한 중과세 등의 방법을 통해 번의 재정 수입을 증대시키고자 했다. ■32 이러한 시도들은 사실 17세기에 노나카 겐잔(夜中謙山)이 최초로 시도한 이래 도사 개혁가들이 추진해 왔던 개혁 정책의 연장선상이라 할 수 있지만, 1850년대 후반 외국과의 무역이 시작됨에 따라 자금 지출 방법에서 그러하듯 자금 축적 방법에도 몇 가지 방법이 추가되었다.

미일수호통상조약이 발효된 직후, 요시다 도요는 후일 미쓰비시(三菱) 그룹의 창업주가 되는 이와사키 야타로(岩崎彌太郎)를 나가사키에 파견하여 도사 번에서 생산되는 장뇌, 말린 가다랑어(가쓰오부시), 종이의 수출 계약을 맺었다. 그 후 수년간 나가사키는 도사 번에서 생산되는 상품들의 중요 판매처인 동시에, 도사 번에 대한 무기 공급처 구실도 했다. 하지만 도요의 계획은 여기서 그치지 않고, 해운업을 발전시키고 남태평양 미개발 도서들의 점령을 구상하고 있었다. ■33 이러한 목표와 관련하여, 그는 서양에 대해 믿을 만한 지식을 확보하기 위한 수단을 강구했다. 그는 야마다 우마지로(山田馬次朗)를 미국에 파견하는 제1차 사절단의 일원에 포함시켰다. 또한 일단의 연수생들을 나가사키에 파견하여 네덜란드 인들로부터 교육을 받도록 했으며, 이들이 도사로 귀환한 직후에는 요시다 도요 마저도 독학으로 네덜란드어 공부를 했다.

요시다 도요는 교육에도 관심을 쏟았다. 그는 1862년 사무라이 계급을 위한 교육 기관인 문무관[文武館: 후일 '치도관(致道館)'으로 개명함]을 설립하여 기존의 번교(藩校)를 대체했다. 문무관에서는 일본 전통 학문과 서양 학문을 함께 가르쳤으며, 한동안 15~40세 사이의 히라자무라이(平侍) 전원에게 문무관에서 문학과 병학 과목을 적어도 한 강좌 이상 의무적으로 수강하도록 했다.

요시다 도요는 무사들의 계급 서열을 보다 간소하게 개혁하려는 시도도 착수했다. 당시 무사들의 계급 서열은 복잡하게 나누어져 있었는데, 이를 이전에 널리 성행했던 10개 계급으로 간소화하였다. 행정과 사회생활에 관한 법령이 망라된 그 유명한『해남정전(海南政典)』이 집대성되었는데, 이는 막부 시대 도사의 마지막 편찬물이었다.

이이 나오스케가 야마우치 요도를 숙청함으로써 한동안 정치적 지지 세력을 잃어버린 요시다 도요는 필연적으로 정치적 공격의 대상이 되었다. 그가 추진한 개혁으로 문벌 상급 무사들이 타격을 입었고, 게다가 새로운 군사 조직(민페이타이-역주)의 해산 후에는 하위 계급이 번의 요직에 오를 수 있는 기회를 그들이 박탈해 왔었음이 밝혀졌다. 도사의 보수파들은 도요를 번주 야마우치 요도가 시나가와에 연금당하도록 만든 장본인으로 몰아붙였으며, 하급자들은 야마우치 요도의 입장을 더 이상 손상시키지 않으려고 요시다 도요가 추진했던 신중한 불간섭주의 정책에 대해 염증을 느끼고 있었다. 또한 농업, 제지, 어업 분야의 수입을 통해 재원을 확충하려던 번의 정책에 새로운 전매 사업과 경제 개혁이 더해졌으며, 이러한 새로운 정책은

농촌 지도자들의 분노와 불만을 사는 위험만 초래하고 말았다. 보수파들은 요시다 도요의 지지자들을, 과거 사상적 근거를 공격했던 1840년대 개혁 집단과 대비시켜 '신 오코제구미(新おこぜ組)'라고 비꼬았다. ■34 요시다 도요의 정적들은 신분의 고하를 막론하고 그의 정책이 초래한 과중한 지출에 대해 불평했고, 백성들의 고통과 불만에 대해 험한 말을 쏟아냈다. 이 두 집단은 요시다 도요에게 고언을 하려 했지만, 그는 자신이 동의할 수 없는 자들의 의견을 들으려고도 하지 않았다. 매우 오만한 데다 자신의 능력을 과신하고 있던 요시다 도요는 스스로 구상한 계획을 밀어붙였으며, 이 길만이 도사의 실력과 권력을 발전시킬 수 있다고 확신했다. 자신이 옳다는 요시다 도요의 확고한 믿음은 그가 가진 성격상의 일면이기도 했지만, 도사 근왕주의자들은 그것을 도저히 받아들일 수 없었다. 왜냐하면 요시다 도요의 믿음은 그와 마찬가지로 근왕주의자들이 가졌던 독단적이고 초월적 지혜에 대한 확신에 정면으로 배치되었기 때문이다. 요시다 도요와 그 일당에 대한 근왕주의자들의 반감은 아주 깊어졌고 감정적이 되었는데, 거의 10년이 지난 후 사카모토 료마와 같은 이들조차 고토 쇼지로 같은 인물들 역시 요시다 도요와 마찬가지였다는 사실을 알고 경악을 금치 못했다. 사카모토 료마라는 인물의 성장 과정을 살펴본다면 두 집단 사이에 골이 깊어진 이유를 더욱 분명하게 알 수 있을 것이다.

사카모토 료마의
성장

1850년대의 위기와 일련의 긴장 상태는 일본 전역의 젊은 사무라이들에게 영향을 미쳤고, 이것이 사카모토 료마의 성장기에 어떠한 영향을 주었는가를 살펴볼 필요가 있다. 당시 도사 번 사람들이 대부분 그랬듯이, 료마는 서양 세력이 불러온 위협에 다분히 감정적으로 반응했다. 천성적인 기질과 더불어 어릴 때부터 받아 온 교육의 영향 때문에, 그는 분석을 통해 최선의 대처 방안을 내놓기보다는 그러한 위협 요인에 즉각적으로 반발하는 태도를 갖고 있었다. 더욱이 그는 검술 도장에서 수련하던 시절 복잡한 문제를 단순하게 해결하는 방식을 본능적으로 선호하는 성향이 형성되어 그러한 태도는 더욱 강해졌다. 함께 검술 수련을 하던 동료들과 마찬가지로, 료마는 용기라는 단순한 도덕적 기준에 입각해서 번의 고위 사무라이들을 평가했다. 료마와 그의 동료들은 번과 나라를 위험에 빠뜨릴지 모른다는 두려움 때문에 주저하거나 뒷짐 지고 있던 고위 사무라이들을 무능력한 비겁자라고 비난했다. 이윽고 외세와 관련된 화두는 오랫동안 누적되어 온 분노가 표면화되는 계기로 작용했고, 도사의 젊은이들 사이에서 양이(攘夷) 사상이 지배 계급에 대한 적개심과 결합되는 양상을 보였다. 다수의 젊은이들이 근왕주의 교육을 받아 온 것을 감안하면, 존왕(尊王)의 대의는 그 분노의 정당성과 지향점을 확실하게 보여 주는 것이기도 했다. 사실 존왕의 대의라는 고차원적인 도덕은 봉건적 의무를 초월하기 때문이다. 도사 번의 고시와 쇼야는 상급 무사들에게 불만을 가지고 있었으며, 상급 무사들이 보여 준 불평등과 편견은 고시나 쇼야가 불만을 가질 만한 충분한 이유가 되었다. 하지만 이어지는 내용을 통해 살펴보면, 외세의 위협이라는 압도적인 문제가 제기되면서 복종이라는 기존 질서에 드러난 문제점들이 정당화될 수 있을 때까지 이러한 초기의 분노가 대개 수면 밑에 있었다는 사실을 확인할 수 있을 것이다.

료마는 1835년 5남매의 막내아들로 태어났다. 사카모토 가문은 그의 형인 사카모토 곤페이(坂本權平)가 계승했다. 세 누나들 가운데 막내누나인 사카모토 오토메(坂本乙女)는 기질이 강한 여성으로, 료마가 다양한 경험을 쌓을 수 있도록 배려해 주었다. 료마가 오토메에게 보낸 솔직하면서도 정감 어린 여러 통의 편지들을 살펴보면 누나에 대한 우애를 엿볼 수 있다. 이 두 사람은 그야말로 죽이 아주 잘 맞는 남매였고, 한동안 오토메는 료마에게 있어 유일한 조언자였다.

사카모토 집안의 계보는 에도 시대 도사 번의 사회적 유동성을 확언하게 보여 주는 사례이기도 하다. 사카모토 가문의 시조인 다로고로(太郎五郎)는 교토 일대를 피폐하게 만든 전란을 피해, 16세기 중반 고향인 야마시로(山城)⋯⁴를 떠나 도사에 들어왔다. 그는 나가오카 군(長岡郡) 사이타니(才谷)라는 작은 마을에서 주인 없는 땅을 일구며 농민으로 살아갔다. 1666년 그의 증손자 대에, 고치 성 조카마치로 이주하여 '사이타니야(才谷屋)'라는 전당포를 열었다. 1677년에 사카모토 가문은 전당포에서 양조업으로 사업을 바꾸었는데, 이것이 사카모토가의 주요 수입원이 되었다. 18세기 중반에 접어들어 사카모토 가문의 당주는 '도시요리(年寄)'라는 행정 말단직에 임명되었다. 1763년 도사 번은 하타 군(幡多郡) 토지 개간에 참여한 사람들에게 고시 계급을 부여하겠다는 번령을 공포했는데, 이는 상인 후예가 고시에 지원할 수 있는 첫 번째 기회였다. 이로부터 8년 후인 1771년 사카모토 가문의 7대 당주는 동생에게 당주 자리를 물려주고 자신은 분가한 다음 고시 계급을 부여받았다. ■35

따라서 사카모토 가문은 '상인 고시'의 대표적인 사례라고 할 수 있다. 사카모토 가문의 본가는 상업을 이어 갔고, 본가와 분가는 교류를 지속해 나갔다. 남아 있는 여러 기록에 따르면 사카모토 가문은 상당한 재력을 소유하고 있었다고 한다. **36** 낭시 사카모토 가문의 재산은 연간 161석 16만 4되 하고도 0.3홉의 쌀을 생산할 수 있는 수준이었다고 고시 명부에 기록되어 있다. 이는 당시 고치 조카마치 및 그 인근에 거주하던 82개의 고시 가문 가운데 세 번째로 많은 규모였다. 이들 중 6개의 가문만이 100석 이상의 재산을 가지고 있었고, 고시의 평균 재산액은 50석 내외였다. 사카모토 가문의 소유지는 8개 마을에 흩어져 있었는데, 이 영지들이 사카모토 가문의 구성원들에 의해 경작된 것이 아니었다. **37** 기록에 따르면 료마는 어린 시절에 아버지의 명으로 하타 군에 간 일이 있었는데, 이는 사카모토 가문이 하타 군 토지 개간과 관련하여 고시 계급을 획득하게 되었다는 사실을 보여 주는 한 증거라고 볼 수 있다. 사카모토 가문 소유의 토지 가운데 가장 중요한 부분은 고치 성 인근에 분포해 있었고, 원래 가지고 있던 나가오카 일대의 토지가 본가 소유로 남아 있었는지는 확실하지 않다. 병역과 관련해서 사카모토 가문은 가로 집안이었던 후쿠오카(福岡) 가문의 지휘를 받는 부대의 일원이었다. 이 때문에 후쿠오카 가문은 정월마다 조상의 무덤에 제사를 지내러 올 때면, 연례적으로 사카모토 가문의 저택에 방문하여 술잔을 내렸다. 주목할 점은 후쿠오카 가문이 사이타니야를 운영하고 있던 사카모토 본가에도 어육을 하사했다는 사실이다. 이로써 상업에 종사하던 사카모토 본가 역시 후쿠오카 가문과 상업적인 관계를 맺고 있었음을 알 수 있다. 어찌 되었든 사카모토 가문은 어느 정도의 부와 사회적 지위를 누리고 있던 무사 집안이었다. 사카모토 가문은 애초에는 농민이었다고는 하지만, 조카마치로 옮겨 와 상업에 종사하면서 점차 지배 계급으로 가는 유일한 기회를 살 수 있었던 부유한 상인 가문으로 변모해 나갔다. 흥미로운 것은 구 질서가 붕괴되기 시작하던 메이지 유신 초기에 료마는 사이타니라는 가명으로 활동하기도 했다는 사실이다. 이는 료마가 한때 농민이고 상인이었던 자신의 조

상들 신분으로 되돌아가려는 의도라고도 볼 수 있다. ■38

사카모토 료마는 막내아들이었던지라 형에 비해 집안일에 얽매이지 않았다. 그의 형 곤페이는 강한 체력, 높은 교육 수준, 그리고 시문과 무예에 능한 전형적인 무사 집안의 장남이었다. 후일 그는 도사 번정에도 관여했다. 형 덕분에 료마는 집안이나 번과 관련된 의무에 대해서는 자유로울 수 있었고, 사이 좋았던 누나 오토메는 그가 걸어간 인생 행보를 격려해 주었을 뿐만 아니라 조언자 역할도 해 주었다. 고시 집안 출신으로서 료마는 집안의 부와 사회적 지위를 누릴 수 있었지만, 고시로서의 의무에는 속박받지 않았다. 그가 성년이 되면서 새로운 사고를 좀 더 쉽게 할 수 있었던 것은 이처럼 비교적 근심 걱정이 적고 독립적인 상태였기에 가능했다고 볼 수 있다. 몇몇 작가들은 료마를 상인 계층의 이해관계를 대변하는 인물로 묘사하고 있지만, 그가 남긴 서신들을 살펴보면 상인 계급에 대해서는 별다른 이야기가 없고 스스로를 철두철미한 사무라이로 인식하고 있었음을 확인할 수 있다. 그가 초기에 가졌던 사고의 대부분은 함께 무예를 수련하던 동료들로부터 받아들인 것이라고 보는 것이 타당할 것이다. 1850년대 그들의 기풍은 전체적으로 무사도의 그것이라고 보는 것이 확실하다.

1846년 료마는 고치 성 아래에 있는 사숙에 입학했다. 만약 료마가 그곳에서 학업에 매진했더라면 유교 경전 공부에 몰두했겠지만, 그는 자신에게 부과된 학업에 흥미도 소질도 없어서 얼마 지나지 않아 그만두고 말았다. 부유한 집안 덕분에 그가 짊어져야 할 어떤 부담도 없었고, 집안 역시 무리하게 그를 학문의 길로 가게 할 이유도 없었다. 사실 료마의 지식 수준은 낮았다. 훗날 그의 친구인 히라이 슈지로(平井收二郎)는 자신의 누이에게 료마의 계획에 끼어들지 말라고 충고했다. "료마는 대단한 친구이긴 하지만, 배움이라고는 없다시피 한 녀석이다 보니 하는 일마다 실수투성이야."■39 료마가 쓴 편지, 특히 누나에게 쓴 편지들은 문장 구성이 조잡했으며 어휘력도 풍부하지 못했다. 그는 훗날 네덜란드 어 공부에 손을 대기도 했지만 아주 간단한 단어들을 익히는 데 그쳤으며 별다른 성과를 거두지 못했다. ■40 사람들은 료마가 훗날 자신의 봉건적 의무를 등한시한 원인을 학창 시절에 유학 공부를 할 기회가 없었던 데서 찾기도 한다. 그는 1864년 탈번한 어느 친구의 부모에게 다음과 같은 편지를 썼다. "오늘과 같은 시국에 나라를 우선시하고 친지들을 그 다음으로 간주하며 어머니, 아내, 자식들을 포기해야 한다는 생각이 인륜을 깨뜨린다는 믿음은 옳다고 할 수 없습니다. 이런 생각은 어리석은 번 관리들에게서나 나올 법한 것입니다."■41 하지만 분명히 알아 두어야 할 사실은 료마 역시 동시대인과 마찬가지로 에도 시대의 엄격한 유교적 전통이라는 테두리 안에서 가정 교육을 받으며 자라났고, 일상적인 의무를 거부하는 그의 태도는 사실 존왕의 대의라는 큰 뜻에서 그 명분을 찾았던 것이라는 점이다. 그는 독서를 통한 정규 교육을 거의 받지 못했기 때문에, 이러한 근왕주의 사상은 그 후 입학한 검술 도장에서 받아들인 것으로 생각할 수밖에 없다.

1840년대 말부터 1850년대에 접어들어 서양 세력의 위협과 일본 지배층의 재무장에 대한 필요성이 인식되면서 전통 무술에 대한 관심도 새롭게 높아졌다. 다른 번과 마찬가지로 도사 번에서도 모든 사무라이들에게 검술을 숙달하도록 장려했다. 이러한 군사적 개혁안에 가장 높은 열정과 관심을 보인 집단은, 상급 무사들에게 주어진 지휘권에 대항하여 단지 자신들의 열정과 용기를 과시해 보고 싶었던 하급 무사들이었다. 이러한 점에서 도사 번의 검술 도장들이 야심만만하고 들떠 있는 무사들의 집합 장소가 되었고, 나중에는 과격한 반(反)개화사상과 행동의 중심지가 되었다는 사실은 그다지 놀랄 만한 일도 아니다. 검술 대련과 집회를 통해 에도 검술 도장에서 쌓은 친분과 우정을 다시금 확인할 수 있었고, 행동의 시간이 가까워지자 검객들은 국내 소요와 정치적 암살을 통해 자신들의 실력을 증명해 보였다. 따라서 료마가 검술에 능했다는 사실은, 그가 당시 고치에서 매우 급진적이고 과격한 젊은 무리들과 교류하지 않을 수 없었을 것임을 의미한다.

료마는 1848년 히네노 벤지(日根野弁治)가 운영하던 고치 성 외곽의 검술 도장에 들어갔다. 그는 얼마 지나지 않아 히네노 관장의 수제자가 되었다. 1853년 료마는 집안의 재정적 지원을 받아 검술 수련을 하러 에도로 떠났다. 에도로의 여행과 수련은 도사 출신의 이 젊은 사무라이에게 창창한 앞길에 대해 눈을 뜨게 해 주었다. 그는 에도 중심 인근의 가지바시(鍛冶橋)에 자리한 도사 번저의 막사에 기숙하면서, 교바시(京橋)에 있던 지바(千葉) 도장까지 걸어서 다녔다. 지바 도장의 사범인 지바 사다키치(千葉定吉)는 호쿠신잇토류(北辰一刀流)···5의 창시자이자 에도 3대 검호(劍豪)라고 불렸던 지바 슈사쿠(千葉周作)의 동생이었다. ■42

료마는 에도로 떠나는 길에 아버지로부터 간단한 훈계서를 전달받았다. 이는 고시의 자제들이 항상 마음속에 지니도록 교육받는 덕목을 요약한 것으로 료마에게도 유익하게 다가갔다. ■43

1. 충성심과 효심을 갈고 닦는 것이야말로 너에게 가장 소중한 가치임을 한 순간이라도 잊어서는 안 된다.
2. 물욕에 집착하지 말고 그것을 위해 금전을 낭비하지 말아야 한다.
3. 음탕함에 빠져들어서도, 나라의 소중함을 잊어서도, 자신을 타락시켜서도 안 된다.
이 아비는 네가 이 세 가지 가르침을 마음에 새기고 에도에서 성공적으로 귀국할 수 있기를 바라 마지않는다.

료마가 에도에 머문 지 얼마 되지 않아, 페리 제독의 소함대가 출현하면 서 국정에 큰 변화가 나타났다. 막부가 해안 방위를 명령하자, 에도에 있는 번 막사는 대부분 텅 비게 되었다. 특별 임무와 지령이 내려져, 사비로 유학 하고 있던 학생들마저도 동원되어 공무로 에도에 머물고 있던 동료와 함께 보초를 섰다. 도사 번 부대는 시나가와 번저 인근 해안에 배치되었고, 료마 도 이들과 함께 해안 방어에 나섰다. [44] 동시에 도사에서는 에도로 더 많은 병력을 보낼 준비에 박차를 가하고 있었다. 페리는 이듬해 돌아오겠다는 약 속이 담긴 편지를 남기고 떠났지만, 그의 출항 후에도 방어 태세는 필사적 으로 계속되었다. 1853년 하반기에 접어들면서 도사 번은 시나가와 인근의 하마가와(濱川) 강 일대를 요새화하는 임무를 맡게 되었으며, 1854년 2월에 미국 함대가 일본에 재차 내항했을 때 도사 부대는 본국에서 증파된 새로 운 부대로 보강되어 이 일대를 방어했다. 료마 역시 이러한 임무에 동참했 으며, 1854년 3월 막부가 페리 제독과 미일우호조약을 체결하고 긴급 편성 한 군대를 해체할 때까지 군에 남아 있었다. 료마 역시 서양과의 전쟁이 임 박했다고 느꼈다. 그는 1853년 10월 아버지에게 보내는 편지에 다음과 같이 썼다. "서양 오랑캐의 배들이 여러 곳에 몰려온 만큼, 소자는 전쟁이 임박했 다고 생각하옵니다. 만일 전쟁이 난다면 소자는 반드시 서양 오랑캐의 목을 베어 아버님 면전에 바치겠사옵니다." [45]

위기가 잦아든 후, 1854년 여름 료마는 도사로 귀향했다. 그해 가을 그가 귀국하는 동안에 대지진이 일어나 고치 성은 막대한 피해를 입었다. [46] 지 진 복구 비용은 요시다 도요의 개혁 정부가 추진하고 있던 군사적·경제적 재건 과제를 더욱 복잡하게 만들었다.

료마는 고향에 돌아온 것을 계기로 예전부터 알고 지내던 지인들에게 새 로운 모습으로 다가갈 수 있는 기회를 얻었다. 그는 에도라는 대도시에서의 경험을 이야기하면서 지인들을 계몽시켰으며, 다른 한편으로 그들로부터 국방 강화를 위한 도사 번의 움직임에 대해서도 알게 되었다. 이때 그가 교유했던 지인들을 살펴보면 당시 고치 사회가 어느 정도로 유동적이었는지를 확인할 수 있다. 일례로 곤도 조지로[近藤長次郎: 훗날 우에스기(上杉)로 성을 바꿈]라는 인물이 있었는데, 그는 만두 가게 주인의 아들이었다. 곤도 조지로는 유학 숙사에 들어갔고, 나중에는 스스로 에도의 난학숙에 찾아가 다카시마 슈한(高島秋帆)…6 문하에서 서양식 병기 교육을 받았다. 시간이 흘러 그는 료마와 의기투합하여 료마가 일으킨 기업에서 보좌 역으로 활동했다. 곤도 조지로는 료마와의 대화를 통해 서양 세력의 힘과 위협에 대해 알게 되었다. ■47 또한 곤도 조지로는 가와타 쇼료(河田小龍)와도 교분이 있었는데, 그는 화가이자 서양의 무기 제조 기술에 대한 정보 수집을 위해 사쓰마 번에 파견된 군사 사절단의 일원이었다. 가와타 쇼료는 자신의 그림 실력을 발휘하여 가고시마에서 관찰한 여러 가지 기술들을 기록했다. 그 역시 돌아온 표류자 나카하마 만지로(中濱萬次郎)와 여러 차례 접촉한 바 있었으며, 서양에 대해서는 료마보다도 훨씬 정확한 정보를 가지고 있었다.

훗날 가와타 쇼료는 료마가 에도에서 도사로 귀향한 직후에 나눈 서로의 대화를 통해 자신이 받았던 인상을 회고로 남겼다. 료마는 당시 초미의 관심사였던 쇄국이냐 개국이냐의 질문을 하면서 자신을 격렬하게 밀어붙였다고 회상했다. 이에 대해 가와타 쇼료는 서양 세력의 위협에 대처하기 위해서는 무역 및 경제 발전을 위한 조치들을 마련할 필요가 있다고 대답했다. 그는 료마에게 일본의 무기와 선박은 서양과 비교했을 때 아직 유치한 수준에 머물러 있다고 설명해 주었다. 또한 그는 모든 번들이 방어를 완벽히 하려면 서로 일치단결해야만 하며, 외국 함대는 계속해서 일본을 향해 오는데 개국이냐 쇄국이냐 하는 논쟁만 격렬해진다면 필연적으로 일본이라는 나라는 망국으로 치달을 것이라고 주장했다. 무역에 집중해야 한다는 그의 주장은 사실 어떤 종류의 부국강병론에서 나온 것이라기보다는 가와타 쇼료 개인의 의견이라는 측면이 다분했다. 어쨌든 그는 서양으로부터 선박을 구입해야 하고, 이 선박은 자신들 임무의 의미를 확실히 자각하고 있는 사람들에 의해 운영되어야 하며, 그 선박을 이용해 정부와 민간의 화물을 동서양으로 운송해야 한다고 주장했다. 또한 선원들은 항해술을 배워야 하는데, 그 일은 미래에 더 큰 일을 위한 준비가 될 것이라고 했다. 가와타 쇼료의 회상에 따르면, 료마는 그의 이야기를 매우 인상적으로 받아들였다고 한다. "료마는 손뼉을 치더니, '저는 어릴 적부터 검술을 연마해 왔습니다만, 검술에서는 오직 한 명의 적만을 상대하지요. 사형이 무언가 원대한 목표를 이루어 내지 못한다면, 사형의 포부도 허사로 돌아갈지 모릅니다.'라고 이야기했다." 그들의 대화는, 출신 계급은 낮지만 유능한 사람들로부터 이러한 사업에 필요한 인재를 찾는 문제로까지 이어졌다. "물려받은 재산이 넉넉한 자들은 포부가 작다네." 가와타 쇼료는 료마에게 이렇게 이야기해 주었다. 어쨌든 그는 혜택을 많이 받지 못한 집단에서 유능한 인재들이 나올 수 있다고 보았던 것이다. ▪48

이들이 나누었던 시대를 앞선 대화는 비록 많은 시간이 흐른 뒤 기록된 탓에 훗날 료마의 모습으로 윤색된 측면도 있지만, 고치 성에 머무르던 시절에 료마가 가졌던 전망을 잘 보여 주는 몇 안 되는 자료이기도 하다. 이는 료마가 다양한 사람들과 교류하면서 그들에게서 많은 것을 배울 수 있었다는 점을 일러 준다. 그 당시 쾌활하고 호기심 많은 젊은이들이 가와타 쇼료와 같이 존경하는 연장자들을 찾아가 시국에 대해 그들의 견해를 묻는 것은 드문 일이 아니었으며, 료마도 그중의 한 사람이었을 것이라는 사실을 쉽게 떠올릴 수 있다. 대화나 설득 이외에 다른 수단이 없었던 당시에 가와타 쇼료처럼 다른 사람을 감동시킬 수 있는 개인적 자질을 갖춘 인물들은 시국을 걱정하던 사람들 사이에서 커다란 영향력을 행사했음은 의심의 여지가 없다. 그리고 사카모토 료마 역시 이처럼 정치적으로 각성된 사람들의 일원이 되고 있었다.

료마는 1856년 가을까지 도사에 머물렀다. 이 시기에 그의 아버지가 세상을 떠났고, 형인 곤페이가 가독(家督)을 이었다. 료마는 검술 수련을 계속했고, 때때로 어린 시절에 다니던 도장에서 사범 노릇을 하기도 했다. 1856년 9월, 료마는 검술 수련을 계속하기 위해 다시 에도로 떠났다. 번에서는 그에게 1년이 조금 넘는 기간을 허용해 주었다. 료마가 고치 성을 떠나기 2개월 전, 미국의 타운센드 해리스가 미일우호조약에 의거하여 시모다(下田)에 공사로 부임했다. 그리고 료마가 에도의 쓰키지(築地)에 있던 도사 번사에 도착 신고를 한 직후, 해리스 공사는 미국 대통령의 친서를 전달하기 위해 에도로 가겠다는 첫 번째 요청을 하였다.

이 무렵 에도의 검술 도장들은 양이(攘夷) 정서의 온상이었다. 막부가 방향을 선택하는 데 주저하자, 일관된 방향을 견지하고 있던 사람들이 무사들 사이에서 명망을 얻었다. 열렬한 양이 지지자들의 입장보다 더 호소력 있는 것은 존재하지 않았다. 그들의 입지는 명쾌했고, 내놓은 해결책은 극적이었으며, 애국심은 난공불락이었다. 검술을 연마하는 젊은이들 대다수는 미토 번주 도쿠가와 나리아키를 그들 조직의 지도자로 여겼다. 나리아키의 실제 입지는 그들의 인식 이상으로 복잡한 측면이 있었다. 그러나 막부 전략에 대한 나리아키의 적개심이 미토 학파 및 존왕 사상과 결합하면서, 전통적인 무기로 자신의 무예를 연마하고 있던 무사들 사이에서 그는 아무 문제도 없는 영웅으로 떠오르게 되었다. 이 시기 나리아키가 실각하는 한편 해리스 공사와의 미일수호통상조약 협상이 진행되면서 젊은 검술 수련생들은 막부의 입장이라고 이해했던 부분에 점점 적대적인 입장을 취해 갔고, 나리아키는 막부에 무시당하는 예언자가 되고 말았다. 반면에 도쿠가와 나리아키를 배제하고 천황의 재가도 없이 미일수호통상조약을 비준한 막부의 다이로 이이 나오스케는 폭압적이고 사악한 인물로 인식되었다. 이처럼 비등하는 과격주의로의 흐름은 에도의 많은 검술 수련생들 사이에 만연해 있었고, 특히 하위 신분의 수련생들에게 심대한 영향을 미쳤다. 이들은 상위 신분에 비해 수적으로 더 많았으며, 지배자의 지위를 보장받은 상급자들에 비해 수행에 헌신해야 할 동기는 더 강했다. 하지만 이에 덧붙여 하급 무사들은 상급 무사들에 비해 공적인 제약에서 한결 자유로운 계층이기도 했다. 때때로 그들은 에도 번저에 반드시 기거하지 않아도 무방했다. 이들은 다른 지역 출신의 동년배들과 함께 기거하고 교육받으면서 그들과 쉽게 공모할 수 있었다. 그 결과 번의 경계선 역시 하급 신분의 검객에게는 자신들의 상급자에 비해 별다른 의미를 주지 못했다. 과격주의 존왕파의 위상이 높아진 것은 료마가 속해 있던 도사 검술 도장의 문하생을 통해서도 잘 살펴볼 수 있는데, 이러한 과정은 다케치 즈이잔[다케치 한페이타(武市半平太)라고도 불림]이라는 인물과 불가분의 관계에 있었다.

다케치 즈이잔은 1856년에 27세가 되었다. 그는 도사 번 나가오카 군(長岡郡)의 니이다(仁井田) 마을에 살던 고시의 장남으로 태어났다. 다케치 가문의 토지는 니이다를 비롯해 니시노치(西野地), 우에노노(上野ヶ), 이케(池) 등 여러 마을에 분산되어 있었고, 수입은 19세기 초를 기준으로 쌀 50석 1말 8되 7홉이었다. 이는 나가오카 군의 고시 189명 가운데 세 번째로 높은 수준의 수입이었으나, 이 지역 고시들의 수입은 편차가 심했다. 수입이 4석에 불과한 고시에 비하면 다케치 가문의 수입은 매우 높은 편이었지만, 363석을 기록한 다른 고시에 비해서는 턱없이 낮은 수준이었다. ■49 다케치 가문은 17세기 초 야마우치 가문이 도사 번주가 된 직후 고시에 편입된 조소카베 가신의 일원이었다. 다케치 즈이잔의 친척 중에는 국학자 가모치 마사즈미(鹿持我澄: 1791~1858)가 있었는데, 그에게는 백부였다. 다케치 즈이잔은 료마에 비해 훨씬 체계적인 교육을 받은 인물이었지만, 그가 가장 열정을 쏟은 분야는 학문이 아닌 검술이었다. 그는 12세에 검술 연마를 시작했다. 고치 성의 여러 검술 도장에서 수련을 거친 후 검술 사범의 자격을 얻었다. 1854년 즈이잔은 기족을 이끌고 고치 성으로 이주하여 자신의 도장을 차렸다. 120명이 넘는 문하생들이 수련했던 그의 도장은 장차 도사 근왕당 운동의 지도자가 될 인재를 길러 낸 산실이 되기도 했다.

다케치 즈이잔의 재능과 통솔력을 눈여겨본 번에서는 그를 여러 군 부교소에 배속시켜 지방 청년들에게 검술을 가르치게 했다. 야마우치 요도는 도사 번의 방위 태세를 강화하기 위해 검술 수련을 열심히 장려했다. 이를 위해 그는 도사를 방문하는 검객과의 시합을 후원했고, 번의 전문 검객들을 일본 전역에 파견해 또래의 검객들과 함께 훈련시켰다. 이에 따라 1856년 다케치 즈이잔은 번으로부터 에도의 모모노이(桃井) 도장에 입관하여 수련하라는 지시를 받았다. 그는 번으로부터 여비 7냥을 받아 5명의 제자들과 함께 에도로 상경했다. 이해 가을에 검술 수련을 계속하기 위해 다시 에도로 올라온 사카모토 료마는 곧 즈이잔의 영향권에 들어갔다.

다케치 즈이잔은 검술을 연마하는 젊은이들 사이에서 지도자의 위치를 인정받을 만큼 모든 것을 특출하게 갖추고 있었다. 그는 도사 번이 인정한 검술의 달인이라는 이유로 도사 번저에서 멀리 떨어진 모모노이 도장 인근에서 거주할 수 있는 특권을 부여받았으며, 얼마 지나지 않아 모모노이 도장의 대리 사범이 되었다. 다케치 즈이잔은 자신의 수련생 모두에게 강한

인상을 심어 주었다. 키가 굉장히 크고, 창백하지만 강렬한 인상의 외모에다 검술에 능했던 그는 도장에서 '묵룡 선생(墨龍先生)'이라는 별명으로 불리기도 했다. 그 모습이 마치 수묵화로 그린 용을 연상케 했기 때문이다. 강한 개성의 소유자였던 그는 도사 출신의 검술 수련생들을 손쉽게 장악해 나갔다. 그의 인품뿐만 아니라 사상도 다른 사람들을 압도했다. 다케치 즈이잔은 근왕 사상과 정치 개혁에 대한 강한 열망을 품고 있었으며, 이는 시간이 흐르면서 점차 구체화되어 갔다. 이 중 정치 개혁의 열망은 고시 계급 출신인 자신의 약점에서 비롯되었음이 분명한데, 번은 신분이 아닌 능력에 따라 번의 지도자들을 선발해야 한다는 그의 주장에서 이를 확인할 수 있다. 게다가 천황에 대한 그의 존경과 숭배는 유별나고 지나칠 정도여서, 천황을 사모하는 자라는 뜻의 '덴노즈키(天皇好き)'로 불리기도 했다. ■50 1856년 사카모토 료마는 즈이잔과 같은 사숙에 살게 되었으며, 즈이잔에게 빠른 속도로 감화되어 갔다.

두 사람은 절친한 관계였지만, 강렬하고 격정적이며 배외적인 반개화주의를 선호하는 검술 도장의 지배적인 분위기로 인해 개국론에 대해 료마가 보였던 즉각적인 지지(그 전해에 고치에서 가와타 소료가 료마와 나눈 대화 중에 지적했던)가 무시당했다는 사실은 어찌 보면 당연한 일이다. 료마는 에도에 머무르는 동안 몇 번의 검술 시합에 참여하면서 실력을 인정받았다. 그는 술에 취해 난동을 벌여 처형당하거나 심한 처벌을 받을 위기에 처한 즈이잔의 친지가 에도를 빠져나갈 수 있도록 도와주기도 했다. 그러는 한편 일본 각지에서 몰려든 뜻이 통하는 젊은이들과 교분을 쌓았다. 료마와 도사 출신의 동료들은 많은 젊은 검객들을 만났는데, 그중에는 막부 정책에 불만을 가진 세력의 중심인 조슈와 미토 번 출신이 많았다.

1857년 10월 료마와 즈이잔은 도사로 귀향했다. 즈이잔은 조모의 병환으로, 료마는 번에서 허락해 준 기간이 만료되었기 때문에 각각 귀향해야 했다. 료마는 귀향길에 의도적으로 유유자적한 여행을 했는데, 이는 전통적으로 진정한 사무라이를 상징한다고 여겨 왔던 방식이었다. 그는 여비를 다른 사람에게 주어 버리고는 야마토노쿠니(大和國)''⁷의 근왕주의와 용맹을 상징하는 여러 사적지를 여유롭게 방문하면서 잠은 길거리에서 잤다. ■51 당시 번의 규정에 도사로 귀향하는 사무라이는 누구라도 무료로 상선을 이용할 수 있도록 되어 있었기에, 오사카에서 고치로 오는 배편은 별 문제가 없었다. ■52 그는 여행을 마치고 고치 성에 돌아와서는 검술 수련을 계속했다. 한편 료마는 독서에 열중하기도 했지만 그다지 놀랄 만한 성과를 거둔 것 같지는 않다. 이 당시 료마가 가졌던 어느 정도의 자신감과 학식을 보여 주는 일화가 있다. 어느 날 한 친구가 집에 찾아오자, 료마는 그에게 『자치통감(資治通鑑)』을 보여 주면서 자신은 이제 독서를 하기 시작했노라고 말했다. 그 친구는 『자치통감』은 훌륭한 책이지만, 그가 읽기에는 너무 어렵지 않느냐고 이야기했다. 그러자 료마는 『자치통감』을 집어 들고 큰 소리로 읽어 내려갔는데, 읽으면서 표시된 마침표에 전혀 신경 쓰지 않는 등 많은 실수를 저질렀다. "자네, 그렇게 읽어 무슨 내용인지 알기나 한 건가?" 당혹해하던 친구의 물음에, 료마는 답하길, "그럼, 대략은 이해했다네."■53

한편 다케치 즈이잔은 도사 번에 귀향하여 다시 검도 사범 일을 시작했는데, 귀향 후 그의 명성과 영향력은 점점 더 높아만 갔다. 이제 그에게 새로운 입문자들이 몰려왔다. 그들 가운데 아키 군(安藝郡) 출신이며 오조야(大庄屋)로서 13개 마을을 관장하는 나카오카 신타로(中岡愼太郎)도 있었다. 도사 번 기록의 특징인 정확성에 근거해 그의 재산을 평가하면, 수입은 25석 1말 3되 7.6홉이었다. ■54 다케치 즈이잔의 문하생 집단은 고시와 쇼야 가문의 자제들이라는 특징을 갖기 시작했다. 료마는 다케치 즈이잔의 조수이자 예

찬사 가운데 한 명이었다.

다케치 즈이잔이 고치 성으로 귀향한 직후 그의 추종자들은 즈이잔의 검술 스승이었던 아사다 간시치(麻田勘七)에게 즈이잔이 번으로부터 특별 포상을 받을 수 있게 해 달라고 공식적으로 요청했다. 그들은 청원서에서 다케치 즈이잔의 뛰어난 검술 실력, 에도에서의 경험, 에도 모모노이 도장에서의 지위 등을 설명했다. 그의 인격적·도덕적 자질에 대한 찬사는 꼬리를 물고 이어졌다. 이에 아사다 간시치는 번에 건의를 했고, 도사 번(이 시기는 한 번 실각했던 요시다 도요가 재기용된 직후였다)은 1858년 봄 다케치 즈이잔에게 두 사람을 부양할 수 있는 종신 연공을 추가로 내렸다. ▪55

료마와 즈이잔은 에도 검술 도장에서의 인연 덕분에, 1858년 가을 미토 번에서 온 사자들과 만나면서 국정에 관여하기 시작했다. 이 두 사람은 이미 1857년 가을에 도사 번으로 귀향한 터였다. 그로부터 몇 달 후, 그들의 영주인 야마우치 요도는 정치 개혁과 히토쓰바시 게이키의 옹립을 위해 해리스의 미일수호통상조약에 대한 천황의 재가가 필요했던 막부를 이용하려 했다. 하지만 그러한 노력은 수포로 돌아갔다. 새로운 에도 정부는 1858년 늦은 봄과 여름에 걸쳐, 다이로 이이 나오스케의 주도로 막부의 결정에 영향을 줄 것으로 추정되는 이들을 탄압하는 데 온 힘을 기울였다. 미토 번주 도쿠가와 나리아키는 진정한 국가적 통일을 이루기 위해 제후들에게 권력을 넘겨주어야 한다는 운동을 주도했지만, 결국 1858년 늦가을 에도의 자택에 연금당하는 처지가 되었다. 번교의 학자들에게 존왕 교육을 받던 많은 미토 번 사무라이들은 이러한 처사에 격분했으며, 이제 이들은 막부 정권에 대항하기 위해 검도 수련을 계기로 만들어진 인연들을 이용하려 했다. 즈이잔과 료마가 이러한 목적으로 방문한 미토 번 사무라이의 표적이 되었다는 사실은, 이 두 사람이 이전에 에도의 검객 사회에서 두각을 나타냈음을 분명히 일러 준다.

1858년 말 일단의 미토 번 사무라이들은 그들 운동의 지지자들을 찾기 위해 움직이기 시작했다. 그들이 추구한 목표는 달성하기 어려운 것이었다. 당시 미토 번은 막부 정책에 대한 반감의 정도에 따라 여러 파벌로 갈라져 그 분열상은 되돌릴 수 없을 정도였다. 내부적인 반목으로 번의 지도력은 손상을 입었고, 또한 막부 말기 10년간의 중요한 사건들에도 개입할 수 없었다. 하지만 도쿠가와 나리아키의 숙청에 대한 분개가 한동안 모든 것을 잠재웠다. 스미야 도라노스케(住谷寅之介)가 주도하는 미토 번 4대 과격 파벌 가운데 하나가 지원 요청을 위해 면식이 있던 료마와 즈이잔을 찾아 도사 번에 온 것이다.

도사 땅이 주변 지역으로부터 얼마나 적절하게 분리되어 있었으며, 또한 정치적 사건들에 대한 료마의 지식이 얼마나 낮은 수준이었는지는 미토 번에서 온 사람들이 어떤 식으로 대접을 받았는가를 통해 알 수 있다. 다치가와(立川) 관문에 당도한 미토 번의 사자들은 도사로의 입국을 허가받지 못했다. 대신에 료마가 몇몇 도사 번 무사들을 인솔하여 그들을 만나러 왔다. 아마도 다케치 즈이잔이 그의 대리인으로 그들을 파견했을 것이다. 관문에서 미토 번 사자들과 접촉한 다음, 료마 일행은 이들의 정식 입국을 주선하고자 고치 성으로 돌아왔다. 하지만 이틀 후 도사 번의 교섭 불허 방침이 전달되었다. 입국 허가는 내려지지 않았지만, 미토 번의 사자들은 료마에게 전해 준 친서에 대한 답변을 듣기 위해 며칠을 관문에서 기다렸다. 하지만 어떤 답변도 없었으며, 결국 그들은 협력의 희망을 접고 돌아갈 수밖에 없었다.

이때 미토 번 사자였던 스미야는 당시 미토 번과 도사 번 사무라이들 사이에 드러난 정치적 인식의 극명한 대비를 한탄하면서, 자신의 일기에 다음과 같이 기록했다. "우리가 만난 도사 번의 두 사무라이는 자신들 번의 정책에 대해서 제대로 알지 못했다. 료마라는 친구는 번의 고위 관리들 이름조차 잘 모르고 있었다. 결국 우리는 며칠이나 되는 시간만 헛되이 보내고 말았다. 참 한심한 일이다."■56

만약 료마가 이처럼 시국에 무관심했더라면, 그가 고치 성에 전달했던 미토 번의 친서를 통해 많은 것을 배웠을 것이다. 이 친서는 도쿠가와 나리아키 추종 세력의 관점에서 쓰여진, 다이로 이이 나오스케의 임의적인 행동을 자세히 고발하는 내용이었다. 그들은 이이 나오스케가 자신들 영주의 정당한 충고를 무시하고 경멸했으며, 심지어 천황의 의지마저 업신여긴다고 비난했다. 또한 이이는 일본을 위해 교토에서 활동하는 지사들을 구금했고, 영주인 나리아키마저 과감하게 처벌했다고 되어 있다. 이어서 친서에는 미토 번 사무라이들의 심한 격분은 당연한 일이며, 이제부터는 선택할 방안에 대해 강력한 의지를 보여 줄 필요가 있다고 적혀 있었다.■57

즈이잔과 료마는 미토 번에서 온 친서에 주로 이이 나오스케와 도쿠가와 나리아키 간의 관계에 관한 내용이 담겨 있다고 보았기 때문에 친서의 내용을 완전히 이해하지 못했으리라고 판단된다. 그들은 외세에 강한 적개심을 가지고는 있었지만, 개항장과는 아주 멀리 떨어져 있었고 미토 번 사무라이들에 비해 막부 정치에 대한 인식이 매우 부족했다. 그때까지만 해도 도사 번은 이이 나오스케의 정책이 몰고 올 피해나 위험을 전혀 느끼지 못했는데, 이는 아직 요도에 대한 숙청이 진행되지 않았기 때문이다. 그러나 불과 몇 달 뒤에 이러한 생각은 잘못된 것으로 밝혀졌다. 이이 나오스케가 휘두른 숙청의 칼날이 야마우치 요도에게까지 겨눠지면서 그의 활동에 점점 제약이 가해지더니, 마침내 에도 인근의 시나가와 저택에 감금당하는 처지로 내몰렸다. 요시다 도요가 이끌고 있던 도사 번은 막부의 공격이 계속될지에 대해 예의주시하면서 거취에 신중을 기했다. 실제로 요시다 도요는 야마우치 가문이 번주로서의 신분과 영지를 유지하기를 고대한다는 탄원을 에도에 전달했다. 이런 가운데 미일수호통상조약이 체결되면서, 초기에 우려했던 외세와의 전쟁과 같은 상황은 제거될 수 있었다. 그 결과 1854년에 시작된 군비 확장을 위한 긴급 조치들은 느슨해지다가 중단되었으며, 요시다 도요는 이러한 조치들이 번의 재정에 끼친 피해를 만회하기 위해 부단히 노력했다.

다케치 즈이잔과 그의 추종자들은 요시다 도요의 신중함에 환호를 보내지 않았다. 대신에 그들은 막부의 내정과 외교 정책에 대한 감정적인 반감이 고조되어 갔다. 그들의 목소리가 받아들여지지 않자, 그들의 분노는 자신들의 발언권을 인정하지 않는 정치 체제로까지 확대되었다. 한편 1859~1860년에 걸쳐 다케치 즈이잔의 명성과 권위는 계속 높아져 갔다. 1859년 즈이잔은 고시와 시라후다(白札)""**8** 이상 계급의 무사들을 검술 수련시키는 총감사직에 임명되었고, 이듬해 31세가 된 그는 번의 명령을 받아 일본 중부와 남부 지방의 검술과 수련 방법을 시찰하기 위해 한 무리의 문하생을 데리고 도사를 떠났다. ■**58**

야마우치 요도가 국정에서 중요한 역할을 담당한 기간은 페리의 미일우호조약부터 해리스의 미일수호통상조약까지에 해당되며, 이 시기에 도사 번의 하급 사무라이들은 이러한 시국에 대한 충분한 정보나 지식을 전혀 가지고 있지 못했다. 대신에 그들은 검술 수련에 열중했고, 주변 모든 것에서 느끼는 감정에 무비판적으로 부화뇌동할 뿐이었다. 하지만 야마우치 요도가 시나가와에 가택 연금을 당한 이후, 다케치 즈이잔이 이끄는 도사 번 고시와 쇼야들은 점차 국정에 관여하기 시작했다. 그들은 먼저 막부 정책을 비난했고, 이어진 비난의 화살은 막부의 정책에 굴복한 번의 참정(參政) 요시다 도요를 향했으며, 마지막으로 이 두 상대에 대항할 수 있는 길을 찾기 위해 스스로를 조직해 나갔다. 어떤 점에서 이들의 행보는 막부 제후들의 행보와 비슷한 점을 발견할 수 있는데, 그들 역시 막부 정권에서 강력한 통제력도 일관된 정책도 없다는 사실을 알게 된 후부터 요동치기 시작했다는 점이다. 또한 그들이 대외적 문제를 '인재' 등용의 필요성과 결부지었다는 점에서도 공통점이 있다.

그러나 앞으로 살펴보겠지만, 막부 제후들과 마찬가지로 도사 번의 가신들 역시 미래를 향한 통합적이고 목적지향적인 정치 강령에 따라 움직였다고는 보이지 않는다. 그들은 자기 나라에 무언가 불행한 일이 일어날 것이라고 생각했지만, 설령 그렇다고 하더라고 이는 오로지 국력이 약해 국방이 튼튼하지 못한 탓이라는 인식을 가지고 있었다. 그들의 의식은 번(또는 막부) 체제를 뒤엎고 '왕정복고'를 이루어야겠다는 생각과는 거리가 멀어도 한참 멀었다. 그러한 생각이 현실화되려면 급진적인 해결책을 찾는 경향을 자극하는 일련의 사건이나 정치 개혁 과정을 재촉하는 과격주의자들의 반동이 동반되어야만 했다. 결국 이러한 과정이 실행에 옮겨지면서, 그들이 가졌던 막연한 근왕 사상은 일정한 정치 강령으로 구체화되었다. 그러한 발전이 이루어지는 속도는 시간이 흐름에 따라 가속화되었다. 낡은 질서와 낡은 해법으로는 더 이상 료마와 그의 동지들을 납득시킬 수 없었지만, 그렇다고 아직 구체적인 대안이 마련된 것도 아니었다.

|미주|

1. 이 부분에 대한 보다 상세한 내용은 다음 문헌을 참조할 것. W. G. Beasley, *Select Documents on Japanes Foreign Policy 1853-1868*(London, 1955), pp.3-93.

2. 維新史料編纂事務局(刊), 『維新史』, II, p.69.

3. 이와 관련된 수준 높은 분석은 다음 문헌에서 찾아볼 수 있다. W. G. Beasley, *Great Britain and the Opening of Japan*(London, 1951), pp.106-110; Eijiro Honjo, "The Views of Various hans on the Opening of the Country", *Kyoto University Economic Review*, XI, 2(Kyoto, 1936), pp.16-31. 다이묘들의 답서 원본 일부는 다음 문헌에서 찾아볼 수 있다. W. G. Beasley, *Select Documents*, pp.101-119.

4. "어찌 되었든 우리는 이를 기각하옵니다. 여기서는 우리 일본이 충분한 무역 경험이 없고 쉽사리 허용할 수 없을 것이라 언급하고 있사옵니다. 그가 해 온 요구를 살펴보면, 우리를 마치 그들의 신민인 양 대하고 있사옵니다……" 막부의 담당 관리가 올린 이 보고서의 출처는 다음 문헌을 참조할 것. W. G. Beasley, Select Documents, p.126.

5. 이는 반쇼시라베쇼(蕃書調所)에 관한 것으로, 출처는 다음 문헌임을 밝힌다. Marius B. Jansen, "New Materials for the Intellectual History of 19th Century Japan", *Havard Journal of Asiatic Studies*(Cambridge, December 1957), p.580.

6. Beasley, *Select Documents*, p.26.

7. 1857년 12월 30일에 발표한 도쿠가와 나리아키의 제안 원문은 다음 문헌을 참조할 것. *Select Documents*, pp.168-169.

8. *Select Documents*, pp.180-181.

9. 다이로는 비상시에만 임명되는 일종의 비상설 직위로, 로주들을 통솔하는 위치에 있었다. 이 직위는 전통적으로 후다이 다이묘 중에서도 최고위층에 한해서만 주어졌으며, 히코네 번주 가문이었던 이이(井伊) 가문 등 네 가문에서 선출되었다. 이런 점에서 후다이 다이묘가 아닌 마쓰다이라 슌가쿠는 다이로에 오를 만한 출신이라고 하기는 어려웠다. 따라서 그는 다이로 직위의 후보자로서는 신흥 세력이자 '독립적'인 세력이라고 할 수 있었다.

10. 이들 중에는 조슈 번의 요시다 쇼인, 에치첸 번주 마쓰다이라 슌가쿠의 조언자이자 막부의 체제 개혁 선구자이기도 한 하시모토 사나이(橋本左內), 그리고 구게들에게 많은 영향을 미친 근왕주의자 우메다 운핀(梅田雲濱) 등도 포함되어 있었다.

11. 지볼트는 1823~1829년, 그리고 1859~1861년에 걸쳐 일본에 머물렀다. 그는 두 번째 체류 기간 동안 일본의 정치 상황을 접한 인상을 저서에 남겼다. *Open Brieven uit Japan*(Deshima, 1861), p.64.

12. J. A. van der Chijs, *Neerlands Streven tot Openstelling van Japan voor den Wereldhandel* (Amsterdam, 1867), p.115.

13. 다음 문헌은, 간코마루의 출항으로 근대적 항해술 훈련이 한동안 중단되다시피 했다는 사

실을 포함한 네덜란드 해군의 일본 파견사에 관한 정보를 담고 있다. van der Chijs, Appendix, Ⅱ, pp.414f.

14. 나가사키에서 서양 의술을 가르친 네덜란드 인들의 경험담은 다음 문헌에 나타나 있다. J. L. C. Pompe van Meerdervoort, *Vilf Jaren in Japan(1857-1863)*, 2 vols.(Leiden, 1868).

15. 펠스 라이켄(Pels Rijken) 및 그의 후임자인 카텐다이크(Kattendyke)가 제출한 보고서에서 이러한 내용을 찾아볼 수 있다. 카텐다이크가 내린 결론은 다음과 같다. "일본인은 프랑스 인처럼 느긋하고 태평한 기질을 가지고 있다. 예의 바르고 활기차며 위트 넘치는 사람들이 지만, 어려운 일에 대한 결단력은 부족하다. 사실 선원이 된다는 것은 쉬운 일이 아닌 만큼 이 부분은 우려스럽기도 하다. 이들은 이해력이 매우 빨라 언뜻 보면 짧은 시간 내에 방대한 지식과 어려운 과제를 쉽게 이해하는 것 같지만, 호기심이나 집중력이라는 측면에서는 부족한 점이 관찰된다." van der Cheijs, *Neerlands Streven tot Openstelling van Japan voor den Wereldhandel*, pp.457-495.

16. Jansen, "New Materials for the Intellectual History of 19th Century Japan", p.580.

17. 다음과 같은 표현은 후쿠자와 유키치의 태도를 선명하게 보여 주는 동시에, 그를 일본 최초의 근대적인 지식인이라고 칭할 만한 근거를 제공하고 있다. "나는 막부의 관료적이고 폭압적이며 수구적인 양이책에 찬동하지 않네. 그러니 그들과 함께할 생각도 없지. 하지만 나는 더 반외세적인 데다 거칠기까지 한 근왕파들에게는 더욱더 공감할 수 없다네. …… 야심 높은 사람들은 자기 야심을 채우기 위해 당파를 결성하기도 하겠지……. 하지만 나 같은 사람을 필요로 하지는 않을걸세." Fukuzawa Yukichi, *The Autobiography of Fukuzawa Yukichi*, tr. Eiichi Kiyooka(Tokyo, 1948), p.198.

18. 프랑스의 원조를 등에 업은 막부 최후의 저항을 지지했던 오구리 다다마사는 메이지 신정부에 의해 처형당했다. 다음은 그의 전기이다. 阿部道山, 『海軍の先驅者: 小栗上野介正傳』 (東京, 1941).

19. 원문은 요시다 도요가 작성하여 후쿠시마 나리유키가 막부에 전달하였다. 福島成行, 『吉田東洋』(東京, 1927), pp.60-61.

20. 東京帝國大學(編), 『大日本古文書: 幕末外國關係文書』, 18卷(東京, 1925), p.380.

21. 岩崎英重(編), 『三條實萬手録』, 日本史籍協會, Vol. 1(東京, 1925), p.201. 이 문헌의 일부분이 다음 문헌에 영문으로 번역되어 있다. Noboru Hiraga, "Tosa in the Meiji Restoration" (unpublished M.A. thesis, University of Washington, Seattle, 1955).

22. 『大日本維新史料』, Part 3, Vol. 4, pp.809-810; Hiraga, p.103.

23. 『大日本維新史料』, Part 3, Vol. 7, pp.341-342; Hiraga, p.7.

24. 하시모토 사나이와 요코이 쇼난은 이들 중에서도 필두라고 할 수 있는 인물이며, 특히 쇼난은 후일 사카모토 료마에게도 적지 않은 영향을 주었다.

25. 瑞山会(編), 『維新土佐勤王史』(東京, 1911), pp.53-54. 원문은 다음 문헌을 참조할 것. 平尾道雄, 『容堂公記傳』(東京, 1941), pp.65-70.

26. 坂崎斌, 『鯨海醉侯』(東京, 1962), pp.104f. "술고래 다이묘(The drunken lord of the whale seas)"는 요도가 자신을 가리킨 표현이다.

27. 瑞山会(編), 『維新土佐勤王史』, p.32; 池田敬正, "土佐藩における安政改革と其の反對派", 歷史學硏究, 205(東京, 1957), p.19.

28. 福島成行, 『吉田東洋』, p.11.

29. Emily V. Warriner, *Voyager to Destiny: the amazing adventures of Manjiro, the man who changed worlds twice*(Indianapolis, 1956). 이 책은 나카하마 만지로에 대한 전기로, 다음 문헌을 토대로 하여 작성되었다. 中濱東一郎, 『中濱萬次郎傳』(東京, 1936).

30. 江頭恒治, "高知藩における幕末の新政策", 『幕末經濟史硏究』(東京, 1925), pp.125f. 보다 근본적인 내용에 대해서는 다음 문헌을 참조할 것. 平尾道雄, "高知藩民兵制度", 『土佐史談』, 35(高知, 1931), pp.79-84.

31. 福島成行, 『吉田東洋』, pp.80f.

32. 에도 시대 말기에는 신기술이 부를 보증할 것이라는 믿음이 널리 퍼져 있었다. 그런 만큼 야마우치 요도는 이웃 번인 우와지마 번주 다테 무네나리에게 광산 개발을 권하는 내용의 편지를 쓴 바 있다. 江頭恒治, "高知藩にける幕末の新政策", p.119.

33. 이러한 요시다 도요의 계획을 보여 주는 유명한 기록물을 다음 문헌에서 찾아볼 수 있다. 大塚武松, 『吉田東洋遺稿』(東京, 1929), p.270.

34. '오코제구미'라는 용어에 대해서는 다음 문헌을 참조할 것. 佐々木高行, 『勤王秘史: 佐々木 老侯昔日談』(東京, 1915), p.90.

35. 다음 문헌에는 1582년 가문이 몰락한 다음 도사 번으로 흘러 들어온 아케치 미쓰히데[明智 光秀, 1528~1582: 전국(戰國) 시대 후기에 활약한 무장. 아즈치모모야마(安土桃山) 시대를 연 인물인 오다 노부나가(織田信長)를 섬기던 중 쿠데타를 일으켜 그를 살해했으나, 며칠 후 노부나가의 다른 가신인 도요토미 히데요시(豊臣秀吉)에게 토벌당하여 패사했음—역주] 의 방계 후손의 진술이 수록되어 있다. 千頭淸臣, 『坂本龍馬』(東京, 1914), pp.25-30. 다음 문헌에는 이와 관련한 보다 흥미 있는 내용이 수록되어 있다. 竹崎五郎, "坂本龍馬先生系圖", 『土佐史談』, 76(高知, 1941), pp.35-37.

36. 예컨대 다음 문헌에 이와 관련된 내용이 언급되어 있다. 岩崎英重(編), 『坂本龍馬關係文書』, I(東京, 1926), 31.

37. 千頭淸臣의 기록에 따르면 197석이었지만, 필자는 다음 문헌이 보다 최신 기록이면서도 권위 있는 것으로 파악되어 이에 따르기로 했다. 高知市史編纂委員会, 『高知市史』(高知, 1958), p.331; 『土佐藩鄕土調査書』(土佐資料叢書, 高知, 1958), p.30. 고치 조카마치에 거주 하던 고시들의 명단과 연공 수입에 대해서는 다음 문헌을 참고했음을 밝혀 둔다. 『高知市 史』, pp.330-337.

38. 사카모토 료마는 1866년 가을 사이타니 우메타로(才谷梅太郎)라는 가명으로 개명한 바 있 다.

39. 岩崎英重(編), 『坂本龍馬關係文書』, I, 60. 이 편지는 1862년에 쓴 것이다.

40. 다음 문헌에는 이 시기에 료마가 남긴, 네덜란드 어 알파벳과 숫자, 육성 지휘 구호 등을 써 놓은 노트 내용이 수록되어 있다. 여기에는 네덜란드 어뿐만 아니라 개인적인 이야기를 영어로 써 놓은 것들도 포함되어 있다. 岩崎英重(編), 『坂本龍馬關係文書』, II, 44f.

41. 이 편지는 1863년 료마가 탈번할 때 함께 탈번한 친구인 이케 구라타의 부모에게 보낸 것 이다. 이는 정식으로 출판된 적은 없고, 고치 현 사카와(佐川)에 소재한 다나카 고켄의 개인 도서관인 靑山文庫에 소장되어 있다.

42. 千頭淸臣, 『坂本龍馬』, p.31. 이 문헌에 언급한 내용을 수정·보완한 다음 문헌도 참조할 것. 平尾道雄, 『陸援隊始末記』, p.12.

43. 岩崎英重(編), 『坂本龍馬關係文書』, I, 37.

44. 시나가와 일대는 가지바시, 쓰키지(築地), 미타(三田) 등과 같은 에도의 주 거주지는 아니 었다. 佐々木高行, 『勤王秘史: 佐々木老侯昔日談』, pp.67, 119.

45. 平尾道雄, 『維新遺文選書: 坂本龍馬, 中岡愼太郎』(東京, 1943), p.4; 岩崎英重(編), 『坂本龍 馬關係文書』, I, 20.

46. 흔히 료마가 지진이 발생한 후 부모의 안위를 걱정하여 도사로 귀향한 것으로 잘못 알려져 있으나, 다음 문헌은 이에 대한 올바른 사실를 수록하고 있음을 밝혀 둔다. 平尾道雄, 『陸援 隊始末記』, p.20.

47. 千頭淸臣, 『坂本龍馬』, pp.34-35.

48. 岩崎英重(編), 『坂本龍馬關係文書』, I, 38-49.

49. 나가오카 고시 가문의 연공 수입은 다음 문헌에 나타나 있다. 『土佐藩鄕士調査書』, pp.15-25.

50. 다케치 즈이잔의 이력과 인품은 다음 문헌들을 참조할 것. 瑞山会(編), 『維新土佐勤王史』 (東京, 1911); 平尾道雄, 『武市瑞山と土佐勤王党』(東京, 1943); Marius B. Jansen, "Takechi Zuizan and the Tosa Loyalist Party", *Journal of Asian Studies*, XVIII, 2(February 1959), pp.199-212.

51. 료마는 구스노키 마사시게[楠木正成, 1294?~1336: 가마쿠라(鎌倉) 말기에 활약한 일본의 무장. 무로마치(室町) 막부의 시조인 아시카가 다카우지(足利尊氏)에 맞서 고다이고(後醍 醐) 천황에게 충절을 바쳤다고 하여 일본의 근왕주의자, 국가주의자 등의 존경과 숭배의 대 상이 됨-역주]의 묘소에 참배했으며, 이는 당시 근왕주의자들에게는 일종의 통과 의례 혹 은 성지 순례로 여겨졌다. 千頭淸臣, 『坂本龍馬』, p.37.

52. 平尾道雄, 『土佐藩漁業経済史』(高知, 1955), p.208.

53. 千頭淸臣, 『坂本龍馬』, p.38.

54. 平尾道雄, 『陸援隊始末記』, p.5.

55. 平尾道雄, 『武市瑞山と土佐勤王党』, p.19.

56. 岩崎英重(編), 『坂本龍馬關係文書』, I, 56.

57. 미토 번의 친시는 다음 문헌에 수록되어 있다. 岩崎英重(編), 『坂本龍馬關係文書』, I, 52-54.

58. 平尾道雄, 『武市瑞山と土佐勤王党』, pp. 22-27.

|역주|

1. 일본의 국학자(1776~1843).

2. 오늘날 아이치 현(愛知縣) 서부 일대.

3. 오늘날 와카야마 현(和歌山縣).

4. 오늘날 교토 남부 지역에 있던 옛 지명.

5. 일본 고류(古流: 일본에서 메이지 유신 이전부터 전승되어 내려오는 무예를 일컬음) 검술 유파의 하나로, 현대 검도에 많은 영향을 주었으며 오늘날에도 계승되어 오고 있음.

6. 나가사키 지방의 관원으로, 네덜란드군의 전술 교리를 입수한 후 이를 토대로 독자적인 포술을 개발하여 명성을 날렸음.

7. 오늘날 나라 현(奈良縣) 일대를 일컫는 옛 일본 지명.

8. 도사 번에서 뛰어난 업적을 쌓거나 공적을 세운 고시를 상급 무사로 대우하던 제도, 또는 그러한 대우를 받게 된 고시를 일컫던 칭호.

제3장.. **근왕파의 시대**

...▶

1860년은 사카모토 료마와 같은 일본 젊은이들의 인생에 중대한 변화와 동요를 가져다준 해였다. 이제 그들은 봉건적 상급자들의 명령에 저항하는 한편, 천황을 위하는 것이라고 믿는 것을 따라 스스로 행동하기 시작했다. 외국 상인들에 대한 개항은 당시 모든 지배층을 포함한 수많은 일본 사람들에게 위기감을 안겨 주었다. 에도에 인접한 신도시 요코하마(横濱)의 무역상들은 혐오하는 외국인에게 칼을 휘두르고 싶은 젊은 검객들의 손쉬운 먹잇감이었다. 한편 서양 세력은 이와 같은 일련의 사건들을 구실로 막부에 더 많은 이권을 요구해 왔다. 막부의 다이로(이이 나오스케)는 무역상들의 도래를 불러온 책임자로 지목되어 1860년 암살당했다. 그의 죽음은 이후 수년간의 무법천지를 알리는 신호탄과도 같았다. 이 시기는 17세기 이래 유례를 찾아볼 수 없었던 변화, 결단, 풍운의 시대였다.

사카모토 료마와 동시대의 많은 사람들에게 이 시기는 당대 주요 문제들에 참여해야 한다는 새로운 의식을 갖게 하는 계기가 되었다. 그의 동료들과 마찬가지로 료마는 이러한 문제를 단순히 옳고 그른, 그리고 정책이나 지도자가 도덕적이냐 비도덕적이냐의 문제로 파악했다. 시간이 흐르면서 료마는 선택의 복잡성을 서서히 인식하게 됨에 따라, 직접적인 행동으로 불충한 정상배들을 제거하려는 감정적인 대응에서 점차 벗어나기 시작했다.

도사 번에서는 하급 무사와 농촌 지도자 그리고 조카마치에 사는 봉건적 상급자들 간에 적개심이 새롭게 표출되면서, 이러한 문제들이 더욱 복잡하게 꼬이고 말았다. 요시다 도요의 개혁이 이러한 긴장을 더욱 고조시켰으며, 이로 말미암아 이제 최상위 무사와 최하위 무사들 사이에 불가사의한 연대가 가능해졌다. 그들 모두 불평의 원인을 찾아냈던 것이다. 도요의 정책에 대해 그들의 이해와 반대가 아무리 달랐다고 하더라도, 번정의 최고 지도자에 대한 증오라는 공통점이 요시다 도요의 암살로 이어졌다. 이후 반대파가 도요의 자리를 차지했으며, 암살범을 색출하려고 적극적으로 움직이지도 않았다. 이러한 긴장 상태와 그 정치적 결과들에 대해서는 뒤에서 자세히 살펴보아야 할 것인데, 이것들은 도사의 정책 전환뿐만 아니라 당시의 시대적 도전에 료마와 그의 동지들이 어떻게 대응했는지에 관해 많은 것을 일러 주기 때문이다.

돌이켜 보면 도사 번의 상황은 일본이 직면한 상황의 한 단면에 불과했다. 막부의 정책, 번내 정치적 갈등, 그리고 사회적·경제적 긴장으로 말미암아 웅번들은 서로 대비되고 모순적인 정책들을 향해 나아갈 수밖에 없었다. 번 당국은 당시의 정세에 따라 가신들의 활동을 이용하기도 하고 억누르기도 했다. 여러 측면에서 1860년대는 여러 번 출신의 사무라이들 간에 활발한 협력이 이루어졌던 시기로 볼 수 있으며, 이는 에도의 검술 도장에서 시작된 정치적 움직임의 연장선이라고도 할 수 있다. 이해관계를 공유한다는 측면에서 공무합체론(公武合體論)의 기치 아래 궁정과 막부 간의 화해를 추구했던 여러 유력 다이묘들 사이에 협력이 이루어졌다. 이는 막부나 막부의 다른 가신에 비해 상대적으로 자신들의 입지를 강화할 수 있는 기회이기도 했다. 하지만 그러한 다이묘들이 국가적 이익을 우선시하기 시작했다고는 말할 수 없다. 오히려 지역적 이익이 다양한 방법으로 고려되었음이 틀림없으며, 그것들이 한시도 무시된 적은 없었다. 1860년 이후 모든 집단이 동맹자를 찾는 한편 전통의 수호자를 자처하면서 궁정 구게(公家)들이 다시금 정치판에 이끌려 나오게 된다. 일부 교토 귀족들이 국가 정치에 용감하게 몸을 던지는 모습도, 1860년대 이후 근왕파 시대의 또 다른 특징으로 볼 수 있다.

1860년대라는 새로운 시기는 막부가 유력 다이묘들과 궁정 구게에 대한 정책을 전환한 시기이기도 했다. 다이로 이이 나오스케(井伊直弼)가 1860년 암살된 이후 제후들에 대한 통제가 느슨해짐에 따라, 분노를 누그러뜨리고 협력을 증진하려는 분위기가 나타난 적도 있었다. 하지만 그러한 분위기는 과격파 양이주의자들이 자주적인 행동을 할 수 있는 새로운 가능성을 열어 주었고, 그들은 막부의 계획과 활동을 거의 마비 상태로 만들기 위해 그 가능성을 이용하거나 지향하기도 했다. 그 결과 막 도착한 외국 상인들을 추방해야 한다는 공약이 나왔는데, 그 공약을 근왕파 집단 중 한 부류가 본격적으로 시행하면서 감정적이고 비이성적인 환상이라는 양이주의자의 본질이 드러나게 되었다. 하지만 1863년에 와서야 근왕주의와 양이주의가 존왕양이(尊王攘夷)의 구호 아래 결집되면서 많은 사람들, 특히 사카모토 료마와 같은 젊은 검객들 사이에 심각하게 받아들여졌다. 더 높은 도덕성에 대한 확신, 직접적이고 단순한 해법에 대한 강한 믿음은 근왕파 시대를 대담성과 광신 그리고 용기와 잔혹의 색채로 물들게 했다. 이는 사카모토 료마와 동료 검객들이 지닌 두드러진 특징이었다.

·····▶

지사의 모범과
이상

1860년대 활동가들은 '숭고한 뜻을 가진 사람'을 의미하는 '지사(志士)'를 자처했다. 그들은 전통적인 가치와 덕목 대부분을 추구했지만, 실제로는 새로운 사회적·윤리적 인간상을 대표했다. 그러한 인간상은 훗날 그들이 설립에 일조했던 신정부에 의해 칭송되었고, 신정부의 미래 정적들, 다시 말해 1930년대 암살자들(예를 들어 5·15사건, 2·26사건 등)의 추앙을 받았던 인간상이었다. 1860년대 초반 사카모토 료마의 활동, 그리고 그의 이미지가 훗날 역사와 소설에 투영된 방식은 모두 그와 그의 동지들이 추구했던 당시의 사회적 양식을 고려하지 않는다면 제대로 이해될 수 없다.

활동가들이 지니고 있던 지적 교양은 일본 봉건 제도의 필요에 의해 변형된 인습적인 유교적 가치들로 이루어져 있었다. 의무, 그중에서도 더 큰 뜻을 지닌 정치적 임무는 가족에 대한 배려나 책임보다 우선시되었다. 충의는 훌륭한 무사의 상징이었고, 일본의 봉건 제도는 가족주의적 사고가 강했기 때문에 충의와 효행이 동일시되었다. 충의와 효행 사상은 의무에 대한 헌신을 더욱 강하게 요구했다. 이러한 자질은 무사 된 자가 갖추어야 할 최고의 덕목으로 칭송되었으며, 인간미라든가 신뢰 등 그 밖의 덕목은 부차적인 영역으로 밀려났다.

19세기 근왕파의 사상에 심대한 영향을 주었던 미토 학파의 저작과 언행은 이러한 윤리적 요구를 이론화하고 도덕화하는 일부 유교적 전통에 초점을 맞추었다. 특히 주자(朱子)가 강조한 '지고의 의무'라는 대의명분은 미토 학파의 핵심적인 가치였다. 대의명분이라는 단어는 유신 활동가의 문건에 수도 없이 언급되었다. 한편 대의명분에는 '명성과 역할', 다시 말해 사회적 명성이나 위상에 걸맞게 정치적 역할을 반드시 수행해야 한다는 또 다른 의미가 내포되어 있다. 전통적인 번교에서 유학을 가르친 유학자들은, 대개 낮은 신분이던 일부 근왕주의 청년들에게 대의명분을 가르친다면 존경과 복종의 마음을 불러일으킬 것이라고 생각했다. 하지만 이것이 또 다른 결과를 초래한 것은, 에도 시대 유학이 대부분 이념적으로는 대의명분을 내걸었지만 다른 일, 특히 천황이 자신의 명성에 걸맞게 정치적 권능을 다하는 것을 지고의 선 혹은 모든 것을 초월하는 의무라는 사실에 초점을 맞추는 경향이 있었기 때문이다. 이러한 점에서 대의명분이라는 개념은 국학이나 신도 사상의 전통에 의해 강화된 측면이 있다. 여기서는 성스러운 천황의 이상을 재창조, 아니 어떤 면에서는 실제로 창조해 내기도 하는데, 천황은 교황처럼 신성불가침의 나라를 지배해 왔던 황조(皇祖)들로부터 유훈을 받아 나라를 다스린다는 것이다. ■1 1860년 이후 일본의 현실은 이러한 이상과는 맞아떨어지지 않는다고 단정하기 어려운 측면도 다분했다. 막부의 우유부단함 때문에 불순한 외국인들이 신성한 일본 땅에 몰려들었기 때문이었다. 막부의 정치적 입지는 비록 변칙적인 측면이 있었다고는 해도 조정을 지킨다는 점에서 변호될 여지가 있었다. 하지만 막부의 나약함이 천황의 근심을 불러일으키는 원인일 수 있다고 알려지자, 이제 막부는 부도덕한 찬탈자라는 오명을 피할 수 없게 되었다. 이와 같은 시대에 당시의 상황을 바로잡을 조치들은 비록 인습적 도덕과 의무를 벗어나서라도 '대의'를 따라야만 했다. 그러한 의무는 번주에 대한 의무를 능가했고, 그것은 탈번에 따른 가족, 심지어 부모들의 고통마저 정당화시켰다. 하지만 수많은 활동가들의 경우 자기 주군이 천황과 대립하는 현실을 받아들일 수 없었다. 그들은 비록 자기 주군이 일시적으로 잘못된 조언이나 사악한 가신들의 희생양이 되었다고 하더라도 실제로는 그가 자신들의 편에 서 있다고 믿었다. 당시의 시대적 상황에 명확한 입장을 취한 번주들이 거의 없었기 때문에, 이러한 해석은 1930년대 황도파 군국주의자들의 확신이 그러하듯 입증해야 할 여지가 많다. 그들은 천황의 보수적인 측근들이 천황의 흉중을 무시하고 강한 입장을 취할 수 없게 만들었다고 주장했다.

대의에 대한 이러한 해석은 특히 정치 세계에 아직 때가 덜 묻은 하급 무사들에게는 매력적으로 다가왔다. 그러한 해석은, 예를 들어 사카모토 료마처럼 도회지에 사는 고시의 차남으로서 자신의 활동과 포부를 정당화시키기에 충분했다. 보통이라면 그의 정치적 미래는 검술 수련에 더 많은 관심을 보이는 수강생들에게 대의명분을 가르치는 교사의 역할로 제한되어 있었을 것이다. 반면 높은 지위와 신분을 가진 사람들은 어떤 한 가지 이념에 목숨을 걸기보다는 대안을 모색하는 쪽에 중점을 두었다. 정치적 경험이 많았던 그들은 양이 사상이 이론적으로는 매력적이지만 철두철미한 실현은 이루기 매우 어렵다고 보았다.

공적인 책임감이나 가족에 대한 책임감이 없는 쪽이 유리했을지는 모르겠지만, 용기는 지사에게 필수 요소였다. 이 점에서 그들의 검술 수련은 용기를 갖는 데 큰 역할을 했다. 무사를 찬미하는 낭만적 이야기들(눈은 항상 궁극적인 목표를 향해 있고, 혼은 자신의 빛나는 칼날처럼 순수하고, 모든 개인적 상념을 제쳐 둔 채 훈련에 몰두하고, 보다 완벽한 정의의 사도가 되기 위해 자기완성을 추구하는, 지혜와 용기를 갖춘 사무라이)은 지사들이 스스로 마음속에 담아 둔 낭만적 이상향의 밑거름이었다.

낭인 검객들의 행동에는 그들이 보여 준 용기에 못지않은 잔혹함도 깃들어 있었다. 그들은 지고의 도의와 의무를 명분으로 삼았기 때문에 자신의 적들을 증오하고 경멸하면서 처단할 수 있었던 것이다. 사무라이 문화는 어떤 경우에서든 자비나 동정심을 중요시하지 않았고, 1860년대의 격정적 분위기에서는 이러한 덕목이 개입할 여지가 거의 없었다. 가치라는 측면에서도 개인의 이름과 신분에 관련된 명예가 그러한 덕목보다 우위에 있었으며, 심지어 도덕적 혹은 정치적으로 중요한 문제가 아니더라도 마찬가지였다. 이 시기에 도사 번에서는 사사키 다카유키의 조카(그는 상급 무사 집안의 장남으로 16세였다)가 21세 된 하급 무사와 칼을 맞대는 사고를 저질렀다. 친구들과 친척들이 두 사람을 떼어놓기는 했지만, 그날 밤 도사 번에서는 양 세력에 속한 사람들이 각기 모여들었다. 사사키 측 사람들은 집 밖에서, 하급 무사 측 사람들은 집 안에서 모여 각자 명예와 정의가 훼손되지 않는 선에서 일을 매듭지을 수 있는 방책을 궁리했다. 사사키 가문의 연장자이며 신분도 높았던 사사키 다카유키는 적당히 타협하고 넘어가는 것은 비굴한 행동으로 비쳐질 것으로 판단했다. 하지만 사건에 관련된 하급 무사에게 결연한 태도를 보인다면, 이는 상급 무사와 하급 무사 간에 커다란 대립을 초래할 판이었다. 그는 해결책으로 결투라는 방식을 택했지만, 이는 '적'에게 기대 이상의 명예를 가져다줄 것이라고 판단했다. 그가 상대편 하급 무사 측에 이러한 제안을 소리치자, 상대편에서는 인명을 상하게 하지 않는 해결책을 원한다고 답변했다. 다카유키는 참다 못해 조카에게 행동에 옮길 것을 명했다. "간노스케(勘之助)는 몇몇 친척의 호위를 받으며 안뜰에 들이닥쳤다. 상대를 보자, '내 칼을 받아라!' 하고 외치며 그를 쓰러뜨렸다." 그 상대는 방금 입었던 상처 때문에 일어나서 저항할 수가 없었다. 사사키 다카유키가 기록한 바와 같이, 사람들은 그의 결정이 공정하고 올곧은 처사였다고 칭찬했다 한다. ■2 이러한 처사가 당시 도사에서 합당하다고 여겨질 정도였으니, 지사라는 자가 황실을 위한다는 명분으로 칼을 뽑는 것은 당연한 일이었다.

아무리 추상적인 개념이라고 해도 용기와 이상을 위한 헌신, 그리고 동료들을 좌절하게 하는 세속적인 일이나 개인적인 일에 대한 혐오, 이 모두는 진정한 이상주의자들의 상징이었다. 사무라이는 물욕에 대해 무관심하도록 교육받았으며, 지사는 이러한 덕목을 완벽할 정도로 실천했다. 그들은 공적이든 사적이든 자금이 생기면 이를 나누어 가졌다. 설령 자금이 충분치 않더라도 스스로의 도덕적 우월성을 확신하고 있던 그들은 아주 저급한 사회적 질서를 지켜 나가는 바로 그 행위가 자신들의 도덕성을 진작시킬 것으로 기대했다. 지사들은 내일에 대한 고민을 하지 않았다. 이들은 용감하고 태평하고 근심이 없었으며, '대의'에 관해서는 물불을 가리지 않았지만 이와 관계없는 일에 대해서는 무관심했다. 여러 가지 일에 책임이 없는 몸이었기에 주색에 젖어드는 경우도 적지 않았다. 막부 관헌들의 감시 때문에 주로 요정이나 유곽 같은 곳에서 정치적 모의를 해야 했는데, 이러한 곳은 의심받지 않고 사람들이 모일 수 있는 유일한 장소였다. 게다가 이는 지사들의 기호와도 관련이 있는데, 울프(Bertram Wolfe)의 지적처럼 "쫓기는 자들의 삶에서 순간의 휴식과 신체적인 편안함은 무엇보다도 소중하다."▪3라는 글귀를 통해 지사들의 행동을 이해할 수 있다. 나카오카 신타로가 드문드문 쓴 일기에서 몇 가지 예를 찾아볼 수 있는데, 그는 이번이 자신의 마지막이 될지도 모르는 위험을 무릅쓴 채 유곽에 드나들었다. 목적은 동지를 만나는 것이었지만, 일단 한번 유곽에 들어가면 유흥 반 정치 토론 반의 상황이 연출되었다. 따라서 메이지 유신에는 여성 영웅들이 다수 등장하는데, 기생과 여관의 여종업원들이 이처럼 대책 없는 자들의 목숨을 구해 준 경우가 드물지 않았기 때문이다.

　외세로 촉발된 1850년대 중반의 위기 상황은 이들 활동가들이 국가 정세에 관심을 기울이게 된 계기가 되었다. 그들 중 대다수는 개항 문제와 쇼군의 후계자 선정 문제에 적극 개입한 다이묘들의 가신이었으며, 이이 나오스케의 정치적 보복에 숙청당했던 이 다이묘의 밀사들은 훗날 메이지 유신의 주역이 되는 인물들의 스승 또는 동지가 되는 경우도 적지 않았다. 이 당시 다이로 이이 나오스케가 번주들까지 처단하기 시작하자, 번 정부는 열광적인 젊은이들을 저지하는 데 전력을 다했다. 도사 번주 야마우치 요도와 에치젠 번주 마쓰다이라 슌가쿠는 미토 번주 도쿠가와 나리아키처럼 연금을 당했다. 당시 국정과 관련된 이들 번의 보수적 노선이란, 다름 아닌 새로운 지배 체제와 양이 전쟁의 희망으로 가득 차 있던 가신들을 원래의 신분과 관직으로 복귀시키는 것을 의미했다. 많은 경우 이들의 좌절된 희망은 대의를 위해서는 잘못된 것을 바로잡을 행동이 필요하다는 확신으로 이어졌다. 비록 '능력 있는 자에 의한 지배'라는 유교적 기치에는 여러 대안들이 제시되어 있었지만, 젊은 사무라이들이 외쳤던 '잘못된 것'의 범주에는 고착화된 자신들의 신분 문제는 포함되어 있지 않았다. 반면 그들은 자기 번주에 대한 막부의 숙청은 다른 차원의 문제로 인식하면서도, 막부 조치에 대항하지 않는 번 정부의 조심스런 태도나 서구 세력에 굴복한 막부를 분명히 묵인한 태도를 빌미삼아 분노하고 행동으로 옮기는 것을 정당화하였다.

따라서 지사들이 추구했던 '큰 뜻'이란 불순한 외세의 침략으로부터 '신슈(神州)'[1]를 지킨다는 사명과 더불어, '국수(國粹)'의 정수라고도 할 수 있는 교토의 조정에 대한 경배라는 측면에 초점을 맞춘 것이었다. 일종의 숙명의식, 그리고 자신들이 옳다는 확신이 향후 근왕주의자들의 모든 논의를 지배해 갔다. 그들은 별다른 거리낌 없이 자신과 동지들이 도덕적으로 우월한 위치에 있다고 자부했다. 이러한 점에서 미토 번 지사들은 '정의파(正義派)'를, 조슈 번 지사들은 '개명파(開明派)'를, 그리고 도사 번 지사들은 '근왕당(勤王黨)'을 자처했다. 이들을 적대시하는 자들은 대부분 진부하고 세속적인 '속론(俗論)'을 따르는 무리로 여겨져 모두 '부패'한 '탐관오리'로 매도되었다. 자신들의 집단이 권한을 가진 위치에 오를 수 있는가에 성공 여부가 달렸는

데, 이는 신분이나 출신 가문이 아닌 '능력'을 기준으로 관리가 선발되는가에 달려 있었다. 이러한 사회적·사상적 토대 위에서, 1860년대 초반에 글은 읽었지만 학식이 깊다고 볼 수 없는 이들 무사들이 품었던 격정적인 감정주의에서 하나의 전망이 드러나게 되었다. 즉 개인적인 선호는 도덕적 필연으로, 그리고 당파적 전술은 일종의 성전(聖戰)으로 바뀌었다. 하지만 지사들은 수단과 도의, 도당과 인격을 제대로 분간하지 못함으로써 긍정적이라고만 볼 수 없는 정치적 유산을 후대에 남기게 되었다.

지사들은 번의 상급 무사들에 대한 적개심이 매우 컸음에도 불구하고 그들의 정책을 바꾸게 할 수 있으리라는 희망은 거의 가지고 있지 않았다. 도사 번에서 보았듯이 폭력으로 한 명의 참정을 제거할 수는 있었지만, 결과는 비슷한 신분과 견식을 가진 또 다른 인물들로 메워질 뿐이었다. 봉건 사회의 신분 제약이 흔들리기 시작했지만 그것이 곧 붕괴를 의미하는 것은 아니었으며, 하급 무사들이 스스로 정책에 영향을 줄 수 있는 기회란 거의 존재하지 않았다. 어떤 경우든지 지사들은 결코 건설적인 계획이나 사상가들이 아니었다. 그들의 특기는 뒷일은 누군가에게 미루어 둔 채 일단 일부터 저지르고 보는 것으로, 아무 대책 없이 행동에 나섰다는 점에서 보면 1930년대 민간 정치가들을 습격한 많은 황도파 청년 장교들보다 준비라는 측면에서 더 나을 것도 없었다. 황도파 청년 장교들이 '육군'을 신뢰했던 것처럼, 지사들은 '조정'을 신뢰했다. 1932년 당시 일본 총리의 암살에 참여했던 자객[이누카이 쓰요시(犬養毅: 1855~1932)−역주] 중의 하나는 다음과 같이 진술했다. "우리는 우선 파괴부터 생각하고 본다. 건설에 대한 의무 따위는 고려한 바 없다. 단지 우리가 파괴라는 대업을 완수하면 누군가가 건설에 관한 일을 맡아 줄 것으로 믿을 뿐이다."

번의 상급 무사들을 더 이상 신뢰하지 않게 된 지사들은 그에 대한 대항마로 교토의 구게들을 지목했다. 이 당시 교토의 구게 일부는 이미 일자리를 구하는 몇몇 낭인들을 지원하고 있었다. 일본 각지의 근왕주의자들이 교토로 몰려들었고, 번의 하급 일꾼보다는 '구게자무라이(公卿侍)'^{**2}가 되는 것이 더 고귀해 보였던 것이다. 이들의 보수는 번의 하급 무사에 비해 나을 것이 없었지만, 수많은 상급자들에게 치이며 살아가는 대신 구게 집안의 저택에서 나라의 귀인들을 모시고 산다는 것은 분명 매력적인 일이었다. 그리고 교토가 모험심과 패기의 도시로 탈바꿈하자, 구게의 가신들에게 이 도시의 분위기는 떠나 온 신분제 사회에 비해 훨씬 더 자극적이고 활기차 보였다.

1650년대 후반에 해결된 것처럼 보였던 주인 없는 떠돌이 무사들 문제는 에도 시대 말기에 들어 탈번하여 낭인이 되는 사례가 크게 늘어나면서 다시 한 번 긴급한 정치적·사회적 문제로 대두되었다. 17세기 이래로 탈번 행위에 대한 처벌의 강도는 크게 완화되었다. 법령에는 엄격한 처벌 규정이 남아 있었지만, 지키는 것보다는 어기는 것을 더 영예스럽게 생각했다. 탈번자가 발생한다 하더라도 범죄를 저지르거나 해서 관헌의 추격을 받는 경우가 아닌 이상 내버려두는 경우가 많았다. 치안 유지가 잘되어 있고 다른 지역과 격리된 도사 번마저도 탈번에 해이해져 있는 상태였다. 도사 번의 사무라이 가운데에는 번저의 직무에서 이탈해 사무라이 신분마저 포기한 자가 적지 않았다. 이들 일부는 조닌(町人)^{***3}이 되었으며, 다른 일부는 그전에 이미 탈번해 있던 무리에 가담하여 오늘날의 야마나시 현(山梨縣)에 속한 우에노하라(上野原)에 농장을 개척하여 새로운 공동체를 열었다. 만일 사무라이 가문의 당주가 탈번하여 다른 지역으로 도주하거나 다른 신분을 갖게 될 경우, 번에서는 일반적으로 그 가문의 신분과 연공을 몰수하거나 정지시켰다. 하지만 장남이 아니면 그 정도로는 문제가 되지 않았으며, 도사에서는 충분한 기회를 잡을 수 없었기 때문에 이들 중 상당수가 탈번을 선택했다.

에도 시대 말기 도사 번에서는 '탈번 낭사(脫藩浪士)'들 가운데 오직 한 사람만이 극형에 처해졌다. 그는 다케치 즈이잔의 검술 문하생으로, 교토로 탈주했던 오카다 이조(岡田以蔵)였다. 교토에서 불운한 나날을 보내던 그는 지사의 '고귀한 뜻'을 망각한 채 살인과 강도 짓을 일삼았다. 그는 교토의 관헌에 체포된 후 도사로 넘겨져 취조를 받은 다음 참수당했다.[4] 그러나 이 사건은 오히려 다른 많은 탈번자들이 그런대로 잘 지내고 있었음을 보여 주는 사례이기도 했다.

그러나 사무라이들의 탈번이 정치적 색채를 띠면서 번의 정책에 대한 반발로 인식되었으며, 특히 도사 번에서는 정치적 암살과 연관되어 예전의 경제적 불만으로 비롯된 탈번과는 다른 시각에서 탈번을 바라보기 시작했다. 이윽고 탈번자들에 대한 추격과 처벌이 일상화되었다. 다나카 고켄(田中光顯)의 회고록에는 지사들이 큰 위기의식을 느끼고 있었음이 분명하게 기록되어 있다. 그는 다음과 같은 기록을 남겼다. "무엇보다도 당시 막부는 막강한 권세를 가졌으며, 우리 번주(야마우치 요도) 밑에 있던 사카와(佐川) 가로조차도 무시하지 못할 힘을 갖고 있었다." 탈번은 마치 탈옥과도 같았으며, 오사카나 에도조차도 도사 번저가 유지되고 도사 행정이 기능했기 때문에 누군가가 추적당하고 있을지 혹은 체포될지 예상할 수 없는 실정이었다. 체포당한 탈번자는 다른 탈번자들의 행방이나 계획을 캐내려는 엄중한 문초를 받았다. 도사를 채 빠져나가기도 전에 체포당한 탈번 무사들도 적지 않았으며, 용케 탈번에 성공한 경우 번에 남겨진 부모가 핍박을 받았다. 다나카 고켄의 회고록은 다음과 같이 이어진다. "내가 탈번하자, 그 죄로 부친이 처벌을 받았다. 부친은 녹봉과 지위 그리고 집마저 박탈당했다. 끔찍한 일이었지만 나 때문에 부친마저 낭인이 될 수밖에 없었으며, 훈도(訓道) 노릇을 해 가며 간신히 생계를 유지할 수 있었다."[5] 따라서 이처럼 불효라고밖에 볼 수 없는 행동을 정당화하기 위해서는, 한층 높은 차원의 대의가 필요했다. 료마와 그의 동지들은 천황의 요구가 부모와 다이묘의 요구에 우선한다는 논리로 대의를 찾았다. 그들에게 부모나 다이묘의 요구 따위는 '어리석은 관리들'이나 여자들에게 어울리는 것이었다. 료마는 훗날 탈번한 이후 도사에 보낸 편지에서, 다이묘들은 대정봉환(大政奉還)의 이상을 제대로 이해하지 못하고 있는 듯하다고 썼다. "오늘날 천황 폐하의 성지(聖旨)를 받들기 위해 우리 하급 무사들이 해야 할 일은 무엇이란 말인가? 거듭 말할 것도 없이 조정의 대의는 우리 고향인 번보다도, 또한 부모님보다도 더욱 중요하게 받들어야 할 것이다."■6 이는 분명하게 '지고의 대의'였다. 다행스럽게도 지사들에게는 이러한 대의가 자신들의 행동이나 걱정과 상충되지 않았다.

도사 번 탈번자들은 행동력과 의분의 면에서 미토나 사쓰마 번 출신의 탈번자들에 비해 1년 이상 뒤처진 상태였다. 지사의 이상이 가장 먼저 표출된 곳은 근왕 사상의 중심지이자 도쿠가와 나리아키의 영지였던 미토 번이었다. 나리아키는 막부의 대외 정책에 대해 누구보다도 격렬히 질타했던 인물로, 자기 아들을 쇼군의 후계자로 앉히려던 그의 열망은 좌절된 상태였다. 그는 다이로인 이이 나오스케의 명으로 가택 연금을 당한 상태여서 가신들의 분노가 극에 달해 있었다. 앞서 언급한 바와 같이, 일단의 미토 번사들이 다치가와(立川) 관문에서 도사 번과 접촉을 시도했지만 별다른 소득 없이 끝나 버린 적이 있다. 그들은 자신들을 맞이한 료마가 사실 완전히 무지한 인물이었다고 판단했으며, 다케치 즈이잔과의 대면도 무산되었다. 그들은 사쓰마 번 지사들과의 접촉에서 성과를 거두었다. 1858년 유능한 다이묘였던 시마즈 나리아키라가 사망한 이후 사쓰마 번에서는 그의 유지를 거스르는 정책들을 실시하기 시작했으며, 결과적으로 나리아키라의 마지막 계획을 엉망으로 만든 막부에 대한 적개심 못지않게 번정을 향한 반감도 고조되어

갔다. 미토 번과 사쓰마 번은 은밀히 교류를 계속하면서 무장봉기를 계획했고, 이를 교토의 젊은 구게들에게도 통보했다. 이들은 한때 사쓰마 번 정부까지 자기들 편으로 끌어들여 교토 인근에서 무력행사를 감행한다는 계획을 세웠다. 이들이 작성한 문서에는 기존의 전통적인 복종을 타파하고 영웅주의와 '대의'를 실현했던 고사를 인용하기도 했다. 이 계획은 이이 나오스케를 암살하고, 요코하마의 외국인들을 습격하며, 벚꽃으로 장식한 깃발을 앞세우고 교토 지역을 점령한다는 등의 내용을 담고 있었다[1930년대 하시모토 긴고로(橋本欣五郎: 1890~1957)'''**4** 대좌가 주도했던 사쿠라카이(櫻會)는 바로 여기서 영감을 얻은 것이다]. 이는 문화적 전통주의, 정치적 분개, 그리고 양이주의가 결합된 독특한 일면을 보여 준다.

사쓰마 번이 이들의 목표에 공감하지 않는다는 사실은 얼마 되지 않아 곧 드러났다. 이에 40명의 사쓰마 번 무사들이 독자적으로 전투에 참가하기 위해 탈번을 기도했다. 이들의 계획은 관헌에게 저지당했지만, 그들과 제휴했던 미토 번 사무라이들을 저지하지는 못했다. **7

근왕파의 시대는 1860년 3월 하순 눈이 내리던 날에 막을 열었다. 이날, 한 명의 사쓰마 출신 사무라이와 17명의 미토 출신 사무라이로 구성된 일단의 지사들이 에도 성의 사쿠라다몬(櫻田門)을 들어서던 다이로 이이 나오스케와 수행원 일행을 습격했다. 눈이 내려서 두터운 방한복을 입고 있어 움직임이 둔했던 수행원들은 암살자들의 습격에 제대로 대처하지 못했고, 이이 나오스케는 목이 베이고 말았다. 이이의 목을 벤 지사는 어느 로주의 저택 앞으로 가 그 자리에서 할복했다. 에도 막부의 수장을, 그것도 에도 성문 앞에서 살해한 이 같은 대담한 계획은 곧 이어질 폭력으로 점철된 시대의 서막에 불과했다.

미토 번 지사들은 우선 자신들의 거사를 해명하기 위한 장문의 격문을 작성했다. 이 문서는 1860년 당시 근왕파 지사들을 이해하는 데 유용한 자료이기도 하다. **8** 하지만 아직까지 이 문서에는 막부를 배척하겠다는 어떠한 결정도 담겨 있지 않았다. 그 대신에 다이로 이이 나오스케 개인의 최근 폭정을 비난하는 내용만 담고 있었다. 그의 실정으로 외세의 일본 침입을 허용하고 말았으며, 이는 단지 막부에 대한 죄에 그치지 않고 나라에 대한 죄를 저질렀다는 것이었다. 이이는 천황의 뜻을 거슬렀으며, 이로 인해 도쿠가와 가문의 후다이 가신 모두가 이세진구(伊勢神宮)의 아마테라스오미카미(天照大神)**5** 앞에서 참회해야만 할 정도로 참담한 상황을 초래했다는 내용도 담겨 있었다. 그리고 이처럼 혼란한 시대에 '대의'를 지켜 나가려면 서양 오랑캐를 쫓아내기 위한 단호한 조치를 취해야만 한다고 주장했다. 하지만 이이는 이러한 조치를 실행에 옮기는 대신, 그의 잘못을 간하는 자들에 대한 부당한 처벌과 숙청을 자행했다는 것이다. 부당한 대우를 받은 인물들 중에는 '도사 번주와 같은 다수의 유능한 다이묘들'도 포함되어 있었다. 이러한 부도덕한 정치를 일삼은 이이 나오스케는 죽어 마땅하다는 것이었다.

이 격문에서는 신도(神道)와 아미테라스오미카미를 모시는 이세진구의 이름으로 막부의 다이로를 탄핵했다. 이후 반외세 감정과 근왕주의가 막부 정책에 대한 반대파의 지지를 결집하는 데 중대한 역할을 했음은 자명한 일이다. 1837년 오사카에서 일어난 오시오 헤이하치로(大鹽平八郎)의 난은 막부 직할령에서 경제 위기가 심각했음을 일본 전역에 알리는 계기가 되었다. 하지만 1860년에 일어난 이이 나오스케의 암살은 정치와 외교에서 새로운 흐름에 대한 저항감과 반발이 얼마나 격렬했던가를 선명하게 보여 주는 최초의 사건이었다. 그 후 미토 번 지사들과 같은 교육을 받았고 공감대를 갖고 있던 일본 전역의 조카마치 출신 젊은 사무라이들이, 이제 미토 번 지사들의 거사 성공을 자신의 고향, 나아가 일본 전역을 무대로 한 대의 실현의 목소리로 받아들였다는 사실은 그다지 놀랄 일도 아니다.

도사
근왕당

다이로 이이 나오스케의 암살 소식은 오사카에서 돌아온 번의 상선단을 통해 도사에 전해졌다. 이 소식은 고치 성 내에서 빠른 속도로 퍼져 나갔지만, 신분이 낮은 상인들이 전한 정보였던 데다가 다이로가 정말로 죽음을 당했다는 사실이 믿기지 않아 금세 받아들여지지는 않았다. 그 직후 에도에 머무르고 있던 도사 번 무사들로부터 다이로 암살이 확실하다는 정보가 공식적으로 전달되었고, 이 사건의 전말은 순식간에 조카마치 일대로 퍼져 나갔다.■9 이 소식에 번의 관료단은 그다지 높은 관심을 보이지 않았다. 당시 도사 번의 수석 참정(參政)····6 직을 맡고 있던 요시다 도요는 음모를 꾸민 미토 번 사무라이들의 행동을 전혀 용인하지 않았고, 막부가 미토 번을 엄벌에 처해야 한다는 생각을 갖고 있었다. 그는 미토 번이 이미 무질서의 나락으로 떨어졌고, 후지타 도코(藤田東湖)의 고결한 가르침은 경거망동을 일삼는 자들에 의해 왜곡되어 버렸다고 인식했다. 요시다 도요의 시각에서 보면, 대의명분은 결단코 막부의 다이로를 습격한 사실을 정당화시켜 줄 논리가 될 수 없었다. 흥미로운 사실은 복종을 강조했던 요시다 도요의 관점이 그로 하여금 미토 번 지사들의 행동을 정당화하기 위해 인용된 겐로쿠(元祿)····7 시대 47인의 낭인에 관한 고사····8에 대해서도 부정적인 견해를 갖게 만들었다는 점이다. 근왕 사상에 공감했던 다수의 상급 무사들도 의무와 복종에 대한 편협한 해석에는 비판적인 입장을 견지했다.■10

다이로 암살을 공모한 미토 번 사무라이들과 여러 측면에서 같은 교육을 받아 공감하던 도사의 젊은 하급 무사들은, 요시다 도요의 만류에 굴복하지 않고 오히려 이이 나오스케의 암살 성공을 도사 번에 대한 책무, 나아가 일본에 대한 책무의 신호탄으로 받아들였다. 다이로의 죽음에 관한 이야기는 검술 문하생들 사이에서 열렬히 논의되었다. 이윽고 그들은 미토 번 자객들이 자신들의 목표와 신념을 선언하기 위해 작성했던 격문의 사본을 입수했다. 사카모토 료마는 친구인 이케 구라타(池內藏太)를 비롯한 훗날 도사 근왕당의 일원이 될 사람들과 함께 며칠씩 밤을 새워 가며 의무와 지켜야 할 법도에 대해 토론했다. 통설에 따르면, 몇 년 전 도사 번을 방문한 미토 번의 사절단이 무지한 인물로 판단했던 바로 그 사카모토 료마가, 이제 미토 번 지사들은 옳은 길을 갔노라고, 그리고 훗날 동지들과 함께 그들이 갔던 길을 걸어갈 것이라고 호기 있게 이야기했다고 한다. ▪11 이 시기를 전후한 수개월간의 행적에 대해서는 보다 상세한 정보가 요청되는 측면도 있다. 즉이 단계에서는 새로운 국면으로 접어들고 있었음은 분명해 보인다. 다케치 즈이잔에게 검술을 배웠고 마자키 소로(間崎滄浪)에게 학문을 배운 열정적인 젊은 무사들은 이제 스스로를 사상적·정치적 변혁의 주역으로 인식하기 시작하면서 검술 도장에서의 우정이 정치적 동지로 거듭나게 되었던 것이다. 하지만 애석하게도 그들은 모두 고치에 있었기 때문에 당시의 편지가 거의 남아 있지 않은 데다가, 이들 대부분은 몇 해 지나지 않아 때 이른 죽음을 맞았기 때문에 별다른 족적도 남기지 못했다. 그럼에도 이이 나오스케의 암살에 따른 격앙된 분위기 속에서 이전에 잠잠하던, 아니면 반 정도 깨어 있던 에너지와 야망이 이제는 구체화되고 활성화되는 시대 상황으로 변했다고 이해하는 것은 어려운 일도 위험한 일도 아니다.

상급 무사들 사이에도 그와 같은 기회는 무르익어 갔다. 공직에 있으면서 근왕 사상을 학습했던 우마마와리(馬廻) 신분의 사무라이 사사키 다카유키는 이이 나오스케의 암살 이후 발생한 혼란에 대해 나름의 기록을 남겼다. 고치 성 내에서는 아직도 시나가와 저택에 연금되어 있는 야마우치 요도의 안위 여부가 중대한 관심사로 떠올랐다. 도사 번 사무라이들 사이에서는 요도가 받은 처벌에 대해 격렬하게 분노하고 있었지만, 이이 나오스케가 암살당하기 전까지는 행동으로 이어질 가능성이 사실상 없었다. 그의 암살 이후에도 요도의 처벌이 완화될지 아니면 더욱 심해질지를 판단할 길은 없었으며, 이 때문에 사사키 다카유키가 인솔하는 소규모의 인원이 에도에 파견되었다. 여러 해가 흐른 뒤에 작성된 그의 기록에는 느린 의사소통과 제한된 정보로 인한 불확실성과 불안감이 표출되어 있다. ■12 그는 "한 명의 서생과 아홉 명의 무사들"로 구성된 10명의 젊은 수행원을 인솔했는데, 이들은 모두 에도의 환락가라든가 강을 건널 때의 위험 따위에는 무관심했다. 이들이 길을 떠났을 때에는 봄날에 어울리지 않게 많은 비가 내렸고, 불어난 강을 건너는 것은 쉽지 않았다. 여행객들이 위엄을 부릴 때면 일손을 구하기가 어려웠지만(어느 무사의 가신이 분을 이기지 못하고 짐꾼을 때리자. 짐꾼들은 "화를 내더니 옮기던 짐을 내던지고는 도망치고 말았다." −오늘날로 보면 파업이라고 할 수 있다), 사사키 일행은 짐이 많지 않았기에 비교적 순탄한 여행길에 나설 수 있었다. 그들이 나아가면 갈수록 비슷한 임무를 띠고 여러 번에서 파견된 사절들로 길은 혼잡해졌다. 그는 여행길에서 만난 다른 번 출신의 무사들에게 같은 길을 가는 처지이니 서로를 배려하자고 이야기했지만, 그들은 자기들 권위와 명예만을 내세울 뿐이라 서로간에 별다른 협조가 이루어지지 않았다. 사사키 일행은 예상보다 훨씬 일찍 쓰키지(築地)에 있는 도사의 에도 번사에 도착했다. 땀에 젖은 채 앞장서서 숙소에 도착한 그는 자신을 맞으려고 번사 입구에서 번을 서고 있던 하급 무사들을 깨워야만 했다. 여기서 그는 야마우치 요도가 새로운 위험에 직면해 있는 것은 아니며, 오히려 요도의 연금 조치가 조금씩 완화되어 가고 있다는 사실을 확인했다. 결국 사사키는 에도에서 정치적 토론과 검술 수련을 하며 시간을 보냈다.■13

그러나 다이로 이이 나오스케의 암살은 정치적으로 가장 급진적인 사상을 지녔던 하급 무사들에게 영향을 주었다. 적어도 그들 가운데 일부는 개인은 물론 하급 무사 집단 전체에 신분 변화가 이루어질 가능성을 예측했다. 많은 도사 번 사무라이들은 야마우치 요도에 대한 막부의 조치에 깊이 분개하고 있었으며, 이 같은 불의(그들이 판단하기에)에 대한 분개는 그것을 용인한 후다이 가신단을 향한 분노로 쉽게 이어졌다.■14 하지만 그들의 가장 주된 동기는 황실 숭배와 결부된 외세에 대한 맹목적인 혐오였다. 정치나 외교 교섭의 권한이 없고 서양의 실력에 대한 지식도 결여된 채 자신들의 문화에서 강조해 온 무사도 정신을 향한 열정만 가득했던 이들 근왕주의자들은 검과 정신의 힘으로 혐오스러운 서양 오랑캐들을 쳐부술 수 있다고 믿었다. 토막(討幕) 사상은 아직 그들 사이에서 확고히 자리 잡지 못했지만, 교토 조정에 대한 열정은 더욱 높아만 갔다. 이 점에서 도사 사람들은 일본 남서부 다른 번 출신 동료들의 전형이었다. 하지만 그들은 다른 번 출신과 달리 다케치 즈이잔의 탁월한 지도력을 따르고 있었으며, 번주 야마우치 요도의 부재 속에 번의 지배 계급으로 군림했던 상급 무사 집단 사이에 벌어진 분열을 이용할 수 있었다.

다케치 즈이잔은 젊은 도사 번 검객들의 지도자라는 입지를 확고부동하게 구축하고 있었다. 이이 나오스케 암살이 일어난 지 수개월 후, 그는 번의 허가를 받아 3명의 문하생을 인솔하여 시코쿠(四國)와 규슈(九州) 일대의 검술 수련 현황을 시찰하고 왔다. 1860년 가을에 도사로 귀환한 그는 이듬해 다시 한 번 에도로 향했다. 이때 그의 나이 31세였다. 그가 에도로 떠난 목적은 분명하지 않지만, 검술 사범 자격으로 일본의 수도였던 에도의 검술계가 어떻게 돌아가고 있는지를 시찰하기 위한 것으로 추측해 볼 수 있다. 분명히 그는 에도에 파견된 도사 번 관리들의 존재에 신경 쓰지 않고 완전히 자유롭게 이동하고 활동했다. ■15

다케치 즈이잔은 이이 나오스케가 암살당한 그 이듬해에 에도에 도착했다. 암살 사건이 일어나고부터는 낭인들의 습격과 이에 대한 막부의 소극적인 대처라는 구도가 형성되었고, 직접적인 행동에 나서길 선호하는 젊은 검객들에게는 이보다 더 설레고 흥분되는 시기도 없었을 것이다. 에도에 머무르는 동안 즈이잔은 여러 지역 출신의 사람들과 교류했다. 여러 해 전 도사 번 관문에서 그와 접촉하려다 실패했던 미토 번 사무라이들은 당시 미토 번의 분노와 실망감을 그에게 표출했다. 그는 조슈 번의 지도층과도 접촉하였다. 요시다 쇼인의 열렬한 수제자였던 구사카 겐즈이(久坂玄瑞)는 에도에서 해외 공관의 습격을 일삼던 급진파 지도자로 명성을 날리고 있었다. 몇년 뒤 자신의 출신지인 조슈 번을 움직여 급진적인 토막양이 세력의 선봉에 서게 만든 것도 그였다. 요시다 쇼인의 또 다른 조슈 번 출신 문하생인 기도 고인[木戸孝允: 이 당시는 가쓰라 고고로(桂小五郎)¹⁹라고 불렸음]도 에도에 와 있었다. 그는 일본 전역을 통틀어 손꼽히는 검술의 달인이기도 했다. 기도는 훗날 구사카 겐즈이와 다카스기 신사쿠가 죽은 다음 조슈 번 급진파들의 지도자로 부상하게 된다. ■16

이들과 더불어 다케치 즈이잔은 사쓰마 번 출신으로 다도에 조예가 깊은 승려 가바야마 산엔(樺山三円)과도 만남을 가졌다. 이미 오랫동안 에도에 머무르고 있던 산엔은 가장 전략적인 사쓰마 관리들을 많이 알고 있었는데, 그들 가운데는 메이지 시대의 지도자인 오쿠보 도시미치[大久保利通: 이 당시에는 이치조(一蔵)라는 이름으로 불렸음]도 있었다. 사쓰마 번의 급진 양이파는 머지않아 자신들이 주도권을 잡을 기회가 올 것으로 낙관하고 있었고, 이들은 즈이잔을 동지로 인식했다. 가바야마 산엔은 일기에 다음과 같이 기록했다. "그를 처음 만났을 때, 나는 그가 용감한 성품의 소유자임을 알 수 있었다."■17

이로써 다케치 즈이잔은 당시 근왕론적 사상과 행동의 중심지라고 할 수 있는 지역 출신의 인물들을 만날 수 있는 기회를 가졌다. 구사카 겐즈이와 기도 고인은 즈이잔에게 막부에 희생된 그들의 스승 요시다 쇼인의 이야기를 해 주며 쇼인이 쓴 한시도 몇 수 씨 주었다. 이 한시는 즈이잔에게는 다소 난해한 것이기도 했지만, 새로 만난 동지들은 그에게 시의 의미와 내용에 대해 친절하게 설명해 주었다. ■18 이들은 즈이잔의 학식이 부족하다고 경멸하지 않고 오히려 그가 가진 특출난 지도자로서의 자질을 인정했으며, 뛰어난 검술 실력에도 경의를 표했다. 즈이잔은 그들에게 에도에 머물고 있던 다른 도사 출신 인물들을 소개했는데, 그중에는 훗날 사카모토 료마가 벌여 나갈 사업과 관련해서 곧잘 이름이 거론되는 이케 구라타(池內藏太)도 포함되어 있었다.

이처럼 새로운 벗들과 새로운 사상의 영향을 받는 가운데 다케치 즈이잔은 자신들의 원칙을 선언한 강령에 문하생들의 서약을 받아냄으로써 정식으로 지도자 위치에 서게 되었다. 도사 근왕당은 1861년 10월 초에 결성되었다. 당원들이 서명한 서약서에는 그들의 신념에 대한 다음과 같은 문구가 들어 있다. ■19

위대하고 신성한 우리 나라가 서양 오랑캐에게 능욕을 당하고, 조상 대대로 전해져 온 야마토다마시(大和魂)는 풍전등화의 기로에 놓였다. 천황 폐하는 이로 인해 깊은 시름에 잠겨 계시다. 이처럼 미증유의 위기가 닥쳤음에도 오랜 평화에 젖어들어 우유부단하고 무기력해진 사람들은 그 누구도 야마토다마시를 발휘하여 나라에 닥친 재난을 몰아내고자 하는 시도를 하지 않고 있다. 하지만 우리 번의 전임 번주(야마우치 요도)께서는 이에 대한 깊은 근심 끝에 막부의 요직에 앉은 인물들과 격론을 벌이시다 뜻을 펴지 못하고 죄인으로 몰려 처벌을 받고 말았다. 이처럼 고결한 마음이 어찌하여 징죄의 대상이 되어야 한단 말인가? 주군이 모욕을 받으면 가신들은 죽음을 택하는 법이라고 한다. 황국(皇國)이 굴욕의 나락으로 떨어지려는 오늘에 무엇을 더 이상 망설인단 말인가? 오늘 우리는 야마토다마시의 불씨를 다시 타오르게 하기 위해 서로의 힘을 모아 형제의 맹세를 하노라. 우리는 일말의 사심도 개입시키지 않고, 우리 나라가 새로이 태어나기 위한 계획을 함께 실행하기로 하노라. 우리는 천황 폐하의 깃발이 또다시 펄럭이는 그날이 오면, 천황 폐하의 근심을 덜어 드리고 전임 번주의 유지를 받들며 백성들에게 닥친 재난을 막아 낼 수 있도록 물불을 가리지 않고 솔선할 것임을 천지신명께 맹세하는 바이다. 이 길을 걸어감에 있어 사리사욕을 앞세우는 자가 있다면 기필코 천벌을 받아 동지들 앞에서 할복에 처해지게 될 것이다. 이 맹세에 대한 증표로 우리 모두의 이름을 다음과 같이 기록해 두노라.

유일하게 현존하는 도사 근왕당의 당원 명부는 1863년 3월 야마우치 요도에게 보고하기 위해 작성된 것이다. 이는 사카모토 료마를 포함한 당원 192명이 혈서로 쓴 것이다.

그들의 서약서에서 살펴볼 수 있듯이 도사 근왕당원들은 아직 그들의 '전임 번주'에 대한 봉건적 의무와 천황에 대한 충의 사이에 실질적인 모순이 존재함을 자각하지 못하고 있었다. 하지만 이러한 모순이 수면 위로 떠오르더라도, '황국'에 대한 도의가 기존의 번주에 대한 전통적인 충성보다 우선시되었을 것이다. 한편, 한치 앞도 내다보기 어려운 미래에 대한 헌신은 그들에게 더 이상의 경지를 생각하기 어려울 만큼 숭고한 맹세를 하게 만들었다. 연판장은 혈서로 썼으며, 조직의 구성원은 서로를 '형제'로 부르며 가족과도 같은 굳건한 유대를 맺었다. 이들은 일신의 이익이나 사견만을 좇아 근왕당의 정신을 더럽히는 행위는 극형에 처하도록 하는 규범도 정했다. 이들은 이제 서양 오랑캐에 의해 신국(神國)의 거룩한 토지가 더럽혀지는 것을 일본에 닥친 재난이요 굴욕이며 병폐로 인식했다. 이들은 이러한 부정함에 맞서고 천황의 근심을 덜어내는 데 기여한다는 사실에서, 도당 결정을 금했던 봉건적 법질서를 어기는 지신들의 행위를 충분히 정당화힐 수 있는 근거를 찾아 나갔던 것이다. ■20

  다케치 즈이잔이 요도에게 제출한 명부에 수록된 192명이 당시 도사 번에서 근왕 운동에 참여한 모든 인원을 의미하지는 않는다. 하지만 이 명부에 이름을 올린 사람들의 출신지는 당시 도사 번 전 지역을 포괄하고 있었다. 나카오카 신타로는 도사 번 동부의 아키 군(安藝郡) 출신이었다. 고치 성에서 근왕 사상의 전통을 설파한 저명한 교육자이자 학자였던 마자키 소로(間崎滄浪) 또한 서약서에 이름을 올렸다. 즈이잔의 문하생 중 일부는 서약서에 이름을 올리지 않았는데, 이는 아마도 그가 요도에게 서약서를 제출하기 전 그들의 어떤 행위가 번 당국을 불편하게 만들지 않았는지 짐작해 볼 따름이다. 그중에는 도시 번 밖에서 근왕 운동에 참여하여 번 내부에도 이름이 알려졌던 쇼야 요시무라 도라타로(吉村寅太郎)도 포함되어 있었다. 이후 몇 년 안에 죽음을 맞이하는 83명의 도사 근왕파 가운데 거의 대부분의 이름이 이 명부에 들어 있었다. 하지만 근왕 운동이 도사 번에 널리 퍼져 있었던 것은 분명한 사실인 만큼, 즈이잔이 이끈 근왕당은 그중에서도 근왕 운동을 위해 혼신을 다했던 젊은이들로 구성된 가장 중요하고 결집력이 강하며 활동적이었던 집단이었음을 부인하기 어렵다. 이 책에 수록된 도사 번 지도에서 확인할 수 있듯이, 도사 번의 각 지역에는 여러 근왕파 인사들이 있었고 그들은 대개 문하생을 거느린 교육자였다. 하타 군의 히구치 신키치(樋口眞吉)는 자신의 사숙에서 1,000명에 가까운 문하생들을 가르쳤다. 다카오카 군(高岡郡)에서는 후카오(深尾) 가문의 가신들 사이에 적극적인 근왕 운동 집단이 형성되었으며, 아키 군의 기요카 미치노스케(淸岡道之助)도 적지 않은 추종 세력을 거느리고 있었다. 따라서 도사 근왕당은 도사 번 영내에 존재했던 수많은 동맹자와 공감자 집단이 하나의 가시적 집단으로 표면화된 것으로 볼 수 있다.

도사 근왕주의자들은 누구이며, 그들은 무엇을 대표하였는가? 동시대인들의 눈에 그들은 반항적이고 분열적인 사회적 요인을 상징하는 집단이었다. 상급 무사들 가운데 훗날 육군 장성으로 진급하며 정치가로도 활동한 다니 간조(谷干城)와 사사키 다카유키 등은 근왕당이 표방한 바에 본질적으로 동감했던 인물들이었다. 하지만 그렇다고는 해도 그들이 가장 우선시했던 것은 번주와 그를 정점으로 한 봉건적 질서에 충성하는 것이었다. 이 때문에 그들은 하급 무사들과 거리를 두었다. 사사키 다카유키는 훗날 다음과 같이 회고했다. "우리는 다케치 즈이잔에게 대체로 공감했지만, 우리가 번주와 맺은 관계는 다케치의 그것과는 전혀 달랐기 때문에 그가 한 행동을 전적으로 인정할 수는 없었다. 그의 언행은 온화하고 이치에 맞았지만, 그의 배후에 있는 자들 중 대다수가 낮은 신분의 무모한 자들이었다는 사실은 실로 우려스러운 일이었다."[21] 사사키가 보기에 다케치 즈이잔이 주도한 도사 근왕당 운동은 틀림없이 하급 무사들의 염원과 결부된 것이었고, 그 상징으로 떠오르게 될 소지 역시 다분했다. 그의 회고록 도처에 고시 이하의 신분을 가진 자들은 모두 근왕당원이라고 기록해 놓았고, 어떤 장에는 근왕당에 소속된 고시들은 입만 열면 근왕을 이야기했지만 본심은 상급 무사들에게 반항하는 것에 더 많은 관심을 가졌다고 기록해 놓기도 했다. [22] 도사 근왕당의 일원이었던 다나카 고켄 역시 메이지 유신 당시 도사 번의 사회상을 계급 간의 투쟁이라고 파악했다.

도사 근왕당의 공식 기록을 살펴보면, 그 주된 구성원이 고시와 쇼야였다고 언급되어 있다. 최근 이루어진 연구에서 근왕당원의 구성이 한층 명확하게 밝혀졌는데, 이에 따르면 신분을 확인할 수 있는 127명 가운데 고시가 54명, 하급 무사(아시가루 등) 출신이 51명, 향리 출신(쇼야, 도시요리 등)이 14명, 상급 무사 출신 2명, 원래 고시였지만 몰락한 낭인 2명, 그 외에 농민, 의원(醫員), 직공, 승려가 1명씩이었다. 1864년 아키 군에서 일어난 봉기에 가담했던 근왕파 23명의 신분을 분석해 보면, 9명의 향리, 4명의 고시, 3명의 농민, 2명의 몰락한 고시, 그 외에 아시가루, 상인, 직공, 의원, 승려가 각각 1명씩 있었다. 이는 근왕 운동이 농촌 사회를 기반으로 진행되었음을 더욱 분명하게 보여 주는 자료라고 할 수 있다. [23]

이러한 점에서 당시 고시와 쇼야들은 대부분 농촌 출신 집단을 대상으로 지도력을 발휘했음을 알 수 있다. 이들 중 대부분은 도사 전역에 분포한 사숙에서 교육을 받았다. 이들에게는 관직으로의 등용문이 열려 있지 않았으며, 조카마치에서 퇴거하라는 조치도 내려져 있었다. 하지만 이러한 현실은에도 시대 초기부터 이어져 온 것이었다. 외세의 등장으로 봉건 영주들에 대한 특수한 형태의 불만이 야기되었지만, 사사키 다카유키가 의문을 표했던 것처럼 대부분은 보다 개인적인 열망이 일반적으로 퍼져 있던 불만보다 중요한 요인으로 작용했다.

도사 번 근왕주의자들은 야마우치 요도의 참정으로 번의 군비 향상에 기여했던 인물인 요시다 도요를 타도의 대상으로 삼았다. 이러한 적개심은 요시다 도요가 추진한 개혁이 일정 부분 그 원인이 되었다. 개혁의 목표는 번의 재원 증대와 군사적 방어 태세 강화였지만, 이 개혁은 보다 효과적인 영내 지배라는 측면으로도 활용되었다. 해안 지역 감시를 위해 부교들이 증원되었고, 신무기 제조에 사용될 금속을 확보하기 위한 조치도 실시되었다. 상업적 이윤 증대를 바탕으로 번 재원을 확대시키기 위해 번의 독점 사업을 강화하는 조치도 이루어졌다. 그리고 이를 통해 확보한 종이, 장뇌 등의 상품을 외국과의 조약을 통해 개항한 항구로 운송하여 외국 상인들에게 매각하는 업무를 담당할 부서의 신설을 계획하기도 했다. 이와 같은 조치들은 농촌의 지도자들에게는 경제적 불이익과 함께 그들의 자치권에 손상을 입혔다. 그런 만큼 그들은 외국인 추방이나 부패한 관영 사업 폐지, 국가적 위기 상황에서 번의 단결 등을 호소함으로써 이러한 조치들에 즉각적으로 저항했다. 다수의 농촌 지역 지도자들은 구체적인 불만 사항을 분명하게 표출했고, 이들의 저항에 직면하면서 요시다 도요가 추진한 정책 중 상당수는 실패로 돌아갔다. 1860년에 마련된 종이 매입을 보다 효과적으로 실시하기 위한 조치는 이와 같은 저항으로 폐기되었으며, 은에 부과하던 세금의 개혁 조치 또한 7개 마을 출신 고시들의 저항에 부딪혔다. 세습 쇼야 신분으로 자신이 맡은 다양한 업무에서 뛰어난 성과를 거두었던 요시무라 도라타로는 1840년대 쇼야동맹에서 사용된 용어를 가족들에게 보낸 편지에 적잖이 인용하였다. 이는 지방에서 일어난 여러 사건을 통해 얻은 자신감이, 그들로 하여금 더 큰 규모의 문제에도 뛰어들 수 있도록 만든 토양으로 작용했음을 보여 주는 사례이기도 했다. 따라서 요시다 도요가 주도한 개혁 정책에 대한 적개심은 다케치 즈이잔이 주도했던 도사 근왕당 운동이 거대한 물결과도 같은 공감대를 얻게 된 중요한 요인으로도 작용했다. 훗날 도사 번은 법정에서 다케치 즈이잔의 사건을 처리하지 못하고 무려 1년 이상을 머뭇거렸다. 그 이유는 그를 지지하는 여론이 광범위하게 퍼져 있었고, 이러한 지지는 자칫 반란으로 이어질 수 있다는 사실을 번에서도 인지하고 있었기 때문이다. 사실 하타 군의 히구치 신키치(樋口眞吉)가 세운 봉기 계획 때문에 다케치 즈이잔의 목숨이 위태로워질 소지가 다분했다.

요시다 도요와 그에 대해 비판적이었던 근왕주의자들이 가진 하나의 공통점은 출신 성분이 아닌 능력에 따라 '인재'를 등용해야 한다고 일관되게 주장했다는 점이다. 근왕주의자들은 이러한 정책을 분명히 자신들에게 유리한 것으로 받아들였을 것이고, 외세와의 전쟁을 통해 천황의 심려를 덜 수 있도록 번이 일치단결해야 한다는 그들의 주장에는 세습된 지위나 특권에 연연하는 '이기심'을 배격해야 한다는 논리 또한 다분히 포함되어 있었다. 요시다 도요 또한 능력 있는 인재를 열망한다는 점에서는 이들에게 결코 뒤지지 않았지만, 그는 상급 무사들 가운데 중간 계층에서 인재를 발탁하는 데 주된 관심을 두었다. 요시다 도요와 그에 대해 비판적이었던 근왕주의자들이 전통적으로 사회적·경제적 특권을 기반으로 엄청난 이익을 대대로 세습하며 누려 온 가문들로 이루어진 도사 번 최상층부와 대립했다는 점에서만큼은 공통분모를 가진다고 볼 수 있다. 도요가 추진한 개혁으로 그들은 관직에서 배제되었고, 거대한 영지에서 갖고 있던 그들의 자치권도 약화되었다. 하지만 요시다 도요는 봉건 질서에서 하위 계급에 속하는 자들 가운데 정사(政事)를 맡길 인재를 찾으려는 시도를 하지 않았다. 그 결과 다케치 즈이잔을 중심으로 하는 하급 무사 집단과 오랜 기득 집단인 최상급 무사들 중 일부가 점차적으로 제휴하는 양상을 보이게 되었다. 즈이잔은 요시다 도요가 더 이상의 개혁을 취하지 않는 데에 분노했고, 최상급 무사들은 그가 너무 앞질러 간다며 격분했다. ▪24

도사 근왕당원들에게는 앞서 살펴본 바와 같은 사회적·경제적 사정이 있었지만, 이와는 달리 요시다 도요로부터 수혜를 받았으면서도 그를 옹호하지 않는 소규모 집단이 있었다. 사사키 다카유키, 다니 간조 등이 바로 이 부류에 해당한다. 이들은 도요 덕분에 관직에 오를 수 있었지만, 그의 상업주의와 서양 국가에 대한 수출 계획을 일종의 이기주의적 탐욕으로 판단하여 찬동하지 않았다. 이들은 사회적·정치적으로 보수적인 입장에 서 있었지만, 사상적으로는 근왕주의를 옹호한 데다 양이파이기도 했다. 어찌 되었든 사카모토 료마와 같은 도회지 출신 고시와 나카오카 신타로와 같은 시골 출신 쇼야 간에는 경제적 이해관계에 적지 않은 차이가 있었다는 사실이 갖는 중요성은 거듭 강조해도 부족함이 없다. 다수의 근왕주의자들은 자신들이 행한 맹세에 투철했고, 서양 오랑캐의 손에 더럽혀진 조국 일본을 정화하기 위해 양이 전쟁을 불사하겠다는 열의를 갖고 있었으며, 이러한 대의를 실현하는 데 필요한 관직과 직위를 열망하고 있었다는 사실 또한 기억해 둘 필요가 있다. 대다수의 경우 개인적인 이해관계도 얽혀 있었음을 부정하기는 어렵지만, '드높은 뜻'을 위해 목숨까지 바친 선구적인 지사들을 움직이는 데 이념과 이상의 힘이 가장 큰 역할을 했음을, 이 시대의 위기적 상황과 이에 대한 헌신을 통해 짐작할 수 있다.

에도에서 자신의 도당을 결성한 다케치 즈이잔은 조슈 번, 미토 번, 사쓰마 번 출신의 새로운 동지들이 막부 정치에 대한 불만을 보여 주기 위해 폭력적인 수단을 계획하고 있다는 사실을 인지했다. 그들은 특히 고메이(孝明) 천황의 여동생인 가즈노미야(和宮)와 젊은 쇼군의 결혼이 임박했다는 사실에 크게 분노했다. 어떤 무리는 에도로 향하는 가즈노미야의 행렬을 중도에 저지시켜 교토로 귀환시키려는 계획을 갖고 있었고, 또 다른 무리는 이 두 사람의 혼사를 추진시킨 장본인인 막부의 로주 안도 노부마사(安藤信正)를 습격할 궁리를 했다. [25] 하지만 즈이잔은 이러한 행동을 단호하게 제지했다. 그는 이런 행동은 결과적으로 아무런 성과도 가져오지 못할 뿐만 아니라, 지사의 값진 목숨만 헛되이 버리게 될 것이라고 인식했다. 그보다는 동지들이 고향으로 돌아가서 자기 번 사무라이들을 단결시키는 쪽이 훨씬 도움이 되는 일이라고 믿었다. 만일 어느 한 번 전체가 강고한 양이의 기치 아래 단결하고 다른 번들도 여기에 호응한다면, 막부의 정치에 필연적인 변화가 따르게 될 것이라는 논리였다. 구사카 겐즈이를 필두로 한 조슈 번 출신의 과격파 사이에는 에도에 남아서 직접적인 행동에 나서야 한다는 의견도 있었지만, 결국에는 즈이잔이 이들을 설득하는 네 성공했다. 지사들은 자기가 섬기던 번주를 설득하여 이듬해 봄 교토에서 번주 회의를 개최하도록 한다는 결론에 합의했다. 즈이잔은 에도를 떠나기 전에 이케 구라타를 설득하여, 로주 안도 노부마사의 암살 계획에서 몸을 빼겠다는 결심을 받아 냈다. 안도 노부마사 습격은 1862년 초에 감행되었지만 목적을 달성하지는 못했다. 도사 번, 조슈 번, 사쓰마 번의 주요 지사들은 이미 자신의 번으로 귀향하여 더 큰 일을 벌이기 위한 준비를 하고 있었다. ■26

도사로 귀향한 뒤 다케치 즈이잔은 먼저 요시다 도요와 번 당국을 자신의 견해 쪽으로 돌려놓기 위한 노력에 착수했다. 수차례에 걸친 요시다 도요와의 면담을 통해, 그는 에도에 머물던 시기부터 구상해 온 계획을 요시다 도요에게 피력했다. 이제 도사 번은 능력 있는 인재를 등용하고, 확고한 양이 태세를 견지해야 하며, 나아가 사쓰마 번과 조슈 번이 교토에 파병할 군대에도 군사를 보내 동참해야 한다고 주장했다. 그는 또한 후쿠오카 고테이 (福岡孝弟)를 비롯한 요시다 도요의 여러 측근에게 자신의 뜻을 담은 서신을 보냈다. 어린 도사 번주 야마우치 도요노리가 산킨고타이 제도로 에도에 가 있었기 때문에, 즈이잔은 이때야말로 교토로 향할 절호의 기회라고 생각했다. 군대가 교토에 발을 들여놓을 때까지, 사람들은 쇼군의 명으로 출병한 군대라고 여길 것이었다.

다케치 즈이잔은 상급 무사들이 하급 무사들의 정치적 조언을 반기지 않을뿐더러, 그가 내놓은 제안을 무분별하고 과격한 것으로 여긴다는 사실을 깨닫게 되었다. 그들의 주된 관심사는 아직도 막부의 신뢰를 완전히 회복하지 못한 전 도사 번주 야마우치 요도의 안위에 관한 것이었다. 요시다 도요는 막부에 대한 도사 번의 충성심을 재확인시키기 위해 시나가와(品川)로 대량의 목재를 운송하여 요도의 저택을 개축하려는 계획을 세웠다. 그런 한편으로 요시다 도요와 그 측근들은 요도가 고치 성으로 귀환할 것이라는 확실한 언질을 받을 때까지 아직 어린 야마우치 도요노리의 번주직 승계 문제를 미루고자 했다. 그들은 봉건적 질서의 상징인 두 인물이 동시에 고치에 없는 것을 원치 않았다.

다케치 즈이잔에게 무엇보다도 큰 좌절을 안겨 준 것은 조슈 번과 사쓰마 번 지사들과 맺은 협약 이야기를 요시다 도요가 일소에 부쳤다는 사실이었다. 즈이잔은 에도에서 동료 지사들과 맺은 맹약에 따라 봄이 되면 여러 유력 번들로부터 군사를 일으킬 수 있다는 확신을 갖고 있었지만, 이 계획을 들은 요시다 도요로부터는 낭인들이 세운 계획을 무얼 그리 심각하게 받아들이냐는 식의 빈축만 샀을 뿐이었다. 요시다 도요는 즈이잔이 이야기한 계획이 조슈와 사쓰마에서 실제로 진행되고 있다면, 도사 번에서는 분명 공식적인 경로를 통해 그에 관련한 정보를 얻었을 것이라는 사실을 주지시켰다. 게다가 도사 번은 세키가하라 전투 이래로 도쿠가와 가문과 유지해 온 특별한 관계 때문에 일본 남서부의 다른 번들과 함부로 제휴할 수도 없었다. 요시다 도요는 교토의 근왕파 구게들과 협력 관계를 구축한다는 다케치 즈이잔의 목표에 대해 한층 완고한 반대 입장을 고수했다. 요시다 도요가 '긴 소매 옷을 입은 자들'이라고 칭했던 구게들은 정치에 대해 아무것도 모르는 자들이라고 판단했다. 즉 어떤 이익을 가져다줄지도 모르는 일을 추진함으로써 구게들처럼 정치적으로 미숙한 자들과 함께 막부와의 관계를 파탄 내고 번주 야마우치 요도를 위험에 빠뜨리는 것은 분명 현명하지 못한 일이라는 것이었다. ■27 이와 같은 면담 내용을 통해 우리는 자신의 영지에 대한 역사적·전략적 이해관계를 의식하는 책임 있는 봉건 관료와 감정적인 근왕주의자들이 어떻게 대조되는가를 극적으로 살펴볼 수 있다. 이 두 집단은 공히 실력 양성을 위한 개혁의 필요성을 인식하고 있었지만, 여기에 접근하는 논리와 절차는 지극히 상이했다.

도사 번 당국이 다케치 즈이잔의 계획을 완전히 인지했지만 그에 대해 비판적이었다는 사실은, 다케치 즈이잔이 도사를 벗어나기가 더욱 어려워졌음을 의미했다. 하지만 그는 조슈와 사쓰마 번의 동맹자들과 접촉해야 할 필요성을 여전히 갖고 있었기 때문에 측근 몇 명을 사자로 보냈다. 즈이잔이 이처럼 중요한 임무를 수행할 인물로 사카모토 료마를 선택했다는 사실은, 그를 존경하며 따르던 젊은이들 사이에서 료마가 얼마나 높은 신망을 갖고 있었는지를 보여 준다. 료마는 검객으로서의 명성이 자자했던 덕분에, 다른 지역 검객들을 방문한다거나 다른 지역에서 열리는 검술 대련에 참가한다는 명분으로 여행 허가를 받기가 비교적 쉬웠다.

료마는 1862년 초 조슈로 향했다. 하기(萩)의 조카마치를 방문한 후 3월에 오사카를 경유하여 도사로 귀환했다. 하기에서 그가 가져온 소식은 그다지 고무적인 것은 아니었다. 조슈 번은 공무합체의 중재자 역할을 자처하면서 다른 번들에 비해 상대적 우위를 점하려는 의도로, 막부와 조정을 화해시키기 위한 정책에 착수했다. 더욱이 공무합체론은 여전히 막부를 지지하는 논리였기 때문에 교토 입장에서는 크게 이득을 볼 만한 것은 아니었다. 이에 조슈의 근왕주의자들은 강하게 반발했지만, 공무합체론의 상징과도 같았던 조슈 번 참정 나가이 우타(長井雅樂)의 뜻을 꺾을 수는 없었다. ■28 따라서 도사 번과 조슈 번, 사쓰마 번의 협력이 교토에서 이루어질 것이라고 예상하기는 어려웠다. 하지만 조슈의 근왕주의자들은 번정에 변화를 가져오기 위해 봉기를 일으킬 준비도 마다하지 않았다. 구사카 겐즈이는 사카모토 료마를 통해 다케치 즈이잔에게 보내는 편지에 자신의 결심을 밝혔다. "번주나 구게들에게 의존해 본들 우리의 이상을 실현하는 데는 결국 부족할 뿐이오. 우리는 우리 무명의 지사들이 결집하여 의로운 봉기를 일으켜야 한다는 판단을 내렸소. 이 글을 쓰는 나를 용서하기 바라오. 하지만 그대의 번과 우리 번이 무너지는 한이 있어도, 우리가 대의를 향해 나아가는 이상 그것이 문제가 되지는 않을 것이오." ■29 이 무렵 도사 번에서도 감정적인 근왕주의자들이 한 지역의 안전을 포기하는 대신 국가적 이익(여기에는 물론 개인적 이익도 포함되어 있다)을 증대시키려는 시도에 착수했지만, 번의 상층부에서는 별다른 반응을 보이지 않았다.

다케치 즈이잔이 보낸 또 한 명의 사자는 1862년 봄 죠슈와 규슈에 다녀왔던 쇼야 요시무라 도라타로였다. 그는 조슈를 지나 시모노세키 해협을 건너 사쓰마까지 다녀오는 과정에서 이 두 지역의 근왕주의자들은 물론 후쿠오카, 구루메(久留米)···10 지역의 인사들과도 접촉을 가졌다. 요시무라 도라타로는 봉기가 임박했다는 소식도 가져왔다. 그는 구루메와 후쿠오카의 근왕주의자들이 조슈 번 근왕주의자들과 힘을 합쳐 봉기할 준비를 하고 있다는 소식을 전했다. 사쓰마 번의 근왕주의자들은 사쓰마 번의 후견인인 시마즈 히사미쓰(島津久光)가 근왕주의자들의 이상 실현을 지원하기 위해 대부대를 이끌고 교토로 상경할 채비를 하고 있다는 사실을 그에게 확인시켜 주었다. 요시무라 도라타로 본인은 봄이 되면 싸움에 가담하기 위해 조슈로 돌아오겠노라는 약속을 해 둔 터였고, 만일 도사에서 봉기가 조직되지 못할 경우 근왕주의자들은 탈번하여 조슈의 동지들에게 가세해야 한다고 다케치 즈이잔에게 역설했다.

이러한 내용의 정보는 다케치 즈이잔의 추종자들 사이에서 즉각적인 반향을 불러일으켰다. 이들 중 상당수는 즈이잔에게 무리를 이끌고 내해를 건널 것을 권고했다. 그러나 즈이잔은 직접적인 행동에 나서기를 꺼렸다. 그는 여전히 번에서 우호적인 결단을 내려 줄 것이라는 희망을 갖고 있었다. 그는 야마우치 요도가 자신의 계획을 달갑게 받아들여 줄 것이라고 믿었고, 그런 만큼 직접적인 저항을 통해 그를 고립시킬 필요는 없다고 보았다. 즈이잔이 직접적인 행동에 나서기를 주저했던 것은 그의 강한 충성심과 번에 대한 책임감과도 관계가 있다. 근왕주의자들이 탈번하거나 봉기를 일으킨다면 번과 번주는 어떻게 될 것인가? 그에게 충의와 도의는, 자신을 따르는 무리와 함께 번을 떠나 국가 정치에 투신하는 것이 아니라 번정을 바로잡는 데 초점이 맞추어져 있었다고 보아야 할 것이다. ■30

조슈 번과 사쓰마 번이 행동에 나서기로 한 날이 다가오는 한편, 다케치 즈이잔이 근왕당원들을 도사 번에서 떠나지 못하게 명함으로써 도사 근왕주의자들은 날이 갈수록 더욱 초조해졌다. 자신들의 신분이 지닌 정치적·사회적 한계에 대한 분노가 점점 커지면서, 그들 사이에서는 상급자들을 아무런 희망도 기대할 수 없는 보수적인 친막부파로 비난하는 분위기가 팽배해 갔다. 상급 무사들이 고시에게 모욕을 가하는 사건은 심심찮게 일어났고, 이러한 사건은 주로 한쪽 혹은 서로가 술에 취해 모욕을 줄 때 일어났다. ■31 도사 근왕당의 공식 역사 기록인 『유신도사근왕사(維新土佐勤王史)』에는 상급 무사들의 어리석음과 융통성 부족을 개탄하는 내용이 장문으로 기록되어 있다. '능력'에 따른 인재 등용을 촉구하며 도사 번의 고위 관료들에게 제출된 서찰들을 살펴보면, 하급 무사 출신의 지사들이 가졌던 개인적 이해관계나 편견 같은 것들을 어렵지 않게 확인할 수 있다. 그리고 이와 같은 시도들이 별다른 효과를 거두지 못하자, 다수의 근왕주의자들은 별다른 활동 없이 시간을 보내는 것을 더 이상 견디지 못하는 지경에 이르렀다. 동시에 그들은 눈앞에 닥친 거사의 기회를 놓칠까 봐 두려워한 나머지, 관문을 빠져나가 조슈나 교토에서 낭인 생활을 하는 것을 선택했다. 다케치 즈이잔에게 실력 행사에 나서도록 설득하는 데 실패한 요시무라 도라타로는 조슈의 동지들이 번내에서 우세한 지위를 쟁취했다는 소식을 들은 직후 탈번했다. 즈이잔은 그가 떠나는 것을 그저 바라보고 있어야만 했지만, 그를 설득해 도사 번 경찰 쪽에 연줄이 있던 한 친구는 잔류시킬 수 있었다.

사카모토 료마 역시 즈이잔이 본격적으로 활동에 나서지 않는 것에 점점 초조해졌다. 요시무라 도라타로가 탈번한 지 몇 주 후인 1862년 4월 하순, 료마는 조슈와 사쓰마 번의 지사들이 교토 남부 후시미(伏見)에 있던 사쓰마 번저 부근의 여관 데라다야(寺田屋)에서 모임을 가졌다는 소식을 들었다. 료마는 조만간 있을 봉기에 참여하기로 결심한 사와무라(澤村)라는 친구와 함께 탈번했다. 동료들은 그의 탈번이 도사 근왕당에 적지 않은 타격을 가져다줄 것으로 여겨 낙담했다. 그를 집에 붙들어 두려 했던 형 곤페이 역시 난감하기는 매한가지였다. 료마는 형이 아닌 다른 친척에게 돈을 빌려 여행 경비로 충당했다. 료마는 근왕당 동지인 히라이 슈지로(平井收二郎)와도 접촉했는데, 교토의 산조 가문을 받들던 그의 누이와 연락을 취할 목적이었다. 하지만 슈지로는 료마의 대의를 위해 자신의 누이를 희생시킬 마음은 없었다. 그는 누이에게 편지를 보내 료마가 꾸미는 어떤 계획에도 말려들어서는 안 된다고 경고했다. ■32

지사들이 자신의 행동를 어떻게 바라보았는지를 알아보는 것은 매우 흥미로운 일이다. 어쩌면 자신의 탈번에 대한 료마의 관점은, 왜 그의 아들이 탈번해야 했는지를 설명하기 위해 1863년 이케 구라타의 부모에게 보낸 편지에 가장 잘 드러나 있다. 이 편지에는, 자신이 탈번을 결심하게 된 원인인 봉건적 충성심과 효심 사이의 모순이 잘 나타나 있다. 료마는 다이묘들이 오직 자신의 이해관계에만 몰두하고 있다고 비판하였다. 그는 다음과 같이 썼다. "우리가 '신슈(神州)'라고 부르는 나라에 대한 충성심은 그분들에게는 아무런 감흥도 주지 못하는 것이 분명합니다. 그분들은 천황 폐하께 대권을 돌려드린다는 사상에 대해서도, 왜 그런 행동이 필요한가에 대해서도 이해하지 못하고 있습니다. 이러한 때에 우리 하급 무사들이 천황 폐하의 심려를 헤아려 실천에 옮겨야 할 일은 무엇이겠습니까? 어르신께서는 조정이 고향보다도, 그리고 양친보다도 더 존귀하다는 사실을 잘 알고 계시리라 믿습니다. 이러한 시국에 친지들과 자신의 번을 뒤로하고 어머니, 아내, 자식들을 내팽개치는 것을 마치 자신의 책무를 도외시하는 범죄 행위로 간주하는 발상, 이것이야말로 저 어리석은 관리들의 머릿속에서나 나올 법한 생각입니다. 하지만 여전히 혼란스러운 부모님들은 관리들과 마찬가지로 '고국'이니 '고향'이니 하는 궤변에 현혹되어 결국에는 자식들이 가야 할 길을 가로막아 버리고 맙니다". ■33

최측근 가운데 일부가 탈번으로 떠나 버린 다케치 즈이잔은 료마가 탈번한 지 두 주가 흘러가면서 이제 요시다 도요에 대항하여 행동을 취할 필요가 있다는 결심을 하게 된다. 실현될 것만 같은 지사들의 계획에 도사 번이 참여할 수 있으려면 행동이 필요하다고 보았던 것이다. 낭인들은 후시미에 집결했고, 사쓰마 번 세력은 교토를 향해 나아갔으며, 조슈의 지사들은 보수적인 번정을 뒤엎을 준비를 하고 있었다. 만약 젊은 도사 번주가 산킨고타이 의무를 수행하기 위한 상경 여행을 무기한 연기받을 수 있었다면, 교토에 모여든 각 번의 파견대에 도사 번의 세력이 합류할 절호의 기회는 사라져 버렸을 것이다. 더욱이 번의 수석 참정에 대한 직접적인 행동에 나서더라도 위험 부담은 그다지 크지 않을 것이라는 인식도 퍼져 있었다. 무뚝뚝한 성격으로 사람들에게 별 인기가 없었던 요시다 도요는 도사 번의 주류 사무라이들의 지지를 거의 받지 못했으며, 게다가 그가 취한 정책으로 지위, 연공, 권위에 손실을 입은 최고위 가신들로부터는 완전히 고립되어 있었다. 그를 '왕안석(王安石)'····**11**에 빗대어 비난하는 악의적인 격문이 번내에 떠돌아다녔다. 요시다 도요의 정적 중 명망가들과 접촉한 즈이잔은 그들이 도요에게 맞서 직접적인 행동을 취할 능력도 의도도 갖지 못하고 있다는 사실을 깨닫게 되었다. 사실 그들은 예전에 도요의 퇴진을 청원한 적이 있으나 실패한 터였다. 하지만 즈이잔은 다른 누군가가 그들이 원하는 바를 대신 실행에 옮긴다고 하더라도 그들로부터 어떤 반대도 없을 것이라는 인상을 분명히 받았다. 특히 그들 중 상당수는 강한 양이론적 입장을 강하게 견지하고 있었고, 외세와의 무역을 시도하는 요시다 도요의 정책에 비판적이었던 근왕주의자들과 공감대가 형성되어 있었다. 이들은 요시다 도요의 실각 후 도사 번정의 중추를 이룰 세력이기도 했다. 따라서 수사나 처벌에 대한 두려움은 직접적인 행동을 취하는 데 별다른 장애가 되지 않았다. 즈이잔은 결단을 내렸고, 암살단을 조직했다.

1862년 5월 8일, 요시다 도요는 고치 성에서 젊은 번주에게 라이 산요(賴山陽)의 『일본외사(日本外史)』 강연을 마친 뒤 성을 떠나 집으로 돌아가고 있었다. **■34** 마침 비가 내리고 있어 그는 우산을 쓴 채 귀가했다. 고토 쇼지로와 후쿠오카 고테이를 포함한 5명의 측근들이 그를 수행하고 있었는데, 일순간 한 무리의 검객들에게 습격을 받았다. 이들 중 나스 신고(那須信吾)라는 자가 등 뒤에서 요시다 도요를 거꾸러뜨린 다음 그의 목을 베었다. 그 후 그는 탈번하여 근왕 운동에 공감하던 조슈의 어느 상인 집에 머물면서 당시의 일을 적은 편지를 부친에게 보냈다. ■35

"저희는 4월 초하룻날 거사를 모의했고, 그 후 매일 밤마다 만남을 가졌습니다. 기회는 8일째 되던 날 밤에 찾아왔습니다. 저희는 요시다 도요의 수급을 베어 처형장에 효수하겠다고 맹세했습니다. 동지들은 모두 10명이었고, 각자 작은 꾸러미를 손에 든 채 네 번째 다리에서 기다리고 있었습니다. 저희는 관음당으로 가는 일행인 양 행동했습니다. 자정이 되기 바로 전 도요는 성을 나와 자택으로 향했고, 저희는 오비야마치(帶屋町)의 갈림길에서 그가 오기를 기다렸습니다. 저는 등 뒤에서 도요를 습격하여 단칼에 그의 수급을 취할 작정이었습니다만, 우산 탓에 제 칼은 빗나가고 말았습니다. 그러자 도요의 수행원이 일제히 검을 뽑아들었고, 저희는 그들과 잠시 동안 칼을 맞대어야만 했습니다. 하지만 얼마 지나지 않아 저는 도요의 수급을 취할 기회를 얻었습니다. 저는 취한 수급을 관음당으로 들고 가야 했고, 우선 길가 개울에서 제 검과 도요의 수급을 씻어냈습니다. 그리고는 미리 준비해 간 천으로 수급을 감쌌습니다. 저는 상인들이 주로 이용하는 남서쪽 가도를 따라 오비야마치로부터 서쪽으로 달려갔습니다. 개들이 저를 향해 사납게 짖어댔습니다. 제가 들고 있던 수급을 향해 달려들 듯이 짖어대는 개들 때문에 저는 한동안 어찌할 바를 모를 정도였습니다. 천신만고 끝에 관음당에 도착하여 도요의 수급을 동지에게 전해 줄 수 있었습니다. 평온은 돌아왔고, 저는 길 떠날 채비를 꾸렸습니다." ■36

요시다 도요의 수급을 건네받은 나스 신고의 동료는 수급을 장대에 꽂아 처형장에 세워 두었다. 수급을 꽂은 장대에 그가 생전에 저지른 죄악을 고발한 팻말을 붙여 두었다. 주목할 사실은 이 팻말에 국정에 관한 그의 죄상은 언급되지 않고 고치 성에 저지른 중대한 죄악만이 언급되어 있었다는 점이다. 즉 이 팻말에는 요시다 도요가 자신의 지위와 직권을 남용했다는 비난이 담겨 있었다. 그는 사리사욕을 채우기 위해 번의 재정을 유용했으며, 그의 급진적인 경제 정책은 인민의 삶을 옥죄는 무절제하고 방탕한 사치를 유발했을 뿐만 아니라 도사의 산을 헐벗게 만들었고, 번의 재정 구조 강화가 절실히 요청되는 시기에 오히려 이를 약화시켰다고 언급했다. 인민의 고통을 잠재우고 그의 크나큰 죄악을 징벌하기 위해 그를 심판한다는 주장도 덧붙여져 있었다. ■37

미토 번 출신 낭인들이 에도 성 밖에서 이이 나오스케를 암살하면서 타오르는 불길은 이제 야마우치 가문이 다스리고 있던 고치 성으로까지 번지기 시작했다. 검술 도장에서 맺은 열매는 외세에 대한 방비보다는 이들 급진파를 무시했던 관리들에 대한 직접적인 행동으로 나타났다.

다케치 즈이잔이 예측한 바대로, 요시다 도요 암살 사건은 수사가 그리 철저하게 이루어지지 않았다. 요시다 도요는 인기가 없는 인물이었고, 많은 사람들이 그의 죽음을 조소하고 비꼬았다. 직접 암살에 참여했던 세 사람은 조슈를 거쳐 교토로 도주했고, 조슈 번과 사쓰마 번 출신 동지들의 보호를 받았다. 고치 성에서는 한때 이 사건의 수사에 다케치 즈이잔이 연루되는 듯한 분위기가 형성되어, 지사들은 이에 실력으로 저항할 채비를 하였다. 이러한 노력은 자신들보다 신분이 높았던 요시다 도요의 정적들, 특히 그의 개혁으로 사회적 특권과 연공 수입에 타격을 입은 야마우치가 출신의 고위 무사들과 지사들이 제휴하면서 더 이상 필요하지 않게 되었다. 야마우치 도요타카(山内豊誉)는 즈이잔에게 친서를 보내 근왕당의 실력 행사를 중지시켰고, 외견상의 평온은 지속되었지만 그사이 번정 당국의 인사 교체가 이루어졌다. ■38

요시다 도요의 죽음은 도사 번 최고위 관료들의 전면적 교체를 불러왔다. 이러한 변화는 오랫동안 은거해 있던 전 번주 야마우치 도요스케(山內豊資: 재위 1809~1843, 1872년 사망)에 의해 이루어졌다. 그는 마부치 가헤이가 추진한 덴포 개혁을 반대한 인물이었으며, 요시다 도요가 취했던 정책 또한 인정하지 않았다. 야마우치 요도는 아직도 에도에 머무르고 있었기 때문에 개혁파를 비호해 줄 세력은 번내에 존재하지 않았고, 요도에 의해 임명한 관료들은 거의 모두 해임당했다. 새로이 들어선 관료 집단은 사실상 보수파의 귀환을 의미했다. 그들은 번의 번영을 위해 추진했던 요시다 도요의 급진적인 시도에 반대했으며, 출신 가문과 전통에 무게를 둔 옛 질서를 선호하였다. 그중에는 근왕 운동에 호의적인 인물도 있었지만 대체로 근왕주의자들보다도 훨씬 보수적이었다. 최고위 관료들 중에서는 고미나미 고로에몬(小南五郎右衛門)과 히라이 젠노조(平井善之丞)가 그나마 근왕당 편이라고 부를 수 있을 정도였다. 이 두 사람은 번의 치안을 관장하는 직책인 오메쓰케(大目付) 신분으로, 덕분에 즈이잔의 측근이 하급 순검직에 임명될 수 있었다. 하지만 도사 번 관료 조직 대부분은 야마우치 방계 가문의 보수적 성향에 큰 영향을 받았다. 새로 들어선 관료 조직에서 가장 영향력 있던 인물은 보수파의 실세인 고야기 고헤이(小八木五兵衛)였다. 도사 번 관료 집단은 전체적으로 '좌막(佐幕)', 즉 막부를 지지하는 입장에 섰다. 다시 말하면 근왕파들은 권력의 핵심부에 다가가지 못했다. 어쨌든 요시다 도요가 죽은 후 도사 정계에서 가장 유력한 인물이라고 할 수 있는 다케치 즈이잔은 신분이 낮다는 이유로 새로 들어선 도사 번 관료 조직에 기용되지 못했다. 그를 대신해서 번의 요직을 독점했던, 그리고 미래에 대한 안목도 없이 그저 혈통만 순수했던 보수파 인사들에 대해, 애초에 요시다 도요를 혐오하여 그의 추방을 열망했던 사사키 다카유키조차도 하잘것없는 인물들임을 인정하지 않을 수

없었다. ■39

　요시다 도요가 이끌던 구체제와 마찬가지로 새로 들어선 번 정부 역시, 젊은 번주 야마우치 도요노리(당시 16세)를 교토나 에도에 보내면 그곳의 정치적 소용돌이에 휩쓸릴 위험이 있다는 사실을 너무나 쉽게 알아차릴 수 있었다. 하지만 다케치 즈이잔은 애초에 생각했던 것보다도 자신에게 더 많은 시간이 주어져 있다는 것을 깨달았다. 애초에 협력해 줄 것으로 기대했던 사쓰마 번주 시마즈 히사미쓰가 후시미 데라다야에 모였던 지사들의 기대를 져버리고 5월 21일 그들을 격파할 군사들을 출병시키면서, 예전에 즈이잔의 휘하에 있던 탈번자들도 참여한 낭인 거사 계획은 수포로 돌아가고 말았다. 17세기 이래 최초였다고 할 이 낭인 거사는 실패했다. 거사에 참여한 자들 중 다수가 체포되어 소속 번 관헌들에게 연행되었다. 이들에 포함된 요시무라 도라타로도 도사 번 재판에 회부되었다. 데라다야 사건에 참여하려 했던 사카모토 료마는 방향을 돌려 에도로 향했던 터라, 그는 이 사건에 연루되지 않았다.

　결론적으로 도사 번으로서는 국정에 개입해야 할 절박함이 상대적으로 크지 않았고, 따라서 다케치 즈이잔으로서는 젊은 번주의 상경을 위한 조심스러운 운동을 해 나갈 수 있는 시간을 벌게 된 셈이었다. 임박해 있던 산킨고타이 의무는 여전히 상경에 대한 최고의 명분이 될 것으로 보였다. 물론 교토의 근왕파 구게들은 뜻을 같이한 낭인들의 재촉도 받았겠지만, 산조 사네토미(三條實美)에게 접근하여 그의 친척인 야마우치 도요노리가 에도에 가는 도중에 교토에도 들르도록 하라고 설득했다. 고치 성에서는 즈이잔의 측근인 히라이 슈지로도 같은 취지의 제안을 하였다. 그는 사쓰마와 조슈가 교토에 군사들을 주둔시키고 있다고 지적하면서, 교토와 에도의 관계를 한층 긴밀하게 만들기 위한 움직임에 도사 번도 뒤처져서는 안 된다고 주장했다. 야마우치 방계 가문 인사로는 유일한 근왕파였던 야마우치 도요타카 또한 야마우치 요도의 의도에 대해 추론한 바를 문서로 작성하면서 자신의 의견을 함께 피력했는데, 도쿠가와 가문에 대한 사사로운 의무 때문에 국사를 망각하는 어리석음을 저질러서는 안 된다고 경고했다. 하지만 이에 대해, 고치 성의 소심한 속물적 정부는 젊은 번주 야마우치 도요노리가 아직 어리기 때문에 일단 에도로 직행해서 야마우치 요도의 지도를 받기 전까지는 공사에 관해 어떠한 의견도 개진할 수 없다고 답변했다. ▪40

고치의 근왕주의자들은 교토의 동지들을 통해 산조에게, 야마우치 도요노리가 에도로 상경하는 길에 교토에 머물도록 하라는 칙서를 요청해 달라는 말을 전할 수 있었다. 번 정부는 이 칙서 때문에 야마우치 요도와 상의하기 위해 특사를 파견해야만 했다. 다케치 즈이잔은 이미 오른팔이던 마자키 소로를 에도로 보내 둔 터였으므로, 자신들의 주장을 충분히 설명하는 데는 모자람이 없었다. 요도는 칙서를 존중할 것을 권고했다. 하지만 고치 성의 관료들은 여전히 원치 않은 정치적 소용돌이에 말려들까 봐 우려하고 있었기 때문에, 젊은 번주가 교토와 관련된 입장을 결정하기 전에 에도로 직행해서 요도와 상의하도록 조치를 취해 두었다.

질병과 번내의 소란을 이유로 4월 6일 이후로 연기되었던 야마우치 도요노리의 상경은 결국 1862년 7월 22일에 이루어졌다. 그의 상경은 도사 번에서 오랫동안 볼 수 없었던 대규모 행렬이었다. 이는 도요노리 한 사람의 의지로 이루어진 것은 아니다. 도요노리를 수행할 가신단이 조직되면서 수많은 고시들이 젊은 번주를 수행할 수 있는 허가를 얻기 위해 고치 성으로 몰려들었다. 번에서는 이들을 마지못해 상경 행렬에 참가시킴으로써, 상경 행렬의 규모와 비용은 증가되었다. 야마우치 도요노리를 수행할 사무라이들만 총 600명에 이르렀으며, 그 외에 잡역을 담당한 인원 등을 모두 합치면

1,000명이 넘었다는 기록도 있다. ■41

상경 길에 교토에 들른다는 계획은 자연재해로 말미암아 여전히 불투명했다. 오사카 인근에서 이 젊은 도사 번주와 수행원들 사이에 홍역이 돌기 시작해 행렬을 멈추는 난처한 상황에 빠지고 말았다. ■42 이들이 오사카에서 한 달이나 정체해 있는 동안, 근왕파들은 정치적 계획을 위한 시간을 벌 수 있었다. 이들과 에도 사이의 연락이 신속하게 오갔다. 막부 세력이 갈수록 약화되고 있다는 새로운 정보로 에도 상경이 지녔던 중요성은 격감했으며, 사자들이 가져온 교토 조정이 내린 새로운 칙명에는 에도에 입성하기 전 교토에 들러야 한다는 점을 강조하고 있었다. 야마우치 요도가 교토 입성을 승인한다는 소식으로 이 문제가 결말이 날 때까지, 도요노리 일행은 이러지도 저러지도 못한 채 한 달이나 되는 시간을 허비했다. ■43

도요노리 일행은 9월 18일이 되어서야 교토에 당도했는데, 많은 인원들로 구성된 일행은 교토의 혼란과 소란을 가중시키는 요인으로도 작용했다. 산킨고타이 행렬에서 도요노리를 수행했던 다케치 즈이잔은 이제 다른 번 출신 동지들과 함께 자신의 계획을 실천에 옮길 수 있는 기회를 다시 잡았다. 도사 근왕당은 마침내 번의 상층부까지도 국정에 관여하도록 압력을 행사하기에 이르렀다. 도사 번주 일행이 교토에 입성한 직후, 젊은 도요노리에게 교토에 머물면서 외세의 위협으로부터 조정을 지키는 데 힘써 달라는 칙서가 내려졌다. ■44 물론 즈이잔은 칙서와는 무관하게 자신의 계획에 전념했다.

지사의
국정 진출

　도사 번 수행원들이 당도했던 시기의 교토는 그야말로 미증유의 정치적 혼돈에 빠져 있었다. 이 시기 도사 근왕당이 걸어간 행보를 이해할 수 있도록, 이이 나오스케 암살 이후 일본 국내 정치가 전개된 양상은 간략히 언급해 두겠다. 당시 일본의 정치는 외국과의 통상 개방이 가져온 경제적 혼란으로 복잡하게 뒤얽혀 있었다. 국제 시장화와 국내 근검 정책이 맞물리면서, 하급 사무라이들의 녹봉은 줄어드는 반면 생활비는 증가하는 경향이 나타났다. 이러한 상황에 대한 불만은 사무라이들을 더욱 격분케 했으며, 이들의 분노는 외국인들에게 초점이 맞추어졌다. 예상대로 이러한 변화에 가장 민감하게 반응한 계층은 적은 녹봉을 받던 하급 사무라이들이었다. 물론 교토로 흘러든 낭인들에게 이 시기의 예측할 수 없었던 물가는 개국과 함께 일본 사회에 유입된 해악의 한 가지 징후에 지나지 않았다. 이러한 사정으로 칼을 찬 채 절망에 빠져 분노하는 무리들이 교토로 유입되는 사례가 점차 늘어났다. 그들의 사고방식이 어떻든 간에, 외국인 그리고 그들에게 일본을 허락한 당국자들에 대한 폭력으로 쉽게 전환되었다.

　유력 도자마 다이묘(外様大名)들은 문제를 정확하게 파악하고 있었고, 막부와 조정의 관계에서 자신의 유리함과 불리함에 따라 입지를 바꾸어 나갔기 때문에 국정은 더욱 혼돈에 빠졌다. 도사 번과 마찬가지로, 당시 각 번의 내부에서는 국정의 전통적인 제약에 충실히 따를 것인가(이는 막부를 지지한다는 의미인 '좌막'으로 표현된다), 조정과 막부 사이의 균형 유지를 위해 노력할 것인가(공무합체론), 아니면 근왕파와 양이 운동을 지지할 것인가(존왕양이) 등의 입장 가운데 어떤 것이 번의 이익에 합치될 것인가에 대한 격론이 일고 있었다. 도사에서는 첫 번째, 즉 좌막의 입장은 번의 전통적인 권력자들과 연관이 있으며, 두 번째 입장인 공무합체론은 보다 적극적인 개혁가나 정책 입안자와 관련이 있다. 반면 세 번째 입장은 급진주의적 기조가 있는데, 자연적으로 신분이 낮거나 불평분자들의 사상적 기반이었다. 번내 파벌 간, 세력 간 견제로 이러한 구분이 표면화되지는 않았지만, 이 구조는 당시 도사 번정의 문제를 바라보는 보수적, 중도적, 그리고 급진적 관점을 구분지어 설명할 수 있는 논거로 충분한 설득력을 지닌다. 이 파당들은 번 외부의 여건과 내부 압력 모두를 적절하게 이용했는데, 번 내부의 압력은 신분이 낮고 정서적으로 양이 감정을 지닌 층이 수적으로 확연히 우세했기 때문에 중요한 순간마다 '대세'를 거론하면서 자기들이 의도한 방향으로 번정을 전환하는 것을 합리화할 수 있었다. 외부적 여건은 유력 번주들 간 지속적인 대립 관계와 관련이 있는데, 특히 사쓰마 번주 가문인 시마즈가와 조슈 번주 가문인 모리가 사이에서 두드러지게 나타났다. 두 세력은 적어도 막부를 불신했던 것만큼 서로를 신뢰하지 않았다. 주변의 강력한 번들에 비해 자기 번의 세력이 상대적으로 약하다는 점을 항상 염두에 두었던 도사 번주는 무력 사용을 회피했는데, 왜냐하면 잘못될 경우 지도자가 아닌 보조적인 역할을 맡을 수밖에 없었기 때문이다. 그는 자신의 번이 중심적인 역할을 할 수 있도록 조정자의 역할을 맡으려 했다. 조슈 번 역시 조정자 역할을 하려 했지만, 사쓰마 번이 이러한 전술에서 선수를 치자 급진적 근왕주의를 지지하는 방향으로 선회했다. 이와 같은 번의 정책적 전환에 따라 번내의 주도권이 한쪽 파당에서 다른 파당으로 교체되었고, 그러면서 반대 입장을 지지하는 자들을 처형하거나 암살하는 예도 드물지 않았다. 또한 이 모든 것은 막부 자체의 정쟁에 영향을 받았거나 아니면 영향을 주었다. 따라서 만화경과도 같은 근왕당 시대의 정치적 변동은 너무나 복잡해서, 여기에 그 모든 것을 기술할 수 없어 단지 도사의 주요 인물에 영향을 준 경우로 한정해 기술하고자 한다.

다이로 이이 나오스케가 암살당한 이후 막부의 로주(老中) 회의는 정국을 주도하지도, 난국을 타개할 창의적인 묘책을 제시하지도 못했다. 이이 나오스케의 암살 이후 일본 국정을 주도하게 된 인물은 안도 노부마사(安藤信正)와 구게 히로치카(久世廣周)였다. 안도 노부마사는 이이 나오스케가 임명한 후다이 다이묘로, 나오스케가 추진했던 외교 정책을 지속하려는 계획을 갖고 있었다. 히로치카는 예전에 한 번 해임되었다가 미토 번과의 관계 개선을 위해 재기용된 인물이었다. 두 인물의 부상은 당시 일본 국정의 양대 대립 축을 상징하는 것이었지만, 이들에게는 이 두 세력을 연합시키거나 어느 한쪽을 제거할 만한 제도적 보장이나 독창적 사고가 결여되어 있었다. 미토 번 지지자들에 대해서는 이렇다 할 숙청이 이루어지지 않았다. 신임 미토 번주는 쇼군 알현이 금지되었고, 반체제적 성향의 가신들은 체포되어 처형되거나 할복을 명받았지만, 그쯤에서 이이 나오스케 암살에 대한 처벌은 종결되었다. 지난 몇 년 동안 정치적으로 막대한 영향력을 행사했던 미토 번주 도쿠가와 나리아키는 1860년 8월 25일에 사망했고, 이후 나리아키의 정책을 계승하려는 자들과 막부 지도자들과 보다 긴밀한 관계를 맺으려는 자들 간의 날카로운 대립이 미토 번 정국을 지배해 갔다. 미토 일파는 나리아키의 아들 히토쓰바시 게이키(一橋慶喜)를 중심으로 여전히 결집해 있기는 했지만, 미토 번 세력이 하나의 제도적 요인으로 다시 부상할 날은 오지 않았다.

새로 들어선 막부 당국은 에도와 교토 간 관계 개선에 우선적으로 진력을 다했다. 그 첫 번째 단계로, 황녀 가즈노미야와 젊은 쇼군 도쿠가와 이에모지(德川家茂)의 혼인이 시도되었다. 고메이 천황이 반대했던[왜냐하면 가즈노미야는 이미 아리스가와노미야 다루히토(有栖川宮熾仁) 친왕···'12과 약혼한 상태였기 때문이다. 다루히토 친왕은 훗날 메이지 정부군의 장군이 되어 막부군의 저항을 격파하는 데 일익을 담당했다] 이 혼인 계획은 궁정에서 격론이 오고 간 직후 실행되었다. 여기에 가장 결정적인 영향을 준 것은 고메이 천황이 가장 신뢰했던 측근인 이와쿠라 도모미(岩倉具視)의 글이었다. 이와쿠라는, 아직 막부와 정면으로 대치할 수 있는 실력이 충분히 갖추어지지 않았다는 이유를 들며 혼례를 추진할 것을 역설했다. 그는 사리사욕을 앞세우는 도자마 다이묘들에게 전적으로 의지하는 것은 현명하지 못한 일이며, 따라서 궁정으로서는 막부의 요구를 거절할 실질적인 대안이 존재하지 않는다고 판단했다. 그는 '명분을 버리고 실리를 취한다'는 논리로 막부의 요청을 받아들인 다음, 이를 추후 막부 정치에 대한 영향력을 강화시킬 도구로 활용해야 한다고 주장했다. 그 결과 조정은 막부에 외국인 추방 조치를 강구하도록 재촉했으며, 막부는 협상을 통해 외국과 맺은 조약을 파기하거나 외국인들을 '7, 8년에서 10년 이내에' 강제 추방하는 데 동의했다. ■45 이러한 내용의 합의는 1860년 늦여름에 이루어졌다. 가즈노미야 황녀는 1861년 11월 에도에 도착했고, 1862년 1월에는 혼례가 열렸다. 다케치 즈이잔과 뜻을 같이하는 지사들이 막부의 로주 안도 마사노부의 암살을 기도했던 까닭은 그가 이 혼인을 위한 교섭에 관여했기 때문이다. 1862년 2월 13일에 일어난 안도 마사노부의 암살 기도는 실패했지만, 이때 입은 부상으로 그는 자리에서 물러나야 했다. 가즈노미야 황녀의 혼인을 지지했던 이와쿠라 도모미 또한 지사들의 불신을 샀으며, 그들은 1862년 9월 이와쿠라를 조정의 직책에서 사임시키는 데 성공했다.

뒤이어 이이 나오스케가 반대파 다이묘들을 통제하기 위해 실시한 조치들이 점차 완화되어 갔다. 도사 번의 야마우치 요도는 1860년 8월에 접어들

어 어느 정도의 자유를 얻었지만, 그와 에치젠의 마쓰다이라 슌가쿠, 히토
쓰바시 게이키는 1862년 5월 23일에야 비로소 다시금 다른 사람들과 완전
히 자유롭게 의사소통을 할 수 있게 되었다. 이후 이 세 인물은 점진적으로
명예와 정치적 위상을 회복해 갔다. 이는 마쓰다이라 슌가쿠와 히토쓰바시
게이키에게는 특히 중요한 사건이었는데, 왜냐하면 그들은 도쿠가와 가문
과의 혈연관계 때문에 막부의 요직에 임명될 자격을 충분히 갖추고 있었기
때문이다. 6월이 되어 쇼군은 두 사람의 접견을 받았고, 이어서 그들을 설
득해 자문역을 맡기려는 시도가 이루어졌다. 하지만 에도의 보수적인 후다
이 다이묘들은 이 두 사람을 의사 결정 과정에 참여시킬 의사가 없었다. 이
들은 수년 전 쇼군의 후계자 선정 과정에서 그토록 반대했던 바로 그 게이
키가 명목상 잃어버린 영향력을 실질적으로 회복하는 것을 두려워했다.

협조적인 분위기가 확산되는 가운데 세이난(西南)^{*13} 지방의 유력 번주들
은 각자 자신이 중재자 역할을 맡을 수 있도록 전력을 다했다. 여기서 가장
먼저 움직인 번은 조슈 번이었다. 조슈 번은 다른 어떤 번보다 많은 근왕파
지사들을 배출한 번이기는 했지만, 공식적인 행동을 통해 의심을 사지는 않
았다. 조슈 번이 이러한 정책을 추진해야 한다고 강력하게 주창한 이는 조
슈 번 참정 나가이 우타(長井雅樂)였다. 그는 「항해원략(航海遠略)」이라는 건의
서를 번에 제출했는데, 여기서 1860년 개국 그리고 에도와 교토 간 중재 노
력의 필요성을 주장했다. 개국에 관한 그의 입장은 분명 막부와 궤적을 같
이했기 때문에, 그의 중재안이 조정을 설득하여 막부의 행동을 지지하는 방
향으로 마련된 것은 필연적인 결과였다. 결국 이 안은 막부를 더 중시했던
초기 공무합체론의 관점이라고 할 수 있다. 번주의 지지를 얻어 낸 나가이
우타는 자신의 제안을 직접 상주할 수 있게 에도 및 교토 행을 승인받았다.
조슈 번주 또한 나가이가 맡은 임무를 달성할 수 있도록 그와 동행했다. 하

지만 그들이 에도에 머물던 중인 1862년 2월에 지사들이 감행한 안도 노부마사 습격 사건이 일어났고, 이로 인해 안도 노부마사는 공직에서 물러났다. 교토와 조슈에서 극단론이 고조되면서, 나가이 우타는 더 이상 공무합체론에 입각한 시도를 해볼 수 없었다. 그는 자신의 지혜로운 정책을 입증할 만한 어떠한 해결책도 내놓을 수 없었기 때문에 신뢰를 잃고 말았다. 조슈 번내에서 그는 수구 세력과 근왕파 행동가 세력 모두로부터 격렬한 공격을 받았다(사실 조슈 번 지사들은 안도 마사노부 습격에서 중요한 역할을 담당했다). 결과적으로 나가이의 노력은 실패로 끝났으며, 1863년 할복을 명받아 그의 삶은 종지부를 찍었다. ▪46

조슈 번의 정책 변화에서 중요한, 어쩌면 핵심적인 요인은 번의 입지가 사쓰마의 시마즈 히사미쓰로 인해 흔들렸다는 데서 찾을 수 있다. 그의 공무합체론은 교토 조정의 이해에 더욱 부합하는 것이었으며, 따라서 그가 제시한 대안은 현실적인 성공 가능성을 지닌 유일한 중재안으로 여겨졌다. 그의 공무합체론에는 이전 것과는 달리 외국인 추방이 추가되었는데, 이는 교토 조정이 선호하는 입장을 따르는 데 비중을 둔 것으로 볼 수 있다. 시마즈 히사미쓰는 1,000명이 넘는 대규모의 수행단을 이끌고 4월 14일 가고시마를 출발했다. 지사들은 이들이 자신들의 계획에 협조할 것이라고 잘못 예측했다. 또한 도사에서는 히사미쓰의 군사들과 후시미 데라다야에 모여든 낭인들이 연합한 세력에 도사 근왕파의 참여가 승인되지 않는다면 이들에게 승리를 빼앗길지 모른다는 잘못된 예측 때문에 여러 소요들이 일어나기도 했다. 하지만 지사들은 시마즈 히사미쓰의 의도를 잘못 이해하였다. 사쓰마 번주는 확고한 보수주의자였다. 먼저 골칫거리가 될 만한 인물들을 사쓰마로 돌려보냈고, 그런 다음 조정이 제멋대로 날뛰는 낭인들을 통제하도록 종용했다. 마지막으로 그는 1862년 5월 21일 데라다야의 음모단을 분쇄함으로써 자신의 소임을 실천에 옮겼다. 이러한 그의 행동으로 지사들은 미래의 계획에 대한 협조처를 조슈 번에서 찾으려 했으며, 사쓰마 번과 조슈 번의 협조 가능성은 이로부터 여러 해가 지나서야 거론될 수 있었다.

시마즈 히사미쓰는 조정과 일본 남서부 지역 거대 다이묘들의 입지를 강화시키는 방향으로 공무합체론을 보완할 수 있는 일단의 계획을 들고 나왔다. 이를 교토 조정의 입장과 조율해 정제시키면 점차 세 가지 주요 안건으로 요약될 수 있었을 것이다. 첫째, 쇼군이 교토로 상경하여 조정과의 논의를 거친 다음 국정을 진행해야 한다는 것으로, 그렇게 함으로써 쇼군은 천황에 대해 자신의 행보와 관련된 일정 부분 책임져야 한다는 것이었다. 둘째, 해안 지방의 거대 번주들에게 16세기 도요토미 히데요시(豊臣秀吉) 시대에 그랬던 것처럼 보다 큰 역할을 부여할 필요가 있다는 것이었다. 셋째, 거대 번주들이 신뢰할 수 있는 2명의 인물을 막부의 최고위직에 임명할 필요가 있다는 것이다. 즉 마쓰다이라 슌가쿠를 정치총재(政治總裁)로 임명하고, 이이 나오스케로 인해 쇼군 지위를 거부당했던 히토쓰바시 게이키를 고켄(後見)···**14**으로 임명하는 동시에 쇼군의 후계자로 지명해야 한다는 것이다. 이 안건이 실현되면, 이 사실을 쇼군에게 전달하기 위해 에도로 칙사가 파견되어야 했다. 구게 오하라 시게토미(大原重德)가 칙사로 임명되었고, 그를 호위하기 위해 시마즈 히사미쓰가 막강한 군사를 이끌고 에도로 향했다. 조정의 입장 변화를 이보다 더 극적으로 나타낼 수는 없었다. 사실 얼마 전까지 조정의 공식 사절이라고 하더라도 수행원은 몇 명에 불과했지만, 이제 오하라 시게토미는 서일본 최강의 다이묘에게 호위를 받는 몸이 되었다. 오하라-시마즈 사절단은 1862년 7월 6일 에도에 도착했다.

에도의 후다이 다이묘들은 이 제안 가운데 일부, 그중에서도 특히 히토쓰바시 게이키와 마쓰다이라 슌가쿠를 정책 결정을 좌우하는 직책에 임명하는 것에 반대했다. 하지만 사절단 일행의 설득과 암살당할지도 모른다는 우려, 여기에 자신들을 압박해 온 새로 임명될 관리들을 방해할 수단이 없지 않을 것이라는 전망이 더해지면서 후다이 다이묘들은 8월 1일 오하라—시마즈 사절단의 요구를 받아들였다. 이로써 마쓰다이라 슌가쿠와 히토쓰바시 게이키는 공직에 취임하게 되었다. 이후 여러 개혁안이 실시되었다. 9월 24일에는 아이즈(會津) 번주[*15] 마쓰다이라 가타모리(松平容保)가 교토수호직(京都守護職)[*16]에 임명되었다. 교토수호직은 이전까지 조정과의 모든 접촉을 감시해 온 에도 막부의 쇼시다이(所司代)보다 서열이 높았다. 이이 나오스케의 일족과 추종 세력은 조정에 대한 그의 악행을 단죄한다는 명분하에 숙청되었다. 또한 군제, 관제 및 복식 규정에 관한 개혁이 발표되었다. 그리고 마쓰다이라 슌가쿠와 그의 고문인 요코이 쇼난(横井小楠)의 주도로 1862년 10월 15일에는 산킨고타이 제도에 관한 규정이 대폭 개정되었다. 볼모나 다름없던 다이묘의 가족들은 이제 에도를 떠날 수 있게 되었고, 다이묘들의 참근(参勤) 기간도 줄어들어 3년에 100일만 에도에 머무르면 되었다. 이와 같은 개정안을 발표한 목적은 번주들이 산킨고타이 때문에 지출해야 했던 비용을 절약하여 각 번의 방비에 활용할 수 있도록 하기 위함이었다. 대다수의 다이묘들은 에도에서 가족들을 데려온 다음, 교토로 발길을 돌렸다. 사절 임무를 성공적으로 수행했다고 판단한 시마즈 히사미쓰도 9월에는 교토로 귀환했다. 그들이 귀환하던 중, 나마무기(生麥) 마을에서 그들의 행렬을 가로지른 리처드슨(Richardson)이라는 영국인을 사쓰마 번 무사들이 무례하다 하여 베어 버린 사건이 일어났다. [*47]

시마즈 히사미쓰는 몇 달 전 자신이 떠났을 때와는 교토의 정세가 크게 달라져 있음을 알아차렸다. 그가 교토를 떠나고 나서 조슈 번은 나가이 우타를 해임하고 예전보다 더 열렬한 친교토 성향을 취했다. 이로써 조정의 지지는 또다시 사쓰마에서 조슈로 옮겨 가게 되었다. 이윽고 9월 18일에는 젊은 도사 번주 야마우치 도요노리 일행이 교토에 입성하면서 수백 명의 사무라이들이 교토라는 무대에 새로이 등장했다. 도사 번주를 수행했던 다케치 즈이잔과 도사 근왕당원들은 교토에 도착하자마자 극단론과 양이 사상을 고양시키기 위한 노력에 착수했다. 설령 공무합체론이라는 명분이 어느정도 남아 있었다고 하더라도 일본의 정세가 조정 중심으로 변화한 정도는 분명 시마즈 히사미쓰의 예측 또는 의도를 넘어서는 수준이었다. 또한 조정중심이 된다는 것은 지사들이 그것을 고무시키고 그것에 영향력을 행사하는 것을 의미했다. 불과 얼마 전 사쓰마의 칼날에 데라다야의 동지들을 잃어야 했던 지사들로서는, 사쓰마 번과의 연대감이 형성될 리 없었다. 그렇기 때문에 사쓰마 번주는 교토를 떠나 가고시마로 돌아갔다. 영국과의 마찰로 초래된 위기 상황 또한 그가 돌아가야만 했던 이유였다. 영국은 리처드슨의 죽음에 대한 배상을 요구하며 사쓰마 번을 압박해 왔다.

교토가 국정의 중심지로 부상했다는 것은 이제 부인할 수 없는 사실이었다. 쇼군은 오하라-시마즈 사절단이 전달한 칙령에 따라 천황과의 대담을위해 교토로 상경할 준비를 했고, 다이묘들의 거처 수 역시 점점 늘어 갔다. 하지만 수많은 지사와 근왕파 낭인들이 모여들면서, 교토는 무질서와 폭력이 지배하는 도시가 되었다. 그들의 노력 덕택에 양이파 구게들의 영향력은증대되었다. 아네노코지 긴토모(姉小路公知)와 산조 사네토미(三條實美)는 정치적 입지를 확보해 나갔고, 한편으로 이들보다 합리적인 정치적 식견을 갖고 있던 이와쿠라 도모미는 예전에 가즈노미야 황녀와 쇼군이 혼인해야 할필요성을 주장한 데 대한 문책성 성격의 퇴진을 할 수밖에 없었다. 이와쿠라 도모미는 암살의 위협을 피해 교토 외곽의 사이호지(西芳寺)라는 사찰에 은둔하면서, 신변의 안전이 보장될 때까지 명상과 교토에서 전해 오는 소식에 논평을 하면서 시간을 보냈다. [48]

시간이 흐를수록 교토는 거리를 메운 구게자무라이와 낭인들의 세상이 되었다. 그들에게는 서남 웅번의 다이묘 행차에서 영향력 있는 인물로 재등장한 옛 동료 집단도 있었다. 치안 부재와 무사들의 급증으로 교토의 거리는 새 질서보다 옛 질서를 옹호한다고 여겨지는 사람들에게는 안전한 장소가 될 수 없었다.

지사들은 양이 사상과 반막부 사상을 가진 인물로 알려진 일부 구게들의 주위에 자연스럽게 모여들었고, 이 역할에 가장 적절한 인물은 바로 산조 사네토미였다. 얼마 지나지 않아 그는 신분이 낮은 검객들 사이에 지대한 영향력을 확립했다. 그들은 사네토미의 높은 신분과 황실과의 긴밀한 관계, 그리고 단호한 안목에 감화되었다. 게다가 그는 야마우치 가문과 인적 관계에 있었기 때문에, 도사 근왕파들에게는 그야말로 가장 이상적인 길잡이가 될 수밖에 없었다. 다케치 즈이잔과 동지들은 일찍이 야마우치 도요노리의 상경을 재촉하는 칙령을 얻어 내기 위해 사네토미의 연줄을 이용한 적이 있었다. 1862년부터 에도 막부가 소멸할 때까지 산조 사네토미는 충성스런 도사 번 지사들의 지지를 받았다. 그들은 훗날 사네토미가 조슈로 피난할 때 동행해 주었으며, 정치적으로 추방된 와중에도 그의 신변을 지켰다. [49] 이때 산조 사네토미의 나이는 25세였다. 지사들의 인망을 얻은 또 한 사람은 이들 과격파 지사들의 의견에 귀를 기울였던 23세의 청년 구게 아네노코지 긴토모였다.

도사 번 지사들은 이제 조슈의 과격파들, 그리고 사쓰마에서 온 소수의 동지들과 긴밀히 협력하면서 교토를 통제하고 위협할 수 있는 수준에 이르렀다. 번내 관료 집단의 서열에서도 도사 근왕파들은 번주의 교토 입성을 반대했던 보수파들과 대등한 위치에 오르게 되었다. 16세의 어린 다이묘에게 황실의 요청과 칙명이 봇물처럼 쏟아지면서 보수파는 다케치 즈이잔과 그 일파에게 정치적 입지를 내줄 수밖에 없었다. 사실 고야기 고헤이(小八木五兵衛)는 얼마 지나지 않아 희망을 버리고 고치 성으로 돌아갔다.

이어진 몇 주 동안은 전례 없는 방약무인과 폭력으로 점철된 시기였다. 다케치 즈이잔은 교토에 도착한 직후 건백서(建白書)를 작성했고, 여기에 번주의 서명을 첨부한 다음 조정 내의 동지들에게 보냈다. 이는 조정의 대의가 이전보다 한걸음 더 진전되도록 하기 위한 것으로, 그때까지 이루어진 대정봉환을 위한 움직임 가운데 가장 대담한 것이라고 볼 수 있다. 즈이잔은 세 가지 기본 단계를 제안했다. 첫째, 그는 오사카와 도쿄 일대의 기나이(畿內) 평야 전역을 조정 직할령으로 두고 해당 영역에 영지를 소유하고 있던 다이묘들은 다른 곳으로 영지를 이동시키며, 동시에 이 지역에 구게와 조정의 지휘하에 있는 군사들을 주둔시켜야 한다고 주장했다. 그는 오사카 상인들에게 지시를 내려 이 과업을 수행하는 데 필요한 자금을 확보할 수 있다고 믿었다. 그리고 이를 통해 조정의 안위가 담보되면 외국인들을 몰아내기 위한 조치도 실현될 수 있다고 보았다. 둘째, 그는 산킨고타이 제도의 대폭적인 개선을 제안했다. 그는 다이묘들이 3년에서 5년에 한 번씩만 산킨고타이 의무를 수행해도 좋다고 주장했다. 세 번째 제안은, 정책 결정 전반에 걸쳐 조정의 권한을 회복시켜야 한다는 것이었다. 그는 다음과 같이 기록했다. "모든 정치적 명령은 조정에서 내려져야 하며, 다이묘들의 산킨고타이 행선지는 에도가 아닌 교토가 되어야 한다." 그는 건백서에서 조정의 입장을 강조한 나머지 이에 대한 막부 측의 반발에 대해서는 그다지 고려하지 못했다. 조정이 7~8개 이상의 거대 번들을 동원하여 군사적 위세를 과시한다면 막부는 조정에 순응하게 될 것이라고 주장했다. ■50

202

교토에서 지사들의 자신감과 실력이 커져 감에 따라 막부의 권위와 치안 능력은 점점 쇠퇴해 갔다. 도사 번주 야마우치 도요노리 일행이 교토에 입성하기 직전에 폭력의 물결이 에도로 밀려들기 시작했다. 이 물결은 도사 세력이 새로이 교토로 들어오면서 한층 격해졌다. 지사들의 실질적인 적들은 물론 그들이 그렇다고 간주한 자들, 3년 전 다이로 이이 나오스케 휘하에서 실제로 숙청 작업에 간여한 자들뿐만 아니라 단지 그렇다고 의심받은 자들 모두가 타도의 대상이 되었다. 얼마 되지 않는 기간 동안 목숨을 잃은 사람의 숫자만 8명에 이르렀다. 이 시기에 일어난 일련의 폭력적 행태 중에서도 도사 번, 조슈 번, 사쓰마 번 출신의 근왕파 지사 24명으로 구성된 일단의 무리가 에도로 귀환하던 교토 봉행 일행을 습격한 사건은 특히 대담한 것이었다. 지사들이 내세운 구호나 격문에는 '천주(天誅)', 즉 천벌이라는 용어가 등장하기 시작했다. 거친 비난과 중상모략을 담은 담벼락의 문구나 길거리에 나뒹구는 격문은 실제로 살해된 사람들 수보다 더 많은 사람들에게 '천벌'의 위협을 가했다. 이러한 전술을 통해 지사들은 많은 사람들을 위협하는 데 성공했다. 이 지역의 호상(豪商)들은 자연히 지사들의 표적이 되었고, '천벌을 면하는' 대가로 지사들에게 돈을 지불하는 경우도 빈발했다. 이러한 위협을 무시하거나 비난하는 자들에게는 '저지른 죄상'을 적은 문구와 함께 교토의 주요 도로에 내걸린 희생자들의 수급이 기분 나쁜 경고가 되었다.

이 시기에는 조정에도 교묘한 압력이 가해졌고, 그 결과 친막부 성향의 조정 고위 관료들이 축출되는 한편 산조-아네노코지파에 가까운 인물들이 득세했다. 조정의 청년 구게들 역시 동맹자인 지사의 경우와 마찬가지로, 선은 곧 근왕파 과격주의자의 편에 서 있으며 이에 반대하는 보수주의자들을 '간신'으로 여겼다.

이러한 분위기에서 에도에 다시 한 번 사절단을 보내려는 계획이 추진되었다. 오하라–시마즈 사절단의 파견 결과 쇼군은 교토에 내방할 구상을 했고, 그 선행 조치를 위해 히토쓰바시 게이키가 먼저 교토를 방문했다. 지사들, 그리고 그들과 우호적인 관계에 있던 구게들은, 게이키가 합리적인 인물이라 교토의 긴장 상태를 해소시킬 수 있을 것인데, 만약 이 가능성을 없앨 수만 있다면 오히려 자신들의 입지가 강화될 것으로 믿었다. 따라서 그들은 조정에서 내린 또 다른 요구를 쇼군에게 제시하기로 결정했다. 이를 위해 산조 사네토미와 아네노코지 긴토모가 인솔하는 두 번째 사절단의 파견이 계획되었다. 다케치 즈이잔과 조슈 번 출신 동지들은 이 계획이 조정의 승인을 받을 수 있도록 긴밀히 협조해 가며 일을 추진했다. 사절단 파견 계획은 1862년 11월 12일에 승인받았고, 12월 3일 실행에 옮겨졌다. 16세의 도사 번주 야마우치 도요노리가 500명의 수행원을 인솔하여 사절단을 호위했다. 사절단이 휴대한 친서에는 일본에서 외국인을 몰아내기 위한 조치를 즉각 실행하라는 황명이 담겨 있었다. 결국 광적인 양이파들은 막부를 궁지로 몰아넣는 데 성공한 셈이었다. 그들 중 일부는 막부를 공격할 무기로 외국인 문제를 이용했을 수도 있었다. 하지만 여러 정황으로 미루어 볼 때 즈이산과 도사 번 지사들은 즉각적이고 절실한 양이 전쟁을 진정으로 요구했던 것으로 판단된다.

이 두 번째 사절단은 새로운 시대의 도래를 알리는 지표의 성격도 갖고 있었다. 고시 자격으로 번주 일행을 교토까지 수행한 다케치 즈이잔은 이제 번주가 지휘하는 에도 행 수행단의 일원으로 구게 아네노코지를 호위하며 따르게 되었다. 이제 그는 옛 이름 대신 야나가와 지쿠고노카미(柳川築後守)라는 존칭으로 불리는 몸이 되었다.···17 그리고 이제까지 자신을 유명하게 만든 장검을 버리는 대신 구게에게 어울리는 작은 칼을 찼으며, 가마 주위를 도보로 호위하는 대신 가마에 오르게 되었다. 1년 전만 해도 즈이잔은 번의 관리들조차 신경 쓰지 않던 일개 하급 무사에 불과했으니, 이런 식의 과시적 행위에 그가 느꼈을 성취감이 어느 정도였을지는 상상하기 어렵지 않다. 즈이잔은 아내에게 보낸 편지에 다음과 같이 썼다. "에도에 도착하면 나는 성에 들어가 쇼군을 알현하고 공물을 헌상하게 된다오. 쇼군께서는 답례로 의복을 하사하실 것이오. 그야말로 놀랄 만한 일이 아니겠소?" 그리고 자신을 수행한 자들에 대해서도 다음과 같이 언급했다. "내가 어디를 가든 이자들이 나를 따른다오. 마치 꿈만 같소."■51

사절단은 1862년 12월 18일 에도에 도착했다. 이들의 요구 사항은 마쓰다이라 슌가쿠와 히토쓰바시 게이키를 중심으로 새로 일어난 개혁파 막부정권에 심각한 위기를 초래했다. 슌가쿠는 즉각적으로 사태의 변화에 절망과 분노의 빛을 감추지 못하더니, 얼마 지나지 않아 퇴진할 뜻을 내비쳤다. 게이키 역시 이러한 점에서 슌가쿠와 크게 다르지 않았다. 하지만 두 사람 모두 사임할 의사를 재고하라는 권고를 받았다. 여기에 수반되었던 까다로운 교섭에서 야마우치 요도는 중대한 역할을 하였다. 교토 측의 양이 요구에는 정치적 함정이 깔려 있다고 판단한 요도는 막부가 이러한 함정에 걸려들지 않도록 구체적인 양이 실시 시기는 언급하지 말고 일반론적 입장에서 양이를 실시한다는 약속만 해 둘 것을 조언했다. 그는 조정의 요구를 단도직입적으로 거부할 경우 내전을 초래할 우려가 있다고 판단했다. 요도는 산조사네토미와의 인척 관계를 통해 그의 성급함을 누그러뜨릴 수 있었고, 한편으로 슌가쿠와 게이키에게 퇴진 의사를 재고하도록 권고했다. 회담으로 시간이 지체되자 초조해진 조슈 번 지사들은 이 시기를 이용해 양이 전쟁의 포문을 열기 위한 요코하마 거주 외국인 몰살 계획을 세웠다. 즈이잔을 통해 이 계획을 전해 들은 요도는 요코하마에 사람을 보내 그들의 계획을 저지시키려 했다. 이때 요도가 보낸 부하들과 조슈 번 지사들 사이에는 자칫

유혈 사태가 일어날 뻔했다. ■52 어쨌든 요도의 중재력이 힘을 발휘해, 산조-아네노코지 사절단은 양이 조치에 대한 막부의 공식 승인을 얻어 낸 채 1863년 1월 말 교토로 귀환할 수 있었다. 하지만 양이 조치를 실시할 구체적인 날짜는 정해지지 않았으며, 세부 사항은 교토에서 있을 쇼군과 가신들의 회의를 통해 결정될 예정이었다.

다케치 즈이잔의 관점에서 보았을 때 이번에 파견된 사절단은 그야말로 대성공이었다. 그는 구게 수행단의 일원으로 참가했고, 그의 젊은 번주는 교토로 귀환한 그를 루스구미로 한 계급 승진시켰다. 이제 그는 상급 무사의 반열에 올랐다. 요시다 도요의 추종자들은 관직에서 쫓겨난 채 흩어졌고, 그중 일부는 살해당했다. 야마우치 요도는 정치 무대에 다시 등장했고, 다케치 즈이잔은 도사 구세력으로부터 이후에 어떤 보수 세력이 나타나더라도 요도가 이들을 척결시킬 것이라고 기대했다.

다케치 즈이잔이 산조 사네토미의 사절단과 함께 에도를 떠난 후 며칠이 지나, 또 다른 일단의 도사 근왕주의자들이 에도에 들어왔다. 이는 당시의 혼란한 시대상이 전통적인 봉건 체제에 어떤 혼란을 가져왔는지를 잘 보여 주는 사례이다.

고치 성에서는 여전히 야마우치 요도의 안위에 대한 우려가 잦아들지 않고 있었다. 요도가 막부의 고문으로 임명되면서 정계에 재등장하게 된 사실, 그리고 그의 영향력으로 산킨고타이 제도가 개정되어 다이묘들의 부담과 의무가 경감되었다는 사실이 번내에 전해졌다. 하지만 의사 전달이 지연되면서 이 소식은 과장되어 와전되었고, 그 결과 일부 근왕주의자들은 요도가 막부 보수주의자의 물리적 위협에 놓여 있다는 잘못된 믿음을 갖게 되었다. 또 어떤 자들은 요도가 에도에서 환영받지 못하고 있다는 소문을, 도사를 떠나 국정에 관여하기 위한 명분으로 삼기도 했다. 이유야 어떻든 간에 대부분이 고시 신분인 50명의 무리가 고치 성에 모여 야마우치 요도를 구하기 위해 에도로 가게 해 달라고 요청했다.

이들 중에서 가장 중요한 인물은 나카오카 신타로였다. 이 여행은 그가 국정의 무대로 뛰어들게 된 계기이기도 했다. 도사 동부 지역에서 쇼야의 장남으로 태어난 신타로는 에도 시대 말기에 약 1,520석의 영지를 보유하고 있었다. 마자키 소로에게서 학문을, 다케치 즈이잔에게 검술을 배운 그는, 즈이잔이 이끄는 도사 근왕당의 핵심 요원이기도 했다. 쇼야로서 쌓아 온 경험은 그에게 자립심과 책임감을 길러 주었다. 그는 영지에서 경작과 식목을 장려했으며, 기근이 발생하는 등 위기 상황이 닥치면 고치 성에서 자금을 대출받아 백성들을 구휼했다. 그는 일찍이 즈이잔의 근왕 운동에 관심을 갖고 있었지만, 장남인 관계로 도사를 떠날 수가 없었다. 1857년에는 가독을 물려받았지만, 1862년에 일어난 정치적 격동에 더 이상 주체할 수 없었고, 결국 50인의 고시 집단에 발을 들여놓고 말았다. ■53

나카오카 신타로가 간부의 한 사람이었던 이 집단은 고치를 떠나도 좋다는 승인을 해 달라고 요청했으며, 그들의 요청은 12월 7일이 되어 받아들여졌다. 마침내 수도를 향한 격렬한 행보의 첫발을 내딛었다. 이 혈기왕성한 검객들은 조정으로부터 외국인들에 대한 습격을 공인받으려는 열망도 품고 있었다. 그들은 에도로 향하는 길에 요시다 도요의 측근이었던 옛 정적들에게 지난날의 원한을 갚기도 했다. 따라서 이들이 에도에 도착해서 혼란한 정세를 가라앉히려는 생각을 가졌을 것이라고는 보기 어렵다. 이들이 에도에 도착하면서 교토의 지사 세력과 에도에 자리 잡은 근왕주의자들 사이에 균형이 이루어졌다. 신타로 일행이 에도에 도착 후 맨 먼저 착수했던 일은 요도의 안위를 위해 신명을 다하겠노라는 맹세를 공표하는 것이었다. ■54

교토의 동지들과 마찬가지로, 에도의 지사들은 이상주의적이면서도 세속을 초월한 가치에 적합하다고 생각하는 옷차림과 행동을 실천에 옮기기 시작했다. 그들은 머리가 길게 자라도록 내버려 두었고, 면도나 세수도 제대로 하지 않았다. 에도의 겨울 날씨에도 얇은 평상복에다 맨발에 나막신 차림으로 다녔다. 외모라든지 내일의 일 따위는 염두에 두지 않았고, 자금이 필요할 때면 상인들에게 돈을 꾸거나 때로는 갈취하기도 했다.￼￼55 그들은 '야마토다마시(大和魂)'로 충만한 자들이었다. 그들에게 할복이라는 행위는 동료들의 영웅적 기상을 한층 고취시키는 행동으로 여겨졌기 때문에 이를 제지하기란 매우 어려운 일이었다. 풍운아를 자처했던 그들은 한편으로는 흉악무도한 무뢰배이기도 했다. 그들은 뚜렷한 강령도 갖지 못한 혁명가, 지도자를 찾아 나선 추종자들로서 지금까지의 사회가 아닌 출세할 기회를 손에 넣을 수 있는 사회를 모색해 나갔다. 그러면서도 그들 조직에는 순수한 애국심이 있었고, 조국이 위기에 처해 있다는 신념 아래 행동을 취했다. 외세는 눈앞에 당도해 있었고, 이러한 시국에서는 위기의 내용과 심각성을 논리적이고 합리적인 논의를 통해 풀어 나가기보다는 즉각적으로 실행에 옮기는 것이 무엇보다도 중요했다. 막연하고 유동적이며 모순적인 측면도 적지 않았던 유신기의 정치 구호는 이들 혁명가에게 너무나 잘 들어맞는 것이었다. 왜냐하면 이들은 어떠한 뚜렷한 강령을 찾지도 못했고, 거기에 얽매일 필요도 없었기 때문이다.

그럼에도 불구하고 근왕파 지사들 모두가 혈기방자한 검객들이며, 가상의 적이든 실제로 존재하는 적이든 쓰러뜨리는 데만 관심 있는 자들이라고 판단해서는 안 된다. 도사 근왕당원의 상당수가 상당히 미숙한 정치 의식을 갖고 있었음은 부인할 수 없는 사실이다. 다케치 즈이잔이 가미오카 단지(上岡胆治)에게 중대한 시국을 맞이한 도사 번을 위해 어떤 효과적인 자금 확보책이 있느냐고 질문하자, 가미오카는 오사카가 전화에 휩싸이면 얼마 못

208

가 폐허가 될 터이니 20만 냥을 지금 당장 도사에 빌려 주는 것이야말로 상책이라고 권고해야 한다는 대안밖에 제시하지 못했다. 그리고 오사카 상인들이 이를 거부한다면, 그들을 설득하러 간 지사가 그 자리에서 할복함으로써 자신의 깊은 번뇌와 진심을 보여 주어야 한다는 논지를 폈다. 그는 지사 세 사람만 할복하면 오사카 상인들은 더 이상 그들의 요구를 거절하지 못할 것이라고 예측했다. 즈이잔은 이를 묘안으로 여겼지만, 다른 지사들은 번의 재정에 큰 관심을 갖지 않았다. ▪56 그러나 이보다 더 나은 대안을 가진 지사들도 있었다. 마자키 소로는 도사 번의 지도부가 조슈 번에서 그랬던 것처럼 외국으로부터 기선을 매입하여 무역을 해야 한다는 생각을 갖고 있었다. 그리고 요코하마에 번의 무역소를 설치하여 도사의 산물을 매각하고, 이를 통해 군자금을 확보해야 한다는 것이었다. 다케치 즈이잔은 학교를 설립하여 젊은 사무라이들에게 서양의 과학을 가르쳐야 한다는 제안을 지지했고, 히라이 슈지로는 도사 번에서 생산된 상품이 오사카 시장에 더 많이 출하될 수 있도록 오사카 상인들과의 교섭에 임했다. ▪57 결국 도사의 열광적인 지사들은 자신들의 행보로 엄청나게 소모된 재정을 복구해야 할 필요성에 직면했고, 무언가 새로운 대안을 모색하기에 이르렀다. 어쩌면 과거 요시다 도요가 추진했던 개혁안이 그의 실각 후 3, 4년쯤 지나 새로운 지도부 아래에서 또다시 추진되었다고 볼 수 있다. 하지만 이 둘 사이에는 중대한 차이점이 있음을 간과해서는 안 된다. 요시다 도요의 개혁안이 오직 번을 부강하게 만드는 데만 초점이 맞추어진 것이라면, 지사들은 이보다도 더 큰 목표를 갖고 있었다. 그들이 번의 빈곤에 관심을 갖는 것은 오로지 더 원대한 국가라는 무대에서 보다 강력한 활동을 하기 위한 준비 단계로 인식했기 때문이다.

급진적 근왕주의의
퇴조

앞 절에서 서술한 바와 같이, 근왕주의자들이 국정에서 거둔 성공은 지사들 간의 협력, 그리고 조슈 번과 소장파 구게들의 지원이 만들어 낸 결과였다. 그들은 힘을 합쳐 대외 문제를 이용해 교토와 에도 간 연대의 흐름을 뒤집었다. 하지만 근왕파의 우위는 오래가지 못했다. 그 요인은 여러 측면에서 찾아볼 수 있는데, 그중 하나로 지사들의 도를 넘은 행태를 들 수 있다. 이들은 조정에서조차 꺼렸던 권력 획득을 위한 움직임에 나섰다. 두 번째 원인은 외국의 실력을 직접 체감하면서, 양이라는 개념을 문자 그대로 실천하는 것이 불가능하다고 여긴 것이었다. 이에 따라 초기 지사들이 내세웠던 고색창연한 반개화 사상의 기본적인 전제는 그 효용성을 상실했다. 세 번째 원인으로, 교토 정국에서 조슈 번의 우세와 급진적 경향의 강세에 대한 사쓰마 번주 시마즈 히사미쓰의 분노 때문에 짧은 기간이나마 사쓰마 번과 막부 간의 군사적 동맹이 이루어졌던 것을 들 수 있다. 이와 같은 정치적 상황은 도사 번의 정책과 다케치 즈이잔이 이끄는 도사 근왕당의 운명에 직접적인 영향을 주었다.

산조−아네노코지 사절단은 쇼군의 교토 방문 약속을 얻어 냈고, 이는 1863년 봄이 되어 실현되었다. ■58 17세기 이래 쇼군이 교토를 내방한 전례가 없었기에, 3,000명이 넘었던 쇼군 도쿠가와 이에모치의 수행원들조차도 이 상경 행렬이 내포하고 있던 약점을 감출 수가 없었다. 마쓰다이라 슌가쿠와 히토쓰바시 게이키도 쇼군을 수행하면서 교토로 상경했다. 그들은 자신들에게 적대적인 정치적 분위기가 교토에 형성되었음을 인지했다. 조정에서는 제도 개혁이 이루어져 관료 조직과 인사 분야는 산소 사네토미와 아네노코지 긴토모에 유리한 방향으로 변해 갔으며, 이는 양이 세력이 강화되는 결과로 이어졌다. 낭인들은 아시카가(足利)····**18** 쇼군들의 상을 참수함으로써 그들의 후계자에 대해 품고 있던 생각을 표출했고, 이를 계기로 교토의 시가지에서는 폭력의 물결이 새로이 밀려들기 시작했다.

이쯤 되자 낭인과 지사들의 폭거에 대한 조치가 강구되기 시작했다. 1862년 9월 교토 수호직에 임명된 아이즈 번주 마쓰다이라 가타모리(松平容保)는 낭인들의 통제에 낭인들을 활용한다는 방침을 정했다. 그는 가신들에게 교토에서 정치적 활동에 뛰어든 낭인들과 맞서 싸우거나 회피하지 말고 대신 그들과 섞여 활동하면서 그 일거수일투족을 보고하라는 명을 내렸다. 그리고 종국에는 막부를 위해 싸우는 낭인들로 구성된 특수한 집단을 조직했다. 이렇게 해서 신센구미(新選組) 및 이와 유사한 조직들이 생겨난 것이다. 이들은 지도자에 대한 절대복종을 신조로 삼고, 근왕주의자들과 마찬가지로 무자비한 방식으로 전투에 임하도록 훈련을 받았다. ■**59** 몇 년 뒤 사카모토 료마는 이러한 조직의 일원이 휘두른 칼에 쓰러지고 말았다.

쇼군 일행과 조정 간에 정치적 논쟁이 벌어지는 가운데, 막부는 처음으로 조정으로부터 '지금까지 그래 온 것처럼 내정을 이끌어 달라'는 위임을 받았다. 전례를 찾아볼 수 없었던 이 흥미로운 승인 과정은 에도 막부가 그 권력과 권위의 정당성을 인정받아야 할 필요성에 직면했음을 보여 주는 증거라고 하겠다. 이에 못지않게 흥미로운 사실은 쇼군이 교토의 신사 참배에 나섰을 때 조정 신료들이 그를 무시하는 태도를 보였다는 점이다. 이후 두 번째 신사 참배도 계획되었지만, 쇼군과 게이키는 질병을 핑계로 이를 고사하였다. 그중에서도 가장 중요하게 바라보아야 할 것은 히토쓰바시 게이키가 1863년 6월 25일을 외국인 축출의 기일로 정해 달라는 요청을 마지못해 수락하고 말았다는 사실이다. 게이키로서는 수정하거나 정도를 완화하고자 했던 이 비현실적인 공약은 곧 조슈 번의 독자 행동을 정당화해 주는 구실로 활용된다. 한편 에도에서는 게이키의 이 공약 때문에 막부가 꼼짝 못할 입장에 떨어지게 되었다는 이유로, 게이키에 대한 후다이 다이묘들의 불만이 고조되어 갔다. 이 사이에 마쓰다이라 슌가쿠는 사직했지만, 이후에도 에도와 교토 사이의 교섭에서 중요한 역할을 다했다.

사쓰마 번주 시마즈 히사미쓰는 교토 정국을 조슈 번과 낭인들이 장악하고 있다는 사실에 크게 분개했다. 1863년 봄 그는 스스로 충분히 이해했다고 생각한 공무합체론을 지원하려는 의도로 다시금 교토로 귀환했다. 그는 잠시 교토에 머무르면서 조정이 극단론자들의 영향 아래 완전히 들어갔음을 인지했다. 외국인 축출 기일이 다가오면서 조슈 번은 양이파로서의 위세를 떨치고 있었다. 조슈 번은 막부의 승인도 받지 않은 채 6월 25일을 양이 전쟁의 개시일이라고 제멋대로 해석하여, 이 날을 기해 시모노세키 해협에서 외국 선박에 포격을 개시했다. 이후 7월 8일에는 소장파 구게 아네노코지 긴토모가 자객의 손에 최후를 맞았다. 이 자객은 아네노코지의 동지였던 산조 사네토미도 함께 노렸지만 그를 제거하는 데에는 실패했다. 조슈 번 출신 근왕주의자들은 암살범이 사쓰마 번 출신이라는 낭설을 퍼뜨려, 황궁 경비를 담당하던 사쓰마 번 군사들을 경비 임무에서 배제시켰다. ■60 이어서 근왕파 연합 세력은 교토가 외무와 관련된 전권을 획득해야 한다는 주장을 폄으로써 자신들의 계획을 한층 더 진전시켜 나갔다. 조정 내부의 동지들은 양이 친정(親征)을 선포하는 칙서를 작성했다. 고메이 천황이 이와 관련된 책임을 맡고자 하는 자발적인 의사가 없었다는 사실은 익히 알려져 있었지만, 이 모든 조치들은 강행되었다. 이 또한 사쓰마 번주 시마즈 히사미쓰가 질서를 회복해 달라는 우려 섞인 요청을 받는 계기가 되었다.

역사의 무대는 이제 근왕주의자들의 운명에 극적인 전환이 이부어지는 단계로 접어들었다. 1863년 10월 30일 거사에 나선 아이즈 번과 사쓰마 번 군사들은 질풍같이 황궁 출입문을 점거했고, 조슈 번 군사들의 출입을 봉쇄했다. 조슈 번 군사들은 혼란에 빠진 채 교토에서 철수했고, 7명의 근왕파 구게들도 이들을 뒤따랐다. 이 가운데에는 도사 번 근왕주의자들의 우상이었던 산조 사네토미도 포함되어 있었다. 근왕주의자들의 주요한 지지자였던 조슈 번은 이제 시모노세키에서 일어난 포격 사건으로 외국과의 분쟁에 빠져들게 된 데다, 천황의 칙어(勅語)를 우선적으로 받들 수 있는 기회조차 상실하고 말았다. 근왕주의자들의 지지를 받던 구게들은 추방되었다. 불과 몇 달 전만 하더라도 거의 달성했다고 여겨졌던 목표는 어느새 실현 가능성도 희망도 사라지다시피 되고 말았다.

교토에서 조슈 번의 입지가 상실되면서 급진파 근왕주의자들이 구상해 두었던 정변 계획은 물거품이 되었다. 지지 세력을 잃어버린 그들은 이제 자포자기적 행태를 보이기 시작했다. 야마토(大和)에는 덴추구미(天忠組: 같은 발음에 한자만 다르게 써서 '天誅組'라고 표기하기도 했음)가 존재했는데, 이 조직의 여러 지도자 중에는 도사 번 쇼야 요시무라 도라타로도 포함되어 있었다. 교토 조정 내부의 근왕파 동지들은 천황의 나라(奈良) 신사 참배 계획을 추진했고, 이들은 여기에 맞추어 봉기를 일으킬 계획이었다. 그리고 이를 계기로 천황에 대한 충의라는 명분을 세우는 동시에, 일본 전역에서 그들에게 동조하는 자들의 봉기가 퍼져 나가도록 할 심산이었다. 요시무라 도라타로를 비롯해 조슈 번 지사들과 긴밀한 관계를 맺고 있던 소장파 구게 나카야마 다다미쓰(中山忠光)를 명목상의 지도자로 한 75명의 주력 인사들이 교토에서 배를 타고 사카이(堺)⋯[19]로 향했다. 이들은 사카이에 상륙하여 막부의 다이칸쇼(代官所)⋯[20]를 습격했다. 다이칸은 4명의 보좌관과 함께 살해당했고, 이 지역은 이제 천황의 직할지가 되었다는 격문과 함께 그들의 머리가 거리에 내걸렸다. 이와 함께 대중의 지지를 얻기 위한 방안으로 조세의 50%를 삭감한다는 공약, 그리고 서민들에게도 칼의 패용과 성씨의 사용을 허가한다는 공약이 발표되었다. 이 사건의 주도자들을 살펴보면 도사 번 출신자들의 숫자가 가장 많았다. 구체적으로 하급 무사 3명, 고시 2명, 쇼야 3명, 그리고 신분이 확인되지 않은 7명이 있었다. 여기에 조정에 대한 전통적인 유대가 강했던 야마토 지역 출신의 고시들도 상당수 합류했고, 이들은 촌락에서 동조자들을 모집했다. 일부 자료에 따르면 이때 모인 동조자는 2,000명에 달했다고 한다. 하지만 9월 30일에 일어난 정치적 격변은 이들의 시도를 무산시켰다. 천황의 나라 신사 참배는 취소되었고, 조슈 번의 원조는 더 이상 기대하기 어렵게 되었으며, 인접한 번들은 반란을 진압할 군사를 파병하라는 막부의 명령에 승복했다. 요시무라 도라타로는 부상을 입고 이후 어느 농가에서 자결했다. 나카야마 다다미쓰를 비롯해 정변을 계획한 지도자들 상당수는 조슈 번으로 피신했다. ■61

야마토 거사와 관련하여 이를 지원하기 위한 봉기가 오늘날 고베 인근의 이쿠노(生野)에서 일어났다. 이쿠노에는 9월 정변 때 교토를 탈출한 사와(澤)라는 구게가 명목상의 지도자인 과격파 집단이 있었고, 이들의 목적은 조정의 직할지를 만드는 것이었다. 이 집단을 실질적으로 지휘한 인물은 노련한 근왕파 선동가였던 히라노 구니오미(平野國臣)였다. 이들의 계획은 이 일대의 고시들을 불러 모아 수천 명의 농민군을 동원하는 것이었다. 덴추구미의 실패가 명백해지자 구니오미는 봉기를 중단하려 했지만, 그 의도는 실현되지 못했다. 야마토 지역의 경우와 마찬가지로 막부의 다이칸쇼는 점거당했고, 이러한 봉기가 일어난 다음 흔히 볼 수 있는 것처럼, 인근 지역에 거주하는 주민들에게 정적 비난과 주민에 대한 공약을 내놓는 포고가 내려졌다.

214

이때 내려진 포고문은, 해당 지역은 천황의 직할령이 될 것이며 향후 3년간 조세는 반감될 것이라는 내용을 담고 있었다. 하지만 야마토의 나카야마 다다미쓰와는 달리 히메지(姬路)에서 막부의 병력이 접근해 오자 '총대장' 사와는 도주해 버렸으며, 지도자에게 불만을 갖게 된 농민들은 막부 측 사무라이와 싸우는 대신 봉기를 주도한 자들에게 창끝을 돌렸다. 이쿠노에서 일어난 봉기는 이처럼 졸렬한 결과로 끝나 버렸다. ▪62

근왕주의자들의 무력행사 중에서도 가장 중요한 사건이 교토에서 일어났다. 교토에서 경쟁 관계에 있던 사쓰마 번에 조정에 대한 입지를 빼앗겼던 조슈 번이 이를 회복하고자 사건을 일으켰다. 막부와 아이즈 번에 대한 반감은 사쓰마군의 개입에 대한 분노에 묻혀 버렸다. 1863년 후반 조슈 번 당국은 모든 가신들에게 보낸 문서에서 여전히 막부에 대한 충성을 강조했지만, 아이즈 번과 사쓰마 번은 번의 적이라고 지적했다. 1864년 2월 1일, 사쓰마 번 선박 한 척이 시모노세키 해협에서 포격을 개시했다. 얼마 뒤 벳푸(別府) 만에서는 사쓰마 번 선박이 조슈 번 사람들에 의해 불탔다. 1864년 7월 8일 막부의 낭인 부대인 신센구미가 교토의 이케다야(池田屋) 여관에서 조슈와 도사 번 지사들을 습격했을 때, 조슈 번의 분노와 적개심은 절정에 달했다. 정변 모의의 보고를 접수한 막부 측은 일이 더 커지기 전에 이를 진압하기로 결정하고 이케다야에서 모의 중인 지사들을 포위한 다음 습격했다. 이에 7명 사망, 4명 부상, 20명 체포라는 피해가 일어났다. 이 소식이 조슈 번에 전해지자, 번에서는 배편으로 오사카에 군사들을 파견했다. 여러 개 부대로 편성된 조슈 번 군사들은 별다른 어려움 없이 교토에 진입했고, 이 사실은 막부의 군사적 우위가 상실되었음을 보여 주는 결정적인 단서라고 할 수 있다. 막부의 허가 없이 한때 금단의 구역이었던 수도에 군사를 보낸 행위는 그것만으로도 자동적으로 반란 행위로 규정되었지만, 이러한 위기와 공포의 시대 상황에서는 그것마저 의미를 상실하고 말았다.

8월 12일 사쿠마 쇼잔(佐久間山)이 구마모토(熊本)의 반외세주의자에게 살해당하면서 교토의 긴장 상태는 폭발해 버렸다. 위대한 서구화론자였던 그는 서양식 안장과 마구를 찬 말을 타고 가던 길에 살해당했다. 일주일 후 조슈 번 군사들이 황궁의 여러 출입문을 목표로 공세를 취함으로써, 이 옛 수도는 처절한 전장으로 변해 버렸다. 분쟁의 중심지가 된 하마구리몬(蛤門)에서는 승패를 예상하기 어려운 각축전이 벌어지기도 했지만, 결국 막부와 아이즈 번, 사쓰마 번 연합군이 승리를 거두었다. 구사카 겐스이(久坂玄瑞)를 비롯한 다수의 근왕파 유력 지도자들, 그리고 마키 이즈미(眞木和泉) 등의 동조자들도 목숨을 잃었다. 조슈 번 군사들과 함께 있던 나카오카 신타로는 부상을 입었다. 승리를 거둔 막부 측은 이어서 투옥되어 있던 이쿠노, 야마토 봉기 관련자들을 처형했다.

그 직후 미토 번에서는 근왕파와 보수파 간의 해묵은 갈등과 적개심이 내전으로 변했다. 이 내전에서 보수파가 승리했지만, 이로 말미암아 리더십과 재원이 고갈된 미토 번은 두 번 다시 국정의 무대에 주역으로 나설 수 없었다. ■63

이러한 배경을 토대로 도사 근왕주의자들이 번내에서 맞이하는 파국적 결말을 추적하는 일은 시사하는 바가 크다. 1862년 연금에서 풀려난 야마우치 요도의 귀환으로 그들은 어떤 방식으로든 행동의 자유에 대한 대가를 치러야 했다. 하지만 요도 역시 완전히 자기 의사대로만 정치를 할 수는 없었으며, 다른 여러 다이묘와 마찬가지로 가신들이나 교토 방면의 목소리에도 귀를 기울여야만 했다. 그러나 그는 동료 다이묘들과는 달리 그러한 일을 아주 절묘하게, 그리고 자신의 자문단과 정치적 입지를 유지할 수 있을 정도로 일을 처리해 낼 수 있는 인물이기도 했다. 요도를 높이 평가한 영국인 통역관 미트퍼드(Mitford)는 다음과 같은 기록을 남겼다. "그는 내단히 높은 식견과 넓은 안목을 가진 남자였다. …… 어지간히 뛰어난 사람들에게서조차 찾아보기 어려운 불가사의한 매력의 소유자인 그는 동료 다이묘들 사이에서도 영향력이 큰 인물이었다."[64] 그의 영향력은 하급자들에게 더욱 강하게 발휘되었으며, 그는 이러한 장점을 그들의 계획을 파악하는 데 활용했다. 마쓰다이라 슌가쿠가 그랬던 것처럼, 요도는 '여론'을 파악할 목적으로 낭인이나 지사들과도 접촉했다. 이 당시 아직 대중매체가 등장하지 않았다는 사실을 감안해 보면, 검에 살고 검에 죽는 자들과의 접촉을 통해 정보를 얻는다는 것은 매우 기민한 방책이었다. 요도는 그들이 추진하고 있는 계획을 털어놓도록 회유하고 부추겼으며, 때로는 술을 대접하기도 했다. 애주가였던 그는 이로써 지사들과 쉽게 가까워졌으며, 지사들은 번주에 대한 깊은 존경심을 지닌 채 술자리를 떠날 수 있었다.[65]

근왕주의자들은 오랫동안 야마우치 요도가 자기들 편이라는 확신을 가지고 있었다. 그는 일본의 개국 통상 조약을 승인한 다이로에게 처벌을 받았으며, 그런 만큼 그가 그런 조약에 반대했을 것이라고 추론하는 것은 당연한 일이었다. 더욱이 가장 최근에는 그가 외국인을 추방하라는 산조-아네코지 사절단의 요구 사항을 막부에 수락하라고 권고한 바 있었다. 그들은 젊은 다이묘 야마우치 도요노리(山內豊範)가 근왕파 운동의 유용한 간판이 될 것이라 확신했으며, 근간에 조슈 번주의 딸과의 혼인은 근왕 운동에서 도사 번의 입지를 굳건히 유지시켜 줄 것이라고 기대했다.[66] 하지만 아직 나이가 어렸던 도요노리는 요도만큼의 리더십을 발휘하지 못했다. 한편 도사 번 근왕주의자들은 자신들의 입지를 조슈 번 동지들과 대등하게 만들어 줄 수 있는 강력한 지도자를 원했다. 그들은 이 어린 번주를 제거할지 아니면 무시할지에 대해서도 뚜렷한 대안을 내지 못하고 있었다.

따라서 근왕주의자들은 요도가 교토로 귀환하기를 열망했고, 궁정의 동지들과 공모해서 요도가 1862년 가을 조정으로 소환되도록 했다. 이 소환 명령은 요도가 에도에서 영향력을 막 회복하려던 무렵에 내려졌고, 그가 산조-아네노코지 사절단을 영접하는 데 중요한 역할을 해야 했기에 그의 교토행은 어느 정도 연기될 수 있었다.

한편 1862년 12월에는 고시와 소야 50명으로 이루어진 일단의 집단이 요도를 '보호'한다는 명목으로 에도에 몰려왔는데, 이 사건은 그에게 문젯거리였다. 그는 하급 가신들의 난폭한 행동을 우려하여, 이들이 온다는 소식을 처음 접했을 때 일단 그들을 오사카에 잡아 두기 위한 조치에 착수했다. 이들이 에도에 도착한 후, 요도는 하급 무사들의 위협에 대처할 수 있도록 특별히 상급 무사 50명으로 구성된 부대를 조직할 것을 명했다. 이 신설 부대의 지휘자는 훗날 메이지 유신의 영웅으로 부각되는 동시에 일본 최초로 정당을 창립하는 인물이기도 한 우마마와리(馬廻) 출신의 이타가키 다이스케[板垣退助: 이때에는 이누이 마사다카(乾正形)라고 불렸음]였다. 이타가키 다이스케가 이 충직한 부대를 조직하자, 근왕주의자들은 폭력에 대해서는 폭력으로 맞서야 한다는 확신을 갖게 되었다. ■67 그랬기 때문에 요도는 에도에서, 그리고 훗날 교토와 고치에서 자신의 정치적 계획이 보다 순조롭고 효과적으로 실현될 수 있도록 이러한 계급 관계를 이용했다. 다이스케 자신과 그를 따르는 다수의 상급 무사들은 개인적으로 반외세에 친교토적인 성향을 갖고 있었지만, 기존 질서를 어지럽히고 있는 하급 무사들과는 어울릴 수가 없었다. 더욱이 다이스케는 요시다 도요 밑에서 번정에 관여한 적도 있었다.

야마우치 요도는 50명의 하급 무사들이 저지른 난폭한 행동을 제지하면서, 이들 중 몇몇 중요한 인물과 접촉을 가졌다. 1863년 초 그는 도사 동부의 쇼야 출신인 나카오카 신타로에게 임무를 주어 마쓰히로 번(松代藩)으로 파견하였다. 이때 나카오카 신타로는 서양에 정통한 인물인 사쿠마 쇼잔과 접촉하여 도사 번으로의 임관을 요청하는 임무를 맡았다. 신타로는 조슈 번의 급진파 지도자였던 구사카 겐즈이와 동행했다. 그들은 우선 미토로 향했으며, 짐작건대 여기서 지사들과 접촉했을 것이다. 그런 다음 북쪽으로 방향을 돌려 오늘날 나가노 현(長野縣)에 해당하는 마쓰히로 번에서 이 유명한 학자와 면담을 가졌다. 아마도 겐즈이는 겐즈이대로 사쿠마 쇼잔에게 조슈에서 일해 달라는 요청서를 전달했을 것으로 보인다. 만약 요도도 이러한 사실을 알고 있으면서 이처럼 이상한 절차가 이루어졌다면, 이는 그가 사쿠마 쇼잔의 초빙을 단지 번 내부에서 이루어지고 있는 근왕파 세력의 성장을 견제하기 위한 하나의 장치 정도로 활용하려고 했던 것으로 보아야 할 것이다. 한편으로 이 임무가 나카오카 신타로를 한층 더 성장시킬 계기가 될 것으로 보았을 가능성도 있다. 하지만 사쿠마 쇼잔은 현란한 논리와 학식으로 이 두 사람이 자신을 방문한 목적을 달성하지 못하도록 현혹시켰을 것으로 판단된다. 그는 서양의 힘과 서양 무기의 우수성, 그리고 서양 과학의 본질에 대해서 이야기했다. ■68 서양에 맞서기 위해서는 서양의 기술을 받아들여 활용해야만 한다는 그의 경고에 이 두 근왕주의자는 아무런 이의도 제기할 수 없었다. 사쿠마 쇼잔은 독학으로 네덜란드 어를 익히고 다양한 종류의 과학적 사상을 실험해 왔던 인물인 동시에, 열렬한 국가주의적 사고를 가진 근왕주의자의 한 사람이기도 했다. 이러한 그의 성향은, 특히 쇼잔의 친구인 요시다 쇼인의 제자 구사카 겐즈이에게는 당연하게 여겨질 일이기도 했다. 나카오카 신타로와 구사카 겐즈이는 계속해서 교토로 발길을 옮겨 1863년 2월 26일에 교토에 도착했다. 사쿠마 쇼잔과의 대담 이후 나카오카 신타로의 삶에 구체적으로 어떤 영향을 주었는가에 대해서는 안타깝게도 확실하게 알기 어렵지만, 젊은 도사 번 쇼야에게 서양을 배우는 것의 중요성을 설파한 이 초유의 사건이 어떤 의미를 갖는지를 이해하기란 어렵지 않다. ▪69 신타로와 겐즈이에 대한 사쿠마 쇼잔의 최종적인 영향은 교토에서 일어난 그의 암살을 계기로 1864년 여름 궁문 앞에서 벌어진 조슈 군과 막부 군의 충돌로 나타났다. 이때 겐즈이는 목숨을 잃었고, 신타로는 부상을 입었다.

1863년 2월에 이루어진 야마우치 요도의 교토행은 쇼군의 교토 방문 때 그를 수행했거나 그에 앞서 교토에 도착했던 자들에게 요도의 위세를 제대로 각인시켜 주었다. 요도는 마쓰다이라 슌가쿠와 히토쓰바시 게이키가 주도하는 신막부 정권이 타협안을 실현시키기 위해 노력하고 있는 점을 높이 평가했다. 한편으로 그는 오쿠보 이치오(大久保一翁), 가쓰 린타로(勝麟太郎) 등 비교적 지위가 낮은 막부의 온건파 가신들과도 긴밀한 접촉을 유지했다. 3월 10일 오사카에 도착한 요도는 교토로 떠나기 전 도사 번 사무라이 전원을 대상으로 지시를 내렸다. 여기에 그의 심정이 잘 드러나 있다.

> 한순간이라도 진실된 마음을 잊어서는 안 된다.
> 다른 번 출신자들 앞에서 우리 번의 관리들을 비판해서는 안 된다.
> 불필요한 회합은 삼가라.
> 교토에 번의 군사들을 보내 백성들을 위협하는 일이 없도록 하라. ▪70

요도는 교토에 도착한 후 시마즈 히사미쓰를 비롯한 공무합체론의 지도자들을 만나, 조정을 농단하는 과격 근왕파 세력을 처단할 방안에 대해 논의했다. ▪71

교토에서 요도는 조정과 막부를 한층 효과적으로 중재할 방안을 마련하는 데 역점을 기울였다. 그는 마쓰다이라 슌가쿠를 비롯한 여러 사람들이 이미 구상해 둔 제안들을 염두에 두고 있었다. 요도는 국론 통합을 위해 일종의 다이묘 회의와 같은 장치를 구상해 왔던 것으로 보인다. 하지만 그는 협력을 거부하는 세력이 조정을 장악하고 있으며, 또한 이들은 (9월 30일에 일어난 충돌로 조슈 번이 황궁에서 축출당할 때까지) 조슈 번과 지사들의 의견에 영향을 받고 있었다는 사실을 확인하게 되었다. 양이 정책을 실시할 구체적인 기일이 정해지자, 요도는 자신의 계획이 실패했음을 깨닫고 고치로 귀환했다. 4월 말에 고치 성에 돌아왔는데, 이는 8년 만의 귀환이었다.

야마우치 요도는 공무합체론의 실현을 위해 노력을 기울이던 와중에 교토에 있던 근왕파 지도자들로부터 잇따라 건의서를 받은 적이 있다. 마자키 소로, 히라이 슈지로(平井收二郎), 그리고 특히 주목할 인물인 다케치 즈이잔 등은 번주에게 사태의 절박함, 번주가 행동에 나서야 할 시기적 적절성, 강고한 근왕주의적 태도의 필요성을 설득하려 했다. 이들이 제출한 건의서들은 예외 없이 도사 번정의 개혁을 요구했다. 그 기저에 놓인 기본적 관점은 신분이 아닌 '능력'에 따른 관리의 선발이었다. 특히 다케치 즈이잔은 그들의 열렬한 동조자들 중 일부를 요직에 앉히고 싶어 했다. 그렇게 된다면 번 고위층에 대한 자신들의 영향력이 증가할 것으로 즈이잔 일파가 기대했음은 분명한 사실이다. 또한 이들의 건의서는 도사 번 수뇌부가 직면하고 있던 '대의'에 대해 언급하고 있었으며, 나아가 이와 같은 '인륜과 정의'를 실현할 방도로 사쓰마-조슈-도사 세 번의 동맹 가능성을 끊임없이 제기했다. 다케치 즈이잔이 제출한 건의서에서 살펴볼 수 있듯이, 작은 목표 대신 한층 높은 도의에 초점을 맞추게 된 것 역시, 도사 번정의 방향을 막부의 명령에 따르기보다는 천황의 안위에 보다 충실하도록 하려는 의도에서였다. 여기에는 막부의 요청으로 스미요시(住吉)에 주둔했던 도사 번 군사들을 교토로 이동시킬 수 있다면 교토에 대한 도사 번의 영향력을 증대시킬 수 있다는 주장도 포함되었다. 또한 사치재 구매와 그에 관련된 시설을 폐지함으로써 도사 번의 재원을 확대하고, 이를 통해 군비 확충에도 더욱 내실을 기할 수 있을 것이며, 번에서는 밀입국이나 탈번을 막기 위한 철통같은 번경(藩境) 경비에 역점을 기울이는 대신 일본의 국경을 방위하는 데 관심을 쏟아야 한다고 주장했다. 외세가 국경을 넘어 일본으로 들어오는데, 도사 번 경계만 방위해 본들 무슨 소용인가? 게다가 소수의 낭인들이 초래할 위협이 큰들 얼마나 클 것인가? 이들의 논리는 고결한 근왕주의적 입장을 받아들이고, 탈번의 위협에 대처하는 방안을 고심하는 것보다는 낭인들에게 피난처를 제공하는 것이 가져다줄 이점에 초점이 맞추어져 있었다. ▪72

야마우치 요도는 교토를 떠나기 전 다케치 즈이잔의 측근인 마자키 소로, 히로세 겐타(弘瀬健太), 히라이 슈지로 세 사람을 도사로 보내 번의 관리로 임용받게 함으로써 이들의 건의에 화답했다. 이 세 사람은 자신들이 제안한 개혁을 실행하는 데 중대한 도움을 줄 수 있는 요직에 임명되리라고 기대하면서 기쁜 마음으로 번에 귀환했다. 그들은 도사로 귀환하면서, 고위 구게가 전 도사 번주 야마우치 도요스케 앞으로 보낸 명령서도 함께 가져왔다. 이 문서는 자신들이 원하는 형태의 인사 개혁을 지지하는 내용이었다. 하지만 그들은 도사에 도착하고 나서 고야기(小八木)라는 인물을 주축으로 하는 보수파가 여전히 번정을 장악하고 있다는 현실을 깨닫고는 실망감에 휩싸였다. 이 세 근왕주의자들은 자신들이 새로운 권력의 무대에 서게 된 것이 아니라 오히려 번정의 핵심에서 이전보다 더 멀어졌다는 사실을 깨닫게 되었다.

교토에 남은 지사들의 사정 또한 별반 나아진 것이 없었다. 고치에 머물렀던 수개월 동안 온갖 좌절을 맛본 뒤 교토로 귀환한 마자키 소로는 히라이 슈지로가 구게의 명령서를 빼돌렸다는 이유로 기소당했다는 소식을 접했다. 두 사람은 자신들의 죄상을 자백한 다음, 요도의 자비를 기다렸다. 정황이 불리하게 돌아감에도 불구하고 다케치 즈이잔은 자신의 계획과 이상을 요도에게 설득하는 일을 계속해 나갔다. 5월 2일이 되어 즈이잔은 교토의 도사 번사를 관리하는 직책에 임명되었다. 새 임무를 맡으면서 그는 동지들과 접촉하거나 밀담을 나눌 수 없게 되었다. 이로 말미암아 도사 근왕파는 자유롭게 책략을 도모할 힘을 상실하고 말았다. ■73

지사들은 이제 요도를 믿고 따른 것이 과오였다는 사실을 깨닫기 시작했다. 폭력의 위협은 다시 한 번 교토의 평화를 위협했고, 몹시 날카로워진 이타가키 다이스케 휘하의 상급 무사들은 50명 하급 무사 집단의 위협을 잠재우기 위해 그들을 박멸할 것을 고려하기 시작했다. 하지만 다케치 즈이잔과 이타가키 다이스케가 대담을 나눈 결과 두 집단은 서로의 진심을 이해하게 되었고, 예정되었던 결투도 취소되었다. ■74

1863년 5월 하순, 야마우치 요도가 교토에서 고치로 귀환한다는 결정을 내렸을 때에도 도사의 근왕주의자들은 아직 길이 있다는 희망을 버리지 않았다. 자청해서 요도를 수행한 그들은 고향에서 번정에 영향력을 행사할 수 있기를 바라고 있었다. 요도의 호감을 산 나카오카 신타로는 번주 수행을 위해 메쓰케(目付)로 승진하기까지 했다. 이들은 일단 고치에 귀환하기만 하면 번에서 양이를 축출하라는 황실의 명을 받들 것으로 믿고 있었다. 도사 번이 전쟁의 최선봉에 서지는 못하더라도, 일단 다른 번에서 양이와의 전쟁에 포문을 열면 도사 또한 여기에 동참하리라는 판단이었다. 하지만 이들의 판단은 결국 잘못된 것이었다. 야마우치 요도는 시모노세키 해협에서 조슈 번이 일으킨 성급한 행동에 찬동하지 않았으며, 조슈 번을 지원하려는 자들에 대해서도 단호히 반대 입장을 취했다. ■75 일본 전역에서 양이 전쟁은 일어나지 않았다.

그 대신에 요도는 1년 전 일어난 요시다 도요 암살 사건의 수사에 착수했다. 지사들이 용의선상에 오르는 것은 피할 수 없는 일이었다. 이를 미리 내다본 일부 지사들은 탈번하여 교토의 조슈 번 출신 동지들과 합류했다. 다케치 즈이잔도 일찍이 조슈 번의 동지로부터 탈번을 권유받았지만 이를 거절했다. 고치 성에서 즈이잔은 요도와 여러 차례 대담을 나누었고, 그는 능력 있는 관리의 임용과 근본적인 개혁을 부단히 요구하였다. 그가 제출한 건의서에는 다음과 같은 내용이 언급되어 있었다. "비상시에는 비상한 능력을 가진 인재가 필요하옵니다." 번과 조국이 위기에 처한 만큼 구습을 철폐하고 새로운 제도를 세울 필요성이 매우 절박하다는 것이었다. ▪76

야마우치 요도는 몇 주 동안 즈이잔의 의견에 찬동을 표했지만, '능력'에 대한 두 사람의 견해는 서로 달랐다. 요도는 자신이 행동에 나서도 문제가 되지 않을 정도로 번의 여론이 진정되었다는 판단이 들자, 즉각 번 지도부에 새 인물을 앉히는 작업을 시작했다. 새로 임명된 관리들의 대부분은 과거 요시다 도요의 측근 출신이었다. 이러한 시도를 통해 요도는 근왕파를 제압할 채비를 갖추어 나갔다. 첫 번째 희생양은 마자키 소로, 히라이 슈지로(그는 이미 고치에 압송되어 온 터였다), 히로세 겐타였다. 그들은 전 번주 야마우치 도요스케에게 보낸 명령서를 빼돌렸다는 죄목을 받았다. 요도는 문제의 교토 구게로부터 이 사실을 전해 들었으며, 이 세 사람은 7월이 되어 할복을 명받았다. 이 하급 무사 출신의 지사들은 마지막까지 그들의 계급적 지위를 의식했고, 그들의 봉건적·도덕적 가치를 보여 줄 수 있기를 갈망했다. 그들은 죄인 신분으로 처형되는 대신 명예롭게 생을 마감할 수 있도록 허용받은 것을 감사히 여겼고, 자신들의 명성이 존중받을 수 있도록 평온하고 품위 있는 죽음의 의식을 행하고자 했다. 이는 독자들의 호기심을 돋우는 일화인 동시에, 당시 일본의 지배 계층에 뿌리 깊게 자리 잡고 있던 봉건적 가치관의 힘을 선명하게 각인시켜 주는 사례라고 하겠다. 이런 시기에 활동가 지사들은 찬란하고 새로운 세상을 위해서가 아니라 옛 질서를 회복하기 위한 혁명을 꾀했던 사람들로 여겨진다. ▪77

1863년 9월 30일에 일어난 정변의 결과, 조슈 번 군사들은 친분이 있던 근왕파 구게들과 함께 교토에서 쫓겨났다. 이는 요도가 도사 근왕파 지도부를 쳐야 할 때가 왔다고 인식하게 된 계기가 되었다. 향후 조정에서 근왕파가 주도권을 잡을 가능성은 거의 없어졌고, 폭력적이고 반항적인 근왕주의자들이 조만간 번을 위협할 것에 대비해 그들을 처단하는 것도 가능한 상황이었다. 교토에서 정변이 일어난 지 3일 후, 다케치 즈이잔을 비롯한 번에 남아 있던 도사 근왕당 지도부는 체포되었다. 이때 나카오카 신타로를 비롯한 다수의 지사들은 탈번했다. 신타로는 조슈 번의 미타지리(三田尻)로 도주했으며, 이후 3년간 조슈 번 군사 지도자 집단의 일원으로 활동하게 된다.

다케치 즈이잔을 체포한 데 이어, 장기간에 걸쳐 그의 초창기 활동의 수사가 이루어졌다. 그를 요시다 도요 암살에 연루시키기 위한 많은 시도가 있었지만 결국 성공하지 못했다. 그 대신에 즈이잔은 교토에서 젊은 번주의 이름을 도용해 상소를 올린 죄로 문초를 당하기 시작했다. 1865년 여름, 오랜 기간을 끌어 온 취조 끝에 다케치 즈이잔 또한 할복을 명받았다. ▪78

도사 번에서는 즈이잔을 감옥에서 빼내기 위한 봉기에 관해 수많은 이야기들이 오갔다. 고시와 쇼야 출신의 근왕주의자들은 여러 차례에 걸친 회합을 통해 대규모 봉기가 일어나면 간수들 손에 있는 즈이잔의 목숨이 단축될 우려가 있어서 봉기 안에 대해서는 반대의 뜻을 정했다. 하지만 도사 동부에서는 23명의 근왕주의자들로 구성된 한 집단이 1864년 10월 즈이잔에 대한 번의 조치에 불만을 나타내는 집회를 감행했다. 그들은 비통한 심정을 강조한 성명서를 준비하고 집단적 시위를 행동에 옮겼다. 그들은 실력을 동반한 보복이 이루어질 가능성은 거의 없을 것으로 예측했고, 필요할 때에는 번 경계를 넘어 아와 번(阿波藩)으로 도주한다는 계획을 세워 두었다. 하지만 그들의 판단은 오판이었다. 그들은 번 군사들의 공격을 받았고, 관문에서는 그들이 아와 번으로 달아나지 못하도록 차단했다. 결과적으로 이 시위에 참여한 자들은 도중에 목숨을 잃거나, 체포된 뒤에 처형되고 말았다. ■79

조슈 번에 있던 나카오카 신타로에게서 자중하라는 경고를 담은 서신이 도착했다. 그는 1864년 여름 조슈 번의 교토 공략 당시에 부상을 입은 적이 있으며, 초기 도사 번 근왕파의 저항 운동에 전력을 기울였던 인물이기도 했다. 그에 따르면, 지금은 무언가를 해낼 수 있는 시기가 아니며, 인내심을 갖고 기다리면서 미래를 구상해야 할 때라는 것이었다. ■80

근왕파의 시대에는 수많은 사람들의 목숨이 희생되었다. 다양한 신념과 계급을 가진 사람들, 예컨대 에도 시대 도사 번에서 가장 추진력 있는 양대 축이라고 할 수 있던 다케치 즈이잔과 요시다 도요와 같은 인물들이 쓰러져 갔다. 하지만 이러한 폭력적 행태는 완전히 무익하게 끝나지는 않았다. 젊은 과격파는 조직적이지 못한 행동과 준비되지 않은 거사가 얼마나 어리석었던가를 깨달았으며, 이는 그들을 더욱 노련한 정치가로 성장시킨 계기가 되기도 했다. 조슈와 사쓰마가 외국의 포함(砲艦)*21으로부터 얻은 경험은 서양의 군비에 대해서 한층 건전한 인식을 갖게 해 주었다. 사실 이 이후의 양이론은 개인에 의해 열렬하게 주창된 점도 있으나, 막부 탄핵의 수단으로서 활용되었다고 볼 수 있다.

지사와 낭인들이 방약무인하게 행동하기는 했지만, 이를 근거로 일본의 법규와 질서가 완전히 붕괴되었다고 결론지어서는 곤란하다. 난폭한 무법 행위가 교토에서 횡행할 수 있었던 까닭은 어디까지나 조슈 번의 군사력이 에도 막부의 경찰력을 일시적으로나마 마비시킬 수 있었기 때문이다. 개개

226

인의 대담무쌍한 행동과 테러 행위는 위협적이기는 했지만, 이러한 행동을 함에 있어 전통적인 정치력과 행정력을 가진 자들까지 부정하지는 못했다. 저항의 수단으로 낭인의 길을 선택한 가신들도 적지는 않았지만, 다케치 즈이잔, 마자키 소로, 히로세 겐타처럼 처벌과 죽음의 위험을 감수하고 탈번을 거부한 사례도 많았다. 다케치 즈이잔이 할복 명령에 따른 것은 나가이 우타의 사례와 더불어 전통적인 가치와 지배력이 가졌던 힘을 보여 주는 일화라고 하겠다.

야마우치 요도는 이러한 전통적인 충성심과 복종의 관념을 교묘하게 이용함으로써, 도사 번을 과거 요시다 도요가 구축해 놓은 노선으로 회귀하도록 만든 것이었다. 요도의 능력과 권위, 그리고 그에 대한 가신들의 존경심은 이후에도 여전히 중요한 요소로 작용하게 된다.

그러나 무사 계급 내에서 첨예한 대립이 불거져 나온 것은 마찬가지로 놀라운 일이었다. 도사의 정치 무대에서 근왕론과 신중론이라는 입장 차이는 계급적 지위에 많은 영향을 받은 것이기 때문에, 훗날 몇몇 사람들은 도사 번에서의 유신 운동을 계급 간의 투쟁으로 설명하기도 했다. 사사키 다카유키와 다나카 고켄의 회고록은 이러한 견해를 뒷받침하는 중요한 사료라고 할 수 있다. 1864년 무렵에는 상급 무사와 하급 근왕파 무사 사이에 일촉즉발의 첨예한 적개심이 형성되어 있었다. 이타가키 다이스케와 같은 상급 무사들은 근왕파를 통제할 수 있게 된 후에야 근왕주의와 존왕양이론를 지지할 수 있는 기회를 갖게 되었다.

농촌 사회를 지배하던 계급(쇼야, 촌장, 고시)과 조카마치의 위정자 계급 간에 깊은 대립의 골이 패어 있었음을 보여 주는 증거들은 고시와 하급 무사들이 가졌던 불만 이상으로 주목할 가치가 크다. 도사 번 농촌 사회에서 근왕파가 가졌던 영향력은 요시다 도요의 개혁에 수반되었던 중앙 집권적 정책에 대한 반발과 직결된 것이었다. 교토 인근 지역에서의 근왕파 봉기는 농민들에게 영향력을 행사하여 그들을 동원할 수 있는 촌장과 고시들의 역량을 전제로 한 것이었다. 하지만 실제로 실패한 여러 사례와 그와 관련된 위험으로 판단하건대, 그들의 영향력은 제한적이었고 견고하지 못했다. 여러 저술가들의 사례에서 볼 수 있듯이, 이러한 개별 사례들로부터 국가적 위기를 추론한 사례는 굉장히 많다. 하지만 일본의 계급 간 관계에 관한 여러 중요한 분야들이 심각한 불만과 불안에 의해 특징지어졌다는 사실에는 의심할 여지가 없으며, 그 결과 빚어진 사회적 불안은 다른 나라에서 혁명적 변혁기를 규정짓는 그것과도 상당 부분 비교될 수 있다. 이러한 사회 불안은 고뇌에 빠진 천황 운운하는 이야기의 배경이며, 봉건 지도자들에게는 외세에 따른 위기를 더욱 어렵고 위험한 일로 만들었다.

하지만 근왕파 시대에 일어난 정치적 투쟁과 폭력에 초점을 맞추다 보면, 근왕주의자들의 관념적 세계가 동시대인들과 차별화되었던 정도를 과장해서 이해하는 위험에 빠질 수 있다. 극소수의 선동가들을 제외한 지사들 대부분은, 그들이 살아가던 사회의 기본적인 성격에 의문을 제기하거나 거부할 준비가 되어 있지 않았다. 당시의 여러 집단 상호 간에는 광범위한 영역에 걸쳐 합의가 이루어졌음을 잊어서는 안 된다. 지사들은 권력의 핵심에 접근하면 접근할수록, 그들이 살해했던 요시다 도요 일파의 노선과 정책을 더욱 폭넓게 채용했다. 사사키 다카유키의 회고록 등에서 살펴볼 수 있듯이, 상급 무사들이 애초부터 근왕파를 전면적으로 지지하지 않은 것은 하급 무사들과의 관계와도 무관하지 않았다고 훗날 회고하게 된다. 우리가 여기서 '근왕파'로 칭한 입장(외세에 철저히 반대하는 한편, 천황에게는 최대의 권한을 부여 것을 주장)은 당시에도 유동적이었으며, 어떤 경험을 하느냐와 어떤 권한을 부여받느냐에 따라서 변화될 수 있었다. 광범위하게 지지를 받는 강령이 추진되기 이전에 유연하고 이성적인 시각이 요구되었고, 이런 것이 현실화되는 과정을 이해하기 위해서는 사카모토 료마의 행적에 눈을 돌려야만 한다.

|미주|

1. 근왕주의자들의 사상에 대한 내용은 다음 문헌들에 간략히 수록되어 있다. Herschel F. Webb, "The Mito Theory of the State", Research in the Social Science on Japan, *Columbia UniversityJohn East Asian Institute Studies*, no. 4, ed., Jone E. Lane(New York, 1957), pp.33-52; W. Theodore deBary, ed., *Sources of the Japanese Tradition*(New York, 1958), pp.371ff.

2. 佐々木高行, 『勤王秘史: 佐々木老侯昔日談』, pp.243-248.

3. Bertram D. Wolfe, *Three Who Made a Revolution*(Boston, 1995), p.374.

4. 다음 문헌은 악명 높은 자객이기도 했던 오카다 이조에 대한 간략한 정보를 수록하고 있다. 寺石正路, 『土佐偉人傳』(高知, 1914), pp.328-331.

5. 하지만 다나카 고켄은 요시다 도요 암살 이후 관헌의 통제가 더욱 강화된 시기에 탈번했다는 사실 역시 주목할 필요가 있다. 熊澤一衞, 『青山餘影: 田中光顯伯小傳』(東京, 1924), pp.110-113.

6. 이 내용은 다나카 고켄이 건립한 도서관인 青山文庫에 소장된, 따로 출판되지 않은 편지에 언급되어 있다.

7. 이들 사쓰마 번 사무라이들의 계획은 다음 문헌에 수록되어 있다. 維新史料編纂事務局(刊), 『維新史』, II, pp.663-730.

8. 원문은 다음 문헌에 수록되어 있음. 『維新史』, II, pp.731-738.

9. 瑞山会(編), 『維新土佐勤王史』, p.61.

10. 이에 대한 내용은 특히 다음 문헌에 상세하게 수록되어 있음. 佐々木高行, 『勤王秘史: 佐々木老侯昔日談』, pp.120-121.

11. 瑞山会(編), 『維新土佐勤王史』, p.62.

12. 사사키 다카유키의 기록에 따르면, 에도에 다녀오는 먼 여행길에서 무사히 돌아올 수 있을지의 여부조차 확신하는 사람이 없었다고 한다. 관습에 따라 그는 문밖에 작은 돌을 놓아두었다. 예순 보쯤 걸어 나갔을 즈음, 모과를 매단 국자를 든 하인이 "어르신! 어르신!" 하며 그를 불렀다. 그가 떠난 후 하인이 들고 나갔던 국자와 모과는 신성한 물품으로 집안의 사당에 모셔졌으며, 그가 문밖에 놓아둔 작은 돌은 그의 무사 귀환을 염원하는 가족들이 매일같이 정성스럽게 물로 씻었다. 그가 에도에 무사히 도착했다는 서신이 전해지자, 가족들은 그가 에도를 떠나 집으로 돌아오는 여정에 다시 한 번 쓰기 위해 돌을 잘 밀봉해 두었다. 그가 자리를 비운 동안에도 가족들은 그의 빈 밥상을 차렸다. 검소한 성격을 가졌던 아내는 그의 빈 밥상에 날마다 마른 생선 대가리를 올렸다.

13. 佐々木高行, 『勤王秘史: 佐々木老侯昔日談』, pp.120-127.

14. 히지카와 히사모토[土方久元, 1833-1918: 도사 번 출신의 무사로 메이지 유신에 가담했으며, 후일 백작 작위를 수여받음—역주]의 전기를 살펴보면, 야마우치 요도의 강요된 은거 소식에 분개하여 운집한 도사 번의 젊은 무사들이 보여 준 고결한 기개에 대한 그 자신의 회

고가 수록되어 있다. 또한 여기에는 그처럼 오직 조국 일본의 앞날만을 생각하는 젊고 유능한 다이묘를 질병을 구실로 은거시킨 것이 얼마나 어리석은 일이었는가를 언급한 부분도 나타나 있다. 菴原鋤次郎, 木村知治, 『土方伯』(東京, 1914), pp.20-21.

15. 平尾道雄, 『武市瑞山と土佐勤王党』, pp.29f.

16. 조슈의 정세에 대해서는 다음 문헌들을 참고할 것. Albert Craig, "The Restoration Movement in Choshu", *Journal of Asian Studies*, ⅩⅧ, 2(February 1959), pp.187-197; Sidney Devere Brown, "Kido Takayoshi and the Meiji Restoration: A Political Biography 1835-1877" (Univ. of Wisconsin doctoral dissertation, 1952).

17. 日本史籍協會(編), 『武市瑞山關係文書』, Ⅰ, 53(東京, 1916).

18. 平尾道雄, 『武市瑞山と土佐勤王党』, p.34

19. 『武市瑞山關係文書』, Ⅰ, 36-53.

20. 이 때문에 야마우치 요도는 1863년 다케치 즈이잔이 도사 근왕당원들의 연판장이 담긴 서약서를 제출했을 때, 다음과 같은 반응을 보였던 것이다. 그는 즈이잔에게 말을 건넸다. "한페이타, 술 한잔 하겠나? 내가 자네에게 한잔 따르겠네." 잠시 후 그는 하던 이야기를 이어갔다. "자네의 생각은 훌륭하다네. 하지만 도당을 결성하는 것은 옳지 못한 일이네. 그 연판장, 태워 버리게." 平尾道雄, 『容堂公記傳』, pp.126-127.

21. 佐々木高行, 『勤王秘史: 佐々木老侯昔日談』, p.145.

22. 『勤王秘史: 佐々木老侯昔日談』, pp.352, 393.

23. 池田敬正, "土佐藩における安政改革と其の反對派", 『歷史學研究』, 205(東京, 1957), p.27.

24. 이에 대해서는 池田敬正가 잘 정리해 둔 바 있다.

25. 瑞山会(編), 『維新土佐勤王史』, pp.68-74.

26. 『維新土佐勤王史』, pp.76f.; 平尾道雄, 『武市瑞山と土佐勤王党』, p.42.

27. 요시다 도요와 다케치 즈이잔의 대담은 다음 문헌에 언급되어 있다. 平尾道雄, 『武市瑞山と土佐勤王党』, pp.56f; 『維新土佐勤王史』, pp.86-87. 한편 구게들의 정치적 잠재력을 무시했다는 점에서 요시다 도요는 야마우치 요도와도 공통분모를 가진다고 할 수 있다. 요시다 도요 휘하에서 처음으로 공직 생활을 시작한 이타가키 다이스케는 훗날 다음과 같이 회고했다. "당시 나는 구게에 대해 잘 알지 못했고, 그들을 맹목적으로 믿고 있었다. 하지만 지금 돌이켜 보면 그들 중 대부분은 생각이 얕고 어리석었다. 지혜롭고 명석했던 야마우치 요도는 이들을 그저 어린애처럼 여겼으리라." Hiraga, 『板垣退助傳』, p.147에서 인용.

28. 이 시기 조슈 번의 정세에 대해서는 다음 문헌을 참조할 것. 『維新史』, Ⅲ, 7ff.

29. 『武市瑞山關係文書』, Ⅰ, 60.

30. 『維新土佐勤王史』, pp.101ff.

31. 사사키 다카유키와 같은 상급 무사들의 회고와 다나카 고켄 같은 하급 무사들의 기록을 살펴보면, 이들 집단의 갈등은 1850년대 후반에서 1860년대에 걸쳐 심화되었다. 이는 이 시기의 정치적 변동에 따른 사회적 긴장의 고조에 연원을 둔다고 볼 수 있다. 사카모토 료마 또

한 이러한 분쟁에 연루된 적이 있다. 佐々木高行, 『勤王秘史: 勤王秘史佐々木老侯昔日談』, pp.131-138.

32. 岩崎英重(編), 『坂本龍馬關係文書』, pp.59-60.

33. 『坂本龍馬關係文書』, n. 6.

34. 요시다 도요의 이러한 선택은, 그의 정적들이 강조했던 바와는 달리 실상 그가 맹목적인 친막부 인사가 아니었음을 보여 주는 증거라고도 할 수 있다.

35. 시라이시 세이이치로(白石正一郎)라는 이름의 그 상인은 이후 정계에서 중요한 역할을 하게 된다. 그의 일기는 다음 문헌에 수록되어 있다. 岩崎英重(編), 『維新日乘纂輯』, 1(東京, 1925), pp.1-146.

36. 원문은 다음 문헌에 수록되어 있다. 佐川町, 『青山文庫』. 그리고 이는 다음 문헌에도 인용되었다. 『維新土佐勤王史』, p.116. 도요 암살에 참여한 자객들은 오사카를 경유하여 교토로 향했고, 거기서 도사 근왕당의 동조자들과 접선했다. 그들은 구사카 겐즈이와 그 휘하의 조슈 번 지사들을 통해 교토에서 은신처를 제공받았다. 그리고 과격파들을 분쇄했다고 믿은 시마즈 히사미쓰가 에도로 떠난 다음에는 사쓰마 번에서 제공한 은신처에 기거하게 되었다. 이들의 행보에 대해서는 다음 문헌을 참조할 것. 『維新土佐勤王史』, pp.136-141.

37. 원문 및 이에 대해 요약한 기술은 각각 다음 문헌들을 참조할 것. 『維新土佐勤王史』, p.118; 平尾道雄, 『武市瑞山と土佐勤王党』, p.78.

38. 다음 문헌에는 요시다 도요의 죽음에 대한 조소적인 반응이 언급되어 있다. 平尾道雄, 『武市瑞山と土佐勤王党』, pp.80-82. 야마우치 도요타카는 요도의 동생으로, 야마우치 도요아키의 17남이었다.

39. 佐々木高行, 『勤王秘史: 勤王秘史佐々木老侯昔日談』, pp.182-183.

40. 平尾道雄, 『武市瑞山と土佐勤王党』, pp.100-103.

41. 다음 문헌들에 따르면, 에도에 입성한 이후 도요노리를 수행한 인물만 500명에 달했다. 『武市瑞山と土佐勤王党』, p.105; 『勤王秘史: 勤王秘史佐々木老侯昔日談』, p.184; 『維新史』, Ⅲ, 233-234. 尾佐竹猛, 『明治維新』, Ⅰ(東京, 1947), 288.

42. 긴 국토를 종단하여 이루어진 장대한 다이묘의 상경 행렬은 각종 전염병이 유행하는 원인이 되기도 했다. 에도 말기 일본에서는 산킨고타이 행렬이 이루어지던 경로를 따라 천연두가 창궐하기도 했다.

43. 이러는 동안 근왕파의 자객들은 요시다 도요 밑에서 요코메(橫目: 원뜻은 '곁눈질'이라는 뜻으로, 여기서는 수사관을 의미함)를 맡았던 이노우에 사시로를 암살할 수 있었다. 그는 도요 암살 수사를 효율적으로 진행시켜 근왕파의 두려움을 사고 있던 터였다. 平尾道雄, 『武市瑞山と土佐勤王党』, p.110.

44. "짐은 오사카 경비를 맡은 마쓰다이라 도사노카미 그대가 이제 막 후시미를 지나갔다는 소식을 들었노라. 이에 그대에게 교토에 머무르며 외세의 침략으로부터 황성을 방비할 것을 명하는 바이니라." 『維新土佐勤王史』, pp.156-157.

45. Beasley, *Select Documents*, pp.198-206.

46. 『維新史』, Ⅲ, 7-40.

47. 나가사키에서 약학 교수로 일하던 네덜란드 인 폼페 판 메이르데르보르트(Pompe van Meerdervoort)는 이 사건이 불러온 파장에 대해 다음과 같이 회고했다. "1862년 12월 31일 귀국하기 위해 헤이그 역에서 기차에 올랐을 때, 나는 우연히 리처드슨의 백부와 마주치게 되었다. 내 기억이 맞다면 그는 로이드 은행의 전문가로 선박을 점검하기 위해 텍셀(Texel: 네덜란드의 섬, 또는 그 섬에 있는 도시-역주)로 향하는 중이었다. 우리는 서로 교분을 쌓게 되었는데, 그는 내게 일본에서 일어난 자기 조카가 관련된 사건에 대해 물었다. 내가 그에게 앞서 언급한 내용을 모두 들려주자, 이 겸손한 은발의 노신사는 다음과 같이 대답했다. '찰스(사망한 리처드슨을 가리킴-역주)는 늘 걱정스러우리만치 고집스럽고 난폭했지. 나는 그 녀석을 만날 때마다 언젠가 이런 일이 일어날 것이라고 했다네. 그 녀석도 오죽 별났으니, 우리 나라를 떠나야 했던 게지.'" *Vijf Jaren in Japan*(1857-1863), Ⅱ (Leiden, 1868), 143.

48. 이와쿠라 도모미는 급진파 근왕주의자들의 '처단'에 대한 지속적인 위협과 압박을 받고 있었다. 그의 은둔에 대한 보다 상세한 내용은 다음 문헌을 참조할 것. 德富猪一郎, 『岩倉具視公』(東京, 1932), pp.98-104.

49. 다나카 고켄은 산조 사네토미가 조슈로 피난했을 때 그를 직접 보좌한 집단의 일원이기도 했다.

50. 『武市瑞山關係文書』, Ⅰ, 109f.

51. 『維新土佐勤王史』, pp.189f; 『武市瑞山關係文書』, Ⅰ, 138.

52. 『維新土佐勤王史』, pp.220-225.

53. 尾崎卓爾, 『中岡慎太郎』, pp.19f; 平尾道雄, 『陸援隊始末記』, pp.6-9; 『陸援隊始末記』, pp.19-25.

54. 이 맹세는 충성, 용기, 주군에 대한 복종을 강조했다. 이는 번의 고위 관료들의 제재를 받거나 할 성질의 것은 아니었으며, 번으로서는 이 50인의 지사들이 자비를 들여 가며 에도로 향하는 것을 제한할 그럴듯한 명분이나 수단도 갖고 있지 않았다. 하지만 이들의 에도행은 사실 국정에 참여하고 관여하고자 하는 근왕파의 열망을 실천한 것이었으며, 따라서 이들이 에도로 떠난 후 번에서는 향후 비슷한 행태가 일어나지 않도록 차단하는 제도적 조치를 취했다. 平尾道雄, 『陸援隊始末記』, pp.19-20.

55. 지사들의 옷차림과 정신 가운데 일부는 오늘날에도 몇몇 고등학교의 전통으로 계승되었다. 이러한 마음가짐과 태도는 초기 사무라이 교육의 기초를 이룬 요소이기도 했을 것이다. 후쿠자와 유키치의 오사카 수학 시절 회고에는 이러한 내용이 잘 드러나 있다. 지사들의 삶이 보여 주는 매력적이면서도 한편으로는 거부감을 느끼게 하는 이런 모습은, 이들을 따르고자 했던 극우파 집단이 교묘하게 조작한 측면도 다분하다.

56. 『維新土佐勤王史』, pp.294-296.

57. 『維新土佐勤王史』, pp.166-167, 241, 259-262.

58. 쇼군의 교토 방문 묘사와 이것이 가졌던 중요성에 대한 설명은 다음 문헌에 잘 나타나 있다. 尾佐竹猛, 『明治維新』, Ⅰ, 314-344.

59. 다음은 이들에 대한 몇 안 되는 연구 가운데 대표적인 사례이다. 平尾道雄, "幕末浪人と其の保護及び統制", 『明治維新史硏究』(史學會(編), 東京, 1930), pp.552f.

60. 尾佐竹猛, 『明治維新』, Ⅱ, 367f.; 『維新史』, Ⅲ, 428-432.

61. 이에 대한 보다 상세한 내용은 다음 문헌들을 참조할 것. 原平三, "天誅組擧兵始末考", 『土佐史談』, No.62(1938, 3), pp.1-31; 原平三, "天誅組擧兵始末考", 『土佐史談』, No.63(1938, 6), pp.14-36; 尾佐竹猛, 『明治維新』, Ⅱ, 485-501.

62. 이쿠노 봉기에 관한 내용은 다음 문헌에 잘 정리되어 있다. 尾佐竹猛, 『明治維新』, Ⅱ, 502-519; 遠山茂樹, 『歷史學硏究』, p.127(1947); 遠山茂樹, 原平三, "江戶時代後期一揆覚書", 『歷史科学大系』, 第22巻, 農民鬪争史(上), pp.27-29. 여기서는 반란을 이끌었지만 실패한 쇼야와 부농들의 동기를 밝히려 했다. 저자들은, 이쿠노 지역은 막부가 직접 다스리는 지역이고, 오랜 반역의 역사를 가지고 있으며, 쇼야와 부농은 늘 고리대금업자나 술 제조업자를 노리는 폭동에 늘 시달렸다고 지적했다. 또한 저자들은 메이지 시대 대표적인 지방 지도자들의 사업 진출에 대해서도 추적했는데, 이는 이들 지도자들이 '인민'들의 대중적 불만을 효과적으로 잠재우기보다는 오히려 자극할 수 있는 신흥 프티 부르주아였다는 사실을 밝히기 위함이었다. 한편 이쿠노 반란 지도자들 중 한 명에 대한 자서전인, 春山育次郎, 『平野國臣傳』, 1929, p.152에서는 술 취한 지도자들의 경솔한 행태 때문에 대중적 지지가 급속도로 줄어들었다고 지적했다.

63. 미토 번의 전반적인 기강 해이는 800명의 미토 번 폭도들이 교토로 몰려가 번주 도쿠가와 나리아키의 아들 게이키 앞에서 송사를 늘어놓은 사례에서 잘 드러난다. 이들이 번을 떠날 때에는 막부의 군사들과 다소간의 마찰을 빚기도 했지만, 이후에는 별 탈 없이 교토로 입성할 수 있었다. 미토 번은 '도주한 반역자들'과 '맞서고' 있다는 보고를 막부에 계속하였다. 이들이 여러 번의 경계를 넘을 수 있도록 이들에 대한 '추격'은 번번이 중단되었다. 이들은 결국 가가 번(加賀藩) 군사들에게 체포되었고, 미토 번의 정적들에게 감시를 받으며 막부로 넘겨졌다. 가담자 중 353명이 처형되었고, 137명은 추방당했다. 尾佐竹猛, 『明治維新』, Ⅱ, 555-580; E. W. Clement, "The Mito Civil War", in *Transactions of the Asiatic Society of Japan*, XIX, 1891.

64. Lord Redesdale, *Memories by Lord Redesdale*, Ⅱ (New York, n.d.), 483-489.

65. 나카오카 신타로와 야마우치 요도의 대담은 다음 문헌에 수록되어 있다. 平尾道雄, 『陸援隊始末記』, pp.38-39.

66. 1863년 초 산킨고타이 제도가 무효화되면서 사쓰마 번주의 딸이었던 야마우치 도요스케의 처와 요도의 처, 그리고 조슈에서 맞이한 도요노리의 약혼녀 등 3대가 함께 에도를 떠나게 되었다. 『維新土佐勤王史』, p.239.

67. 坂崎斌, 『鯨海酔侯』, p.185.

68. 平尾道雄, 『陸奥窺豗始末記』, pp.31-33.

69. 나카오카 신타로가 친구들에게 보낸 편지를 살펴보면, 사쿠마 쇼잔의 영향력에 대해서는 의문을 제기할 만하다. 그는 미토 번에서의 경험과 근왕 사상이 사람들에게 확대되는 과정을 여러 차례 언급했지만, 사쿠마 쇼잔의 영향력이 어느 정도였는지에 대해서는 언급해 두지 않았다. 平尾道雄, 『陸奥窺豗始末記』, pp.34-35.

70. 『維新土佐勤王史』, p.269.

71. 야마우치 요도는 에도를 떠나기 전에 이미 이타가키 다이스케에게 시마즈 히사미쓰의 유능한 가신인 오쿠보 도시미치와 접촉하도록 명해 둔 상태였다. 坂崎斌, 『鯨海酔侯』, p.189.

72. 『維新土佐勤王史』, pp.370-378.

73. 쇼군 도쿠가와 이에모치가 교토에 처음 방문했을 때 다케치 즈이잔은 아무런 행동도 취할 수 없었다. 『維新土佐勤王史』, pp.323f.

74. 『維新土佐勤王史』, p.298.

75. 조슈 번의 사절이 원조를 청하기 위해 고치에 내방했을 때, 야마우치 요도는 이들이 즈이잔 일파와 접촉하는 것을 차단했다. 그리고 다테 무네나리에게 서신을 보내 자신은 조슈 번의 성급한 행동에 비판적인 입장을 취하고 있음을 밝혔다. 그는 조슈 번이 사쓰마 번을 배척하기보다는 제휴하는 편이 낫다는 생각을 갖고 있었다. 平尾道雄, 『容堂公記傳』, pp.134-138.

76. 『維新土佐勤王史』, pp.382-383.

77. 할복에 관한 기록은 다음 문헌에서 발견할 수 있다. 『維新土佐勤王史』, pp.365f. 히로세 겐타는 자신들의 할복 의식을 명예로 여겼다. 조슈 번 지사들과 긴밀한 관계를 맺고 있던 그는 할복의 절차를 공부한 적이 있었으며, 동료들에게 명예로운 삶의 중요성과 무사도의 이상에 대한 깊은 인상을 남겼다.

78. 다음 문헌에는 다케치 즈이잔의 취조와 자결 과정에 대한 풍부하고 구체적인 내용이 수록되어 있다. 『維新土佐勤王史』, pp.514-814; 『武市瑞山關係文書』, Ⅱ, pp.258-259. 그의 구체적인 죄상은 다음과 같다. "도당을 만든 것, 민심을 현혹한 것, 조정의 구계를 선동하려고 획책한 것, 전 번주의 명예를 더럽힌 것, 자신의 신분을 망각한 것, 상급자를 경멸한 것, 질서를 어지럽힌 것, 불손한 언행"이다. 몇 년 후 야마우치 요도는 다케치 즈이잔이 도사 번 참의 요시다 도요를 암살했고, 그를 살려 둔다면 번이 분열되었을 것이라고 선언함으로써 이 사건을 마무리지었다. 大町桂月, 『伯爵後藤象二郎』(東京, 1914), pp.141-142. 사사키 다카유키 또한 도사 번의 질서는 즈이잔을 제거해야만 회복될 수 있다고 생각했다. 佐々木高行, 『勤王秘史: 勤王秘史佐々木老侯昔日談』, p.308.

79. 이른바 '노네야마 사건'의 진행 과정과 참가자들에 대한 내용은 다음 문헌을 참조할 것. 『維新土佐勤王史』, pp.649-660; p.308.

80. 平尾道雄, 『維新遺文選書: 坂本龍馬, 中岡慎太郎』, p.198. 근왕파의 항의 운동을 고무하기

위한 나카오카 신타로의 초기 노력에 관한 기록은, 『維新遺文選書: 坂本龍馬, 中岡愼太郞』, pp. 183f.에 나타나 있다.

|역주|

1. 일본인들이 자기 나라를 일컫는 미칭.
2. 중세 일본에서 다이묘가 아닌 구게를 모시던 사무라이를 일컫던 말.
3. 에도 시대 도시에 거주하던 수공업자 및 상인 계급을 일컫던 말. 17세기 이후 일본의 경제 성장과 발전을 배경으로 등장했으며, 무사 계급에 비해 신분상으로는 낮았지만 부의 축적을 통해 높은 사회적 영향력을 행사했음.
4. 구 일본 육군 장교이자 우익 활동가. 사쿠라카이 등 우익 단체를 조직하여 쿠데타를 시도했으나 실패했음. 이로 인해 퇴역한 후에는 극우 정당인 일본청년당을 조직하여 정치 활동에 참여했고, 극동군사재판에서 A급 전범으로 종신형을 선고받은 후 가석방되었다가 1957년 사망했음.
5. 일본 신화에 등장하는 태양신으로, 신도(神道)의 최고 신이기도 함.
6. 중세 일본에서 중앙 또는 지방 정부 등의 정무를 담당한 고급 관료, 또는 그 직책을 일컫던 말.
7. 1688~1703년에 쓰인 일본의 연호.
8. 1702년 막부 관리와의 불화로 영지를 몰수당하고 할복한 주군의 복수를 위해, 주군을 죽음으로 몰아넣은 막부 관리를 살해한 다음 할복했던 47명의 아코 번(赤穗藩) 출신 낭인들의 이야기. 이 복수극은 주신구라(忠臣藏)라는 이름으로 전승되어 문학, 연극, 영화 등 예술 작품의 소재가 되었으며, 일본 문화의 일면을 잘 보여 주는 일화로 널리 통용되고 있다.
9. '孝允'은 '고인(음독)'과 '다카요시(훈독)' 두 발음 모두 가능하며, 우리 나라에서는 '기도 고인'보다는 '기도 다카요시'라는 이름이 더욱 널리 사용되는 편이다. 하지만 본문에는 'Koin'이라는 이름으로 언급되어 있는 만큼 이 책에서는 '기도 고인'으로 번역했으며, 이 인물이 '기도 다카요시'와 동일 인물(한자 표기도 동일하며 단지 발음만 음독, 훈독으로 상이할 뿐임)임을 밝혀 둔다. 이는 히토쓰바시 요시노부 혹은 나중에 도쿠가와 요시노부가 되는 인물의 경우도 마찬가지인데, '慶喜'가 음독(音讀)으로는 '게이키', 훈독(訓讀)으로는 '요시노부'로 읽힌다. 이 책에서는 주로 '게이키'로 되어 있다.
10. 일본 규슈(九州) 후쿠오카 현(福岡縣) 남서부에 소재한 도시, 또는 그 지명.
11. 군제 개혁 등 부국강병책을 추진한 북송의 정치가(1021~1086)로, 그가 추진한 개혁은 결국 보수파들의 견제로 실패했음. 그는 유학의 도덕주의에서 벗어나 법치를 강조하여 유교적 전통에서는 평가절하된 인물이었는데, 여기서는 이러한 측면에서 요시다 도요를 비난하기 위해 이 인물에 빗대었던 것으로 판단됨.

12. 아리스가와노미야(有栖川宮) 가문은 일본 황족 가문의 하나이며, '친왕'이란 황실 또는 황족 가문의 적손(嫡系)을 의미하는 칭호임.

13. 규슈, 시코쿠 등 일본 남서부 일대를 가리키는 지명.

14. 일본 무가(武家) 시대에 어린 주군을 대리하거나 보좌하는 직책을 일컫던 말.

15. 오늘날의 후쿠시마 현(福島縣) 서부 지역에 있던 번.

16. 에도 말기에 교토의 방비 및 치안 유지를 담당했던 직책.

17. '지쿠고(築後)'는 오늘날 후쿠오카 현 남부의 지명이고 '카미(守)'는 본래 '수령', '태수' 등의 의미를 가진 단어인데, 중·근세 일본에서는 이 같은 '지명+카미'라는 호칭을 주로 실제 지방관이 아닌 지위나 공적이 높은 무사를 존칭하는 의미로 사용했음. 즉 다케치 즈이잔이 '지쿠고노카미'라는 칭호로 불리게 된 것은, 그가 이제는 더 이상 일개 고시가 아닌 당당한 무사로 인정받았음을 보여 주는 사례라고 할 수 있다.

18. 무로마치(室町) 시대(1336~1573)의 쇼군 가문.

19. 오늘날의 고베 시(神戶市) 부근에 위치했던 항구 도시. 무로마치 시대부터 전국 시대에 이르기까지 대외 무역항으로 호황을 누렸으며, 오늘날 한신(阪神) 공업단지의 핵심 지역이기도 함.

20. 에도 시대에 막부 직할지를 다스리던 지방관인 다이칸(代官)의 집무를 위한 관청.

21. Gunboat. 20세기 초·중반까지 널리 쓰인 군함의 한 종류로, 제해권 확보보다는 해안 포격에 주된 목적을 두고 제작되었음. 19세기 말~20세기 초를 기준으로 전함, 순양함 등 대형 주력함에 비해 배수량이 적은 비교적 소형의 군함이었으며, 19세기 말 제국주의 국가들의 군사력에 바탕한 외교(식민지) 정책을 가리키는 '포함 외교'의 어원이 되기도 하였음.

Sakamoto Ryōma and the Meiji Restoration

제4장.. **가쓰 린타로와 함께**

···▶

에도 말기에 뚜렷하게 관찰되는 현상 가운데 하나는 의무, 충성, 복종 속에서 훈련을 받은 젊은이들이 그들의 선배들에 비해 세상에 대해 더욱 깊이 알려고 하는 동시에, 자신이 생각한 바를 과감히 행동으로 옮겼다는 점이다. 이러한 과정에서 많은 젊은이들은 이상주의와 야심을 결합시켰고, 국가와 군주에 대한 한층 높은 의무를 암송하면서 교육 받아 온 봉건적 의무의 굴레를 과감히 탈피하는 것을 정당화하기도 했다. 수많은 저술가들은 지사들이 새로이 확립된 황실의 대의를 따르며 자신의 지위와 목숨을 기꺼이 희생한 것으로 언급해 왔다. 하지만 위험에 대한 보상으로 명예와 권력을 향한 기대가 있었기에 그들이 자신의 모든 것을 희생할 수 있었다는 사실 또한 간과해서는 안 된다. 1862년 4월 도사 번을 탈번한 이후 사카모토 료마가 걸어온 길은 이러한 점을 가장 극명하게 보여 주는 사례이기도 하다. 보수적인 번 정부의 처사에 질려 있던 료마는, 스스로와 조국을 위한 거사에 나서지 못해 안달하던 검술 도장의 동료들과 이미 깊은 교류를 나누고 있었다. 그는 새로운 동지들이 번정에 별다른 영향력을 발휘할 수 없다는 사실을 깨닫고, 수많은 동시대인들이 그랬듯이 국가라는 무대에서 자신의 역할을 찾고자 집안과 번을 박차고 뛰쳐나왔다.

탈번 이후 몇 달간의 행적으로 미루어 보면, 료마와 비슷한 부류의 동시대인들이 당시 일본이 당면했던 문제의 복합성에 대해 거의 이해하지 못하고 있었다는 사실을 알 수 있다. 탈번 초기에 료마는 검객 특유의 단순한 논리에 사로잡혀, 정책이 서로 다른 것은 고위직의 비겁함이나 붕괴에 그 원인이 있다고 확신했다. 따라서 그는 신사적인 방법이 통하지 않는다면 암살이나 테

러와 같은 방법을 동원해야 한다고 믿고 직섭석인 헹동에 나서야 한다는 주장을 폈다. 하지만 이러한 신념이 옳지 못하다는 사실을 깨닫고 난 뒤에는, 자신이 택해 온 공격이나 협박 위주의 방법에 대해 반성하는 수준을 넘어 한때 그가 암살하려 했던 인물 밑으로 기꺼이 들어가 일하기도 했다. 어제의 적이 오늘의 동지가 되는 이러한 전환은 봉건 일본의 행동 양식에 뿌리를 둔 부분도 없지는 않지만, 료마에게 일어난 변화는 사실 정신적·인격적으로 좀더 성숙해진 데 따른 결과로 해석될 수 있다. 이러한 성장을 통해 그는 초기의 급진적 행동가의 수준을 넘어 천황 친정(天皇親征)이라는 대의를 실현하는데 필요한 정치적 과정을 보다 현명하게 제시할 수 있는 인물로 발전해 나갔다. 더욱이 이와 같은 사고의 전환은 입신양명을 위한 료마 개인의 열망에 배치되는 것도 아니었다. 사실 료마는 새롭게 인연을 맺은 사람들과 활기차게 교류를 해 나가는 가운데 자신의 새로운 행동 노선이 현명한 선택이었음을 확신하게 되었다. 하지만 료마가 취한 선택 역시 개인적 야심과 이상주의를 어느 정도 절충한 것임이 분명하겠지만, 료마가 애초에 노렸던 암살 대상자가 결과적으로는 그에게 행운이었다는 사실은 의심할 여지가 없다. 가쓰 린타로(勝麟太郎)는 당시의 정세와 일본이 직면한 문제에 대해 독보적인 수준의 경험, 교양, 통찰력을 가진 인물이었다. 그는 막부 정권 내부에 많은 동지와 광범위한 지지 세력을 확보하고 있었다. 더욱이 그의 인격과 통찰력은 료마의 사고방식과 성향에 특히 강하게 와 닿을 수 있었다. 사카모토 료마의 새로운 행동 노선을 알아보려면, 이어지는 2년 반 동안 그의 조언자 역할을 했던 이 남자에 대해 우선 주목할 필요가 있다.

···▶

가쓰 린타로

가쓰 린타로는 1823년 에도에서 가난한 무명의 하타모토(旗本) 아들로 태어났다. 훗날 운 좋게 다른 집안에 입양되면서 그의 사회적 지위와 장래에 큰 발전이 있었지만, 어린 시절에 겪었던 시련은 하타모토 계급에 속한 무사들마저도 경제적 어려움을 겪는 자들이 있었다는 사실을 극명하게 보여주는 사례이다.[1] 소년 시절 린타로는 검술 수련에 신명을 바쳤다. 나중에 그의 제자가 되는 자들 가운데 대다수는 그가 검술을 연마했던 도장의 후배이기도 했다. 따라서 그는 다른 관리들에 비해 이 청년들의 정서를 훨씬 잘 이해했다고 볼 수 있다. 린타로의 검술 스승은 그에게 참선 수행을 권했다. 훗날 그는 정신적·신체적 긴장을 강조하는 참선을 수행한 덕분에 여러 차례에 걸친 암살 위기를 운 좋게 빠져나올 수 있었다고 회고했다.[2]

여기까지 살펴본 린타로의 성장 환경은, 대다수의 동시대인들과 비교했을 때 별다른 차이점을 찾아보기 어렵다. 하지만 15~16세(이 시기는 덴포 개혁 후기이기도 하다)에 접어들면서 그는 난학(蘭學) 공부를 시작했다. 근면 성실함을 인정받은 그는 이후 그의 후원자가 되는 후쿠오카 번주 구로다 나리히로(黑田齊溥)에게 천거되었다.[3] 그는 에도에 있는 후쿠오카 번사에 기거하면서, 연구생으로 발탁되어 장학금 지원을 받으며 학업에 전념할 수 있었다. 이 시기의 경험을 통해 그는 후년 들어 섬나라 근성과 편협한 막부 정신에서 벗어날 수 있었다.

1850년 무렵에 가쓰 린타로는 난학 연구자로서 명성을 얻었다. 그는 서양 학문을 가르치는 학숙을 설립했고, 이와 더불어 서양에 정통한 학자들과도 긴밀히 접촉해 나갔다. 이를테면 막부의 모리슨 사건 처리 방침에 대해 비판적인 내용을 담은 소책자를 발간했다가 막부 정권에 쫓기고 있던 인물인 다카노 조에이(高野長英)는 린타로를 찾아와 도움을 요청한 바 있었다. 해안 방위의 필요성에 대한 다카노 조에이의 확고한 관점은 린타로 자신의 논리를 발전시키는 데 큰 역할을 했을 것으로 판단된다.[4]

페리 제독의 기항과 이로써 초래된 문제는 서양 사정에 밝은 전문가들에 대한 막부의 인식을 일변시킨 계기가 되었다. 앞서 언급한 바와 같이, 가쓰 린타로는 이 당시 막부가 널리 의견을 구하기 위해 자문을 받았던 난학자들 가운데 하나였다. 그를 막부에 초빙한 인물은 훗날 린타로와 사카모토 료마에게 중요한 인물로 부상하는 막부 관료 오쿠보 이치오(大久保一翁)였다. 린타로는 건의서를 보내 초청에 응답했는데, 여기서는 일본의 국방 체제가 시대에 뒤떨어졌음을 신랄하게 비판했다. 그는 군사 전문가는 물론 유능한 통역가 및 해외 문제 전문가 집단을 양성할 필요성을 역설했다. 그가 제출한 이 건의서는 막부가 서양 지식의 학습, 운용, 보급을 목적으로 한 학교 설립을 결정하는 데 큰 영향을 미쳤으며, 그것이 반쇼시라베쇼(蕃書調所)라는 이름으로 구체화된다. 린타로는 한편으로 해안 방위에 관한 각서를 제출했으며, 여기서는 군함 건조의 필요성을 강조했다. 그는 군함 건조 계획 및 비용 충당을 위한 무역 장려책을 제안했고, 이에 앞서 외국 선박의 구입과 항해술 및 조정술의 훈련이 선행되어야 한다고 주장했다. 그는 일본인들이 경험 부족으로 초창기에는 어려움을 겪겠지만, 일본인 특유의 정신과 지혜를 발휘하여 머지않아 이 어려움을 극복할 수 있을 것이라고 주장했다. 서양 학문을 가르치는 학교의 설립, 서구식 군비의 확충, 그리고 유리·화약·철 등의 상품 생산과 관련된 가쓰 린타로의 진정성이 담긴 구상은, 서양 세력이 불러온 충격에 대한 그의 대안이 오랜 준비 기간을 거친 토대 위에서 마련된 것임을 보여 준다. 그는 이 위기가 합법적이고 애국적인 견해를 마련하는 데 큰 도움이 될 것이라고 판단했지만, 달리 보면 그의 견해는 체제 전복적인 위험한 사상으로도 간주될 수 있었다.

이제 가쓰 린타로는 전반적으로 일본의 안녕과 직결되는 한 분야에서 전문가로 인정받게 되었다. 그는 관직에 임용되었고, 서양 지식을 획득하기 위해 신설된 기관의 자문 역도 맡았다. 이러한 종류의 일을 해 나가면서 그는 에도 막부에서도 가장 진보적이고 개화된 인사들과 교류할 수 있었다. 그는 오쿠보 이치오를 수행하여 오사카와 기이 지역의 해안 방어 태세를 점검하기 위한 시찰에 나서기도 했다.

그중에서도 가장 중요한 사실은 그가 나가사키에 파견된 견습생의 일원으로 선발되었다는 것이다. 이들은 자바에서 파견된 네덜란드 해군 사관들과 그 일원으로 구성된 분견대로부터 해군 업무에 관한 교육 훈련을 받았다. 가쓰 린타로는 1855년 에도를 떠나 이후 수년간을 나가사키에서 보내게 된다. 그는 훗날 다음과 같이 회고하였다. "당시 우리가 배웠던 해군학은 오늘날 우리가 알고 있는 것들과 근본적으로 다른 것이 없었다. 우리는 항해, 수송, 기계, 산술 등 6개의 과목을 수강했다. 물론 천문학도 공부했다. 더욱이 우리는 모든 과목을 네덜란드어로 공부해야 했다. 우리처럼 이미 네덜란드어를 배워 둔 견습생들이야 별다른 문제가 없었지만, 한문밖에 익히지 않은 친구들은 몹시 힘들어했다."[5]

1차 견습생으로 파견된 인원이 수료하고 2차 견습생이 입소한 뒤에도, 린타로는 그대로 잔류했다. 그가 견습 사관들 중에서도 두각을 나타낸 인물이었음은 분명한 사실이다. 그 자신이 남긴 기록에 따르면 그는 2차 견습생 교육 훈련에서 조교 역할을 맡았으며, 네덜란드인들이 작성한 보고서에는 1858년 또는 1859년 초에 에도로 항해한 선박을 지휘했다는 기록이 있다.[6]

나가사키 시절에 대한 린타로의 기록을 보면, 그가 외국인들과의 대화를 통해 국제 관계 및 군사 기술의 발전에 관한 이야기를 전해 들었다는 사실을 알 수 있다. 그는 이미 에도에서 수학하던 시절부터 번의 경계를 사소한 것으로 여기는 경향이 있었으며, 네덜란드인들에게 항해술을 배우기 위해 각 번의 번주가 파견한 견습생들의 능력에 대해서도 분명 느낀 바가 있었을 것이다. 하지만 다른 동시대인들과 마찬가지로, 그는 막부가 비준한 불평등 조약에 크게 반발했다. 조약 체결의 소식을 들은 그는 다음과 같은 기록을 남겼다. "이 사실이 대해서는 분노를 금할 길이 없다. 하지만 나 같은 하급 관리가 할 수 있는 일이라고는 작금의 상황을 조소하고 비통해하는 것뿐이 구나."■7

1859년 초에 접어들어 가쓰 린타로는 에도로 귀환했다. 다이로 이이 나오스케는 당시 실권을 휘두르고 있었다. 그는 이미 구게와 미토 번 지지자들에 대한 응징 조치를 취해 둔 터였으며, 이 무렵에 나가사키처럼 멀리 떨어진 지역에서의 불만이 가져올 수 있는 위협을 경감시키는 조치에도 착수했다. 1859년 3월 나가사키의 해군견습소는 폐쇄 명령을 받았고, 그 직후 막부에서 파견한 학생들은 소환되었다. ■8 에도에 돌아온 가쓰 린타로는 이이 나오스케가 취해 놓은 치안 조치로 옛 친구들이 자신과 어울리기를 꺼린다는 사실을 알고는 비탄에 잠겼다. 이때는 물론, 이이 나오스케가 실각한 후에도 그는 에도 막부 체제하에서의 불안정한 공직 생활을 개탄하였다.

가쓰 린타로가 에도로 돌아가기를 원했던 이유는 미국으로 파견되는 일본 최초의 외교 사절단에 참여하려는 열망 때문이었다. 그는 막부 측이 위험 부담을 우려해 일본 선박의 파견을 반대한다는 사실을 확인했다. 하지만 그는 막부의 수뇌부를 설득하여, 공식 사절단은 미 해군 군함 포와탄(Powhattan)에 승선케 하고 간린마루(咸臨丸)는 자신이 직접 지휘한다는 절충안을 이끌어 냈다. 애초에 연안 항해용으로 건조된 작은 선박인 간린마루를 타고 태평양을 횡단한다는 것은 상당한 수준의 선박 조종술과 용기가 필요한 일이었다. 사절단의 일원이었던 후쿠자와 유키치는 훗날 이 37일간의 항해를 다음과 같이 자랑스럽게 회고했다. "5년 남짓한 기간 동안에 항해술과 기관 조작술을 연마했을 뿐인데도, 태평양을 기선으로 횡단할 정도의 능력과 용기를 가진 국민은 오늘날 동양에서는 우리 일본인 외에는 그 유례를 찾을 수 없을 것이다."[9] 하지만 유키치는 이 항해 중에 보여 준 가쓰 린타로의 능력은 높이 평가하지 않았다. 그는 가쓰 린타로에 대해, 항해 기간 내내 선실에만 틀어박혀 있다가 선단이 항구에 무사히 입항하고 나서야 선원들 앞에 모습을 내밀고 선장 노릇을 하는 형편없는 항해사로 묘사했다.

후쿠자와 유키치를 비롯한 공식 사절단이 워싱턴에 가 있는 동안, 가쓰 린타로와 간린마루는 샌프란시스코 만에 머물러 있었다. 캘리포니아에 머무는 동안 가쓰 린타로는 서구 문명의 실력을 두 눈으로 실감할 수 있었다. 그는 여기서 목도한 해군 시설, 선박, 군비에 대한 여러 편의 기록을 남겼고, 해군 조직과 관련된 여러 사안에 대해 배우고자 했다. 그는 또한 샌프란시스코 일대의 광산과 산업 시설들도 방문했으며, 이때 남긴 꼼꼼하고 세세한 기록들은 그가 미국 방문을 얼마나 소중하고 놓쳐서는 안 될 기회로 여겼는지를 여실히 보여 준다.[10] 후쿠자와 유키치도 마찬가지지만, 가쓰 린타로에게 이 여행은 서양에 대한 직접적인 정보를 획득할 수 있는 기회였으며, 이때 얻은 지식은 일본의 변화를 촉진하는 수많은 새로운 논의들의 원천이 되었다. 200년 전 에도 막부의 지배자들은 자신들의 정치 체제를 영속시키기 위해서는 쇄국 정책이 필수적이라는 판단을 내렸지만, 이제 쇄국 정책은 폐기되기에 이르렀다. 서양에 파견된 일본 최초의 외교 사절단은 일본의 정치 체제 자체에 수정이 가해질 필요성이 있음을 인식하게 되었다. 하지만 이러한 정책 수정의 방향과 정도에 대해서는 논의의 여지가 남아 있었으며, 외교 사절단은 귀국해서 내놓을 조언들을 그들의 국민과 상급자들이

기탄없이 들어줄 준비가 되어 있지 않음을 절감해야만 했다.

일본으로 귀국한 가쓰 린타로는 다이로 이이 나오스케가 살해당했다는 사실을 알게 되었다. 막부 내에서 새로운 지도자가 옹립되는 것을 기다리면서 정책 개혁은 일시적으로 중단 상태에 빠졌다. 좌절을 맛보고 불안을 느낀 가쓰 린타로는 잠시 동안 관직을 떠나 초야로 내려갔다. 그는 이 무렵에 느낀 바를 글로 적어 작은 책으로 엮었다. 역사책이면서 논집이기도 한 이 책은 1860~1861년에 걸친 겨울 동안 집필되었지만, '담장 위의 가시나무 일기(牆の茨の記)'라는 제목으로 출간된 것은 그로부터 적지 않은 시간이 지나서였다. 이 책에서 그는 일본의 정치 체제는 외세의 압력으로 변혁이 불가피해지기 이전에 이미 변혁이 요구되었다고 지적했다. 그는 전반적인 도덕 관념의 퇴조, 공금을 낭비하는 풍조, 뇌물 수수의 확산, 그리고 이러한 것들을 지적해도 받아들이려 하지 않는 정부 등의 문제점을 인식하고 있었다. 그는 이 모든 문제점들은 일본에만 국한된 것이 아니라, 아시아 전역에 걸친 공통적인 문제라고 보았다. 그는 기술의 정체와 도덕 관념의 퇴조가 도처에서 확인된다고 지적했다. 그는 미국에서 얻은 일련의 경험을 이와 대비시켰는데, 미국에서는 새로운 기술과 방법을 습득하기 위한 수많은 노력이 이루어지고 있었다고 보았다. 그리고 아시아에 대한 서양의 압도적 우위는 아편전쟁에서 확인되었다고 판단했다. 이러한 견해를 토대로 린타로는 외국에 대한 전면적인 개방의 필요성을 주장해 나갔다. 그는 이와 같은 개방은 오랑캐를 용인하거나 일본 고유의 전통을 모욕하는 것이 아니라, 국위를 실추시킬 파멸적인 전쟁을 막고 나라를 부강하게 만드는 길이라고 주장했다. 이와 같은 가쓰 린타로의 학식과 경험이 하나로 뭉쳐져 일본의 독립과 통합을 지켜 나가기 위한 건설적인 통합안이 마련되기 시작했다. 그는 '친외세'와는 거리가 먼 인물이었지만, 단지 자국의 전통이 갖는 우월성만을

맹신하는 인물은 결단코 아니었다. ■11

　막부는 이이 나오스케의 암살 이후 한동안 취해 온 유보적 태도에서 벗어나, 다시금 기술의 현대화와 정치 개혁을 추진하기 시작했다. 이로써 가쓰린타로의 지원 세력과 동지들도 다시 힘을 얻었다. 1861년 5월, 린타로는 군사 제도 연구를 위해 조직된 집단의 일원으로 임명되었다. 그는 해군 관련 분야의 임무를 맡았고, 보고서 작성을 통해 각 번에서 싹트고 있던 근대적 해군력의 맹아를 하나로 통합할 필요성을 부단히 주장해 나갔다. 이렇게 하여 린타로는 해군 관련 시안의 전문가로 인정받기에 이르렀다. 그는 1862년 여름 막부 회의에서 새로 조직된 해군을 대표하는 직책을 맡게 되었고, 1864년에는 군함부교(軍艦奉行)ᵎ¹에 임명되었다. 이제 그는 오랫동안 주장해 온 내용의 일부를 실현시킬 수 있는 기회를 얻었다. 전국적 차원의 단일화된 계획이 필요하다는 그의 신념은 여전히 충족되지 못했지만, 최대한 출신이나 지위에 얽매이지 않고 뜻이 통하는 사람들의 열정과 애국심을 활용할 수 있는 기회를 만들어 나갔다.

　가쓰 린타로는 자신의 식견과 경험을 근거로, 지사들이란 단지 벼락출세한 자가 아니라 그 이상의 존재들이라고 판단했을 것 같다. 게다가 그간 연마해 온 검술과 참선, 그리고 일본인 특유의 정신과 삶의 방식에 대한 그의 깊은 안목은, 이 시기에 활동했던 젊은 맹목적 애국주의자들을 수용할 수 있었던 바탕이었다. 쾌활한 성격의 소유자인 가쓰 린타로는 자기 능력의 자긍심과 높아만 가는 정치적 위상에 대한 자부심이 대단했으며, 용기와 기백으로 당시 인물들을 평가하던 젊은 검객들 사이에서 신뢰와 존경을 이끌어 낼 수 있었다.

　가쓰 린타로가 청년 검객들과 성공적인 관계를 맺을 수 있었던 비결은 자신이 결단코 친외세주의자가 아니라는 사실을 납득시켰기 때문이었다. 그는 청년 검객들 앞에서, 자신은 개국의 필요성을 인정하지만 개국 자체를 원한다거나 그것이 영속되어야 한다는 생각은 털끝만큼도 갖고 있지 않다고 단언했다. 그는 종종 다른 아시아 국가들과 연합해야 일본이 외세와 맞설 수 있다는 희망을 갖고 있음을 내비쳤다. 그는 조선과 중국이 일본과 긴밀하게 협력한다면 별다른 손실 없이 많은 이익을 얻을 수 있을 것으로 바라보았다. 일본의 모든 번들이 힘을 합쳐 외세에 맞서는 것처럼, 아시아 국가들 역시 힘을 모아 서양에 대항해야 한다고 주장했다. 상업적 실력 양성에 기초한 군사력 양성을 통해 강요된 개국을 국가적 이익을 창출할 기회로 전환해야 한다는 주장도 이어졌다. 이렇게 함으로써 그는 일본이 서양에 전혀 뒤처지지 않을 날이 올 것이라고 보았다. 가쓰 린타로는 이와 같은 논의를 통해 같은 목표를 가진 수많은 유신 지도자들을 감화시킬 수 있었다. 사실 훗날 일본의 초국가주의자들은 20세기 팽창주의의 선구적 존재로 그를 기리기도 했다. ■12

료마와
린타로

1862년 4월 22일, 료마는 고향을 떠나 탈번했다. 앞서 언급한 것처럼 그는 다케치 즈이잔이 번내에서 정치적 우세를 확보하는 데 실패했다는 현실을 감내하지 못했으며, 조슈와 사쓰마 번 급진주의자들이 준비하고 있던 야심찬 계획에 혹시 도사 번이 가담하지 못해 배제되지 않을까 하는 우려에 사로잡혀 있었다. 료마가 탈번 결심을 최종적으로 굳힌 계기가 된 인물은 일찍이 요시무라 도라타로와 함께 탈번했던 사와무라 소노조(澤村惣之丞)였다. 이 무렵 사와무라 소노조는 교토 근처에서 봉기가 준비 중에 있으며, 사쓰마 번주 시마즈 히사미쓰도 번 군사들을 보내 병력이 부족한 낭인들을 지원하고 있다는 보고를 하기 위해 번에 잠입해 있었다. 다케치 즈이잔은 그가 가져온 정보를 제대로 활용하지 못했고, 이 시기에 료마는 소노조와 함께 탈번했다.

료마는 일찍이 자신의 계획을 당주이자 형인 곤페이에게 이야기한 적이 있었다. 이때 곤페이는 료마의 계획에 강한 어조로 반대했지만, 료마를 단념시키지는 못했다. 그는 한 친척에게 돈을 빌렸고, 누나 오토메는 사카모토 가문 대대로 전해 오던 검을 말없이 그의 손에 쥐여 주었다.

두 탈번자는 먼저 조슈 번의 시모노세키로 향해 시라이시 세이이치로(白石正一郎)라는 상인에게 몸을 의탁했다. 그는 근왕 사상에 동조하던 재력가로, 탈번한 지사들의 회합 장소로 자신의 자택을 제공했다. 두 사람은 여기서 요시무라 도라타로를 만날 수 있을 것이라고 기대했지만, 그는 이미 교토 거사에 참여하기 위해 길을 떠난 상태였다. 얼마 후 시마즈 히사미쓰가 거사를 지원하겠다는 약속을 저버리고 5월 21일 후시미(伏見)의 데라다야(寺田屋)에 있던 지사들의 본거지를 급습하여 이를 분쇄해 버렸다는 소식이 전해져 왔다. 이제 서두를 이유가 없어졌다. 료마는 먼저 규슈 여행길을 떠났고, 두 달이 지나서야 목적지였던 오사카에 도착했다. ■13

고치 성의 동지들은 그의 행로에 계속해서 관심을 기울였으며, 그가 정치적 격동 속에서 한 축을 담당할 것으로 기대했다. 몇몇 동지들은 그를 경솔하고 무책임한 인물로 간주했다. 근왕주의자였던 히라이 슈지로는 교토의 산조가 저택에 봉직하고 있던 누이에게 서신을 보내, 료마가 무슨 제안을 해 오든 가까이하지 말라고 당부했다. 그는 다음과 같이 썼다. "사카모토 료마는 22일 밤에 탈번했다네. 모르긴 해도 그 친구는 자네에게 접근할 거야. 탈번하기 전날 료마와 나는 그 계획에 대해 이야기를 나누었지. 그 녀석이 무슨 멋들어진 계획을 들고 나오든 자네는 거기에 동조해서는 안 돼. 자네가 할 일은 부모님의 뜻을 따르고 순종하는 것이지, 엉뚱한 녀석들이 벌이는 짓에 끼어드는 게 아니야. 료마는 대단한 친구이긴 하지만, 배움이라고는 없다시피 한 녀석이다 보니 하는 일마다 실수투성이야. 이 점 반드시 유념하고 조심하게. 이 사실을 꼭 명심하게. 충효의 도리를 잊지 말기 바라네."■14

하지만 료마는 교토에 장기간 머무르지 않았다. 그는 교토에 도착하자마자 도사 번 출신자들에게 요시다 도요 습격이 성공했다는 소식을 전해 들었다. 이 상황에서 근왕주의자들에 대한 탄압이 진행되면, 그 역시 신문받기 위해 체포되어 처분을 기다리게 될 가능성이 농후했다. 따라서 료마는 에도 행을 계속하기로 마음먹었고, 1862년 늦여름 에도에 도착했다. 그 무렵 도사 근왕주의자들 가운데 료마의 동지들은 요시다 도요 암살로 형성된 유리한 상황을 맞이하고 있었다. 그들은 교토의 정세를 좌지우지할 수 있게 되었으며, 산조-아네노코지 사절단을 에도에 파견한다는 계획은 구체적인 모습을 갖추기 시작했다. 앞서 언급한 바와 같이, 이 사절단은 12월 중순이 되어 에도에 도착했다.

료마가 에도로 향하던 도중의 행적, 그리고 에도에서의 행적을 담은 분명한 기록은 전해 오지 않는다. 그는 요시다 도요 암살 사건의 수사가 적극적으로 이루어지지 않고 있음을 확인하고 체포될 것이라는 두려움을 덜 수 있었다. 그가 번정에서 주도권을 잡게 된 근왕주의자들과 접촉을 가졌을 것이라는 점에는 의심의 여지가 없으며, 한편으로는 지바 도장에서 그에게 검술을 가르쳤던 옛 스승 지바와 다시 교류하기 시작했다. 료마는 그에게 거처를 제공받고 보호를 받았던 것으로 생각된다.

료마가 처음 외세의 위협에 감정적으로 반발한 이후 자신의 견해를 바꾸었다는 단서는 어디에도 없다. 그가 가졌던 확고한 신념은 탈번의 중요한 동기가 되었다. 그리고 사쓰마 번이 진압한 1862년 여름의 낭인 봉기에 참가하지 못한 것을 틀림없이 원통하게 여겼을 것이다. 료마는 약 8개월간 그런대로 존경받는 무사 사회의 변경에서 도망자 비슷한 생활을 해 나간 끝에, 분명 놀랄 만한 공적을 세워 명성을 떨치고 이를 통해 근왕파 내에서도 선도적인 입지를 굳히고자 갈망했을 것이다. 조슈 번과 도사 번의 근왕주의자들이 교토의 정국을 좌지우지하게 된 이후 새롭게 몰려들기 시작한 폭력의 물결은 그가 이러한 결심을 하게 된 중요한 계기가 되었을 것으로 생각된다. 그리고 다수의 도사 근왕주의자들이 수행원으로 참가했던 산조-아네노코지 사절단의 에도 파견 또한 료마가 그러한 폭력의 대열에 동참하게 된 중요한 원인이라고 볼 수 있다.

어찌 되었든 료마는 가쓰 린타로를 암살하기로 마음먹었다. 린타로는 개국론을 열렬히 지지하여 지사들의 주목을 끌었다. 료마가 어떤 죄목을 들어 그를 암살하려 했을지는 상상하기 어렵지 않다. 나가사키에서 네덜란드어를 배운 서양 학문의 연구자였고, 이이 나오스케가 비준한 조약 체결을 위해 미국에 파견된 외교 사절단의 일원이었으며, 지금은 외국의 통상과 기술 획득을 위해 개국이 필요한 때라고 제안함으로써 그 영향력을 높여 가고 있던 가쓰 린타로는 료마의 암살 대상으로 확실히 이상적인 인물이었다. 적지 않은 관리들이 이보다 못한 구실로도 암살당한 터였다.

료마는 1862년 12월 거사에 나설 준비를 했다. 그는 도사 번주 야마우치 요도의 친구이자 후쿠이[福井: 에치젠 번(越前藩)의 다른 이름] 번주였던 마쓰다이라 슌가쿠를 통해 린타로에게 접근하고자 했다. 마쓰다이라 슌가쿠는 이이 나오스케의 정치적 연금에서 풀려난 뒤 새로 들어선 막부 정권에서 정치

총재의 직책을 맡고 있었다. 요도와 마찬가지로 슌가쿠는 지사들 사이에서 명망 높은 인물이었다. 그는 근왕파의 신뢰를 받는 인물을 측근에 기용하고 있었으며, 종종 과격 근왕파의 의견을 파악할 목적으로 그들의 이야기에 귀를 기울이는 자세를 취함으로써 근왕주의자들의 호감을 샀다. 그중에서도 특히 놀랄 만한 사실은 사카모토 료마와 같은 일개 낭인이 일본의 가장 영향력 있는 정치 지도자인 마쓰다이라 슌가쿠와 아무 어려움 없이 대면할 수 있었다는 점이다.

마쓰다이라 슌가쿠는 훗날 히지카타 히사모토(土方久元)에게 보낸 편지에서 그 당시의 일을 언급한 바 있다. 히사모토는 도사 근왕파의 일원으로 유신기의 혼란 속에서도 살아남아 조정의 고관이 된 인물이었다. 슌가쿠는 출근하기 위해 에도 성으로 향하려던 참에 두 명의 사무라이가 급작스레 자택에 들어와 면담을 요청했노라고 회고했다. 그는 두 사람을 도와줄 용의가 있음을 밝히고, ■15 며칠 후 그들을 초대해 이야기를 들어주었다. 이 두 사무라이는 사카모토 료마와 오카모토 겐자부로(岡本健三郎)였다. ■16 슌가쿠는 다음과 같이 기록했다. "이 두 사람은 순수한 존왕양이의 이상으로 불타오르는 청년들이었다. 나는 그들이 공손한 어조로 전해 준 충고의 뜻을 경청했으며, 그들에게서 매우 호의적인 인상을 받았다. 그러는 가운데 나는 두 사람이 에도에 온 배경을 이해할 수 있었다. 그것은 바로 당시에 떠돌던, 가쓰 린타로와 요코이 쇼난■17이 혹세무민을 일삼으며 정국을 그르치고 있다는 소문을 믿고 있었다." 슌가쿠는 가쓰 린타로와 요코이 쇼난을 소개해 달라는 두 사람의 요청을 수락한 뒤 그들을 배웅했다. 두 사람은 곧장 린타로의 자택으로 향했다. 린타로는 사전에 이 사실을 전해 들었고, 이들이 들이닥치자 다음과 같이 대응했다고 그 편지에 쓰여 있었다. "두 사람이 린타로의 자택에 들어가자 그는 큰 소리로 외쳤다. '날 죽이러 온 건가? 그 때문에 찾아온 거라면, 그전에 먼저 이야기 좀 하세나.' 두 사람은 놀란 나머지 말문이 막혔다." 슌가쿠는 계속해서 회고했다. "하지만 가쓰 린타로의 이야기를 듣고 난 후 두 사람은 그에게 깊이 감화된 끝에 존경심을 품기에 이르렀다." 증오가 헌신으로 뒤바뀐 순간이었다. 며칠 뒤 누군가가 가쓰 린타로를 습격할 것이라는 새로운 소문이 돌자, 료마와 겐자부로는 묵묵히 그의 자택을 경호하면서 주변을 순찰했다. ▪18

이 이야기는 그대로 받아들이기 어려운 측면이 있다. 살해 대상에게 살인 의도를 가진 자를 정식으로 소개한다는 것은 상식적으로 이해하기 어려우며, 린타로가 슌가쿠보다 엄중한 경호를 받고 있었음을 감안하더라도 료마의 행동이 보여 준 수순은 설명하기 곤란한 점이 많다. 더욱이 슌가쿠는 린타로에게 신변 경호를 엄중히 할 것을 분명히 권고했다. 이는 말할 것도 없이 슌가쿠 스스로 두 낭인에게 그들이 살해하려는 대상을 한 번 더 확인시켜 준 셈이 되었다. 그런 만큼 료마는 린타로가 자신을 설득해 올 것이라는 사실을 어느 정도 예측하고 이에 대한 준비도 했을 것이라고 생각된다. 하지만 린타로 본인 역시 습격받으리라고 예상했으며, 당시 료마가 그에게 한 고백을 다음과 같이 기록했다. "료마는 내게 이렇게 이야기했다. '솔직히 말씀드리면 오늘 밤 저는 선생님이 무슨 말씀을 하시든 상관없이 선생님을 해하려 했습니다. 하지만 선생님의 말씀을 듣고는 저의 편협하고 옹졸했던 생각을 반성하게 되었습니다. 선생님, 부디 저를 제자로 받아 주십시오.'"▪19

료마는 어떤 점에서 린타로에게 그토록 깊은 감명을 받았을까? 이들이 나눈 대화의 세부적인 부분까지 재현해 낼 수는 없지만, 린타로의 애국심과 서양 국가들의 요구 사항에 대한 분개를 확인하고는 결국 암살자의 검을 거두어들였을 것이라는 사실을 어렵지 않게 짐작할 수 있다. 일본의 개국은 국가의 힘을 기를 수 있는 기회가 될 것이며, 서양의 과학 기술을 창조적으로 받아들이는 것은 부국강병과 국위 선양을 위한 새로운 기회를 열어 줄 것이라는 사상은 료마 자신의 '편협하고 옹졸한' 생각을 돌아보게 만든 결정적인 계기로 작용했을 것이다.

이 당시 료마와 린타로가 나눈 대화가 상세한 기록으로 남아 있는 것은 아니지만, 린타로가 수개월 후 조슈 번의 근왕주의자 기도 고인(木戸孝允)과 만났을 때 료마에게 한 것과 같은 방식으로 그를 설득했음은 틀림없는 사실일 것이다. 1863년 6월에 린타로가 쓴 일기를 살펴보면, 그가 기도 고인과 그의 동료에게 일본이 아시아의 맹주가 될 가능성에 대해 다음과 같이 설득했음을 알 수 있다. "우리는 조선의 정세에 대해 이야기를 나누었다. 나는 이들에게, 오늘날 아시아 전체를 통틀어 유럽 국가들에 어떤 식으로든 저항을 하고 있는 나라는 존재하지 않는다고 이야기해 주었다. 아시아 국가들은 유럽을 단지 조잡한 수준으로 모방하고 있을 뿐, 어느 나라도 장기적인 정책을 세우고 있지 못하는 이야기도 함께 해 주었다. 이제 우리가 해야 할 일은 우리 나라에서 배를 띄워 보내, 아시아가 존속해 나가려면 서로 연대를 맺어 강력한 해군을 건설해야 하며, 만약 과학 기술을 제때에 개발하지 못한다면 서양의 군홧발에 짓밟히는 운명을 피할 수 없다는 사실을 아시아 모든 국가의 지도자들에게 강하게 인식시키는 것이다. 그러기 위해서는 먼저 우리 나라와 가장 가까이 있는 조선과 교섭을 시작하고, 이어서 중국과도 교섭해 나가야 할 것이다. 두 사람은 이러한 내 의견에 전적으로 동감했다."■20

이제 료마는 수긍할 만한 계획을 가진 한 사람의 지도자를 만날 수 있었다. 료마의 급작스러운 노선 전환은 언뜻 보기에는 변덕스러움이나 천박함, 아니면 제대로 된 대안을 갖지 못한 행동으로 비칠 소지도 있었다. 하지만 그가 이전에 갖고 있던 경험과 사고가 제한적이었다는 사실을 감안하는 편이 더 현명할 것이라고 생각된다. 대부분의 동료 지사들이 그랬던 것처럼,

료마의 경험과 지식은 엄격히 규제된 관습적인 굴레에서 벗어나지 못하고 있었다. 정신적 측면에 대한 요구가 제한적인 검술 수련만이 그가 가진 경험의 대부분이었다. 료마는 자신이 속해 있는 사회와 나라의 울타리 안에서 모든 일들이 바람직하게 돌아가고 있지 않다는 사실을 처음으로 인지하게 되면서, 이에 대해 감정적이고 극단적인 방식으로 반발했다. 그가 초반에 가지고 있던 반외세주의적 광분과 공포는 난폭하고 비이성적인 충동에 가까웠으며, 도사 근왕당에 가입하면서 음모와 술수가 주는 흥분을 만끽하기도 했다. 초반의 이런 발작과도 같은 행태에는 이성 따위가 개입할 여지가 없었다. 하지만 료마는 구체적이고 합리적인 행동 계획을 빠르게 받아들였는데, 이는 그가 이 정도 수준에서 어떤 일을 해 본 적이 없었기 때문이었다. 결과적으로 그는 나라를 부강하게 만들고 외세를 축출하기 위한 가장 효과적인 방법은 그들의 기술과 제도를 받아들여 이용하는 것이라는 사실을 배울 준비가 되어 있었다. 그리고 료마에게 이를 가장 효과적으로 보여 줄 수 있었던 사람은 재치 넘친 가쓰 린타로밖에 없었다.

더욱이 가쓰 린타로의 문하에 들어감으로써 옛 동지들과의 협력이 차단되거나 한 것은 전혀 아니었다. 뒤에 언급할 린타로의 계획에는 열정 넘치는 수많은 젊은이들의 참여가 요구되었고, 료마는 사람들을 모으는 데 매우 뛰어난 재능을 발휘했다. 게다가 린타로와 교류하고 있던 마쓰다이라 슌가쿠는 야마우치 요도와도 긴밀한 관계를 유지하고 있었으며, 결과적으로 잘못된 판단이기는 했지만 요도는 여전히 도사 근왕파의 기대를 한몸에 받고 있었다. 그런 만큼 료마는 도사 번 동지들의 대의를 도와줄 것이라는 판단을 내릴 수 있었다. 1863년 1월 하순, 료마는 그의 근왕파 동지들 여러 명이 마쓰다이라 슌가쿠를 방문할 수 있도록 주선했다. 한 달 뒤 그는 새로운 조언자가 된 가쓰 린타로와 함께 오사카로 향했다.

야마우치 요도는 가쓰 린타로를 알고 있었으며, 린타로는 요도와 처음으로 대면했을 때 료마를 변호해 주었다. 1863년 3월 초순, 린타로와 마쓰다이라 슌가쿠는 쇼군의 상경 준비를 위해 배편으로 오사카로 향했다. 요도는 마침내 상경해 달라는 교토 측의 요구를 받아들이기로 결정했고, 요도와 린타로를 태운 배는 도중에 시모다 항에 정박했다. 요도는 마쓰다이라 슌가쿠와 린타로를 초대하여 회동을 가졌다. 장시간 유쾌한 대화가 이어지는 가운데 린타로는 요도에게, "제 문하에는 귀공이 다스리는 번 출신자가 8~9명 있으며, 이 중에는 사카모토 료마라는 자도 있습니다. 이들은 모두 바른 생각을 갖고 있습니다."라는 이야기를 건넸다. 술자리에서 언제나 화기애애한 분위기를 유지했던 요도는 탈번자인 료마를 용서해 달라는 부탁을 흔쾌히 수락했다. 술자리에서 한 약속이 제대로 이행되지 못할 것을 우려한 린타로는 료마의 사면을 공식화해 달라고 요구했다. 4월 19일이 되어 도사 번은 료마를 공식적으로 사면하였다. ■21

료마는 자신이 나아갈 길을 찾았고 이제야 지도자를 찾았다는 생각을 가질 수 있었다. 이때의 의기양양한 마음은 수개월 후 누나 오토메에게 보낸 밝은 분위기의 편지에 잘 드러나 있다.

사람의 앞일은 아무도 내다볼 수 없나 봅니다. 욕조에서 나오는 순간에 급소를 가격당해 목숨을 잃고 만 운 나쁜 친구도 있으니까요. 그에 비한다면 저는 정말로 운이 따르나 봅니다. 저는 죽음의 문턱까지 가 봤지만, 죽지는 않았어요. 제가 생각하기에는 죽을 운명이었지만, 죽지 않고 살아 있지요. 이제 저는 가쓰 린타로라는 일본에서 가장 훌륭한 분의 제자가 되었고, 날마다 제가 꿈꾸어 온 이상을 실현하기 위해 노력하고 있답니다. 마흔 살까지밖에 살지 못할지언정, 저는 이곳을 떠나 고향으로 내려갈 생각은 없어요. 형님께도 이 이야기는 해 드렸고, 형님은 기분 좋게 허락해 주셨답

니다. 저는 고향과 조국을 위해 제 모든 것을 바칠 각오입니다."■22

가쓰 린타로가 새로운 측근이 된 이 청년에게 열성적인 기대를 가졌음은 분명하다. 린타로는 훗날 집필한 『해군역사(海軍歷史)』라는 책에 다음과 같은 기록을 남겼다. "도사 번 출신의 사카모토 료마라는 남자가 내 문하에 들어온 것은 나에게는 행운이었다. 그는 우리가 진행했던 계획에 가장 열심히 참가했으며, 우리에게 많은 열정을 불어넣은 인물이기도 했다."■23

효고
해군조련소

해군조련소와 조선소를 신설하려는 가쓰 린타로의 계획은 료마의 행동력과 열정을 필요로 하는 일이기도 했다. 이는 1863년 봄 오늘날 고베 인근의 해안 마을인 효고(兵庫)에 세워졌다. 해군조련소는 이해 4월 21일부터 7월 31일에 걸쳐 이루어진 쇼군 도쿠가와 이에모치(德川家茂)의 교토 방문에 따른 결과였다. 그해 봄 린타로의 교토행(이때 야마우치 요도의 료마 사면이 이루어졌다)은 이에모치의 상경 준비를 위해 이루어졌고, 린타로는 이에모치가 교토 일대를 방문했다는 점을 최대한 활용하여 쇼군에게 이 일대의 내해 방어 태세가 제대로 갖추어져 있지 않은 사실을 보여 주었다.■24 이어서 그는 오사카와 사카이의 취약성 및 오사카 지역의 조선 시설과 선박 유지 시설이 부족함을 지적한 건의서를 제출했다. 1863년 5월 11일 막부가 효고에 해군조련소와 조선소를 신설하라는 명을 내림으로써 그의 주장은 결실을 맺었다. 이전에 나가사키에 설치되었던 시설들이 효고라는 새로운 중심지로 이전되

258

었으며, 가쓰 린타로는 이 계획의 책임을 맡았다. ■25

　이 임무를 맡게 된 린타로에게는 료마와 같은 조수가 필요했다. 막부의 지원은 사실상 없다시피 했기 때문에 이에 필요한 자금과 해군 자원을 각 번으로부터 조달해야 했음은 자명한 일이다. 필요한 인원은 오사카 지역의 막부 가신들 중에서 우선 선발했으며, 부족한 인원은 기타 번에서 보충해야 했다. 막부는 각 번에 자금을 지원하도록 할 강제력이 없었기 때문에, 번들로부터 후원금을 얻어 내기 위해서는 그들과의 교섭에 임해야만 했다. 상위직에서 하위직까지 새로이 들어선 해군조련소의 각 부처에 배치할 다양한 수준의 인재들을 모으는 것 또한 재정 문제에 못지않은 시급한 과제였다. 가쓰 린타로는 자신의 정책에서, 해군조련소가 단지 막부 부속 기관이라는 좁은 시각을 벗어나 거국적이면서도 공동의 노력을 지지한다는 진정성을 보여 주었다. 그는 자신의 막하로 들어온 인재들의 출신이나 신분에 대해서는 사실상 불문에 부쳤다. 이러한 행동은 막부 내 보수파의 불만을 샀고, 그 결과 1864년 11월 낭인들을 숨겨 주었다는 이유로 그는 면직을 당했다.

　하지만 면직당하기 전까지 료마는 린타로의 계획을 충실히 보좌했다. 그는 근왕파의 일원으로 동료 지사들의 신뢰를 한몸에 받고 있었기에, 자신처럼 출신이 한미하면서도 높은 뜻을 가진 인재들을 영입할 수 있었다. 이와 더불어 새로 모시게 된 스승에 대한 성실한 태도가 그의 진정성 및 능력과 어우러지면서, 료마는 가쓰 린타로가 추진하던 교섭 활동에서 가장 이상적인 조정자가 될 수 있었다.

　료마 자신의 성장에 더욱 중요하게 작용한 것은 가쓰 린타로를 보좌하는 가운데 막부의 조언자들 중에서도 가장 진보적인 사람들과 접촉할 수 있었다는 점이다. 쇼군에게서 천황으로 정권 이양, 즉 대정봉환이 평화적인 과정을 통해 이루어질 수 있다는 가능성을 그가 처음 듣게 된 계기도 바로 이들과의 접촉을 통해서였다.

1863년 3월 초, 료마 그리고 린타로의 계획을 위해 료마가 영입한 몇 명의 도사 번 출신 동료들은 린타로의 친구이자 지원자였던 오쿠보 이치오와 회동을 가졌다. 반쇼시라베쇼의 총재, 외국부교(外國奉行)[3] 등을 역임한 오쿠보 이치오는 서양에 대한 폭넓은 지식을 가진 인물이었다. 오쿠보 이치오는 서양의 정치 제도에 대한 견문을 통해, 일본의 통일을 위해서는 쇼군을 기존의 권력과 직책에서 퇴진시킨 다음 스루가(駿河)[4], 도토미(遠江)[5], 미카와(三河)[6] 지방의 직속 영지만 다스리게 하는 편이 좋다는 생각을 발전시켜 나갔다. 이런 점에서 그는 새롭고 실질적인 국민 정부를 조직하는 데 주도적으로 관여한 인물로 후세에까지 기억될 수 있었다. 정부 구상에 관한 오쿠보 이치오의 구상은 5년에 한 번씩 오사카 또는 교토에서 유력 다이묘들의 회동을 개최하는 한편, 에도에서는 소규모 다이묘들의 회의를 별도로 개최한다는 방향으로 구체화되어 갔다. 이와 같은 이원제(二院制) 구상은, 아직 미숙한 부분도 없지 않았지만, 근대 일본사에서 입헌 제도의 선구적 형태에 해당한다. 또한 이러한 구상이 막부 관료의 머릿속에서 나왔다는 사실은 더욱 특기할 만하다. 최근 연구에 따르면, 이러한 사상은 오쿠보 이치오로부터 마쓰다이라 슌가쿠로, 그리고 가쓰 린타로에게로 전파되어 갔다.[26] 그리고 그러한 사상의 흐름이 료마에게도 전해졌다. 린타로의 이야기를 듣고 3월 7일 료마가 남긴 기록에 따르면, 린타로는 쇼군 스스로 관직과 직함을 포기해야 한다고 역설함으로써 에도 성 오히로마(大廣殿)[7]에 출두한 보수파들을 경악하게 했다고 한다. 이로부터 5년 후 평화적인 권력 이양에 크게 기여하게 되는 료마는, 이와 같은 가능성을 가쓰 린타로 휘하에 있는 동안 처음으로 접할 수 있었다.[27]

가쓰 린타로가 료마에게 중요한 임무를 맡길수록 새로운 삶에 대한 료마의 열망은 더욱 커져 갔다. 쇼군이 교토에 체류하면서 아네노코지 긴토모 등의 구게들로부터 철저한 양이 정책과 외국인 추방 정책을 채택하라는 압력을 받고 있던 그해 6월, 린타로는 료마를 시켜 해안 방위에 대한 그의 저서 몇 권, 그리고 세바스토폴(Sevastopol)[8]에 관한 네덜란드인의 저작물 번역본을 소장파 구게 아네노코지 긴토모에게 전달하도록 했다. 교토의 젊은 구게들과 긴밀한 관계에 있던 다케치 즈이잔과 마자키 소로의 친구이기도 했던 사카모토 료마는 이러한 임무에 특히 적합한 인물이었다고 판단된다. 이 자료들은 아네노코지 긴토모에게 정중히 전달되었다. 하지만 이 젊은 구게는 그 직후 암살당했고, 이로 인해 린타로의 노력은 수포로 돌아갔다. [28] 그럼에도 불구하고 이처럼 중요한 임무를 맡게 되었을 때 료마가 얼마나 의기양양해했을지는 상상하기 어렵지 않다.

과격 근왕파들의 난폭하고 위험천만한 행각은 가쓰 린타로를 따르는 지사들에게도 영향이 미치지 않을 수 없었다. 린타로의 일기에는 도사 번 출신자들이 주변의 분위기에 휩쓸려 날뛰기 시작했다는 내용이 기록되어 있다. "어젯밤에 5명 또는 6명이 암살되었다는 이야기를 들었다. 도사 번 출신으로 내 밑에 있는 다도코리 시마타로(田所嶋太郎)는, 그의 동지들이 근왕주의 이상을 실현하지 못한 까닭에 몹시 분개해 있으며 그들이 300명을 모을 비밀 계획을 세우고 있다는 이야기를 전해 주었다." [29] 하지만 료마는 자신을 따르는 낭인들, 그중에서도 특히 도사 번 출신자들 가운데에서 린타로의 계획에 협력할 자들을 차출하는 일을 계속했다. 이렇게 선발된 도사 번 출신 낭인이, 미행하던 자객의 손에서 가쓰 린타로의 목숨을 구한 적이 적어도 한 번 이상은 있었다. [30] 따라서 료마는 린타로 휘하에서 중요한 역할을 수행하고 있다는 성취감을 느낄 수 있었고, 린타로 역시 도사 근왕주의자들로부터 요긴한 도움을 받았을 뿐만 아니라 신변의 안전까지 보장받았다.

1863년 6월, 린타로는 료마에게 더욱 중요하면서도 어려운 임무를 맡겼다. 효고 해군조련소는 다이묘들의 기금으로 운영되고 있었지만, 이에 공감하여 기금을 출연해 달라는 요청에 제대로 호응하는 다이묘는 찾아보기 어려웠다. 당연히 린타로는 그 무렵 영지인 후쿠이 성에 귀환해 있던 친구이자 지원자인 마쓰다이라 슌가쿠에게 눈을 돌렸다. 7월 1일 린타로는 료마를 후쿠이 성에 파견했으며, 이는 이 해 여름에 이루어진 료마의 두 번에 걸친 파견 가운데 첫 번째였다. 이 임무 덕분에 료마는 일본에서 가장 젊고 유능한 봉건 정치가들 몇 사람을 만날 기회를 얻었다. 그중 한 명은 반년 전 료마가 암살을 계획하면서 처음 만난 요코이 쇼난으로, 그는 슌가쿠의 뛰어난 조언자이기도 했다. 두 사람은 국정에 대해 수많은 이야기를 나누었다. 그런 한편 료마는 후쿠이 번 사무라이들 사이에서 애주가이자 식도락가로 인정받기도 했다. 이처럼 후쿠이 번 가신들과 친교를 다져 가는 가운데, 그는 마쓰다이라 슌가쿠의 가신들 가운데 대표적인 인재였던 유리 기미마사[由利公正: 당시에는 미오카 하치로(三岡八郞)라고 불렸다)]와도 만남을 가졌다. 그와 대담을 나누는 가운데, 료마가 이전에 들었던 쇼군 하야 문제를 거론했을 가능성도 생각해 볼 수 있다. 왜냐하면 요코이 쇼난 역시 이러한 평화적 해결책을 지지했기 때문이다. 어찌 되었든 료마의 후쿠이 성 방문은 향후 일본에 지대한 영향을 미치는 인물들과 긴밀한 관계를 맺게 해 준 동시에, 국정과 국가의 앞날에 대한 그의 시야를 넓히는 계기가 되었다. 이와 더불어 그는 5,000냥의 자금도 확보할 수 있었다. ▪31

이후 몇 달 동안, 료마에 대한 가쓰 린타로의 신뢰와 애정은 더욱 깊어 갔다. 1863년 12월 초에 그는 료마를 데리고 에도로 갔으며, 그 달 말에 료마는 해군조련소의 훈련 책임자로 임명되었다. 료마가 에도에 체류하던 시기에 도사 번 당국은 그의 신병을 소환하려고 시도했다. 가쓰 린타로가 에도에 체류하고 있던 도사 번 관헌에게 보낸 서신은 이러한 도사 번의 시도를 보여 주는 근거이기도 하다. 물론 료마는 소환에 불응했다. 린타로의 서신에서는 료마가 그의 측근으로서 중책을 맡고 있으며, 이번 에도 방문도 해군조련소에서 맡고 있던 수석 조교로서의 임무와 관련되어 있다고 언급했다. 린타로는 자신이 메쓰케(大目付) 신분임을 환기시키면서 요도와 개인적으로 만나 료마의 신분에 대해 논의한 바 있으며, 이번에도 큰 어려움 없이 일이 마무리되길 희망한다고 했다. ■32 하지만 린타로의 노력에도 불구하고 도사 번에서는 료마를 소환하겠다는 주장을 굽히지 않았다. 린타로의 설득이 실패하면서, 료마는 다시금 낭인이 되고 말았다.

료마는 효고 해군조련소에서 약 18개월 동안 린타로의 조수로 일했다. 이 시기는 그의 인생에서 일대 전환점이라고 할 수 있다. 검술가로서의 용기는 여전했고, 근왕의 대의를 드높이 외치던 기개 역시 이전과 달라진 것이 없었다. 하지만 이 시기 가쓰 린타로나 오쿠보 이치오와 같은 인물들과의 광범위한 접촉과 사고의 성숙 과정을 반영하듯, 이제 료마는 용기와 기개는 물론 새로운 정치적 식견마저 갖추게 되었다.

료마가 누나 오토메에게 보낸 수많은 편지에는 그가 새로 맡게 된 임무를 어떻게 바라보았는가 하는 내용이 구구절절이 나타나 있다. 그리고 이때 그가 보여 준 행보에는 일정 부분 야심과 허세가 작용했다는 사실 또한 이 편지들에 숨김없이 담겨 있다. 그는 오토메에게 자신의 새로운 역할에 대해 다음과 같이 전했다.

최근 들어 저는 우리 나라에서 최고라고 할 수 있는 군사 전문가인 가쓰 린타로 선생님의 제자가 되었어요. 그는 아주 훌륭한 분인 동시에 진정한 선구자이십니다. 얼마 전부터 우리는 오사카에서 10리 밖에 있는 효고라는 곳에 대규모의 해군조련소를 세우려는 작업에 착수했답니다. 거기서 우리는 200~300척 길이의 배를 여러 척 건조할 거예요. 우리는 400~500명의 인재들을 모았고, 그들 대부분은 장남이 아니랍니다. 저는 다카마쓰 다로(高松太郎)를 비롯한 동료들과 함께 새로운 기술을 연마하는 중이며, 얼마후에는 승선 훈련도 받을 겁니다. 조만간 해군조련소의 훈련선을 타고 도사에 갈게요. 그때 뵈어요!

이 편지를 통해 료마가 얼마만큼 자신의 임무와 역할에 만족했는지를 분명히 알 수 있다. 다음에 언급한 부분은, 만족감이 지나쳐 누나에게 사과해야 할 정도라는 것을 본인 스스로 느끼고 있었음을 보여 준다. "간혹 '에헴' 하는 기분을 가질 때도 있는 것 같아요. 하지만 그건 어디까지나 편지에서뿐이고, 다른 사람들 앞에서는 근엄하게 보이도록 한답니다."■33

주어진 임무의 책임이 막중할수록 료마는 더욱 큰 만족감을 느꼈다. 1863년 8월에 료마가 오토메에게 보낸 편지에는 이전에 보낸 것보다 더욱 분방한 모습을 보여 준다. 이때 료마가 쓴 장문의 편지에는 당시 그가 처해 있던 상황이 잘 나타나 있다. 다음과 같이 이 편지의 전문을 수록했다.

이 편지는 그 누구에게도 보여 주거나 이야기하면 안 되는 것이니, 부디 조심히 다루어 주세요. 제가 20일에 누님께 편지를 썼었는지 기억이 잘 나지 않네요. 하지만 어제 스기(杉)로부터 누님이 보내 주신 편지를 받았어요. 편지 감사히 잘 받았어요.

저는 요즘 아주 잘 지내고 있습니다. 어느 거대 번의 작태는 정말 신경이 쓰이네요. 만일 당장이라도 어떤 문제가 일어난다면 저는 이삼백 명쯤 되는 제 수하들을 데리고 그에 대처해 나갈 겁니다. 돈 문제를 말씀드리면, 지금 열 냥에서 스무 냥 정도의 돈은 갖고 있습니다. 덕분에 마음이 좀 놓이네요. 그러나 지난달에 조슈 번이 서양 선박에 6발의 포격을 감행하여

전쟁을 개시한 것 때문에 마음이 좋지만도 않습니다. 이런 행동은 일본에 아무런 이득도 주지 못하는 일이지요. 전 조슈 번의 행동에 한 치도 공감할 수 없습니다. 조슈 번의 포격을 받은 배는 지금 에도에서 수리 중에 있고, 수리가 끝나는 대로 그들은 조슈로 뱃머리를 돌릴 겁니다. 이것은 모두 에도의 무뢰배들이 서양 오랑캐들과 한통속이기 때문에 일어난 일이지요. 하지만 그 무뢰배들이 권력을 잡고 있다고는 해도, 제가 두세 명의 다이묘들과 손잡고 일어난다면 그들도 나라에 대해서 생각해야 할 겁니다. 그렇게 되면 우리도 행동에 나설 수 있는 겁니다. 제가 에도에 있는 동지들(누님도 아시다시피 이분들은 다이묘나 하타모토들이지요)과 합류해서 그 악독한 탐관오리들을 뒤쫓아 가 처단할 것입니다. 일본을 정화한다는 것은, 저의 확고한 신념이기도 합니다. 제가 앞서 이야기했던 그 거대 번은 이제 저의 이상에 완전히 공감하고 있으며, 그들의 대표자들은 제게 그들의 기밀 사항을 이야기해 주고 있습니다. 그렇다고는 하지만 저는 아직 아무런 직책에도 임명받지 못하고 있어요. 우리 나라에 저 같은 유형의 인물이 더 존재하지 않는다는 사실은 안타까운 일이네요.

어제 받은 누님의 편지를 통해서, 누님이 출가하여 깊은 산 속에 은거하고 싶어 하신다는 사실을 알게 되었어요. (그래요, 에헴!) 꽤나 흥미로운 생각이지만, 누님께서 지금 출가하기엔 늦은 게 아닌가 싶네요. 세상이 어수선하게 돌아가는 요즘 같은 때 출가하시는 거라면, 빛바랜 가사를 걸친 탁발승 행세를 하는 편이 아무래도 좋을 것이라고 생각해요. 그렇게 한다면 나가사키에서 홋카이도의 마쓰마에(松前)까지 돈 한 푼 안 쓰고 가실 수 있을 겁니다. 그렇게 하실 거라면 우선 진언종(眞言宗)의 경문(經文), 관음종(觀音宗)의 경문, 잇코종(一向宗)"" **9**의 경문, 그리고 아미타경을 읽어 두셔야 할 거예요. 이런 불교 경전들은 운율을 따라 읽어야 하는데, 배우기가 꽤나 어렵지요. 그렇지만 몬토슈(門徒宗)"" **10**가 도처에 널려 있으니 이들의 도움을 받아 불경을 익히고 배워 나가는 것도 괜찮을 듯합니다. 아마도 꽤 보람차고 유쾌한 경험이 될 거예요. 아마 이 일들은 매우 흥미롭게 진행되겠지요.

만일 누님이 진언종 승려가 되어 진언종 사찰에 가게 되면 거기서는 진언종 경문을 공부할 것이고, 잇코종 사찰에 머무르실 때면 잇코종 경문을 공부하시겠지요[신란(親鸞)*11 선사가 그러셨던 것처럼, 누님도 발길 닿는 곳마다 설법에 나서 보세요. 그것만으로도 이야깃거리가 될 것 같네요]. 저잣거리에 들어가서 밤낮을 가리지 않고 불경 공부에만 몰두한다면 무척 많은 돈이 모일 거예요. 이건 제가 확신합니다. 이것이야말로 가장 흥미로울 일이겠지요. 따지고 보면 세상이라는 것 그다지 대단하지 않아요. 까짓것 출가 한번 해 보는 거지요, 망설이지 마시고! 인생, 빈손으로 왔다가 백골만 남기고 가기밖에 더 하겠어요?(이런, 이런!)

하지만 누님께서는 알아 두셔야 합니다. 이런 일은 다른 사람들에 대한 생각 없이 누님 독단으로 결정할 일이 아니에요(미리 말씀드리지만, 제가 별 볼일 없이 초라하게 늙어 죽는다면 혼백이 되어 누님 앞에 나타날 겁니다). 이런 일을 고려할 때에는 다른 사람들의 입장과 바람도 함께 염두에 두셔야 해요. 제 경우야 아시다시피 누님이 아직 어릴 때 내린 결정이었지만요. 남편감을 찾는다면 그저 겉모습만 번지르르한 미남자만 좇아서는 안 되겠지요. 누님은 기백을 가진 강인한 여장부니까요. 해질 녘에 한두 명의 친구와 함께 길을 걷다가 강도라도 맞닥뜨린다면, 누님은 그놈들을 쫓아가 때려눕힐 분이고요.

저는 지금 상황을 길게 끌고 갈 생각은 없어요. 하지만 범부들과 같은 방식으로 생을 마감할 생각도 갖고 있지 않습니다. 제가 살아서 나라를 위해 큰 기여를 하지 못할지도 모르겠지만, 그렇다고 제 존재가 별 볼일 없다고는 생각지 않아요. 저 자신이 허무하게 죽을 만큼 허점투성이는 결코 아니니까요. 하지만 진지하게 생각해 보면, 도사의 이름 없는 일개 하급 무사인 제가 오로지 제 힘만으로 나라를 완전히 변혁시킬 수 있다고는 생각지 않습니다. 저는 자만심 같은 것은 결코 갖고 있지 않습니다. 오히려 그 반대이지요. 저는 저 자신이 연못 밑바닥에 있다는 생각, 그리고 제 코가 석 자라는 생각을 결단코 버리지 않을 것입니다. 그러니 저에 대한 심려는 놓으

셔도 좋습니다. ■34

료마

일본에서 대중적으로 존경받는 영웅이 거칠고 토속적인 유머로 써 내려 간 이 편지는 굉장히 흥미롭다. 이 편지에는 승려가 되는 것은 나약한 자들에게나 어울리는 일이지, 여성이라 하더라도 여장부 소리 듣는 사람이 그런 식으로 삶의 위안을 찾아서는 안 된다는 이야기가 들어 있다. 이 시대가 위대하고 용감한 인물을 원하고 있으며, 자신은 그런 자질을 충분히 갖추고 있다고 믿었다. 그리고 편지의 말미에 자신감을 잃은 듯한 표현이 있기는 하지만, 이 편지에는 지나친 자부심이 담겨 있어 그 모든 것을 유머로 일축해서는 안 된다. 다케치 즈이잔은 한때 료마를 허풍선이라는 뜻의 '호라 후키(ほら吹き)'라는 별칭으로 불렀던 적이 있으며, 이런 점은 오토메도 상당 부분 동의했을 것으로 예상된다. 어쨌든 이 자부심 넘치는 편지는 계급과 신분 탓에 미래의 밝은 전망을 포기하고 폭력과 좌절로 점철된 길을 선택해야만 했던 과거의 삶과 비교했을 때, 료마가 새롭게 가게 된 길을 얼마나 만족스럽게 여겼는지를 생생하게 보여 준다. 몇 년 후 료마는 오토메에게 보낸 편지에서 이에 대해 간략히 언급했다. 1865년 나가사키에서 쓴 편지인데, 료마는 "집과 같은 곳에서는 야망이 길러지지 않습니다. 누님 또한 그저 무료하게 허송세월하는 어리석음을 되풀이하고 계신 건 아닌지요?"■35라고 썼다. 가쓰 린타로의 문하에 들어간 것이 이 정도로 대단한 선택이 되었다는 것은 의심의 여지가 없다.

효고에서의 임무는 목숨을 건 희생을 요구하는 것이 아니었기 때문에 평온한 삶을 원하는 연습생이나 관리들에게도 한층 높은 호응을 얻었다. 료마와 그의 동지들은 도사 번 및 기타 지역의 근왕주의자들과도 긴밀한 관계를 유지했는데, 앞서 수록한 편지에서도 언급되었듯이 료마 일행은 그들의 경솔함을 비판하고 실책에 대해 개탄하기도 했다. 그들은 여전히 스스로를 근왕주의자이자 지사로 여겼다. 사실 료마가 린타로의 도움까지 받으면서 부친 살해범을 찾아 복수하려는 친구를 도와주려는 바람에, 효고 해군조련소가 일시 휴교한 적도 있었다. ▪36

앞서 언급한 료마가 오토메에게 쓴 편지에는 그가 변함없이 근왕주의의 대의를 견지하고 있음을 보여 주는 내용이 담겨 있다. 에도의 관리들은 '무뢰배'이고, 료마는 동지들과 함께 나라를 '정화'하기로 결심했다는 내용이 들어 있다. 지사의 '드높은 뜻'에 관해 한층 진지하게 언급한 구절은, 1863년 7월 31일 친구 이케 구라타의 부모에게 보낸 편지에 나와 있다. 이케 구라타는 교토의 근왕주의자 대열에 합류하기 위해 막 탈번한 상황이었다. 이책에서 이미 일부분이 언급된 바 있는 이 편지는 료마의 근왕주의적 신념을 상세히 보여 주는 자료라는 점에서 가치가 있다. 따라서 전문을 여기에 수록하는 것도 큰 의미가 있을 것이다. 이 편지는 야마우치 요도가 도사에 귀환한 직후 쓴 것이다. 교토에서 시도되었던 유력 다이묘들의 협력은 정치 구조에 어떠한 변혁도 가져오지 못했고, 심지어 쇼군의 교토 방문 또한 가시적 성과 없이 끝나고 말았다. 지사들이 스스로 행동에 나서고자 결단을 내리는 것을 그 누가 비난할 것인가? 료마는 다음과 같이 썼다.

구라타가 탈번하게 된 사정은 이렇습니다. 요즘 들어서 조정을 위한 행동은 성공을 거두지 못하고 있습니다. 우리가 모시는 도사 번주를 필두로 여러 다이묘들은 영지로 돌아가 버렸습니다. 구라타가 가슴 아파하는 것은 요도 공께서 나라의 안위를 걱정하는 말씀을 하시면서도 어려움을 너무 크게 인식하여 에도에서, 다음으로 교토에서 갈팡질팡했다는 점입니다. 그리고 일이 잘 풀리지 않자 번주께서는 몇 가지 구실을 들어 번으로 돌아가셨고, 쇼군께서도 에도로 귀환하셨습니다.

　우리가 '신슈(神州)'라고 부르는 나라에 대한 충성심은 그분들에게는 아무런 감흥도 주지 못하는 것이 분명합니다. 그분들은 천황 폐하께 대권을 돌려드린다는 사상에 대해서도, 왜 그런 행동이 필요한가에 대해서도 이해하지 못하고 있습니다. 이러한 때에 우리 하급 무사들이 천황 폐하의 심려를 헤아려 실천에 옮겨야 할 일은 무엇이겠습니까? 어르신께서는 조정이 고향보다도, 그리고 양친보다도 더 존귀하다는 사실을 잘 알고 계시리라 믿습니다. 이러한 시국에 친지들과 자신의 번을 뒤로하고 어머니, 아내, 자식들을 내팽개치는 것을 마치 자신의 책무를 도외시하는 범죄 행위로 간주하는 발상, 이것이야말로 저 어리석은 관리들의 머릿속에서나 나올 법한 생각입니다. 하지만 여전히 혼란스러운 부모님들은 관리들과 마찬가지로 '고국'이니 '고향'이니 하는 궤변에 현혹되어 결국에는 자식들이 가야 할 길을 가로막아 버리고 맙니다. 지금과 같은 시절에 어르신과 구라타의 처가 하찮은 이야기만 주고받으며 탄식만 내뱉으신다면, 구라타는 분명 어르신을 부끄러이 여길 것입니다……. ■37

이 편지를 통해, 천황에게 더 많은 권력이 부여되어야 한다는 주장이 변함없이 이어지고 있음을 알 수 있다. 료마는 이외의 다른 선택 사항들은 모두 고려 대상에서 제외시킬 작정이었으며, 봉건적인 충절이나 가족에 대한 의무가 우선시되어야 한다는 견해는 그에게는 통할 수 없었다. 가쓰 린타로의 문하에 들어갔어도 그의 근왕주의적 신념은 무너지지 않았다.

　그렇지만 린타로의 문하에서 일했던 시기에 료마는 국가 정치에 대해 많은 것을 배울 수 있었다. 그중에서도 린타로를 지근거리에서 수행했던 1864년 늦여름부터 초가을에 걸친 시기는 더욱 그러했다. 두 사람이 함께 여행을 하면서 국가 정치에 대한 견해는 점점 하나가 되어 갔다. 가쓰 린타로가 군함부교라는 에도 막부의 요직을 역임한 만큼, 그의 조수 역시 국정 무대로 나아갈 수 있는 절호의 기회를 가질 수 있었다. 이미 1863년 여름, 료마는 오토메에게 보낸 편지에서 때를 기다리지 못하고 날뛰는 자들을 비판했던 적이 있다. 그 이전에 가쓰 린타로를 암살하려 했던 이 검객은 이제 괄목할 정도로 성장했다. 하지만 그가 얻게 된 배움의 기회 역시 평범한 경우에 해당하지는 않았다.

그러한 료마의 배움은 시모노세키 해협에서 외국 선박에 포격을 감행한 조슈 번을 징벌한다는 명목으로 외국 함대가 출동했을 때에도 계속 이어지고 있었다. 이 사건과 관련된 정치적 상황은 에도 막부의 부패와 조슈 번의 경솔함을 나타내는 명백한 증거로 널리 인용된다. 이보다 앞서 막부는 1863년 조정에 서약한 내용을 토대로 하여 해외 각국에 사절단을 보냈다. 하지만 이들은 각종 통상 조약을 통해 일본으로부터 얻어 낸 이권을 포기하도록 서양 국가들을 설득하는 데 실패했으며, 더욱이 조슈 번의 포격으로 발생한 선박 피해를 배상하라는 프랑스의 요구를 실질적으로 수용하고 말았다. 게다가 막부 사절단은 필요하다면 프랑스의 협조를 얻어 시모노세키 해협의 재개방에 착수하겠다는 약속까지 해 주었다. 그런데 막부가 이러한 요구의 수용을 거부하자, 17척의 군함으로 편성된 서양 국가들의 연합 함대가 1864년 9월 초 시모노세키 해협에 진입했다.

영국의 가고시마 공격 때 가졌던 막부의 견해와 마찬가지로, 시모노세키 사건에 대한 막부의 태도가 이중적이라는 인식을 일본 사회 대다수 식자층이 공유하고 있었다. 몇몇 관료들(가쓰 린타로도 그 일원이었음은 분명하다)은 일본의 국토가 외세의 침공을 받게 된다는 점에서 지대한 관심을 보였지만, 이와는 달리 국내 이익에 시선을 돌려 외국과의 협력을 통해 에도 막부의 적을 소탕할 기회를 얻었다며 이를 환영하는 자들도 있었다. 8월 24일 조정에서는 조슈 정벌을 위한 에도 막부의 출병을 명했지만, 출병은 12월 16일이 되어서야 이루어졌다. 이러다 보니 일부 막부의 관리들이 외국 함대의 움직임에 맞추어 지상군을 투입하겠다는 구상을 했을지도 모른다는 사실도 그다지 놀랄 만한 일은 아니었다. 이 계획은 막부와 서양 각국 간의 공조에 대해 비우호적인 반응을 나타낼지 모른다는 이유 때문에 채택되지 않았다. 하지만 이 시기를 연구하는 학자들은 막부가 외세의 행태에 겉으로는 분개하면서도 속으로는 동조하는 식으로 대응했다는 데에 의견의 일치를 보이고 있다. ■38

막부는 최후의 선택으로 가쓰 린타로를 나가사키로 파견하여 외국과의 평화 협상을 주선하고자 했다. 린타로는 외국 함대의 지휘부가 자신들의 계획을 변경할 의사가 없음을 확인했다. ■39 조슈 번 내부에서는 영국 유학을 마치고 막 귀국한 이토 히로부미(伊藤博文)와 이노우에 가오루(井上馨)에게 최후 교섭의 임무를 맡겼지만, 이들 역시 포격을 막을 수도 있는 수준까지 양보를 이끌어 내는 데는 실패하고 말았다. ■40 과거 사쓰마 번의 동지들이 외국의 공격을 받고 인식했던 것과 마찬가지로, 조슈의 근왕주의자들도 이러한 일련의 사태를 통해 자기 번이 맞게 된 굴욕을 경험하면서 힘으로는 외세를 몰아낼 수 없다는 사실을 실감하게 되었다.

가쓰 린타로는 나가사키에 체류하는 동안 사카모토 료마를 구마모토(熊本)에 보내, 요코이 쇼난과 대담을 나누도록 했다. 료마는 (앞서 이야기한 편지에서도 살펴볼 수 있는 것처럼) 조슈의 도발적인 행동과 막부의 태도를 동시에 비판했으며, 외세가 조슈 지역을 장악할 가능성을 우려했다. 린타로의 일기에는 료마와 나누었던 이야기의 내용이 기록되어 있다. 이 일기는 외세의 힘을 빌려 이익을 취하려는 막부의 행태에 료마가 얼마나 분개했는가를 생생히 보여 준다. "조슈가 처벌받을 만한 행동을 했다고는 하지만, 외세의 손을 빌려 황국의 동포들을 친다는 것은 있을 수 없는 일입니다. 이것은 국체

(國體)를 손상시키는 잘못된 일입니다."[41]

몇 달 후 린타로는 료마와 함께 나가사키에서 배편으로 귀환할 때, 료마가 제안했던 내용을 기록해 두었다. 이는 근왕주의적 열정을 이용하기 위한 새로운 구상이었다. 료마는 수백 명의 과격파 양이론자들을 모아 홋카이도 개척과 개발 사업에 투입해야 한다는 제안을 하였다.[42] 하지만 이러한 구상은 막부의 로주(老中) 미즈노 다다키요(水野忠精: 1862년 취임)가 이미 인지하고 있었다고 료마가 설명했다는 사실은 특히 주목할 만하다. 당시 료마가 막부 최고위층 인사들과의 효과적인 연락 수단을 확보하고 있었음은 분명한 사실이다.[43] 그러나 료마의 계획은 이를 제안했던 7월 20일의 시점에서는 실행 불가능한 것이 되고 말았다. 린타로와 료마 두 사람은 인지하지 못했지만 그보다 10일 전 막부의 병력이 교토에 있던 조슈 번 지사들을 공격했고, 이에 격양된 지사들은 교토를 습격하여 천황을 확보하는 데만 관심을 쏟았다.

앞서 언급한 바와 같이 1864년 여름, 교토 침공에 실패한 조슈 번 패잔병들이 교토에서 쫓겨났을 때 료마와 린타로는 오사카에 있었다. 린타로의 문하에 근왕파 지사 출신이 적지 않았음을 감안하면, 도사 번 출신자를 포함한 지사 출신들 중 일부가 효고 해군조련소를 떠나 동지들과 합류했다는 사실도 그다지 놀랄 일이 아니다. 대부분이라고 하기는 어렵지만 그들 중 상당수는 조슈 번의 시도에 공감했을 것이고, 그런 만큼 훗날 에도의 막부 관리들이 가쓰 린타로를 조슈 번 탈번자들을 지원한 인물로 의심했던 것도 충분히 납득할 수 있다.[44] 린타로는 단지 조슈 번 지사들에게만 공감대를 가졌던 인물이 아니었다. 그의 일기를 살펴보면, 그가 도사 번의 정세에도 관심과 동시에 걱정하는 마음을 갖고 있었다는 사실을 알 수 있다.[45] 그곳에서는 야마우치 요도가 점점 더 엄하게 다케치 즈이잔 일파의 처벌을 진행하고 있었다.

료마의 입장에서 이 사건은 충동적인 행동이 불러올 만한 위험성에 대해 충분히 이해할 수 있는 좋은 기회였다. 그는 린타로의 격려를 받으며, 근왕주의적 신념을 포기하지 않는 가운데 자신의 정치적 식견을 정련하고 다듬어 갔다. 료마는 식견이 성숙되면서 자신의 활동권 내에서 유행하고 있던 사상을 자기 것으로 드러내기 시작했는데, 이를 입증하는 사례는 적지 않게 찾아볼 수 있다. 시모노세키 해협에서 조슈 번이 외국 선박에 포격을 감행한 이후 후쿠이 지도자들과 나누었던 대담에서, 료마가 외세의 침략으로부터 일본의 영토를 보전할 길은 막부 조직의 철저한 개혁뿐이라고 역설한 것도 이러한 맥락에서 이해될 수 있다. 그는 당시 시대적 과제였던 질서의 개혁은 마쓰다이라 슌가쿠, 야마우치 요도, 오쿠보 이치오 같은 인물들의 결단력 있는 협조를 통해서만 이루어질 수 있다고 보았다. 따라서 그는 조정과의 중재와 교섭이 중심이 되는 정치 국면을 미리 내다보았던 인물이기도 했다. ■46

새로운 정치 조직에 대한 료마의 관점은 점차 입헌 체제의 형태로 나아갔으며, 이는 일찍이 막부의 로주 오쿠보 이치오가 제창한 노선을 따랐다는 측면도 있다. 그는 막부의 중요 현안 결정은 다이묘들이 주체가 되는 회의에서 합의를 통해 이루어져야 한다는 논의를 펼쳤다. 이러한 수단을 통해 의사 결정과 책임이 보다 폭넓게 공유되고, 결과적으로 더 높은 수준의 통합과 지지를 얻을 수 있다고 보았다. 마쓰다이라 슌가쿠와 히토쓰바시 게이키의 재임용으로 이어진 막부 조직 재편성을 위한 초기 수순은 기존 막부 기관들의 상호 견제와 보수주의가 뒤섞인 혼돈의 장으로 변해 버렸다. 사쓰마, 도사, 후쿠이 번주 등 극소수의 다이묘들 간에 이루어진 제휴 역시 무익한 것으로 드러났다. 그 이유는 이들 사이에는 실질적인 협조가 이루어질 수 있는 어떤 조직적 구조가 존재하지 않았기 때문이다.

료마는 새롭고 보다 나은 합의체를 구성하는 데에 효과적인 리더십을 가진 인물로 후쿠이 번주 마쓰다이라 슌가쿠를 생각했던 것으로 판단된다. 그는 에도 막부 지지자들, 그리고 도자마 다이묘와 지사들로부터 공히 신뢰를 받고 있던 인물이었다. 료마는 마쓰다이라 슌가쿠의 상담역들, 그리고 그에 의해 효고 해군조련소에 입학한 쇼난의 조카는 물론 요코이 쇼난에게까지도 이러한 자신의 희망을 여러 차례 이야기했다. 이러한 생각들은 '공화 정치'라고 스스로 명명한, 합의에 의한 의사 결정 조직을 오래도록 기대해 온 요코이 쇼난과 특히 잘 맞았다. ■47

1864년 봄에도 이러한 희망은 여전히 실현 불가능한 것으로 여겨졌다. 마쓰다이라 슌가쿠는 이와 같은 새로운 질서를 주도하고자 하는 의사를 거의 내비치지 않았다. 가쓰 린타로는 5월 18일에 쓴 일기에서 다이묘들이 '대의'를 인식하지 못하고 있다고 개탄했다. 자신의 하위 계급 출신 조수인 료마가 주도권 획득에 머뭇거리고 있는 마쓰다이라 슌가쿠에 대해 린타로보다 더 호의적인 입장을 가졌다고 판단할 근거는 없다. 하지만 어찌 되었든 거대 다이묘들의 의지보다 더욱 절실했던 것은 실질적인 안정이었다. 근왕파 세력권의 지지를 얻는 것이 절실했지만, 그들이 정치 조직의 개혁을 어렵고 위험하게 만드는 측면도 적지 않았다. 따라서 그 다음 수순으로, 료마가 이들에게 영향력을 행사할 수 있도록 낭인 신분으로 되돌아갈 필요가 있었다. 그리고 그것은 가쓰 린타로라는 지원자를 포기할 때만이 가능한 일이었고, 또한 당연한 일이기도 했다.

가쓰 린타로,
해임되다

　에도 막부의 가쓰 린타로 해임과 더불어 초래된 그의 낭인 추종자들에 대한 지원 상실은 막부의 정책과 정치적 목적이 전환기에 접어든 데 따른 결과였다. 막부 각료 회의 내 다수의 후다이 보수주의자들은 히토쓰바시 게이키와 마쓰다이라 슌가쿠의 지혜나 충성심에 결코 만족하지도 신뢰하지도 않았다. 이 두 사람은 에도의 보수파로부터 압도적인 지지를 받았던 이이 나오스케에 의해 정치 활동을 금지당했던 사람들이었고, 이후 새로운 정권이 들어서면서 단행된 전면적인 변화로 보수파가 자신들의 미래에 불안을 느끼게 된 것은 불과 몇 년 사이에 일어난 일이었다. 전면적인 변화의 예로는 도자마 다이묘들과의 대화, 쇼군의 교토 행차, 이이 나오스케 정적들의 사면 및 그의 추종자들에 대한 숙청, 산킨고타이 제도의 완화 등을 들 수 있다. 히토쓰바시 게이키와 마쓰다이라 슌가쿠는 실제 이상으로 개혁 성향을 가진 인물들로 인식되었다. 마쓰다이라 슌가쿠가 마지못해 일본의 전면적인 개국에 동의한 것과 이로 인해 새로운 정치 조직의 선봉이 되는 것을 꺼린 것은, 자신을 둘러싼 의혹을 누그러뜨리려는 시도인 동시에 그의 양면성을 보여 주는 사례이기도 하다. 한편 게이키의 입장에서도 에도 막부의 영향력이 사쓰마 번이나 조슈 번의 그것으로 대치되는 듯한 양상을 좋게 받아들이기 어려웠고, 사쓰마의 시마즈 히사미쓰와는 원만한 관계를 맺는 것이 불가능했다. 이는 에도에서 가해지는 압박과 더불어 그의 역할마저 불분명하면서도 조심스럽게 만든 요인이 되었다. 결국 사쓰마 번이 이전에 히토쓰바시 게이키와 마쓰다이라 슌가쿠가 취했던 입장으로 전환함으로써, 두 사람은 다시 한 번 자신들의 과거 입장을 되돌아보게 되었다.

이와 관련된 대부분의 사안은 쇼군 도쿠가와 이에모치의 두 번째 교토 방문이 입증하듯이 1864년에 들어서 명확하게 드러났다. 이에모치는 게이키의 안내와 수행을 받으며 2월 22일에 교토에 입성하여 6월 23일까지 머물렀다. 이 기간 동안 조정과 도자마 다이묘(이들은 당시 조정의 고문 역할을 맡고 있었다) 간에 외교 문제에 관한 회담이 여러 차례 이루어졌다. 조정 측 인사들은 시마즈 히사미쓰에게 한동안 기선을 제압당하기도 했다. 그는 가고시마가 1863년 8월 영국 함대의 포격으로 사실상 파괴된 직후 교토로 소환되어 있었다. 영국과의 교전 이후 두각을 나타낸 오쿠보 도시미치(大久保利通), 사이고 다카모리(西鄕隆盛), 고마쓰 다테와키(小松帶刀) 등 사쓰마 번 지도자들은 외국 무기를 손에 넣으려는 의도로 외국과의 무역 증대를 위해 적극적으로 나서기 시작했다. 더욱이 영국 해군과의 교전은 결과적으로 막심한 피해를 초래하기는 했지만, 외국인들이 반드시 사악한 것은 아니며 그들과의 접촉을 통해 막부뿐만 아니라 번까지도 부강하게 만들 수 있다는 사실을 그들에게 확신시켜 준 계기가 되었다. 이후 앞서 언급한 바와 같이 사쓰마 번의 군사들은 아이즈 번 군사들을 지원하여 교토에서 조슈 번 과격파를 몰아냈다. 1864년 3월 교토에서 시작된 회담에서는 사쓰마의 의견이 강하게 작용해, 조정 측 대변인은 양이 부분도 주장했지만 그보다는 재무장과 국방력 강화를 강조하는 입장으로 바뀌었다. 이 회담에 참가한 야마우치 요도 역시 같은 입장을 취했다. 따라서 교토의 정국은 처음으로 근왕파 구게와 그들의 조슈 번 동지들의 영향력에서 벗어나 급격히 변화하기 시작했다. ■48

하지만 막부는 프랑스로부터 요코하마 항 폐쇄의 동의를 얻을 목적으로 이미 유럽에 사절단을 파견해 둔 상태였다. 그리고 히토쓰바시 게이키는 그 목적이 자신을 불신하고 있던 막부의 보수파 후다이 로주들의 신뢰를 얻는 것이었든, 아니면 교토 궁정 내 사쓰마 번의 영향력을 배제하기 위한 것이었든, 이번 회담에서 정책의 일관성과 나라의 신용이 담보될 수 있도록 한 번 정해진 결정은 번복되어서는 안 된다는 주장을 폈다. 그는 과격하고 분개한 어조로 자신의 입장을 견지했다. ▪49 게이키는 양이 정책 시행의 의도를 공언했지만 결국 실패로 돌아갔고, 8월에 귀국한 그의 사절단은 서양 측의 양보를 얻어 내기는커녕 더 많은 양보를 해 주고 말았음이 밝혀졌다. 이 실패로 말미암아 이들은 관직에서 해임되거나 처벌을 받았다. 그러나 논의가 격렬해짐에 따라 공무합체론이라는 방침 아래 막부와 긴밀한 관계를 맺을 수 있을 것이라는 거대 다이묘들의 기대감은 낮아질 수밖에 없었다. 또한 이는 막부가 오직 눈앞에 있는 자신들의 이익만을 최우선시한다는 사실을 자각하게 만들었다. 사쓰마와 도사 번주는 불만을 품은 채 영지로 돌아갔다.

이때 보여 준 교섭 과정의 혼란상은 막부 지도층 내부에 노선상의 근본적인 갈등이 자리 잡고 있었음을 분명히 보여 주는 증거라 할 수 있다. 마쓰다이라 슌가쿠와 히토쓰바시 게이키로 대표되는 '개혁파'(이는 가쓰 린타로와 오쿠보 이치오가 정치 무대에 부상하도록 지지해 준 뒷받침이기도 했다)는 그 입지를 변화시킬 것인가, 아니면 영향력을 상실할 것인가의 기로에 서게 되었다.

마쓰다이라 슌가쿠는 실질적으로 관직에서 물러났다. 이는 많은 것들이 기대되던 부분에서 드러난 지도력의 실패를 의미하는데, 그 결과 료마나 린타로는 자신들의 지도자가 의무를 다할지에 여부에 회의를 품게 되었다. 게이키 역시 1864년에 관직을 버렸다. 그는 해안 방어를 담당하는 새로운 직책은 받아들였지만, 이는 실상 시마즈 히사미쓰가 그 직책을 맡지 못하도록 하기 위한 조치로 보인다.

마쓰다이라 슌가쿠와 히토쓰바시 게이키가 자신들의 계획을 재검토하고 책임 있는 직책에서 물러나면서, 에도 보수파의 입지는 강화되었다. 여기서 한 가지 분명히 알아 둘 것은, 그들 중 상당수는 양이 정책이라는 측면보다는 변혁의 시기에 도쿠가와 가문과 후다이 가신들이 갖고 있던 정치적 주도권을 되찾으려고 결심했다는 측면에서 보수적이라 할 수 있었다. 이들 가운데에서 도자마 다이묘들에 대한 확고한 정책을 열렬히 주창하던 한 사람이 정치 권력에서 중요한 인물로 등장했다. 오구리 다다마사(小栗忠順)는 가쓰 린타로가 참여했던 사절단의 일원으로 1860년에 서양을 방문한 적이 있었다. 린타로와 마찬가지로 그는 일본의 정치 구조에 변화가 필요함을 절감했다. 하지만 린타로가 한층 온건하고 협조적인 조직 구성을 열망하며 귀국한 것과는 달리, 오구리는 보다 전제적인 정치 조직을 추구하는 방향으로 나아갔다. 이는 막부가 봉건 다이묘들로부터 국방, 내정 등의 기본적 기능들을 점진적으로 환수함으로써, 막부 주도하의 통일 국가를 건설한다는 것이었다. 오구리는 에도 막부 관료 체제의 정통 코스를 밟으며 빠른 속도로 승진을 거듭했다. 에도 막부의 후다이 가신으로 가문의 영향력도 상당했던 그는 고쇼구미반가시라(小姓組番頭)⋯**12**, 간조부교(勘定奉行)⋯**13**, 마치부교(町奉行)⋯**14** 등을 역임했으며, 1863년에는 육군부교(陸軍奉行)에 임명되었다. 군사, 재정, 행정에 두루 걸친 경력을 쌓은 끝에 마침내 육군의 최고 책임자 위치까지 오르게 된 그의 이력은 에도 막부 최후의 수년간에 걸쳐 일어난 정쟁에서 그에게 큰 힘을 실어 주었다.

　1863년과 1864년에 조슈 번 근왕파가 저지른 판단 착오로, 오구리 다다마사와 같은 정치인들이 원하는 정책이 성공할 수 있는 길이 열리는 정치적 상황이 만들어졌다. 시모노세키 해협에서 외국 선박에 포격을 가한 조슈 번의 성급한 행동은 일본 전체를 위기 상황에 봉착하게 만들었고, 그해 9월 아이즈 번과 사쓰마 번의 연합군은 황궁에서 조슈 번 세력을 몰아냈다. 1864년 7월 막부군은 거사를 모의하고 있던 한 무리의 조슈 번 지사들을 습격하여 그들의 계획을 수포로 만들었고, 8월에는 막부와 사쓰마 번이 새로이 제휴함에 따라 교토에 침공하려던 조슈 측의 계획은 무위로 돌아갔다. 조슈 번은 이제 '조정의 적(朝敵)'으로 낙인찍혔으며, 조정은 막부에 이 반골 번을 처단하라는 명령을 내렸다.

막부의 전통주의자들은 자신들에게 기존의 정치 제도를 부활시킬 수 있는 능력이 있음을 당연하게 생각했다. 한때 지사들이 꿈꾸었던 사쓰마와 조슈 번의 동맹이라는 위협도 이제는 현실성 없는 일이 되어 버리고 말았다. 이 두 웅번 간에는 깊은 적대감이 형성되어 갔고, 오래전부터 사용해 온 분할 지배라는 수단이 이전과 같은 효과를 낼 것이라는 전망도 어느 정도는 확실하게 자리 잡았다. 조슈 번을 축출한 그 자리를 사쓰마가 차지하는 것을 막을 수만 있다면 막부의 패권은 보증되리라고 여겨졌다.

외국 함대가 조슈 번에 보복을 감행한 뒤, 에도의 보수주의 후다이 가신들은 더욱 자신감을 갖고 행동에 나서기로 결심했다. 1864년 10월에는 그동안 완화되었던 산킨고타이 제도를 원래대로 돌려 놓으려는 시도가 이루어졌다. 이제 위기는 지나갔고 다이묘들은 그동안 확보한 재정을 통해 군비 확충을 충분히 할 수 있을 것이라는 논리가 이를 뒷받침하는 명분이었다. 이러한 시도는 완전한 실패(후다이 다이묘들조차 여기에 소극적이었다)로 돌아갔다. 하지만 에도 보수파들이 일본의 정치와 사회를 예전처럼 되돌리려 한 결심을 이 사건보다 분명하게 보여 주는 사례는 없다. ▪50

이윽고 1864년 10월이 되어 가쓰 린타로를 해군부교 직책에서 해임한다는 명령이 내려졌다. 에도에 있던 그의 정적들은 결국 막부의 최고 지도부를 설득하는 데 성공했다. 그들의 논지는 전제적인 체제를 누그러뜨리는 대신 더욱 강화해야 하며, 그러기 위해서는 서양의 발전된 기술을 토대로 확고부동한 정책이 새로이 마련되어야 한다는 것이었다. 조슈 번 정벌 계획은 그 실현이 눈앞에 와 있는 상태였다. 이러한 정세에서 낭인과 지사들을 모았던 가쓰 린타로의 기이한 행동은 의심을 초래할 소지가 다분했다. 가쓰 린타로는 해임되었으며, 효고의 문하생들도 완전히 해산되었다. 근대적인 해군 건설이라는 과제는 오구리 다다마사의 손에 넘어갔다.[51]

이와 같은 새로운 정세가 도래함에 따라 료마와 동지들은 긴박한 위험에 처하게 되었다. 그들은 고향으로 돌아오라는 번의 명령을 무시해 온 터였다. 법적으로 탈주자였던 그들은 추적을 피하기 위해 이름을 바꾸었다.[52] 그러나 새로 들어선 막부 체제하에서 안전을 보장받기 위해서는 강력한 보호 장치가 필요했고, 가쓰 린타로는 더 이상 이를 제공할 수 없었다. 하지만 그가 사쓰마의 동지들에게 요청해 둔 몇 가지 사안은 굉장히 요긴하게 작용하였다.

료마와 린타로는 이 무렵 사쓰마 번 지도자들과 인맥을 형성해 둔 터였다. 그해 9월에 (료마의 동지이기도 했던) 요코이 쇼난의 조카가 쇼난에게 보낸 편지에는, 료마가 교토의 사쓰마 번사에서 사이고 다카모리와 회담을 가졌다는 내용이 언급되어 있다.[53] 료마는 린타로의 대리인 자격으로 활동했으며, 2주 뒤에는 린타로 본인이 사이고 다카모리를 만났다. 이 만남을 계기로 사쓰마 번과의 접촉이 시작되었으며, 이를 통해 료마는 린타로의 해임 이후에도 신변의 안전을 보장받을 수 있었다. 가쓰 린타로는 해임 통지를 받은 후 사쓰마 번 지도자 고마쓰 다테와키에게 서신을 보내 자신의 옛 부하들에게 힘을 보태 달라는 부탁을 했다. 사쓰마 번에서는 서양 상인들로부터 구입한 신식 기선을 운항할 수 있는 인력이 필요했다. 그들은 료마와 이미 개인적인 만남을 가진 적이 있기 때문에 흔쾌히 협조하겠다는 반응을 보였다. 고마쓰 다테와키는 사쓰마 번의 대표인 오쿠보 도시미치에게 다음과 같은 내용의 서신을 보냈다.

고베의 가쓰 린타로 밑에 있던 도사 번 출신 남자는 서양식 배를 빌려다 운항하려는 열망으로 가득 차 있다네. 그 친구의 이름은 사카모토 료마일세. 우리는 이 친구를 에도 방면으로 보내어 거기 있는 우리 배들 중 한 척을 맡기는 문제에 대해 이야기했다네. 그와 동향인 다카마쓰 다로라는 자도 함께 왔다네. 요즘 도사 번의 정세는 영 좋아 보이지 않고, 극도의 탄압이 이루어지고 있는 듯하네. 그러다 보니 이 두 사람이 번으로 돌아갈 경우 목숨을 부지할 수 없을 듯싶네. 배가 마련되더라도 두 사람이 그 배에 탈때까지 숨겨 두어야 하는 문제가 생길 것 같네만, 사이고 다카모리를 비롯해 교토에 있는 우리 쪽 사람들은 이 이야기를 알고 있고, 이 낭인들을 이용해 우리 번 선박을 운항시키는 것이 훌륭한 착상이라고 생각하기에 일단 그들을 오사카의 번사에 머물도록 하겠네. ■54

막부가 가쓰 린타로를 해임하면서, 한 사람의 도사 번 낭인이 사쓰마 번으로 숨어들었다. 이 낭인은 예전에 막부의 어느 고관(오쿠보 이치오를 말함-역주)에게서 배웠던 입헌 정부와 제번의 협조라는 사상을 가슴속에 품고 있었다. 이 덕분에 료마는 2년 반 전에 가쓰 린타로를 살해하려고 마음먹었을 때와는 비교도 안 될 정도로 유신 운동의 주역에 걸맞은 인물로 발전할 수 있었다.

|미주

1. 다음 문헌에 따르면 가쓰 가문의 연공 수입은 41석이었다. W. G. Beasley, "Councillors of Samurai origin in the Meiji Government 1868-9", *Bulletin of the School of Oriental and African Studies*, XXX(University of London, 1957), 102.

2. 勝海舟(麟太郎), 『海舟全集』, X(東京, 1929), p.297.

3. 입양을 통해 상급 무사 집안 간에 긴밀한 관계를 맺는 경우는 흔한 일이었다. 이로써 후쿠오카 번주 구로다 나리히로(黑田齊溥)는 가고시마의 서양 연구에 많은 지원을 했던 진보적인 성향의 사쓰마 번주 시마즈 나리아키라의 형이 될 수 있었다. 구로다 가문은 히젠[肥前: 오늘날 사가 현(佐賀縣)] 번주 가문이었던 나베시마(鍋島) 가문과 더불어 나가사키 방어 임무를 맡았고, 이는 후쿠오카 번 가신들에게 난학을 배울 수 있는 풍부한 기회를 제공하는 계기이기도 했다. 따라서 가쓰 린타로는 충분한 지원을 받을 수 있었던 것이다.

4. 다음 문헌에는 다카노 조에이에 관한 간략한 기록이 수록되어 있다. G. B. Sansom, *The Western World and Japan*, New York, 1950, pp.260-263.

5. 『海舟全集』, X, p.332; 『海舟全集』, VIII, 36f.

6. van der Chijs, *Neerlands Streven tot Openstelling van Japan voor den Wereldhandel*(Amsterdam, 1867), p.467; 『海舟全集』, X, 329-330.

7. 『海舟全集』, IX, 190.

8. 히젠, 조슈, 후쿠오카 출신의 일부 견습생들은 이후에도 짧게나마 데지마(出島: 네덜란드 상관이 있던 나가사키의 인공섬-역주)에서 견습을 계속했다. 네덜란드 교관단장은 수구적 성향을 가진 에도 정권의 정책 변화가 경제 문제와도 관계있을 것으로 판단하였다. van der Chijs, p.490.

9. Fukuzawa Yukichi, *The Autobiography of Fukuzawa Yukichi*, p.119.

10. 「海軍歷史」, 『海舟全集』, VIII, 120-176.

11. 가쓰 린타로의 저작 '담장 위의 가시나무 일기' 전문은 다음 문헌에 수록되어 있다. 『海舟全集』, IX, 173-253.

12. 葛生能久, 『東亜先覚志士記伝』, I(東京, 1935), 10-11; III, 230-232.

13. 료마의 탈번과 이동 경로에 대한 연대기는 다음 문헌에 수록되어 있다. 千頭淸臣, 『坂本龍馬』, pp.51f; 平尾道雄, 『海援隊始末記』, pp.37f.

14. 岩崎英重(編), 『坂本龍馬關係文書』, I, 59-60.

15. 마쓰다이라 슌가쿠가 남긴 기록은 다음 문헌에 수록되어 있다. 『坂本龍馬關係文書』, I, 60-61. 여기서 언급한 '근왕파 측근'이란 나카네 유키에(中根雪江: 1807~1877)를 말한다. 히라타 아쓰타네(平田篤胤: 에도 시대 후기의 국학자이자 신도 학자-역주)가 주창한 신도 학파의 열렬한 추종자였던 그는 주군인 마쓰다이라 슌가쿠와 지사들을 연결해 주는 데 매우 적합한 인물이기도 했다.

16. 하지만 다음 문헌은 오카모토 겐자부로가 아니라 지바 주타로(千葉重太郎)라고 언급하고 있다. 『海舟全集』, X, 261. 다음 문헌 역시 오카모토 겐자부로가 료마와 동행했다는 사실에 대한 의혹을 제기하고 있다. 平尾道雄, 『海援隊始末記』, p.51.

17. 구마모토 번 사무라이였던 요코이 쇼난은 마쓰다이라 슌가쿠의 고문이기도 했다. 그는 료마의 동지가 되었고, 그의 아들은 가쓰 린타로의 제자가 되었다. 요코이 쇼난이라는 인물에 대한 간략한 정보는 다음 문헌을 참조할 것. Sansom, *The Western World*, pp.266-269.

18. 이 장면은 1932년 5·15사건 당시 이누아키 쓰요시(犬養毅) 수상의 암살 사건을 연상케 하는 측면도 있다. 사건 당시 이누아키 수상은 쿠데타를 일으켜 수상 관저에 난입한 해군 초급 장교들과 대화를 시도했다. Hugh Byas, *Government by Assassination*(New York, 1942), p.25.

19. 『海舟全集』, X, 261.

20. 『海舟全集』, IX, 17.

21. 『坂本龍馬關係文書』, I, 66-70.

22. 이 편지는 1863년 5월 7일에 발송된 것이다. 당시 료마의 형 곤페이가 오사카의 도사 번 관청에서 일하고 있었기 때문에, 이들 형제는 서로 연락을 주고받을 수 있었다. 『坂本龍馬關係文書』, I, 71-72.

23. 『海舟全集』, VIII, 342.

24. 가쓰 린타로는 이전에도 이러한 시도를 한 적이 있지만 보수파들의 견제로 무위에 그친 바 있다. 『海舟全集』, IX, 9.

25. 「海軍歷史」, 『海舟全集』, pp.340f.

26. 尾佐竹猛, 『明治維新』, I, 318. 하지만 오쿠보 이치오가 이러한 사상을 최초로 제안한 인물은 아니었다. 1858년 이이 나오스케의 명으로 처형당한 마쓰다이라 슌가쿠의 측근 하시모토 사나이(橋本左內) 또한 이러한 형태의 대안을 모색한 바 있다.

27. 『坂本龍馬關係文書』, II, 76.

28. 「海舟日記」, 『海舟全集』, IX, 9.

29. 『海舟全集』, IX, 12.

30. 이는 1863년 6월~7월에 일어난 일로, 여기에 언급된 낭인은 앞서 그의 불운한 최후가 언급되기도 한 오카다 이조(岡田以藏)이다. 『海舟全集』, X, 334.

31. 平尾道雄, 『海援隊始末記』, pp.70-71. 유리 기미마사의 회고는 다음 문헌을 참조할 것. 『坂本龍馬關係文書』, I, 62-66. 요코이 쇼난과 사카모토 료마에 관한 항목은 다음 문헌을 참조할 것. 山崎正董, 『橫井小楠傳』, II(東京, 1942), 274-283. 이 당시 료마가 맡았던 임무에 관한 가쓰 린타로의 기록은 다음 문헌을 참조할 것. 「海舟日記」, 『海舟全集』, IX, 21.

32. 히라오 미치오 교수는 이때 쓰여진, 1864년 1월 14일 표기가 되어 있는 편지의 사본을 내게 보내 주었으며, 이러한 협조에 대해 이 자리를 빌려 감사드리는 바이다. 이 편지는 1958년 고치 성에서 발견되었으며, 이후 다음 간행물에 출판되었다. 『土佐史談』, No. 93(April

1958), pp.11-12.

33. 『坂本龍馬關係文書』, I, 74.

34. 『坂本龍馬關係文書』, I, 83-87.

35. 『坂本龍馬關係文書』, I, 136.

36. 서신을 살펴보면, 가쓰 린타로는 아버지의 원수를 뒤쫓던 료마의 친구에게 자유 통행권을 제공하는 형태로 도움을 준 것으로 언급되어 있다. 平尾道雄, 『海援隊始末記』, pp.63-68.

37. 1863년 7월에 쓴 이 편지는 고치 현의 사카와분코(佐川文庫)에 소장되어 있다.

38. 尾佐竹猛, 『明治維新』, II, 448-450.

39. 澁沢榮一, 『德川慶喜公傳』, III, 40.

40. Sir Ernest Satow, *A Diplomat in Japan*(Philadelphia, 1921), pp.97f.

41. 『坂本龍馬關係文書』, I, 98-99.

42. 몇 년 후 메이지 유신의 지도자들은 막부 지지자들을 모아 홋카이도 개발에 투입했으며, 이는 료마가 떠올렸던 구상과 기본적으로 같은 것이기도 하다.

43. 『坂本龍馬關係文書』, I, 98.

44. 千頭清臣, 『坂本龍馬』, p.74.

45. 『坂本龍馬關係文書』, I, 94.

46. 『坂本龍馬關係文書』, I, 88-92.

47. 塩見薫, "坂本龍馬の元治元年-薩摩藩への結びつきを中心に-", 『日本歷史』, 108(1957), p.84.

48. 尾佐竹猛, 『明治維新』, II, 410.

49. Beasley, *Selected Documents*, pp.268-273.

50. Toshio Tsukahira, "The Sankin-Kōtai System of Tokugawa Japan", unpublished doctoral dissertation(Havard University, 1951), p.186.

51. 해군부교직 해임에 대한 가쓰 린타로 본인의 반응은 다음 문헌을 참조할 것. 『海舟全集』, X, 336-337. 오구리 다다마사의 승진에 대해서는 다음 두 문헌에 있는 그의 전기를 참조할 것. 栗島山之助(編), 『大日本人名辞典』, I(東京, 1916), 653; 阿部道山, 『海軍の先驅者: 小栗上野介正傳』(東京, 1941), 420pp.

52. 료마 역시 여러 개의 가명을 사용했지만, 보통은 '사이타니 우메타로'라는 가명을 사용했다. 앞서 언급한 것처럼 '사이타니'는 그의 조상들이 상인으로 활동했던 곳의 지명이었다.

53. 『海舟全集』, IX; 塩見薫(1957), p.81. 또 다른 기록에 따르면 가쓰 린타로는 료마를 통해 사이고 다카모리와 접견할 수 있었다. "그(사이고 다카모리)는 그야말로 인물이었다. 그는 부드러운 말씨에는 공손하게 답했지만, 시끄럽게 군다면 고함으로 응수할 사나이였다." 『海舟全集』, X, 261.

54. 『坂本龍馬關係文書』, I, 99-100; 『維新土佐勤王史』, pp.676-677.

|역주|

1. 에도 시대 말기에 만들어진 직함으로, 신설된 막부 해군을 총괄하고 군함의 제작, 구매 및 제작 기술자 육성 등을 관할하였음.

2. 원문에는 Korea라고 표기되어 있지만, 이 책의 배경이 되는 시대에는 '한국'이 아닌 '조선'이 국호였던 만큼 이 시기의 우리 나라를 가리키는 Korea는 '한국'이 아닌 '조선'으로 번역하였음을 밝혀 둠.

3. 에도 시대 말기에 외국과의 교섭을 담당했던 관직명.

4. 오늘날 시즈오카 현(靜岡縣) 중부를 일컫는 옛 지명.

5. 오늘날 시즈오카 현 서부를 일컫는 옛 지명.

6. 오늘날 아이치 현(愛知縣) 동부 일대를 일컫는 옛 지명으로, 에도 막부의 개설자인 도쿠가와 이에야스(德川家康)의 근거지였음.

7. 본래 연회나 회의 등을 위해 만들어진 매우 넓은 방 또는 홀을 의미하는데, 여기서는 에도 시대 에도 성 안에 있던, 다이묘들이 열석하던 곳을 일컬음.

8. 우크라이나 남부 크림 반도에 있는 항구 도시. 과거 제정 러시아와 소련의 영토로 해군 기지와 요새가 설치된 군사적 요충지이며, 크림전쟁과 제2차 세계대전 당시 이곳에 설치된 요새를 둘러싸고 격전이 벌어지기도 하였음.

9. 일본 고유의 불교 종파의 하나.

10. 일본 고유의 불교 종파 가운데 하나인 정토진종(淨土眞宗)을 달리 일컫는 말.

11. 가마쿠라(鎌倉) 시대에 활동했던 일본의 승려(1174~1262)로 정토진종의 창시자.

12. 고쇼구미(小姓組)란 고위 무사나 다이묘, 쇼군 등의 시중을 들고 유사시 호위 임무도 겸하는 고쇼(小姓: 주로 아직 나이가 젊거나 어린 무사나 무사의 자제들이 이 임무를 맡았음)들의 집단이며, '고쇼구미 반가시라'는 이 고쇼구미의 우두머리를 말함.

13. 재정 관련 업무를 담당한 부교.

14. 에도의 행정 및 사법 관련 업무를 담당한 부교.

Sakamoto Ryōma and the Meiji Restoration

제5장.. **삿초동맹**

···▸

1860년대 일본에서 막부의 패권에 직접적인 정치적·군사적 위협을 가할 수 있는 세력을 가졌던 주체는 오직 두 개 번뿐이었다. 사쓰마 번과 조슈 번은 남서부 일본에서 최강이라고 불릴 만한 세력을 갖고 있었다. 이 두 번은 군비의 근대화를 위해 막대한 노력과 자금을 투입하였다. 1863년과 1864년에 일어난 서양 함대의 보복 공격으로 이들 번의 세력 강화를 위한 두 차례의 시도가 일시적으로 좌절되기도 했지만, 이러한 위기는 한층 강력한 힘을 기르고자 하는 새로운 결의로 이어지기도 했다. 하지만 조슈 번과 사쓰마 번 모두 혼자만의 힘으로 이러한 시도를 성공시킬 수는 없었다. 9월에 일어난 교토의 정변에서 보았듯이, 두 번 가운데 한 번이 도를 넘은 요구를 해올 경우 막부의 지도자들은 상대편 번의 힘을 빌려 이를 막아 내려 했기 때문이다. 사쓰마와 조슈 두 번은 서로가 새로운 막부를 내세우고 그 주도권을 장악하려 한다는 의심을 하면서, 두 번의 가신들 사이에는 의심과 경계가 더욱 커져 갔다. 이 두 번의 상호 불신은 근왕파가 우세를 점하고 있던 열광적인 시대에 일어난 만화경과도 같은 정치적 변동에도 영향력을 행사했다. 조슈 번의 양이 주장은 사쓰마 번이 공무합체론(公武合體論)을 선호하도록 하는데 영향을 주었기 때문이다. 이러한 불신은 1863년에 무력 충돌이라는 형태로 폭발했다. 조슈 번은 시모노세키(下關) 해협에서 사쓰마 번의 선박에 포격을 가했고, 사쓰마 번의 군대는 아이즈 번(會津藩)의 군사들을 지원하여 조슈 번을 교토에서 몰아냈다. 조슈 번 지도자들이 쓴 서신에는 '삿테키(薩賊)'···[1]라는 표현이 심심찮게 나와 있으며, 사쓰마 번 지도자들 역시 조슈 번의 이러한 적대 행위를 관대하게 받아들이지 않았다.

전국 제패를 노리며 서로를 견제하던 이 두 번 사이에 제휴가 이루어질 수 있었던 요인은 막부나 외세로 인해 초래된 새로운 위협이었다. 막부는 양쪽 모두에게 위협을 가했다. 가쓰 린타로가 해군부교직에서 해임되도록 압력을 가했던 보수파는 조슈 번에 더욱 심한 굴욕을 안겨 주려 했다. 여러 정황을 토대로 살펴보면 그들은 유력 도자마 다이묘들로부터 조언이나 도움을 얻는 데 더 이상 흥미를 갖지 않았으며, 조정이 쇼군에게 위임한 여러 권력들을 재차 확인하는 데 관심을 쏟았던 것 같다. 그들은 이를 실현하기 위해 프랑스의 나폴레옹 3세로부터 군사적·기술적 원조를 이끌어 내는 구상에 착수했다. 이와 관련하여 일본 남서부의 거대 번들은 막부의 새로운 위협에 대처하려고 서구식 군비를 얻기 위한 대안을 찾기 시작했다. 그들은 이러한 시도들을 신중하게 그리고 애국적 견지에서 진행했다. 그리고 앞으로도 살펴보겠지만, 이와 같은 노력은 두 번이 손을 맞잡으면서 더욱 결실을 맺을 수 있었다.

이러한 정세 속에서 사쓰마와 조슈 간에 어떤 방식으로든 조율이 이루어졌던 것은 필연적인 수순으로 불가피한 선택이었다고 해석할 수 있다. 하지만 이것이 실현되기 위해서는 사전 준비와 조율을 위한 노력이 어마어마할 정도로 이루어져야만 했다. 그러한 역할을 맡게 된 인물은 고향에서 희망을 잃고 신변을 보호받기 위해 사쓰마와 조슈로 흘러 들어온 도사 출신의 낭인들이었다. 1864년 가쓰 린타로의 주선으로 사쓰마 번 지도자들과 연을 맺은 료마는 이후 자신이 발전시켜 온 사상을 받아들이도록 사쓰마 사람들을 설득할 수 있는 절호의 기회를 맞게 된다. 그는 이 두 번의 동맹, 즉 삿초동맹을 성사시킨 장본인으로 널리 알려져 있다. 하지만 이는 순전히 그 혼자만의 힘으로 이루어 낸 일은 아니었다. 료마가 사쓰마로 건너가 그곳 지도자들과 미래를 위한 준비를 꾀하고 있던 시기에, 그의 친구인 나카오카 신타로는 조슈 번 근왕파에 합류했다. 한편 도사 근왕당 출신의 근왕주의자들 중 상당수는

1863년 9월 조슈 번 군사들과 함께 교토에서 축출당한 구게들과 여전히 긴밀한 관계를 유지하고 있었다. 료마와 그의 동지들(이 중에서도 특히 나카오카 신타로의 역할이 두드러졌다)이 이루어 낸 업적은, 이러한 점에서 사쓰마 번과 조슈 번이 이 10년간의 교훈을 어떻게 흡수했는가를 이해할 수 있는 최상의 근거라고도 할 수 있다. 이들이 해낸 일은 평범한 고시나 낭인들이 시대의 흐름을 파악하는 정도를 넘어섰다. 이제 수많은 젊은 사무라이들이 자신들의 시대를 열어 갈 기회에 눈뜨기 시작했다.

···▶

사이고 다카모리와
사쓰마

　1864년 가을 사카모토 료마에게 은신처를 제공해 준 사쓰마 번 지도자들은 오랜 역사와 막대한 재력을 자랑하던 에도 시대 굴지의 번을 대표하는 인물들이었다. ■1 시마즈가(島津家)가 가고시마에 정착하게 된 계기는, 시조 다다히사(忠久)가 가마쿠라 막부에 의해 지방관으로 임명된 1185년으로 거슬러 올라간다. 이 일대의 상당 부분은 그 이전부터 구게 고노에(近衛) 가문의 영지였으며, 이는 시마즈와 고노에 가문 사이에 오래도록 친밀한 관계가 형성된 요인으로 작용하였다. 15~16세기에 걸친 전국(戰國) 시대에 시마즈 가문은 한때 규슈 전역을 제패할 정도로 세력을 떨치기도 했지만, 1587년 도요토미 히데요시, 1600년에는 도쿠가와 이에야스에게 패배하면서 더 이상의 영토 확장에 대한 야망을 포기해야 했다. 그럼에도 불구하고 시마즈 가문의 영지는 광대했다. 그 영토는 오늘날의 가고시마 현보다 넓었으며, 기본적인 연공만 77만 석에 달한 데다가 통상 활동으로 얻은 이윤과 오키나와로부터의 조공이 더해져 실제 수입은 이를 상회하였다. 사쓰마 번주의 수입은 일본 전역의 다이묘들을 통틀어 전체 2위에 달했다. 오직 가나자와(金澤)에 있던 가가(加賀)…■2 번주 마에다(前田) 가문만이 시마즈가의 재력과 명성을 능가하는 수준이었다.

　사쓰마 번은 중앙으로부터 멀리 떨어진 지리적 입지 덕택에 비교적 중앙에 인접해 있던 가가 번이 누리지 못한 안전을 향유할 수 있었다. 사쓰마 번의 번경 경비 병력은 에도 시대를 통틀어 다른 번 출신자들이 가고시마로 잠입해 오는 것을 사실상 차단하였다. 네덜란드 상관 대표였던 되프(H. Doeff)가 1833년 작성한 보고서를 살펴보면, 네덜란드 인들 역시 이러한 사실을 인지하고 있었음을 확인할 수 있다. 이 보고서에서는 막부의 치안 조직에는 유력 다이묘에 대한 정탐 활동을 담당하는 부서가 있었다. 정탐원으로 사쓰마에 잠입했다가 생환한 사례가 없다는 기록이 있다. "발각된 자들은 한 사람도 남김없이 처형당했기 때문에, 사쓰마 잠입을 명 받은 자는 스스로의 명운이 다했다고 여겼다."■2 되프가 기록한 수상한 기구를 그대로 받아들이기에는 의문의 여지가 있지만, 이는 사쓰마 번의 경계를 뚫고 침투하는 일이 얼마나 어려웠는지를 보여 주는 사례이기도 하다. 사쓰마 번의 평민 대비 사무라이의 비율(1:3)은 일본 최고(일본 전체 평균치는 약 1:17)였으며, 이처럼 방대한 규모의 사무라이들을 활용하여 백성들의 소비를 억제하고 번의 법령을 강화해 나갔다. 일본 전체에서 이만큼 치밀한 치안 조직을 보유하고 질서를 유지했던 번은 없었다.

하지만 그토록 방대한 사무라이 집단 내부에서도 특권과 총애의 정도에 따라 상호 간의 불신과 불만이 야기되기도 했다. 번의 요직은 봉토를 하사받은 71개의 가문이 독점하고 있었다. '오미분(大身分)'이라고 불린 이들은 기존의 보수적 정책을 답습하는 것을 선호했으며, 막부와의 마찰을 피하고자 했다. 이와 달리 더 많은 수를 차지했던 하급 사무라이들은 고위 사무라이들의 경륜이나 지혜를 대수롭지 않게 여겼으며, 그보다는 자신들의 관심사에 주의를 기울였다. 그러나 이를 근거로 사무라이 내부의 계급 간에 자연스러운 정치적 적개심이 이루어졌다고 판단해서는 안 된다. 에도 말기에 사쓰마 번 지도자들 중에는 고마쓰 다테와키(小松帶刀)의 사례에서 볼 수 있듯이 최고위 가문 출신의 인물이 어쨌든 존재했다. 하지만 에도 말기와 메이지 초기에 걸쳐 젊은 하급 무사들의 의견은 상급 무사 계층과 대립되었는데, 하급 무사들은 국정에서 번 당국이 보다 결단력 있고 그들이 보기에 대담한 입장을 취하기를 원했다. 이러한 견해를 가진 대표적인 무사들이 하급 무사 출신으로는 좀처럼 얻기 어려운 높은 수준의 명성과 영향력을 갖게 되었음을 시사하는 자료들을 적지 않게 볼 수 있다. 1864년 료마의 동지이자 후원자가 된 사이고 다카모리(西鄉隆盛)가 걸어온 이력은 이를 가장 명확하게 보여 주는 사례이다. 그는 반대파의 지도자(경우에 따라서는 그들의 인질이 되기도 했지만)로 널리 알려져 있다.

사이고 다카모리는 중후하고 격렬하며 속내를 드러내지 않는, 무사도적 전통을 완벽하게 구비했다고 여길 만한 인물이었다. 그에 대해서는 수많은 이야기들이 전해져 오며, 여기서 전설과 사실을 가려내기란 쉽지 않은 일이다. 그의 인기는 일본의 사조(思潮) 변화에 발맞추어 늘 새롭게 바뀌어 갔는데, 처음에는 초국가주의자의 선구자로, 나중에는 링컨 식 민주주의의 선구자로 칭송을 받았다. 사이고 다카모리의 생애를 조망해 봄으로써 그가 어떻게 이러한 명성을 얻을 수 있었는지, 그리고 그의 지적 발전 과정이 료마의 그것과 얼마나 유사점을 갖는지에 대해 이해할 수 있을 것이다.

1864년 사이고 다카모리가 료마에게 손을 내밀어 사쓰마 번사에 머물 수 있도록 해 주었을 때, 그의 나이는 37세였다. 그의 행보는 어제의 친구가 오늘의 적이 되는 극단적인 변화로 점철되어 왔고, 이로 인해 그는 세간의 평판이나 일신의 안정에 큰 관심을 두지 않았다. 그가 받았던 교육에는 선(禪)과 양명학(陽明學)의 가르침이 포함되어 있었으며, 이를 통해 그에게는 지행합일(知行合一)이라는 신념이 몸에 배어 있었다. 그는 어떠한 문제에 대해서도 직접적이고 직관적인 접근을 선호했다. 면밀한 분석이나 모략은 그에게 별다른 흥미를 주지 못했다. 그는 '진실'의 힘을 믿었고, 진실을 담은 노력이 설령 실패로 끝난다고 할지라도 이를 목격한 사람들의 마음을 움직여 결국에는 승리로 이어질 것으로 믿었다. 반면에 교활한 '술책'은 어떤 것도 이룰 수 없다고 보았다. 사이고 다카모리는 학식이 꽤 깊었다. 그는 13세 때 전투에서 입은 부상으로 팔을 자유롭게 쓸 수 없었던 것이 동기가 되어 학업에 더욱 정진하게 되었다. 하지만 그의 강렬함과 장대한 체구가 어우러져, 진정한 사무라이 검객의 표상이라는 커다란 명성이 그에게 주어졌다.

그의 초기 경력은 군사에 관련된 직책이 아니었으며, 9년 동안 시골에서 하급 세리(稅吏)로 일했다. 이 시기에 그는 몇 번에 걸쳐 행정의 부패를 비판하고 농민의 고통을 경감시킬 것을 제안하는 내용의 과감한 건의서를 제출했고, 이 때문에 번 당국으로부터 주의를 받았다. 이러한 번정 비판과 더불어 훗날 그가 유배 중에 보여 준 문맹 퇴치를 위한 노력은 서민들의 어려움을 이해하고 공감하는 마음 따뜻한 양심적인 사무라이로서의 명성을 드높이는 데 일조했다. 급한 성격, 가식 없고 토속적인 기질, 상대방에게 경멸 혹은 지혜로도 보일 수 있는 도발적인 과묵함 등 그의 또 다른 일면들이 하나로 합쳐져 그를 용맹함, 완고함, 성실함을 갖춘 일본의 전통적 영웅상을 대표하는 인물로 만들었다.

사이고 다카모리는 번주 시마즈 나리아키라(島津齊彬: 재위 1851~1858)에 의해 정보 활동과 판단력이 필요한 임무에 걸맞은 장래가 촉망되는 젊은이로 발탁되었고, 이를 계기로 일본 사회에서 두각을 나타내기 시작했다. 1854년부터 1858년에 걸쳐 그는 번주의 지시를 수행했다. 1858년 도쿠가와 이에모치가 아닌 히토쓰바시 게이키를 쇼군의 후계자로 옹립하려는 계획, 그리고 권력 기구를 대의제에 가까운 공무합체론적인 것으로 만들어 조정과의 관계를 더욱 긴밀하게 하고자 하는 계획 등에 참여했다. 그는 이와 같은 임무를 수행하기 위해 끊임없이 이곳저곳을 왕래해야 했고, 이는 당시 일본 정계에서 가장 촉망받는 인물들과 친분을 쌓는 한편 그들로부터 명성을 높일 수 있는 기회로 다가왔다. 이 시기에 사이고 다카모리는 외국인들과 그들에게 우호적인 일본인을 공격할 기회를 노리던 젊은 사무라이 집단에 대한 지도력도 확보할 수 있었다. 번의 감시 때문에 도사 근왕당과 같은 조직적인 활동은 차단되었지만, 그럼에도 1859년 사쓰마의 지사들이 새로 취임한 번주에게 충성을 맹세했을 때 사이고 다카모리의 이름이 필두에 올랐다는 사실은 눈여겨보아야 할 것이다.

사쓰마 번주 시마즈 나리아키라는 자신이 추진했던 계획이 이이 나오스케에 의해 좌절된 직후 사망했다. 새로 들어선 번 정부는 새롭게 출범한 막부 정권의 비위를 거스를 만한 행동을 꺼렸고, 이는 사이고 다카모리에게 큰 실망을 안겨 주었다. 막부의 정책에 대한 어떠한 비판도 금지되었을 뿐만 아니라, 전 번주 나리아키라의 방침을 따르던 인물들 역시 번정에서 배제되었다. 사이고 다카모리는 사쓰마 해안에서 떨어진 어느 섬으로 추방되어 그곳에서 3년 2개월간 유배 생활을 했다. 이 추방은 막부 측의 보복으로부터 그를 보호한다는 측면도 있었기 때문에, 유배 생활 중에도 관대한 대우를 받았다.

사이고 다카모리는 1862년에 복권되었다. 나리아키라의 아우 시마즈 히사미쓰(島津久光)는 아들이자 번주인 시마즈 다다요시(島津忠義)의 섭정으로 활동하고 있었다. 히사미쓰는 1871년 폐번치현(廢藩置縣)···**3**이 실시될 때까지 사쓰마를 통치했다. 그는 형 나리아키라의 정책 방향을 따른다고 공언했지만, 그 자신은 형에 비해 독창성은 물론이고 지적·정치적 역량 모두 부족한 인물이었다. 특히 그는 사무라이들의 의견과 역량을 활용하기보다는 이를 통제하는 데 더 많은 관심을 기울였다. 사이고 다카모리는 복권된 지 얼마 지나지 않아 히사미쓰의 이러한 점에 실망하고 말았는데, 1862년 히사미쓰의 교토행을 수행하라는 명령을 충실히 따르지 않았던 것도 이와 관련이 있다. 히사미쓰는 사이고 다카모리가 자신에게 복종하지 않을 뿐만 아니라 그해 여름 교토를 지배했던 낭인들과 연대하고 있다고 판단하여 그를 이전에 유배되었던 섬보다 더 작은 섬으로 다시 한 번 추방했다. 그는 이 섬에서 1864년 3월까지 유배 생활을 했다. 당시 사쓰마 번이 사이고 다카모리 때문에 반막 세력으로 낙인찍혔다고 여겨진 탓에, 이번에는 엄중한 감시를 받으며 옥살이와도 같은 유배 생활을 해야 했다. 이로 인해 그는 사쓰마 번의 정국이 양이파에서 온건파의 손으로 넘어가는 중대한 시기에 정치적인 활동을 하지 못했다. 하지만 그 기간 동안 사쓰마 사람들이 배운 교훈을 그가 흡수하는 데는 그리 많은 시간이 걸리지 않았다. 사실 이러한 교훈들 중 상당 부분은 나리아키라 휘하에 있던 시절에 이미 습득했었는지도 모른다. 그는 새롭게 이용할 수 있게 된 신무기와 신기술의 가능성에 특히 뛰어난 식견을 보였다.

사이고 다카모리의 복귀는 번주 히사미쓰에게 그의 충성심과 능력을 납득시킨 사쓰마 번청 내 동료들의 도움으로 이루어졌다. 이들 중에서도 가장 눈여겨볼 인물은 오쿠보 도시미치[당시에는 이치조(一藏)라고 불렸음]였다. 이후 그는 사이고 다카모리와 더불어 사쓰마의 정책과 사상을 좌우하는 인물로 부상했다. ■3 사이고는 공직에 복귀한 뒤 교토에 주재하면서, 이곳의 사쓰마 번사와 군사들을 관리하는 임무를 부여받았다. 이곳은 번의 직접적인 통제가 어려울 만큼 멀리 떨어져 있었기 때문에 그는 상당한 실권을 손에 넣을 수 있었다. 그는 자신이 현명하지 못하다고 판단한 명령은 따르지 않았으며, 사쓰마 번이 따라야 할 지침을 독단적으로 결정한 경우도 여러 차례 있었다. 그는 가고시마의 오쿠보 도시미치에게 교토의 정세에 대한 자신의 의견을 정기적으로 보고했으며, 이때 그가 올린 보고서(이는 풍부하게 남아 있는 당시의 문서 자료 중에서도 특히 중요한 자료이다)를 통해, 사카모토 료마를 처음 만났을 당시 그가 가졌던 사상을 살펴볼 수 있다. ■4

사이고 다카모리가 이 중요한 직책을 맡게 된 당시, 사쓰마의 정책은 더욱 강경한 입장으로 선회하기 시작했다. 여기서 우리는 히사미쓰가 과거 1862~1863년에 걸쳐 에도와 교토에서 공무합체론을 추진하기 위해 노력했다는 사실을 상기해 볼 수 있다. 그의 희망은 아무런 성과도 거두지 못한 채 끝났다. 1864년 봄, 교토에서 이루어진 유력 다이묘들의 회의에서 게이키는 서양과 체결한 여러 조약들을 폐기 또는 수정할 것을 줄기차게 주장했다. 이는 히사미쓰가 조정을 설득하여 채택하게 한 중도적 입장을 받아들일 용의가 없었기 때문이다. 막부는 국사를 스스로의 힘으로 풀어 갈 능력에 대해 새로이 자신감을 보이고 있었으며, '공무합체'란 에도에서 결정한 정책에 대해 조정의 지지를 얻어 내는 것 이상의 의미가 없다는 것이 판명되었기 때문이다. 히사미쓰는 가고시마로 돌아왔고, 이후 그는 공무합체라는 용어를 이전과는 다른 의미로 사용하기 시작했다. 즉 모든 다이묘들이 동등한 입장으로 조정 사무에 참여하는 하나의 회의체를 구성하고, 도쿠가와 가문 역시 다른 다이묘들과 동등한 권리를 갖되 단지 그들의 필두 역할을 맡도록 해야 한다는 내용이었다. 하지만 그 실상을 살펴보면 공무합체라는 말은 사쓰마에서 별다른 주목을 끌지 못했으며, 결국 막부를 타도한다는 의미의 '토막(討幕)'이라는 용어로 대체되었다. 토막론은 특히 혈기왕성한 젊은 무사들 사이에서 높은 지지를 받았으며, 부당한 추방으로부터 의기양양하게 돌아온 사이고 다카모리는 그들의 영웅으로 칭송받기 시작했다.

교토에 부임한 사이고 다카모리는 먼저 조슈의 위협에 대해 관심을 기울였다. 그 전해 9월, 사쓰마 번 군사들은 황궁에서 조슈 번 세력을 축출하는 데 일조한 바 있었다. 사이고가 교토에 부임했을 때, 조슈 번이 교토에 침공하여 천황의 신병을 확보하려는 계획을 세우고 있다는 소문이 파다하게 퍼져 있었다. 하지만 그는 조슈의 계획이 정말로 천황의 신병 확보를 목적으로 하고 있다는 사실을 확인할 때까지 사쓰마 번이 막부의 방위 준비에 개입하지 않도록 주의를 기울였으며, 실제로 막부의 출병 요청을 거부했다. 그는 오쿠보에게 보고서를 보내, 막부가 조슈 번을 응징하기 위해 외세의 힘을 끌어들이려 하고 있으며, 조슈 번 또한 서양 국가들과의 자체적인 교섭을 모색하고 있다고 알렸다.■5 하지만 조슈 번의 교토 공격이 현실화되자, 그는 사쓰마 번의 병력을 이끌고 황궁을 지켰으며 이 과정에서 발에 부상을 입었다. 사쓰마 번 군사들은 조슈 번 병력을 제압하는 데 일조했지만, 이는 막부가 아닌 조정의 요청에 응한 행동이었다. 하지만 조슈 근왕파의 입장에서 보면 이 사건은 사이고 또는 사쓰마 번이 조슈의 근왕주의자들로부터 환대받지 못하는 계기가 되었을 뿐이다.

사이고 다카모리는 이처럼 조슈를 제압함으로써 에도 시대 봉건 체제에서 힘의 균형이 무너지지 않도록 노력을 기울이는 동시에, 번의 재정 개선책을 마련하는 데에도 적극적으로 개입했다. 에도 시대의 전통적인 '유교주의' 신조에서는 상업과 거리를 둘 것을 강조했다(후쿠자와 유키치의 아버지가 사이고에게 말했듯이, 산술은 '상인들의 도구'였다). 그 결과 번의 상거래는 특별히 인정받은 '어용 상인'들에게 위임되는 경우가 많았다. 반면에 번의 독점 사업이라는 방법으로 이윤의 일부를 민간 상인의 손에서 번 정부로 전환시키려는 시도 또한 유능한 정치 지도자들을 중심으로 주기적으로 일어났다. 이러한 양상은 사쓰마에서도 똑같이 관찰된다. 세리로서, 그리고 유배 생활 당시의 경험 덕분에 사이고는 공인받은 상인들이 운영하는 독점 체제에서 일어날 수 있는 부조리에 대해 충분히 이해할 수 있었다. 이제 그는 번 당국이 스스로 상업 기능을 완전히 장악하는 방향으로 선회했다.

이 문제는 외국 선박을 구입하려는 사쓰마 번의 노력과도 연관성이 있는데, 사실 외국 선박을 구입하려면 어지간한 번의 재원으로는 감당할 수 없을 정도의 돈이 필요했다. 사이고 다카모리는 오쿠보 도시미치 앞으로 서신을 보내, 류큐(琉球)에 더 많은 양의 사쓰마 번 상품을 보내 그곳에 있는 외국인들에게 매각함으로써 외국 선박 구입을 위한 자금을 조성해야 한다는 의견을 개진했다. 얼마 후 그는 류큐가 아닌 오사카에 상품을 운송, 판매하는 것이 더욱 효과적이라는 결정을 내렸다. 이어서 그는 각종 재화, 특히 비단의 공급 과잉이 이루어지면 이를 구입한 다음 시세가 올랐을 때 판매할 수 있도록 자신에게 사쓰마 번의 현금을 자유롭게 사용할 수 있는 권한을 달라는 놀랄 만한 건의를 하였다. 외국 상인들은 분명 두뇌 회전이 빠르겠지만, 그들을 앞지르기 위한 노력에 기꺼이 나서겠노라고 다짐했다. 또한 그는 이윤이 발생할 것을 확신했고, 화급한 군함 매입에 이를 사용할 수 있을 것으로 보았다.▪6 사카모토 료마와 사이고 다카모리가 만난 이 무렵이면, 사이고는 단순한 반외세주의를 완전히 떨쳐 버린 상태였다. 그는 개항 및 외국과의 교섭을 긍정적으로 바라보았으며, 이를 바탕으로 사쓰마 번이 막부에 대항할 수 있을 것으로 생각했다. 사실 바로 이 직후에 그의 동지들은 어니스트 새토(Ernest Satow)···4를 만나, 이윤이 날 만한 모든 거래를 막부가 독점하려는 태도야말로 막부의 가장 큰 문제점이라고 불평을 늘어놓기도 했다.▪7

상업적 이익에 관한 것은 물론, 사이고는 여러 번 간의 협력에 관해서도 구상하기 시작했다. 시마즈 나리아키라 밑에서 봉직했던 경험은 이러한 구상을 하는 데 도움이 되었을 것이다. 예컨대 1858년 히토쓰바시 게이키를 쇼군의 후계자로 옹립하려는 계획에는 여러 번 간의 긴밀한 협력이 필요했다는 사실이 이를 뒷받침한다. 하지만 1864년 봄에 이루어진 가쓰 린타로와의 만남은 그에게 대의 정치라는 새로운 사상에 눈을 뜨게 해 주었다. 10월 16일 오사카에서의 이 만남은 그와 가쓰 린타로의 첫 대면이었으며, 주선자는 사카모토 료마였다. 사이고는 이때 가쓰 린타로와 나눈 대화의 내용을 오쿠보 도시미치에게 보고했는데, 사이고 자신의 사상적 발전이라든가 린타로에 대한 막부 보수파의 불신에 관한 언급 등 중요한 내용들이 담겨 있었다. 이 만남은 사쓰마 번과 막부의 협력이 예상되던 시기에 이루어지기는 했지만, 이때 두 사람이 나눈 대화의 내용은 막부의 정통 로주들을 안심시키기보다는 당혹하게 만드는 측면이 다분했다.

사이고 다카모리에 의하면, 당시 에도로 향하던 중이던 가쓰 린타로는 로주의 한 사람인 아베 마사토(阿部正外)에게 전하고자 한 계획을 자신에게 이야기해 주었다고 한다. 린타로는 아베 마사토를 설득하여 반동적인 관료들을 해임시키고 새로운 행정 조직을 편성한 다음, 4~5명의 유력 다이묘들을 요직에 임명하려는 뜻을 갖고 있었다. 또한 린타로는 일본의 국토 방위에 대해서도 이야기했는데, 그는 세토나이카이(瀨戶內海)····⁵ 일대에서 외세를 축출할 수 있도록, 막부와 4~5명의 다이묘들이 가진 해군력이 연합할 필요가 있다고 보았다. 그는 요코하마와 나가사키는 개항을 하더라도 일본에 위협이나 불명예를 가져다주지는 않겠지만, 세토나이카이에 위치한 항구들은 경우가 다르다고 판단했던 것이다. 서양인들이 합리적인 사고를 가졌다고 파악한 가쓰 린타로는 세토나이카이에 개항장을 가지려는 그들의 계획이 거부된다고 하더라도 합동 방위 태세가 충분히 갖추어져 있다면 그들의 계획을 포기시킬 수 있을 것으로 보았다. 이와 같은 구상은 사이고 다카모리에게는 완전히 새로운 것이었고, 게다가 막부의 요직을 맡은 인물에게서 나왔다는 점에서 더욱 설득력 있게 다가왔다. ▪8 사이고 다카모리는 이와 같은 구상이 사쓰마 번에도 중요한 의미를 가져다준다는 사실을 번주도 이해해 주기를 고대했다. 그는 특히 당면한 위기를 넘긴 다음 새롭게 수립해야 할 '협력 정부'에 관한 논의에 강한 인상을 받았다. 이렇게 해서 료마가 그랬던 것처럼 사이고 다카모리 또한 막부 정권의 한 구성원에게서 들은 정치 개혁의 사상에 매료되었다.

사이고 다카모리가 국정의 전면에 그 모습을 드러낸 시기는 조슈 번의 교토 침공 시도를 저지하기 위한 막부의 출병이 이루어졌던 1864년이었다. 애초에 그는 조슈 번에 굴욕을 안겨 주겠다는 단호한 결의로 원정에 참여했지만, 이 강력한 경쟁 상대가 완전히 파괴되는 것을 허용하거나 방조했을 때 사쓰마 번이 맞이할 위협을 인식하고는 그러한 결의를 누그러뜨리고 말았다. 그는 조슈 정벌군에 참가하여 교토를 떠났으며, 여기서 높은 직책을 맡았다. 그는 사쓰마 번 부대의 지휘관으로서 정벌군의 배치나 작전 계획 수립과 관련하여 큰 영향력을 행사했다. 초기에 그는 조슈 번을 엄벌에 처해야 마땅하다고 생각했다. 나아가 패주하는 조슈 군을 신속히 추격하면, 시모노세키에서 조슈 번의 포격을 받았던 것을 핑계 삼아 보복 행동을 하려는 서양 세력에 빌미를 주지 않을 것으로 판단했다. 그러는 한편, 그는 사쓰마 번과 막부의 협력이 동등한 입장에서 이루어졌으며, 쇼군이 아닌 조정의 요청에 부응한 것이라는 사실을 분명히 하고자 했다. 그는 참가한 사쓰마 부대의 운용 계획을 변경했고, 막부군의 배치를 비판했으며, 3명의 군사 고문관을 사쓰마에 파견한다는 막부의 요청을 분연히 거부했다. 그는 오쿠보 도시미치에게 보낸 서신에서, 이 이야기를 듣고 실소를 금하기 어려웠다고 말했다. ■9

시간이 흐를수록 사이고는 타협을 통한 해결의 필요성을 절감했다. 막부가 조슈를 완전히 파괴하는 데 협조할 이유는 없었다. 그는 군사적 해법보다 정치적 해법 쪽에 더 많은 노력을 기울였으며, 조슈 번의 지도자들이 체면을 유지하면서 퇴각할 수 있는 방안을 마련했다. 우선 교토에서 사쓰마 번 군사들에게 포로로 잡힌 조슈 번 사람들을 통해 조건을 제시했고, 조슈 번은 이를 수락했다. 이때 내건 조건은 조슈 번의 세 가로(家老)에게 자결을 명할 것, 야마구치 성의 방위 시설을 철거할 것, 그리고 피난길에 나선 구게들을 규슈로 이동시킬 것 등이 주요 내용이었다. ▪10 이는 조슈 번 보수파로서는 충분히 받아들일 만한 조건이었다. 이제 그들은 과격파로 인해 번이 위기를 맞게 되었음을 지적하면서 스스로의 결속을 다지고자 했다.

조슈 원정은 1865년 1월 24일 평화적으로 종결되었다. 세 가로의 수급이 막부군 지휘부로 보내졌으며, 이제 질서는 회복되었다고 여겨졌다. 사이고 다카모리의 정치적 입지와 명성은 대단히 높아졌다. 그는 일신의 안전은 염두에 두지 않은 채 시모노세키를 방문하여 당면한 문제의 상세한 해법에 대해 설명했으며, 망명한 구게들을 규슈 후쿠오카 인근의 다자이후(太宰府)로 이주하게 한다는 계획을 자신의 손으로 마련했다. ▪11

하지만 사이고 다카모리가 가졌던 정치 발전의 희망은 그 후 불과 몇 주 사이에 물거품으로 바뀌고 말았다. 에도의 보수파들은 쇼군이 가진 대권을 줄일 생각이 전혀 없었다. 한동안 사이고는 동지들과 함께 번주 회의를 개최하기 위한 노력에 착수했다. 사이고는 번주 히사미쓰에게 교토로 상경할 것을 재촉했고, 오쿠보 도시미치는 마쓰다이라 슌가쿠를 설득하기 위해 후쿠이로 향했으며, 또 한 사람의 동지는 다테 무네나리(伊達宗城)를 설득하기 위해 우와지마로 향했다. 이러한 노력은 무위로 돌아갔는데, 이는 부분적으로 원래 자기 것이 아닌 권력을 손에 넣으려 한다고 서로를 의심하게 된 다이묘들의 경계심 때문이었다. 이를 계기로 사이고는 경우에 따라서는 폭력도 수반될 수 있는 철저한 정치 변혁이 필요하다는 결론에 이르렀다. 이후 그는 통상 및 군사상의 원조를 염두에 두고 영국과의 관계를 긴밀히 해야 한다는 주장을 펴기 시작했다. 그는 에도의 사쓰마 번사에 상주해 왔던 요원들을 실질적으로 철수시켜야 한다고 주장했다. 이제는 교토가 정치적 수도가 되었으니, 도쿠가와 가문의 영광이라는 미망에 협력해야 할 이유가 없

302

다는 논리였다. ■12 에도 막부의 관료들은 조슈 번을 철저히 분쇄할 계획을 세우고 있었지만, 이에 대해 사이고 다카모리가 다른 식으로 생각하기 시작한 것은 어쩌면 당연한 일이었다. 다시 말해서 그는 사카모토 료마가 내세우게 되는 조슈와의 협력에 대해 진지하게 귀 기울일 준비가 되어 있었다. 료마의 또 다른 행운은 도사 출신 동지 한 사람이 조슈 번 지도자들 사이에서 자신과 비슷한 역할을 해 나가고 있었다는 사실이다.

나카오카 신타로와
조슈

조슈 번은 메이지 유신에 가장 크게 기여한 세력이었다. 조슈 번 근왕주의자들은 요시다 쇼인이 활동했던 시기부터 극렬한 양이 운동의 선봉에 나섰다. 이들은 미래의 애국주의를 위해 너무나 많은 순교자와 영웅을 배출했으며, 다른 지역에서 흘러 들어온 낭인들을 위한 피난처를 제공하기도 했다. 조슈 번만큼 보수파와 급진파 사이에 날카롭고 격렬한 대립이 벌어졌던 번은 없었다. 번의 정책에 중대한 전환이 이루어지기 전에는 번 지도부의 전복이 반드시 일어났다. 1860년대 후반까지 급진파와 보수파 양 진영의 주요 인물들은 전투, 질병, 할복 등으로 목숨을 잃었다. 외국인들의 시모노세키 포격은 하나의 강령으로서 단순한 양이 사상이 배제되는 계기가 되었고, 철저한 징벌을 요구했던 막부 측의 주장 역시 공무합체론과 같은 정치적 구호의 설득력을 감소시켰다. 그럼에도 불구하고 국가 주도권을 둘러싼 경쟁 상대인 사쓰마 번에 대한 조슈 번의 의혹과 증오 때문에 두 번 사이의 동맹은 요원하기만 했다.

본론으로 들어가기 전에 조슈 번의 정세를 구체적으로 살펴보기 위해 적지 않은 분량의 설명이 필요할 것 같다. 또한 조슈 번 지도자들의 지적 발달 과정을 간략하게 살펴보려 해도 지금까지 언급한 이야기 중 상당 부분을 다시 들추어내야 한다. ▪13 삿초동맹의 필요성을 인식했다는 점에서 사카모토 료마와 동급으로 인정받는 도사 낭인 나카오카 신타로의 지적 성장에는 당시 조슈의 정세가 크게 작용했다. 따라서 여기서 조슈의 정세를 다루는 것은 아주 적절하다고 볼 수 있다. 그는 료마가 사쓰마에서 맡은 역할을 조슈에서 실천했던 인물이었다.

나카오카 신타로에 대해서는 이 책 앞부분에서 도사 근왕당에 관해 다루었을 때 이미 언급된 적이 있다. ▪14 도사 번 동부에 있는 마을 촌장의 장남으로 태어난 그는 1862년 야마우치 요도의 수행을 위해 에도행을 허락해 줄 것을 요청했던 50명의 고시와 쇼야의 일원이었다. 사실 요도의 신변에는 아무런 위협 요소도 없었다. 야마우치 요도는 나카오카 신타로에게 좋은 인상을 받아 여러 임무를 맡겼는데, 지사들의 의견을 파악하는 일도 그중 하나이며, 심지어 1863년 봄 요도가 도사로 귀환할 때 수행원으로 참가해 메쓰케(目付)라는 직책까지 받았음을 상기할 필요가 있다.

이 시기의 신타로는 완고하고 독단적인 인물이라는 인상을 강하게 풍겼다. 료마와 같은 유머와 균형감을 거의 갖지 못했던 그는 철저한 양이 사상을 견지했다. 그랬던 만큼 1863년 6월에 내려진 양이 칙서를 무시하기로 한 야마우치 요도의 결정은 그를 실망시켰다. 사태의 절박함을 감지한 그는 상급 사무라이 집단 구성원들과의 교섭에 나섰다. 우마마와리 신분이었던 이타가키[당시에는 '이누이(乾)'라는 성을 사용했음] 다이스케는 과거 에도에서 요도로부터 50명의 거친 무리들(나카오카 신타로도 그 일원이었음)이 저지를지도 모를 폭거를 방지하기 위해 50명의 상급 무사들로 이루어진 조직을 편성하라는 명령을 받았는데, 그 역시 서양과 조약을 맺는 데 대해서는 강하게 반대했다. 양이 칙령을 강행할 것을 주장하다 관직에서 쫓겨난 이타가키 다이스케와 나카오카 신타로 사이에는 이제 우정이 싹트기 시작했고, 이는 몇 년 뒤 서로 다른 계급 사이에 협력의 길을 닦을 초석이 된다. ▪15 이타가키 다이스케는 봉건적 충절 의식이 강했기 때문에 도사에 머물러 있을 수 있었지만, 나카오카 신타로는 그렇지 못했다. 1863년 가을 신타로는 비밀리에 조슈를 방문했고, 도사로 돌아오는 길에 도사 근왕당이 쇠퇴하는 조짐을 감지하고는 조슈로 도피했다. 1863년 11월 하순 이후, 신타로는 망명 낭인으로 조슈에 머무르게 되었다. 신타로의 집안에서 그의 선택을 허락해 주었다는 사실은 상당히 흥미롭다. 그의 부친이 1866년 질병으로 사망했을 때, 그의 가족은 신타로에게 보내는 편지에 이러한 내용을 일절 언급하지 않았다. 장남으로서의 효심이 근왕의 결의를 흐트러뜨리지 않도록 하려는 배려였다.

　신타로는 조슈 번의 항구인 미타지리(三田尻)에서 도사 번 출신자들로 구성된 일단의 조직[여기에는 히지카타 히사모토(土方久元)도 소속되어 있었다]에 참가했다. 이들은 조슈 번으로 피난 온 구게들의 대의에 합류한 지사들이었다. 미타지리에서는 대의를 실현하기 위해 다른 지역에서 사람들을 모아야 한다는 목소리가 나오고 있었다. 구루메(久留米)에서는 마키 이즈미(眞木泉)가 왔는데, 그는 얼마 지나지 않아 교토에서 목숨을 잃었다. 7명의 구게들(이 중 한 사람은 야마토 지방에서 일어난 봉기로 그들에게서 이탈했고, 다른 한 사람은 사망하여 얼마 후 이들의 수는 5명으로 줄어들었다)은 근왕주의 대의의 상징으로 떠오르면서 자연스럽게 관심이 집중되었다. 이때 이들의 지도자는 26세 나이의 산조 사네토미였다. 미타지리 숙소에서의 생활은 훗날 생겨난 초국가주의 학교 조직의 원형이 되었다. 지사들은 6시에 기상했고, 동쪽을 향해 제례를 올렸다. 아침 식사를 마치면 문무를 연마하는 데 힘썼다. 오후 시간대에는 군사 훈련을 받았고, '자유' 시간이었던 저녁에는 군사 서적 강독과 같이 권장된 활동을 하면서 시간을 보냈다. 이곳에서는 규율 잡힌 일과표에 따라 훈련, 시험, 집단 활동 등이 이루어졌다. ■16

도사 번에서는 다수의 도사 번 출신자들이 미타지리에 와 있었다는 사실을 인지하고, 그중 한 지사의 부친을 사자로 보내 그들의 귀환을 설득했다. 지사들 중에는 그 사자를 암살해야 한다고 생각하는 자들도 있었지만, 나카오카 신타로는 그들을 제지했다. 지사들은 도사 번 사자의 이야기를 모두 듣긴 했지만, 그의 요청에는 아무런 주의도 기울이지 않았다. 하지만 이 도사 번 관리의 태도에는 무언가 모순된 측면이 있었다. 그는 지사들과 담화할 때 존경심과 온화한 태도를 보였지만, 망명자 송환을 위한 공식적인 교섭은 시도하지 않았다. 사실 신타로는 개인적으로 자신의 탈번을 구실로 친지들에게 처벌이 가해지는 일은 없을 것이라 확신하고 있었다. 어쩌면 고치 당국자들 역시 망명한 구게들을 돕기 위해 자신들의 상속권을 포기한 자들의 도덕적 용기를 인정했을 것이며, 어찌 되었든 도사 번의 혈기왕성한 근왕주의자들의 분노를 살 것을 단단히 각오하지 않은 다음에야 이 지사들을 억압할 수는 없었을 것이다.

미타지리에 도착한 직후 나카오카 신타로는 정보 수집의 임무를 띠고 교토로 향했다. 그곳에서 그는 다수의 급진파 낭인들과 긴밀히 접촉했다. 그는 조슈 기헤이타이(奇兵隊)의 지도자인 다카스기 신사쿠(高杉晉作)를 비롯해 강직한 조슈 번 사람들과 함께 생활했다. 늦여름이 되어 조슈 번 군사들이 천황의 신변을 확보할 계획으로 교토에 쳐들어올 때까지, 나카오카 신타로는 과격한 운동의 중심에 서 있었다. 1864년 봄, 그는 근왕주의자들의 거병이 눈앞에 와 있다는 희망을 품고 있었다. 공무합체론적 계획이 실패로 돌아감에 따라 이를 추진해 온 유력 번주들은 각자의 영토로 돌아갔다. 신타로는 한동안 시마즈 히사미쓰를 근왕 운동의 가장 중대한 장애물로 여겨 다카스기 신사쿠와 함께 히사미쓰 암살을 기도하기까지 했다. 하지만 히사미쓰의 신변은 철통같은 경호를 받고 있었다. 누군가 자신의 신변을 노리고 있다는 소문이 귀에 들어오자, 히사미쓰는 서둘러 가고시마로 향했다. ■17 공교롭게도 이 계획은 나카오카 신타로가 교토에서 사이고를 처음 만난 직후에 기획된 것 같다. 신타로와 사이고의 구체적인 회담 내용이 무엇이었든 (이에 대한 구체적인 내용은 확인할 길이 없다), 신타로와 조슈 번 사람들이 조슈와 사쓰마 사이에 이해점을 찾을 수 있을 것이라는 희망은 거의 갖고 있지 않았음이 분명하다.

　나카오카 신타로가 도사 번 근왕주의자 동지들에게 보낸 정세 분석은 그의 생각을 가장 잘 보여 주는 자료이기도 하다. 1864년 여름, 그는 일본 전역에서 머지않아 근왕주의가 승리를 거둘 것으로 보았다. 미토 번에서 격렬한 내전이 발발했다는 소식이 전해져 왔다. 한때는 '정의당(正義黨)'이 번 정부를 전복하고 교토로 진군하려는 계획을 성공시킬 것이라고 여겨지기도 했다. 1864년 6월 초, 신타로는 도사 번의 동지에게 그 성공 가능성을 담은 장문의 편지를 보냈다. 조정에 온건파가 득세하고 있다는 사실은 부정적인 측면으로 다가왔다. 보수파와 '사악한' 조정 신료들은 히사미쓰에게 조정의 새로운 직위를 부여했고, 보수파 구게들이 다시 관직에 올랐다. 한편으로 다이묘들이 교토를 떠났다는 사실은 공무합체파의 명백한 패배를 의미했다. 나카오카 신타로는 지금이야말로 일본 전역에서 지사들이 들고일어나 교토를 확보하고, 급진파 구게들에게 권력을 돌려주어야 할 때라고 생각했다. 그는 교토에서 신속히 정변을 일으킴으로써 조슈를 수도로 되돌릴 수 있는 길을 열 수 있으며, 이것이 달성된다면 정국의 흐름을 뒤집을 수 있다고 보았다. 신타로는 도사 번의 동지들에게 이 대업에 함께할 것을 종용했다. 그는 이타가키 다이스케와 같은 도사 번 상급 사무라이들의 협력을 이끌어 낼 수 있을 것이라는 희망도 갖고 있었다. 신타로는 번의 질서에 불복종하는 것은 봉건적 충성심과는 무관하다고 보았다. 그는 다음과 같이 썼다. "지금과 같은 기회는 100년 동안 다시 오지 않으리라. 이 숭고한 대업에 참여한 우리가 도사 번의 방침을 거슬렀다는 사실이야 부인하기 어렵겠지만, 결국에는 우리의 대업이 도사 번을 부강하게 만드는 결과를 가져올 것이다. 그런 만큼 이것이야말로 충의와 효행이 아니고 무엇이란 말인가? 그리고 무엇보다도 이 기회는 한 번 놓치면 두 번 다시 찾아오지 않을 것이다……." 그는 이와 같은 내용을 담은 서신을, 나가사키에서 최근에 전해 들은 소식으로 마무리했다. 중국에서는 두 번째 전쟁이 끝났고, 베이징까지 외국 군대의 손에 떨어지면서 청 제국의 중심지가 함락되고 말았다는 것이었다. 실로 일각의 시간도 지체할 수 없는 상황이었다. 도사 번의 동지들은 맡은 역할을 잘해 낼 수 있을까? 즉각적인 봉기가 일어나야 할 상황이었다. ■18

이 편지가 도사 번에 전해진 시기는 야마우치 요도가 다케치 즈이잔의 추종자들에 대한 대책을 마련할 무렵이었다. 이 편지는, 다케치 즈이잔의 석방을 위해 30명의 지사들이 연서(連署)한 탄원서가 제출되는 직접적인 계기가 되었다. 그리고 이 탄원이 아무런 효과도 거두지 못하자, 나카오카 신타로의 고향이기도 한 도사 동부의 근왕주의자 23명이 노네야마(野根山)에서 시위를 벌였으나 이들은 결국 목숨을 잃고 말았다. ■19 이러한 점에서 나카오카 신타로의 호소는 도사 번 내부에 적대감만 심화시키는 한편, 도사 근왕당의 몰락을 재촉한 결과로 이어졌다.

1864년 6월 신타로는 도사 번 동지들이 합류하기 바랐던 지사들의 봉기를 세부적으로 준비하기 위해 조슈로 귀환했으며, 한 달 뒤에는 다시금 교토로 향했다. 하지만 그는 교토에 도착하기 전에, 이케다야 여관에서 모의 중이던 일단의 지사들이 습격을 받았고 계획이 들통나 버렸다는 소식을 전해 들었다. 이는 조슈 번의 급진파가 교토에 총공격을 감행하겠다는 결심으로 이어졌다. 미타자리의 낭인인 마키 이즈미(眞木泉)가 이 계획의 지도자였으며, 그와 그가 거느렸던 주유타이(忠勇隊)는 공격의 일익을 담당했다. 나카오카 신타로도 전투 준비에 참여했다. 그들은 자신들의 목표가 아이즈 번과 사쓰마 번 간신배의 손에서 천황을 구하는 것이라고 믿고 있었다. 8월 19일 황궁의 문에서 일어난 처절한 전투에서 신타로는 부상을 입었지만 무사히 탈출할 수 있었다. 전날 밤 가족들과의 이별을 고하며 쓴 편지에는 이 당시 그의 감정이 잘 드러나 있다. 그는 다음과 같이 썼다. "아버님께서 연로하심을 생각해 보면 이번에 치러질 전투는 지극히 불행한 일이며, 소자는 불효막심한 자식이라는 소리를 들어도 마땅하다고 생각합니다. 하지만 소자 비록 도사의 산골에서 태어난 가난하고 무지한 촌부이기는 하오나, 어린 시절부터 충의와 정의의 길을 걷고자 언제나 최선을 다해 왔습니다. 황국과 천자님을 위해서라면, 소자는 설령 목숨을 내놓을지라도 아무 여한이 없습니다."[20]

그러나 나카오카 신타로는 전투에서 목숨을 건졌다. 그는 며칠간 은신하면서 부상에서 회복된 다음 조슈 번으로 귀환했다. 9월 5일 외국 포함들이 시모노세키의 포대에 포격을 가했을 때 신타로는 다시 한 번 주유타이의 일원이 되었다. 주유타이는 해안 포대를 확보하여 이를 요새화하려는 서양 연합군의 상륙 부대를 위협하고자 했으나, 이 전투 역시 패배로 끝났다. 두 번이나 패배한 조슈 근왕파는 이 사건 이후 조슈 번에 재난을 가져다주었다는 이유로 번내 반대파로부터 비난을 받았다. 막부는 이들을 징벌하기 위한 원정 준비에 착수했으며, 외세는 이미 자신들의 역할을 완료한 터였고, 조정에서는 조슈 번을 '조정의 적'으로 낙인찍은 상황이었다. 기존의 방침에 찬동하지 않은 집단은 비단 조슈 번의 상류 계급만이 아니었다. 일반 평민들도 이와 관련된 소동에 완전히 무관심한 반응을 보였다. 그들은 외세와 벌인 전투를 강 건너 불 보듯 바라보았고, 전투가 끝난 뒤에는 외국 군대가 노획한 대포를 적재하는 것을 친절히 도와주기도 했다. 일본인들을 '굉장히 우호적'이라고 기록했던 어니스트 새토는, 이들이 "자신들에게 골칫거리만 몰고 온 이 노리개들을 제거하는 것에 분명 속 시원히 여겼을 것"이라고 생각했다. ■21

상황이 이렇다 보니 나카오카 신타로가 11월 9일 도사 번의 동지들에게 보낸 편지에 자책과 회한이 깃들어 있는 것도 무리는 아니었다. 그는 노네야마 사건으로 23명의 지사들이 목숨을 잃었다는 소식을 전해 들었다. 자신이 나서지 않았다면 이들은 목숨을 잃지 않아도 되었을지 모를 일이었다. 그는 동지들에게 교토와 시모노세키에서의 실패를 털어놓았다. 조정에서는 개항을 승인할 태세였고, 사태가 악화되리라는 것은 불 보듯 뻔한 상황이었다. 외국 선박들이 머지않아 세토나이카이의 잔잔한 해면을 가르고 나타나리라는 것은 예측하기 어려운 일이 아니었다. 이 모든 현실에도 불구하고 신타로는 무력감에 빠져들었다. 새로운 봉기를 일으키거나 탈번을 한들 아무런 소득도 기대할 수 없었다. 그저 눈물을 삼키며 침묵을 지킬 수밖에 없었다. 개항과 외국 선박의 세토나이카이 항행을 허가한다는 칙명과 관련해, 도사 번주로서는 천황에게 이 문제를 다시금 생각해 보라고 요구하는 것도 충분히 고려할 만한 일이었다. 이러한 사려 깊은 조언에 덧붙여, 신타로는 도사의 정치적 상황과 관련된 질문을 정리해 두었다. 근왕파들은 여전히 기소되어 있는가? 대중의 여론은 어떠한가? 투옥된 자는 누구인가? 처벌받은 자는 누구인가? 도사 동부의 사정은 어떠한가?■22 신타로는 이제 개인적인 그리고 국지적인 영웅적 행위는 일본이 당면한 시급한 문제를 복잡하게 만들 뿐 결코 해결할 수 없다는 사실을 깨달았다.

시모노세키에서의 실패 이후, 나카오카 신타로는 한동안 조슈 번의 의용병 부대를 위한 첩보원 역할을 맡았다. 그는 돗토리(鳥取: 오늘날의 돗토리 현-역주)로 가서, 그곳의 조슈 번 동조자들이 자신들의 번을 움직여 공식적인 지원을 이끌어 낼 수 있을 것인가의 여부를 조사했다. 그리고 다시 한 번 교토로 향해 그곳의 정세를 살펴보았다. 하지만 그는 어느 곳에서도 희망의 싹을 찾지 못했다. 어디를 막론하고 보수적인 '속론(俗論)파'가 '정의당'의 근왕주의자들을 압도하는 모양새였다. 심지어 젊은 도사 번주 야마우치 도요노리는 조슈 번에 동조한다는 비난을 피하기 위해 몇 달 전 맞이한 모리가(조슈 번주 가문)의 신부와 거리를 두기까지 했다. ■23

12월 16일 조슈로 귀환한 나카오카 신타로는 주유타이의 공동 지휘관으로 임명되었다. 이때 그와 함께 주유타이의 지휘를 맡게 된 인물은 격렬한 성품의 소유자로 교토에서 전사한 마키 이즈미의 동생이었다. 이 일은 결코 만만하지 않았다. 일본 각지에서 모여든 지사와 낭인들로 구성된 주유타이는 연이은 패배로 병력과 사기가 고갈된 상황이었다. 조슈 번 보수파들은 번이 여러 문제에 직면한 까닭은 오로지 근왕파 관료들이 이처럼 기강도 서지 않은 괴악한 낭인 무리를 끌어모은 탓이라고 비난하기 시작했다. 게다가 근왕파 관료들은 한때 완전히 실각하다시피 했다. 구사카 겐즈이(久坂玄瑞)는 교토에서 살해당했다. 이노우에 가오루[井上馨: 당시에는 분타(聞多)라고 불렸음]는 보수파의 일원에게 목숨을 잃을 뻔했을 뿐만 아니라 오랜 기간을 관직에서 물러나 있어야만 했다. ■24 한편 근왕파의 유력한 지도자였던 스후마사노스케(周布政之助)는 사태가 악화된 책임을 지고 자결했다. 조슈 번 징벌을 명분으로 한 막부의 1차 원정군이 번의 경계선 근처에 다다르자, 이미 보수파들이 실권을 잡은 조슈 번에서는 사이고 다카모리가 제시한 항복 조건을 지체 없이 받아들였다. 1865년 초 조슈 번 당국은 정책 담당 가로의 할복, 번주의 사죄, 야마구치 성 방어 시설의 철거, 그리고 1863년 9월 조슈 번 군사들과 함께 탈출한 교토 구게들 가운데 남아 있는 5명의 송환이라는 조건을 받아들였다. 유죄로 판결받은 인사들의 처분은 신속히 이루어졌고, 번의 지도자들이 할복한 후에는 양이 운동이나 근왕 운동과 관련된 하급자들의 입지와 영향력도 상실되었다. 또한 다른 의용병 부대들도 해체되었는데, 나카오카 신타로의 주유타이도 예외는 아니었다.

근왕파에게 남은 단 하나의 희망은 망명해 온 구게들의 신변 안전을 확보하고 있었다는 사실이다. 그들은 조정의 지원과 대의명분을 상기시키는 존재이자 희망이었기에, 근왕주의자들에게 이들의 중요성은 계속 커져만 갔다. 이러한 그들이 조슈를 떠나야 했고, 그들에게 은신처를 제공한 조슈 번은 그 죗값을 치러야 할 판이었다. 막부로서는 어쨌든 그들을 억류해 두기를 원했겠지만, 이렇게 된다면 조슈로서는 배신 행위를 한 셈이 된다. 이에 대한 대안으로 구게들을 해협 건너 후쿠오카로 옮긴다는 의견이 제시되었고, 이는 채택되었다. 당시 후쿠오카 번에서는 구게들을 환영해 줄 근왕파 동료들이 요직을 맡고 있었다. 하지만 조슈 번의 대실패로 일본 전역에서 근왕주의의 명성이 실추되었기 때문에, 이들 근왕주의자들(이들은 다시 '정의당'이라는 이름을 내걸고 있었다)의 정치적 미래는 안타깝지만 그 누구도 예측할 수 없었다.

이 시점에서 필요한 것은 교토 구게들의 안전한 피난처를 보장하는 다른 번과의 협약이었다. 이를 위해 나카오카 신타로는 1865년 1월 해협을 건너 고쿠라(小倉)*6로 건너가, 사이고 다카모리와 이 문제에 관해 논의했다. 사이고 다카모리는 사쓰마 번의 동지인 요시이 고즈케(吉井幸輔)를 보내 주었고, 신타로는 그와 함께 시모노세키로 귀환했다. 이제 계획은 서서히 모습을 드러내기 시작했다. 여기서 더욱 중요한 사실은 나카오카 신타로(더불어 조슈 근왕파)가 사이고 다카모리를 명예로운 애국지사로 신뢰하기 시작했다는 점이다. [25]

구게들을 후쿠오카로 옮기는 계획에 관한 논의가 진행되는 가운데, 조슈의 정세는 급변했다. 훗날 명성을 떨치는 다카스기 신사쿠의 기헤이타이(奇兵隊)를 비롯한 의용병 부대는 번 지도부의 항복 방침에 극렬히 저항했다. 그리고 구게들은 에도에 항복할 것이며, 근왕파에 대한 대규모 숙청의 조짐이 보인다는 소문이 돌았다. 의용병 부대들은 되살아났다. 고쿠라로 망명했던 다카스기 신사쿠는 1865년 1월 12일 이토 히로부미(伊藤博文: 당시에는 슌스케(俊輔)라고 불렸음), 야마가타 아리토모(山縣有朋)를 비롯한 몇 사람의 추종자를 이끌고 다시 그 모습을 드러냈다. 20명이라는 적은 인원으로 시작했지만, 그는 지지자들을 모으고 주도권을 장악해 나갔다. 얼마 지나지 않아 다카스기 신사쿠의 옛 의용병 부대는 그를 중심으로 재집결했다. 정국의 귀추는 몇 주 사이에 불투명해졌다. 하지만 소수의 근왕주의자들이 보여 준 결연한 태도는 반대파인 보수파의 소극적이고 우유부단한 태도와 대조를 이루었다. 근왕파는 일련의 신속한 공격에서 연전연승했다. 급진파의 결의와 세력이 굳건해 항복에 동의한 보수파들이 더 이상 국정을 지배할 수 없다는 사실이 밝혀지자, 3월 19일 조슈 번주는 조상들에게 참회의 예를 올린 다음 번의 새로운 지도자들의 뜻을 따를 것을 승낙하였다. 이후 조슈 번은 다카스기 신사쿠와 그를 따르는 용감한 급진주의자들이 이끄는 방향으로 나아갔다. [26]

그러나 혼란스럽고 불안정한 번의 정세를 생각해 보면, 교토 구게들을 조슈에서 다른 지역으로 이동시키는 일은 이전보다 더욱 중요해졌다. 신타로와 히지카타 히사모토를 비롯한 도사 번 낭인들은 여기서 중대한 역할을 수행했다. 이는 조슈 번주가 근왕파의 뜻을 따르기로 결정한 날로부터 한 달 전인 2월 9일에 이루어졌다. 신타로는 구로다 나가히로(黑田長薄)의 영지였던 후쿠오카 번으로 향한 구게들의 수행단에 참가했다.

근왕주의자들이 후쿠오카에 가졌던 불안감은 얼마 지나지 않아 사실로 드러났다. 이 시기 거대 번들이 대체로 그랬듯이, 구로다 나가히로가 이끌던 후쿠오카 번의 정국도 근왕파와 보수파로 갈라져 있었다. 로주인 가토 시쇼(加藤司書)가 이끌던 근왕파가 1864년 내내 번 정국을 지배하고 있었다. 가토 시쇼는 1차 조슈 정벌군에 병력을 파견했던 36개 번들이 모인 히로시마 회의에 번주의 대리 자격으로 출석했고, 사이고 다카모리와 함께 조슈 번의 철수를 이끌어 낸 타협안을 만든 인물이었다. 이제 그는 사이고 다카모리와 다카스기 신사쿠를 비롯한 조슈 번 사절과 상의하면서, 구게들이 자기 번에 피신해 있을 수 있도록 조건과 보장 장치를 마련했다. 하지만 운이 따르지 않았는지, 조슈에서 일어난 혁명은 후쿠오카의 보수파를 경악시켰다. 그들은 조슈 번 응징을 위한 막부의 2차 원정이 있을 것이며, 이 원정이 성공할 것으로 예견했다. 역모에 연루되는 것을 꺼린 그들은 가토 일파를 축출하려는 운동을 시작했다. 이들의 시도는 1865년 가토 시쇼가 할복을 명받고 그의 일파가 공직에서 쫓겨남으로써 성사되었다. 하지만 이미 그 이전부터 후쿠오카 영내에 체류하던 구게들의 신변은 불안정했다. ▪27 5명의 구게들은 한때 서로 간의 접촉조차 차단당하는 등 사실상의 연금 상태에 처하기도 했다. 이들을 수행했던 지사들은 이러한 폭거를 신속히 자신들의 지원자들에게 보고했으며, 사이고 다카모리는 스스로 다자이후(太宰府)에 기거하던 이들의 처우 개선과 거주 문제를 해결하기 위해 사쓰마 번 군사들을 대동한 채 교섭에 임했다. ▪28 구게들은 유신 전야까지 이곳에 머물렀다.

314

새로 들어선 후쿠오카 번 지도부의 이중적이면서도 마지못해 하는 태도에도 불구하고, 사쓰마 번의 지원은 구게들의 신변을 충분히 보호해 줄 수 있었다. 이로부터 몇 달 후 다자이후는 정치적 지령과 모략의 중심지가 되었다. 조슈 번의 보호에서 풀려나면서 구게들은 이제 국정의 중요 인물로 부각되었다. 사카모토 료마, 나카오카 신타로, 사이고 다카모리를 비롯한 많은 사람들은 나가사키나 가고시마를 오갈 때면 반드시 다자이후에 들르다시피 했다. 다자이후에서 구게들 가운데 가장 영향력이 높았던 산조 사네토미는 충성스러운 낭인들을 거느리고 있었으며, 이들을 교토나 조슈로 파견하기도 했다. 그는 관직이나 실권은 없었지만, 자신의 정신적 권위를 적극 발휘하여 다른 4명의 동료들과 함께 근왕파에 대한 교토의 지지를 제대로 보여 주었다.

유신이라는 연극의 마지막 막을 앞두고 이제 그 주역들이 하나둘 자신의 자리를 찾아가기 시작했다. 조슈의 정권은 다카스기 신사쿠 일파가 완전히 장악했다. 그들은 전국의 정세에 주의를 기울였다. 군비 강화와 근대식 무기를 확보하려던 그들에게 이토 히로부미와 이노우에 가오루가 유럽에서 겪은 경험은 특히 중요했다. 한때 양이 운동의 선봉에 섰던 조슈 번은 이제 시모노세키를 무역항으로 개방하려는 논의를 하기에 이르렀다. 사쓰마 번에서는 오쿠보 도시미치와 사이고 다카모리의 협력으로 번정이 순조롭게 이루어짐에 따라 아무런 동요도 일어나지 않았다. 조슈 번의 반막부 급진파에 대한 공감은, 에도가 옛 권위의 전면 회복을 주장하고 있다는 것이 분명해짐에 따라 더욱 커져 갔다. 막부 내에서는 오구리 다다마사가 꿈꾸었던 새로운 전제주의가, 가쓰 린타로의 온건하고 계몽적인 정책을 밀어내고 그 자리를 차지했다. 머지않아 이들의 계획은 나폴레옹 3세의 공사 레옹 로슈(Leon Roshe)로부터 지지와 격려를 받게 된다.

지사에서
정치가로

근왕 시대의 위기와 혼란을 겪으면서 활동가들이 개인적으로는 더욱 매력적으로, 정치적으로는 한층 현명해졌다는 증거는 도처에서 찾아볼 수 있다. 지사들은 이제 개인적인 영웅주의로는 대의 실현에 아무런 도움이 되지 않는다는 사실을 인식했으며, 나아가 자신들의 조국이 직면한 문제의 복잡성을 새로이 이해하기 시작했다. 그들이 남긴 문서와 편지를 살펴보면, 그들은 이제 고난으로 단련된 강한 신념을 지닌 헌신적인 사람들로 거듭났다. 그들은 예전부터 용감한 자들로 정평이 나 있었지만, 이제는 관대함, 선견지명, 신중함과 같은 또 다른 자질에도 관심을 갖게 되었다. 물론 그들이 금욕주의자가 된 것은 아니었다. 위기에 봉착한 순간에도 사정만 허락한다면 술잔을 기울이던 그들이었다. 나카오카 신타로는 구게들이 후쿠오카로 옮겨가기 전날 밤, 목숨을 건 대업을 앞두고 마지막으로 유곽에 한번 다녀오자며 동지들을 부추겼다. 지사들은 위험을 대수롭지 않게 여겼고 서로를 존중했으며, 후세로부터도 존경받는 '인물'이었다는 사실 역시 변함이 없다. 그들이 새롭게 달라진 사실은 이제 적개심 때문에 자신의 적을 극도로 경멸하던 태도가 많이 누그러졌다는 점이다. 일련의 경험을 토대로 그들은 한층 냉정하고 책임감 있는 태도를 갖기 시작했다.

1865년 사카모토 료마가 이케 구라타의 양친에게 보낸 편지에는 이와 같은 변화상이 잘 묘사되어 있다. 이케 구라타는 1863년 도사 번을 탈번했고, 이때 료마는 앞서 언급한 바와 같이 근왕주의자의 책무는 그 무엇보다 중요하다는 단호한 입장을 편지에 써서 그의 양친에게 보냈다. 조슈 번의 의용병 조직에 참가한 이케 구라타는 요시무라 도라타로의 야마토 봉기에도 참여했으며, 교토에서는 나카오카 신타로가 이끈 주유타이의 일원이기도 했다. ■29 료마가 이케 구라타와 재회했음을 알린 이 편지에서 그가 보여 준 따뜻하고 인간적인 필치는, 이 시기 지사들을 하나로 결집시켰던 유대감을 잘 보여 준다. 료마가 이케 구라타의 부모에게 썼던 것처럼, 그는 '시모노세키라는 곳'에 와서 '구라'와 만나기를 고대했다. 그와 만나려면 3일을 더 기다려야 한다는 소식을 들은 료마는 그렇게 하기로 마음을 먹었다. 그리고 어느 순간 '구라'는 갑자기 료마의 숙소에 모습을 드러냈다.

우리는 서로 손을 맞부딪치며 이 놀라운 우연과 멋진 행운에 대해 감탄했습니다. 구라는 잘 지내는 것 같았고, 굉장히 건강해 보였습니다. 그는 특히 집안 소식을 듣고 싶어 하더군요. 우리는 하루 종일 세상 돌아가는 이야기를 하며 시간을 보냈습니다. 구라, 그 친구 아주 건강해 보이더군요. 우리는 대부분의 사안에 동의했습니다. 무의미한 전쟁이 일어나는 일은 두 번 다시 없을 것이며, 우리 두 사람의 목숨을 위협받는 일 또한 없으리라는 점에서도 같은 생각이었습니다. 지금까지 도사 번을 떠난 사람들 중에서, 80명 정도가 분란으로 목숨을 잃고 말았습니다. 구라는 여덟 번인가 아홉 번의 전투에 참여했지만 총탄, 화살, 돌이 날아드는 와중에서도 상처 하나 입지 않았더군요. 이러한 사실을 그는 굉장히 자랑스러워하고 있었습니다. 그는 적이 200보"7 앞에 와 있는 데다 사방에서 포탄이 날아오며 총성이 귓전을 때리는 순간에도 꼿꼿이 선 채 명령을 복창했고, 그의 총구가 불을 뿜는 순간 총알은 적의 포차(砲車)를 꿰뚫었다고 하더군요. 적의 총포가 불을 뿜는 순간 대부분의 사람들이 땅바닥에 엎드렸지만, 구라 자신은 그 정도로 가까운 거리에 적탄이 떨어진다면 머리를 숙여 본들 소용이 없다고 생각했다고 이야기했지요. 그 친구는 이 사실을 정말 자랑스러워했답니다.

어르신들도 알고 있듯이, 이전의 구라는 굉장히 기가 세고 다른 친구들을 자주 때렸으며, 남들에게 관대한 친구는 아니었지요. 제가 봤을 때 이 친구는 전투 경험을 통해서 많이 성장한 것 같았습니다. 이제 구라는 누구에게나 다정합니다. 구라와 함께 이야기했던 시간, 정말 즐거웠습니다……. ■30

만약 이 도사 번 남자들이 전통적인 가치관을 고수하여 효자로서 집에 남아 있었다면, 이 활기 넘치는 삶과 비교했을 때 그들이 맞을 단조로운 생활이 과연 무슨 의미가 있었을까? 료마의 인품과 도량이 성장했음을 보여 주는 표면적인 증거는 없지만, 그가 동지들에게서 이러한 품성을 인식할 수 있었다는 사실은 그 자신 역시 그러한 자질을 도야했음을 반증한다고 보아야 할 것이다. 이 무렵에 쓴 그의 편지들을 살펴보면, 몇 년 전에 쓴 편지들에 가득 차 있던 자기 예찬적인 문구가 사라졌음을 확인할 수 있다. 가쓰 린타로 문하에서의 경험을 통해 이제 료마는 반대파 중에도 유능하고 성실한 인물이 있다는 식견을 갖게 되었다.

나카오카 신타로가 쓴 서신에 나타난 그의 정치적 식견의 성장을 보여 주는 증거는 특히 흥미로운 자료이다. 1864년 도사 번의 동지들을 봉기에 가담하도록 종용한 이 급진주의자는 같은 해 후반에는 마지못해하면서도 신중론을 수용했다. 그 후 조슈 번 의용병 조직에서 얻은 경험 덕분에, 그는 서구 기술의 우월성을 체감하게 되었다. 서양 증기선을 처음으로 타게 된 1865년에는 증기선의 속도와 효율성에 깊은 인상을 받았다. ■31 이제 그는 더 이상 서구화에 대한 극단적인 저항 노선을 취하지 않았으며, 그의 일기와 도사에 보낸 서신에는 이와 같은 변화가 분명히 나타나 있다. 그는 스스로 서양에 가 보려는 계획을 세우기도 했으나, 그럴 여유가 없다는 판단을 내렸다. ■32

나카오카 신타로가 남긴 기록물은 앞서 언급한 서신 말고도 1865~1867

년에 쓴 단편적인 일기, 그리고 도사 번 동지들에게 보낸 정치 정세에 관한 논평 등이 오늘날까지 전해 오고 있다. 이러한 자료들은 다케치 즈이잔과 그 측근들이 투옥되어 숙청당한 이후 신타로가 도사 번 근왕 운동에서 차지했던 위상이 계속해서 증대되었음을 분명히 보여 준다. 근왕 운동에 대한 조정력을 가진 인물은 그 운동의 내부에서 성장했으면서도 번의 통제력 밖에 있는 사람이어야만 했는데, 그 역할을 맡은 인물이 바로 나카오카 신타로였다. 조슈 번과 사쓰마 번에서의 행보는 신타로에게 번 외부의 사정에 정통한 인물이라는 권위를 부여했다. 실제로 그는 조슈 번 동지들에게까지 도처에서 일어난 일들을 설명해 줄 수 있을 정도였다. 그랬기에 그는 1865년 9월 시모노세키 개항을 계획하고 있다는 소문 때문에 조슈 번에서 정치적으로 곤경에 처해 있던 기도 고인에게, 사쓰마 번 역시 개국을 지지하는 입장으로 선회했다는 내용의 서신을 보낼 수 있었다. ■33 더욱이 그는 사실상 외부 소식을 완전히 차단당하다시피 했던 도사 번 지사들에게 국정 전개에 관해 알려 주는 제대로 된 정보원 역할까지 맡았다. 대부분의 도사 번 근왕주의자들은 일찍이 다케치 즈이잔이 교토에서 쌓아 올린 영광의 그늘에서 여전히 벗어나지 못하고 있었다. 이들 중 상당수는 아직도 외세를 물리적·정치적으로 일본에서 몰아낼 수 있다고 믿고 있었고, 이전에 갖고 있던 입장을 바꾼 자들을 배신자나 변절자로 간주하고 신뢰하지 않았다.

나카오카 신타로는 이러한 입장을 잘 이해할 수 있었다. 그 역시 바로 얼마 전까지만 해도 그들과 같은 입장에 서 있었기 때문이다. 하지만 도사를 떠나고 나서 겪은 위기와 견문은 그의 시야를 넓혀 주었다. 그가 조슈 번 사람들과 함께 교육받았기에 한층 세련된 식견을 가질 수 있었다는 사실에는 의심할 여지가 없다. 하지만 그는 이처럼 바쁜 나날을 보내는 와중에도 시간을 내어 책을 손에서 놓지 않았다. 시도 때도 없이 활동하고 이동하는 나

날이었지만, 무언가를 기다리거나 몸을 숨겨야 하는 상황은 심심찮게 일어
났으며, 신타로는 이러한 기회를 잘 활용했다. 그의 일기에서 독서 습관에
관한 기록을 찾아볼 수 있다. 여기서는 예로부터 전해져 온 지혜를 일관되
게 강조하고 있는데, 이는 쇼야 출신인 그의 교육적 배경이 잘 드러나 있다.
그는 '고전'을 거론했으며, 때로는『대학(大學)』,『전한서(前漢書)』,『중용해(中
庸解)』,『손자(孫子)』 등을 발췌하기도 했다. 무력으로 영국에 맞섰다가 파국
을 초래한 중국과 총독 임칙서(林則徐)에 대한 언급, '나가사키 소식'이라든
가 '나가사키 신문'과 같은 단어도 찾아볼 수 있다. 그중에서도 특히 주목할
만한 것은 후쿠자와 유키치가 에도 말기에 총서의 형태로 간행한 소책자인
『서양사정(西洋事情)』의 언급이 있다는 사실이다. 이 책은, 당시 계층과 신분
을 막론하고 모든 일본인들에게 서양의 지식을 전수해 주는 데 지대한 역할
을 한 서적이었다. ▪34

　다카스기 신사쿠가 조슈 번에서 승리를 거둔 직후 도사 번의 동지들에게
보낸 서신은, 나카오카 신타로의 정치적 관점이 가장 잘 나타나 있는 자료
이기도 하다. 그 일부는 다나카 고켄이 수집한 자료들에 포함되어 전해 오
고 있는데, 여기에는 이타가키 다이스케에게 보낸 서신도 있다. 이로 미루
어 나카오카 신타로는 번에서 요직을 차지하고 있던 동지들의 이름을 빌려
번정에 영향력을 행사하려 한 것으로 짐작해 볼 수 있다. 이 서신을 쓰게 된
구체적인 목적은 별도로 치더라도, 그가 도사 번의 동지들이 국정의 흐름을
전반적으로 직시하기를 고대했다는 사실은 틀림없다.

　몇몇 영향력 있는 인물들이 새로이 국정의 무대에 등장했고, 신타로는 고
향의 동지들도 그들에 대해 알고 있어야만 한다는 인식을 갖기 시작했다.
그중에서 필두는 사이고 다카모리였다. 그는 사이고 다카모리를, 11세기 일
본 북부에서 일어난 반란의 지도자인 그 유명한 아베 사다토(安倍貞任)를 연

상케 하는 땅딸막한 체형의 소유자로 묘사했다. 계속해서, 사이고는 현명하고 학식이 깊은 데다 용기가 있으며, 유달리 과묵한 인물이었다. 비록 평소에 말수는 적었지만, 그의 입에서 나오는 몇 마디 되지 않은 이야기는 듣는 사람의 정곡을 찌를 정도로 생각의 깊이가 있었다. 그는 다른 사람들을 압도하는 고결한 인품의 소유자일 뿐만 아니라, 풍부한 경험도 갖추고 있다. 사실 지행합일이라는 측면에서 그는 다케치 즈이잔을 연상케 하는 인물이기도 했다. 사이고 다카모리에 이어, 조슈 번의 기도 고인과 다카스기 신사쿠도 새로운 영웅이라는 칭호에 걸맞은 인물들이다. 그들 역시 용기와 지략을 겸비한 사려 깊은 인물들로, 생각한 바를 행동으로 옮길 수 있는 자질을 갖추고 있다, 등등.

이와 같은 인물평을 발판으로 나카오카 신타로는 국가의 위기라는 한층 중대한 화두로 나아가고자 했다. 그는 우선 제후들이 할거하는 봉건 제도가 유익한지 아니면 불리한지에 대한 질문을 던졌다. 그는 300년 동안 이어진 평화로 투지는 쇠퇴했고 행동에 나설 배짱을 가진 자는 아무도 없다고 기록했다. 제후들의 분열로 다양한 접근 방법이 난무하고 있으며, 여러 세력들은 각자의 방식대로 일을 진행시키고 있다. 어떤 번은 외세와의 결사 항전을 주장하는가 하면, 또 다른 번은 그러한 항전은 불가능하다고 보고 있다, 등등. 그는 이런 식의 논쟁을 봉건제 해체의 결함으로 간주했음에 틀림없다. 이어서 신타로는 외국인들에게 무언가를 배우고자 하는 목적으로 개국을 주장하는 세력도 있다고 지적했다. 그들은 실력을 다지는 한편 근대적인 무기와 기계에 대해 배움으로써, 작금의 혼란이 끝나면 일본의 자주적인 힘으로 최선책(그것이 개국이 되든 쇄국이 되든)을 마련할 수 있다고 제안했으며, 수많은 지식인들은 서양과의 전쟁이 일어나기 전에 '부국강병'을 달성해야 할 것이라 경고했다고 전했다. 신타로가 이러한 논지를 펼치기 위해 할

애한 지면의 양이나 정열은 양이론의 그것을 넘어섰으며, 스스로 "예전에 나는 이러한 입장을 수용하지 못했지만 이제는 그 의미를 깨닫게 되었다." 라고 언급한 것처럼, 그는 이제 더 이상 덧붙일 것이 없는 인물이 되어 있었다. 신타로는 직접적인 행동을 취하려던 미토 번, 조슈 번, 사쓰마 번 사람들을 통해 이러한 결론에 도달하게 되었다고 설명했다. 비록 그들은 실패했지만, 궁극적인 해결에 기여한 점도 있다는 것이었다. 미토 번의 내란, 리처드슨 살해 사건, 시모노세키 해협에서 일어난 외국 선박의 포격 사건은 갖가지 가능성을 정리하고 새로운 대안을 제시하는 역할을 했다고 주장했다. 그들은 결코 실패자가 아니며, 실로 나라의 신들에 비견되는 선각자였다고 평가했다.

나카오카 신타로가 언급한 선각자들의 목록에는 교토에서 목숨을 잃은 조슈 번의 구사카 겐즈이도 들어 있었다. 요시다 쇼인의 제자로 영국 유학파인 구사카 겐즈이는 서양 오랑캐의 정신에 대해서도 정통해 있었다. 그는 종종 러시아의 표트르 대제나 미국의 워싱턴과 같은 인물들의 업적을 거론하면서, 양이의 나라에서도 위기가 닥치면 영웅이 출현하여 나라를 단결시키고 지도하게 된다는 논의를 설파했다. 한편으로 그는 어느 시점에서 직접적인 행동에 나서는 것을 주저하는 사람은 성공할 기회만 이리저리 재다가 결국에는 아무것도 이루지 못할 것이라는 이야기를 곧잘 하곤 했다. 신타로는 구사카 겐즈이의 관점에 전적으로 동의했다.

나카오카 신타로는 이러한 논의의 타당성을 입증하기 위해 두 개의 사건을 예로 들었다. 첫 번째 사례인 리처드슨 살해 사건은 가고시마가 포격을 받았다는 점에서 재난으로 여겨질 수 있었다. 하지만 그 치욕을 씻고자 사쓰마 번이 일치단결할 수 있었다는 점에서 이보다 더 좋은 계기는 없었을 것이다. 유능한 사람들이 계급을 불문하고 등용되었으며(추방되었던 사이고 다카모리도 이때 다시 부름을 받았다), 사쓰마 번의 군사와 행정 제도의 근본적인 개혁이 착수되었다, 등등.

두 번째 사례는 조슈 번과 관계된 것이었다. 시모노세키 해협에서 일어난 외국 선박들의 포격 사건은 교토를 혼란에 빠뜨렸다. 양이와의 평화가 회복되자 막부의 군세는 조슈로 쇄도했다. 조슈 번은 항복했고 이후 내란이 일어났으며, 이를 계기로 기도 고인과 다카스기 신사쿠는 영국 유학에서 돌아와 있던 이노우에 가오루 및 이토 히로부미와 더불어 번의 새로운 지도자로 부상했다. 그들은 조슈 번의 의견을 일치단결시켰다. 조슈 번은 군사 문제에 결연한 태도를 확립했으며, 사기가 고양되면서 논의 수준에 맴돌던 사안들이 실행에 옮겨졌다, 등등. 신타로는 조슈 번의 근대화는 단순히 서양의 화기로 무장한 부대를 조직하는 정도의 수준이 아니라고 설명했다. 즉 조슈 번은 이제 미니에(Minié) 소총…[8]과 근대적 대포로 무장했을 뿐만 아니라 기병대까지 보유했다. 대규모 부대의 훈련이 하루도 거르지 않고 이어졌으며, 46개의 의용병 부대가 일사불란하게 움직였다. 이 모든 것은 전쟁의 결과였다. 폭력과 위협이라는 계기가 없었다면 아무것도 이루어질 수 없었다. 사쓰마 번 또한 패배에 침잠하지 않고 조선소, 대포, 해군을 건설했다.

나카오카 신타로는 이제 다음과 같은 결론에 도달하게 된다.

선견지명을 가진 사람이라면 사쓰마와 조슈 두 번이야말로 장차 우리 나라를 떨쳐 일어나게 할 힘을 갖고 있음을 인지하고 있을 것이다. 그리고 이두 번은 전쟁 덕분에 지금의 위치에 오르게 되었다. 내가 보기에 우리 모두가 머지않아 이 두 번의 명을 따르게 될 것이라는 사실은 마치 눈앞에 펼쳐진 그림과도 같아서, 누구든 공감할 수 있을 것이라고 생각한다. 우리가 언젠가는 국체(國體)를 확립하고 외세를 몰아낼 수 있을 것이라는 희망은 바로 이 두 번이 있기에 가질 수 있다. 이와 같은 것들이 가능한 것은 우리 나라의 봉건적 질서 덕분이다.

　하지만 아무리 무사도 정신을 고양하고 국방 태세의 정비에 역점을 쏟는다고 하더라도, 나라의 정책을 바로 세우지 않는다면 우리는 결코 적을 압도할 수 있는 힘을 기를 수 없다. 그렇다면 이러한 정책은 무엇에 기초해야 하는가? 그러기 위해서 무엇보다도 선행해야 할 것은 천황 폐하게 모든 권력을 봉환하여 제정일치를 확립함으로써 대의명분을 얻는 일이다. 이것을 일본 전역에 실현시키는 것이야말로 우리에게 당면한 가장 시급한 과제라고 하겠다. 상하를 막론한 모든 사람들이 오늘날 우리가 직면한 중차대한 기회에 어떻게 대처해야 하는가를 궁구한다면 실패도 행운으로 바뀔 수 있을 것이다. 언젠가 우리는 작금의 시대를 떠올리면서, 외국으로 인해 초래된 재난이 실은 우리 나라에 지대한 공헌을 한 쓴 약이라는 사실을 인정하게 될 것이다. 그렇다면 우리는 이 기회를 제대로 살려야 할 것이다.

　신타로의 서신은 도사 번 동지들에게 계급의 차이에 연연하지 말고 협력하라는 당부로 끝을 맺고 있다. ■35 번주를 구하기 위해 1862년 에도로 향했던 이 고시는 이제 나라를 구하기 위한 계획에 착수하게 되었다. 신타로는 그 시대가 아주 자유롭게 행동할 수 있는 다중심적인 봉건 사회가 아니었다면 자신의 목표 달성이 어려웠을 것임을 잘 알고 있었다. 하지만 그는 에도 막부의 지도자들이 그랬던 것처럼, 여러 세력이 나누어 차지하고 있는 봉건 사회의 할거야말로 목표인 진정한 국가 통일을 저해하는 가장 큰 장애물이라는 사실을 인식하기 시작했다. 그는 실질적인 국가적 단결이 이루어지기 위해서는, 일본 남서부에 자리 잡은 두 거대 번의 협력이 필요하다고 보았다. 사카모토 료마와 더불어 이제 나카오카 신타로는 이러한 협력이 하루빨리 실현될 수 있도록 신명을 바쳐 나갔다.

동맹의
성립

사쓰마와 조슈 간의 협정은 본질적으로 공격적이라기보다는 방어적인 성격을 띠었기 때문에, 그 성립 배경에는 1865년 당시 근왕파를 초조하게 만든 막부 세력의 부활과 외국의 간섭에 대한 두려움이 자리 잡고 있었다.

상당수의 막부 내 보수파 인사들은 조슈 번과의 화해 조건에 불만을 갖고 있었다. 그들은 조슈 번주와 그 후계자 그리고 다자이후에 머무르고 있던 5명의 구게들을 에도로 압송하는 한편, 조슈 번 근왕파에게 보다 철저한 처분을 내릴 것을 바라고 있었다. ■36 이들 보수파 막부 관료들이 자신들의 입장을 표명했을 때, 조슈 정벌을 위해 30여 개 번의 군사들로 조직된 연합군은 해산하기 시작했다. 휴전 협정 조건을 변경하기에는 이미 때가 늦어 버린 것이었다. 그리고 얼마 지나지 않아 조슈에서는 다카스기 신사쿠가 인솔하는 근왕파 의용군의 봉기가 일어났다. 이제는 조슈 번과 맺었던 애초의 화해 조건조차 실현되기 어려워졌고, 새로운 불만의 소지가 생겨났다.

조슈 번의 사안이 아무리 중요하다 하더라도, 막부와 조정 간의 좀 더 광범위한 문제라는 측면에서 보면 빙산의 일각에 불과했다. 이 문제에서 가장 중요한 쟁점은 막부 내부의 불화였다. 막부는 대부분 세습되어 온 후다이 다이묘들로 '강경책'을 주장하는 막부 전통주의자들과 교토 국정에 참여하게 된 히토쓰바시 게이키와 아이즈 번주 마쓰다이라 가타모리(松平容保) 등 과거 정책으로의 복귀는 무익하다는 입장을 가진 조정적 성향의 '국외자(局外者)'로 양분되어 있었다. 이윽고 후자 측에서는 경쟁자를 쓰러뜨리기 위해 교토의 조정을 이용하게 된다.

다수의 막부 지지자들은 1차 조슈 정벌 당시 젊은 쇼군 도쿠가와 이에모치가 몸소 진두에 서기를 고대했고, 조정 측에서는 그가 최소한 교토에 들러 주기를 바란다는 희망을 내비쳤다. 하지만 에도의 보수파들은 이에 반대했다. 그들은 히토쓰바시 게이키와 마쓰다이라 가타모리가 교토에서 이미 쇼군을 자기편으로 끌어들였을 것을 우려했고, 1863년과 1864년 두 차례의 쇼군 상경 역시 그들에게 별다른 이익을 가져다주지 못했던 것으로 판단했다. 조슈와의 화해가 성립된 뒤에도, 게이키와 조정 내 그의 동지들은 쇼군이 오사카 성에 와서 조슈 문제를 최종적으로 결단 내려 주기를 계속해서 고대하고 있었다. 그 대신에 에도의 보수파들은 아베 마사토(阿部正外)와 마쓰마에 다카히로(松前崇秀) 두 로주를 교토로 보냈다. 그들의 임무는 막부의 정규 병력을 교토까지 인솔해 기존에 황궁 수비를 담당하고 있던 군사들을 이들로 교체하는 것, 그리고 게이키와 가타모리의 사표를 받아 오는 것이었다. 하지만 이러한 계략을 눈치챈 게이키는 쇼군을 즉각 상경하도록 하는 칙서를 받아 냈다. 여기에 덧붙여 조정에서는 교토에 와 있던 로주 아베 마사토와 마쓰마에 다카히로에게 할복하라는 명을 내렸다. 할복 명령은 실현되지 않았지만, 조정 측이 보여 준 이 대담무쌍한 행태는 에도의 로주들이 얼마나 현실을 제대로 파악하지 못하고 있었는가를 여실히 보여 준다. 결국 두 로주는 해임되고 말았다. ■37

에도의 입장에서 조슈 번 근왕파의 봉기는 자신들의 체면을 유지하면서 이 문제에서 벗어날 수 있는 길을 열어 주었다. 전통주의자들은 더 이상 연기할 수 없었던 쇼군의 상경을 쇼군 본인이 지휘하게 될 제2차 조슈 정벌과 연계시키기로 결정했다. 이러한 방책으로 그들은 주도권을 다시 쥘 것으로 예상했다. 즉 막부군이 조슈 번 번경 근처에 도달하면 조슈의 보수파가 다시 한 번 번정의 주도권을 장악할 것이며, 이어서 조슈 번이 항복함에 따라 일본 전역, 특히 조정에서 막부의 우위를 확보할 수 있을 것으로 확신하고 있었다.

따라서 제2차 조슈 정벌은 조정에서 막부의 위상을 강화하는 데 초점이 맞추어져 있었다. 애초에는 쇼군의 교토 방문은 조슈의 반란자 무리를 처단하기 이전이 아닌 이후에 이루어질 것으로 공표되었으나, 이 계획은 변경되었다. 원정 계획이 공표된 날짜는 1865년 3월 6일이었고, 쇼군은 6월 9일에야 출진했다(다만 뒤에 언급할 여러 가지 어려움 때문에 정벌군 병력은 12월이 되어서야 일본 남서부 방면으로 이동했고, 교전 행위는 이듬해인 1866년 여름에 이르러서야 시작된다). 교토에서 쇼군의 접대는 히토쓰바시 게이키가 준비했는데, 접대는 기대 이상으로 호의적이었다. 조슈 정벌이 정식으로 승인되었음은 물론, 특히 원정 기간 동안 쇼군은 황실로부터 정벌군 사령관을 임명받았다. 이는 막부 측으로서는 고무적인 일이었지만, 주도권을 갖고 있던 도자마 다이묘들에게는 충격으로 다가오기도 했다. ■38

유력 번주들은 제2차 조슈 정벌이 당파적인 이유에서 태동하게 되었음을 자각하고, 이에 대해 당파적인 태도로 대응했다. 그들은 이 원정이 막부에 대한 저항의 가능성을 분쇄하기 위해 계획된 것임을 인식하고, 자신들의 이해관계에 맞게 대처해 나갔다. 제1차 조슈 정벌에서 비록 마지못해 총사령관 역할을 받아들였던 오와리(尾張) 번주는 2차 정벌에 대한 협력을 거부했다. 또한 1차 정벌에서 부사령관 역할을 맡았던 후쿠이 번주(마쓰다이라 슌가쿠의 후계자)는 조정과 협력하여 2차 정벌을 저지하려했다. 오카야마(岡山) 번주 이케다(池田)와 히로시마 번주 아사노(淺野)는 2차 정벌이 자신들의 이익에 부합되지 않는다고 판단했다. 후쿠오카 번주 구로다는 애초에 보수파가 번의 권력을 장악했던 시기에는 협조하는 태도를 보였지만, 나중에는 정벌 계획에 원조하기로 한 당초의 약속을 번복했다. 사이고 다카모리의 노력 덕분에 냉담한 태도를 보이던 사쓰마 번은 이윽고 막부의 계획에 적대적인 입장을 취하게 된다. 도사 번 역시 파병을 승낙한다면 과거 조슈 번 근왕파와 협력했던 혈기방자한 근왕당 분자들이 반란을 일으킬 소지가 있다는 구실을 들어 막부의 파병 요청을 거절했다. [39]

에도의 실권자들이 프랑스의 지원을 등에 업고 중앙 집권화 된 '근대적' 전제 정치를 수립하려 한다는 의혹이 퍼지면서, 막부의 요청에 대한 유력 번주들의 비협조적인 태도는 더욱 분명해졌다. 이러한 불안은 그들에게 충분한 설득력을 지녔으며, 그것이 실현되리라는 예측 때문에 위협은 한층 더 증폭되었다.

가쓰 린타로의 후임자였던 오구리 다다마사는 프랑스의 지원을 끌어낸다는 계획을 수립하는 데 핵심적인 역할을 한 인물이었다. 그는 만약 조슈 번에 압승을 거두어 번령 전체를 해체하고 이를 몰수할 수 있다면, 이는 훗날 막부에 반항하는 또 다른 세력에 효과적인 본보기가 될 수 있을 것으로 판단했다. 그리고 프랑스의 지원을 바탕으로 한 군사적·기술적 근대화 계획을 추진한 것은 봉건적 지방 분권 체제의 소멸과 함께 도쿠가와 가문 지배하의 통일 국가 수립으로 이어질 것으로 보았다.

이러한 계획이 전면적으로 추진되기 시작한 것은 제2차 조슈 정벌 이후였지만, 1864년 봄 프랑스 공사 레옹 로슈(Leon Roches)가 도착한 직후 이미 그 물밑 작업이 이루어지고 있었다. 북아프리카에서의 근무를 마치고 이제 막 전입해 온 나폴레옹 3세의 충복은 아시아에서 이루어지고 있는 영국과의 외교 쟁탈전에서 황제에게 승리를 바치고자 다짐했다. [40] 1865년 이후 영국의 경쟁자 해리 파크스(Harry Parkes)의 등장으로 그는 자신의 일에 더욱 박차를 가했다. 파크스는 가고시마와 시모노세키의 포격 사건 이후 협조적인 태도를 보이기 시작한 사쓰마와 조슈 두 번에 지속적인 지원을 하고 있었다. 레옹 로슈는 막부 측이 계속해서 상세한 부분까지 논의하기를 원한다는 사실을 알게 되었다. 1864년 말 프랑스에 방문한 막부의 외교 사절단은, 막부가 봉건 다이묘들을 처부수고 중앙 정부를 수립해야 한다는 벨기에 귀족 몽블랑 백작(Count of Monteblanc)의 조언에 깊은 감명을 받았다. 그는 일본을 400년 전의 프랑스에 견주면서 무력 행사의 필요성을 강조했다. 막부 사절단은 공식적으로 협정을 체결할 준비를 시작했지만, 이들의 발의는 훗날에도 막부에 의해 부정된다. 하지만 이 과정에서 이식된 제안들이 아무런 성과 없이 끝난 것은 아니었다. 프랑스의 지도하에 군 장교 제도, 군사 훈련 방법, 병기, 요코스카(橫須賀) 조선소, 병기고 등이 이식되면서 프랑스풍이 막부 말기의 특색으로 떠오르게 되었다. 후쿠자와 유키치조차도 프랑스의 원조를 전폭적으로 의지해야 한다고 건의했을 정도였다.

외국의 원조를 활용하려는 막부의 이러한 자세는 계속 강해져 갔고, 이는 더 이상 비밀에 부쳐질 수 없는 일이었다. 특히 1865~1866년 사이에 이러한 정보가 유력 다이묘들의 정보망에도 심심찮게 포착되기에 이르렀다. 하지만 이러한 정보로 유력 다이묘들이 막부의 조슈 정벌에 협조적인 태도를 보인 것은 아니었다. 왜냐하면 그들은 그러한 행동이 스스로를 파멸의 길로 인도할 것으로 인식하고 있었기 때문이다.

그렇지만 막부에게 외국 세력은 잠재적인 지지자인 동시에 위협이기도 했다. 쇼군의 행렬이 교토에 도착한 직후, 외국의 소함대가 오사카 만에 진입했다. 수도에서 가장 가까운 바다가 처음으로 '더럽혀지고' 말았던 것이다. 외국인이 침입해 들어온 이 사안이 종결될 때까지 조슈 번 정책은 제자리걸음을 할 수밖에 없었다.

서구 열강은 이미 체결된 조약들에 대한 천황의 최종적인 동의를 요구해 왔다. 쇼군과 로주들이 오사카에 머무르고 있다는 소식을 들은 그들은 오사카에서 쇼군과 담판을 지으려 했다. 이제 그들은 위협을 가할 새로운 능력을 갖고 있었다. 해리 파크스는 측근을 시켜 자신들이 필요하다면 교토에 직접 진입할 채비를 하고 있다고 경고했기 때문이다. 교토에 대해 새로운 우위를 점하려는 쇼군의 희망은 외국 선박의 출현으로 물거품이 되고 말았다. 이에 대해 여러 논의들이 오갔고, 중대 사안을 협의하기 위한 다이묘 회의가 개최될 희망도 싹트기 시작했다. 사이고 다카모리를 비롯한 몇몇 사람들은 조정이 외교 문제를 쇼군의 손에서 완전히 회수해야 한다고 생각했다. ▪41 난국이 고조되면서 쇼군 도쿠가와 이에모치는 조정에 책임 있는 행동을 강요할 요량으로 쇼군직에서 하야할 뜻을 비쳤다. 게이키는 이에모치의 사직이 반려되도록 적극적인 공작을 폈으며, 이어진 논의 끝에 천황은 주요 조약들과 (효고를 제외한) 항구의 개항을 승인했다. 외국 함대는 오사카를 떠났다. ▪42

 이 와중에 조슈 번의 위기는 심화되었다. 번을 장악한 근왕파는 항복할 의사가 조금도 없었다. 다카스기 신사쿠와 새로운 번 당국은 번의 방어 태세와 정치적 입장을 강화해 나갔다. 한편으로 막부는 황궁 방위를 막부군에 일임하도록 하는 제안을 했다가 오히려 그 목적이 폭로되면서, 조슈 정벌에 동조하는 번의 숫자는 손에 꼽을 정도로 줄어든 실정이었다. 조슈 번의 전의가 강화된 반면, 에도 막부 측의 사기는 저하되었다. 오사카의 막부군 본진에 와 있던 병사들조차도 실제로 조슈 번의 항복을 얻어 낼 때까지 싸움을 계속하겠다는 마음은 없었다. 조슈 번은 항복하지 않을 것이라는 사실이 알려지면서, 막부는 단호하게 추진할 실력도 갖추지 않고 준비도 제대로 하지 못한 원정에 어쩔 수 없이 나서야 하는 상황에 내몰리게 되었다. 막부는 자금 확보를 위해 오사카 일대에서 가용한 모든 자금원, 심지어 에타(穢多: 쇠백정–역주)도 포함될 정도로 대출을 강요함으로써 일반 대중의 신뢰와 지지를 실추시켰다. 병사들은 전의를 상실했으며, 궁지에 몰린 막부는 체면을 유지하면서 평화를 지킬 수 있는 처절한 궁리에 나서기 시작했다. 몇 번이나 '최후'통첩이 오갔지만 이는 조슈 번의 확고한 저항 의지와 타협안을 거부하는 단결력을 확인시켜 줄 뿐이었다. 마침내 1866년 7월 18일 군사 행동이 개시되었다.

제2차 조슈 정벌이 이처럼 연기되고 있는 사이, 사카모토 료마는 한가하게 시간을 보내고 있지 않았다. 여기서 상기할 것은 료마를 지원했던 사쓰마 번 사람들이 그에게 선박 한 척을 맡겨 가쓰 린타로 밑에서 습득한 항해 지식을 활용하고자 했다는 사실이다. 그들은 이를 실천에 옮길 수 있도록 료마에게 간단한 조직의 책임자라는 독립적인 지위를 부여했다. 그가 맡은 조직은 회사라는 뜻의 '샤추(社中)'라는 이름이 있었으나, 이후 '해상 지원 부대'라는 의미를 가진 '가이엔타이(海援隊)'로 개칭된다. 이를 위해서는 사쓰마 번의 자금 지원과 보호가 필수적이었으며, 본부는 나가사키의 사쓰마 번 무역소 인근에 설치되었다. 작은 상회(商會)를 연상시키는 그 명칭은 실제 목적을 은폐하는 기능도 있었다. 즉 사쓰마 번의 지원을 받는다는 사실을 숨긴 채 막부령 항구 도시에서 서양 국가들과 무역 활동을 할 수 있었던 것이다. 하지만 료마는 사쓰마 번 사무라이 행세를 했다. 1865년 10월 그가 누이에게 보낸 편지에는 이러한 행태를 잘 설명하고 있다.

저는 20명의 동료들과 함께 나가사키에 왔습니다. …… 다들 좋은 경험을 하고 있지요. 영국인이 세운 학숙에서 공부하고 있는, 도사에서 파견된 동료도 한 사람 있답니다. 일본 각지에서 온, 경험이 풍부한 30명의 또 다른 동료들도 있어요. 이곳은 굉장히 바쁜 곳이랍니다. 저는 여러 곳을 다녀왔으며, 굉장히 유쾌한 시간을 보내고 있답니다. 저는 동료들과 함께 임시로 상회를 차렸어요. 저는 지금 교토에서 이 편지를 쓰고 있지만, 닷새나

엿새 뒤에는 서쪽으로 돌아가 있을 겁니다. 누님께서 혹시 제게 뭔가 보내 주실 것이 있다면, 후시미 오라이바시(寶來橋)에 있는 데라다야(寺田屋) 여관 으로 보내 주세요. …… 그곳은 사쓰마 번 관사 근처에 있습니다. 바로 근처의 교바시(京橋)에 있는 니노야(日野屋) 여관도 괜찮고요. 이 여관들은 제게는 집이나 마찬가지랍니다. …… 사쓰마의 사이고 이사부로(西鄕伊三朗)라는 분이 누님을 찾아뵐 거예요. 미리 부탁해 두었으니, 제게 보내 주실 물건이나 편지는 그분에게 주시면 됩니다. ▪43

'마치 집과도 같은 곳'에서 '아무런 야심도 없이 그저 멍하게 시간만 보내고 있어도 되던' 기존의 활동과는 달리, 이 새로운 사업은 그의 마음에 들었음이 분명하다. 료마의 '20명 동료'들은 효고 해군조련소에서 함께 공부한 옛 친구들이었다[그들 중에는 1894년 일본 외무대신을 역임하는 무쓰 무네미쓰(陸宗光)도 같이 있었다]. 나가사키에서 료마가 맡았던 업무의 대부분은 외국 상인들과의 교섭이었다. 이들 가운데 가장 중요도가 높았던 인물은 에도 말기에 반막부 번들의 무기 수입 및 유학생 파견에 크게 기여한 토머스 글로버(Thomas B. Glover)였다. ▪44 이 무렵 료마가 경영하던 상회는 그 목표와 활동 영역을 확장하여, 외국 시장에 상품을 내다팔 수단을 갖지 못한 번들과의 거래를 시도했다.

료마의 상회는 우선 막부의 봉쇄 조치가 내려진 조슈 번의 외국 무기 입수를 지원하기 시작했다. 나가사키에 파견된 조슈 번 대표는 엄격한 감시 때문에 외국 상인들과 거래를 할 수 없었지만, 료마는 사이고 다카모리의 승인을 받은 만큼 그 대안이 될 수 있었다. 얼마간의 준비 교섭 끝에 조슈 번 지도자들은 나가사키에 이토 히로부미와 이노우에 가오루를 파견했다. 나가사키에서 두 사람은 사쓰마 번사에 머물렀다. 이들이 맡은 임무는 토머스 글로버와의 교섭이 조슈 번에 유리하게 흘러가도록 조정하는 것이었는데, 우연의 일치인지 이 영국 상인은 1860년대 초 두 사람을 영국에 밀항하도록 도와준 인연이 있었다.

료마의 원조에 힘입어, 이토 히로부미와 이노우에 가오루는 나가사키에서 7,000정의 소총을 매입할 수 있었다. ▪45 9월이 되어 이노우에 가오루는 사쓰마의 가로 한 사람과 가고시마로 가서 사쓰마의 원조에 대한 조슈 번의 공식적인 감사 의사를 전했다. 조슈 번에 대한 더욱 큰 원조가 이어졌다. 1865년 12월 4일에는 토머스 글로버를 통해 기선 유니언(Union)호를 37,500냥의 비용으로 구매했다. 이 기선은 한동안 선적(船籍)이 조슈 번인지 사쓰마 번인지, 아니면 료마의 상회에 속하는지 불분명했지만(세 주체 모두 자기 측에 유리한 쪽으로 사안을 해석하려 했다), 결국 조슈 번에 유리한 방향으로 결론이 났다. 오초마루(乙丑丸)로 개칭된 이 선박은 이때까지 사쓰마 측과의 협력에서 가장 돋보이는 성과물이었다. ▪46

다음으로, 료마의 좋은 입지를 활용해 조슈 번의 곡물을 사쓰마 번의 군량미로 활용할 수 있게 되었다. 사이고 사이고는 가고시마가 쌀이 부족한 지역이었기 때문에 혼슈(本州)에 주둔한 사쓰마 번 병력에 대한 병량 공급처를 확보하는 문제로 고심했다. 기도 고인은 료마의 제안을 수락했고, 1865년 가을에는 사쓰마와 조슈 간의 통상 활동이 시작되었다. 료마를 비롯한 도사 번 지사들이 시모노세키에 있는 호상(豪商) 시라이시 세이이치로(白石正一郎)의 저택에 종종 묵었던 것도 주목할 만한 일이었다. 시라이시 세이이치로는 사쓰마 번과의 거래에서 많은 이해관계를 갖고 있었다. ▪47

이제 사쓰마와 조슈 번의 지도자들은 보다 항구적인 합의가 바람직하다는 것을 인식하기에 이르렀다. 그리고 이러한 협상을 절실히 고대하는 제3의 집단이 존재했다. 다자이후에 체류하고 있던 망명 구게들은 근왕주의의 대의를 주장하는 강력한 연합체의 형성에 직접적인 관심을 가졌다. 이들은 조슈 번에 의해 '구원'받았고, 사쓰마 번의 보호를 받고 있었다. 그들을 추종하는 낭인들은 동맹이 성사되기를 갈망하고 있었다. 사쓰마 번과 조슈 번의 통상 관계가 구체화되는 동안, 료마와 신타로는 다자이후로 향해 두 번 사이에 정식으로 협정이 체결될 수 있도록 구게들이 자신들의 위신과 권위를 빌려 줄 용의가 있는가를 살펴보았다. 료마는 산조 사네토미와 24차례에 걸쳐 대담을 가졌으며, 또 다른 구게인 히가시쿠제(東久世)와도 그와 맞먹는 횟수의 대담을 가졌다. 그와 신타로가 구게들을 설득하는 데 최선을 다한 이유는, 구게들이 사쓰마의 의도를 제대로 판단해 주기를 원해서였다. 즉 이제 사쓰마의 군대는 과거 자신들을 교토에서 추방하는 데 협력했던 그 군대가 아니라, 그들을 보호하기 위해 사이고가 다이자후에 보낸 군대인 것이다. 사쓰마 번 지도자들에 대한 구게들의 반감을 극복하도록 설득하는 일은 결코 쉽지 않았지만, 어쨌든 두 사람은 성공을 거두었다. 하지만 이 일이 끝나자마자 료마와 신타로는 조슈 번 지도부에 사쓰마 측의 진정성을 납득시키기 위해 조슈로 되돌아왔다.

사쓰마와 조슈 번 사이에 이미 통상 협력 관계가 형성되어 있었고 막부 보수파에 대해 불신감을 갖고 있었다는 점에서, 료마와 신타로가 많은 노력과 시간을 들여 가며 조슈 번 지도자들에게 사쓰마를 신뢰하도록 납득시키려 했다는 사실은 어딘가 쉽게 받아들여지기 어려운 부분이 있다.▪48 두 사람의 설득 공작이 쉽사리 진행되지 않았던 것은 이 두 번 간의 뿌리 깊은 적대감도 한 원인이었지만, 다시 활기를 얻은 조슈 번 지도자들의 새로운 자신감과도 관련이 있을 것이다. 정변을 성사시킨 조슈 번의 지도자들은 자신들만큼 보수파 상위 계급에게 철저히 선을 긋지 않았던 사쓰마 번 인사들을 신뢰하지 않았던 것이다.

설득 공작은 다자이후에 있던 조슈 번의 대표들로부터 시작되었다. 이들은 신속히 조슈로 귀환하여 료마가 구계들과 함께 발표한 제안을 번 지도부에 보고했다. 1865년 6월에는 료마 자신이 시모노세키에 가서 한 달가량 체류했다. ▪49 동맹이 성사될지도 모른다는 풍문이 조슈 번에 퍼지자, 기도 고인은 야마구치에서 귀환하여 료마와 함께 이 문제를 논의했다. 료마는 그에게, 사쓰마 번이 조슈 정벌에 참여하지 못하도록 사이고 다카모리가 벌이고 있는 작전에 대해 설명했으며, 사쓰마 번 근왕파가 번정에서 주도권을 잡을 가능성이 충분히 있음을 납득시킬 수 있었다.

한편 나카오카 신타로도 나름대로 자기 역할을 수행해 나갔다. 1865년 봄 그는 교토에 머무르면서 막부의 의도와 역량에 대한 풍문과 이야기에 귀를 기울였다. 1865년 6월 말 신타로는, 도사 낭인으로 산조 사네토미의 수행단에 가담했던 히지카타 히사모토(土方久元)와 더불어 사쓰마와 조슈의 동맹을 체결하는 데 기여하는 것이야말로 자신이 이루어야 할 과업이라고 결심하고는 함께 교토를 떠났다. 히사모토는 조슈로 향했고, 신타로는 가고시마로 가서 사이고 다카모리와 대담을 가졌다. 사이고 다카모리는 상경길에 시모노세키에 들른다는 데 동의했고, 기도 고인은 그를 만나러 시모노세키로 왔다. 하지만 외교 회담의 준비가 다 되었을 무렵, 사이고 다카모리는 시모노세키를 방문한다는 약속을 지키지 못하게 되었다. 홀로 시모노세키에 도착한 나카오카 신타로는 기도 고인에게 최선을 다해 사정을 설명했지만, 이는 결코 쉬운 일이 아니었다. 조슈 번 대표인 기도 고인의 입장에서는 자신의 번과 대의가 사쓰마의 적들에게 다시 한번 농락당한 것으로 받아들여졌기 때문이다.

1866년 초 료마는 사이고 다카모리와 오쿠보 도시미치를 설득해, 구로다 기요타카(黑田淸隆)를 시모노세키에 보내 기도 고인과의 대담을 재개시켰다. 기도 고인은 1866년 2월 22일 교토의 사쓰마 번 본부를 방문하여, 사쓰마 번 지도자들과의 교섭을 준비했다. 이러한 기도 고인의 결심은 조슈에서 격렬한 반대를 불러왔는데, 이는 다카스기 신사쿠를 비롯한 다수의 의용병 지도자들이 여전히 사쓰마 번 지도부를 불신했기 때문이었다.

기도 고인은 열흘에 걸쳐 고마쓰 다테와키, 사이고 다카모리, 오쿠보 도시미치를 비롯한 사쓰마 번 지도자들과 회담을 가졌다. 회담이 이루어지던 시기에 료마, 이케 구라타, 그리고 미요시 신조(三吉愼藏)라는 이름의 조슈 번 사무라이도 함께 교토에 오게 된다. 그는 오사카에서 막부 측 옛 동지이며 당시에는 오사카조다이(大阪城代: 오사카 성을 관리하고 대표하는 직책)라는 요직을 맡고 있던 오쿠보 이치오(과거 가쓰 린타로의 후원자였던 인물)를 만나기로 마음먹었다. 오쿠보는 료마에게 만일 막부의 관헌에게 체포되기라도 한다면 그의 목숨은 온전하지 못할 것이라고 경고했지만, 료마는 여기에 괘념치 않고 대담하게 교토로 향했다. 관문에서는 세 사람 모두 '사쓰마 번 사무라이'라고 둘러댔다. 이렇게 해서 막부의 관헌이 현상금을 내걸었던 2명의 도사 번 낭인과 1명의 조슈 번 동지는 무사히 교토에 입성할 수 있었다.

1866년 5월 6일 교토에 도착한 료마는 이어서 기도 고인과 사이고 다카모리 간에 진행된 회담이 얼마나 진전이 있었는가를 확인했다. 놀랍게도 열흘 간에 걸친 '회담'은 아무런 진전도 없었다. 두 사람 모두 상대방의 말을 귀담아듣거나 하지 않았다. 기도 고인은 사이고 다카모리가 단 한 번도 동맹에 대해서 언급하지 않았다는 사실에 분개했으며, 조슈로 귀환할 준비를 하고 있었다. 하지만 잃어버릴 체면이나 위신 따위가 없었던 료마는 양자를 중재하고 계획을 진전시킬 수 있었으며, 그의 자극에 힘입어 회담이 진전을 보인 끝에 결론에 도달하게 되었다. ■50 다음날인 1866년 5월 7일, 조슈 측의 기도 고인과 사쓰마 측의 사이고 다카모리, 고마쓰 다테와키, 오쿠보 도시미치에 의해 협정안의 조항들이 타결되었다. 사카모토 료마는 증인 역할을 맡았다. 기도 고인이 이 협정을 정리하여 료마에게 보낸 편지에는 각 조항들의 공식 내용이 남아 있다.

삿초협정(薩長協定)의 목적은 조정을 위해 조슈의 복권을 실현하고, 조슈의 정치적 파멸을 노리는 막부의 계획을 저지하는 데 있었다. 세부 내용은 다음과 같다.

제1항, 막부와 조슈 간에 전쟁이 발발할 경우 사쓰마 번이 취할 행동에 대해 규정하였다. 사쓰마 번은 교토 주둔 부대에 2,000명의 병력을 증원하고 이와는 별도로 오사카에도 병력 1,000명을 증원하는 한편, 교토 일대를 포위함으로써 막부를 견제한다.

제2항, 조슈가 승리할 경우 사쓰마는 전력을 기울여 조정에 영향력을 행사하여, 조슈 번의 복권이 이루어지도록 노력한다.

제3항, 조슈가 패배한다고 하더라도 조슈 번이 반년 또는 1년 정도의 기간 안에 멸망할 것 같지 않으니, 이 기간 동안 사쓰마 번은 전력을 다해 조슈 번에 협력한다.

제4항, 막부군이 교전 없이 에도로 복귀해 평화가 지속된다면, 사쓰마 번은 조슈 번이 조정으로부터 사면받을 수 있도록 최선을 다해 조정과 교섭한다.

제5항, 사쓰마 번의 참전에 관한 것으로, 히토쓰바시, 아이즈, 구와나(桑名) 등 좌막(佐幕) 번들이 사쓰마 번을 교토 조정의 경비 임무에서 축출하려 할 경우 사쓰마 번은 참전한다.

마지막 제6항, 장차의 공동 행동에 관한 것으로, 조정에서 조슈 번에 대해 사면이 내려지면 사쓰마와 조슈 두 번은 '황국'을 위해 분골쇄신 정진하는 한편, 왕권 회복이라는 목표를 위해 진력한다. ■51

이로써 오랜 기간에 걸쳐 지속된 두 번 간의 적대 관계는 종언을 고하게 되었다. 막부 측의 비타협적인 태도와 두 번의 공통된 이해관계로 두 번 간에 동맹이 요구되었으며 또한 이루어질 수 있었던 것이다. 사카모토 료마, 나카오카 신타로, 그리고 그들의 동지였던 도사 번 탈번 무사들이 조정하고 설득하는 역할을 해냈다. 기도 고인은 특히 료마에게 깊은 감사를 표명했다. 그는 료마에게 보낸 편지에서, 료마는 장차 명성을 드날리게 될 인물이라고 말했다. ■52 기도 고인의 예언은 적중했다. 료마가 오늘날 사람들에게 널리 알려지게 된 가장 큰 요인은 바로 삿초동맹을 성사시킨 데 있다.

동맹은 조인되었고, 기도 고인은 구로다 기요타카와 함께 사쓰마 번이 제공한 배편으로 조슈로 귀환했다. 오쿠보 도시미치는 가고시마로 돌아와 시마즈 히사미쓰에게 그간의 행보를 보고했다. 구로다 기요타카는 조슈에서 다자이후로 가서 이곳의 망명 구게들에게 그간의 진전 상황을 알려 주었다. 얼마 후 사쓰마 번은 조슈 번에 공식 사절단을 파견했고, 조슈 번도 그 답례로 기도 고인이 이끄는 사절단을 가고시마에 파견했다.

삿초동맹의 성립은, 막부가 국정의 주도권을 회복할 가능성이 그만큼 줄어들었으며, 새로운 중앙 집권 체제를 구축하기 위해 번을 억압하려는 시도는 이제 성공할 가능성이 희박하다는 것을 의미했다. 하지만 막부를 타도한다는 논리 역시, 이와 마찬가지로 시기상조였다. 대부분의 정치적 논의는 막부의 개선, 권력 제한, 조직 재편성에 초점이 맞추어져 있었다. 프랑스의 원조를 충분히 활용할 경우 막부는 여전히 강력한 세력으로 남아 있을 수 있었기 때문에, 설령 새로운 정치 질서가 구상된다고 할지라도 막부의 특권은 여전히 신중하게 바라보아야만 했다. 하지만 앞에서 살펴본 바와 같이 막부는 단결되어 있지 않았다. 출중한 기량과 식견을 지녔던 히토쓰바시 게이키나 가쓰 린타로와 같은 인물들은 추구해야 할 목표에 대해 확신을 갖지 못했다. 이들의 실패는 자금이나 자원의 문제라기보다는 의지의 부족에 더 큰 원인이 있었다. 애국심과 책임감이 강했던 그들은 외국의 원조에 전적으로 의지하려는 태도를 지양하고자 했을 것이다. 왜냐하면 이로 인해 어떠한 위험과 비난이 초래될지를 내다보고 있었기 때문이었다.

한편 17세기 이후 최초의 번들 간 연대를 통해 도쿠가와 가문의 패권에 성공적으로 도전할 수 있었다는 점에서, 삿초동맹은 새로운 불복종 행위로 이어질 소지가 다분했다. 막부 측이 프랑스의 원조를 고려하는 동안, 사쓰마와 조슈 두 번은 영국과의 관계를 개선해 나갔다. 1866년 여름 해리 파크스가 가고시마를 방문했다. 해리 파크스와 그의 통역이었던 어니스트 새토는 당시 방문을 통해 사쓰마와 조슈의 젊은 지도자들이 과묵한 막부 관료들에 비해 자기들의 이해관계에 훨씬 부합한다는 사실을 확인했다. 사실 막부 관료들은 속내를 드러내지 않아 공개적으로 그리고 효과적으로 교섭하는 데 어려움을 주었다. 파크스와 새토는 영국이 일본 조정과의 직접적인 교섭에 역점을 기울여야 한다는 생각을 갖게 되었다.

삿초동맹은 에도 막부 권력의 쇠퇴에서 중요한 전환점이 되었고, 동맹의 실현에 기여한 사카모토 료마와 나카오카 신타로는 이를 통해 막부 타도에 공헌하게 되었다. 두 사람은 사쓰마와 조슈 두 번을 결합시킨 데 이어 이 두 번의 동맹에 도사 번을 제3의 세력으로 가담시키기 위한 노력에 전념했다. 그들은 료마의 가이엔타이를 이용해 여러 지역 간의 무역 활동을 계속해 가면서 그 목표로 나아갔고, 한편으로 새로운 합의적 정치 체제의 구축을 위한 사상적 교류도 시작하였다.

|미주|

1. 특히 사쓰마 번과 관련된 내용은, 이에 관련된 기본적인 문서를 해설과 함께 수록해 놓은 다음 문헌을 참조할 것. K. Asakawa, *The Documents of Iriki*, 2nd ed.(Tokyo, 1955), pp.442, 323. 사쓰마 번의 정치 제도는 다음 문헌에 간략하게 정리되어 있다. Robert K. Sakai, "Feudal Society and Modern Leadership in Satsuma-han", *The Journal of Asian Studies*, XVI, 3(May 1957), pp.365-376. 또한 다음 문헌에서는 이와 관련된 한층 상세한 내용을 살펴볼 수 있다. William E. Naff, "The Origins of the Satsuma Rebellion", unpublished M.A. thesis (University of Washington, 1959). 필자는 1958년 8월 27일 열린 워싱턴대학교 일본 세미나 (The University of Washington Japan Seminar)에서 발표할 연구 논문을 준비하고 있던 사카이(Robert K. Sakai) 교수와 대담을 나눌 기회를 가졌으며, 이는 사이고 다카모리에 대해 이해하는 데 많은 도움이 되었다. 사쓰마 번과 사이고 다카모리에 관한 방대한 자료들 중에서도 필자는 특히 다음 문헌들을 주로 참조하였다. 『鹿兒島縣史』, 5vols.(鹿兒島, 1939-1943); 大西鄕全集刊行会(編), 『大西鄕全集』, 3vols.(東京, 1926).

2. H. Doeff, *Herinneringen uit Japan*(Haarlem, 1833), p.20.

3. 오쿠보 다다미치의 전기물 가운데 가장 권위 있는 서적은 다음 문헌이다. 勝田孫彌, 『大久保利通傳』, 3vols.(東京, 1911). 한편 활용 및 인용 빈도는 낮지만, 서구권 언어(프랑스어)로 작성된 전기문은 다음 문헌이다. Maurice Courant, *Ōkubo*(Paris, 1904).

4. 다음 문헌은 이 중에서도 특히 중요성이 높은 자료들을 해설과 함께 수록하고 있다. 『大西鄕全集』, 3vols.(東京, 1926).

5. 『大西鄕全集』, I, 330, 345.

6. 『大西鄕全集』, I, 483, 498.

7. 이때 사이고 다카모리와 어니스트 새토가 나눈 대담은 다음 문헌에 수록되어 있다. Sir Ernest Satow, *A Diplomat in Japan*, pp.183-184.

8. 『大西鄕全集』, I, 490-504.

9. 『大西鄕全集』, I, 512.

10. 『大西鄕全集』, I, 570-613. 이 제안을 하게 된 데에는 후쿠오카 번 가로였던 가토 시쇼(加藤司書)의 도움도 적지 않았으며, 이는 그의 전기에도 언급되어 있다. 司書會(編), 『加藤司書傳』(福岡, 1933), pp.52f.

11. 『大西鄕全集』, I, 618f.

12. 『大西鄕全集』, I, 687.

13. 조슈 번의 이야기는 Albert Craig의 저서인 *Chosū in the Meiji Restoration*의 주제이며, 그 내용의 일부는 다음 학술지에 발표되기도 했다. "The Restoration Movement in Chōshū", *Journal of Asian Studies*, XVIII, 2(February 1959), pp.187-197. 조슈 번 지도자들에 관한 학술적 연구들은 다음 문헌을 참고할 것. Roger F. Hackett, "Yamagata Aritomo; A Political

Biography", unpublished doctoraldissertation(Havard University, 1955); Sidney D. Brown, "Kido Takayoshi and the Meiji Restoration", unpublished Ph.D dissertation(University of Wisconsin, 1952); Sidney D. Brown, "Kido Takayoshi, Japan's Cautious Revolutionary", *Pacific Historical Review*, XXV, 2(May 1956).

14. 나카오카 신타로에 관한 자료는 다음 문헌을 참고할 것. 平尾道雄, 『陸援隊始末記』(東京, 1942), 324pp.; 尾崎卓爾, 『中岡慎太郎』(東京, 1926), 378pp. 이 중에서 『中岡慎太郎』는 상대적으로 문헌의 신뢰성은 낮지만 대신 나카오카 신타로의 일기를 수록(pp.329-372)하고 있다. 그의 일기 일부와 다른 사람의 서신에 대한 답신, 그리고 기타 그의 저작들은 다음 문헌에 논평과 함께 수록되어 있다. 平尾道雄, 『維新遺文選書: 坂本龍馬, 中岡慎太郎』(東京, 1942), pp.174-358.

15. 다음 문헌은 이타가키 다이스케에 대한 연구 논문이다. Cecil E. Cody, "A Study of the Career of Itagaki Taisuke(1837-1919), A Leader of the Democratic Movement in Meiji Japan", unpublished doctoral dissertation(University of Washington, 1955).

16. 『陸援隊始末記』, pp.56f.

17. 『陸援隊始末記』, p.70.

18. 『維新遺文選書: 坂本龍馬, 中岡慎太郎』, pp.185-188.

19. 노네야마 사건에 대한 전말은 다음 문헌을 참조할 것. 『維新土佐勤王史』, pp.560-572, 644-650.

20. 『維新遺文選書: 坂本龍馬, 中岡慎太郎』, pp.191-192.

21. Satow, *A Diplomat in Japan*, p.118; 尾佐竹猛, 『明治維新』, Ⅱ, 456.

22. 『維新遺文選書: 坂本龍馬, 中岡慎太郎』, pp.199-200.

23. 『維新土佐勤王史』, p.625.

24. 이에 대한 상세한 내용은 다음 문헌을 참조할 것. K. Tsudzuki, *An Episode from the Life of Count Inouye*(Tokyo, 1912), p.189.

25. 『陸援隊始末記』, pp.108f.

26. 『維新史』, Ⅳ, 428f.

27. 가토 시쇼의 최후에 대해서는 다음 문헌을 참조할 것. 司書會(編), 『加藤司書傳』, pp.157f.

28. 후쿠오카 번주 구로다 나가히로는 옛 사쓰마 번주 시마즈 시게히데(島津重豪)의 아들이었고, 이는 사쓰마 번의 제안에 우호적으로 반응하게 된 한 요인으로 생각된다.

29. 平尾道雄, 『維新遺文選書: 坂本龍馬, 中岡慎太郎』, pp.34-35.

30. 『坂本龍馬關係文書』, Ⅰ, 131-134.

31. 『陸援隊始末記』, p.137.

32. 『陸援隊始末記』, pp.148-149. 최일선에 서 있던 지사들이 이 무렵 외국행을 고려했다는 사실은 특기할 만하다. 다카스기 신사쿠는 정치적 성공을 거두고 나자 유럽행을 고려한 적이 있지만(그런 동기에는 고향에서 암살당할 위협을 느꼈던 까닭도 있다). 나가사키의 영국인

상인 토머스 글로버의 만류로 단념한 바 있다.『維新史』, Ⅳ, pp.229-231.

33.『維新遺文選書: 坂本龍馬, 中岡慎太郎』, pp.229-231.

34. 나카오카 신타로의 일기 내용은 다음 문헌에 수록되어 있다. 尾崎卓爾,『中岡慎太郎』, pp.348, 349, 351, 352, 354, 362.

35.『維新遺文選書: 坂本龍馬, 中岡慎太郎』, pp.314-320.

36. 尾佐竹猛,『明治維新』, Ⅱ, 598.

37. 尾佐竹猛,『明治維新』, Ⅱ, 608, 640.

38. 尾佐竹猛,『明治維新』, Ⅱ, 627.

39. 각 번의 대응에 대해서는 다음 문헌을 참조할 것.『維新史』, Ⅳ, 414-425. 도사 번의 대응에 대해서는 다음 문헌을 참조할 것. 佐々木高行,『勤王秘史: 佐々木老侯昔日談』, pp.327-333.

40. 尾佐竹猛,『明治維新』, Ⅱ, 625, 697f. 프랑스의 회담에 대한 기초 사료는 다음 문헌을 참조할 것. 大塚武松, "仏国公使 レオン·ロッシュの政策行動について",『史学雑誌』(1935), 46, 809-850, 982-1001; 石井孝,『明治維新の國際的環境』(東京, 1957).

41.『大西郷全集』, Ⅰ, 618.

42. 이와 관련된 사안과 그에 대한 논의는 다음 문헌에 잘 정리되어 있다. Beasley, *Select Documents*, pp.80-83.

43.『坂本龍馬關係文書』, Ⅰ, 136-138.

44. 글로버의 위상과 역할에 대한 자세한 설명은 이 책의 제6장 제4절을 참조할 것.

45. 나가사키에서 임무를 수행하던 이토 히로부미와 이노우에 가오루가 야마구치의 조슈 번 상급자들에게 보낸 문서 중 상당수가 다음 문헌에 수록되어 있다.『坂本龍馬關係文書』, Ⅰ. 이 문헌 중에서도 특히 pp.121-129에는 두 사람이 그간의 실적과 진척 사항을 보고한 1865년 9월 15일자 보고서가 수록되어 있다.

46. 이때 이루어진 교섭에는 이 선박의 소유권 이양 및 개명(유니언호는 사쓰마 번에서는 '사쿠라지마마루(櫻島丸)'라고 명명되었으며, 이후 조슈 번에서 오초마루라는 이름을 얻게 됨)에 관한 사안이 포함되었다. 平尾道雄,『海援隊始末記』, pp.113-119;『坂本龍馬關係文書』, Ⅰ, 173-177. 에도 말기에 여러 무역상들은 군비에 힘쓰던 일본의 번들에 중국과의 무역에 종사하다 퇴역한 선박을 매각하는 것이 상당한 이익이 된다는 사실을 인식하고 있었다.

47. 平尾道雄,『陸援隊始末記』, p.132. 나카오카 신타로는 적어도 한 번 이상 시라이시 세이이치로에게 자금을 운송하는 역할을 맡은 적이 있었다(p.139). 시라이시 세이이치로의 일기는 다음 문헌에 수록되어 있지만, 모호한 내용이 많아 사료로서의 가치는 낮은 편이다. 岩崎英重(編),『維新日乘纂輯』(東京, 1925), pp.3-146.

48. 1865년 11월 하순에 아이즈 번 관리들이 오쿠보 도시미치와 접촉하여, 1863년에 맺어진 아이즈-사쓰마 협약을 부활시키자는 제안을 했다. 조슈 번에 대한 자신의 입지에 부정적인 영향을 줄 것을 우려한 도시미치는 아이즈 번의 제안을 거절했다.『鹿兒島縣史』, Ⅲ, 420. 아이즈 번은 이후 후쿠오카 번에 더 유리한 조건을 제공하는 제안을 했지만, 이 지역의 '정

의당' 지도자들이 숙청된 뒤 이러한 노력 역시 아무 성과 없이 끝나게 된다.

49. 료마의 행동 경로를 상세히 살펴보고자 한다면 다음 문헌을 참조할 것. 平尾道雄, 『維新遺文選書: 坂本龍馬, 中岡慎太郎』, p.168.

50. 사이고 다카모리는 료마에게 그는 단지 기도 고인의 진정성을 시험했다고 설명하였다. 千頭清臣, 『坂本龍馬』, p.92.

51. 이 당시의 회담에 대한 상세한 기록이 다음 문헌들에 수록되어 있다. 『鹿兒島縣史』, Ⅲ, 410-417; 『坂本龍馬關係文書』, Ⅱ, 299-344. 『坂本龍馬關係文書』의 내용 일부는 다음 문헌에 기록된 내용이기도 하다. 菴原鉚次郎, 木村知治, 『土方伯』, pp.299-312. 메이지 유신기에 히지카타의 경험을 기록한 다음 문헌도 참조할 것. 土方久元, 『回天實記』, 上, 下(東京, 1900), pp.236, 264.

52. 『坂本龍馬關係文書』, Ⅰ, 186-191.

|역주|

1. '사쓰마 도적'이라는 뜻의 단어로, 사쓰마 번을 도적떼에 비유한 것.

2. 오늘날의 이시카와 현(石川縣)과 도야마 현(富山縣) 일대에 걸쳐 있던 번.

3. 메이지 유신의 결과 1871년 8월 29일(메이지 4년 7월 14일), 이전까지 지방 통치를 담당했던 번을 폐지하고 지방 통치기 구를 중앙 정부가 통제하는 부(府)와 현(縣)으로 일원화한 행정 개혁.

4. 영국의 외교관이자 학자(1843~1929). 일본, 중국 등 아시아권 국가들에서 외교관으로 활동했으며, 이때 얻은 경험과 지식을 토대로 동아시아에 관한 다수의 저작물을 남겼음. 또한 그가 작성한 공문서나 기록 등을 토대로 제3자가 저술한 아시아 관련 문헌도 다수 존재함.

5. 혼슈와 시코쿠, 규슈 사이의 좁은 바다. 야마구치 현, 히로시마 현, 오카야마 현, 효고 현, 오사카 부, 와카야마 현, 가가와 현, 에히메 현, 도쿠시마 현, 후쿠오카 현, 오이타 현과 인접함.

6. 일본 기타규슈 동부에 있는 도시.

7. 원문에는 200피트로 언급되어 있으며, 미터법으로 환산하면 이는 60.96m임.

8. 1849년 프랑스 육군 대위 미니에(Claude-Étienne Minié)가 개발한, 당시로서는 혁신적인 소총. 미니에 대위는 기존의 구형(球形) 탄환과 달리 오늘날의 소총탄 형태와 같은 원추형 탄두를 가진 미니에탄(minié bullet)을 개발했으며, 이 미니에탄을 사용하는 전장식(前裝式) 소총[총구를 통해 탄환을 장전하는 방식의 소총. 19세기 후반 이후에는 총구가 아닌 총신 뒷부분의 약실 등을 통해 장전하는 후장식(後裝式) 소총으로 대체됨]을 '미니에 소총'이라고 불렀음. 이 총은 기존의 화승총(musket)에 비해 장전 속도, 사정거리, 명중률 등이 월등했을 뿐 아니라 유지 관리 측면에서도 효과적이었으며, 이후의 소총 개발에 많은 영향을 주었다.

Sakamoto Ryōma and the Meiji Restoration

제6장.. **가이엔타이**

⋯▶

삿초동맹이 성사된 후 몇 달 동안 사카모토 료마에게는 많은 변화가 일어났다. 이후 그는 쫓기는 신세가 되어 그를 체포하려는 막부 관헌들의 추적을 간신히 따돌렸다. 그를 사모했던 한 여관 여종업원이 시기적절하게 정보를 제공해 준 덕분에 료마는 목숨을 부지할 수 있었으며, 훗날 두 사람은 부부의 연을 맺게 된다. 가고시마에서 잠시 휴식을 취하던 중 막부와 조슈 사이에 전쟁이 발발했고, 그는 시모노세키 해협에서 일어난 해전에 참전했다. 이후 료마는 가이엔타이(海援隊)라는 이름으로 개칭한 나가사키의 회사 경영에 전념했다.

료마의 노력으로 삿초동맹이 성사된 결과, 조슈 번의 지도자들은 막부의 항복 요구를 단호히 거부할 수 있었다. 1866년 여름 조슈 번에 대한 군사적 행동이 이루어졌을 때, 치욕적인 상황에 직면한 막부군은 고전을 면치 못했다. 에도 막부의 쇠퇴는 이제 완연히 새로운 국면에 접어들었다. 이후 교토와 에도 사이에는 화해를 위한 논의가 거의 이루어지지 않았다. 이제 막부에 제도적 개혁이 가해져야 하는가의 여부가 아니라, 새로운 질서 아래 도쿠가와 가문에 어떤 역할이 어떻게 주어져야 하는가가 문제로 떠올랐다. 이와 같은 정세 변화는 일본 모든 번들의 리더십에 영향을 주었고, 이는 다자이후(大宰府)에도 감지되었다. 여러 유력 번들에서 파견된 밀사들이 망명 구게들을 찾게 되면서 구게들의 위상 또한 급속히 높아졌다.

1866~1867년 동안 군사력과 경제력 증강을 위한 적극적인 노력이 일본 전역에서 이루어졌다. 서양과의 무역, 그리고 서양의 원조 가능성을 활용하기 위한 새롭고도 진지한 노력이 시도되었다. 이 중에서도 핵심적인 노력의 일부

는 료마의 근거지였던 나가사키를 중심으로 이루어졌다. 나가사키 항구는 시대를 막론하고 막부가 가장 통제하기 어려운 지역이었으며, 이곳의 부유한 서양 무역상들은 근대화를 갈망하는 번들에 조선 및 군사 기술의 축적, 그리고 서양에 대한 직접적인 견문의 기회까지 제공했다. 이러한 노력들은 서구 열강의 정책을 확신시켜 주는 데 기여했다. 영국은 자국 상인을 위해 접촉 범위를 넓히고 무역을 확대시키는 데 중점을 두었다. 반면 프랑스는 막부와 체결한 조약의 정신에 위배된다고 판단해 영주들과의 모든 거래를 포기했으며, 막부의 대의를 지지한다는 조건으로 막부 측으로부터 독점에 가까운 특권을 얻었다. 혈기와 야심 넘치는 사람들에게 나가사키는 일본에서 가장 격앙되고 자극적인 장소가 되었다는 것은 틀림없는 사실이었으며, 이곳에서의 경험은 료마가 새롭게 성숙해지는 계기가 되었다.

일본 전역에서 일어난 정치 전환은 요시다 도요의 문하생들이 권력을 되찾은 도사 번에서 특히 현저하게 나타났다. 도사 번에서는 당면한 군사적·외교적 사안에 대응하기 위한 적극적인 자강(自强) 정책이 이루어지고 있었다. 이외의 정치적 움직임은 찾아보기 어려워졌고, 과거의 정적들은 몰락했다. 이제 영내에서 근왕파의 난동이 일어날 우려도 잦아들었고, 그들이 이전부터 경고했던 사쓰마와 조슈 간의 협력은 현실화되었다. 도사 번 지도부는 오랫동안 경멸해 왔던 몇몇 낭인들이 사쓰마와 조슈 두 번의 지도부와 친선 관계를 형성하는 데 결정적인 역할을 하게 될 것이라는 사실을 깨달았다. 그들은 이 낭인들의 무례하고 불손했던 과거를 용서했고, 번에 대한 충성과 신분 회복의 필요성을 절감한 낭인들은 새로운 노선을 취하기 시작한 상급자들의 막하로 돌아왔다.

이러한 변화는 사카모토 료마와 나카오카 신타로의 경우 특히 극적이었다. 두 사람은 과거 번의 법규를 위반한 죄목에 대해 도사 번으로부터 이미 사면을 받은 터였다. 료마는 자신의 해운 사업에 번의 공식적인 후원을 받게 되었고, 5년 전 근왕파에게 암살당한 요시다 도요의 문하생인 고토 쇼지로와 친교를 맺었다.

···▸

데라다야
사건

　1866년경 막부의 관헌은 불순한 낭인들을 극도로 경계해 의심스러운 구석이 발견되면 가차 없고 무자비한 처단을 내렸다. 낭인들에게는 공식적인 후원자가 없었으며, 어쩌다가 번사에서 호의적인 보호를 제공받는 경우를 제외하면 그들의 숙소나 모임 장소(여관이나 유곽)는 이 불순분자들을 상대하기 위해 편성된 막부 측 조직의 습격을 쉽게 받았다.

　여종업원이나 게이샤들은 훗날 1860년대의 정치 활동을 다룬 영화나 소설 등 역사물에 등장하는 여성들의 모델이기도 했다. 많은 지사들은 이들이 시기적절하게 경고를 해 준 덕분에 목숨을 건질 수 있었다. 기도 고인(木戶孝允)은 1864년 교토에서 조슈 군이 참패한 이후 그가 아꼈던 게이샤의 집에 은신했으며, 이 게이샤는 훗날 그의 아내가 되었다. 1866년 사카모토 료마를 구했던 후시미 여관의 여종업원도 오래지 않아 료마와 결혼했다.

　료마의 아내인 오료(お龍)에 대한 상세한 기록은 찾아보기 어렵다. 사사키 다카유키(佐々木高行)는 오료에 대해 "믿어지지 않을 만큼 완벽한 미모를 가진, 이름난 미인"이라고 기록한 바 있다. [1] 하지만 그녀가 용감한 여성이었다는 증거는 적지 않게 찾아볼 수 있으며, 료마도 고향에 보낸 편지에 이러한 오료의 성격을 언급한 적이 있다. 료마는 신상에 위협을 받기 전부터 오료에 대한 찬사를 하고 다녔으리라고 짐작된다. 오료와 근왕파의 인연은 1858년 이이 나오스케의 숙청으로까지 거슬러 올라간다. 안세이 대옥(安政大獄) 이후의 생활고는 오료에게 과단성과 용기를 길러 준 배경이었다. 1865년 료마는 나가사키에서 누나 오토메와 늙은 유모에게 보낸 편지에 다음과 같이 썼다.

라이 미키사부로(賴三樹三郎), 우메다 겐지로(梅田源次郎), 야나가와 세이간 (梁川聖巖)은 조정을 위해 목숨을 바친 분들입니다. 이분들의 동료 중에 나라자키 쇼사쿠(楢崎將作)라는 의사가 있었습니다. 근간에 그분이 부인과 세 딸 그리고 두 아들을 남긴 채 병환으로 돌아가시고 말았습니다. 두 아들 중 맏이는 굉장히 영리하며, 둘째는 겨우 다섯 살입니다. 장녀는 23세, 차녀는 16세, 그리고 막내딸은 12세입니다.

나라자키 선생님의 집안은 꽃꽂이, 향도(香道)[*1], 다도 등을 중시해 온 뼈 대 있는 가문이었지만, 이제는 의탁할 곳과 끼니를 걱정해야 할 형편에 처 하고 말았습니다. 나라자키 선생님이 남기신 재산도, 가족들이 의지할 만 한 다른 친척도 없는 듯합니다. 남은 가족들은 어려운 형편 탓에 이웃집에 서 세간을 빌려다 쓰는 날도 있답니다. 가족들은 먼저 살던 집을 팔고 나서 세간까지 팔아 치운 다음, 맏딸이 갖고 있던 옷을 팔기 시작했습니다. 덕분 에 어머니와 다른 딸들의 옷까지는 팔지 않아도 되었고요.

그런데 빼어난 미모의 막내딸이 어느 건달과 잘못되어 시마바라(島原)[*2] 에 마이코(舞妓)[*3]로 팔려 가고 말았답니다. 이 건달은 어머니에게 아무 말 도 없이 열여섯 살 난 둘째 딸을 오사카 유곽에 팔아넘겼습니다. 다섯 살짜 리 남동생은 시마타구치(柴田口) 절에 동자승으로 들어갔답니다.

이는 오료가 용감한 기질을 갖게 된 계기가 되었다.

이 사실을 알게 된 맏딸은 마지막 한 벌 남은 기모노를 팔고는 오사카로 가서 그 건달과 담판을 지었답니다. 죽을지도 모른다는 두려움 따위는 없 었던 맏딸은 단검을 품고 갔지요. 맏딸이 독하게 마음먹고 왔다는 사실을 눈치챈 건달은 팔에 새긴 문신을 보여 주며 큰 소리로 고함을 질러 겁을 주 었지요. 하지만 죽을 각오를 한 맏딸은 건달에게 달려들어 그의 옷을 움 켜쥐고는 얼굴을 후려쳤답니다. 그러고는 오사카로 끌고 온 여동생을 풀 어 주지 않으면 찔러 죽일 것이라고 외쳤지요. 건달 녀석은 "까불지 마, 이 계집애야. 죽여 버린다!"라고 소리쳤구요. 두 사람은 서로를 향해 '한번 해봐!', '죽여 버린다!'라며 고함을 질러댔지요. 결국 그 건달은 오사카까지 찾아온 맏딸을 해치지 못했고, 맏딸은 끝내 여동생을 되찾아 교토로 데려갔답니다. 아주 멋진 이야기지요? 시마바라로 끌려온 막내딸은 별다른 위험이 없어지자 즉각 그곳을 떠났답니다.

료마가 쓴 이 편지에는 오료의 가족이 과거 도사 근왕주의 운동을 지원했던 내용이 상세히 기록되어 있으며, 관헌의 감시와 재산 몰수로 이들 가족이 겪었던 어려움을 설명한 내용도 들어 있다. 다음은 누나에게 보낸 편지인데, 오료에 대한 료마의 평가가 나타나 있다.

　이제까지 제가 이야기한 여인은 굉장히 재미있는 사람이에요. 샤미센(三味線)…⁴을 켤 줄 알지만, 요즘 같은 시국에서는 켤 시간을 내기가 쉽지 않더군요. 저희가 위기를 맞았을 때 이 여인이 많은 도움을 주었기 때문에, 저는 이 여인과 그 동생들에게 무언가를 해 주고 싶답니다. 저는 이 여인의 여동생이 집으로 돌아올 수 있도록 도움을 주고 있습니다. 그리고 이 여인은 오토메 누나를 간절히 뵙고 싶어 해요. 마치 친언니나 되는 것처럼 말이죠. 누님은 각지에서 명성을 떨치고 계신 셈이네요.

이 편지의 또 다른 한 부분에서 료마는 오토메와 유모에게 '누군가에게 부탁받은' 『오가사와라류(小笠原流) 예법서』…⁵를 보내 달라는 부탁을 했다. 그리고 구스노키 마사시게(楠木正成)…⁶ 시대에 편찬된 와카(和歌)…⁷집인 『신요슈(新葉集)』도 함께 보내 달라고 부탁했다. 그리고 그는 오토메가 자신의 연인에게 오비(帯)…⁸나 기모노를 보내 주었으면 하는 바람을 전했다.

이 여인은 이제 예쁜 옷을 다시 한 번 입고 싶어 합니다. 여인의 이름은 오료라고 합니다. 제 이름자에 쓰인 글자와 같지요."…9 언젠가 저는 그 이름에 대해 물어보았고, 자기 아버지가 지어 주신 이름이라는 사실을 알게 되었답니다.

편지의 말미에서 료마는 자신의 의도가 잘못 전달되지 않도록 부탁한 내용을 다시 한 번 정리했으며, 오료에 대한 다음과 같은 칭찬도 덧붙였다. "아무래도 이 여인은 저보다도 더 강한 사람인 듯합니다."■2

삿초동맹 체결을 위한 교섭이 이루어지던 시기에, 오료는 후시미(伏見)의 사쓰마 번사 옆에 있는 데라다야(寺田屋) 여관에 있었다. 후시미는 교토 바로 남쪽의 항구였다. 이곳은 남북으로 통하는 교통의 요지였기 때문에 막부의 부교소(奉行所)가 설치되어 있었다. 이전에는 산킨고타이 때문에 에도로 향하던 다이묘들이 후시미에서 묵어야 했으므로 숙소인 야시키(屋敷)가 설치되었지만 교토와는 지척에 있는 곳이었다. 에도 시대 최후기에는 이와 같은 막부의 법령도 완화되었고, 후시미는 교토로 향하는 관문인 동시에 교토와 지척에 있는 지역이라는 새로운 중요성을 띠게 되었다. 이는 지사들이 모여서 일을 모의하는 데는 최적의 조건이었다. 후시미의 사쓰마 번사는 공무를 위해 파견된 사람들만 수용할 수 있었고, 그 주변에 산재한 작은 여관들은 사쓰마의 대의에 동참한 사람들의 숙소로 이용되었다. 이 중에서도 가장 중요한 여관은 사쓰마 번의 공인을 받은 데라다야로, 후시미로 요인들과 물자를 수송하는 선박의 승무원들이 이곳에 머물렀다. 다양한 배경을 가진 낭인들도 예전부터 데라다야를 애용해 왔으며, 1862년 봄 이곳에서 근왕파 시대 최초의 거사 계획이 열렸지만 시마즈 히사미쓰의 명령으로 결국 물거품이 되고 말았다.■3

1864년 료마는 사쓰마 번 동지들의 보호를 받게 된 이후 주로 데라다야에 머물렀다. 누나에게 보낸 편지에 언급한 바와 같이, 료마에게 데라다야는 마치 사촌네 집처럼 편안한 곳이었다. 료마는 사쓰마 번 사무라이 행세를 했고, 따라서 사쓰마 번 관헌과 법령의 관할하에 있었다. 그 덕분에 료마는 막부의 수많은 장벽을 성공적으로 넘을 수 있었다. 이러한 여관의 여종업원 이 투숙객의 대의에 깊이 공감하여 위험으로부터 그들을 지키려고 시도했 다는 사실은 그다지 놀라운 일도 아닐 것이다. 데라다야 여관은 료마가 편 지에서 "조슈와 나라를 위해 힘쓰는 사람들을 도와준 사람……, 학식이 깊 고, 남자들도 쉽게 하기 어려운 일들을 해내는 여인……"■4이라는 찬사를 보낸, 강인한 의지를 가진 여성이 운영하고 있었다. 이 여성이 료마의 연인 인 오료에게 거처를 제공했던 배경에는 료마의 간청이 중요한 역할을 했다.

1866년 3월 9일, 료마는 삿초동맹이 체결되었다는 소식을 갖고 교토에서 데라다야로 귀환했다. 조슈 번 동지 미요시 신조(三吉愼藏)가 데라다야에서 그를 기다리고 있었다. 두 사람은 시모노세키에서 함께 출발했지만, 료마가 교토에 가 있는 동안 미요시 신조는 데라다야에 잔류해 있었다. 료마가 후 시미로 돌아왔을 때, 막부의 관헌들은 데라다야에 한 명 이상의 불순분자가 숨어 있다는 첩보를 입수했다. 이에 후시미 부교는 그들을 체포하기 위한 인원을 급파했다. 이 사건에 대한 료마의 기록은 같은 해 가을 도사에 있는 형에게 보낸 편지에 쓰여 있다. 이는 에도 시대 말기에 일어난 이러한 유형 의 여러 사건들에 대한 최초의 기록이라고도 할 수 있다. 이에 다음과 같이 그 전문을 실어 본다.

제가 말씀드리고자 하는 후시미의 재난은 1월 23일(양력 1866년 3월 8일) 저 녁 8시 30분에 일어났습니다. 미요시 신조라는 친구가 저와 함께 있었지 요. 목욕을 마치고 잠자리에 들려는 순간, 저희는 뭔가 수상한 낌새를 느꼈습니다. 누군가 저희를 미행하는 자의 발소리 같은 것이 들리더군요(저희는 2층에 있었지요). 그와 동시에 육척봉(六尺棒)[10]이 덜커덕거리는 소리가 들렸습니다. 바로 그때 제가 예전에 말씀드렸던 그 여인(이름은 오료라고 하며, 이제는 제 처가 되었습니다)이 자신의 안위를 돌볼 생각도 하지 않고 저희에게 뛰어와서는, "조심해요! 적이 예기치 않게 난입했어요. 창을 든 사람들이 계단을 올라오고 있어요."라고 급하게 알려 왔지요. 저는 벌떡 일어나 하카마(袴)[11]와 두 자루 칼[12], 그리고 육혈포(六穴砲)를 움켜쥐고는 있는 힘을 다해 옆방으로 건너가, 방 뒤쪽을 향해 엎드려 있었습니다. 미요시 신조도 하카마를 입고는 두 자루 칼과 창을 손에 쥐고 엎드려 있었지요.

얼마 후 한 남자가 맹장지[13]를 부수며 열고는 우리가 차고 있는 칼을 보더니, '거기 누구냐?' 하고 외치더군요. 그 남자는 준비를 하고 나서 방으로 들어왔지만, 저희도 맞서 싸울 준비가 되어 있음을 눈치채고는 일단 물러났습니다. 그러는 찰나에 옆방에서 삐걱대는 소리가 들려왔습니다. 신조는 제가 일러 준 대로 방 안쪽과 다음 칸을 이어 주는 미닫이 문짝을 떼어 내고는 정황을 살폈습니다. 이미 20명의 남자들이 창을 든 채 줄지어 있었고, 방범등도 두 개나 보이더군요. 그리고 육척봉을 든 무리들이 곳곳에 흩어져 있었지요. 그들과 저희는 잠시 동안 서로를 쳐다보다가, 제가 먼저 말문을 열었습니다. "이게 무슨 짓인가? 사쓰마 사무라이에게 이런 무례를 저질러도 된다고 생각하는가?" 적들은 가까이 다가오더니, 소리치며 도발해 왔습니다. "야, 웃기지마! 엎드려! 엎드려!"

이때, 창을 든 한 남자가 계단을 반쯤 올라와 제가 있는 쪽으로 다가왔습니다. 그는 제가 보았을 때 왼쪽에 있었지요. 왼쪽에서 창이 들어온다면 옆구리를 찔린다고 판단한 저는 왼쪽을 바라보도록 몸의 방향을 바꾸었습니다. 그리고는 육혈포를 꺼내 들고 창을 든 10명을 오른쪽에서 왼쪽 방향으로 위협해 나갔습니다. 그들은 도주했습니다. 하지만 다른 적들은 창을 던지고 화로까지 집어 던지는 등 수단과 방법을 가리지 않고 싸움을 걸었습니다. 저희는 있는 힘을 다해 적의 창끝으로부터 몸을 피했습니다. 집 안에서 격투가 벌어졌으니 얼마나 소란스러웠을지는 충분히 상상하실 수 있을 겁니다. 저희는 육혈포로 한 명을 쏘아 맞추었지만, 그자가 죽었는지 살았는지는 저도 잘 모르겠습니다.

맹장지의 그림자에 숨어 있던 적 하나가 튀어나와 고타치(小太刀)ﾞﾞ**14**로 저를 공격해 왔습니다. 오른손 엄지는 뿌리 부분을, 왼손 엄지손가락은 관절 부분까지 베였으며, 왼손 집게손가락은 뼈가 드러날 정도로 베이고 말았습니다. 물론 다친 부분은 손가락이었기 때문에 저는 재빨리 총을 뽑아 그자를 향해 총구를 겨누었지만, 그자는 어느새 맹장지의 그림자 사이로 모습을 감추어 버렸습니다. 다른 적들이 저를 향해 다가오자 저는 총을 한 발 쏘았지만 명중했는지는 모르겠습니다. 제 총은 육혈포였기 때문에 다섯 발을 쏘고 나니 총알이 한 발 남았습니다. 저는 정말 시급한 경우를 대비해 총알을 아껴야겠다고 생각했고, 덕분에 싸움은 조금 조용해졌습니다. 그때 검은 복면을 쓴 자가 창을 꼬나쥔 채 벽을 따라 다가왔습니다. 그를 본 저는 다시 한 번 총을 뽑아 들고 창을 잡고 서 있던 신조의 어깨를 지지대로 삼아, 복면을 쓴 적의 심장을 겨누었습니다. 저희 주변에는 죽은 시체들이 널려 있는 듯 보였습니다. 어떤 자는 배를 움켜쥔 채 바닥을 기며 죽어 가고 있었고, 마치 잠든 것처럼 죽어 있는 자도 있었습니다.

그러는 동안 적들은 맹장지와 망가진 미닫이를 부수며 시끄러운 소리로 위협을 가해 왔지만, 단숨에 제가 있는 방으로 몰려들지는 못했습니다. 육혈포를 재장전해야겠다는 생각이 든 저는 약실을 꺼냈습니다. …… 총알을 두 발 장전하려 해지만 뜻대로 되지 않았습니다. 제 왼손 손가락이 베였고 오른손도 다쳤기 때문이지요. 이때 저는 그것(탄약 상자)을 잃어버렸다는 사실을 깨닫게 되었습니다. 저는 그것을 찾기 위해 방 안, 심지어 이불 속까지 뒤졌지만 아무래도 화로 같은 데 떨어져 버린 것인지 결국은 찾지 못했습니다. 제 시야에 모습을 드러낸 적은 없었지만, 그들은 쉬지 않고 무언가 부수거나 깨뜨리는 소리를 냈습니다. 저는 총을 버리고, 신조에게 "육혈포는 이미 내다 버렸어."라고 말했습니다. 신조가 대답하길, "그렇다면 적들 가운데로 뚫고 들어가 베어 버리자."라고 말했습니다. 저는 신조의 제안에 "그보다는 빠져나갈 구멍을 찾아 몸을 피하자."라고 답했습니다. 신조도 들고 있던 창을 내려놓았고, 저희는 뒤쪽 사닥다리를 타고 내려왔습니다. 저희는 적들이 여관으로 사용하는 건물 일부만 지키고 서 있고, 아무도 다가오지 않는다는 사실을 확인할 수 있었습니다.

저희는 곧 건물 뒤채로 들어갔습니다. 저희가 덧문을 뜯어내고 들어갔을 때, 거기 있던 사람들이 반쯤 졸린 모습으로 나오더군요. 바로 침실로 들어온 것이었습니다. 좋지 않은 상황이었지만, 저희는 설령 그 안에 있는 것들을 남김없이 부수는 한이 있더라도 데라다야를 빠져나와 마을 쪽으로 달아나야겠다고 마음먹었습니다. 굉장히 큰 집이었고, 저희는 많은 피해를 입혀야 했습니다. 저희는 칼을 휘두르고 발길질을 해대며 앞으로 나아갔습니다. 그 집을 빠져나와 저잣거리로 나왔을 때, 주변에는 아무도 없었습니다. 운이 좋았지요. 저희는 다섯 정(町)¨¨**15** 정도를 달렸는데, 그 사이에 저는 숨이 차는 정도를 넘어 거의 실신할 지경이었습니다[형님께서는 긴 기모노도 받쳐 입지 않고 외출한다는 것은 생각해 보시지도 않았을 겁니다. 하지만 저는 목욕을 갓 마친 상태에서 습격을 받았기 때문에 하카마도 입지 않은 채 유카타(浴衣)¨¨**16** 위에 단젠(丹前)¨¨**17**을 걸친 상태였습니다]. 두발 상태도 옷 입은 모습과 별로 다를 게 없는 형국이어서, 완전히 체면을 상한 채 적들한테서 달아나는 모양새였습니다.

저희는 요코마치(橫町)를 빠져나가 신도사호리(新土佐堀)라는 곳으로 향했습니다. 수문(水門) 바로 옆에 있는 건물 뒤쪽에 쌓인 재목을 발판 삼아 그 건물에 올라가서 잠이라도 한숨 자 두려고 했습니다. 하지만 저희를 본 개 한 마리가 짖어대는 바람에 또다시 곤경에 처하게 되었습니다. 저희는 잠시 머뭇거리다가, 제가 신조에게 먼저 (사쓰마) 번사로 가라고 했고 그 친구는 번사에 당도할 수 있었습니다. 그리고는 번사에서 사람들이 와서 저를 데리고 갔습니다. 상처는 크지 않았지만 동맥에 닿을 정도로 깊어서, 다음 날까지도 피가 멈추지 않았습니다. 그리고 사흘 동안은 목욕을 하는 것조

차 힘에 겨울 지경이었습니다…….■5

료마가 남긴 이 유명한 기록은 당연히 대중 소설가나 영화감독들에게 영감을 불러일으키는 소재가 되었다. 절체절명의 위기에 처한 두 낭인이 불안과 분노로 반쯤은 광란에 사로잡힌 채 어두컴컴한 객사에서 칼을 휘두르고 발길질을 해 가며 살길을 찾아가는 모습을 떠올려 보면, 그들에게 얼마만큼의 용기와 힘이 요구되었을까를 헤아릴 수 있다. 영화화된 덕택에 이 당시의 모습이 오늘날 일본인의 뇌리에 가장 강하게 각인된 료마의 이미지가 되었다는 사실에는 별다른 이의를 제기하기 어렵다. 스크린 속 난투극에서 스릴을 느낄 관객들에게, 종이로 문짝을 바른 일본 여관은 서양 술집에 달린 여닫이문보다 더 큰 감동을 줄 수 있을 것이다.

두 낭인의 체포에 실패한 후시미 부교는 그 후에도 두 사람이 머무르고 있던 사쓰마 번사에 대한 감시 활동을 계속했다. 하지만 사쓰마 번 군사 지도자인 사이고 다카모리와 오야마 쓰나요시(大山綱良)는 막부 측의 무력시위에 주눅들 인물들이 아니었다. 사쓰마 번사에 머무르는 두 식객을 넘겨달라는 막부 측의 요구는 먹혀들지 않았고, 일주일 뒤에 사이고 다카모리는 교토에서 요시이 고즈케와 일단의 군사들을 파견하여 료마와 미요시 신조를 교토의 사쓰마 번저까지 호송했다. 막부의 관헌들도 사쓰마 번 군사들과 일전을 벌일 의사는 없었고, 료마는 이제 아내가 된 오료와 함께 안전하게 휴식을 취할 수 있었다.■6 료마는 동료들로부터 많은 관심을 받았고, 그가 겪은 위기에 모두 존경을 표시했다. 기도 고인은 료마에게 위기를 무사히 벗어난 데 대한 안도감과 안부 인사를 담은 편지를 보냈고,■7 나카오카 신타로는 료마의 안위를 확인하기 위해 교토로 달려왔다. 사이고 다카모리는 료마를 위해 의료진을 확보했고, 4월 14일 그가 교토를 떠날 때 료마 부부는 동행했다. 사쓰마 번 가로 고마쓰 다테와키와 요시이 고즈케도 그들과 동행했다. 막부는 이들과 동행한 료마를 더 이상 공격할 수 없었다. 그들은 시모노세키에 미요시 신조를 내려준 다음, 5월 24일 가고시마에 도착했다. 미요시 신조는 조슈 번에서 찬사를 받고 직위도 높아졌으며, 포상으로 더 많은 연공을 받게 되었다. ■8

가고시마에서 료마는 고마쓰 다테와키의 저택에 머물렀다. 도사 번 낭인은 이제 사쓰마 번 가로의 빈객이 되었다. 고마쓰 다테와키와 사이고 다카모리는 조슈와의 동맹 교섭 성공을 시마즈 히사미쓰에게 보고하기 위해 가고시마로 귀향했다. 료마 부부에게 이 여행은 신혼여행이었을 뿐만 아니라, 데라다야 사건으로 입은 상처를 치료할 수 있는 요양이 되었다. 두 사람이 가고시마를 떠나 시모노세키로 돌아간 날인 7월 13일까지, 료마가 오토메에게 보낸 편지에는 기리시마(霧島) 온천에서의 온천욕과 산행의 즐거움 그리고 새로운 장소의 경치에 대한 내용이 담겨 있었다. ■9 이 시기는 료마에게 위험으로 가득한 활동들 사이에 연주된 간주곡이었던 셈이다.

제2차
조슈 정벌

조슈와 막부 사이에 전쟁이 시작되면서, 료마가 사쓰마에서 누리던 휴가는 끝이 났다. 온천에서 휴가를 즐기던 그는 6월 5일에 가고시마로 귀환했고, 같은 달 13일에는 토머스 글로버에게서 구입한 낡은 선박 유니언호를 타고 시모노세키로 향했다. 유니언호는 사쓰마 번의 서류상 아직 사쿠라지마마루(櫻島丸)라는 이름으로 등록되어 있었다. 사쓰마 번은 이 선박을 조슈 번으로 운반할 미곡과 함께 기증자에게 돌려주었는데, 나중에 오초마루(乙丑丸)라는 이름으로 바뀌었다. 료마는 막부와의 해전에 참전하기 위해 7월 28일에 맞추어 시모노세키 해협에 도착했다.

조슈 번을 징벌하려던 막부의 노력은 참담한 실패로 끝났고, 이 사건은 일본 전체에 중대한 영향을 끼쳤다. 여기서 이에 대해 간략하게 살펴보고자 한다. 의욕 없는 다이묘들을 긁어모아 조직한 군대로 전의에 불타는 번을 타도하려던 계획은 막부의 비효율성을 적나라하게 드러낸 사례이기도 했다. 그 결과 막부의 반대파들에게 힘을 실어 주었고, 지사들을 고무시켰다.

1865년 7월에 이루어진 쇼군 이에모치의 오사카 입성은 제2차 조슈 정벌에서 그의 개인적 지도력을 과시하기 위한 수단이었음을 상기할 필요가 있다. 그가 오사카에 도착한 직후 외국의 소함대가 일본에 내항하여 일본 조정의 조약 비준을 요구해 왔고, 이어진 몇 달 동안은 당면한 위협에 대처해야 하는 긴박한 시기였다. 갑론을박 끝에 1865년 11월 22일에 조정의 비준이 내려졌다. 외국 함대가 일본에서 철수하고 효고 개항과 관련된 여러 문제들이 유예되면서, 조슈 번 문제에 실질적으로 대응할 수 있는 길이 열리게 되었다.

1865년 12월, 막부는 조슈 문제의 대응과 관련하여 대단히 곤란한 입장에 서게 되었다. ■10 막부 측은 이 사안의 처리에 관한 칙령을 얻어 내기는 했으나 자기 쪽 다이묘들의 전의를 고무시키지는 못했다. 히토쓰바시 게이키와 아이즈 번주 마쓰다이라 가타모리(松平容保)와 같은 막부의 몇몇 지도자들은 한편으로는 에도에서 자신들의 입장을 고수하기 위해, 다른 한편으로는 잠재적 반대 세력에 대해 막부의 권위를 재정립할 필요가 있다는 믿음 때문에 '강경 노선'을 지지했다. 하지만 대부분의 다이묘들은 전쟁의 승리가 막부 측에만 이익이 될 뿐 자신들에게는 위협으로 다가올 것이라는 이유 때문에 이러한 정책에 반대했다. 더욱이 내부의 분란으로 말미암은 힘의 분산은 외세의 침략이나 내란으로 이어질 것이라는 우려도 있었다. 애초에 지속적인 무력 과시를 통해 조슈 번을 굴복시킬 수 있을 것이라는 막부의 의도는 조슈에 파견된 사절들이 아무런 성과도 거두지 못한 채 돌아옴으로써 오판이었음이 드러났다. 하지만 조슈 번 정부는 즉각적인 군사 행동을 초래할 소지가 있는 노골적인 도전은 교묘히 회피했다. 그들은 준비 태세를 강화하기 위한 시간 확보에 전념했고, 한편으로 다른 번들의 우호적인 여론을 이끌어 내야 할 필요성을 절감했다. 그 결과 막부 측은 유리한 타협안을 이끌어 낼 희망을 차단당함은 물론, 조슈 번을 공격할 구실조차 잃어버리는 상황에 처하고 말았다.

로주 오가사와라 나가미치(小笠原長行)가 조슈 번과 아직 결론을 내지 못한 회담을 계속해 가는 동안, 조슈 번경인 히로시마에 집결한 막부 측 수뇌부와 막부군 내부에서 불만과 불화가 싹트고 있었음을 보여 주는 징후가 관찰되었다. 막부의 고위 관료단에서는 가쓰 린타로의 친구이자 료마와도 면식이 있는 인물인 오쿠보 이치오(大久保一翁)가 군사적 모험에 반대하는 의사를 분명히 밝혔다. 마쓰다이라 슌가쿠의 대리인인 나카네 유키에(中根靭負) 또한 확고한 반대 의사를 표명했다. 가쓰 린타로는 비록 불우한 나날을 보내고 있었지만 자신의 정치적 입장 때문에 그렇게 주장하는 것이 조심스러웠음에도 그 역시 전쟁에 대해 반대 입장을 표명한 것으로 알려져 있다. 막부의 조슈 정벌에 반대한 사람들의 목소리는 근본적으로 동일한 논리에 기초했다. 즉 조슈 정벌로 이미 막대한 양의 자금이 소요되었고, 막부의 명에 따라 30개 이상의 번에서 군대를 차출하고 이를 유지하는 데 소요될 비용은 사실 외적의 침입으로부터 일본을 지키는 데 써야 할 재원이라는 논리였다.

더욱이 여기에 동원될 군대와 지휘관들은 사실 전투 의지가 희박하다는 것도 분명한 사실이었다. 그들은 정치적 위협만으로 일이 종료되기를 기대하면서 이곳까지 왔을 뿐이라, 실전을 위한 준비는 심히 부족했다. 대다수의 다이묘들은 병력을 자신들의 영지로 회군시키기를 원했고, 원정을 떠나 있는 사이에 번에서 무슨 문제가 일어나지 않기를 노심초사했다. 그들은 막부 측의 출병 요청에 지극히 형식적으로 응했을 뿐, 훗날 자신들의 이해관계를 위해 사용해야 할 병력을 막부를 위해 사용하는 것에 주저했음이 분명했다. 한편 게이키와 그에 동조했던 소수자들은, 막대한 자금이 소요된 데다가 막부의 위신까지 걸려 있기 때문에 이번 원정이 아무런 소득 없이 끝나서는 안 되며, 조슈에 대해 전체적으로 우위에 선다면 최종적으로 승리할 수 있을 것이라고 주장했다.

반면 위협과 고립 가능성에 대한 자각 덕분에, 조슈 번은 2년 전에는 결여되어 있던 단결과 목적의식을 갖게 되었다. 막부는 조슈 번주와 가신단의 퇴진, 그리고 10만 석 이상의 영지 면적과 수입의 감축이라는 요구를 분명히 제시해 두었다. 이는 막부의 요구에 대항해 조슈의 모든 집단이 뭉칠 정도의 위협이었는데, 이러한 요구는 조슈 번 사무라이의 명예를 추락시킬 뿐만 아니라 지배층 모두의 수입원을 위태롭게 만드는 것이었기 때문이다. 따라서 조슈 번에는 비분강개가 넘쳤고, 이는 목적의식조차 불투명했던 막부의 지도부와는 대조를 이루었다. 더욱이 근왕파 급진주의자에 의해 구성된 혁명적인 번 지도부는 비상조치를 차례차례 시도함으로써 번 내부에 저항의 열기를 확산시키고 단결력을 강화해 나갔다. 포고문과 책자가 발간되어 전쟁의 목적과 필요성에 대한 오해의 소지를 없앴다. 다카스기 신사쿠의 기헤이타이를 비롯한 여러 의용병 조직은 다양한 출신 배경의 성원들로 구성되었는데, 이는 사무라이 계급을 넘어서 번의 결의와 정신이 번 전체로 퍼져 가는 데 안성맞춤이었다. 당시의 조슈 번은, 이 번의 지도자들이 몇 년 뒤 '군국'화하려 한 일본의 모습과도 닮아 있었다. 서양의 무기를 수입해 오려는 적극적인 시도는 조슈의 군사력 강화에 도움이 되었고, 막부 측과의 교섭을 통해 확보한 시간은 번의 군사 훈련에 귀중하게 사용되었다.

조슈 번 지도부는 번의 힘이 강화되고 막부의 결의는 쇠퇴한 이 호기를 교묘하게 연장해 나갔다. 이를 위해서는 즉각적인 결전을 원하는 장병들의 고양된 사기를 억제해야 하는 어려운 과업도 있었다. 개전이 연기되는 것을 참지 못한 기헤이타이 내부의 강경파 집단이 부대를 무단이탈하여 번 경계를 넘은 뒤 명령 없이 적에게 공격을 가하는 사건이 일어났다. 이후 조슈 번 정부는 이러한 종류의 사고가 재발하지 않도록 엄중한 경계 조치를 취하였다.

6월 13일, 오가사와라 나가미치(小笠原長行)는 막부의 최종 강화안을 조슈에 전달했다. 이 강화안은 후원자들의 이반을 막기 위한 게이키의 배려 때문에 어느 정도 완화되기는 했지만, 제1차 조슈 정벌 당시의 강화안과 비교하면 여전히 하늘과 땅 정도의 수준 차이가 있었다. 이 강화안은, 모리 가문에서 후계자를 선정하지만 당시 조슈 번주의 손자를 후임 번주로 임명하고, 조슈 번의 봉토를 10만 석 정도 줄이는 것 외에도, 초기 근왕 운동에 활발히 관여했던 모리 가문의 지번들을 징벌한다는 조건을 담고 있었다. 한 해 전부터 권력을 장악해 온 혁명파 지사들을 실각시키지 않는 다음에야 조슈 정부가 이러한 조건을 수용할 수 없음은 불 보듯 뻔했다. 하지만 조슈 정부는 막부의 조건을 거부하는 대신, 최종 결심을 내리기 위한 시간을 연장해 줄 것을 요구했다. 막부가 이를 수용하기는 했지만 달라진 것은 없었다. 막부는 조슈 번 정벌을 위한 칙령을 요청했고, 결국 이를 받아 냈다.

조슈 공격을 위한 준비가 일사천리로 진행되는 동안, 막부 측 지도자들에게는 온갖 불운이 잇따랐다. 막부군의 발목을 이미 1년 가까이 묶어 두었던 원정 비용 증가 문제는 이제 식량 가격의 앙등으로 이어져, 막부군 급양부(給養部)는 물론 도시 서민들까지도 궁핍해졌다. 오사카에서는 봉기가 일어나 막부 직할령 내의 다른 주요 도시로 퍼져 갔다. 각지에서는 일시적으로나마 막부의 위신과 권위가 실추되었다. 절박한 자금 조달 문제에 직면한 막부는 지배하의 모든 상인과 촌락들에 강제 차관을 요구했다. 오사카 일대에서는 막부 측이 상인 가문들에게 향후 수년간 이와 같은 사유로 그들을 힘들게 하지 않을 것이라는 서약까지 해 주었다. 몇몇 연구자들에 따르면 직할령 내부의 반란 위협은 막부에 더 큰 부담이 되었으며, 이 때문에 막부는 최정예 병력 일부를 예비대로 돌리지 않을 수 없었다.

봉기가 계속되면서 막부의 세력과 권위가 실추되었다는 사실이 적나라하게 드러났고, 이는 사쓰마 번주로서는 조슈 정벌의 지지를 철회할 좋은 구실이 되었다. 물론 막부는 여전히 삿초동맹의 체결 사실을 인지하지 못했으며, 단지 이와 비슷한 형태의 협정이 이루어졌을지 모른다는 첩보를 입수하기 시작했다. 하지만 사쓰마 측은 병력 파병 요청에 대한 답서에서, 일본이 직면한 내외의 위기를 지적했고 이러한 시기에 내전과 같은 모험을 해서는 안 된다는 결론을 내렸다. 사쓰마 번의 협조 거부는 막부로서는 불길한 전조였다. 이 소식은 얼마 지나지 않아 상당수의 번에 알려지면서 해당 번들에 선례로 작용했고, 사쓰마의 공공연한 도전으로 막부의 앞날은 심히 복잡한 국면에 직면하게 되었다. 그에 못지않게 중요한 사실은 이로써 사쓰마 번이 약속을 지킬 것이라는 확신을 조슈 번 지도자들이 갖게 되었다는 점이다. 료마는 자신이 일조한 두 번의 우호 관계를 계속 지켜보고 격려했을 것으로 예상되는데, 그해 9월 그는 기도 고인에게 서신을 보냈다. 이 서신에는, 약속대로 사쓰마 번은 700~800명의 병력을 오사카로 파견할 것이며, 또한 사쓰마의 대리인인 고다이 도모아쓰(五代友厚)가 조슈 번을 위해 대대

적으로 무기 구입에 나서고 있다는 내용이 들어 있었다. ▪11

사쓰마 번에 이어 히로시마 번(廣島藩) 또한 막부의 요청을 거부했다는 소식은 일본 사회에 더 큰 충격을 주었다. 조슈 정벌의 거점이었던 히로시마 번은 이미 특별 징발과 여러 비용 때문에 심각한 경제적 어려움을 겪어 왔으며, 번 정부는 막부를 위해 제공해야만 하는 모든 것을 제공했다는 판단을 내렸다. 이에 따라 히로시마 번은 병력 파병 요청을 거부했다.

막부의 무력화를 보여 주는 또 하나의 징후는 후쿠오카 번에서 감지되었다. 후쿠오카는 보수파가 최종적으로 번의 주도권을 확보했으며, 그 결과 조슈 번 지사와 망명 구게들을 위해 힘써 왔던 수많은 관료들이 목숨을 잃은 곳이었다. 후쿠오카 번이 망명 구게들을 에도로 송환해 달라는 막부의 요청을 받아들여 이를 실행에 옮기려던 찰나, 오야마 쓰나요시(大山綱良)와 구로다 기요타카(黑田淸隆)가 이끄는 일단의 사쓰마 병력이 구게들을 보호하기 위해 후쿠오카 영내로 진입했다. ▪12 이런 마당에 후쿠오카 번이 막부의 요구를 강행한다면 사쓰마 번과의 직접적인 마찰은 피할 길이 없었고, 게다가 막부의 사절에게는 상황을 바꿀 만한 힘도 없었다. 조슈 번에 대한 군사적 행동은 7월에 개시되었지만, 이 시기의 정황은 막부에게는 암담하기만 했다.

처음 막부의 계획은 모든 방면에서 일제히 조슈 번으로 진격하는 것을 상정하고 있었다. 히로시마와 시마네(島根)의 지상 전선에는 히코네(彦根)⋯18, 히로시마, 후쿠야마(福山)⋯19, 기이(紀伊) 등지에서 파견된 병력을 중심으로 지상군 주력 부대가 상륙할 예정이었다. 가미노세키구치(上ノ關口)라 불린 조슈 번 남동부 경계의 섬들에는 마쓰야마 번(松山藩)을 비롯한 시코쿠(四國) 소재 번들에서 파견된 병력의 상륙 작전이 이루어질 예정이었다. 규슈 방면에서는 구마모토(熊本), 야나가와(柳川)⋯20, 고쿠라(小倉) 등의 번에서 파병된 부대들이 시모노세키 공격을 실시할 예정이었다. 이외에 하기(萩)"21에 대해서는 사쓰마, 구루메(久留米)"22 두 번의 부대가 상륙 작전을 감행한다는 계획도 수립되어 있었다. 실전이 벌어졌을 때 사쓰마 번과 히로시마 번이 협력을 거부함으로써 히로시마 전선에서 막부 측의 공세가 느슨해졌고 하기 전역(戰域)의 작전은 실시되지 못했지만, 그 외 전역에서는 계획대로 공세가 이루어졌다. 막부의 공세는 32개 번의 협력에 힘입어 의도한 대로 개시되기는 했지만, 막부 측에 협력한 번들의 태반은 자기 번의 병력 소모를 최대한 피하려 했고 애초에 분담하기로 한 것 이상의 전력을 제공하지 않기로 결심해 둔 터였다. 따라서 이 작전이 성공을 거두기 위해서는 적어도 지휘관과 장비의 우위가 담보되어야만 했다. 하지만 막부는 이 두 가지 요소가 모두 결여되어 있었다. 막부 측이 적에 대해 확실한 우세를 점하고 있던 부분은 해상 전력뿐이었는데, 이조차 조슈 방어군의 대담무쌍한 전술로 인해 무력화되고 말았다.

오시마(大島)와 가미노세키(上關) 같은 연안 도서 지역은 개전 직후 막부군에 포격당한 뒤 점령되었다. 하지만 며칠 뒤에는 다카스기 신사쿠의 기헤이타이가 이 지역에 상륙했다. 다카스기 신사쿠가 스스로 소형 선박인 헤이토라마루[丙寅丸: 원래 이름인 오텐토(Otento)호에서 개칭됨]를 지휘해 막부 측 함대를 휘젓는 대담한 전술을 감행하여, 막부 측의 공격 계획을 좌절시켰다. 일주일 남짓한 기간 동안 막부군의 대부분은 퇴각했다. 훈련과 장비 면에서 막부 측 최정예 부대가 포진해 있던 히로시마 전선에서는 접전이 벌어졌지만, 막부 측 지휘관인 혼조 마사히데(本莊宗秀)는 내전에 찬동하지 않는 집단의 일원이었다. 그는 얼마 지나지 않아 휴전을 위한 움직임에 착수했다. 혼조 마사히데는 해임되었고 히코네 번을 비롯한 다른 번의 부대들이 어느 정도 전투를 이어 가기는 했지만, 전술상의 우세를 확보한 조슈군은 히로시마

영내로 진입했다. 막부군 사령관은 자리에서 물러났고, 이윽고 모든 전역의 전선은 사실상의 휴전 상태에 들어갔다. 이러한 휴전 상태는 조슈와 히로시마 두 번의 적대 관계를 청산시킨 비밀 협약으로 공식화되었다. 동해 방면의 세키슈구치[石州口: 시마네 현(島根縣)]에서 오무라 마스지로(大村益次郎)가 인솔한 조슈군은 제 몫을 다한 반면, 이와 대조적으로 막부군의 상급 지휘관들에게서는 전의다운 전의조차 찾아보기 힘든 실정이었다. ▪13 이곳에서도 휴전 이야기가 나왔으나, 하마다 번(濱田藩)의 군사들은 휴전 협상도 이루어지기 전에 불타는 성을 버리고 흩어져 버렸다.

이제는 시모노세키 전선만 남았으며, 료마는 유니언호를 이끌고 가고시마에서 시모노세키 전선에 도착했다. 규슈의 고쿠라에는 오가사와라 나가미치의 지휘 아래 고쿠라, 구마모토, 구루메, 야나가와, 가라쓰(唐津)…23 등의 번에서 출병한 병력 및 막부 직속 병력 약 1,000명이 있었다. 막부 측은 시모노세키 해협을 건너 조슈로 진공하려는 계획을 수립했지만, 다카스기 신사쿠의 기헤이타이에 소속된 조슈 번 군사들은 야마가타 아리토모(山縣有朋)의 지휘하에 적의 해협 도해(渡海)를 저지하는 한편 역으로 자신들의 작전을 구상하고 있었다. 전투가 개시되기 직전에 시모노세키에 도착한 나카오카 신타로는 당시의 상황을 다음과 같이 묘사했다.

이곳에는 지금 식량 가격이 폭등해 있지만, 이는 다른 지역에 가도 매한가지이다. 쌀 한 되 값이 배 이상 뛰었으니 기가 찰 노릇이다. 하지만 사람들은 잘 지내며 생업에 전념하고 있고, 하층민조차 별다른 곤란을 겪는 것처럼 보이지는 않는다. 이곳은 특히 미곡과 금이 풍부한 지역으로, 설령 전쟁이 벌어져 경작을 할 수 없는 상황이 발생하더라도 비축해 둔 식량으로 3년을 버틸 수 있다고 한다. 이러한 점에서 결전을 각오한 조슈 번이 전의에 불타오르는 군사들을 위해 어떻게 식량을 확보할 것인지 충분히 이해하

리라 믿는다. ■14

전투가 발발하기 직전에 료마는 낡은 유니언호 편으로 도착했다. 그는 나
가사키에 들러 아내를 내려 주고는, 한편으로 조슈 번이 사쓰마에 보낸 미
곡의 적재 문제를 논의하고 관련 사안에 대한 답변을 받았다. ■15 시모노세
키에 당도하자, 다카스기 신사쿠는 료마에게 시모노세키 해협에서 벌어질
해상 전투에 협조해 달라고 요청했다. 료마는 그의 요청을 흔쾌히 수락했으
며, 휘하의 낭인들도 조슈군의 전술을 따르고 거기에 힘을 보태는 데 주저
함이 없었다. 막부는 시모노세키 해협에 5척의 함선을 배치해 두었고, 다카
스기 신사쿠는 이들을 제압하는 데 보탬이 될 전력인 유니언호가 필요했다.
하지만 막부군은 충분한 태세를 취하고 있었고(료마는 형에게 보낸 편지에 다음
과 같이 언급한 적이 있다. "막부 함대는 아무런 움직임도 보이지 않고 있는데, 왜 그런
지는 헤아릴 수 없습니다."), 이에 다카스기 신사쿠는 며칠 전 오시마 전투에서
혁혁한 전과를 거두었던 대담하면서도 독창적인 전술을 유감없이 선보였
다. 그가 지휘한 함선들은 시모노세키 해협의 규슈 연안 포대에 포화를 퍼
부었고, 이외에 모지(門司), 단노우라(壇の浦) 등지의 요새에도 포격을 가했
다. 함포 사격의 지원하에 기헤이타이 부대는 상륙을 감행하여 막부 측 지
상군을 향해 공격을 실시했다. 이때 이루어진 상륙 작전은 적진에 대한 침
투 수준이었다. 다카스기 신사쿠의 부하들은 급습을 가해 적이 조수 공격에
활용할 작은 선박들을 파괴한 다음 시모노세키로 되돌아왔다. 비록 단기간
에 이루어진 작전이었지만, 료마는 이 전투에 참전한 것을 자랑스럽게 여겼
다. 료마는 형에게 보낸 편지에서, "제가 이제껏 해 보았던 일 가운데 가장
흥미로운 일이었습니다. 형님께서는 제 이야기를 한마디도 믿지 않으시겠
지만, 이것이 바로 전쟁입니다."라고 쓴 적이 있다. 여기서 료마는 막부군의

수적 우위를 강조했고, 전투에 임하기 전 다카스기 신사쿠가 부하들에게 술잔을 돌리며 사기를 고취시켰다는 사실도 기록했다. 최초의 충돌에서 발생한 손실은 놀라울 정도로 적었다. 다시 한 번 료마의 기록을 빌리면 다음과 같다. "예전에 저희는 전쟁에 대해 이야기하면서, 수많은 사람들이 목숨을 잃을 것으로 생각했습니다. 하지만 격전을 벌였음에도 단지 10명의 손실이 있었을 뿐이었습니다."[16]

며칠 뒤 료마가 시모노세키 해협을 떠나고 나서, 다카스기 신사쿠는 막부의 취약점과 우유부단함을 활용할 수 있었다. 지휘관이 조슈 정벌에 반대했던 구마모토 번 부대는 조슈 번의 다음 공격 목표였던 고쿠라를 지원하지 않았다. 막부 직속 부대조차 아군을 지원하려 하지 않을 정도였다. 오가사와라 나가미치는 오사카에 머무르고 있던 쇼군 이에모치가 중병으로 몸져누웠음을 비밀리에 인지하고는 오사카의 정치판에 신경 쓰느라 자신이 맡고 있던 전선을 내팽개쳐 버렸다. 봉건적 할거가 지닌 취약점이 또다시 만천하에 드러나고 말았다. 하지만 고쿠라 군은 항복을 거부한 채 조슈와의 승산 없는 싸움에 돌입했다. 그 결과 고쿠라 성은 불길에 휩싸였고, 조슈 번은 시모노세키 해협의 양안에 절대적인 지배권을 확보하게 되었다. 이때 공격에 나섰던 군사들 가운데에는 다나카 고켄(田中光顯)과 같은 도사 번 낭인들도 섞여 있었다.[17]

이 결과는 다자이후에 있던 나카오카 신타로에게 그다지 놀랄 만한 소식은 아니었다. 그는 20대 1의 수적 열세에도 불구하고 조슈 번이 고쿠라 상륙을 성공시키고 승리를 거두었으며, 사기가 충천한 조슈 번 군사들은 140명으로 구성된 부대에서 100명 이상의 사상자가 발생했을 정도로 장렬하게 싸웠다는 사실을 도사 번에 보고했다. 그 확고한 결의 덕분에 그들은 전장을 석권하고 다량의 군량미, 무기, 탄약을 획득할 수 있었다고 전했다.[18]

더 이상의 위기에 말려들고 싶지 않았던 막부 측 군사들의 사기는, 포위당한 부대와 추적당하고 있던 부대 모두 바닥에 떨어지고 말았다. 이 와중에 쇼군 도쿠가와 이에모치가 1866년 8월 29일 오사카 성에서 숨을 거두었다. 도쿠가와 가문의 가운(家運)을 회복하고자 그가 몸소 진두에서 지휘한 이 대규모 원정은 패색이 짙게 드리운 가운데 그 자신이 세상을 떠남으로써 종말을 고했다. 그의 죽음은 9월 28일이 되어서야 공표되었고, 이는 휴전을 위한 좋은 구실이 되었다. 가쓰 린타로는 조슈 번 대표들과의 휴전 회담을 위해 고쿠라─시모노세키 전선에 파견되었고, 10월 10일에는 양자 간의 합의가 이루어졌다.

이렇게 해서 제2차 조슈 정벌은 막부 측의 완패로 끝났다. 막부 측은 새로운 승리와 권력을 확보할 희망을 품고 정벌을 시작했지만, 결과적으로는 에도 막부의 취약함과 분열상을 만천하에 드러내는 형국이 되었을 뿐이었다. 이후 막부 측은 끝없는 타협, 그것도 아니면 외부의 대량 지원에 의존하는 신세로 전락했다.

그러나 이에모치 사후 수개월 동안, 막부 내부의 모든 역량은 쇼군 계승 문제에 집중되었다. 제2차 조슈 정벌 당시 쇼군의 대리자로 임명되어 정벌이 계속되었다면 정벌군의 총 지휘를 맡아야 했던 히토쓰바시 게이키는 이제 전쟁을 끝내야 할 입장으로 완전히 돌아서 있었다. 따라서 과거 주전론을 이유로 그를 지지했던 몇몇 인사들은 그로부터 이탈했다.

막부의 실패와 쇼군의 죽음은 지사들에게 새로운 자신감과 희망의 무대를 열어 주었다. 하층 계급 출신의 활동가들이 자신감과 앞날에 대한 전망을 과시하면서 교토의 치안은 다시금 악화되었다. 그러나 개인적 영웅주의가 지배하는 시대는 지나갔다. 능력 있는 지사들은 건설적인 쪽으로 생각을 돌리기 시작했다.

료마는 이제 자신이 운영하던 상회의 새로운 가능성에 눈을 돌리기 시작했다. 그는 더 많은 조력자가 필요했다. 그가 가진 자본과 자원은 빠른 속도로 고갈되어 갔다. 과거 자신의 투자를 대표하기도 했던 범선 한 척은 옛 친구 이케 구라타를 비롯한 탑승자 9명의 사망이라는 인명 피해와 함께 침몰하고 말았다. 조슈 번은 서양과의 직접적인 상거래 기회가 확대되면서 료마와 같은 인물의 도움은 이제 더 이상 필요하지 않았고, 조슈나 사쓰마 번 모두 막부의 지배에 공공연하게 도전할 수 있는 위치에 오르면서 료마의 활동을 지원할 필요성 또한 없어졌다. 이러한 점에서 료마에게는 새로운 유형의 조력과 지원이 요청되었고, 여기에 가장 적합한 주체는 다름 아닌 도사 번이었다.

따라서 료마는 막부와 조슈 간의 전쟁이 끝나고 수개월이 흐르자, 번 당국에 과거 동지들과 함께 감행했던 탈번에 대한 사면을 요청하려는 공작에 착수했다. 그는 도사 번의 공식적인 정책 흐름을 면밀히 관찰한 끝에, 자신에게 호의적인 의견이 나올 가능성이 충분하다는 징후를 확인했다. 해상 분야의 료마와 더불어 이제 육상 전술의 권위자로 자리매김한 나카오카 신타로 또한 번 당국의 정책 담당자들에게 서신을 보내 철저한 번정 개혁의 필요성을 논의했다. 그는 도사 번의 정책을 조슈 번과 보조를 맞추고, 나아가 이제 그가 확인했듯이 서구 세계 대부분 국가들의 정책과도 보조를 맞추어야 한다고 주장했다. 이제 근왕파가 영내에서 난동을 벌일 우려가 사라진 데다 야마우치 요도가 과거에 주창했던 공무합체의 구현 역시 실현 가능성이 희박해진 만큼, 도사 번 지도부로서는 다시 한 번 국정 무대에 뛰어들 태세가 되어 있었다. 이러는 과정에서 도사 번은 과거 가신들이 발전시켜 놓은 창구를 활용하여 세력을 확장할 절호의 기회를 맞이했다.

도사 정세의
변화

1863년 고치로 귀환한 야마우치 요도가 정무를 완전히 장악함으로써, 요시다 도요 사후 도사 번정의 상징이 되다시피 한 결단력의 부재는 종언을 고했다. 1864년 요도는 막부와 조정 간의 관계 회복을 위한 회담에 참석하기 위해 재차 교토로 상경했지만, 회담이 실패로 끝나자 도사로 내려온 뒤 수년간 번내에 계속 머물렀다. 그는 지병을 핑계로 국정에 대한 조언을 하기 힘들다고 공식적으로 말했지만, 실제로는 수렵 활동과 번정 개혁에 힘을 쏟고 있었다. 제2차 조슈 정벌을 개시할 정도로 막부의 비타협성이 고조되었던 시기에 그의 정치적 조언이나 참여는 그다지 환영받을 만한 것이 못되었다. 이러한 상황에서 요도는 동료 다이묘인 시마즈 히사미쓰와 마쓰다이라 슌가쿠가 그랬던 것처럼 국정 무대에서 몸을 숨긴 채 행정, 군사, 재정 측면에서 능력과 효율이 회복된 한 번의 지도자로서 다시금 국정에 복귀할 수 있도록 후일을 도모하고 있었다.

그가 가장 먼저 착수한 사업은 번의 정치적 통합을 되살리는 일이었다. 이를 위해서는 두말할 나위도 없이 과거 요시다 도요의 암살 및 그 후 이어진 번정 전복에 적극 가담했던 하급 무사 출신의 근왕파 지도자들에 대한 억압과 처벌이 이루어져야 했다. 하지만 야마우치 요도는 요시다 도요 암살 이후 문벌 가문에서 보여 준 무기력한 지도력에 대해서도 마찬가지로 실망한 터였다. 그는 이들이 차지하고 있던 자리를 중간 계층에서 선발한 유능한 자들로 대체하는 일에 착수했는데, 그들은 사실 요시다 도요의 일문이기도 했다.

이러한 수순은 서서히 신중하게 이루어져야 했다. 요시다 도요 일파를 우대한다는 조짐이, 인망 높은 근왕주의자들은 공공연하게 탄압한다는 사실과 결부된다면 번내의 고시 및 쇼야 계층의 분노를 폭발시킬 우려가 있었기 때문이다. 번 정부는 광범위한 층으로부터 불신을 사지 않을까 노심초사했고, 이러한 불안은 그 원인 제공자로 간주된 다케치 즈이잔을 제거하는 구실로 일부 작용했다. 이와 같은 사정은 제2차 조슈 정벌의 전면적인 지원을 거부하기 위한 좋은 핑계 거리가 되기도 했다.

번 정부는 근왕파를 완전히 통제할 수 있을 때까지 신중하게 움직였다. 번 정부는 고시 계급을 중심으로 한 신분이 낮은 가신들에게 포고령을 내려 소집한 다음, 젊은 번주 야마우치 도요노리(山內豊範)의 명의로 그들에게 자중할 것을 요구했다.▪19 또한 일본의 국사에 적극 참여함으로써 그들의 적개심이 고조되는 것을 막았다. 번 정부 내부의 인사 문제에서 어느 편인지 판단하기 애매한 자들에 대해서는 더욱 신중을 기했다. 사사키 다카유키는 같은 상급 무사들 사이에서도 감정적 혹은 지식적 측면에서 모두 근왕파의 사상(전술적으로는 아니었지만)에 가깝다는 비판을 받는 경우가 많은 인물이었다. 그는 빈번히 자리를 옮겨 가며 도사 번 각지의 근왕파 하급 무사들과 접촉하면서 그들의 신념을 고취시켰다.▪20

하지만 질서가 회복됨에 따라 재건과 개혁을 위한 계획을 지도할 유능하고 열정적인 인재의 필요성이 계속 대두되었으며, 이를 위해 야마우치 요도는 다시금 요시다 도요의 문하생들을 등용했다. 관직에 복귀한 주요 인사들은 과거 요시다 도요로부터 번 직영 무역과 상업 정책을 통해 도사 번의 경제적 부와 실력 향상을 실현한다는 미래상을 학습한 인물들이었다. 그들은 또한 번의 발전은 서양 과학 기술의 토대 위에서 이루어질 수 있다는 신념을 갖고 있었다. 이러한 점에서 그들은 좌막양이(佐幕攘夷: 막부를 돕고 외세를 물리침—역주) 정책을 제창한 고야기 고헤이(小八木五兵衛)와 같은 보수파 인사들과는 반대 입장에 설 수밖에 없었다. 또한 그들은 여전히 존왕양이의 구호를 내걸고 있던 근왕파의 지지 역시 기대할 수 없었다.■21 확고한 개국 정책의 필요성을 확신한 요시다 도요 계열 인사들은 자신들이 이루어 낼 발전을 근거로, 왕정복고의 이상은 오로지 개항의 이익을 이용하는 계획에 근거할 때만이 이루어질 수 있다는 사실을 근왕주의자들에게 납득시키기 위해 전력을 다했다.

에도 시대 최후기에 도사 번정을 좌우했던 인물은 고토 쇼지로(後藤象二郎)였다. 요시다 도요의 문하생이었던 고토 쇼지로는 요시다 도요가 살해되던 당시 그와 동행했었다. 명민한 고토는 자신도 위험에 처했음을 깨닫고 이후 근왕파 과격주의자들이 번을 장악하고 있는 동안에는 도사 번을 떠나 세상의 이목에서 벗어나 있었다. 도사를 떠난 그는 몇 년간 에도에 머무르면서 서구식 항해술과 조선술의 가능성 및 문제점을 스스로 터득했다. 야마우치 요도가 도사에 귀환함으로써 번 정국이 안정되자, 1864년 봄 고토는 귀향했다. 그는 귀향한 뒤에도 한동안은 공적인 활동을 삼가면서, 요시다 도요의 또 다른 제자였던 이와사키 야타로(岩崎彌太郎)와 함께 요시다 도요의 대업을 이어 가기 위한 계획을 조용히 준비해 나갔다. 계획이 완성되자, 두 사람은 야마우치 요도가 주최한 도사 번 가신들의 시 낭송 월례회에서 이 계획안을 제출했다. 이때 고토 쇼지로가 정적들의 눈길을 피하기 위해 자신의 의견을 한문으로 쓰기로 결정한 것은 다름 아니라 당시 번의 권력을 쥐고 있던 전통주의자와 보수파들의 능력을 알 수 있는 흥미로운 이야기였다.■22 당시나 그 이후에도 고토 쇼지로는 이처럼 유연한 사고와 일처리 방식 덕분에, 바로 얼마 전까지만 해도 자신의 목숨을 위협했던 지사 집단이 가진 능력과 가능성까지도 이해할 수 있었다. 그는 견실하고 용감한 인품의 소유자였고, 성실한 가운데 유머 감각도 갖추고 있어 동료들로부터 '인물'이라는

평가를 받았다.■23

　고토 쇼지로의 절친한 친구이자 요시다 도요 문하의 동학이기도 한 이와사키 야타로는 고토보다 훨씬 한미한 출신이었다. 고시였다가 낭인으로 전락한 신분인 지하낭인(地下浪人)의 아들로 태어난 야타로는 아버지가 가졌던 권위에 대한 불만을 상당 부분 공유하고 있었다. 한때 그는 관리들에 대한 불경죄로 투옥되기도 했다. 일설에 의하면 이때부터, 혹은 요시다 도요가 추방된 후 그의 문하에서 공부한 것이 계기가 되어, 야타로는 상업과 무역업을 자신이 나아가야 할 길로 정했다. 요시다 도요는 그에게 상업과 관련된 여러 임무를 맡겼고, 1859년에는 그를 나가사키로 파견하여 해외 무역을 시찰하게 했다.■24 요시다 도요가 암살당한 이후 야타로는 생명을 위협받는 처지에 놓였지만, 모든 위협 요소들을 사려 깊게 피해 나갔다. 이후 공적 생활로 복귀할 수 있게 되자 번 관료들과의 연줄을 이용하여 목재 사업에 착수하기 시작했다. 하지만 얼마 지나지 않아 그는 번 독점 체제하에서는 별다른 이윤을 낼 수 없다는 사실을 깨닫고, 고토 쇼지로 밑에서 다시금 관직에 나가 번이 신설한 상사의 감독과 집행을 겸하는 직책에 임명되었다.■25 이러한 과정을 통해 이와사키 야타로는 훗날 미쓰비시 상사를 건립할 때 큰 도움이 되는 경험과 관계(官界)와의 유대를 얻게 된다. 야타로가 도사 번이나 나가사키 관료들과 맺었던 관계는, 훗날 고토 쇼지로가 메이지 정부의 지도자 반열에 오르고 초기 민주주의 정당들의 창립자로 활약한 수십 년간 그의 정치적 기반이 되었다.

　1864년 8월 10일, 고토 쇼지로는 번 중앙 정책 기관의 일원으로 임명되었다. 뒤이은 그의 부상(浮上)은 이러한 격변기에 입신을 이루었던 수많은 사례 중에서도 특히 주목할 만하다. 연공 150석의 우마마와리(馬廻) 신분으로 출발한 그는 1,500석의 연공을 받는 가로(家老) 신분으로 승진했다.■26 그와 함께 관직에 진출한 동료로는 후쿠오카 고테이(福岡孝弟), 오가사와라 다다하치(小笠原唯八), 이타가키 다이스케(坂垣退助)가 있다. 이들은 모두 '요시다파(吉田派)'로, 중상위 신분 출신이며 뛰어난 능력의 소유자들이었다. 그들 사이에도 의견의 불일치가 생겨날 여지는 있었다. 이들 중에서 훗날 메이지 시대 자유주의 운동의 지도자가 되는 이타가키 다이스케는 가장 전투적이고 반외세적인 생각을 가졌으며, 양이 전쟁이 조속히 이루어질 것을 고대하고 있었다. 막부에 한층 우호적인 입장이었던 오가사와라 다다하치는 훗날 근왕파로 전향하기 전까지는 어떠한 형태의 반막부 운동에 대해서도 반대 입장을 취했다. 하지만 그는 근왕주의로 전향한 이후 새로운 노선에 지나치게 심취한 나머지 야마우치 요도에게 면직되었을 정도였으며, 1868년 도사 번 군대의 일원으로 아이즈 성 포위전에 참전했다가 전사했다. 학자이면서 조직가였던 후쿠오카 고테이는 요도의 측근이기도 했다. 훗날 쇼군에게 하야를 요청하는 최후 통첩문을 준비하고 메이지 천황에게 바칠 5개조 어서문의 초안을 기초한 인물이 바로 후쿠오카 고테이였다. 하지만 사카모토 료마와 같은 근왕파들 사이에 다리를 놓고 이를 통해 번을 최후의 근왕 운동으로 끌어들인 집단의 중심적 조정자는 다름 아닌 고토 쇼지로라는 뛰어난 책략가였다. 이들은 에도 시대 말기의 여러 번들과 비교해 보아도 뛰어난 능력을 가진 지도자 집단이었다. 이 집단은 문예, 행정, 군사 등에서 뛰어난 재능을 결합시켰고, 그렇게 펼쳐진 정책 덕분에 도사 번은 인접한 거대 번들의 긴밀한 동맹자의 자격으로 메이지 시대를 맞이할 수 있었다.

내외의 위기로 말미암아 군비 개혁과 강화는 절실한 과업으로 떠올랐고, 이는 이타가키 다이스케에게 부여된 과제였다. 전통적인 군사 제도는 사무라이 계급 체제의 기반이 되었던 만큼, 새로운 과업은 결코 쉽게 이루어질 일이 아니었다. 근대적 무기와 전술은 연습과 행동에서 집단 훈련의 개념을 필수적으로 요구했으며, 이는 봉건적 무사 계급에게는 최고의 가치였던 개인적 공명심을 버려야만 실현될 수 있는 것이었다. 한때 군사 훈련에 관한 임무를 맡았던 사사키 다카유키는, 과거에는 신분이 낮은 아시가루(足輕) 또는 보졸들의 무기였던 총을 활 대신 들어야 하는 무사들의 불만을 기록으로 남겼다.[27] 군사 조직의 개편은 그것이 어떠한 형태가 되었든 무사 계급의 변동을 필연적으로 수반했고, 무사 계급을 간소화하여 적어도 17세기의 체제로 복원하려는 시도가 1867년에야 비로소 이루어졌다.[28] 그렇지만 낡은 사회 질서 위에 근대적 군사 체제를 구축한다는 것은 대단한 난제였다. 이타가키 다이스케는 몸소 에도로 건너가 낭인들을 모집하여 이를 토대로 도사 내부에 민페이타이(民兵隊)를 조직했는데, 이 부대는 1850년대 외세와의 초기 전쟁을 염두에 두고 조직된 적이 있었다.

근대적 군사력의 건설에는 무기와 기술의 수입이 필수적이었지만, 당시의 도사 번은 서양이 제공한 것을 즉시 받아들일 경제적·교육적 토양을 충분히 갖추지 못했다. 이러한 문제를 극복하기 위한 노력이 처음 시도된 것은 바로 요시다 도요가 이끌던 도사 번 정부였다. 1863년 도사 번은 번 최초의 서양식 기선인 난카이마루(南海丸)를 매입했다. 이 선박이 가진 효율성과 속도는 번의 해운 사업에 새로운 지평을 열어 주었다.[29] 주철 공장 신설도 검토되었지만, 자금 부족으로 종(鐘)이나 연장을 재활용해서 얻을 수 있는 청동과 구리를 이용하는 쪽으로 결론이 났다. 요시다 도요는 일본의 다른 지방들은 물론 아시아 여러 지역과도 상거래를 확대해 간다는 야심찬 계획을 갖고 있었다. 이러한 계획은 근왕파가 번정에서 우세를 점하고 있던 시절에는 묻혀 있었다. 하지만 고토 쇼지로가 번정의 실세로 부상하면서 요시다 도요와 같은 유형의 사고방식이 전면에 나설 수 있었다.

가장 시급하면서도 절박한 문제는 자금이었다. 근왕파가 번정을 장악한 시절에 막대한 액수의 돈을 군대의 이동에 써 버린 결과, 과거에 축적해 둔 자금은 완전히 바닥을 드러내고 말았다. 근왕파의 시대가 끝나 갈 무렵에는 근왕파 자신들도 금전적인 어려움에 직면했고, 그들은 부족한 재원을 메꾸기 위해 도사의 물산을 오사카에 매각할 방도를 찾아 나섰다.[30] 하지만 근왕파는 농촌 지역에서 가장 영향력 있는 집단의 동정과 인정을 받고 있었고, 도사 번 정부는 이런 근왕파를 억압함으로써 정상적인 경로를 통한 세입 확충은커녕 유지 자체에도 어려움을 겪게 되었다. 사사키 다카유키는 번 지도부에 대한 신뢰가 사실상 실추되고 있었다는 사실을 여러 차례 기록했다. 몇 차례에 걸쳐 강제 차용이 공포되었지만 이를 실행으로 옮기지는 못했으며, 제대로 쥐어짤 수 있는 대상은 봉록의 절반에 해당하는 특별 징수를 강요당했던 사무라이 계급뿐이었다. 불필요한 사치와 소비 행위에 대한 규제를 내용으로 하는 특별 경제 규제 조치도 발효되었다. 이는 번 정부에는 도움이 되었을지 모르지만 대중적인 지지를 얻어 내지는 못했다. 예컨대 어느 식당의 주인은 사사키 다카유키에게 다음과 같은 이야기를 한 적이 있다. "요즘 시행되고 있는 경제 조치들은 어르신과 같이 봉록을 받는 무사 나리들께는 훌륭하게 여겨질지도 모르겠습니다. 하지만 저희 같은 조닌(町人)들은 그 때문에 많은 어려움을 겪고 있습니다."[31] 이처럼 필요한 규모의 임시 자금을 마련하기 위해 신하들을 설득하지도 강제하지도 못하게 된 번 정부는 다시금 상거래 행위에 뛰어들 수밖에 없었다.

이를 위해 고토 쇼지로는 가이세이칸(開成館)이라는 기구을 대안으로 제시했다. 이는 과거 요시다 도요가 계획한 적이 있었다. 1865년 개관한 가이세이칸은 도사 번의 모든 사업체를 총괄하고 지휘하려는 목적으로 설립되었다. 해군 발전을 담당하는 부서, 영어와 프랑스 어로 수업이 이루어지는 의학교(醫學校), 장뇌·종이·설탕·차(茶)를 비롯한 도사 번 특산물 생산의 촉진을 담당하는 권업국(勸業局), 금·은·구리·철·납·석회 등 매장 자원의 탐색 및 개발을 담당하는 광산국(鑛山局), 포경업 추진을 담당하는 부서 등이 설치 되었다. 그리고 생산된 상품을 판매하고 번에서 필요로 하는 외국 선박, 기계류, 병기, 서적 등을 구입하는 업무를 담당하는 사무소가 나가사키에, 그리고 나중에는 오사카에 설치되었다. 이러한 대안들이 실천에 옮겨지면 경제 문제도 해결될 수 있을 것으로 여겨졌다. 이 새로운 기구는 자본이 필요했던 도사 번 산업에 자금을 제공한다는 목적도 있었으며, 따라서 오사카의 대부업자들에 대한 의존도를 줄이는 효과 역시 기대되었다. ■32

반면에 이와 같이 관영 상업에 직접 뛰어드는 조치는 많은 적을 만들어 낼 수밖에 없었다. 사사키 다카유키는 외국인의 수준에만 맞추어 이윤을 추구했던 것을 당시 중대한 과오로 여겼다고 회고했다. 하지만 그와 동료들이 가장 반대했던 것은 가이세이칸 본부 건설비와 관련된 부분이었다. 이런 류의 반대들은 예외 없이 요시다 도요의 계획에 대해 이루어졌고, 사사키의 관점에서는 새로 들어선 번 정부 역시 백성들의 부담을 덜어 주기는커녕 오히려 가중시키고 있다고 여겨졌다. 이와 같은 문제점은 강제 노역을 통해 이루어진 가이세이칸 본부 건설이 농민들에게는 아무런 보탬도 되지 못했다는 사실에서 뚜렷이 확인되었다. 그는 이러한 방법으로는 대중의 지지를 확보하고 이를 통합시킬 수 없다고 생각했다.

이에 대해 도사 번은 가신들에게 성명을 발표하여 가이세이칸의 진정한 정신과 목적은 부국강병을 실현하기 위한 장치라고 설명했다. 흥미로운 사실은 이러한 논의가 어쨌든 근왕파의 지지 기반을 강화하는 결과를 낳았다는 점이다. 이때 내려진 성명에는 이러한 조치가 도사 번뿐만 아니라 '황국' 전체에 도움이 될 것이라는 언급이 담겨 있었다. 이 문서에는 또 다른 변화가 이루어질 것이라는 내용도 포함되어 있었다. 즉 지금까지의 일반적인 방법으로는 더 이상 아무것도 이룰 수 없다는 것이다. 실제로 도사 번 남쪽의 여러 도서에 대한 세력 확장 및 점령, 그리고 이들 지역을 번의 목적을 위해 개발한다는 방안이 검토되었다. ■33 이렇게 해서 발생한 이윤은 정당한 명분이 있는 한 하등 부끄러울 이유가 없었다.

이윤을 얻기 위해서는 시장이 필요했고, 서양 세력과의 직접적인 접촉 창구를 열기 위해 고토 쇼지로는 나가사키에 가이세이칸의 출장소를 개설하려 했다. 이 부분은 그와 료마의 노선이 합치되는 부분이기도 했다. 1866년 늦여름, 고토 쇼지로는 본래 도사의 어부였다가 매사추세츠에서 교육을 받은 인물인 나카하마 만지로(中濱萬次郎: John Mung이라는 이름으로도 알려져 있음)를 대동하고 나가사키로 향했다. ■34 그렇지만 고토 쇼지로는 처음에는 물자를 매각하기보다는 구매하는 데 힘을 쏟았고, 필요한 물자를 수입하려는 그의 적극적인 시도들은 도사 번 내부에서 격렬한 비판을 불러일으켰다. 만약 야마우치 요도의 전폭적인 신뢰가 없었더라면 그의 시도는 좌절되고 말았을 것이다. 고토는 나가사키에서 토머스 글로버, 프로이센 영사가 운영하는 회사였던 크니플러 상회(L. Kniffler & Co.), 그리고 영국 회사인 알트 상회(Alt and Co.)와 교섭을 벌였다. 그는 나가사키에서의 구매 활동에 만족하지 않고 행동 반경을 중국의 상하이(上海)까지 넓혔다. 상하이에서는 기선 한 척을 매입할 계획이었지만, 이곳에서 자신 앞에 펼쳐진 가능성에 대해 깊게 감명받은 고토 쇼지로는 자딘매디슨(Jardine, Matheson and Co.) 측과도 포함(砲艦) 구매를 위한 협상을 벌였다. 그는 신형 암스트롱포를 대량으로 구매하기 위한 계약도 체결했다. 고토 쇼지로는 이 과정에서 생겨난 막대한 액수의 채무 때문에 도사 번 보수파들로부터 좋은 평을 받지 못하게 되었지만, ■35 그 덕분에 나가사키 출장소는 이후 도사 번의 사업 수행과 늘 연관되는 핵심적인 기구로 자리 잡았다.

지금까지 살펴본 도사의 변화는 외교 방침 및 사상의 전환을 수반하는 것이었다. 도사 번은 이러한 전환을 통해 부분적 근대화를 이끌어 낸 하나의 번이 막부 및 이에 추종하는 30여 개 번들과 맞설 수 있다는 사실에 스스로를 적응해 나갔다. 야마우치 요도는 새롭게 형성된 근왕파 동맹과의 협력을 진지하게 검토하기 시작했고, 나카오카 신타로는 존왕, 양이, 서구화 등의 논점들이 정교하게 결합된 정책 보고서를 올렸다.

야마우치 요도는 조슈 정벌 전쟁의 귀추가 명확해지기 전까지 조슈 번에서 파견한 사자들을 접견하지 않았지만, 1866년 여름 막부군이 참패한 이후에는 조슈를 정벌하려는 계획을 단념하라고 히토쓰바시 게이키에게 권고하기에 이르렀다. 그와 동시에 이웃한 거대 번들과의 협력 가능성에 대해서도 재고했고, 고토 쇼지로를 사쓰마에 파견하여 시마즈 히사미쓰와 대담을 갖도록 했다.■36 그는 다자이후에 몇몇 인원을 보내 망명 구게들과 접촉을 갖게 했는데, 이를 토대로 도사 외부의 정치적 흐름을 읽으려 했다는 사실은 더욱 흥미롭다.

사사키 다카유키는 다자이후에 파견된 사절단의 일원이었다. 이 가운데에는 자신의 정적들과의 동행을 요청한 여러 명의 하급 무사 출신 근왕파들도 있었다. 근왕파의 동조자로 알려진 사사키 다카유키가 사절단의 일원으로 선발되고 다른 인원도 자원해서 참가할 수 있었다는 사실은, 정국에 변화가 일어나고 있음을 시사하는 징표였다. 사실 도사 번 외부의 정국은 급속도로 변해 가고 있었고, 도사에서 전환이 시작된다는 느낌이 팽배해지면서 근왕파와 요시다파 간의 해묵은 적대감은 점차 누그러졌다. 두 파벌 모두, 다케치 즈이잔의 세력과 동맹을 맺기도 했고 때에 따라서는 그 정적들과 손잡기도 한 보수적인 전통주의자들과 비교했을 때, 서로 간에 공통 부분이 훨씬 많다는 사실을 인식하기 시작했다. 사사키 다카유키는 이와 같은 점진적인 변화에 대한 기록을 남겼다. 그의 경우 나카야마 사이에이시(中山左衛士)라는 요시다파 관료와 친교를 맺는 것이 좋겠다고 결심하게 되었고, 실제로 그와 맺은 친교가 계기가 되어 상술한 바와 같은 변화가 나타나게 되었다. 나카야마 사이에이시는 사사키 다카유키가 부교로 복무할 때 함께 복무한 적이 있다. 사사키는 이 일이 기대 이상으로 쉽게 진행되어 성과를 거둔 데에 놀라움을 금치 못했다. ▪37 스케일을 넓혀 보면 얼마 전만 하더라도 근왕파들은 고토 쇼지로나 오가사와라 다다하치와 같은 도사 번 지도자들에게 경계의 대상이었지만, 이제 그들은 근왕파가 지닌 가능성에 대해 점차 주목하기 시작했다. 이들 두 집단의 사상 간에는 일치점이 전혀 없다고 하더라도, 근왕파들이 거대 세력인 사쓰마와 조슈 두 번과 긴밀한 접촉을 가졌다는 사실만으로도 그것이 양자 간에 화해를 이루는 데 어떤 기여를 했을 것이라고 충분히 기대할 수 있다.

하지만 실제로도 두 집단 간에는 상당 부분 의견이 일치해 있었다. 다케치 즈이잔이 신봉했을 법한 단순한 형태의 양이론은 어느 정도의 지식을 갖춘 사람들 사이에서는 이미 시대에 뒤처진 과거의 유물로 치부되었고, 예전 같으면 전통주의자들이 자신의 의무로 받아들였을 무조건적인 좌막론 또한 이제는 더 이상 현실적인 대안으로는 간주되지 않았다.

다자이후에서 사사키 다카유키는 히지카타 히사모토를 통해 삿초동맹의 체결 소식을 처음 전해 들었다. 그는 그들이 얻어 낸 승리와 갖게 된 지지 세력에 대해 이 도사 번 낭인으로부터 듣고는, 근왕파의 입장을 더욱 공고히 해야 할 것이며 이제 막부의 권위와 위신은 돌이킬 수 없을 만큼 실추되었다는 확신이 굳어졌다. 그는 이제 도사 번이 진로를 변경해야 한다고 굳게 믿었다. 하지만 그와 동행한 사람들 모두에게 이와 똑같은 변화가 일어난 것은 아니었기 때문에, 도사 번은 완전히 상반된 두 가지 보고 가운데 하나를 선택해야 할 갈림길에 봉착했다. 사실 사쓰마 번이 막부를 지지한다는 보고를 올리는 자도 나올 수 있는 상황이었다.

도사 번 정부는 결단을 내리기 위해 교토에 가신들을 파견했다. 이곳에서 오가사와라 다다하치는 나카오카 신타로를 만났고, 예전에 도사의 쇼야였던 이 남자에게서 현재 반막부 운동을 위한 제휴가 이루어지고 있으며 그 기세는 멈추게 할 수 있는 것이 아니라는 증거를 듣고는 그에게 압도당하고 말았다. 근왕파에게 설득당한 도사 번 최고 지도부 인사는 오가사와라 다다하치 한 사람만이 아니었다. 이타가키 다이스케 역시 근왕파의 입지를 공고히 할 필요성을 절감했다. ▪38 무엇보다도 이타가키 다이스케는 외세와의 전쟁이 일어날 것이라는 시각을 여전히 고수하고 있던 인물이었다. 하지만 그는 자신의 예측이 빗나갈 경우 막부에 저항할 구체적인 방도도 준비하고 있었다. 그리고 곧 이어진 나카오카 신타로의 중개로 사이고 다카모리와 접촉한 뒤에도 이와 같은 그의 호전적인 성향은 잦아들지 않았다.

대부분의 경우 외국인은 축출시킬 수 있고 또 그래야만 한다는 단순한 전제는 통일 전선의 구축을 위해 내부적 의견차를 극복하는 데 필수적인 요인으로 작용했다. 지병 때문에 교토에 가지 못했던 사사키 다카유키는, 요양 중에 의사로부터 후쿠자와 유키치의 『서양사정』 한 권을 입수했다. 이 의사는 예전에 에도에서 후쿠자와 유키치가 세운 학숙에 다니며 서양 학문을 배운 근왕파였는데, 사사키 다카유키가 언급했듯이 이 책은 도사 번에 들어온 첫 번째 책이었다. 사사키 다카유키는 이 책을 통해 서구 세계에는 지양해야 할 것 못지않게 모방할 만한 것도 많으며, 외국인과의 모든 접촉을 거부하는 것만이 일본을 올바른 길로 나아가도록 하는 선택도 아니라는 사실을 인식하게 되었다. ▪39

도사 근왕파에게 가장 충격적이면서도 설득력 있게 다가왔을 만한 것은 나카오카 신타로의 주장이었다. 오래전에 후쿠자와 유키치의 저서를 읽었던 신타로는 곧이어 분량은 많지 않지만 막중한 영향력을 지닌 그 저서를 교토의 이와쿠라 도모미(岩倉具視)에게 보낸 바 있었다. ■40 1866년 가을, 나카오카 신타로는 교토의 정세를 살피기 위해 파견된 도사 번 관료들이 숙독하기를 바라는 마음으로 한 편의 서신을 썼다. 여기에는 도사 번의 군사, 행정, 정책에 혁신적인 변화가 요청된다는 그의 시각이 거듭 강조되어 있다.

나카오카 신타로는 이 서신에서 중대한 시국에는 중대한 조치가 필요하다고 언급했다. 그는 작금의 시국에 무엇보다도 중요한 것은 도사 번 모든 계급의 일치단결과 번주 및 소수 가신들의 자기중심적인 낡은 제도의 변화라고 주장했다. 낡은 제도하에서는 백성들이 권위를 두려워하여 큰 뜻을 품지 못하고 권위 앞에서 위축되어 왔다는 주장도 이어졌다. 그에 따르면, 작금에 필요한 것은 백성들을 지켜주고 그들이 발전할 수 있도록 도와주는, 백성의 어버이와 같은 정부라는 것이었다. 그리고 이러한 정책은 오직 조슈에서만 이루어지고 있다고 주장했다. 해외의 사례로는 영국과 프랑스가 이러한 경우에 속했다. 힘에 의존한 통치만으로는 부족하다는 논의였다. 이 서신에서 신타로는 도의를 모르는 군대는 힘을 발휘할 수 없다는 가쓰 린타로의 문구에 공감을 표시하면서 이를 인용했다. 진정한 강함이란 무력뿐만 아니라 정의와 법도를 함께 갖출 때 얻어질 수 있다는 것이었다. 그리고 작금의 세계에는 국제법이라는 것이 존재하며, 나라가 제대로 돌아가고 있는가의 여부는 그 나라의 '도리', 국민들의 능력, 훌륭한 법률, 강건한 정신, 그리고 건전한 풍속과 직결된다는 것이었다. 이러한 점에서 신타로는 국가 통일과 국민 활성화를 위한 한층 광범위하고 창의적인 계획을 요구했다.

계속해서 그는 모든 종류의 해운업과 연계된 해군력을 확충할 필요성을 주장했다. 신타로는 오사카 대상인들과의 제휴 그리고 서양의 상법(商法)에

의거한 시모노세키, 오사카, 나가사키, 상하이, 홍콩과의 상거래는 충분히
가능한 일이라고 보았다. 그는 이를 통해 일본의 부국강병을 실현할 수 있
으리라고 판단했다. 그리고 군사력 강화는 기존의 군사 제도에 따른 지위와
신분 구분을 폐기할 때만이 가능하고, 외국의 병기와 전술을 과감하게 도입
해야 한다고 주장했다.

이 특별 서신의 말미 부분에서 신타로는 자신이 세운 기본 원칙을 다음과
같이 재차 강조했다.

군사 문제에 대해 이처럼 이야기한다고 해서, 마치 제가 서양의 방식만
을 좇는 나머지 이제는 양이 따위는 안중에도 없는 것처럼 비칠지도 모릅
니다. 사람들은 이렇게 여길지 모르겠습니다만, 실은 이것이야말로 양이를
제대로 실현하는 길입니다. ……

우리가 이야기하는 양이는 우리 나라에만 국한되는 이야기는 아닙니다.
경우에 따라서는 세계 어느 나라에서든 일어날 수 있는 일입니다. 미국은
한때 영국의 식민지였습니다. 날이 갈수록 영국 국왕의 탄압이 거세어지면
서 미국인들은 도탄에 빠지게 되었습니다. 그러는 가운데 워싱턴이라는 인
물이 나타나 백성들의 고난을 만천하에 호소했고, 이어서 아메리카 13개
식민지의 백성들이 영국의 압제를 타도하기 위해 일어났습니다. 즉 그들은
양이를 실천해 야만인들을 몰아낸 것이지요. 전쟁은 7년을 끌었고, 패배를
인정한 영국은 강화를 요청했습니다. 이로써 미국은 독립을 얻어 냈고, 미
합중국이라는 이름으로 개칭한 13개 식민지는 이제 강대국이 되었습니다.
이는 80년 전에 일어난 일이었습니다.

나카오카 신타로는, 이러한 시기에 일본인들이 분연히 일어나 막부 고위
관리들이 자신의 안녕과 사리사욕만을 위해 불평등 조약 체결이라는 후안
무치한 행동을 함으로써 일본이 입은 모욕과 수치심을 되갚아 주기 위해 외

세를 타도하는 것이 바람직하다는 주장에 공감했다. 하지만 일본은 300년 가까이 이어진 평화로 나약한 상태였고, 역사의 급류에 성급하게 뛰어들다 가는 실패와 고난만 자초할 형국이었다. 따라서 그는 다음과 같은 과제를 제시했다.

> 장기적인 의미에서는 진무(神武) 천황의 동정(東征)[24]을 본받도록 한다. 당면한 시국을 놓고 본다면, 우리는 요시다 쇼인 선생의 양이론을 실천에 옮긴다. 즉 바다 건너 다른 나라 사람들의 장점을 배우고, 그들의 정신적 통일을 받아들이는 것이다. 진정한 양이를 하루라도 빨리 실현하기 위해서 우리 모두는 합심하여 외국인들의 기술을 연마하고 그들의 군사학을 배워야 한다. 그런 다음에야 그들과 맺은 조약을 바로잡고 바다 건너 여러 나라를 정복하며, 그간의 국치를 씻어 버릴 수 있을 것이다. 이와 같은 과업을 이루어 낼 수 있다면, 이 한목숨 이슬같이 사라진다 한들 무슨 한이 남으랴. ■41

이처럼 '양이'의 개념은 급속히 변해 갔다. 이제 맹목적인 추방과 배제라는 의미에서 탈피하여 독립과 평등, 실력을 강조하기 시작했다. 이러한 이상에 반대할 자, 그 누가 있겠는가?

나가사키의 정황

근왕주의자들은 불평등 조약이 일본에 가져온 굴욕과 치욕에 대해 많은 대담을 나누었고, 기록을 남겼다. 서양에 의해 민족주의가 자극을 받았음은 틀림없는 사실이다. 나가사키 주재 영사가 막부의 다이칸(代官)에게 전달한 서신의 원본이 나가사키에 보존되어 있으며, 이 빛바랜 서신들은 당시 체결된 조약들의 불평등을 입증해 주는 풍부한 사료이기도 하다. 서양 측과 막부 측이 공히 가졌을 것으로 예상되는 분위기를 설명하기 위해서는 여러 장에 걸친 분석 보고서보다 몇 가지 사례를 살펴보는 것이 더욱 효과적이라고 판단된다. 영국 영사 모리슨(Morrison)은 1863년 나가사키 부교에게, "부교님에게 전달하고자 하는 중요한 사안이 있으니, 오늘 1시에 부(副)부교님과 시나가와(品川) 통역관이 본 영사관에 방문하도록 조치해 주시면 감사하겠습니다."▪42라는 내용의 서신을 전한 바 있다. 외국인들은 범법 행위를 했다고 하더라도 자국의 공사가 자신들의 법률을 적용하거나 회피 혹은 협박 등의 방법을 통해 모든 보호책을 제공해 주리라는 것을 알고 있었다. 또한 그들은 일본의 고위 관료들이 어떠한 이의도 제기하지 못하고 순종적일 것으로 생각했다. 이는 당시까지 나가사키를 지배하고 있던 분위기와는 상반된 것이었다. 당시까지 나가사키에서는 아무리 신분이 낮은 사무라이도 네덜란드 상인들보다는 고귀한 신분으로 여겨졌다.

그러나 불평등 조약들은 정치적·기술적 변화와 관련하여 많은 기회를 제공했으며, 근왕파들은 이러한 기회를 전면적으로 활용했다. 나가사키에서 무역활동을 하고 심지어 상하이로까지 진출하려 했던 고토 쇼지로의 역량은 새로이 펼쳐진 기회가 무엇인지를 보여 주는 하나의 사례였다. 무역상들은 대체로 막부의 염려에는 전혀 신경 쓰지 않았다. 1864년 막부의 항의에 대해 미국 영사(무역상이기도 했던) 월시(J. G. Walsh)가 보낸 답서는 그들의 활동이 정치적 안정에 얼마나 큰 영향력을 행사했는가를 간단명료하게 보여 준다. 그 내용은 다음과 같다.

요청하신 사안에 관심을 기울이기는 하겠습니다만, 거듭 말씀드리건대 이는 무의미하고 무익하다고 판단됩니다. 일본인들이 구입하기를 원하는 이상 외국인들은 판매하려 할 것입니다. 조약상에 다이묘들의 대리인이나 상인들에게 무기를 판매하는 행위를 처벌한다는 규정이 없기 때문에, 본 영사는 이와 같은 거래 행위를 제지할 수 있는 권한을 갖고 있지는 않습니다. ■43

이 절에서는 나가사키의 정황을 살펴봄으로써 외국과의 무역과 접촉이 이 시기의 정치적 흐름에 어떤 영향을 주었는지를 알아보고자 한다.

개별 무역상 중에는 예외적인 사례도 있었겠지만, 서양 열강은 1865년까지는 조약의 문구와 정신을 고수하면서 막부로부터 공인받은 경로를 통해 무역 활동을 해 나갔다. 하지만 가고시마와 시모노세키에서 일어난 포격 사건을 계기로 그들은 새로운 관점이나 사안에 대해 고려하기 시작했으며, 이와 관련하여 막부가 보여 준 정책의 혼란상은 그들로 하여금 에도 막부의 능력과 지도력에 의문을 품게 만들었다. 유력 상인들은 그 이전에 이미 이윤의 가능성을 탐지해 재빨리 말을 갈아탔다. 글로버 상회(Glover and Company)의 대표이며 과거 중국과의 무역에 종사한 경험이 있었던 토머스 글로버(Thomas B. Glover)는 이들 중에서도 대표적인 인물이었다. 대체로 '중앙' 정부에 별다른 관심을 두지 않은 채 일본으로 건너온 글로버 등의 중국통들은 도자마 다이묘들과의 무역이 수지가 맞는다는 사실을 재빨리 알아차렸다. 이미 1862년에 자딘매디슨 상회의 요코하마 주재원은 자사와의 무역을 갈망하던 '양이' 번주가 자기 영지에 와서 무역을 해 달라며 방문했다는 보고를 올린 적이 있다. 방문이 이루어진 시기로 미루어 보아 이 번주는 시마즈 히사미쓰로 생각되며, 그의 방문은 가신들이 영국인 리처드슨을 쓰러뜨리기 직전에 이루어졌던 것으로 보인다. ■44 자딘매디슨 상회의 입장에서야 어떤 죄의식을 가졌을지 모르지만, 이는 글로버에게는 해당되지 않는 사안이었다. 그는 지불 능력만 있다면 상대가 누구든 개의치 않고 상품을 판매했으며, 조슈 번의 이토 히로부미와 이노우에 가오루가 영국으로 밀항할 수 있도록 돕기도 했다. 이후 사쓰마 번의 고다이 도모아쓰(五代友厚)와 마쓰키 고안(松木弘庵)도 그에게 같은 도움을 받았다. 고토 쇼지로 또한 글로버의 배를 타고 상하이로 향했다. 이 무역 활동에 참여한 인물은 글로버 한 사람만이 아니었지만[미국 상인 드레이크(Drake)는 조슈 번이 선박, 대포, 총을 입수할 수 있도록 도움을 주었다], 가장 중요한 역할을 한 인물임은 분명하다. 훗날 메이지 정부가 그에게 서훈을 내린 것은 그만큼 그의 기여가 높이 평가되었음을 방증해 준다. ■45

1865년에는 영국의 신임 공사 해리 파크스가 중국에서 부임해 왔다. 한동안은 그도 막부를 정식 조약 체결 정부로 간주하고 전면적으로 인정하려는 생각을 갖고 있었지만, 얼마 지나지 않아 영국의 이익은 무역을 최대한 확대하는 데서 얻어지는 만큼 무역을 장악하고 통제하려는 막부 측에 더 이상 협조하지 말아야 한다는 글로버의 생각에 동조했다. 영국의 이와 같은 무역 정책은 조슈 번이 막부에 대항하기 위해 군비 확보에 필사적인 노력을 기울이고 있던 바로 그 시기와도 정확하게 맞아떨어졌다. 글로버의 입장에 대해서는 재론의 여지가 없다. 막부 측의 봉쇄를 우려하던 기도 고인과의 담화에서, 글로버는 시모노세키에 직접 물자를 운송하는 데는 어려움이 따르겠지만 나가사키에서 선적이 이루어진다면 이를 제지할 세력은 없다고 설명해 주었다. 이토 히로부미와 이노우에 가오루가 나가사키에 도착한 이후, 조슈 번은 사쓰마 번과 사카모토 료마의 협력 덕분에 사쓰마의 자금으로 어렵지 않게 선박 한 척을 구입할 수 있었다. 료마의 부하들이 이 선박을 운행했고, 여기에 무기를 선적해 시모노세키로 보냈다. ■46 파크스 공사는 무역이 진행되는 가운데 만난 조슈 번과 사쓰마 번의 지도자들로부터 깊은 감명을 받은 이런 형태의 교류에 찬물을 끼얹으려는 막부 측의 시도를 저지하는 데 전력을 기울였다. 조슈 정벌의 준비가 이루어지던 시기에 그는 글로버와 함께 가고시마를 방문했다. 이 방문은 글로버가 이미 예전에 준비해 둔 것이었다. 글로버는 사쓰마 번에 대해 거액의 차관을 추가로 제공하는 형태로 지원했고, 파크스는 가고시마에서 따뜻한 환대를 받았다. 그는 도자마 다이묘들과의 자유 무역에 대한 열렬한 지지자가 되어 돌아왔다. 사실 그는 사쓰마 번이 제공한 성대한 환영 만찬(그 비용이 3만 냥에 육박했다고 보는 견해도 있다) 자리에서 막부에 찬사를 보내 화를 돋우는 것이 좋겠다고 생각했고, 더불어 앞으로 자신이 방문하게 될 다른 다이묘들도 이와 같은 정중한 접대를 하도록 막부가 권장했으면 좋겠다고 제안했다. ■47

글로버에 의해 열린 기회는 그의 상회에만 국한된 것이 아니었다. 사쓰마 번의 가신들이 유럽으로 진출하여 영국은 물론 프랑스와 벨기에 등지에서도 활발하게 상거래를 했다는 사실은 이를 잘 보여 주는 사례이다. 나가사키 주재 사쓰마 번 대표였던 고다이 도모아쓰는 도사의 발전을 지휘한 고토 쇼지로와 마찬가지로 성장해 나갔다. 고다이 도모아쓰는 훗날 메이지 시대에 접어들어 이와사키 야타로, 고토 쇼지로와 더불어 재계의 거물로 거듭났다.

고다이 도모아쓰는, 1850년대 나가사키에 왔던 네덜란드 인 교관들로부터 항해술을 습득하라는 명령을 번으로부터 받은 바 있었다. 이후 그는 쿨리…■25로 변장해 상하이로 건너갔다. 그는 영주의 밀명을 받아 상하이에서 유럽인 무역상들에게 자신의 뒤에는 매물로 나온 기선을 구입하려는 세력이 있음을 납득시키려 했지만 뜻대로 되지 않았다. 나가사키로 돌아온 그는 관직에 복직했고, 1864년에는 글로버의 노력에 힘입어 그를 포함한 19명의 사쓰마 번 사람들이 서양에 직접 가서 견문을 넓힐 수 있는 기회를 얻었다.

그들은 단기간의 유럽 국가 순방에 이어 영국에 상당 기간 머물며 공부했는데, 일행 가운데 두 사람은 미국을 거쳐 귀국하였다. 시마즈 히사미쓰(때로는 보수적 양이론자로 그려지기도 하는)의 이해와 승인 아래 얻은 이러한 경험을 통해, 고다이 도모아쓰는 생생한 지식을 직접 체득할 수 있었고, 덕분에 이후 철저한 양이 사상과는 거리를 두게 된다. 유럽에서 그가 보낸 서신에는 서양의 법률을 극찬하는 내용이 절절이 드러나 있다. 그는 서양의 법률이 일본의 법률보다 더욱 공명정대하고 올바르다고 주장했으며, 서양 문자의 효율성(그는 일본어는 계속 사용해야겠지만, 중국어에서 차용해 온 단어는 폐기되어야 한다고 생각했다) 및 서양의 과학과 기술을 실질적으로 받아들이기 위한 조속한 조치가 필요함을 역설했다. ■48 귀국할 즈음에 그가 기초한 18개 조항의 강령에는, 일본에서도 북독일 연방(Norddeutscher Bund)·····26과 같은 다이묘들의 연합이 이루어져야 한다는 주장, 그리고 일본과 아시아의 자원을 개발하기 위해 '인도인과 중국인'을 고용해야 한다는 의견도 포함되어 있었다. ■49 그는 서양인들이 중국인들을 노예와 다를 바 없는 존재로 취급하고 있다는 사실을 일본에 전파하는 한편, 일본은 요코스카(横須賀) 조병창(造兵廠) 건설 등의 사업을 통해 아시아의 진보적인 한 축으로 인정받을 수 있으리라는 주장을 폈다.

　영국에서 고다이 도모아쓰의 교섭 결과로, 가고시마에는 일본 최초의 근대적 방적공장 설립을 위한 장비가 들어왔다. 유럽 대륙에서는 몽블랑 캉통 백작(Conte des Cantons de Montblanc)과 인겔문스터 남작(Baron of Ingelmunster)과의 협상을 통해 사쓰마와 류쿠의 산물을 유럽에 수출한다는 계획을 세울 수 있었다. 1867년 열린 파리 만국박람회는 이러한 산물들이 유럽 사회에 처음 소개되고 그들에게 다가가는 계기가 되었다. 이때 작성된 계약서와 소개장, 위임장 등을 살펴보면 고다이 도모아쓰와 그의 상관들이 서양과의 대규모 상거래를 맺으면서 철저하게 준비했음을 알 수 있다. 이러한 문서들이 모두 사쓰마 번주 명의 또는 번주 대리인의 명의로 작성되었다는 사실을 우리는 기억할 필요가 있다. 문서에서 사쓰마 번주는 "류쿠 전역을 다스리는 왕이자 사쓰마, 오스미(大隅), 휴가(日向)의 고쿠시(國司)…**27**인, 마쓰다이라 슈리다이보 미나모토 시게히사(松平修受理大夫源茂久)"로 지칭되었고, 이어서 "증정받는 모든 분에게 환영의 뜻을 전함"이라는 문구가 덧붙여졌다. ■**50** 이를 주도한 인물은 양이와 천황 대권의 회복이라는 명분하에 에도 막부를 타도하기 위해 결성된 동맹의 명목상 지도자였다!

서구 세계에서 얻은 경험 덕분에 기술 변화는 물론 사상 변화도 함께 나타났다. 고다이 도모아쓰가 영국에서 펼쳤던, 북독일 연방처럼 일본에서도 다이묘들의 연합이 이루어져야 한다는 주장은 외국의 사례가 일본의 현실에 적용될 수 있음을 보여 주었다. 하지만 그 과정은 양방향으로 이루어졌는데, 일본 사절단의 제안이 유럽 각국, 특히 영국의 정책에 영향을 주었음은 여러 증거를 통해 입증된다.

1866년 봄, 토머스 글로버의 도움으로 영국에 갈 수 있었던 사쓰마 번 사람들 가운데 하나인 마쓰키 고안(松木弘庵)은 런던에서 영국 전직 각료인 로렌스 올리펀트(Laurence Oliphant)와 회견을 가졌다. 고안은 이 회견에서 올리펀트에게, 외국인이 증오의 대상이 되는 까닭은 단지 에도 막부가 무역을 독점할 수 있기 때문이며, 천황을 중심으로 다이묘들의 의견을 보다 폭넓게 대표할 수 있는 새로운 정부가 들어선다면 일본은 국제 사회의 약속을 받아들이고 이를 충실히 이행할 것이라고 보장했다. 이러한 정보는 올리펀트를 거쳐, 고안과도 두 차례나 사적인 담화를 나눈 적이 있는 클래런던 백작(Lord Clarendon)에게 전해졌다. 이 무렵 일본에 있던 해리 파크스 공사에게 발송된 훈령에도 이와 비슷한 분위기가 담겨 있다. 이 훈령에는 기회가 된다면 쇼군에게 접근하여 이와 같은 방식의 정치가 폭넓게 이루어지도록 설득하라는 지시가 언급되어 있었다. 즉 결과적으로 보면 사쓰마 번의 구상은 영국 외무성이 해리 파크스 공사에게 전한 훈령의 내용에 반영된 셈이다.

많은 일본인들에게 영국의 정책을 소개하는 역할을 맡았던 또 하나의 인물이 있었다. 해리 파크스의 유능한 통역관이었던 어니스트 새토(Ernest Satow)가 바로 그 사람인데, 그는 'English Policy'라는 제목으로 두 편의 중요한 논문을 1865년 12월과 1866년 5월『재팬 타임스(Japan Times)』에 발표한 바 있다. ■51 새토는 자신의 일본어 교사와 함께 일본어 번역본을 작성했고, 이것이 일본인 출판업자의 손을 거치면서 소책자 형태로 발간되어 널리 유통되었다. 대부분의 독자들은 이 책자의 내용을 영국 정부의 공식 입장으로 받아들였다. 새토 본인은 이 논문이 상관인 파크스에게서 정보를 제공받거나 승인을 얻어 작성된 것이 아니라고 언급해 두었지만, 파크스의 능력과 기품을 진심으로 존경하던 그가 파크스의 심중을 제대로 헤아리지도 않고 아무렇게나 글을 써 내려갔다고 보기는 어렵다. 현존하는 일어판 책자『영국책론(英國策論)』을 살펴보면 여러 사실들이 강조되어 있음을 확인할 수 있다. 강조된 내용을 정리해 보면 다음과 같다. 첫째, 열강이 쇼군에게 '다이쿤(大君)'이라는 칭호를 주고는 그와 협상하고 그에게 서명하도록 한 것은 잘못된 일이다. 쇼군은 단지 천황의 뜻을 대신하여 권력을 행사하는 인물일 뿐, 이 사실을 간과하는 것은 도쿠가와 일족이 저질러 온 부당한 권력 찬탈을 용인하는 셈이 된다. 일본의 진정한 통치자는 쇼군도 천황도 아닌 봉건 다이묘들이다. 따라서 영국 정책은 이러한 사실에 입각해 수립되고 실권을 쥔 이 다이묘들과 협조를 구하는 것이 바람직하다는 주장이었다. 새토는 천황제 아래에서 주요 다이묘들의 합의 기구(여기서 그는, 쇼군은 단지 이 기구의 가장 유력한 구성원에 지나지 않는다고 언급했다)를 출범시킬 수 있다는 가능성도 시사했다. 그리고 이러한 합의 기구와 함께 조약을 개정하고, 이를 통해 합의를 도출할 수 있을 것이라고 보았다.■52 더 넓은 시장과 자유 무역을 추구하던 영국은 결국 이러한 글을 통해 일본의 남서부 거대 번들의 수요를 늘리고 필요를 만족시켜 주는 실질적인 결과를 거둘 수 있었다. 근왕파가 개탄했던 '굴욕'이 실은 그들의 대의를 위해 유용하게 활용되었음은 의심의 여지가 없다. 해리 파크스의 사쓰마 방문, 제2차 조슈 정벌이 이루어지던 당시 막부의 시모노세키 해협 봉쇄에 대한 파크스의 경고, 그리고 그가 사이고 다카모리와 같은 인물과 사적인 대화를 나누며 '통일 정부'와 '다이묘 회의'의 실현을 끊임없이 설득한 것 등은, 일본이 직면한 최대의 내정 문제에 대해 당시 영국 측이 어떤 입장을 취했는가를 생생히 보여 준다.

이처럼 영국이 친사쓰마적인 성향으로 기울어 가는 마당에 막부의 대표들이 프랑스 공사 레옹 로슈가 제안한 원조안에 등을 돌릴 아무런 이유도 없었다. 로슈 공사는 일본의 미래가 도쿠가와 가문의 손에 달려 있으며, 일본 남서부의 거대 번들은 철저한 양이 세력이라고 믿고 있었다. 그는 거대 번의 지도자들과 직접적인 접촉을 가지려는 시도는 거의 하지 않았기 때문에 이 번들이 무엇을 준비하고 있는가에 대해서 파크스보다 훨씬 무감각할 수밖에 없었다. 로슈 공사는 막부가 조슈 번을 응징할 능력이 있다고 굳게 믿고 있었으며, 효과적인 정벌이 이루어지도록 많은 조언을 해 주었다. 시모노세키가 봉쇄되어서는 안 된다고 주장한 파크스와 달리, 로슈는 무슨 수를 써서라도 외국의 무기가 조슈 번 근왕파의 손에 넘어가서는 안 된다고 역설했다. 프랑스 대표부는 막부가 영국이 취한 조치에 말려들지 않도록 지원했다. 나가사키 영사는 로슈에게 다음와 같은 내용의 보고서를 올렸다.

영국군 지휘관이 군함 프린세스 로열(Princess Royal)호 편으로 여기에 도

착했으며, 그는 이곳에 있는 토머스 글로버의 저택에 수개월간 머무를 것으로 예상됩니다. 영국 공사도 도착할 예정입니다. 조슈 번은 나가사키에서 사쓰마 번의 지원하에 다량의 무기를 입수했는데, 이 무기들은 글로버를 비롯한 영국인들이 수입해 온 것들입니다. 영국인 사관들이 승선한 소형 기선 오텐토마루(オテント丸)가 류큐를 향해 출발했지만, 지금은 이곳으로 방향을 돌려 급속히 항해 중입니다. 이 선박은 나가사키에서 시모노세키 측에 인도될 것으로 판단됩니다. ■53

로슈는 파크스가 무엇을 하려는지 파악하기 위해 서둘러 나가사키로 향했지만, 그가 도착했을 때 파크스는 이미 가고시마로 떠난 뒤였다. 하지만 로슈는 조약의 정신에 반한다는 이유로 자신의 번에 방문해 달라는 사쓰마 번 관료의 초청을 거절했다. 1865년에 이르러 막부 지도자들은 로슈가 언행이 일치하는 사심 없는 인물이라는 믿음을 가지기 시작한 반면에, 영국의 의도에 대해서는 의심이 더욱 커져 갔다.

1865년 2월, 막부의 중신 구리모토 조운(栗本鋤雲)은 프랑스의 기술적·군사적 원조를 얻기 위한 구체적인 계획안을 제출했고, 교토 인근에서 고조되고 있던 사쓰마 번 세력을 저지하기 위해 요코하마 주둔 프랑스 군의 증원 방안까지 검토했다. ■54 1865년 1월 초에는 오구리 다다마사(小栗忠順)의 주도로 특별 경제 계획이 작성되었다. 하지만 프랑스의 관심은 누에나 누에고치 등 특정 유럽 수출품의 실질적인 독점권을 손에 넣는 것이며, 그 대가로 자신들의 자금과 기술 지원을 에도 막부에 제공하여 이를 막부 재량으로 활용하게 한다는 것이었다. 일본과 프랑스의 상인 5~6명으로 프랑스 상업회 (A Société de Commerce Française)가 설립되었고, 에도에는 프랑스 측 대표 1인, 파리에는 일본 측 대표 1인이 각각 주재했다. 이 조직은 1866년 2월에 완성되었고, 이와 더불어 파리의 은행가 폴 플뢰리 에라르(Paul Fleury Herard)가 상품과 서비스에 관한 교섭권 및 계약 체결권을 가진 일본 주재 특별총영사로 임명되었다. 양국 간의 거래 횟수와 거래액은 특히 제2차 조슈 정벌이 참패로 끝난 이후 그 증가세가 두드러졌으며, 프랑스제 탄약·군복·군화·모포 등의 대량 주문이 이루어졌다. 조슈 참사 이후 몇 달 안에 보병 25,000명, 기병 500명, 포병 1,250명을 무장시킬 수 있는 물자들이 프랑스로부터 수입된 것으로 추정된다. 한편 로슈는 다이묘들의 자치권을 줄이고 중앙 정부와 중앙군의 효율성을 강화하기 위한 정치 구조 개편의 필요성을, 자기 스스로 혹은 오구리 다다마사를 필두로 한 막부 요인들과의 접촉을 통해 주장했다. ■55

도사 번의 사면 승인과
가이엔타이 지원

막부의 조슈 정벌이 실패로 끝난 뒤, 나가사키를 통한 무기 수입은 계속해서 증가했다. 번들은 이제 더 이상 막부의 심기를 거스를까 두려워할 필요가 없었으며, 이제까지 중개인 역할을 맡아 왔던 료마의 낭인 집단에 의존하지 않고도 필요한 거래를 할 수 있었다. 그 결과 도사 번의 정책 결정자들이 국정 무대에서 자신들이 취할 노선을 재검토하는 시점에 이르자, 료마 역시 5년 전 탈번하면서 틀어져 버린 도사 번 지도층과의 관계 회복에 나섰다. 료마와 같이 각지의 동향에 관한 정보를 제공하고 중개자 구실을 할 수 있는 능력을 갖춘 낭인들은 도사 번 지도부에 쓰임새가 아주 많은 자들이었다. 한편 낭인들에게 공식적인 사면은 자신들이 벌이고 있던 사업에 새로우면서도 직접적인 도움을 가져다줄 희망이 될 수 있었다. 결과적으로 그들은 향후 펼쳐질 여러 사건들에서 유력 번의 대표자로 참여할 수 있었다. 결국 다케치 즈이잔의 오랜 숙원이기도 했던 사쓰마, 조슈, 도사 세 번의 연합 전선 구상이 성사됨으로써, 그러한 제안이 근왕파로서 정당한 행위였음을 인정받을 수 있게 되었다.

료마는 미조부치 히로노조(溝淵廣之丞)라는 도사 번 사무라이를 통해 이러한 움직임에 시동을 걸었다. 미조부치 히로노조는 서양의 군사학을 연구하라는 번의 명을 받고 1865년 말부터 나가사키에서 학업을 연마해 온 인물이었다. 료마와 히로노조는 10년 전에 에도의 검술 도장에서 함께 수련하던 사이였고, 비록 서로가 선택한 정치적 노선은 달랐지만 그 후로도 계속 우정을 지켜 나갔다. ■56 료마가 이 옛 친구를 통해 번의 공식적인 지원을 받고 싶다는 입장을 표명한 것은 합리적인 판단으로 볼 수 있으며, 한편으로 미조부치 히로노조는 료마에게 도사 번의 정책 전환을 설명하기에 적합한 인물이기도 했다.

1866년 말, 료마는 미조부치 히로노조에게 다음과 같이 언급한 편지를 남겼다.

저는 차남으로 태어나 장성할 무렵까지 형님의 뜻을 좇으며 살아왔습니다. 에도에 머무르던 무렵 저는 주군에 대한 의무를 그릇되게 해석하는 것이 얼마나 수치스러운가에 대해 고민하기 시작했습니다. 저는 해군에 대해 깊은 관심을 가졌고, 이 분야에서 경험을 쌓기 위해 번 관리들에게 탄원하는 한편 피나는 고민을 이어 갔습니다. 하지만 저는 노력했음에도 불구하고 목표한 바를 달성하지는 못했습니다. 왜냐하면 재주가 부족하고 지식이 얕았으며, 빈곤하여 금전적인 어려움을 겪었기 때문입니다. 그러나 알고 계시다시피 저는 소규모 해군을 건설하는 사업의 일원으로 일해 왔습니다. 최근 몇 년 동안 저는 우리 일본의 방방곡곡을 가보지 않은 곳이 없다시피 했고, 그 와중에 오랜 지인들을 마치 낯선 이를 대하듯 마주해야 할 때도 적잖이 있었습니다. 우리 나라를 조국으로 여기지 않을 자, 누가 있겠습니까? 그렇지만 저는 그런 현실을 감내하고 그것을 마음에 두지 않도록 스스로를 채찍질하면서 제 마음속 깊은 뜻이 실현될 날까지 인내하고 또 인내해 왔습니다. 하지만 결국 저의 희망을 완벽할 정도로까지 실현시키지는 못했습니다. 이제 저는 번주님을 다시 한 번 뵙고자 합니다. 오랫동안 각지를 떠돌았던 제가 지금 와서 무슨 감투를 바라는 것은 아닙니다. 그리고 저의 반생을 바쳐 온 제 목표를 포기한 것도 아닙니다. 하지만 귀공께서 저를 믿고 이해할 것으로 판단하기 때문에 진지하게 고려하시리라는 희망으로 그간 저의 노력에 대한 개략적인 이야기를 말씀드린 것입니다. ■57

이 흥미로운 편지는 고향에 대한 료마의 향수와 독자적으로 행동하고자 했던 희망이 좌절되었음을 여실히 보여 준다. 이 편지는 탈번 초기에 친구들에게 보낸 편지와는 극명한 대조를 보이지만, 죄의식이나 변명, 후회 같은 것은 나타나 있지 않다. 료마는 과거나 현재는 그렇다 치더라도, 앞으로는 번에 많은 기여를 하겠다고 다짐했음이 분명하다.

미조부치 히로노조 또한 같은 생각이었다. 그는 여러 번 료마를 찾아가 사쓰마와 조슈의 발전상을 듣고, 도사의 변화에 대해 이야기해 주었다. 료마의 심경 변화는 도사 번 선박 유가오마루(夕顔丸)■58의 선장 무토 하야메(武藤飀)의 보고서에서도 언급되었다. 우마마와리 신분이었던 무토 하야메 역시 료마가 에도에 머물던 시절 면식이 있는 인물이었다. 앞서 인용한 후시미의 데라다야 사건이 언급된, 형에게 보낸 편지에서 료마는 그와의 만남을 다음과 같이 이야기했다.

일전에 우연히 에노구치(江ノ口)...28 출신의 미조부치 히로노조라는 친구

를 만나 이런저런 이야기를 나누었습니다. 그리고 나서 저는 무토 하야메라는 기선 선장을 만났습니다. 저는 번의 높은 관리인 그가 도사 번에 가서 저를 통해 얻은 정보를 모두 보고할까 봐 우려되어 보고도 모른 척 지나치려 했습니다. 하지만 미조부치 히로노조가 두세 번 찾아와 저의 생각을 들었던 사실을 떠올리고는, 무토와 만남을 갖기로 결심했습니다. 무토 선장은 과거 에도에서 면식이 있었고, 굉장히 느긋한 성격의 소유자였기 때문에 다시 만났을 때에도 매우 유쾌했습니다. 옛 지인과 다시금 교제할 수 있게 되어 기쁩니다. ■59

이러한 사람들을 통해 도사 번 정책 결정자들의 심경에 변화가 일어났음을 전해 들은 료마는 깊은 만족감을 느꼈다. 고토 쇼지로의 도사 번 해군 건설 계획은 료마에게 특히 큰 관심을 불러일으켰다. 미요시 신조에게 보낸 편지에서도 언급한 바와 같이, 그는 다케치 즈이잔의 오랜 열망이었던 사쓰마-조슈-도사 공동 전선이 마침내 실현될 것이라는 희망을 품기 시작했다. ■60 이러한 구상이 실현되기 위해서는 도사 번의 책임 있는 사절과 조슈 번 지도부 간의 접촉이 이루어져야 했고, 이를 위해 료마는 미조부치 히로노조가 조슈 번으로 가서 기도 고인과 회담을 갖도록 한다는 계획을 세웠다. 기도 고인은 도사 번과의 새로운 유대가 가져올 이점을 간과하지 않았다. 기도 고인이 료마에게 보낸 답서에서 미조부치 히로노조의 조슈 방문에 관해 진지하게 언급했다는 사실은 이 계획에 대한 그의 관심이 어느 정도였는가를 쉽게 알 수 있는 대목이다. ■61

도사 번 지도부는 미조부치 히로노조를 통해 조슈 번과의 직접적인 접촉을 재개했다. 히로노조는 조슈에서 돌아오는 길에 다자이후에 있는 망명 구게들의 근거지에도 들렀다. 근왕 운동의 중심지에서 작성한 그의 보고서는 이미 도사 번에 보고된 내용과 더불어, 번의 정책 결정 과정에 귀중한 자료로 활용되었다. 이후 도사 번 정책이 완전한 전환점을 맞이하게 될 것이고, 료마의 복권 역시 예정된 수순이라고 생각할 만한 이유가 확실히 충분했다.

도사 번 당국과 화해를 모색하려는 료마의 희망 속에는 료마 자신의 사업도 포함되어 있었다. 그의 상회는 재정적인 어려움으로 새로운 지원처가 생기지 않으면 활동을 접어야 할 정도의 상황에 처해 있었다. 상회의 구성원들을 유지하는 것조차 곤란할 지경이었으며, 선박도 자금도 부족한 상황이었다. 한때 료마는 가이엔타이의 본부를 시모노세키로 이전하는 것을 고려한 적도 있었다. 하지만 이는 자유롭게 운영할 수 있는 독립적인 지위를 포기하고 스스로 조슈 번의 수하로 들어갈 수도 있음을 의미하는 것이었다.

토머스 글로버로부터 구입한 첫 번째 선박인 유니언호는 시모노세키 해협의 해전에 참전한 이후 조슈 번의 통제하에 완전히 넘어가 버렸다. 오초마루라는 이름으로 바뀐 이 선박은 조슈 번 해군의 일원이 되었으며, 이는 료마 입장에서는 손실이기도 했다. 역시나 글로버로부터 매입한 상회의 두 번째 선박은 스쿠너(schooner)···**29**형 범선이었다. 유니언호와 마찬가지로 사쓰마 번을 경유해서 구입이 이루어졌으며, 유니언호와 함께 가고시마로 첫 항해에 나선 선박이었다. 하지만 격랑이 두 척의 배를 덮치자 증기 기관을 갖지 못한 스쿠너는 침몰하고 말았다. 이 스쿠너는 승선하고 있던 승무원 전원과 운명을 같이했다. 료마의 옛 친구인 이케 구라타도 이때 목숨을 잃었다. ■**62** 이 사고는 료마가 가고시마에 머물면서 데라다야 사건으로 입은 상처를 치료하고 있던 시기에 일어났다.

이러한 시기에도 가이엔타이의 사기가 높았다는 사실은 특기할 만하다. 낭인들은 사리사욕에 연연하지 않도록 스스로를 엄격하게 다스리고 있었다. 료마의 옛 친구인 곤도 조지로(近藤長次郎)는 토머스 글로버와 함께 영국에 가고자 그와 상담을 했는데, 이 사실이 동료들에게 알려졌다. 이로 인해

동료들로부터 '이기적'이라는 혹독한 비난을 받은 그는 자신의 명예를 지키기 위해 자결하고 말았다. ■63

조슈와 막부 간의 전쟁이 끝난 후, 료마는 고다이 도모아쓰 및 조슈 번의 당국자들과 대담을 가졌다. 이 자리를 통해 료마는 이제부터 자신의 상회는 한층 확실하게 공인을 받은 다음 번들 사이의 교역 사업에 임한다는 새로운 계획을 수립했다. 이를 토대로 남방에 위치한 번들의 산물을 혼슈(本州)로 운송하기 위해 시모노세키 해협을 경유하여 이루어지는 화물 운송에 관한 간결하면서도 총괄적인 6개 항목의 특허장이 작성되었다. 이 특허장에는, 계약서에 번의 이름을 사용하지 않으며 교섭이 이루어질 경우 상회가 그 대리자 역할을 할 수 있음을 명시하였다. 계약 주체들 간의 어음 사용, 사쓰마 번의 기(旗)를 화물선에 사용하는 안, 조슈 번 당국에 사전 통보를 한 경우 본 계획에 의거해 수행되는 모든 선박의 운항에 대해 시모노세키 해협을 전면 개방한다는 안 등이 포함되어 있었다. 여기서 료마가 의중에 둔 것은 막부가 쳐놓은 장벽을 무너뜨릴, 상업적 이윤에 기반한 교역로를 개발하는 일이었다. 처음에 이 계획은 일반적인 상거래인 것처럼 비밀리에 시행되었지만, 자유로운 통항(通航) 보장과 환어음의 상호 인정을 통해 봉건적 제약을 약화시키는 결과를 초래했다. 이는 삿초동맹을 지원하기 위한 계획임이 분명하며, 사상적으로는 자유 무역과 개방을 중시한 영국의 정책과도 일맥상통했다. 하지만 료마의 상회는 선박을 보유하고 있지 않았기 때문에 실질적 이득은 미미한 수준이었다. ■64

료마의 그 다음 계획은 홋카이도에 잠재되어 있는 자원을 개발한다는 그의 옛 구상을 되살리는 것이었다. 이를 위해 프로이센 상인으로부터 선박 한 척을 구입하려는 계획이 마련되었다. 이 선박은 다이고쿠마루(太極丸)로 명명되었다. 나이(Nye)와 온킨스(Onkins)라는 두 미국인이 기술 지원을 해 주었고, 일부 자금은 오사카의 상인들을 통해 조달했다. 료마의 사쓰마 번 후원자들이 이 사업을 전반적으로 후원하고 보증해 주었다. 하지만 안타깝게도 그들은 오사카 상인들에게 신용이 그다지 좋지 않았고, 열정적인 구호와 낙관적인 예측으로 시작한 이 야심찬 계획은 재정적인 어려움을 이기지 못한 채 실패로 끝났다. ▪65 비록 실패했지만 이 계획은 이와 같은 종류의 사업에 보여 준 료마의 관심을 다시금 상기시켜 준다. 실제로 그는 이로부터 얼마 지나지 않아 막부 소장파 관료들과 홋카이도 개발에 대해 논의를 벌였다. 료마의 동지이자 협력자였던 사쓰마의 고다이 도모아쓰는 메이지 시대에 들어 홋카이도 개발이라는 야심찬 계획에 참여하게 되며, 이때 민간 업자들에게 정부 재산을 불하하는 방식을 통해 막대한 이익을 취했다. 이 사건이 세간에 알려지면서, 1881년의 정치적 위기를 초래하기도 했다. ▪66 료마의 홋카이도 개발 계획이 대담한 구상이었음에도 불구하고 제대로 된 후원을 받지 못했다는 사실은, 과거 자유롭게 무슨 일이든 할 수 있던 때와는 달리 이제 료마는 외부의 지원 없이 뜻한 바를 계속해 나갈 수 없었다는 사실을 다시 한 번 일깨워 준다. 료마는 부하들의 행동에 책임을 져야 했고 또한 그들을 지원할 책무가 있었으며, 날이 갈수록 사쓰마를 통한 원조에만 의존하기는 어려운 현실이었다. 게다가 비록 철저하게 감시당하지는 않았지만 나가사키에서는 막부 관헌들의 엄중한 감시가 이루어져, 료마는 공식적인 원조가 더욱 절박해졌다. 료마가 시모노세키로 향하게 된 배경에는 이러한 사정이 자리잡고 있었다.

과거 료마가 나가사키와 시모노세키의 상인들과 가졌던 접촉은 이 어려운 시기에 매우 큰 도움이 되었다. 료마의 나가사키 본거지는 고소네 에이시로(小曾根榮四郎)라는 전당포를 운영하는 부유한 상인의 저택 안에 있었다. 고소네 에이시로는 지사들의 대의에 공감하여 그들에게 많은 도움을 준 인물이었다. 그는 사쓰마와 교역 관계를 맺고 있었으며, 덕분에 제법 복잡한 거래를 할 때 명목상의 구매자 또는 보증인 역할을 해 주었다. 료마 역시 그를 신뢰하여, 시모노세키에 용무가 있을 때 그에게 부탁한 적이 적어도 한 번 이상 있을 정도였다. ▪67

시모노세키에는 료마와의 친분을 설명하면서 이미 언급한 바 있는 시라이시(白石)라는 인물이 있었다. 더욱이 료마가 미조부치 히로노조와 기도 고인과의 교섭을 주선했을 때, 기도 고인은 이토 스케다유(伊藤助太夫)라는 상인의 집에 미조부치 히로노조가 머물 수 있도록 배려해 주었다. ▪68 이후 료마가 이토 스케다유에게 보낸 답서들은, 그가 지사들 사이에서 중요한 위치에 오르게 되었음을 보여 주고 있다. 사실 료마가 사업에 부단한 관심을 쏟아 왔다는 사실을 상기하면, 그가 상인에 대해 그 어떤 적대감을 품고 있었다고 보기는 어렵다. 그는 유교적 사무라이 기질을 버리고, 이제 막 도래한 새로운 질서를 받아들이기 시작했다. 이 당시 료마가 사이타니 우메타로(才谷梅太郎)라는 가명을 썼다는 사실은 가벼이 넘길 일은 아니다. 한 세기 전에 그의 조부가 고시 계급으로 신분이 상승할 때 운영했던 전당포 이름인 사이타니는 이제 그 이름을 이은 훌륭한 후계자를 배출해 냈다. ▪69

그러나 동료 상인들로서는 료마가 겪고 있던 곤란과 실망감에 대해 위로해 주는 정도밖에는 해 줄 수 있는 것이 없었다. 그에게 필요한 만큼 원조를 받을 수 있는 길은 세수(稅收)를 담당하는 인물과 접촉하는 것 외에는 없었다. 그리고 이러한 원조는 고토 쇼지로를 통해 얻을 수 있었다.

고토 쇼지로는 1866년 9월 4일 나가사키에 도착했다. 여기서 잠시 휴식을 취한 다음 그는 12명의 수행원을 이끌고 상하이로 향했고, 10월 14일이 되어 나가사키로 귀환했다. 앞서 언급한 바와 같이 그의 임무는 선박 구입이었다. 임무는 성공적이었지만, 이 과정에서 거액의 비용을 지출한 것 때문

402

에 고치에서는 그를 향한 신랄한 비난이 일기도 했다. 하지만 고토 쇼지로는 자신이 야마우치 요도의 전폭적인 지원을 받고 있음을 인지하고 있었다. 그는 선박 구입을 위해 고치 성을 떠나기 전에 요도와 대담을 나누었다. 여기서 두 사람은 도사 번이 선박 구입을 위한 적극적인 시도를 포기하지 않는 한 그들이 직면할 난국은 대단한 일도 아닐 것이며, 실력을 강화하여 번의 영역을 '멀리 떨어진 섬들'까지 확장할 수 있을 것이라는 데 의견의 일치를 보았다. ▪70

이러한 구상들은 료마의 구상과 일치하는 부분이 대단히 많았다. 미조부치 히로노조는 료마에게 고토 쇼지로의 해군 확장 계획을 들려주었고, 그런 다음에는 고토에게 료마의 해운 사업을 통한 이윤에 대해서도 이야기해 주었다. 그리고 료마는 미조부치 히로노조의 주선으로 1867년 초엽 나가사키의 요정에서 고토 쇼지로와 만남을 가질 수 있었다. 고토 쇼지로는 기지를 발휘하여 술을 준비함은 물론 히로노조 말고도 또 한 사람을 자리에 불렀으며, 여기에 료마가 마음에 두고 있던 여인을 유곽에서 불러오기까지 했다. 안타깝게도 이때 벌어진 술자리에서 어떤 이야기가 오갔는지는 상세한 기록이 남아 있지 않다.

료마는 다케치 즈이잔을 죽음에 이르게 한 고토 쇼지로를 처단하려고 벼르던 낭인 동지들로부터 모종의 압력을 받아 온 터였다. 그는 이러한 요구를 거부했다. 일설에 따르면 그는 낭인들 앞에서 '고토 쇼지로와 공동으로 사업을 벌일 수 있는' 가능성을 언급했고, 실제로 그에 걸맞은 실적을 이루어 냈다. 고토 쇼지로와의 대담을 마친 후, 료마는 그가 비록 오랜 기간 동안 자신을 적대시해 왔을 것임에도 불구하고 과거에 대해서는 일언반구도 하지 않았던 점에 경탄과 감사의 마음을 표시했다. 료마와 고토는 오직 당면한 중대사에 대해서만 논하였다. 고토 쇼지로가 비범한 재능을 가진 뛰어

난 '인물'이었음은 의심할 여지가 없다고 하겠다. ■71

료마는 기도 고인에게 보낸 서신에서 다음과 같이 언급했다.

최근 들어 도사의 정세는 급변하고 있습니다. 상세한 내용은 나카지마 사쿠타로(中島作太郎) 편으로 전해 드립니다. 물론 이러한 변화의 여부와는 별도로, 귀하의 도움과 역량에는 진심 어린 감사를 드리는 바입니다. 도사 번은 아마도 막부 측에 협력을 중단할 것으로 생각됩니다. 이러한 변화는 올 여름부터 일어나고 있습니다. 이제 우리의 숙원인 조슈와 사쓰마, 그리고 도사 세 번의 연합이 실현될 것으로 보이니 기쁘기 그지없습니다. ■72

고토 쇼지로 또한 새로운 동지에게 호감을 가졌다. 그는 미조부치 히로노조를 통해 반막부 세력의 역량과 결의에 대해 익히 들어 온 터였다. 무역과 세력 확장에 관한 그의 견해는 료마와도 상통했으며, 당면한 과제를 해결하기 위해 낭인들의 힘을 활용하고 그들과 접촉하는 데에도 관심을 가졌다. 더욱이 낭인들을 지원한다는 계획은 고토 쇼지로 혼자만의 생각이 아니었다. 이러한 결정은 도사 번의 최고위 지도부 사이에서 이루어졌다. 사이고 다카모리의 고치 방문은 이러한 결정이 실현되는 데 도움을 주었다. 고토 쇼지로의 측근 관료였던 후쿠오카 고테이는 1867년 4월에 문서 한 통을 가지고 나가사키를 방문했다. 그가 가져온 문서는 료마의 죄를 사면하고 신분을 복권하며, '해군 보조 부대'라는 의미의 '가이엔타이'로 개칭한 상회의 수장으로 인정한다는 내용을 담고 있었다. 상세한 내용은 다음과 같다.

고시(告示)
사이타니 우메타로, 또는 사카모토 료마
위에 언급된 자에 대한 탈번의 죄를 사하는 동시에, 가이엔타이의 수장임을 인정함. 가이엔타이 내부의 모든 사안을 이자에게 일임함.

료마의 상회에 대한 도사 번의 지원은 최초에는 자금의 형태로 이루어져 15,000냥에 해당하는 자금이 지원되었다. [73] 이러한 원조가 외부 지원의 부재로 붕괴 직전까지 갔던 조직에 지위와 안전, 목표를 제공해 주었다는 사실은 한층 더 중요한 의미를 지닌다. 료마와 고토 쇼지로가 작성한 규약에는 신분을 불문한 유능한 인재 채용, 료마의 절대적인 지휘권 보장, 가이엔타이 대원에 대한 교육 기회의 제공, 그리고 상업 활동에서 이윤을 충족하지 못하는 경우 도사 번에서 자금을 지원한다는 조항 등이 명문화되었다. 이 규약의 본문은 다음과 같다.

1. 우리 번 또는 다른 번의 탈번자 가운데 해사(海事) 업무에 뜻이 있는 자에게 가이엔타이 가입을 허락한다. 가이엔타이는 수송, 상업, 개발, 금융 사업 등의 분야를 통해 우리 번을 돕고자 결성된 조직이다. 향후 대원의 선발은 출신지와 관계없이 당사자의 지망에 근거하여 실시한다.
2. 가이엔타이 내부 사안은 예외 없이 대장의 결심에 따른다. 대장의 명령에 대한 불복은 허용되지 아니한다. 가이엔타이의 사업에 손실을 야기하거나 질서를 문란케 한 자에 대한 처분은 대장이 결정한다.
3. 가이엔타이 대원은 질병에 걸린 동료가 있으면 상호 부조하고, 위급한 상황이 발생하면 상호 간에 보호를 제공하며, 대원들의 정의감을 고양하고, 일치된 마음으로 정신 수양에 정진하도록 한다. 대원들은 편협한 안목이나 난폭한 행실로 동료와의 마찰을 빚는 일이 있어서는 안 되며, 도당을 이루어 동료에게 자신들의 뜻을 강요해서도 안 된다.
4. 가이엔타이 대원은 개개인의 흥미를 고려하여 관리, 포술, 항해, 외국어, 증기 기관 등의 분야에 전문 지식을 함양하도록 하며, 공부는 다 함께 하고 학업에 태만하는 일이 있어서는 안 된다.

5. 가이엔타이의 운영 자금은 이윤에서 충당한다. 이익금을 대원들에게 배
   분하지 않는다. 새로운 사업 개척 또는 대원 훈련을 위한 자금이 부족해
   질 경우, 대장은 나가사키의 번 당국에 보고하고 그 회답을 기다리도록
   한다. [74]

료마의 활력과 재능은 이제 그에 걸맞은 출구를 찾은 셈이었다. 상회의
구성원은 모두 50명가량 되었고, 세부 조직의 지도자들은 여러 지역에서 선
발되었다. 도사 출신 12명, 에치젠 출신 6명, 에치고 출신 2명, 미토 출신
1명, 기이 출신 1명이었고, 이 중에서 기이 번 출신은 바로 무쓰 무네미쓰였
다. 교육과 학업에 관한 내용을 언급한 조항은, 당시 나가사키로 모여든 다
수의 서양 학문 지망생들이 가졌던 잠재 능력을 활용하고자 하는 료마의 의
도를 보여 준다. 모여든 사람들은 놀라울 정도로 폭넓은 식견과 재능을 보
여 주었으며, 이들 중에는 심지어 좌막파임을 공언한 인물도 있을 정도였
다. [75] 학업에 대한 지원을 언급한 것은 국가의 목표 달성을 위해서는 다양
한 길을 모색할 필요가 있다는 료마의 신념을 선명히 보여 준다. 그는 미조
부치 히로노조에게 보낸 편지에서 다음과 같이 언급했다.

개국으로의 길은 전투에 임하는 자는 전투, 학업에 임하는 자는 학업, 상
업에 종사하는 자는 상업, 각자 자신에게 가장 적합한 분야에서 최선을 다
하는 데 있습니다. [76]

가이엔타이는 야심차게 첫발을 내딛었다. 이에 대해 공식 일지에는 "행
정 담당관, 전투 담당관, 기사, 측량사, 항해사, 의무관(醫務官) 등으로 업무
분장을 세분화했으며, 총원은 수부(水夫)와 화부(火夫)를 포함해서 50명 정도
이다."[77]라는 기록이 남아 있다. 사실 이 정도의 작은 규모와 한정된 자금

력으로는, 이처럼 폭넓은 분야에서 충분한 발전을 기대하기 어려운 측면도 있다. 그럼에도 불구하고 나중에 다루겠지만, 출판과 정치 활동의 측면에서 꽤나 광범위한 실적을 거두었고, 이들 활동은 주력 사업인 해사 분야의 계획에 중대한 기여를 했다.

번으로부터 사면받은 인물은 료마 한 사람만이 아니었다. 후쿠오카 고테이는 나카오카 신타로의 사면장도 함께 가져왔다. 나카오카 신타로는 사면과 더불어 민병 부대를 조직하고 이를 통솔할 권한을 부여받았다. 하지만 신타로가 인솔하는 민병 부대인 리쿠엔타이(陸援隊)는 가이엔타이보다 늦은 1867년 여름이 되어서야 활동을 개시할 수 있었다. 료마가 나가사키에서 고토 쇼지로와 함께 자신의 상회를 재조직하는 문제를 협의하고 있는 동안, 나카오카 신타로는 여행 중이었다. 그는 가고시마, 다자이후, 교토에서 반막부 세력 규합에 박차를 가하고 있었다. 그러는 한편 신타로는 이타가키 다이스케, 오가사와라 다다하치 등 도사 번의 고위 관료들과도 접촉을 가지면서, 그들에게 에도 막부의 붕괴가 불가피하다고 설득하기도 했다.

도사에 남아 있던 지사들은 그 당시까지만 해도 탄압받는 처지였고, 고토 쇼지로 일파가 근왕당을 탄압해 온 방법에 대해 분노해 온 터였다. 그랬던 만큼 자신들의 옛 동지가 오랜 원수와 우호 관계를 맺는다는 소식을 접하자, 혼돈과 의심에 휩싸인 것도 충분히 이해할 만한 일이었다. 료마를 가장 잘 이해했던 사람인 누이 오토메조차 그를 격하게 비난했을 정도였다. 오토메의 눈에는 료마가 이제껏 걸어온 대의를 버리고 자신의 이익과 지위를 위해서 일하고 있는 것처럼 비쳐졌다.

료마는 오토메에게 보내는 답장에서 자신이 옛 정적과 화해하게 된 까닭을 설명했다. 이 편지의 다음과 같은 내용은 상당히 흥미롭다. 우선, 그가 각지에서 만났던 인물들의 낮은 수준을 확인할 수 있다. 형의 양아들로 료마에게는 조카가 되는 인물이 마침 그의 밑으로 온 터였다. 료마는 그가 능력 있고 헌신하는 자세를 갖추었다고 판단했다. 그는 희생 정신도 료마를 따르려는 마음도 갖고 있기는 했지만, 솔선수범이라는 측면에서는 부족한 인물이었다. 그래도 그는 도사 번 관료들의 평균적인 수준보다는 높은 편이었다. 료마가 근간에 오사카에서 만났던 도사의 하급 관료는 마치 자기가 대신이라도 되는 양 굴었다. 고토 쇼지로, 이 불쌍한 친구는, 자신은 그처럼 무능하면서 콧대만 하늘을 찌르는 자들과 매일같이 일해야 한다고 료마에게 말했다고 한다. 료마는 아마도 사람은 자기 마음에 드는 부하들만 부릴 수는 없는 법이라고 대답했을 것이다.

료마는 화제를 돌려, 작금의 도사를 지배하고 있는 악한들과 결탁하고 있다는 오토메의 비난에 대한 해명을 해 나갔다. 그는 오토메 생각에도 일리는 있지만, 고향으로부터 아무런 지원도 받지 않고 나가사키의 동료들을 먹여 살리기가 얼마나 힘든지에 대해서는 모르고 있다고 썼다. 그는 50명의 부하들을 거느리고 있고, 한 사람당 1년에 60냥이 소요된다고 밝혔다. 더욱이 명예와 초지를 지키는 대신 타협을 선택했다는 오토메의 비난에 대해, 자신이 취한 모든 행동과 여행은 나라를 위한 일념에서 비롯된 것이라고 해명했다. 자신과 접촉한 도사 번 인사로 고토 쇼지로, 후쿠오카 도지로(福岡藤次: 후쿠오카 고테이), 사사키 산시로(佐々木三四郎: 사사키 다카유키), 모리 아라지로(毛利荒次郎), 이시카와 세이노스케(石川清之助)의 이름을 거론했다. 이들 중에서 맨 마지막에 거론된 이시카와 세이노스케는 나카오카 신타로가 사용했던 가명으로, 여기에는 "이 사람은 저와 같은 인물이라고 보셔도 됩니다."라는 문구가 덧붙여져 있다. 고토 쇼지로에 대해서는, "여기에 거론된 사람들 중에서도 진정 동지라고 할 만한 인물은 고토 쇼지로입니다. 정신으로 보나 품은 뜻으로 보나 도사에는 그를 능가할 인물은 없다고 봅니다."라고 평가했다. 덧붙이면, 나카오카 신타로는 고토 쇼지로에게 탈번 낭인의 가족에게 연좌죄를 물을 것인가에 대해 이야기를 나눈 적이 있었다. 이때 고토 쇼지로는, 나카오카 신타로나 사카모토 료마와 같은 자들은 번을 위해서 일하고 있음을 알고 있는 만큼 그들의 가족에게 해가 갈 일은 없을 것이라고 대답해 주었다. 료마는, "이러한 일들로 미루어 보면 누님도 도사 번 관리들을 악인 취급하는 일을 그만두시는 편이 좋지 않을까 하는 생각이 듭니다."라며 오토메를 설득했다. 나아가 그는 오토메가 완전히 이해하기 어려울 것이라 생각했겠지만, 설령 자신이 500명, 아니 700명쯤 되는 부하들을 거느렸다고 하더라도 연공 24만 석을 자랑하는 도사 번을 뒤집는 것은 불가능하다는 냉철한 지적을 잊지 않았다. ■78

이처럼 료마는 자신의 행동과 결심으로 각오를 굳혀 나갔다. 따라서 누나의 충고를 귀담아 들을 생각은 없었다. 사실 이 편지의 남은 부분에는, 자신도 탈번하여 료마의 대의에 동참하겠노라는 오토메의 요청을 단호하게 비판하는 내용이 담겨 있다. 그는 오토메의 이러한 생각에 조소와 경멸을 보냈다. 여자가 집안을 버리고 국정에 나서려는 일은 어리석은 발상이라는 논리였다. 료마에게 헌신적이고 충실한 반려자였던 부인은 다행스럽게도 그가 없는 사이에 완전히 사람이 달라져 삯바느질로 바쁜 나날을 보내고 있었다. 그리고 무엇보다도 료마는 어차피 고토 쇼지로와 함께 기선을 타고 머지않아 고향으로 돌아올 예정이었다.

|미주|

1. 佐々木高行, 『勤王秘史: 佐々木老侯昔日談』, p.453.

2. 岩崎英重(編), 『坂本龍馬關係文書』, I, 136-143.

3. 료마는 탈번 당시 이 봉기에 참여하고자 했다. 상세한 내용은 다음 문헌을 참조할 것. 維新史料編纂事務局(刊), 『維新史』, III, 86-94.

4. 『坂本龍馬關係文書』, I, 227.

5. 『坂本龍馬關係文書』, I, 226-232.

6. 千頭淸臣, 『坂本龍馬』, pp.105f.

7. 『坂本龍馬關係文書』, I, 242-243. 그전에 료마는 기도 고인에게, 다카스기 신사쿠에게 받은 권총 덕분에 목숨을 구할 수 있었다는 편지를 쓴 적이 있다. 『坂本龍馬關係文書』, p.241.

8. 平尾道雄, 『海援隊始末記』, p.139.

9. 『坂本龍馬關係文書』, I, 233-239.

10. 이후 언급될 조슈 번 정벌과 관련된 기록은 다음 두 문헌을 토대로 한 부분이 크다는 사실을 밝혀 둔다. 『維新史』, IV, 474-522; 尾佐竹猛, 『明治維新』, II, 692f.

11. 『坂本龍馬關係文書』, I, 215.

12. 平尾道雄, 『陸海隊始末記』, p.173.

13. 다이묘 간의 입양 제도는 후대에 가서 다이묘들 간의 복잡한 혈연관계를 야기한 요인이 되었다. 시마네 전선에 참전한 이나바(因幡) 번주 이케다 요시노리(池田慶德), 오카야마(岡山) 번주 이케다 나리마사(池田茂政)는 하마다(濱田) 번주 마쓰다이라 부소와 형제간이었다. 『維新史』, IV, 512. 이들은 미토 번주 도쿠가와 나리아키의 아들들로, 히토쓰바시 게이키와 미토 번주 도쿠가와 요시아쓰(德川慶篤) 또한 그들과 형제 관계였다.

14. 平尾道雄, 『陸海隊始末記』, p.172.

15. 사쓰마 번은 극진한 예를 취하며 물자를 조슈에 돌려주었지만, 기도 고인은 이 물자가 료마의 사업 자금으로 사용될 수 있다고 주장하며 이를 사양했다. 료마는 물자를 인수했지만, 이 사실을 마냥 좋게만 여기지는 않았다. 그는 다음과 같이 말했다. "이건 마치 누군가의 훈도시를 벗겨 먹는 느낌이야." 平尾道雄, 『海援隊始末記』, p.152.

16. 『坂本龍馬關係文書』, I, 217-8.

17. 훗날 다나카 고켄은 이때 필요 없는 파괴가 이루어졌다고 회고했다. "그때 나는 처음으로 민가에 불을 질렀다. 나는 혈기를 주체하지 못한 23~24명의 군사들 일원이었던 것이다……." 尾崎卓爾, 『中岡愼太郎』, p.200.

18. 平尾道雄, 『維新遺文選書: 坂本龍馬, 中岡愼太郎』, p.245.

19. 佐々木高行, 『勤王秘史: 佐々木老侯昔日談』, p.222.

20. 사사키 다카유키는 하타 지역에 부교로 부임했지만, 이 일대 많은 수의 근왕주의자가 존재한다고 판단한 번 당국에 의해 불과 며칠 뒤 부교 자리를 그만두어야만 했다. 『勤王秘史: 佐

々木老侯昔日談』, p.249.

21. 도사 번 내부에는 여러 파벌이 존재했는데 크게 근왕파, 쇄국파, 개국파, 좌막파의 네 부류로 유형화할 수 있다. 이러한 유형들은 상호 결합적인 성격도 가졌다. 대단히 보수적인 성격의 파벌인 좌막—쇄국파는 좌막—개국 성향을 지닌 요시다 도요의 문하생들과는 대립축을 형성하는 입장이었다.

22. 大町桂月, 『伯爵後藤象二郎』, p.135.

23. 고토 쇼지로는 유곽에 가던 도중 자객들의 습격을 받은 일이 있다. 그는 자객들을 해치운 다음, 가던 길을 유유히 마저 갔다. 이 일화는 지사들 사이에서 그의 명성을 높인 계기가 되었다.

24. 平尾道雄, 『維新経済史の研究』(高知, 1959), p.6.

25. 田中惣五郎, 『岩崎彌太郎傳』(東京, 1940), p.55.

26. W. G. Beasley, "Councillors of Samurai Origin in the Early Meiji Government, 1868-9", *Bulletin of the School of Oriental and African Studies*, XX(University of London, 1957), 98.

27. 佐々木高行, 『勤王秘史: 佐々木老侯昔日談』, p.296.

28. 『勤王秘史: 佐々木老侯昔日談』, p.347.

29. 다음 문헌은 난카이마루의 중요성과 활용에 관한 전반적인 연구를 담고 있다. 平尾道雄, 『維新経済史の研究』, pp.48-87.

30. 『維新経済史の研究』, p.51.

31. 『勤王秘史: 佐々木老侯昔日談』, p.225.

32. 다음 문헌들은, 가이세이칸의 주요 기능 가운데 하나는 오사카 자본에 대한 종속 관계를 청산하는 한편 도사 번 자체의 금리 수익을 얻기 위해 번 내부의 상공업자들에게 자금을 지원하는 것이었다는 사실을 밝히고 있다. 江頭恒治, "幕末における高知藩の新政策", 『幕末經濟史研究』, p.119; 平尾道雄, 『維新経済史の研究』, pp.1-47; 田中惣五郎, 『岩崎彌太郎傳』, p.58.

33. 『勤王秘史: 佐々木老侯昔日談』, pp.320, 336. 이에 대한 도사 번의 대응에 대해서는 다음 문헌들을 참조할 것. 江頭恒治, "幕末における高知藩の新政策", 『幕末經濟史研究』, pp.116-117; 平尾道雄, 『維新経済史の研究』, p.5.

34. 다음 문헌은 고토 쇼지로의 일대기와 관련하여 불분명하거나 오해의 소지가 있는 내용들을 바로잡아 기록하였다. 平尾道雄, "後藤象二郎の長崎上海出張と其の使命", 『土佐史談』, No. 52(1935), pp.25-31.

35. 『維新土佐勤王史』, pp.107f.

36. 平尾道雄, 『容堂公記傳』, pp.179f.

37. 『勤王秘史: 佐々木老侯昔日談』, p.355.

38. 平尾道雄, 『陸援隊始末記』, pp.220-221.

39. 『勤王秘史: 佐々木老侯昔日談』, p.363.

40. 이는 나카오카 신타로의 1867년 5월 26일자 일기에 언급된 내용으로, 출처는 다음 문헌이다. 尾崎卓爾, 『中岡愼太郎』, p.362.

41. 원문은 다음 문헌에 수록되어 있다. 平尾道雄, 『維新遺文選書: 坂本龍馬, 中岡愼太郎』, pp.325-333.

42. 나가사키현립도서관 소장, 1863년 6월 28일자 서신.

43. 1864년 8월 6일자 서신.

44. 石井孝, 『明治維新の國際的環境』(東京, 1957), p.388. 1867년 5월 영국 영사 플라워스(Flowers)는 그해 3월 29일에 도사 번과 체결한 계약 관련 내용을 막부 측에 통지했고, 이는 에도 막부의 입장에서는 공명정대한 거래에 대해 고찰할 수 있는 계기이기도 했다. 이 계약은 고토 쇼지로와 도사 번주, 그리고 나가사키의 글로버 상회 간에 체결된 것이었다. 고토 쇼지로는 글로버 상회로부터 포함(砲艦) 난카이(南海)를 구입한다는 계약을 체결했고, 이 서신이 작성된 당시 해당 군함은 나가사키 만에서 무장과 장비에 대한 최종 점검을 받고 있었다. 경비는 멕시코 은화로 75,000페소(19세기 서구 열강은 은으로 주조하여 가치가 안정되었던 멕시코 은화를 아시아 국가와의 무역에 주로 사용하였음—역주)가 소요되었으며, 세부적인 내역은 다음과 같다. 우선 1만 페소에 상당하는 금액이 조약 체결 당시 지불되었다. 14,379.37페소가 20일의 기한 내에 지급되었으며, 이는 음력 7월 이전에 해당 금액이 지불된다는 것을 의미하기도 했다. 그리고 잔여분은 연이율 12%의 조건으로 12개월 내에 상환하기로 했다. 하지만 1개월 후 플라워 영사는 '나가사키 부교'가 고토 쇼지로의 소유권을 억제하는 조치를 취했다는 쇼지로의 보고를 접하고, 글로버를 통해 항의의 뜻을 전달했다.

45. 필자는 토머스 글로버의 일본어 전기인 『가라바덴(がラバ伝)』을 입수하지는 못했다. 그의 업적에 대한 연구는 미미한 만큼 신중하게 재조명을 받을 인물이라고도 할 수 있다. 다음 문헌은 분량이 짧고 내용적으로 불충분하기는 하지만 글로버에 대해 살펴볼 수 있는 대표적인 자료이다. W. B. Mason, "Thomas B. Glover, A Pioneer of Anglo-Japanese Commerce", *New East 2*(February 1918), pp.155-167. 일본인 여성과 결혼한 글로버는 나가사키에 정착했다. 나가사키만의 정경을 한눈에 굽어볼 수 있는 그의 나가사키 저택은 최근 들어 푸치니의 오페라 '나비부인'의 이미지가 더해져 관광객들에게 개방되었다.

46. 石井孝, 『明治維新の國際的環境』, p.411.

47. 『明治維新の國際的環境』, pp.441, 454.

48. 友厚会(編), 『近代之偉人故五代友厚傳』(東京, 1921), pp.327-341에서 발췌.

49. 五代龍作(編), 『五代友厚傳』(東京, 1936), p.56.

50. 『五代友厚傳』, pp.73-74.

51. 클래런든 백작과의 대담은 다음 문헌에 수록되어 있다. 澁澤榮一(編), 『德川慶喜公傳』, p.367. 훈령의 내용은 다음 문헌을 참조할 것. 石井孝, 『明治維新の國際的環境』, p.428. 다음 문헌에는 새토의 소책자에 언급된, 런던에서 내려온 훈령에 대한 내용이 수록되어 있다. 石井孝, "發見された'英國策論'の原文に就いて", 『日本歷史』, 149(1960. 11), pp.7-14.

52. 다음 문헌에는 일어판의 내용을 수록되어 있다. 石井孝, 『明治維新の國際的環境』, pp.375-385. 다음 문헌은 새토가 발간한 소책자에 대해 설명하고 있다. Ernest Satow, *A Diplomat in Japan*(Philadelphia, 1921), pp.159-160. 1867년 9월 기도 고인이 사코모토 료마에게 보낸 서신에는 이 책의 영향력이 잘 나타나 있으며, 서신에는 신성한 일본의 국민들이 어느 영국인이 한 말에 귀 기울여야 한다는 사실을 수치스럽게 여긴다는 내용이 언급되어 있다. 『坂本龍馬關係文書』, I, 380-381.

53. 大塚武松, "仏国公使 レオン·ロッシュの政策行動に就いて", 『史學雜誌』(1935, 7), p.833.

54. 石井孝, 『明治維新の國際的環境』, pp.553ff.

55. 『明治維新の國際的環境』, p.558.

56. 平尾道雄, "溝淵廣之丞", 『土佐史談』, No. 29(1929), pp.59-65.

57. 다음 문헌은 이 편지의 전문이 들어 있는 유일한 문헌이기도 하다. 平尾道雄, 『海援隊始末記』, p.174.

58. 기록에 따르면 이 선박의 이름은 『겐지모노가타리(源氏物語)』의 내용에서 따온 것으로, 나가사키의 미국인 선교사 귀도 베르베흐(Guido Verbeck)가 도사 번 대표단에게 한 권유가 그 계기였다.

59. 『坂本龍馬關係文書』, I, 226.

60. 『坂本龍馬關係文書』, I, 249-250.

61. 기도 고인의 답서는 다음 문헌을 참조할 것. 『坂本龍馬關係文書』, I, 241. 료마는 이토 스케다유라는 시모노세키 상인에게 서신을 보내, 미조부치 히로노조의 시모노세키 파견을 위한 자금의 협조를 요청했다. 『坂本龍馬關係文書』, p.471.

62. 다음 문헌은 글로버 한 사람만이 이 선박과 관련 있었다고 기록하고 있다. 平尾道雄, 『海援隊始末記』, p.149. 반면 다음 문헌은 료마의 일기 일부를 인용하면서 프로이센의 상인과도 관련이 있었다고 언급하였다. 『維新土佐勤王史』, p.891. 두 번째 문헌이 보다 최근에 이루어진 연구를 수록하고 있을 뿐만 아니라 후속 연구에도 활용된 만큼, 필자는 두 번째 문헌의 내용을 신뢰함을 밝혀 둔다. 참고로 이 스쿠너의 정확한 이름은 확인하지 못했다.

63. 『維新土佐勤王史』, pp.885-894; 平尾道雄, 『海援隊始末記』, pp.120-122.

64. 千頭清臣, 『坂本龍馬』, pp.129-130; 平尾道雄, 『海援隊始末記』, pp.160-163.

65. 平尾道雄, 『海援隊始末記』, pp.164-170.

66. 다음 문헌은 이 사건에 대한 상세한 정보를 수록하고 있다. John Harrison, *Japan's Nothern Frontier*(Gainesville, 1955).

67. 平尾道雄, 『海援隊始末記』, pp.160-161; 永見德太郎, "長崎時代の坂本龍馬", 『土佐史談』, No. 29(1929), p.71. 다음 문헌에 수록된 서신은 료마가 고소네 에이시로를 통해 연락을 주고받았음을 확인할 수 있는 자료이다. 『坂本龍馬關係文書』, I, 473. 한편 다음 문헌에 수록된 계약서는 고소네 에이시로가 보증인으로 활동하였음을 보여 준다. 『維新土佐勤王史』, p.891.

68. 『坂本龍馬關係文書』, I, 243, 471; n. 61.

69. 1867년 초에 데라다야로 보낸 편지는 료마가 여전히 사쓰마 시절의 이 가명을 쓰고 있었음을 보여 준다. "나를 지칭할 때는 사쓰마의 사이타니 우메타로라고 불러 주시오." 『坂本龍馬關係文書』, I, 244.

70. 훗날 고토 쇼지로는 야마우치 요도가 자신의 의견을 물어올 때를 다음과 같이 회상했다. "나는 요도 공에게 다시금 국정에 참여하도록 권했다. 필요하다면 막부와 싸워서 그들을 타도해야 한다고, 설령 그것이 번을 피폐하게 만들지라도 그래야 한다고 진언했다. 하지만 아직 시기가 무르익지는 않았다. 이 시기에 우리는 선박을 구입하고, 남방의 섬들을 점령하고, 번의 영역을 확장했다." 여기에 이어지는 쇼지로의 언급은 다음과 같다. "하지만 나는 당시 26세에 불과했기 때문에 아직 사려 깊지 못한 부분도 적지 않았다." 大塚武松, "仏国公使 レオン·ロッシュの政策行動に就いて", 『史學雜誌』, p.28.

71. 平尾道雄, 『海援隊始末記』, p.177.

72. 『坂本龍馬關係文書』, I, 248.

73. 『坂本龍馬關係文書』, I, 274; 田中惣五郎, 『岩崎彌太郎傳』, p.65

74. 『坂本龍馬關係文書』, II, 81f; I, 251-253.

75. 平尾道雄, 『海援隊始末記』, p.188. 여기 언급된 인원의 이름은 다음 문헌에 기록되어 있다. 『坂本龍馬關係文書』, I, 254-255.

76. 『坂本龍馬關係文書』, I, 275.

77. 『坂本龍馬關係文書』, II, 81.

78. 『坂本龍馬關係文書』, I, 301-309.

|역주|

1. 향을 피우고 그 향기를 즐기는 일종의 기예(技藝)로, 일본에서는 다도·꽃꽂이 등과 함께 전통적으로 수준 높은 교양의 하나로 여겨져 왔음.

2. 오늘날 나가사키 현 남동부에 있는 도시, 또는 그 지명.

3. 술자리에서 흥을 돋우기 위해 춤을 추는 소녀.

4. 3개의 현을 가진 일본의 전통 현악기.

5. 가마쿠라(鎌倉) 시대 이래 일본 조정과 막부, 유력 다이묘 가문 등의 병법 사범 등을 맡아 온 명문가 오가사와라(小笠原) 가문에 연원하는 예법. 오가사와라류 예법은 오늘날에도 특히 여성의 교양 등으로 널리 전수되고 있음.

6. 일본 가마쿠라 시대 말기에 활약한 무장(1294~1336). 고다이고(後醍醐) 천황을 도와 몽골의 침입으로 약해진 가마쿠라 막부를 타도하는 데 큰 공을 세웠으나, 이후 무로마치(室町) 막부의 시조인 아시카가 다카우지(足利尊氏)의 반란을 진압하다 수적 열세로 패배하고 자

결한 인물. 일본에서는 천황에 대한 충성심의 상징적인 존재로 여겨져 왔음.

7. 중국에서 전래된 한시(漢詩)에 대조되는 개념으로 일본 고유의 정형시를 일컫는 말.

8. 일본에서 기모노를 입을 때 허리에 두르는 넓고 긴 끈. 본래 허리띠 구실을 하는 것이었으나 에도 시대 이후 오비의 뒷부분을 묶는 매듭의 장식적인 측면이 강화되었으며, 기모노의 아름다움을 부각시키는 중요한 복식 요소로 자리매김하고 있음.

9. 료마(龍馬)와 오료(お龍)의 이름에는 모두 '용(龍)' 자가 들어감.

10. 과거에 관헌 등이 사용하던 목재로 된 긴 봉. 옛날 일본의 관헌이나 경찰들도 이를 오늘날의 경찰봉처럼 사용하였음.

11. 일본 전통 복식의 하나로, 남성들이 입는 폭이 넉넉하고 아랫단이 넓은 바지.

12. 과거 일본 무사들은 가타나(刀), 다치(太刀) 등으로 불리는 긴 칼[이를 통틀어 다이토(大刀)라고도 불렀음], 그리고 와키자시(脇差) 또는 쇼토(小刀)라고 불리는 호신용의 짧은 칼을 함께 차고 다녔음. 여기서 '두 자루 칼'이란 이를 지칭하는 표현임.

13. 가느다란 나무를 짠 틀에 종이나 천을 붙인 창호, 또는 종이로 싸서 바른 문. 일본 전통 가옥에서는 이것으로 방이 구획되어 있음.

14. 일본도 중에서도 와키자시나 단도보다는 조금 길지만, 가타나나 다치 등의 장검보다는 짧은 칼, 또는 이런 종류의 칼을 사용하는 무예.

15. 일본의 전통적인 거리의 단위. 360보를 1정으로 하며, 약 109.1m.

16. 일본의 전통 복식 중에서 원래는 목욕을 마치고 실내에서 입던 얇은 홑옷. 나중에는 여름철 평상복으로도 널리 사용되었으며, 오늘날에도 흔히 입는 경우가 많음.

17. 방한용으로 두툼하게 솜을 댄 기모노의 겉옷.

18. 일본 혼슈 중서부 내륙에 위치한 시가 현(滋賀縣) 북동부에 위치한 도시, 또는 이 일대에 존재했던 번.

19. 일본 히로시마 현 동부에 위치한 도시, 또는 이 일대에 존재했던 번.

20. 오늘날 후쿠오카 현 남부에 소재한 도시, 또는 이 일대에 존재했던 번.

21. 오늘날 일본 야마구치 현 북부에 있는 도시로 이 당시에는 조슈 번령이었으며, 임진왜란 때 일본으로 끌려간 한국인 도공 이경(李敬), 이작광(李勺光) 형제로부터 처음 시작된 하기 도자기는 지역의 특산품으로 자리매김함.

22. 일본 규슈 후쿠오카 현 남서부의 도시, 또는 이 지역에 존재했던 번.

23. 일본 규슈 사가 현 북서부에 위치한 도시, 또는 이 일대에 존재했던 번.

24. 진무 천황은 일본 고대사를 기록한 역사서인 『니혼쇼키(日本書紀)』에 기록된 일본 초대 천황으로, 본래 규슈 일대의 군주였다가 동진(東進)하여 현재의 오사카, 교토, 나라 일대를 일컫는 지명인 긴키(近畿) 지방까지 진출하고 오늘날까지 전해져 오는 일본 왕조를 세웠다고 함. 여기서 말하는 '동정'이란 이를 의미하며, 진무 천황에 의한 동쪽 정벌이라는 의미로 '진무동정(神武東征)'이라고 불리기도 함.

25. 19세기 후반~20세기 초에 걸쳐 세계 각지에 퍼져 막일 등에 종사하던 중국인 및 인도인

저임금 노동자를 일컫는 말로, 고된 노동을 뜻하는 중국어 '苦力'에서 유래하였음.

26. 1867년 프로이센을 중심으로 마인(Main) 강 이북의 22개 영방 국가(領邦國家)들을 연합하여 조직한 연방. 독일 제국이 선포되어 독일 통일이 이루어진 1871년까지 존속했으며, 오스트리아를 배제하고 프로이센 중심으로 독일이 통일되는 과정에서 중요한 역할을 하였음.

27. 과거 일본에서 조정이 파견한 지방관.

28. 오늘날 고치 현에 있는 지명.

29. 2개 이상의 마스트를 갖고 있으며, 주범(主帆)이 전범(前帆)보다 크고 세로돛을 장비한 범선의 일종.

제7장 . . **선중팔책**

...▶

고토 쇼지로가 가이엔타이에 대한 공식적인 지원을 개시하자, 료마는 이제 난국은 벗어났다고 생각했다. 그는 명성과 이익으로 가득 찬 미래를 내다보면서, 새로운 후원자와의 사업에 함께 참가하게 될 날을 꿈꾸고 있었다. 그는 오토메에게 보낸 편지에 다음과 같이 썼다.

"제가 도사에 돌아가면, 막부 관리들은 제게서 눈길을 떼기 어려울 겁니다. 저는 수많은 분야에서 제가 모집한 낭인들과 함께 엄청난 일들을 해냈습니다. 조만간 고토 쇼지로와 함께 교토에 갈 생각도 하고 있습니다. 그렇게 된다면 저는 후시미의 데라다야에 머무를 예정입니다. 후시미의 부교들이 숙소를 알아봐 줄 때까지 기다릴 수는 없으니까요."■1

하지만 실제로 료마의 첫 번째 도사 귀환은 그가 예상한 바와는 사뭇 다른 분위기 속에서 이루어졌다. 새롭게 야기된 서양과의 분란으로 료마의 귀향길과 고토 쇼지로와의 교토 여행에 어두운 그림자가 드리워졌다. 영국 수병 2명이 살해당한 사건에 가이엔타이 대원들이 연루되었고, 이 사건이 도사 번과는 무관하다는 것이 밝혀지고 나서야 국정 참여가 이루어질 수 있었다. 사실 이 무렵에 이르면 서양은 일본 국내 문제의 한 부분으로 자리 잡게 된다. 후술하겠지만 가이엔타이와 관련하여 번들 사이에 공동 책임론이 제기되었을 때, 사카모토 료마와 고토 쇼지로가 그 해결책으로 서양의 선례를 제시했던 것도 이런 시대적 상황을 보여 주는 한 사례이다.

서양의 존재와 이로 인해 초래될 문제에 대한 우려는 료마와 그의 도사 번 후원자들만의 고민거리가 아니라 일본 정국 전체에 자리 잡고 있던 문제였다. 쇼군이 조정에 효고 항 개항의 즉각적인 칙허를 강력히 요구한 이후에 국제적인 문제, 특히 이 내해 개항과 관련된 문제 때문에 유력 다이묘와 막부 간의 협력을 위한 최후의 노력은 물거품이 될 운명이었다.

서양의 간섭에 대한 우려는 절박한 위기의식을 고조시켰다. 히토쓰바시 게이키는 쇼군에 취임하자 서양 사신들의 예우에 최우선적인 관심을 기울였고, 덕분에 그와 각료들은 프랑스 공사 레옹 로슈(Leon Roches)로부터 격려와 함께 새로운 도움을 약속받았다. 한편으로 사쓰마 번 지도자들은 영국 대표단과 더욱 긴밀한 관계를 다져 갔다. 어니스트 새토(Ernest Satow)와 사이고 다카모리 간의 회담은 새토가 어느 진영에 공감했는가를 여실히 보여 주는 사례이기도 하다.

하지만 한동안은 히토쓰바시 게이키에 의해 막부가 오랫동안 갈망해 온 지도권과 명령권이 회복되었다고 여겨졌다. 프랑스의 원조를 얻어 내려는 그의 의도적인 태도는 도쿠가와 가문의 적들에게 불안감을 불러일으켰으며, 그들은 이제 전쟁 계획을 구상하기 시작했다. 이 계획이 진행되는 와중에 무력을 통한 막부 타도를 주장하던 조정 내 세력 가운데 이와쿠라 도모미(岩倉具視)라는 인물이 새로이 중요한 인물로 부각되었다. 교토에서 그의 중요성이 커진 과정이나 그가 사쓰마 번 지도자들과 맺은 연대는 훗날 메이지 정부 수뇌 집단 형성의 전주곡이었다. 고메이(孝明) 천황이 15세에 불과한 소년에게 후사를 남긴 채 승하한 사건은 이들에게 절호의 기회가 되었다.

도사 번 출신자 중에서는 열혈 근왕파들이 사쓰마와 조슈의 토막(討幕) 전쟁 계획의 일익을 담당했다. 호전적인 사고방식과 재능의 소유자였던 이타가키 다이스케와 나카오카 신타로는 열광적으로 전투 준비에 나섰다. 하지만 사카모토 료마는 협상을 통한 평화적인 방법을 선호했다. 그는 쇼군이 자발적으로 권력을 내놓는다면 그동안 누려 왔던 실권과 특혜를 어느 정도는 보장해 줄 것을 약속하는 정치적 방안을 내놓았고, 교토와 도사에서 이 안을 지지해 주도록 고토 쇼지로를 설득했다. 1867년 여름 료마와 고토 쇼지로는 이 안을 제출하기 위해 교토로 향했다. 료마가 정리한 8개조의 강령은 내용 및 용어의 측면에서 메이지 정부 포고문의 원형이라 할 만한 것이었고, 따라서 그 기원과 전개 과정을 살펴보는 일은 매우 중요하다고 볼 수 있다.

····▶

도사 번으로부터의
지원

    1867년 봄, 료마는 나가사키에서 가이엔타이(海援隊) 관련 업무에 몰두해 있었다. 그는 교토의 정치 운동 중심지에서 격리되어 있던 터라 접촉도 그다지 없었다. 어느 정도였나 하면, 그는 친구 미요시 신조(三吉愼藏)에게 편지를 보내면서 막부가 사쓰마와 화해를 맺을 위험이 있다는 소문(료마는 이 소문을 기도 고인에게서 전해 들었다)을 언급할 정도였다. ■2 고토 쇼지로 역시 이해 봄 대부분을 나가사키에서 보내면서, 외국제 무기와 선박의 구입을 통한 도사 번 실력 강화에 힘을 쏟고 있었다. 이 두 사람이 다른 번들과의 거래에서 도사 번의 이익을 지키기 위해 힘을 합쳐 가는 과정을 살펴보는 것은 대단히 흥미진진한 일이다. 또한 이제 실질적으로 독립된 공국이 되다시피 한 번들은 서로 관계를 맺으면서 새로운 국면이 도래했음을 스스로 알게 되었고, 이 새로운 국면에 적용할 선례와 규칙을 일본 밖에서 구하기 위해 보여 준 그들의 용의주도함 또한 주목할 가치가 크다.

    가이엔타이는 이윤이 남는 사업이라고 보기 어려운 상황이었으며, 그 활동의 중요성은 경제적 측면보다는 정치적 측면에서 찾을 수 있었다. 료마가 번으로부터 공식적인 사면을 받고 나서 가장 먼저 착수한 사업은 이 점을 제대로 보여 주는 일화이다.

    1867년 봄, 료마는 시코쿠(四國) 북부의 오스 번(大洲藩)으로부터 기관 45마력, 배수량 160톤의 작은 배를 빌렸다. 이 배의 이름은 이로하마루(伊呂波丸)였고, 5월 22일에는 료마의 지휘하에 소량의 무기를 싣고 오사카의 도사 번 출장소로 향했다. 4일 후인 5월 26일, 이 배가 안개를 짙게 드리운 세토나이카이(瀬戸內海)의 시코쿠 동북부 연안을 항해하던 중 기이 번[紀伊藩: 고산케(御

三家) 가문, 즉 에도 막부 세력] 소속의 기선이 갑자기 접근해 왔다. 기이 번 기선은 기관 150마력, 배수량 887톤으로 이로하마루보다 큰 배였다. 두 선박이 지근거리까지 접근하자 이로하마루는 좌현으로, 기이 번 기선은 우현으로 키를 돌렸다. 이 과정에서 기이 번 기선이 이로하마루의 중앙 부분을 들이받았다. 낡은 이로하마루는 이때 받은 충격으로 선체가 빠른 속도로 기울어졌으며, 료마와 선원들은 기이 번 기선으로 옮겨 탔다. 이로하마루가 아직 물위에 떠 있는 동안, 료마는 화물을 옮기고 배를 되살리기 위해 도움을 요청했다. 하지만 그를 구조한 기이 번 기선 측은 아무런 도움도 제공하지 않았고, 료마가 그들과 교섭하는 사이에 이로하마루는 침몰하고 말았다.

이때 료마는 기이 번 기선의 선장에게 손해 배상을 청구하여 현장에서 배상을 받아 내려 했다. 료마는 기이 번 기선 측의 부주의로 사고가 일어났다고 주장했다. 즉 갑판에 사관을 배치하지 않았고, 그들의 분명치 못한 조치 또한 충돌의 원인을 제공했다는 것이었다. 하지만 기이 번 기선의 사관들은 자기들의 업무에만 신경 쓸 뿐 료마와의 교섭에는 관심을 기울이지 않았으며, 료마가 배상금의 일부로 요구한 1만 냥을 제공할 용의도 없었다. 대신에 그들은 료마 일행을 해변에 내려 주면서, 나가사키에서 책임 소재 및 손해 배상과 관련된 교섭에 응하겠다는 약속을 했다. ■3

료마는 그들과의 교섭을 주도면밀하게 준비해 나갔다. 그는 내용을 일체 발설하지 말라는 경고와 함께, 나가사키의 친구에게 이로하마루의 항해 일지를 보냈다. 낭인들을 모아 조직한 자신의 상회가 도쿠가와 3대 고산케 가문의 하나와 대등하게 상대하기는 어려웠던 만큼, 그는 외부의 지원을 받기 위해 사이고 다카모리에게 서찰을 보냈다. 하지만 그가 무엇보다도 절실하게 원했던 것은 도사 번의 지원이었다. 손해 배상을 위한 협상이 번 간의 교섭이라는 토대 위에서 이루어진다면 기이 번 측도 억지를 부리지는 못할 것이라는 전망이었다. 이와 동시에 료마는 기이 번 선박의 사관들에게 칼부림으로 복수하는 것이 더 바람직하다고 생각하는 가이엔타이 대원들의 직접적인 행동을 자제시켜야만 했다. ■4

　나가사키에서의 교섭은 막부 측 관료인 나가사키 부교의 비공식 주관으로 6월 17일에 열렸다. 나가사키 부교는 에도 시대의 관례에 따라 법정 밖에서 합의가 도출될 수 있도록 최선을 다했다. ■5 갑론을박이 이어진 끝에 7월 1일이 되어서야 합의가 이루어졌다. 초반에는 료마와 몇몇 동료들이 기이 번 선박의 사관들과 직접 담판에 나섰다. 시간이 지나 교섭이 막바지에 다다를 무렵, 그해 봄 나가사키를 떠났던 고토 쇼지로가 료마 일행을 지원하기 위해 다시 나가사키로 돌아왔다. 교섭 일정이 지지부진하게 늘어지면서, 료마가 보낸 서신에는 기이와의 전쟁이 일어날지도 모른다는 부정적인 예측이 언급되었다. 료마가 보낸 보고서 중에는, 나가사키에서는 기이 번의 행태에 실망하여 어린아이들조차 전쟁을 바라고 있다는 내용이 담긴 것도 있었다. ■6 료마는 교섭이 제대로 이루어지지 못할 경우 조슈 번과 도사 번이 기이 번에 대항할 동맹을 결성할 것이라는 풍문을 퍼뜨리면서, 심리전에서 우위를 점하려는 시도도 했다. 그리고 마루야마(丸山) 유곽에 오랫동안 드나든 덕분에 이곳의 기녀들과 친밀한 관계를 맺고 있던 가이엔타이 대원들은 다음과 같은 풍자 노래가 유곽 전체로 퍼져 나가게 만들었다.

　가라앉은 배의 주인에게는,
　돈 대신 땅을 바친다네. ■7

　그런데 이러한 위협보다도 더욱 주목할 만한 사실은 문제를 해결하기 위해 국제 관례를 참조하려 했다는 점이다. 고토 쇼지로는 기이 번 대표단에게 일본에는 아직 이러한 종류의 사고에 대한 선례가 부족하다고 첨언한 바 있었다. 그는 다음과 같은 기록을 남겼다.

하지만 다행스럽게도 영국 함대의 지휘관이 지금 우리 나라에 입항해 있
다. 우리는 영국 제독에게 이러한 종류의 사건에 관한 해결 절차를 문의할
수 있을 것으로 생각한다. 영국 제독에게 문제 해결을 맡기자는 것이 아니
라, 그에게 자문을 구하자는 것이다. ■8

료마 또한 기이 번 선박의 선장에게 영국 함대의 제독을 함께 만나자는
제안을 했다. 결과적으로 료마는 국제법에 대한 생생한 관심을 증폭시켜 나
갔으며, 그가 쓴 서신들에는 국제법 서적을 증정받은 것에 감사하는 인사글
이 언급되어 있다. ■9 이로써 그는 당시의 시대상을 대표하는 인물로 부상했
다. 에도 말기에는 서양의 국제법 서적들이 날개 돋친 듯 팔려 나갔다.

기이 번 대표단은 결국 자신들이 불리한 입장에 놓일 것으로 판단했고,
불리할 것으로 예상되는 자문을 외국인에게서 구한다는 굴욕적인 처사를
거부했다. 사쓰마의 상무(商務) 대표였던 고다이 도모아쓰는 항복에 따른 기
이 번 측의 좌절감을 덜어 주기 위해 중재역에 나섰다. 7월 1일, 기이 번 대
표단은 83,000냥의 배상금을 분할 납부한다는 합의안에 동의했다. 이러한
결과에 크게 만족한 료마는, "그들은 선박과 적하물은 물론 선원과 선객들
의 개인 물품 대금까지 지불했다."■10라는 기록을 남겼다. 도사 번의 지원
이 빛을 발했던 것이다. 그는 시모노세키에 있는 상인 친구에게 보낸 편지
에 다음과 같이 언급했다.

도사 번 사람들은 마치 한 가족처럼 굳게 뭉쳤고 모두 최선을 다했다네.
나는 정말로 감동받았지. 솔직히 그 정도일 줄은 나도 예측하지 못했다
네. ■11

가이엔타이의 첫 임무는 신통치 않게 끝났지만, 이는 료마가 도사 번으로 부터 강력한 지원을 기대할 수 있음을 보여 준 사건이었다. 그리고 료마는 국제법에 대한 관심을 새롭게 키워 나갔다. 그로부터 얼마 지나지 않아 가이엔타이는 국제법 관련 서적을 포함한 출판 사업도 시작했다. ■12

나가사키에 펼쳐진 수많은 기회를 료마가 열린 마음으로 즐겼고, 이를 통해 이익을 얻기도 했음은 여러 자료들을 통해 확인할 수 있다. 그는 조슈 번 동지인 미요시 신조에게 보내는 편지에서, "온갖 부류의 사람들이 모여 있는 나가사키라는 곳은 마치 전국 시대를 연상케 하는 재미난 곳이야."■13라고 언급하기도 했다. 이곳의 주민과 유력자들은 매우 다양했다. 앞서 이야기한 것처럼 나가사키라는 도시는 막부 관헌의 눈에서 비교적 자유로운 곳이었고, 최근 개항한 항구에 만연했던 반외세 감정의 압력 또한 상대적으로 적었으며, 다른 대도시와 비교하여 심각한 정치 음모나 유언비어의 영향력도 낮은 편이었다. 네덜란드계 미국인 선교사 귀도 베르베흐(Guido Verbeck)은 이곳에서 사무라이들과 광범위한 인맥을 맺었다. 사가 번 사무라이인 소에지마 다네오미(副島種臣)와 오쿠마 시게노부(大隈重信)는 번의 상급 무사들 눈 밖에 나 있었는데 이곳에서 고토 쇼지로와 면식을 갖기 시작했으며, 이는 훗날 의회 개설 운동으로 결실을 맺는다. 이외에도 수많은 젊은 서생들 [훗날 도사 자유주의 운동의 '좌익'을 대표하는 나카에 조민(中江兆民)도 그 일원이었다] 이 이곳에 모여들어 학업에 몰두하면서 서양의 사회·정치 사상의 원류와 직접 접촉하였다.

나가사키는 거대한 이윤을 노리는 호상(豪商)들의 중심지이기도 했다. 고토 쇼지로가 1867년 봄에 나가사키를 떠나자, 도사 번 직영 상단의 경영은 훗날 미쓰비시의 창업자가 되는 이와사키 야타로(岩崎彌太郎)의 손으로 넘어 갔다. 금전 지출에 비교적 관대했던 고토 쇼지로에서 '사업제일주의'를 내세우는 이와사키 야타로로 교체된 것은 사카모토 료마와 가이엔타이의 입장에서는 불리한 일이었다. 하지만 도사 번의 입장에서는 그렇지도 않았을 것이다. 이와사키 야타로는 결코 지나친 보수주의자도 신중론자도 아니었으며, 료마의 지적 관심이 발달해 왔던 것과 마찬가지로 그의 상업적 시야도 확대되어 갔다. 그는 료마의 낭인 집단을 번 자금의 바람직한 투자 대상으로 생각하지 않았고, 따라서 그들과는 최소한의 접촉만 유지했다.

이와사키 야타로는 고토 쇼지로가 가이세이칸을 운영하는 과정에서 발생한 산더미 같은 부채를 물려받았다. 그 대부분은 선박 및 소총 구입 과정에서 발생한 것이었고, 가장 큰 채권자는 영국계 알트 상회였다. ▪14 게다가 고토가 사치를 즐겼던 탓에 문제는 더욱 복잡해졌고, 그의 방탕한 생활은 번의 부채 문제가 불거져 나오게 된 원인이었다. ▪15 이 때문에 애초에 돈을 벌기 위해 만들었던 가이세이칸이 오히려 지속적인 자금 손실을 초래하는 일부 원인이 되기도 했다.

이로 인해 이와사키 야타로는 우선 무역소의 수입 증대를 위한 사업에 착수했다. 그의 구상은 대부분 옛 스승인 요시다 도요의 가르침에 뿌리를 두었다. 예를 들면, 일본 근해에는 번 영토의 확대와 이윤 증대를 보장할 수 있는 무인도가 존재한다고 보았다. 나가사키에 있는 조선인들과 접촉하면서, 야타로는 여전히 쇄국 정책을 고수하고 있던 조선과의 무역로를 개척할 수 있을 것이라는 희망을 품었다. 조선은 세계 시장에 대해 무지했기 때문에 조선의 물자를 값싸게 구매하는 한편, 외국의 물품을 비싼 가격에 판매함으로써 막대한 이윤을 취할 수 있을 것이라고 생각했다. 이와 같은 무역의 중계항으로 그는 한반도의 동해안에서 멀리 떨어진 섬인 울릉도를 선택했다. 이 계획을 실현하기 위해 배 한 척을 준비했고, 국제법에 따라 섬에 대한 권리를 선포하는 팻말까지 배에 실었다.

대일본국 도사 번의 명을 받은 이와사키 야타로, 이 섬을 발견함.

이와사키 야타로의 기대와는 달리 이 섬에는 조선인들이 거주해 온 것으로 밝혀졌다. 원정대는 빈손으로 귀국할 수밖에 없었다. ▪16

이 사건 자체는 그다지 중요하지 않을 수 있지만, 당시 나가사키 사람들이 가졌던 일본 상업의 미래에 대한 낙관적인 관점을 보여 주는 대표적인 사례이기도 하다. 료마는 홋카이도와의 교류 및 무역 확대를 꿈꾸었다. 사쓰마 번의 고다이 도모아쓰 또한 홋카이도와 관련된 계획을 추진했고, 조선과의 교역 가능성에 대해서도 구상한 적이 있다. ▪17 그리고 그들이 마침내 교역안을 제안했을 때 조선 측이 보여 준 극단적인 거부 반응은 일본에게 경악으로 다가왔고, 이 때문에 자존심에 상처를 입은 일본은 조선에 대한 '강제적 근대화'라는 노선을 취하게 되었다. 이는 메이지 초기 조선에 대한 일본의 인식에 중요한 요인으로 작용했다.

당시 일본 각지에서는 팽창 계획이 쏟아져 나왔고, 대외 무역을 목적으로 미개발지를 개발함으로써 얻을 수 있는 기적과 같은 이익에 대한 믿음이 팽배해 있었다. 이는 외국인들이 일본에 진출하여 믿을 수 없을 정도의 이윤을 창출하고자 했던 것과 동일한 사고방식이기도 했다. 그들은 분쟁 교섭에서든 상업 조직에서든, 적어도 유용하다고 판명된 서양의 선례와 조직의 특징들을 받아들일 태세가 되어 있었다. 지역적 또는 개인적 이익을 위해 이러한 것들을 부분적으로라도 받아들이는 계기가 되었다는 점에서 일본의 지방 분권적 사회는 서양 제도 채택에 유리한 합의를 이끌어 내는 데 결정적인 이점으로 작용했음은 분명한 사실이다.

이와사키 야타로는 자신의 관심사를 상업 활동과 이윤 추구에 제한시키는 데 만족했다. 그러나 고토 쇼지로와 사카모토 료마는 그렇지 못했고, 이들이 가졌던 관심사와 유대는 그들을 교토라는 무대로 돌아가게 만들었다.

하지만 두 사람의 교토 행적을 좇기 전에, 그들이 이로하마루 사건으로 기이번 대표단과 교섭을 벌이던 시기에 일어난 새로운 사태들을 먼저 살펴볼 필요가 있다.

쇼군
요시노부(게이키)

쇼군 도쿠가와 이에모치는 1866년 8월 29일 오사카 성에서 숨을 거두었다. 그의 사망 소식은 9월 28일까지 발표가 연기되었다. 이 때문에 이에모치가 질병을 사유로 조정에 사직을 청하고 조슈 정벌의 완수를 위임받은 자신의 대리인으로 히토쓰바시 게이키를 임명해 달라는 청원서를 자기 이름으로 제출한 시점은 사망 발표보다 앞선 셈이 된다. 조정은 이튿날 이 청원을 수락했다. ■18

히토쓰바시 게이키는 전선으로부터 보고를 받는 동시에, 쇼군의 사망 소식이 규슈에 전해진 이후 상황이 얼마나 악화되었는지를 접하자마자, 전투가 중지되어야 한다는 결단을 내렸다. 그는 타계한 쇼군에 대한 조의의 뜻으로 휴전을 이끌어 낸 16세기의 선례를 활용하기로 결정하고, 재기용된 가쓰 린타로를 조슈 번에 사자로 보냈다. 가쓰 린타로는 조슈 번 지도자들에게 막부는 거대 번주들의 조언을 토대로 내부 개혁을 실시하기로 결정했다고 설명하는 한편, 조슈 관련 문제도 이 선상에서 접근할 것이라고 확언했다. 그가 적대 행위를 중지시키는 데 성공한 직후, 막부 측 다이묘들은 병력을 철수하기 시작했다. 모든 전선에 평화가 돌아왔고, 다만 규슈의 고쿠라(小倉) 일대에서만 산발적인 적대 행위가 수개월 더 지속되었다. ■19

에도 막부가 당면한 가장 긴박한 과제는 신임 쇼군을 선출하는 것이었다. 막부의 유력 계층 일각에서는 게이키를 달가워하지 않는 분위기도 있었던 것으로 보이나, 그에 대한 마땅한 대안이 없었다. 그에 비견될 만큼 국정과 외교 분야에서 경험을 쌓은 인물도 없었고, 그의 뛰어난 능력은 자타가 공인하는 바였다. 그럼에도 불구하고 그의 쇼군 직 계승은 1867년 1월 10일에야 조정의 칙서를 통해 공포되었다.

이처럼 시일이 연기된 것은 신임 쇼군이 직면할 어려움을 누구보다 잘 알고 있던 게이키 본인이 쇼군 직 계승 사실을 공포하길 꺼린 데에 어느 정도 원인이 있었다. 하지만 게이키는 에도 막부 내부에서의 거대한 반대 움직임도 직면해야 했다. 막부 내부에는 게이키를 아직도 1850년대 막부 노선에 반대하여 1850년대 말의 어려움을 초래하게 한 장본인이었던 미토 번주 도쿠가와 나리아키(德川齊昭)의 아들로 바라보는 후다이 다이묘들도 적지 않았다. 게이키가 일본 남서부 지방의 다이묘들과 우호적인 관계를 맺었다는 사실, 그리고 교토를 장기간 비웠다는 사실 또한 에도의 수많은 전통주의자들에게 과연 그가 진심으로 도쿠가와 가문에 관심을 갖고 있는지 의구심을 갖게 만들었다. 조슈 정벌에 대한 그의 불분명한 처신(처음에는 조슈 측에 접근했다가 이후 적대시했고, 책임 있는 위치에 오른 지금은 화평을 맺으려는 태도)으로 인해 전통주의자들은 그를 경계했다. 그들은 과거 게이키가 막부의 보수 세력에 효과적으로 대항하려는 수단으로 조정을 이용했다는 사실 또한 염두에 두었다.

과거 게이키와 친밀한 관계를 맺었던 유력 다이묘들조차 이제는 예전만큼 그를 우호적으로 대하지 않았다. 1862년 게이키와 긴밀히 협조하면서 막부 개혁을 위해 노력했던 에치젠 번주 마쓰다이라 슌가쿠는 한때 게이키의 의도와 주장에 확신을 가지고 있었지만, 그러한 확신은 이후 점차적으로 약화되어 갔다. 그 전해에 게이키가 조약 체결에 대한 조정의 칙허를 주장했을 때, 슌가쿠는 그의 입장을 용인하지 않았다. 이 무렵 게이키의 분노를 샀다고 판단한 사쓰마 번주 시마즈 히사미쓰는 한때 신봉했던 공무합체론의 미련을 버린 만큼 이제 와서 게이키를 지지해야 할 이유도 없었다. 그 외 도사 번주 야마우치 요도나 우와지마 번주 다테 무네나리와 같은 다이묘들도 실패가 뻔히 보이는 쪽에 서느니 교토에서 빠지는 쪽이 낫다는 사실을 간파하고 있었다.

한편 게이키는 수많은 막부 측 인사들의 굳건한 지지를 받게 되었다. 이들은 교토에서 그와 협력해 온 사람들로, 그에 대한 존경심이 컸다. 로주 이타쿠라 가쓰키요(板倉勝靜)와 오가사와라 나가미치(小笠原長行)는 그의 쇼군직 임명을 위해 신명을 다했다. 미토 번 출신의 가신 하라 이치노신(原市之進)은 이어질 몇 달 동안 눈부신 책략을 선보였고, 이로 인해 몇몇 역사학자들은 에도 시대 말기를 그와 사쓰마의 오쿠보 도시미치(大久保利通)의 힘겨루기가 이루어졌던 시기로 간주할 정도였다. [20]

도쿠가와 이에모치의 사망과 히토쓰바시 게이키의 쇼군 직 계승 사이 4개월간의 공백기는 막부의 개혁 또는 철폐를 추구하던 세력의 음모에 힘을 실어 주었다. 조슈 번 지도자들은 제도상으로는 여전히 조정에서 파문된 상태였기 때문에, 이러한 일과 관련된 주도권은 자연히 사쓰마로 넘어갔다. 유능한 쇼군의 취임이 자신들의 희망에 적지 않은 걸림돌이 될 것을 우려한 오쿠보 도시미치와 사이고 다카모리는 게이키의 취임을 저지하기 위한 노력에 최선을 다했다. 그들의 활동 무대는 교토였고, 이 고도(古都)에는 또다시 유언비어가 횡행하기 시작했다. 아이즈 번주이자 교토수호직인 마쓰다이라 가타모리(松平容保)가 조슈 정벌을 계속하려는 게이키의 뜻에 반대하여 퇴진했고, 교토의 치안은 또다시 악화되었다. 낭인과 지사들은 막부 측과 가까운 보수파 구게들을 위협했다. 독설로 가득한 격문, 비난하는 내용을 담은 낙서, 개인적인 협박 등이 조정의 고위 관료들을 대상으로 이루어졌다. [21]

폭력만으로 조정의 정책을 바꿀 수는 없었다. 고메이 천황을 필두로 조정의 고위 관료들 사이에 점차 막부에 대한 깊은 신뢰가 형성되어 갔다. 그들은 막부 측의 일부 대외 문제 처리 방식에 불만을 가졌고 다수의 다이묘들이 막부의 여러 정책에 지지를 보내지 않는다는 사실도 인지하고 있었지만, 1862~1863년에 걸쳐 근왕파가 주도권을 잡았던 시기의 경험을 통해 최고위급 원로 구게들은 난폭한 반막부 운동과 양이 운동의 광기를 뚜렷이 인식하고 있었다. 더욱이 막부 측에서는 요직을 맡은 조정 관료[간파쿠(關白)***1, 섭정, 기소(議奏)***2]들의 지지를 이끌어 내기 위해 그들의 봉록과 예우를 소리 소문 없이 개선해 나갔다. [22] 이 조정 관료들이 게이키에 대해 개인적인 호감을 가지고 있던 만큼, 사쓰마의 방침이 제대로 이루어지기 위해서는 확고한 논리와 지도력이 요청되었다.

조정 측에서 새로운 근왕 운동의 중심이 된 인물은, 여전히 다자이후에 머무르고 있는 산조 사네토미가 아니라 지사들로부터 신변의 위협을 받은 이후 교토 밖에 은거해 있던 이와쿠라 도모미였다. 그의 언동이 무엇 때문에 과격 근왕주의자들의 의심을 불러일으켰는지는 이해하기 어렵지 않다. 그는 1858년 제출한 최초의 의견서에서 서양 관련 문제는 일시 보류해 두고 그사이에 네덜란드의 도움을 받아 유럽과 미국에 시찰단을 파견해야 한다는 주장을 폈다. 그리고 조정에 대해 반막부 운동을 신중하게 바라보도록 경고하면서, 도자마 다이묘들이 가진 야심의 위험성을 지적했다. 한때 이와쿠라 도모미는, 미토 번주 도쿠가와 나리아키와 긴밀한 관계를 맺고 있던 조정 내부의 경쟁자들에게 밀려나고 말았다. 하지만 그는 막부의 섭정 이이 나오스케가 실권을 잡고 있던 시기에 다시금 전면에 부상하여, 가즈노미야 (和宮) 황녀와 젊은 쇼군 이에모치의 혼인의 당위성을 주장하는 논의를 적극적으로 펼쳐 나갔다. 이후 근왕파의 시대가 여명을 드리웠던 1862년, 그는 사쓰마 번주 시마즈 히사미쓰로 대표되는 온건 노선을 따르면서 지사들을 격분시켰다. 조슈 번의 지원을 받는 근왕주의자들이 일시적으로 교토를 장악했을 때 이와쿠라 도모미는 해임되었고, 지사들은 5년에 걸친 은거 기간 동안 갖가지 수단을 총동원하여 그를 위협했다. ■23

1865년에 접어들면서 이와쿠라 도모미는 사쓰마 번 출신자들과 은밀히 접촉했고, 그들과 조정 내에 있는 지인들에게 당면한 정황에 대한 자신의 견해를 보내기 시작했다. 이제 그는 공무합체론을 실행할 기회를 놓쳐 버린 막부에 대해 신랄한 비판자가 되어, 지금이야말로 조정이 쇼군의 대권 위임을 철폐하고 다이묘 회의를 소집해야 할 때라는 주장을 펼쳤다. 그는 도쿠가와 가문의 권리는 그들의 영지인 에도 평야에 한정되어야 한다고 생각했다. 하지만 그러는 와중에도 여전히 내전의 위험성을 경고했고, 막부든 도자마 다이묘든 이 내전의 승리자는 계속해서 조정을 지배하리라고 보았다. 그랬기에 그는 황실의 권위에 입각한 국가 통합의 필요성을 거듭 주장했다. 또한 그는 낭인과 지사들을 통제하고 활용할 필요성을 강조하면서, 몇몇 번을 선정해 이들 번에서 그들을 고용하여 후일 제대로 활용할 수 있도록 해야 한다고 제안하였다.

1866년 조정에서는 이와쿠라 도모미의 사면 운동이 시작되었다. 조정에 변혁이 일어날 경우 위상이 올라갈 수 있는 하급 구게들이 다수 존재했기 때문에, 이와쿠라 도모미는 그들로부터 강력한 정치적·사상적 지원을 받을 수 있었다. 이러한 지원은 아직 그의 사면을 실현시킬 만한 정도는 아니었지만, 그를 조정 내 근왕 운동의 새로운 지도자로 부각시키기에는 충분했다. 그의 사면을 요구하는 청원서가 이어졌고, 그 내용의 진정성도 더해 갔다. 이와 동시에 그의 정치적·정략적 구상은 한층 정교해지고 대담해졌다. 이러한 노력과 과정을 통해 이와쿠라 도모미와 오쿠보 도시미치를 필두로 한 사쓰마 번 지도자들 간의 관계와 신뢰는 더욱 깊어졌다. 이와쿠라 도모미는 무사 계급의 힘을 토대로 일을 진행해야 할 필요성을 인정했고, 이를 실현해 줄 세력으로 사쓰마 번을 선택했다.

오쿠보 도시미치가 그랬던 것처럼, 이와쿠라 도모미는 1866년에 일어난 쇼군 이에모치의 사망을 근왕 운동의 진전을 위한 절호의 기회로 파악했다. 근왕파 구게들은 새로운 청원을 제출하여 구게 전원(이와쿠라 도모미를 포함한)의 사면, 좌막파 고위 구게들의 해임, 다이묘 회의 소집을 위한 칙명 발표를 요구했다. 이 역시 실패했지만 이와쿠라는 포기하지 않았다. 그는 근대 해군의 육성, 홋카이도 개발, 통일 정부[황실 중심 체제를 보장할 신지국(神祇局)의 신설을 포함하는]의 수립을 위한 선전과 운동을 시작했다. 그리고 신지국의 역할을 한층 보강할 수 있도록 구게들에게 토지를 수여하여 정치적·경제적 안정과 지위를 증진시켜야 한다고 주장했다.

이 무렵까지만 하더라도 이와쿠라 도모미의 청원이나 건의는 조정 정책의 변화에 큰 영향을 주지 못했다. 하지만 이러한 노력은 그와 사쓰마 번 지도자들의 관계를 공고히 했고, 그들은 이와쿠라를 교토 또는 교토 인근의 구게들 중에서 근왕 운동을 지도하는 인물로 인정했다. 이러한 과정을 거치면서 1867년 후반 이와쿠라 도모미는 사카모토 료마와 나카오카 신타로 같은 근왕파 지사와 낭인들의 지지를 받으면서 복권될 수 있는 발판이 마련되었다. 1867년 2월 3일 고메이 천황이 승하하자, 이와쿠라 도모미의 지지자들은 새로운 기회를 맞이하게 되었다. 새로운 천황(훗날의 메이지 천황)의 즉위와 더불어 대사면령이 내려지면서 이와쿠라 도모미도 사면을 받을 수 있었고, 모든 일본인들의 깊은 존경을 받던 고메이 천황의 자리를 15세 소년이 대체하는 덕분에 전술적·전략적 문제들도 간단하게 정리되었다. ▪24

그러나 그들이 전력을 다해 노력했음에도 불구하고 예전에 히토쓰바시 게이키라는 이름으로 불렸던 도쿠가와 요시노부(德川慶喜)가 쇼군직에 취임하자, 그들은 적지 않은 절망과 좌절을 맛보아야 했다. 게이키의 쇼군직 계승으로 막부는 처음으로 젊으면서도(30세) 경험과 능력을 갖춘 쇼군을 모실수 있었다. 교토에서 더 이상의 음모가 벌어지지 않도록 재빠른 조치가 취해졌고, 고메이 천황의 애도를 위한 휴전 기간이 끝나자 조슈 번에 대한 전쟁이 선포되었다.

게이키와 대면한 적이 있는 외국인들이 내린 평가는, 그가 대부분의 동시대인들에게 호평받고 있었다는 사실을 입증한다. 미트퍼드(Mitford)는 그를, "훌륭한 귀족의 표본이라고 할 만한 인물이다. …… 일본에 머무르는 중에 만나 본 사람들 가운데 가장 용모가 수려했던 인물로 생각된다. 용모가 단정했고 눈빛은 날카롭고 밝게 빛났으며, 안색은 맑고 건강해 보였다……." 라고 묘사했다. 새토는 그에 대해, "내가 만나 본 일본인들 중에서 가장 품위 있는 용모의 소유자로, 안색이 좋고 이마가 넓으며 조각 같은 콧날을 가진 신사였다."라고 기록했다. ▪25

게이키는 막부 조직을 현대화하여 일본이 당면한 위기에 대처할 수 있도록 하는 데 목표를 둔 일단의 개혁 정책을 추진하는 것으로 쇼군의 업무를 시작했다. 그는 우선 8개 항목으로 구성된 일반 정책 방침의 형태로 개혁 정책을 정리하여 로주에게 제시했다. 여기에는 엄정함, 공평함 등 전통적인 미덕에 대한 강조, 그리고 부국강병을 위한 새로운 노력의 의지가 잘 드러나 있다. ▪26 그 내용 가운데 일부는 프랑스 공사 레옹 로슈의 조언을 받아 이루어졌고, 전체적인 내용은 막부의 입지와 권한을 강화하는 데 초점이 맞추어져 있었다. 쇼군 취임 3개월이 되는 시점인 3월 11일과 12일, 게이키는 로슈의 의견을 듣기 위해 오사카 성에서 그를 접견했다. 이후 게이키는 로슈의 자문을 구하려고 로주 이타쿠라 가쓰키요를 주기적으로 파견했고, 로슈의 정책 입안 참여는 막부 정치의 중요한 요소로 부상했다. 오구리 다다마사를 비롯한 게이키의 몇몇 측근들은 로슈의 제안 대부분을 받아들일 용의가 있었다.

로슈의 자문과 조언의 결과, 로주를 수장으로 하는 해군·육군·외무·재정·내무 분야를 담당하는 부서들이 신설되었다. 나아가 신분제에 기초한 구체제는 이제 유능한 인물에게 고위 관직을 허용하는 체제로 개편되었다. 다이묘 신분이 아니었음에도 불구하고 와카도시요리(若年寄) 직에 임명된 게이키의 측근 나가이 나오무네(永井尚志)는 바로 그 대표적인 사례라고 할 수 있다. ■27 이러한 형태의 인사는 구습을 타파하려는 게이키의 의지를 상징한다. 대규모 미곡 상인들의 이윤을 세원(稅源)으로 확보하기 위해 정규 과세가 포고되었다. 막부의 관복으로 서양식 의복이 도입되어 기존의 전통 복장을 대체하였다. 1867년 여름에는 서양과 마찬가지로 상업 단체를 근대적 회사로 변환하기 위한 조치가 취해졌다. 외교 격식에도 변화가 일어나, 쇼군은 의자에 앉은 채 알현하는 외국 사신들을 맞이했다. 예컨대 파크스는 프랑스 요리 만찬을 대접받았다. 게이키의 동생 도쿠가와 아키타케(德川昭武)는 쇼군의 대리인 자격으로 파리 만국박람회에 파견되었고, 외국과의 교역 기회 확대를 명시하는 조치들이 시행되었다. ■28

이와 같은 제도적·물질적 서구화와 더불어, 네덜란드에 유학했던 막부 제1기 유학생들이 귀국하면서 서구식 법률과 정치 제도가 폭넓게 보급될 수 있는 물꼬가 트이기 시작했다. 쓰다 마미치(津田眞道)와 니시 아마네(西周)는 이 방면에서 특히 중요한 역할을 맡았으며, 니시 아마네의 국제법 관련 번역물들은 게이키로부터 큰 포상을 받았다. 1867년 초가을, 이 두 사람은 게이키를 위해 막부 행정 조직의 전면적 근대화를 목표로 하는 정책 구상을 기초했다. [29]

이와 같은 막부 근대화에 대한 지지를 모으기 위해, 게이키는 막부의 시책을 존중하고 지지하는 장치가 될 다이묘 회의를 계획했다. 니시 아마네와 쓰다 마미치가 기초한 정책 구상에도 이러한 종류의 기구가 이원제 형태로 상정되어 있었다. 1866년 말에는 교토에 56개 번들의 대표단이 있었다. 게이키는 이들의 활용을 검토했으나, 그가 특히 갈망했던 것은 4~5명의 유력 번주들이 지닌 지혜와 역량이었다. 실제로 그는 과거에 이들이 보여 준 능력의 덕을 본 적이 있었다.

로슈 공사가 제안한 철저한 개혁안을 적극 경청하는 활기 넘치는 쇼군이 이제 막부의 새로운 수장으로 등극한 데다가 하라 이치노신, 오구리 다다마사, 나가이 나오무네 등 유능하고 지략이 뛰어난 인물들을 막부의 수뇌부로 등용했다는 점에서, 쇼군이 또다시 해외 열강과 반목할 것이라고 생각하는 사람은 거의 없었다. 근왕파 세력은 일시적으로 불리한 상황에 놓였다. 사실 미토 번 근왕주의자들 중 일부는 원래 주군이었던 도쿠가와 나리아키의 아들인 신임 쇼군이 이끄는 막부의 방침을 지지하는 쪽으로 노선을 전환하기까지 할 정도였다. 파크스 공사의 통역관이었던 어니스트 새토는 사이고 다카모리와의 대담에서, "그렇다면 이제 모든 일이 종결된 것이오?"라는 질문을 던졌다. 이에 사이고 다카모리가, "음, 내 생각에 3년 정도 지나고 나면 그 인물(도쿠가와 요시노부)을 완전히 파악할 수 있을 것 같소."라고 대답했다고 새토는 기록했다. [30] 몇 달 뒤 게이키가 외국의 외교관들을 영접하면서 좋은 인상을 주는데 성공하는 것을 보면서, 새토는 "전반적으로 보았을 때 쇼군이 적대 세력에 대해 승리를 거둘 것으로 보였다."■31라는 기록을 남겼다.

사이고 다카모리는 오쿠보 도시미치에게 보낸 편지에서 이와 비슷한 형태의 우려를 드러냈다. 게이키는 충분한 실력과 빼어난 수완의 소유자로 조정에 대한 지배력을 갖고 있었으며, 프랑스는 그에게 자문과 원조를 제공했다. 이제 에도 막부의 몰락은 요원한 일로 여겨졌다.■32 이와쿠라 도모미, 기도 고인, 나아가 사카모토 료마 자신도 비록 마음 내켜서는 아니었지만 게이키에게 찬사를 보냈고, 그의 언행에 경의를 표했다.■33

그러나 실제로는 지사들이 생각한 것만큼 정세가 비관적이지는 않았다. 출중한 능력과 풍부한 경륜을 지닌 게이키였지만, 다이묘 회의 등에서 자신에게 호의적이지 않은 주장이나 논의에 대해서는 완고한 모습을 보여 온 터였다. 그는 예전에 있었던 유력 다이묘들과의 대담에서도 자신의 방식만을 고집한 탓에, 분노한 다이묘들이 결속해 버리는 결과를 빚기도 했다. 더욱이 다수의 에도 관료들은 여전히 그를 신뢰하지 않았고, 이는 그가 행동과 의사 결정에서 완전한 자유를 갖지 못했음을 의미하는 것이기도 했다. 한편 조정에서는 소년 천황 무쓰히토(睦仁)***3가 점차 나카야마 다다야스(中山忠能)의 영향권 아래로 들어가고 있었다. 나카야마 다다야스는 양이파 근왕주의자로 고노에(近衛) 가문을 통해 이와쿠라 도모미, 사쓰마 번과 긴밀한 관계를 맺고 있었다. 더욱이 이 당시의 일본은 에도 시대 말기의 외교적 위기였던 효고 개항 문제에 직면해 있었다. 이와 관련하여 새토는 사이고 다카모리에게, "귀하가 무엇 때문에 효고에 그토록 무게를 두는지 이제는 이해할 수 있겠소. 이는 그대들에게는 최후의 무기인 셈이네요."■34라는 이야기를 전했다.

교토 회의

1867년 여름 신임 쇼군은 사쓰마 번주, 도사 번주, 우와지마 번주, 에치젠 번주와 회의를 갖고 효고 번과 조슈 번에 취해야 할 조치와 관련된 논의를 하였다. 이 회의는 새로 들어선 게이키 정권이 직면한 문제에 대한 지지를 결집하려는 방편으로 개최되었다. 하지만 이 회의는 목적을 달성하지 못했다. 회의가 소집된 형식이나 거론된 내용을 살펴보면, 아무리 이런 식의 회의가 개최되어 본들 일본에서 주권과 정국 주도권에 관한 불일치의 기조를 생생히 보여 준 그 이상의 의미는 없었다. 이때 게이키와의 회의에 참석했던 다이묘들은 5년 전에는 공무합체의 명분 아래 타협적 정치 체제를 제창하는 데 선봉에 섰던 인물들이었다. 그 당시는 회의 참석이 그들의 이익과 직결되었기 때문이었다. 하지만 1867년에 이르러서는 시마즈 히사미쓰, 야마우치 요도, 마쓰다이라 슌가쿠, 다테 무네나리 중 그 누구도 더 이상 막부의 개혁과 효율화에 관심을 쏟지 않았다. 이제 그들은 권력의 문제에 관심을 기울였지, 막부에 대한 원조 같은 문제에는 하등의 관심도 보이지 않았다. 또한 그들은 유능한 신임 쇼군이 주최하는 회담에 대해서는 의심의 눈길을 보냈으며, 천황을 보좌하여 진정한 국가 통합에 기여하는 것보다는 자기 가문의 힘을 축적하는 데 전념하였다.

유력 다이묘들의 합의 기구를 결성하여 중요 사안 결정 시 쇼군을 보좌하도록 한다는 논의는 이전부터 개혁론자들의 뇌리 속에 형성되어 온 관점이기도 했다. 이와쿠라 도모미는 16세기 도요토미 히데요시 정권의 선례에 착안하여 5대 제후로 구성된 다이로단(大老團)의 결성을 제안했으며, 사이고 다카모리 등도 이와 유사한 방안을 제시했다. ■35 쇼군을 수장으로 하는 이러한 형태의 합의 기구는, 천황에게 올리는 제안이 집단적 의사와 판단에 기초한 것임을 확신시킬 수 있는 최적의 수단으로 인식되리라고 판단했을 것이다. 게이키 자신도 이러한 형태의 조직으로부터 이익을 끌어낼 수 있다는 점을 충분히 염두에 두고 있었다. 그는 1862년 시마즈 히사미쓰를 필두로 한 유력 다이묘들의 청원 덕택에 막부 내에서 관직을 얻을 수 있었고, 이때 이와 같은 형태의 합의 기구 설치를 지지하겠다는 조건을 수락한 바 있었다. 하지만 그는 이를 위한 회의를 소집하면서 이러한 일이 자신의 권위를 제한한다는 사실을 깨닫게 되었다.

게이키는 도쿠가와 가문의 수장이 되었지만 아직 쇼군으로 임명되지는 않았던 시점인 1866년 말, 조슈 번 문제를 결정하기 위한 제후 회의의 소집을 요청했다. 조정은 게이키의 제안에 동의했지만, 이와쿠라 도모미 일파에게 공감하고 있던 구게들은 이러한 회의는 막부가 아닌 조정이 주관해야 한다는 생각을 가지고 있었다. 반면 게이키와 그의 측근 로주들은 제후들을 소환하여 막부의 실력을 확실히 각인시키려는 의도를 갖고 있었다. 얼마간의 논의 끝에 조정에서 주요 다이묘 24인을 소집하되 그 내용은 막부의 요구에 기초한다는 타협안이 성사되었다. 하지만 소집 대상이 된 다이묘들은 인기가 없거나 비정치적인 결정에 말려들 생각이 없었다. 24인의 다이묘 중에서 이 회의에 참석한 다이묘는 5명에 불과했고, 그중 1명은 유력 다이묘라고 보기 어려운 인물이었다. 이 5인의 다이묘들은 교토에서 고메이 천황이 소집한 회의에 참석하여 천황으로부터 칭찬을 들었고, 그 후 회의는 해산되었다. 소집 대상이 된 다이묘들 중 몇몇은 송환 당시 이미 교토에 와 있었지만 원인을 알 수 없는 질병에 걸려 치료를 받기 위해 자기 번으로 황급히 돌아가 버렸다. 따라서 막부의 요청에 의한 회의가 성공적으로 이루어질 수 없다는 사실이 분명해졌다. ▪36

조슈 번 문제는 때를 기다릴 수 있는 성질의 것이었지만, 효고 개항은 그런 문제가 아니었다. 1867년 3월과 4월에 게이키가 오사카에서 외국 공사들을 접견했을 때, 그들은 이 문제를 분명히 지적했다. 게이키가 가장 먼저 접견한 레옹 로슈 공사는 효고의 개항과 오사카의 개방이 조약에 따라 1월 1일까지는 반드시 실현되어야 한다고 경고했다. 만일 이것이 이루어지지 않을 경우, 영국을 비롯한 열강들은 자신들의 요구를 보다 책임 있게 들어줄 정부의 수립을 지원하기 위해 필요한 수순을 밟아나갈 것이라고 그는 지적했다. 하지만 만약 게이키 측이 이와 같은 외국의 반대로부터 자신들을 방어해 나갈 수 있다면, 그는 일본 남서부의 불순 세력 소탕을 위해 프랑스의 지원을 제공받을 수 있음을 공언했다. 게이키는 조정을 정치에서 분리시키고, 도자마 다이묘들을 억압할 방책을 궁리해야만 했다. 또한 다수의 소규모 후다이 번들의 폐지, 필요성이 없어진 사무라이들의 군사적 임무 및 특권 해지, 근대적으로 훈련받고 무장한 정예 병력의 양성에 나서야만 했으며, 나아가 다시 일어선 막부의 주도하에 국가의 진정한 통일을 위해 박차를 가해야 했다. [37] 해리 파크스 역시 게이키와 접견 때 나눈 대담에서 영국에 효고 항이 매우 중요하다는 점을 강조함으로써, 로슈의 경고가 설득력을 갖게 되었다.

게이키는 이러한 경고에 주의를 기울였다. 각국 공사와의 대담에서 그는 뛰어난 자기관리 능력을 발휘하여 그들에게 좋은 인상을 심어 주었고, 이 때문에 사쓰마 번 지도자들은 우방인 영국 측이 자신들을 떠나 신임 쇼군의 편으로 가버리지는 않을까 우려할 정도였다. 사이고 다카모리는 영국과 막부 간에 상호 지원 계획이 성사되는 일을 막기 위해 서둘러 어니스트 새토를 찾았다. 새토는 그를 안심시켰다. 새토의 회고록은 그가 사쓰마 사람들에 대해 어떤 식으로 이해해 왔는지를 밝혀 준다. 이 회고록에서 다음과 같은 기록을 찾아볼 수 있다.

나는 사이고 다카모리와 그를 따르는 자들이 나를 찾아왔던 날을 기억한다. 그들은 우리와 쇼군이 다시금 접촉을 가진 데 대해 불쾌히 여기고 있었다. 나는 사이고 다카모리에게 봉기할 수 있는 기회를 놓쳐서는 안 된다는 조언을 해 주었다. 일단 효고 항이 개항된다면 다이묘들에게 더 이상의 기회는 주어지지 않는다고. ■38

　　게이키는 우선 효고 문제부터 매듭짓겠다는 결심을 하고 3월 24일에는 9개의 주요 번들로부터 이 문제에 관한 자문을 구했다. 그는 해당 번들에 그 달 안으로 의견을 제출하고, 기한이 끝나는 날에는 교토에서 자신과 회견을 갖자고 요청하였다. ■39 하지만 파크스 공사가 재차 해당 문제에 대해 독촉을 해오자, 게이키는 애초에 생각한 정도의 여유마저 없다고 판단하게 되었다. 4월 9일, 그는 조정에 효고 항 개항을 승인해 달라는 주청을 올렸다. ■40 그러나 조정은 이와 관련된 신속한 결정을 내릴 채비가 되어 있지 않았다. 4월 23일 조정은 게이키의 주청은 선황인 고메이 천황의 유지에 부합되지 않는다는 조서를 내리면서, 제후들의 견해를 살펴볼 것을 명했다. 4월 26일에는 게이키가 두 번째 주청을 올렸지만, 조정 측의 반응은 달라진 바가 없었다. ■41

　　효고 항 개항 문제와 관련하여 조정 측이 게이키와의 협력을 거부한 것은, 이와쿠라 도모미와 오쿠보 도시미치를 비롯한 사쓰마 번 지도자들이 벌인 공작의 산물이었다. 그들은 합심해서 교토의 지인들에게 바람을 넣고, 쇼군이 유력 제후들의 조언을 새겨듣기 전에는 어떤 행동도 취하지 못하도록 해야 한다고 부추겼다. 그들은 이러한 방법을 통해 쇼군이 제후 회의를 개최하도록 압력을 넣을 수 있었다. 그동안 이러한 회의가 확실히 개최될 수 있게 오래전부터 회의 참석을 주저하는 다이묘들을 설득해 온 터였다. 일단 설득된 다이묘들은 그들이 연출한 무대의 각본대로 움직였다.

사쓰마의 오쿠보 도시미치와 사이고 다카모리는 과거 공무합체론 지도자들의 회합이 게이키의 계획을 방해할 수단이 될 수 있음을 간파했다. 그들은 자신들의 번주 시마즈 히사미쓰가 이 모임을 주도해 나갈 것이라는 낙관적인 믿음을 가졌으며, 모임이 시작되면 번주에게 제공할 조언과 참고 사항은 이미 마련되어 있었다.

모든 참가 예정자에게는 반드시 교토로 와야 한다고 설득할 필요가 있었는데, 동료들도 참여한다는 어떤 확신이 없다면 어느 누구도 참석하지 않을 것이기 때문이었다. 결과적으로 사쓰마 번 지도자들은 임무를 나누어 시마즈 히사미쓰, 도사 번주 야마우치 요도, 우와지마 번주 다테 무네나리, 에치젠 번주 마쓰다이라 슌가쿠를 설득해야 했다. 이들 중에서도 가장 설득하기 어려울 것으로 판단된 인물은, 도쿠가와 가문과의 복잡한 인연과 도의라는 문제로 갈등하면서 아직도 향후 거취를 결정하지 못하고 있던 야마우치 요도였다.

도사 번 낭인들이 이에 대한 대책 마련에 협조하였다. 이는 그들 자신의 이익을 충족시켜 주는 일이기도 했다. 나카오카 신타로는 1867년 초 가고시마로 건너가 사이고 다카모리에게 고치를 방문하여 야마우치 요도를 알현하라고 권고했다. 물론 이때 자신과 료마에 대해 번주에게 잘 말해 달라는 부탁도 함께 해 두었을 것이다. 사이고 다카모리는 3월 23일 시마즈 히사미쓰의 사절 자격으로 도사에 도착했고, 도사에 머무르는 동안 이 두 사람의 사면 그리고 가이엔타이와 리쿠엔타이에 대한 공식적인 지원에 동의하도록 야마우치 요도를 설득하려 했다. 나가사키에서 보낸 료마의 편지에는 사이고 다카모리가 자신을 위해 노력해 준 데 대한 깊은 감사의 마음이 나타나 있다. [42]

사이고 다카모리가 도사를 방문한 가장 큰 목적은 효고 문제가 가져올 정치적 기회의 극대화였다. 그는 야마우치 요도와의 대담에서, 새로 즉위한 젊은 천황 무쓰히토의 근심을 덜 수 있도록 정부 조직을 전반적으로 개혁할 필요성이 있음을 강조했다. 또한 효고는 이를 실현시킬 수 있는 절호의 기회를 제공할 것이라고 설득했다. 요도는 교토행에 동의했지만, 그러는 한편으로 야마우치 가문은 과거 도쿠가와 가문에 각별한 은의를 입은 바 있음을 다카모리에게 강조했다. 하지만 나라가 위기에 처했을 때 국가의 안위가 사적인 은혜나 이해관계보다 앞서는 법이며, 그가 교토로 향하는 까닭도 바로 이 때문이라고 언급했다. 사이고 다카모리는 요도를 접견하는 자리에서 여러 명의 도사 번 관료들과도 대화를 나누었다. 사사키 다카유키는 와병 중이었기 때문에 사쓰마 번 사절을 직접 접견하지는 못했지만, 동료들을 통해 이때 이루어진 대담의 전반적인 내용을 전해 들었다. 그의 회고록을 살펴보면, 사이고 다카모리가 효고 개항이 불가피함을 솔직히 인정한 것이라든지, 이를 막부를 몰아붙일 수단으로 활용해야 한다고 주장한 것은 그에게 충격으로 다가왔다. 이와 같은 권모술수가 자신의 명예를 실추시킬 것으로 판단한 사사키는 그것을 받아들이지 못했고, 효고 개항을 절대로 받아들여서는 안 된다는 장문의 건의서를 작성했다. 단순한 해결책과 단도직입적인 전술이 통하는 시대는 이미 지났지만, 사사키 다카유키의 불안감은 이어진 몇 개월 동안 도사 번 지도자들이 보여 준 사쓰마에 대한 망설임과 불신감을 이해할 수 있는 단초이기도 했다. ■43

  사이고 다카모리는 고치 성을 떠나 우와지마로 향했고, 그곳에서 번주 다테 무네나리와 담화를 나누었다. 그는 이곳에서도 마찬가지로 국정에 나서기를 주저하는 상대를 설득해야만 했다. 가고시마로 돌아온 그는 나카오카 신타로에게 그간 겪은 일을 이야기해 주었다. 신타로의 일기에는 이 낮은 신분의 사쓰마 번 사자가 우와지마 번주와 벌인 교섭에 대한 흥미로운 기록이 남아 있다. 이때 사이고 다카모리는 야마우치 요도에게 했던 것보다 더욱 강한 논조로 다테 무네나리를 상대했고, 결국 그가 교토행에 동의하는 데 성공했다. ■44 가고시마로 귀환한 사이고 다카모리는 나카오카 신타로로 하여금 교토의 오무라(大村)▪▪4 번, 히라도(平戸)▪▪5 번의 대표들에게 보내 그들로부터 지원을 받고자 했다. 하지만 이는 아무런 성과도 거두지 못했다. 소집된 회의에 참석한 인물은 사이고 다카모리의 설득을 받은 시마즈 히사미쓰, 야마우치 요도, 다테 무네나리, 그리고 사쓰마 번 지도자 고마쓰 다테와키가 설득한 마쓰다이라 슌가쿠였다. 그들이 교토에 도착한 순서는 이 계획에 대한 그들의 열망이 어느 정도였는가를 보여 주는 지표이기도 했다. 사쓰마 번주 시마즈 히사미쓰는 5월 15일 병력 700명을 대동한 채 이들 중 첫 번째로 도착했다. 3일 후에는 다테 무네나리가, 19일에는 마쓰다이라 슌가쿠가 도착했다. 가장 늦게(6월 13일) 교토에 당도한 야마우치 요도는 이들 중에서 가장 먼저 교토를 떠난 인물이기도 했다.

사이고 다카모리와 오쿠보 도시미치의 계획대로 시마즈 히사미쓰는 회의를 주관했다. 오쿠보 도시미치는 당시 정세의 요약 보고서를 여러 편 작성하여 히사미쓰에게 전달했으며, 이때 그가 작성한 보고서에는 조슈 번주의 사면 및 처벌의 철회에 대한 필요성이 강조되어 있었다. 하지만 그 요지는, 게이키가 효고 항 개항 문제에 대한 선황의 유지를 무시하고 있다는 내용이었다. 따라서 이러한 죄를 지은 게이키의 직할 영지는 감봉되어야 하며, 게이키 자신은 '다른 다이묘들과 대등한 위치로 강등되어야' 한다는 논리였다. 이러한 점에서 오쿠보 도시미치는 게이키가 다른 다이묘들과 대등한 위치에 서는 형태의 합의 기구를 구상했다. 이는 게이키가 구상하고 있던 합의 기구와는 거리가 먼 것이기도 했다. 몇 개월 후 게이키가 오쿠보의 안을 받아들이지만, 이때만 하더라도 오쿠보 도시미치는 자신의 안이 성공을 거둘

지에 대해 충분한 자신감을 갖고 있지 못한 터였다. ■45 사이고 다카모리 또한 히사미쓰에게 올릴 다량의 문서를 준비했다. 이를 통해 그는 조수 번 및 효고 항 문제에 대처하기 위해 다자이후의 망명 구게들과 제휴할 필요성을 강조했다. 특히 그는 산조 사네토미가 조정에 재기용되어야 할 필요성을 절감하고 있었다. 사실 고메이 천황이 그를 사면하지 않았고, 그 역시 이 사실을 인정하고 있는 바였다. 하지만 거기에는 그럴 만한 사정이 있었고, 산조 사네토미의 충성심에는 의심의 여지가 없었다. ■46 근왕주의자들은 선황인 고메이 천황의 뜻을 거슬렀다는 이유로 게이키를 격렬히 비난했지만, 결과적으로는 자신들도 다를 바가 없었다.

네 다이묘들은 교토에 도착하고 나서, 우선 간파쿠(關白)였던 니조 나리유키(二條齊敬)를 방문했다. 일행을 대표한 시마즈 히사미쓰는 조정과 막부 간의 연락을 담당하는 직책을 능력 있는 '인재'에게 개방해 달라고 청원하였다. 히사미쓰는 이 청원을 통해, 1862년 에도행 사절단의 대표로 그가 수행했던 구게 오하라 시게토미(大原重德)의 기용을 권고하려는 의도를 갖고 있었다. 이는 선황의 유지를 거스르는 것으로 해석되었기 때문에 실현되지 못했다. 그 대신에 네 다이묘들은 조정으로부터 그들의 그러한 배려에 대해 찬사를 들었으며, 외환과 정치적 문제의 처리에 자신들의 노력을 경주해야만 했다.

게이키로서는 효고 항 문제에 대해 그들의 지원이 절실했고, 이 때문에 그들을 자신의 거성으로 초청하여 회의를 열고자 했다. 하지만 얼마 지나지 않아 게이키는 그들이 자신에 대해 경의를 갖고 있지 않다는 사실을 깨달았다. 그들은 회의 참석을 거절했다. 며칠 후 마쓰다이라 슌가쿠와 다테 무네나리가 각자 자신의 용무로 게이키의 니조 성을 방문하면서, 네 다이묘 전원이 이곳에 모습을 드러냈다.

회의의 논점은, 당면한 여러 문제의 해결 순서에 집중되었다. 게이키는 효고 항 개항 문제의 즉각적인 결단을 원했지만, 히사미쓰는 이로 인해 게이키의 대외적인 입지가 커지기 전에 그의 내정상의 약점을 폭로하고자 하는 의도가 절실해 조슈 번 문제의 해결을 우선시해야 한다고 주장했다. 격렬한 논쟁이 오고 간 끝에, 슌가쿠가 두 문제를 동시에 해결하도록 한다는 타협안을 내놓았다. 히사미쓰는 일단 이 안을 받아들이기로 했고, 게이키도 이를 승인했다. 하지만 그 후 오쿠보 도시미치가 번주 히사미쓰를 설득하여 원래의 노선으로 돌아가게 만들었다. 오쿠보 도시미치와 고마쓰 다테와키는 슌가쿠와 무네나리에게도 같은 식의 설득을 벌였다. 심한 편도염 탓에 초반을 제외한 대부분의 기간 동안 회의에 참석하지 못했던 요도는, 슌가쿠의 온건한 타협안을 지지했다. 이 중대한 시기에 게이키는 일단 지지를 얻은 타협안이 계속 구속력을 가질 것이라고 생각하면서 합의가 이루어졌다는 보고를 조정에 상신했다. 이에 대해 마쓰다이라 슌가쿠가 이의를 제기하기도 했다. 이로써 이제까지 사태에 대해 회피로 일관해 오던 조정 측은 극도로 대립되는 양자 중에서 어느 하나를 선택해야 하는 상황에 다다르게 되었다. 다소간의 동요 끝에 간파쿠 니조 나리유키는 게이키의 요구에 동의했다. 6월 26일에는 효고 항 개항을 명하는 칙서가 내려졌다.

게이키에게 이는 값비싼 승리였다. 이틀 후 네 다이묘들은 자신들의 견해를 게이키가 잘못 이해했으며, 국정 안정을 위해 조슈 번 문제를 우선적으로 해결해야 한다는 내용의 건의서를 조정에 제출했다. 격렬한 논쟁은 악감정을 초래했고, 주저하는 조정에 자신들의 의지를 강제하겠다는 막부의 실력과 각오를 다시 한 번 확인하면서 결과적으로 근왕파 책사들만 자극하고 말았다. 6월 말에 접어들어 게이키의 입지는 추락해 버렸다. 교토 회의는 반막부 전선을 결속시키는 한편 그들에게 새로운 명분을 제공했고, 효고 항 개항으로 양이파의 준동은 더욱 격해졌다. 9월 11일, 게이키의 최측근이며 자문 및 사자로 활동했던 하라 이치노신(原市之進)이 광신적 양이파들의 손에 암살당했다. 하라 이치노신을 살해한 자들은 그를 효고 항 개항의 원흉으로 판단한 미토 번 가신의 수하들이었다. ■47

가장 먼저 영지로 귀환한 다이묘는 야마우치 요도였다. 그는 6월 29일 도사로 떠났고, 나머지 세 다이묘들도 9월 초에야 자신들의 영지로 향했다. 이번 회담에서 요도가 차지한 비중은 비교적 작았는데, 이는 그가 중병을 앓은 데다 계속 통증에 시달렸던 이유도 있었다. 그는 사쓰마의 거만한 전술에도 공감하지 않았다. 회의가 열리는 동안, 사쓰마 번 군사들은 요도의 처소를 포함한 도사 번 숙소를 에워싸고 모든 출입구를 경비했다. 타협안에 대한 시마즈 히사미쓰의 심경 변화도 요도에게는 일종의 배신으로 여겨졌고, 이로 인해 그는 정세 파악을 위해 부하를 시켜 오쿠보 도시미치를 미행하도록 할 정도였다. 요도는 히사미쓰를 모욕하기도 했다. 니조 성에서 이루어진 어느 모임 자리에서 그는 히사미쓰의 머리칼을 잡아당겨 모욕을 주기도 했다. 그러는 한편 요도는 자신의 심복인 나카네 유키에를 막부의 로주 이타쿠라 가쓰키요에게 밀사로 보내, 막부 측과 비밀리에 교섭하라고 마쓰다이라 슌가쿠에게 제안하기도 했다. 이러한 불신과 분노는 요도에게 크나큰 짐이 되었고, 여기에 건강 문제까지 더해지면서 그는 그해 여름부터 초가을 동안 교토와는 거리를 둘 수밖에 없었다.

요도는 사쓰마의 진의를 의심했을 뿐만 아니라, 게이키를 곤경에 빠뜨리려는 그들의 계획에도 협조적이지 않았다. 이제 그는 이러한 난국을 타개하기 위한 대안 마련에 고심하게 되었다. 그는 근왕파 지도자들 사이에서 주전론이 확산되고 있다고 보았지만, 이러한 움직임에 동조하거나 힘을 실어 줄 용의는 없었다. 그는 자신의 근왕파 가신들에 대해 신중한 태도를 견지했다. 일례로 그는 나카오카 신타로의 설득으로 토막파에 가담한 오가사와라 다다하치를 해임했다. ■48 막부와의 전쟁 계획에 동참할 수 있기를 열망했던 이타가키 다이스케 또한 요도의 특별 관리 대상으로 지목되었다. 그는 의심스러운 가신들에게는 확실히 신뢰할 수 있는 가신들을 붙여 놓았다. 야마우치 요도는 사쓰마 번과 조슈 번이 주도할 전쟁에 개입하고 싶은 의도가 없었고, 여전히 막부와의 봉건적 의무감으로 인한 고뇌를 떨쳐 버리지 못하고 있었다. 그렇기 때문에 그는 사카모토 료마가 기획하고 고토 쇼지로가 제시한 중도적 대안을 신중히 검토해 나갔다.

신정부
강령

　교토에서 이런저런 협상이 진행되던 시기에, 나가사키에 있던 사카모토 료마는 나름의 문제로 바쁜 나날을 보내고 있었다. 기이 번 대표와의 담판이 마무리 지어질 즈음 고토 쇼지로가 그를 응원하기 위해 나가사키에 왔고, 7월 1일에는 이로하마루 사고의 피해 배상에 대한 합의가 이루어졌다. 이 무렵 야마우치 요도는 교토를 떠나 도사로 향했다. 회의가 진행되는 동안 교토에 머물렀던 나카오카 신타로는 요도가 떠난 뒤에도 계속 잔류했다. 2주 후인 7월 14일, 료마와 고토 쇼지로는 일본의 정치 제도를 바꾸어 놓을 새로운 계획을 가슴에 품은 채 교토에 발을 들여놓았다.

　료마의 구상은 가쓰 린타로 문하에 있을 때 형성된 것이었다. 그는 상당수의 막부 관료들이 쇼군에게 지위와 관직을 버리고 물러나도록 권고하고 있다는 사실을 알고 있었다. 또한 쇼군이 대규모의 직할 영지를 보유하되

어디까지나 일개 주요 구성원 이상의 권력이나 지위를 누리지 않는 것을 전제한, 일종의 합의체 형태의 정부 구성에 대한 제안이 이루어지고 있다는 소식도 들어 둔 터였다. 막부 관료 오쿠보 이치오(大久保一翁)는 제후 회의를 5년에 한 번씩 개최하되, 각 지방에서는 하급 귀족이나 지방 영주들의 회의가 이루어지도록 한다는 구상을 갖고 있었다. 일본 각지에서 이와 유사한 정치적 구상이 유행하다시피 했다. 마쓰다이라 슌가쿠는 이러한 구상에 정통했다. 아마도 그의 조언자였던 요코이 쇼난의 영향이 컸을 것이다. 1866년 료마는 에치젠의 한 사무라이와 대화를 나누면서, 마쓰다이라 슌가쿠가 이러한 형태의 정치 변혁을 주도하도록 설득될 수 있을지 여부를 떠보았다. 료마는 도쿠가와 가문의 분가 출신인 슌가쿠야말로 이 구상을 실현시키는 데 적임자라고 보았던 것이다. 슌가쿠는 이와 같은 노선을 택하지는 않았지만, 이러한 료마의 구상은 이듬해 그가 정리해 내놓은 계획이 어떤 급격한 변화를 통해 갑자기 얻어진 것은 아니라는 사실을 일러 준다. ■49

이어진 나가사키에서의 생활은 료마로 하여금 이러한 형태의 사상에 계속 접하게 되는 계기로 작용했다. 서일본 각지에서 이곳으로 모여든 학생들은 서양 학문에 익숙해졌고, 헌법에 대한 내용은 일본인(그리고 중국인)들에게 서양의 정치 제도 중 다른 그 무엇과도 비할 수 없을 정도로 깊은 인상을 심어 주었다. 제후 회의가 쇠퇴해 가는 막부와 권력을 공유한다는 구상은, 그러한 서양의 제도를 일본에 적용시킬 수 있는 최적의 방안으로 간주되었다. 나가사키에 있던 료마의 동지들 중에는 서양 의술을 익힌 나가오카 겐키치(長岡謙吉)라는 인물이 있었다. 사사키 다카유키에 따르면, 료마를 통해 세상에 알려지게 되는 새로운 정부의 강령을 최초로 기안한 자는 다름 아닌 나카오카 겐키치[사사키는 그의 이름을 가명인 '이마이(今井)'로 언급했다]였다. 1867년에 나카오카 겐키치는 가이엔타이의 비서로 일하고 있었던 만큼, 이들의 관계가 매우 긴밀했음은 어렵지 않게 추론할 수 있다. 하지만 선상팔책(船上八策)를 명문화한 인물이 누가 되었든, 여기에 나타난 이념이 사카모토 료마가 몇 년에 걸쳐 구상해 온 내용을 반영했다는 사실에는 의심할 여지가 없다. ■50

료마의 구상은 집단 지도 체제로의 평화적 이행이 가능하다는 전제를 바탕에 두었다. 그는 새로운 정부를 열어 갈 길을 분명하게 제시할 수만 있다면 쇼군에게 권력을 내놓도록 설득할 수 있다고 보았다. 여기서 '새로운 정부'란 조정의 그늘에 숨은 소수의 번들만을 보호하자는 수준의 논의를 초월한 것이었다. 료마의 초고에는, 향후 20년에 걸쳐 일본 사회에 일반화되는 근대적인 색채가 넘쳐흐르고 있었다. 불합리하고 시대에 뒤떨어진 제도의 일소, 정부 조직과 상업 제도의 합리적 재편성, 국방군의 창설 등이 바로 그것이었다. 이는 새로운 질서에서 도태될 것을 우려하는 쇼군이나 다이묘 모두로부터 공감을 이끌어 내는 것을 목표로 한 통합 강령이었다.

이로하마루의 피해 배상 합의가 이루어진 다음, 료마와 고토 쇼지로는 배편으로 교토에 갔다. 가이엔타이의 비서였던 나가오카 겐키치도 그들과 동행했다. 일행은 교토에서 중대한 움직임이 일어나고 있음을 인지하고 여기에 참가할 수 있기를 갈망했다. 이러한 분위기 속에서 료마는 신정부를 위한 8개조의 강령을 고토 쇼지로에게 제시했다. 이는 막부를 폭력적으로 전복시킬 가능성을 차단하려는 목적도 있었다.

1. 천하의 정권을 조정에 봉환(奉還)하며, 모든 정령(政令)은 조정에서 내릴 것.
2. 상하의정국(上下議政局)""6을 설치하고 의원을 두며, 정무에 관한 모든 사항은 공의(公儀)에 부쳐 결정할 것.

450

3. 재능 있는 구게, 제후 및 천하의 인재를 고문(顧問)으로 삼아 관작(官爵)을 수여하고, 기존의 유명무실한 관직을 폐지할 것.

4. 외국과의 교섭은 널리 공의를 모아, 새로이 정해진 합당한 규약에 따라 수행할 것.

5. 고래의 율령(律令)을 절충하고, 새로이 무궁한 대전(大典)을 선정할 것.

6. 해군을 확장할 것.

7. 어친병(御親兵)을 두어 제도(帝都)를 지키게 할 것.

8. 금은물화(金銀物貨)의 가치는 외국의 가치와 일치시킬 것.

오늘날의 국내 정세를 살펴볼 때, 이상의 8개조를 세계만방에 선포하는 일은 지극히 중대한 사안이라 할 수 있다. 이 계획이 실현된다면 황국은 양양한 앞날을 맞이함과 동시에 국력이 강화되어 세계만방과 동등한 지위를 누리게 될 것이다. 바라건대 우리는 개명과 미덕의 길을 열어 갈 초석이 되고자 하며, 이에 조국을 일신할 일대 결단을 내리는 바이다. ■51

료마가 제안한 이 강령은 메이지 유신의 강령에 사실상 그 대부분이 포함되어 있다. 그 용어는 1868년 발표되는 어서문(御誓文)에도 차용되었으며, 그 공약은 1874년 이타가키 다이스케와 고토 쇼지로가 시작한 민선 의원(民選議院) 설립 운동의 기초가 되었다. 이러한 구상은 사실 에도 시대 최후기의 일본에 널리 퍼져 있었지만, 료마와 고토 쇼지로는 선상에서 이를 후세까지 전해질 수 있는 형태로 정리했던 것이다. 고토 쇼지로는 이 강령에 대해 크게 기뻐했다. 그는 이 강령이 번주 야마우치 요도를 에도 막부 타도의 길로 나설 수 있게 하는 대안이 될 것으로 여겼으며, 한편 사쓰마 번과 조슈 번이 새로운 막부의 창설을 방지해 놓은 조항에 만족해했다.

7월 14일, 료마와 고토 쇼지로는 교토에 입성했다. ■52 야마우치 요도는 이미 도사로 돌아갔고, 다이묘 회의는 종결된 터였다. 하지만 다른 다이묘들은 여전히 교토에 머물러 있었고, 고토와 료마는 특히 시마즈 히사미쓰의 가신들과 대화를 나누고 싶어 했다. 그들은 폭력에 의한 막부 타도 계획이 진행되고 있음을 알고 있었다. 조슈 번 사건의 해결과 관련하여 막부가 체면 유지를 위해 쏟았던 노력은 이제 자신들의 약점을 폭로하는 결과로 이어졌다. ■53 막부가 유력 다이묘들의 조언을 무시해 왔다고는 하지만, 그렇다고 자신들만의 대안을 마련할 수 있는 상황도 아니었다.

료마와 고토 쇼지로가 교토에 도착했을 때, 무력으로 막부를 타도하려는 계획은 수면 위로 올라와 있었다. 이러한 움직임에 가장 크게 기여해 왔고 또 가장 큰 이익을 볼 집단은 일본의 양대 군벌이라고 할 만한 사쓰마와 조슈였다. 7월 14일 아침, 시마즈 히사미쓰는 교토의 관사에서 조슈 번 무사 야마가타 아리토모(山縣有朋), 시나가와 야지로(品川彌二郎)를 접견했다. 히사미쓰는 그들에게 자신은 막부의 타도를 위해서는 무력이 요구된다는 판단을 내렸다고 이야기했다. 이와 함께 조만간 사이고 다카모리를 조슈로 파견하여 두 번의 동맹을 한층 강화시킬 것이라는 언급도 했다. 그는 각별한 호의의 표시로 아리토모에게 6연발 권총을 선물로 주었다. 이때 히사미쓰가 의식하고 있었는지의 여부는 알 수 없지만, 이 일은 군사력의 주체가 봉건 영주에서 근대 일본군의 창시자로 넘어가는 것을 상징적으로 보여 준 사건이기도 했다. 야마가타 아리토모와 시나가와 야지로는 서둘러 조슈로 가서 이러한 소식을 전했고, 사쓰마와 조슈의 관계는 더욱 긴밀하고 견고해졌다. ■54

반막부 전쟁의 열기는 사쓰마와 조슈 번 사무라이들 사이에서 끝없이 높아만 갔다. 료마는 교토에서, 이 당시에는 산조 사네토미를 보좌하고 있던 친구 나카오카 신타로를 만났다. 료마는 신타로와의 대화를 통해, 요도가 쇼군 게이키와의 회담을 위해 교토에 체류해 있는 동안 신타로가 이타가키 다이스케와 새로이 협력 관계를 맺었음을 알았다. 이타가키 다이스케가 번주를 모시고 고치 성으로 돌아가기 직전, 신타로는 그와 사이고 다카모리의 만남을 주선했다. 두 사람은 그 자리에서 의기투합했다. 사이고 다카모리가 이타가키 다이스케에게 도사 번의 의견을 묻자, 이타가키 다이스케는 도사 번의 공식적인 입장 여하에 관계없이 자신은 한 달 안으로 군사들을 이끌고 반막부 전쟁에 참전할 준비가 되어 있다고 답했다. 첫 만남의 자리에서 한 대화치고는 다이스케의 발언이 지나치게 직설적이었다고 생각한 신타로는 동지의 경솔함에 대해 사이고 다카모리에게 사과했다. 하지만 사이고 다카모리는 무릎을 치면서 오히려 자신의 마음을 알아주는 이가 나타났다고 기뻐했다. 이는 사쓰마의 동지들과 마찬가지로 이타가키 다이스케와 나카오카 신타로 역시 막부를 타도하기 위해서는 무력이 필요하다는 의견을 가졌음을 확인할 수 있는 대목이다. [55] 더욱이 교토에는 신타로의 지휘를 따를 준비가 되어 있는 옛 도사 근왕당 출신의 열혈 지사들이 주변에 다수 포진해 있었다. [56]

하지만 료마의 계획을 들은 신타로는 이 계획이 지닌 몇몇 장점을 알아챘다. 료마의 계획에는 쇼군 퇴진에 대한 반대 의견이 포함되어 있지 않았다. 신타로 본인은 말 위에서 천하를 거머쥔 도쿠가와 가문은 말 위에서 몰락하게 될 것이라는 의견[57]을 갖고 있었지만, 한편으로 료마의 계획과 같은 온건한 대안이 지닌 가능성을 인지했다. 즉 그러한 제안을 막부가 거부한다면, 결단을 내리지 못하고 있는 도사 번 지도부로 하여금 사쓰마, 조슈 등의 번과 합류하여 군사적 행동에 나서게 하는 계기로 이어지리라고 예상했다. 막부 측의 권력 포기 거부가 무력 사용의 정당성으로 이어질 것이 분명한 이상, 료마의 계획은 나름의 유용성을 지니고 있었다.

료마와 고토 쇼지로는 교토의 도사 번 대표들에게 이제는 번이 정국의 무대에 새롭게 뛰어들어야 할 당위성이 있음을 설득하는 데 성공했다. 극적인 전환이 눈앞에 다가왔고, 이제 도사 번은 이를 거부할 수 없었던 것이다. 특히 절실히 요청되었던 과제(이는 료마가 주의를 기울인 부분이기도 했다)는 도사 번이 오랫동안 이어진 주저와 동요의 세월을 청산했음을 사쓰마 번 지도자들에게 납득시키는 것이었다. 료마의 표현을 빌리자면, 막이 오르면 연극은 당연히 시작되는 법이었다. ■58 이러한 논의를 통해 두 사람은 쇼군으로 하여금 권력을 포기하도록 설득하는 데 번이 주도적으로 나설 당위성이 있음을 교토의 도사 번 대표자에게 납득시켰다. 도사 번으로는 이것만이 강대한 인접 번들 사이에서 확실한 입지를 다지고 이익을 지킬 수 있는 길이었다. 오메쓰케 직책을 맡고 있던 사사키 다카유키가 교토에 도착했고, 이는 료마와 고토의 설득 작업에 큰 도움이 되었다.

도사 번 지도자들을 설득하는 데 성공한 다음에는 사쓰마 번의 지지를 얻어 내려는 시도가 진행되었다. 료마와 신타로는 사쓰마의 유력한 동지들과의 협력 관계를 강화하기 위해 노력했고, 7월 22일에는 교토의 요정에서 사쓰마 번과 도사 번 사이에 회담이 열렸다. 사쓰마 번 대표로는 고마쓰 다테와키, 오쿠보 도시미치·사이고 다카모리, 도사 번 대표로는 고토 쇼지로·후쿠오카 고테이·데라무라 사젠(寺村左膳)·마나베 에이사부로(眞邊榮三郎)가 참석했다. ■59 사카모토 료마와 나카오카 신타로 역시 이 자리에 참석했다.

이 회담을 통해 사쓰마와 도사 두 번의 협력을 약속한 삿도맹약(薩土盟約)이 이루어졌다. 이 맹약은 료마의 선중팔책에 기초했고, 고토 쇼지로가 초안을 마련했다. 맹약의 총괄적 원칙을 밝힌 전문(前文)을 다음과 같이 인용해 본다.

1. 맹약이 최우선시하는 대의는 단결하여 국체를 확립함으로써 이것이 대

대손손 세계만방에 부끄럼 없이 전해질 수 있도록 하는 데 있다.

2. 왕정복고의 대의에는 의문의 여지가 없다. 전 세계의 정세와 동향을 살 핀 다음, 합심하여 새로운 정치 질서를 수립하는 것이 우리의 사명이다.

3. 한 나라에 두 임금이 있을 수 없고, 한 가문에 두 당주가 있을 수 없다. 정치와 법도는 한 군왕을 받드는 형태로 돌아가야 한다.

4. 쇼군이 막부를 세워 정치를 농단하는 것은 천하의 도리를 거스르는 일 이다. 쇼군은 제후의 신분으로 돌아가 군왕을 보필하는 의무를 다해야만 한다.

오늘날 우리에게는 이상과 같은 급선무가 주어졌다. 이는 천지의 뜻에 합치되는 대의이기도 하다. 우리는 생사나 성패의 여부에 연연하지 않고, 이러한 대의를 위하여 서로 힘을 합하고 마음을 하나로 모아야 한다.

맹약서의 본문은 이러한 원칙을 한층 상세하면서도 구체적으로 언급하고 있다.

우리에게 닥친 가장 시급한 과업은 예로부터 이어 오는 황국의 국체와 제 도를 되살리는 일이다. 이 과업이 이루어진다면, 세상 그 어떤 나라도 우 리를 업신여기지 못할 것이다. 이러한 대의를 위해서는 왕정복고를 이루어 내야 하며, 동시에 후세에 한 점의 부끄럼도 전해지지 않도록 국내 통치 질 서를 세우기 위한 궁구를 게을리하지 말아야 한다. 한 나라에 두 군주가 있 을 수 없고 한 가문에 두 당주가 있을 수 없는 만큼, 하나의 군주에게 통치 권과 대권을 돌려드리는 것이야말로 합당한 대의이다. 황통이 태곳적 시절 부터 단절되지 않고 이어져 왔다고는 하나, 옛적의 군현제는 오늘날의 봉 건제로 변질되어 막부가 전권을 손아귀에 쥐기에 이르렀다. 그런 까닭에 어떤 이는 천황 폐하의 존재조차 알지 못하는 지경에 이르렀다. 이러한 실 정을 가슴에 새기고, 만방의 사례와 비교해 보자. 이 같은 국체를 세상 그 어느 나라에서 찾아볼 수 있단 말인가? 법도를 개혁하여 정권을 조정에 반환하고, 제후 회의를 설치하여 이곳에서 표명된 민의를 좇아 정사를 꾸려가도록 하는 것이야말로, 우리에게 주어진 명백한 과업이다. 이것이야말로 국체를 확립하여 세계만방에서 우리 일본이 한 점의 부끄러움도 없도록 할 수 있는 유일한 방안이다. 만일 두어 가지 사안을 처리함에도 불협화음이 일어난다거나 조정과 막부, 제후들 간에 목적과 수단에 대한 심대한 혼란이 빚어진다면, 우리에게 닥친 문제의 합당한 해결책을 찾기는 요원해질 것이다. 이렇게 된다면 황국의 기틀은 무너져 내리고, 우리의 대의 또한 좌절에 빠져들 것이다. 향후 우리는 우리 나라의 공명정대함을 세계만방에 인정받을 수 있도록 전력을 기울여야 하며, 이를 원칙으로 삼아 나라의 진정한 초석을 닦아야 한다. 이제는 대제후들의 야심만을 염두에 둘 때가 아니다. 우리 모두가 단결하고 힘을 합쳐 신명을 바쳐야 할 때이다. 지금이야말로 교활함과 이기심을 버리고 우리 황국의 부흥을 꾀할 수 있도록 주상의 명찰함을 보좌하는 동시에, 신민의 충심을 장려하여 천하의 태평을 부르고 백성들에게 관대함과 인자함, 지혜로움과 자비심이 충만한 정치를 구현하도록 정진해야 할 때이다.

맹약서는 계속해서 이어진다.

이에 우리는 다음과 같은 원칙을 세우고자 한다.
1. 천하의 정사를 의결하는 사안에 대한 전권은 조정에 귀속된다. 황국의 모든 법령과 제도는 교토에 설치될 의회의 결의를 따르도록 한다.
2. 의회의 경비는 각 번에서 각출하여 분담하도록 한다.
3. 의회는 상원과 하원의 양원제로 한다. 상원은 지체 높은 구계를 하원은 가신 및 평민을 대표하며, 각 원의 의원은 이들 중에서 청렴하고 공정한 인물들로 선출한다. 그리고 제후들은 그들의 신분을 고려하여 상원 의원의 자격을 부여한다.

4. 쇼군이 국사의 전권을 휘두를 명분은 없다. 막부를 폐지하고 쇼군을 일
   개 제후 신분으로 돌아가도록 하는 것은 작금에 이르러 지극히 당연한
   일이다. 대권은 조정에 봉환되어야 한다.
5. 항구의 개항과 관련된 조약들은 효고에서 조정의 대신 및 관리들의 승인
   을 받아 체결되어야 한다. 새로운 조약들은 조리에 맞고 공정하게 체결
   되어야 하며, 이를 통해 올바른 통상 활동이 이루어질 수 있을 것이다.
6. 조정의 선례와 규칙은 예로부터 정해져 내려오는 것이나, 작금의 현실에
   는 맞지 않는 것들도 있다. 이러한 것들에 대해서는 개혁이 이루어져야
   한다. 세계 어느 나라의 관례에 비추어 보아도 부끄러움이 없도록 나라
   의 여러 원칙을 세워야 한다.
7. 황국 부흥의 대의에 관계된 사대부는 신중하고 사려 깊게 처신하고 사심
   을 배제하며, 공정한 태도를 견지하고 모사가 아닌 정직함을 추구하도록
   한다. 또한 과거의 시시비비에 연연하지 않고, 인심의 단결과 화합에 중
   점을 두어 논의를 이끌어 가도록 한다.

   이 맹약은 오늘날 우리가 직면한 가장 급박하면서도 중차대한 사안에 관
한 것이다. 여기서 약조한 내용에 대해 우리는 성패에 연연하지 않고 일심
으로 단결하여 목적한 바를 이룰 수 있도록 노력하기로 한다. ▪**60**

탁월한 문장으로 작성된 이 문서는 도사 번의 이해관계를 충분히 고려하
고 있었다. 쇼군은 제거 대상이 아니라 '일개 제후'로 격하될 뿐이었다. 새로
운 막부를 창건하거나 조정에 전제적인 권력을 부여하지 않고, 국민 일반의
이익을 지키는 것을 목적으로 하는 일반적인 회의의 설치를 명문화하였다.
이에 못지않게 주목할 필요가 있는 대목은, 외국으로부터의 승인을 확보하
고 이를 일본 국내의 제도에까지 적용할 것을 강조한 부분이다. 이를 통해
제도의 결함을 시정함으로써 시대가 불러온 시련과 외국의 도전에 맞서 나

가야 한다는 구절이다. 사실 세계 '만방' 앞에서 '부끄럽지' 않으려는 열망 속에는 메이지 시대를 관통했던 주도적인 사상이 녹아들어 있다.

이와 같은 목표를 향해 정진하는 과업의 가치를 이해하도록 자기 번의 지도자들을 설득하는 역할을 맡았던 료마로서는 충분히 자부심을 가질 만했다. 이를 통해 도사 번 지도자들은 일본 남서부 웅번들의 지도자들과 협력 관계에 들어갔고, 이는 결과적으로 향후 중요 사안을 결정할 때 도사 번 지도자들이 제휴한 번의 지도자들과 동등한 목소리를 낼 수 있도록 보장해 준 셈이 되었다. 이러한 시기에 료마는 예전에 자신의 누나가 고토 쇼지로와의 제휴를 비난했던 일을 그냥 넘기지는 않았다. 그는 오토메에게, "누님께서 염두에 두셨으리라고는 생각하지 않습니다만, 500~700명의 사람들을 이끄는 일과 연공 24만 석의 번을 국사의 무대로 이끄는 일 가운데 어느 쪽이 더 낫다고 생각하십니까?"■61라고 대들기도 했다. 료마 본인의 생각이야 굳이 설명할 필요가 없다.

삿도맹약에는 협정서에 언급되어 있지 않은 한 가지 요소가 포함되어 있었다. 고토 쇼지로가 야마우치 요도를 설득하여 게이키의 퇴진에 관한 주청을 올리기 전에는 사쓰마 측이 실력 행사에 나서지 않는다는 합의가 바로 그것이었다. 이에 대해 고토 쇼지로는, 만약 게이키가 쇼군직 퇴진을 거절한다면 반막부 동맹이 신속하면서도 강력하게 움직일 수 있도록 2개 부대를 이끌고 오겠노라는 약속을 해 주었다. 나카오카 신타로와 마찬가지로 사이고 다카모리 역시 게이키가 싸움 한 번 하지 않고 쇼군직을 포기하는 일은 없으리라고 내다보면서, 전자보다는 후자 쪽에 관심이 집중되어 있었다. 사이고 다카모리는 고토 쇼지로가 교토를 떠나기 전에 그를 연회에 초대했다. 교토에 체류하고 있던 도사 번과 사쓰마 번 관료들이 참석했던 이 연회 자리는 조금 어색한 분위기로 시작했지만 결국에는 새롭게 형성된 인간관

계와 정치적 관계를 공고히 하는 데 기여했다. ■62

다케치 즈이잔이 활동하던 시기 이후 근왕주의자들이 갈망해 온 사쓰마와 도사 간의 협정이 마침내 실현되었다. 이는 삿초도동맹(薩長土同盟)의 서곡이라고 할 만한 사건이기도 했다. 사이고 다카모리는 동맹자인 조슈 번에 서신을 보내 이러한 일에 관해 설명했다. 쇼군의 퇴진이 이루어질 리 없다고 보았던 사이고 다카모리는 도사 번이 군사적 협조를 보장한 이 협정에 충분한 가치가 있다고 여겼다. ■63 하지만 고토 쇼지로는 여전히 번주의 승인을 얻지 못한 상태였고, 이를 마음에 담아 둔 채 다음 목적지인 고치로 향했다.

야마우치 요도는 제후 회의 소집에 쇼군 퇴진의 주청이 포함되어 있다는 계획안을 듣고 이 계획의 이점을 즉각 간파해 냈다. 그의 발언에 따르면, 이것이야말로 도쿠가와 가문을 구하는 길이었다. 더욱이 이는 요도에게 도쿠가와 가문에 대한 도의를 지키면서도, 도사 번으로서는 아무런 이익도 얻지 못할 전쟁을 막을 수 있어 일석이조의 이점을 보장해 주는 것이기도 했다. 그런 만큼 그는 이 기념비적인 방안을 승인하였다.

하지만 요도는 쇼군이 퇴진 주청을 거부할 경우에 대비하여 교토에 주둔시킬 병력을 증강하자는 안에 대해서는 호의적이지 않았다. 그는 쇼군을 강제적으로 퇴진시키는 것처럼 비쳐지는 것도, 자기와는 생각이 다를지도 모르는 가신의 휘하에 자신의 최정예 병력이 들어가는 것도 원치 않았다. 일단 자신의 통제 범위를 벗어난 부대는 이타가키 다이스케와 같은 완고한 자들의 손에 들어가 에도 막부를 공격할 준비 태세를 갖추고 있던 사쓰마 번과 조슈 번을 지원하는 데 이용될 공산이 크다는 판단이었다.

요도는 주저하면서 결단을 내리지 못했고, 이러한 그의 행동은 또다시 사쓰마 번 지도자들의 의심을 샀다. 교토의 근왕주의자들 사이에서는 도쿠가와 가문에 앞서 도사 번부터 응징해야 한다는 이야기가 돌 정도였다. 고토 쇼지로의 귀환을 기다리며 교토에 머무르고 있던 료마와 신타로는 동지들이 새롭게 체결된 맹약을 무너뜨릴 움직임에 나서려는 것을 간신히 저지하고 있는 터였다.

그러던 중 나카오카 신타로가 대안을 구상해 냈다. 그는 예전에 번으로부터 권한을 부여받았던 의용병 부대 창설에 착수했다. 이것이 바로 리쿠엔타이(陸援隊)였다. 료마의 가이엔타이를 본받아 조직한 육군 부대인 리쿠엔타이는 근왕파 지사들로 구성되었으며, 막부가 근왕 운동을 탄압하려고 조직한 낭인 조직의 공격으로부터 자신들을 지키기 위해 조직된 부대였다. 유사시에는 교토 일대에서 소규모의 기동부대를 지원하기로 되어 있었다. 신타로는 옛 친구와 동료 낭인, 그리고 넘쳐 나는 무사들 사이에서 선발한 신입 대원들을 훈련시키고 무장시키는 한편, 그들에게 주거를 제공했다. 창립 당시 신타로의 명부에는 59명의 대원들이 등재되어 있었다. 일본 각지에서 모여든 이들 중에는 조상 대대로 내려오는 도쿠가와 가문의 연고지인 미카와(三河) 출신도 있었다. 료마의 원시적인 해군 부대가 가졌던 것과 유사한 규율이 제정되었고, 신타로는 절대적 지휘권을 장악했다. 부지휘관은 다나카 고켄(田中光顯)이었다. 도사 번은 리쿠엔타이에 자금을 지원했고, 당시 교토에 주재하고 있던 사사키 다카유키는 자신의 시라카와(白河) 관사를 본부로 제공했다. ▪64

이 무렵 도사 번에서 군대를 총괄하고 있던 이타가키 다이스케는 정규군 부대의 전투력을 꾸준히 강화시켜 나가고 있었다. 그는 서양식 무기와 군사 훈련을 바탕으로, 자의식과 계급 의식이 강한 무사 집단을 능률적인 군부대로 개편하려는 시도를 해 나갔다. 유신 전쟁에서 도사 번의 군대가 두각을 나타낸 데는 그가 기여한 바가 컸다.

1867년 7월 당시 도사 번은 의견의 합일점을 찾지 못하고 있었다. 군사 분야 전문가로서 실력 행사를 옹호했던 이타가키 다이스케와 나카오카 신타로는 조슈 번과 사쓰마 번이 거병할 것을 기대했으며, 여기에 가담할 준비도 하고 있었다. 반면 협상과 평화적 수단을 선호한 사카모토 료마와 고토 쇼지로는 게이키에게 퇴진을 권고하는 안을 제시함으로써 전쟁을 일으키려는 계획을 유보시키는 데 성공했다. 쇼군에게 퇴진을 권고할 인물인 야마우치 요도는 쇼군이 권고를 거부할 경우 따라야 할 노선을 정하지 못하고 있었다. 사쓰마와 조슈의 지도자들은 조급해했고, 이러한 상황 속에서 새로운 국제적 사건이 일어나 일시에 사람들의 이목을 끌어모은 것은 도사 번에 여러모로 이점을 가져다주었다. 이는 료마의 가이엔타이에도 이익이 되는 사건이었다.

이카루스호
사건

1867년 8월 5일, 영국 군함 이카루스(Icarus)호의 수병 로버트 포드(Robert Ford)와 존 허칭스(John Hutchings)가 나가사키의 마루야마(丸山) 유곽에서 살해당했다. 영국 영사 마커스 플라워스(Marcus Flowers)가 급히 실시한 예비 조사에 따르면, 가이엔타이 소속 선박인 요코부에마루(橫笛丸)가 그 다음날 아침에 출항했다가 같은 날 늦은 시간에 되돌아왔다. 이날 도사 번 선박이 나가사키를 출항했고, 이를 근거로 플라워스는 용의자들이 고치로 되돌아가기 위해 항구 밖에서 도사 번 선박에 탑승한 것으로 추정했다. 가이엔타이 대원들은 주색을 몹시 밝히는 것으로 알려져 있었고, 살해 사건이 일어난

날 밤에도 대원들 여러 명이 유곽에 갔다. 플라워스가 살인범이 도사 번 출신이라고 결론 내린 것도 무리는 아니었다. 바로 직전까지도 양이 사건이 이어진 탓에 신경을 곤두세우고 있던 막부는 애초부터 영국이 제시한 증거에 이의를 제기할 생각이 없었다. 오히려 이를 더 이상 신뢰할 수 없는 일본 남서부의 웅번들이 벌이고 있는 공작을 좌절시킬 절호의 수단으로 삼을 심산이었다. 막부의 외국부교(外國奉行)는 해리 파크스 공사와 함께 고치에 가서 야마우치 요도와 직접 문제 해결을 위한 담판을 벌이자는 제안에 동의했다. 이로써 가고시마와 시모노세키에서의 포격 사건에 이어 이번에는 고치가 양이 활동에 따른 직접적인 응징을 받을 대상이 될 것으로 여겨졌다. ▪65

고치의 도사 번 지도부는, 교토에 있는 사사키 다카유키 및 그와 동행했던 오메쓰케 한 명을 서둘러 소환했다. 사사키 다카유키는 막부 관리와 대화를 나누던 중, 영국이 제시한 정황 증거를 막부 측이 그대로 수용하려는 태도를 확인하고는 경악을 금치 못했다. 그는 자기 번이 죄를 뒤집어쓰게 된 데에 분개했으며, 도사 번 사무라이 전원이 외국인을 살해하지 말라는 명령을 따르고 있다고 해명했으나 아무런 효과도 거두지 못했다. 그는 고치로 돌아갈 때 막부나 영국이 제공한 선박의 이용을 거부했고, 도사 번 선박이 없었기 때문에 사이고 다카모리에게 고치로 돌아갈 수 있게 도와달라고 요청했다. 사이고 다카모리는 그를 위해 즉시 선박 한 척을 수배했다. 그는 사사키 다카유키에게 사쓰마 번도 과거 비슷한 어려움에 처한 적이 있으며, 막부는 이를 빌미로 외세의 힘을 빌려 번을 공격할 것이라는 조언을 해주었다. ▪66 하지만 1862년에 영국과 대결을 벌였던 가고시마 번 사무라이들과는 달리, 사사키 다카유키 일행은 외국과의 일전을 감행할 의사가 없었다. 패배는 불 보듯 뻔했다. 악감정을 견뎌 내는 일조차 그들에게는 버거웠다. 나가사키에서 고토 쇼지로가 끌어 쓴 가이세이칸(開成館)의 부채액 대부분은 영국 회사인 알트 상회에서 나온 것이었고, 영국을 적으로 돌리는 것은 극히 어리석은 일이었다.

사사키 다카유키를 태운 배가 도사로 출항할 준비를 하고 있던 어느 날 밤, 또 다른 선객이 배에 올랐다. 부하들이 살인 사건에 연루된 사카모토 료마였다. 그는 1862년 탈번한 이후 처음으로 귀향길에 올랐다. 그의 신분은 여전히 불확실했다. 사면을 받기는 했지만 번으로 귀향하도록 허락받은 것은 아니었다. 사사키 다카유키가 설명했듯이 그는 공식적으로 상륙할 수도 없었고, 옛 근왕당 동지들의 환대와 추앙을 받을 수도 없었다. 하지만 두 가지 결정적인 이유로 그는 도사행을 허락받을 수 있었다. 한 가지는 이 사건에 가이엔타이가 연루되어 있는 만큼 그의 발언과 조사가 필요하다는 것이었다. 또 다른 이유는 마쓰다이라 슌가쿠가 야마우치 요도에게 보내는 친서의 전달을 그가 부탁받았기 때문이었다. 슌가쿠는 요도의 곤경에 공감을 표하면서도, 외국과의 불필요한 마찰을 피하고 설령 용의자를 밝혀내지 못하는 한이 있어도 영국과 최대한 빨리 타협을 볼 것을 권고했다. 요도는 이 제안을 보고 분노하여 결국 거절하고 말았다. ▪67

두 사람을 태운 선박은 고치 서쪽에 위치한 항구인 스자키(須崎)에 입항했다. 스자키 항은 고치 항보다 수심이 깊었다. 사사키 다카유키는 료마의 신변을 걱정했다. 그는 "이 무렵, 번 지도부의 친막부 분자들은 탈번자들에게 몹시 적대적이었다. 우리는 그러한 적개심이 어떤 식으로 표출될지 전혀 예측할 수 없었다."라고 기록했다. 다행스럽게도 다카유키가 요도에게 보고를 올리기 위해 고치에 가 있는 동안, 료마는 친분이 있는 도사 번 소속 함선의 함장에게 신변을 의탁할 수 있었다. 이는 예전에 료마가 누나에게 호언했던 고향으로의 개선과는 거리가 먼 형국의 귀향이었다. 료마는 가족들을 만나지도 못했다. 그가 보낸 편지에는, "비밀 교섭으로 몹시 바쁜 탓에 만나 보

지도 못하겠네요."라는 기록이 남아 있다. ▪68

영국과의 교섭이 진행되는 가운데, 이타가키 다이스케와 그가 지휘하던 신식 군대는 또 다른 근심거리가 되었다. 이타가키 다이스케가 휘하 부대를 장악하여 훈련하는 모습은 마치 그가 외국인 공격을 계획하고 있는 것처럼 비쳐질 소지가 있었고, 실제로 그가 그러한 계획을 꾸미고 있다는 소문이 한동안 돌기도 했다. 하지만 고토 쇼지로 등이 이에 대해 주의를 주자, 그는 신식 군대의 훈련은 막부에 대항하기 위한 것이지 영국을 적대시하려는 것이 아님을 보증해 주었다. ▪69

영국 측은 이후 이어진 담판에서 자신들의 주장을 입증하지 못했다. 이때 해리 파크스가 도사 측 수석 대표의 한 사람이었던 고토 쇼지로를 향해 울분을 터뜨린 것은 꽤나 유명한 일화이다. 어니스트 새토는 자신의 상관이 중국에 체류했을 때에도 이러한 좋지 못한 습관을 보인 적이 있다며 사과했고, 훗날 고토는 파크스에게 이와 관련된 사정을 해명했다. ▪70 하지만 얼마 되지 않아 영국 측은 살인범이 도사 번 출신임을 입증할 아무런 증거도 갖고 있지 않다는 사실이 밝혀졌다.

결국 관련된 논의와 수사를 진행할 장소를 증인 확보가 더 용이한 나가사키로 옮긴다는 최종 결정이 내려졌다. 그리고 일단의 관리들이 원래 슈일린 (Shooeyleen)호라는 이름의 도사 번 선박 유가오마루에 승선하여 스자키 항을 출항했다. 사사키 다카유키는 도사 번의 대표 자격으로 유가오마루(夕顔丸)에 올랐고, 영국 측의 이해관계를 대표할 인물로는 새토가 지명되었다. 료마도 9월 9일에 닻을 올린 이 작은 기선에 승선했다. 스자키에서 나가사키까지 가는 데는 사흘이 걸렸다. 항해하는 동안 내내 불쾌한 기분을 떨쳐 버리지 못했던 새토는 불운하게도 그 배에 료마가 동승해 있다는 사실을 눈치채지 못했다. 그는 이때 받은 인상을 다음과 같이 묘사했다.

형편없는 음식에 더러운 선실, 찜통 같은 더위, 뚱한 동승자들, 나는 몹시도 피로하고 지쳐 있었기에 이 모든 것들을 그저 말없이 지켜볼 뿐이었다. '슈일린'호의 보일러는 낡았고, 우리는 시속 2노트의 속도로 항해했다. 다행히 날씨는 좋았지만, 그랬기에 망정이지 날씨라도 나빴더라면 목적지에 도착하지 못한 채 바닷속에 가라앉았어도 전혀 이상하지 않을 정도였다. [71]

사사키 다카유키의 기록도 이와 별반 다른 점이 없다. 그는 료마가 함께 시모노세키에 내려서 자신의 처 오료를 만나러 가자는 제안을 했다고 기록했지만, 이외에 유가오마루 선상에서 어떤 대화가 오갔는지에 대한 구체적인 기록은 남기지 않았다. [72]

유가오마루가 나가사키에 접근했을 때, 료마는 사사키 다카유키에게 범인 체포에 도움이 될 만한 정보를 제공하는 자에게 현상금을 제공하자는 제안을 했다. 이는 받아들여졌지만, 즉각적인 효과를 거두지는 못했다. 도사번 출신자가 범행을 저질렀다는 증거는 없었고, 결국 10월 4일이 되자 영국과 막부는 도사 번에 대한 고발을 철회했다. 사건은 한 해가 지나서야 해결되었다. 사건의 실상은 어느 후쿠오카 번 무사가 두 영국 수병을 살해한 뒤 자결한 것으로 밝혀졌다. [73]

이카루스호 사건의 수사가 진행되는 과정에서 료마와 사사키 다카유키는 사이 좋은 친구가 되었다. 사사키의 회고록에는 료마가 새로운 구상과 전술에 대해 높은 관심을 가졌음을 보여 주는 내용이 언급되어 있다. 두 사람은 쇼군 퇴진 후에 설립될 합의 기구에 관한 구상에 대해 논의했고, 신정부에 에치젠의 유리 기미마사(由利公正)를 등용하기 위한 노력이 필요함에 동의했다. 이 점에서 가쓰 린타로 밑에서 맺어 온 료마의 인간관계가 또다시 빛을 발했다. 료마가 막부의 의표를 찌르기 위한 별의별 이상한 수단까지 활용할 준비가 되어 있음을 확인한 사사키 다카유키는 놀라움을 금치 못했다. 1865년 나가사키에서는 우라카미(浦上)의 천주교 신자들이 참가하는 천주교 미사가 열렸다. 이들은 수백 년에 걸친 에도 막부의 탄압과 박해를 이겨 내고 살아남은 신도들이었다. 료마는 천주교를 막부에 대항할 수단으로 활용할 가능성에 착안했다. 사사키 다카유키는 이와 관련된 료마의 발언을 다음과 같이 기록했다.

> 우리가 사쓰마, 조슈 번과 함께 꾸미고 있는 계획이 실패한다면, 대중을 선동하기 위해 천주교를 이용해야 할걸세. 이로 인한 혼란은 막부를 주저앉게 만들걸세.

이와 같은 기록은 료마가 에도 막부와 마찬가지로 천주교를 혹세무민하는 위험한 가르침으로 간주했음을 일러 주는 자료이기도 하다. 하지만 이러한 발언은 사사키 다카유키에게는 충격으로 다가왔다. 그는, 무력으로 막부에 맞서는 것은 대안이 될 수 있지만 천주교의 경우에는 문제를 매듭지을 대안이 될 수 없다고 료마에게 대답했다. 천주교의 해악은 오래도록 이어질 것이며, 장기적으로는 막부보다도 더 나쁜 것이라는 주장이었다. 그는 나라의 기초는 신도(神道)가 되어야 하며, 이에 대한 보완책으로 유교적 이념을 도입해야 한다고 주장했다. 하지만 그는 목적과 수단을 구분해야 한다는 료마의 논리를 꺾지 못했다. ■74

이후 사사키 다카유키는 도사 번의 나가사키 주재소의 책임자가 되었다. 그리고 료마와 이와사키 야타로는 가이엔타이 및 번 직영 상단을 운영하기 위해 그와 협력해야 했다. 사사키 다카유키의 회고록에는, 료마와 그의 부하들이 비록 적잖은 골칫거리이기는 했지만 야타로보다 료마를 더욱 높게 평가했음이 분명히 드러나 있다. 사사키 다카유키는 애초부터 고토 쇼지로의 가이세이칸을 존재 가치가 없고 낭비를 초래하는 기관이라며 반대해 왔다. 정치적 목표를 중시한 고토 쇼지로는 재정적인 부분을 무시한 측면이 있었지만, 이와사키 야타로의 성향은 그와는 달랐다. 야타로는 번의 장부를 정리하는 일이 바로 자신의 임무라고 생각했다. 그는 료마에게 지원하는 것을 그다지 내켜 하지 않아 료마가 원하는 만큼의 원조를 해 주지 않았고, 개인적으로는 가이엔타이를 세운 이 거친 사나이를 싫어했다. 고토 쇼지로의 방탕함을 반대했던 사사키 다카유키는 이제 이와사키 야타로가 무사가 아닌 상인처럼 행동한다고 생각하게 되었다. 훗날 메이지 시대에 접어들어 재계의 거두가 되는 이 합리적 성향의 실업가도, 이 당시에는 업무상의 이유로 인간적인 관계가 좋지 않았던 이 단순하고 솔직한 성격의 근왕주의자와 계속해서 접촉할 수밖에 없었던 것이다. ■75

한편, 가이엔타이는 사사키 다카유키에게 수많은 문제점을 안겨다 주었다. 가이엔타이는 명목상 도사 번의 조직이었지만, 일본 전역에서 몰려든 낭인들을 구성원으로 하고 있었다. 이들은 나가사키에서 악명이 자자한 자들이었다. 가이엔타이는 만성적인 부채에 시달렸고, 재정적인 성과는 거의 거두지 못했으며, 번의 재정을 지속적으로 갉아먹는 존재이기도 했다. ■76 료마가 보낸 서신에는 이 조직이 직면해 있던 문제점이 여실히 드러나 있다. 어느 날 료마는 조슈의 친구에게 편지를 보내, 자기 부하 중에서 일자리를 찾지 못한 자들을 고용할 용의가 없는지 물어보았다. 또 한때는 친구이자 후원자인 나가사키 상인 고소네 에이시로에게 서신을 보내야 할 상황에 처하기도 했다. 고소네는 오사카의 막부 관리들로부터 서신을 건네받아 나가사키의 막부 관리들에게 전달했던 것이 발각되어, 시모노세키에서 첩자로 몰려 체포된 터였다. 료마는 조슈 번의 지인들에게, 고소네 에이시로는 가이엔타이의 대의를 가슴 깊이 공감하고 있는 만큼 자신에게도 버팀목이

되는 인물이라는 보증을 해 주었다. ■77

료마의 가장 큰 관심사는 정치였지만, 1867년 가을에는 가이엔타이를 통해 여러 사업에 뛰어들 수 있는 기회를 포착했다. 그는 다나베 번(田邊藩)⁺⁷을 상대로, 가이엔타이 측이 다나베 번의 산물을 나가사키로 운송 매각하고 나가사키에서 다나베 번에 필요한 산물을 구입한다는 내용의 계약을 체결했다. 계약서에 언급된 대로 가이엔타이 측은 다나베 번이 자신의 특산물을 구매할 수 있도록 차관을 제공할 용의가 있었으며, 또한 번이 필요로 하는 서양 상품을 매입해 달라는 요청도 받았다. 그 직후 번 특산물 매입 자금 명목으로 500냥의 금액이 다나베 번 대표단에게 건네졌다. ■78

료마의 다음번 사업 대상은 네덜란드 무역상 하르트만(Hartman)이었다. 가이엔타이는 소총 1,300정을 구입하고, 최초 구매 대금으로 4,000냥, 후속 대금으로 2만 냥을 지불한다는 안에 합의했다. 여기서 주목할 점은 계약금의 지급 주체가 도사 번이 아닌 사쓰마 번이었으며, 오사카의 거래소에서 대출을 받기 위해 나가사키 상인 한 명이 사쓰마로 향했다는 사실이다. 사사키 다카유키 또한 도사 번의 비공식 보증인 자격으로 이 문서에 조인했다. 이렇게 대출받은 사쓰마 번의 자금은 다나베 번과의 계약 이행을 위해 지출된 500냥의 금액을 메꾸는 데 사용되었다. 이러한 사실을 통해 료마는 제한된 자본으로 엄청난 이익을 만들어 낼 능력을 가진 인물이라는 사실을 스스로 생생하게 확인할 수 있었다. ■79

료마가 소총을 구입한 목적은 도사 번 지도부에 자신의 사면에 대한 감사의 의미로 이를 기증하기 위해서였다. 사사키 다카유키가 도사 번을 대신하여 지급 보증을 해 주었다는 점에서, 이는 기민한 상업적 감각을 보여 주는 또 하나의 사례로 이해될 수 있다. 사쓰마 번은 소화기(小火器)의 보급이 교토에서 자번 군사들과 합류할 도사 번 병력의 전투력을 증강시킬 것으로 판단했기 때문에, 차관에 대한 보증을 기꺼이 서 주려 했던 것이다.

이러한 종류의 활동들은 상업 활동을 어떤 식으로 조직할 것인가에 대한 새로운 논의를 불러일으켰다. 료마의 수하였던 무쓰 무네미쓰(陸奧宗光: 1894년에 일본 외무대신이 되는 인물)가 1867년 여름에 작성한 문서에는 이러한 사실이 아주 잘 드러나 있다. 그는 이 문서에서, 서양에서는 선박의 적하물에 대해 단지 그 중량에 대응하는 운임을 매기고 운항의 안전을 보증하는 합리적인 제도를 갖고 있음에 비해, 일본의 제도는 선주가 계약상 주어진 것 이상의 이익을 취할 것이라는 전제하에 화물주에게 화물의 가치에 상응하는 비용을 지불하도록 규정하고 있다고 언급했다. 무네미쓰는 가이엔타이가 서양의 제도를 도입해야 한다고 생각했다. 또한 일본이 서양과 마찬가지로 유한 책임 회사 형태의 상사 또는 회사를 만들어야 한다는 생각을 갖고 있었다. 그는 이렇게 함으로써 가이엔타이의 활동 영역이 일본 전역으로 확대될 수 있다고 보았다. 나아가 선박의 선장들이 큰 이윤을 가져다줄 기회를 제대로 활용할 수 있도록 그들에게 더 많은 책임과 권한을 부여할 필요가 있다는 논의를 전개해 나갔다. 마지막으로 그는, 가이엔타이의 조직은 군사와 상업 분야를 각각 관장하는 상충되지 않는 두 개의 분야로 분리될 필요가 있다는 구상을 했다. 그는 이를 통해 가이엔타이가 더욱 상거래에 집중함으로써 보다 성공적인 운영으로 이어지리라고 내다보았다. ■80

이러한 과정을 통해 료마와 그의 동지들은 정치 및 상업 분야에서 모범이 되고 적용할 가치가 있는 서양의 사례들을 받아들일 수 있었다. 보다 합리적인 사회 질서가 마련된다면 더 많은 이윤과 성장을 가져올 가능성을, 착수해 놓은 사업들에서 확인할 수 있었다.

하지만 거듭 강조하건대, 료마와 무네미쓰는 자신들의 힘만으로 시대의 물결 속에 서 있을 수 있는 처지가 아니었다. 1867년 여름 에도 막부는 유한 책임 회사의 설립을 허가한다는 결정을 내리면서, 관영 조합의 조합원들에게만 대외 무역을 허락하는 기존의 방침을 폐기하였다. ■81 정치적·외교적 위기들로 이러한 계획과 결정들이 즉각적으로 이행되지는 못했지만, 막부 내부나 그들의 적대 세력을 막론하고 서양의 사례에 대한 호기심과 감탄이 확연하게 나타났다는 사실만은 부인하기 어렵다.

1867년 여름 몇 개월은 에도 막부의 운명에 중대한 전환이 일어난 시기였다. 교토에서 열린 제후 회의는 막부 결정의 지지를 얻어 내기 위한 이 같은 종류의 노력이 더 이상 성공을 기대하기 어렵다는 사실을 입증했다. 게이키가 쇼군 직을 잘 수행할지도 모른다는 근왕파의 우려는 그를 권좌에서 몰아내려는 열망으로 변해 갔다.

사카모토 료마와 고토 쇼지로는 평화적 해결을 위한 강령을 마련했고, 이는 비록 일시적이기는 했지만 실력 행사에 나서려는 계획을 유보시키기도 했다. 야마우치 요도가 이 강령의 의미를 받아들이기를 주저하는 사이, 새로운 국제적 위기는 분열된 상태로는 위기에 대처할 수 없다는 사실을 일본의 모든 계층에 상기시켜 주었다.

이러한 시대로 접어들면서, 사카모토 료마와 같은 인물들이 맡아야 할 역할은 큰 폭으로 변화해 갔다. 음모와 비밀이 지배하던 시대는 이제 공식적인 동맹과 수뇌부 간의 협상이 지배하는 시대에 길을 내주었다. 자유롭게 활동하던 낭인들의 존재는 동맹이 성사된 작금에 이르러서는 더 이상 필요가 없어졌다. 왜냐하면 번들의 이기심이 시대가 요구하는 동기와 원동력으로 작용했기 때문이다. 이를 간파한 료마는 출신지인 도사 번에서 자신의 새로운 입지를 구축하려 했으며, 고토 쇼지로의 전폭적인 지원을 이끌어 내는 데 성공했다. 하지만 이제는 도사 번 자체가 사쓰마 번과 조슈 번의 전쟁 계획이 드리운 그림자에 가려지는 형국에 처했다. 료마가 유신 정국의 마지막 무대의 중심에서 퇴장함은 피할 수 없는 수순이었다.

|미주|

1. 5월 10일자로 발송된 편지. 岩崎英重(編), 『坂本龍馬關係文書』, Ⅰ, 256.

2. 『坂本龍馬關係文書』, p.247.

3. 平尾道雄, 『海援隊始末記』, pp.193f.

4. 平尾道雄, 『海援隊始末記』, pp.198-199. 항해 일지를 넘겨주면서 함께 보냈던 료마의 편지는 다음 문헌을 참조할 것. 『海援隊始末記』, p.270. 이 사건의 전반에 관한 기록 일람(손해 배상 교섭안과 청구서를 포함한)은 다음 문헌을 참조할 것. 『坂本龍馬關係文書』, Ⅰ, 257f.

5. Dan F. Henderson, "Patterns and Persistence of Traditional Procedure in Japanese Law", un-published doctoral dissertation(University of California, Berkeley, 1955), 514pp.

6. 『坂本龍馬關係文書』, Ⅰ, 270, 294.

7. 平尾道雄, 『海援隊始末記』, p.200.

8. 『海援隊始末記』, p.201.

9. 『坂本龍馬關係文書』, Ⅰ, 287, 292.

10. 『坂本龍馬關係文書』, p.296.

11. 『坂本龍馬關係文書』, p.288. 손해 배상액은 나중에 7만 냥으로 줄어들었다. 몇몇 연구자들은 이와사키 야타로가 이 금액을 개인적인 용도로 유용했다는 주장을 제기했다. 다음 문헌은 이러한 주장의 대표적인 사례이다. 岩井良太郎, 『三菱コンツェルン讀本』(東京, 1937), pp.71-72. 하지만 다음의 연구들은 이러한 주장을 반박하고 있다. 平尾道雄, 『海援隊始末記』, p.204; 田中惣五郎, 『岩崎彌太郎傳』, p.68.

12. 平尾道雄, 『海援隊始末記』, p.189.

13. 『坂本龍馬關係文書』, Ⅰ, 276.

14. 다음 문헌은 이와사키 야타로가 떠안은 부채의 총액이 43만 1,251냥이며, 이 중에서 알트 상회에 대한 채무액이 18만 냥이었다고 언급하고 있다. 田中惣五郎, 『岩崎彌太郎傳』, p.66. 하지만 이 문헌에 언급된 자료는 신빙성에 문제가 있으며, 부채액은 잘못 기록된 것으로 판단된다. 다음 문헌은 도사 번의 총 외채액을 18만 냥으로 기록하고 있으며, 이와 관련해서 제9장의 내용도 참조할 것. 平尾道雄, 『維新經濟史の研究』, p.31.

15. 다음 문헌에 따르면, 고토 쇼지로는 가신들에게 녹봉의 절반에 해당하는 액수의 세금을 부과해 그 수입으로 자신의 과소비를 충당할 정도였다. 佐々木高行, 『勤王秘史: 佐々木老侯昔日談』, p.377. 다음 문헌은 고토 쇼지로의 개인적 취향과 소비의 실상을 상세히 기록하고 있다. 岩井良太郎, 『三菱コンツェルン讀本』, p.56.

16. 田中惣五郎, 『岩崎彌太郎傳』, p.85.

17. 五代龍作(編), 『五代友厚傳』, p.92.

18. 澁澤榮一, 『德川慶喜公傳』, Ⅲ, 385.

19. 『德川慶喜公傳』, pp.401-404.

20. 『德川慶喜公傳』, pp.372-375.

21. 『德川慶喜公傳』, p.410.

22. 『德川慶喜公傳』, pp.358-360. 1867년 여름 막부 측이 조정에 야마시로 일대의 연공을 제시한 것은 이러한 노력의 절정이라고 할 수 있다.

23. 이와쿠라 도모미가 남긴 기록물을 통해 그의 사상이 발전된 과정을 효과적으로 파악할 수 있으며, 해당 기록물은 다음 문헌에 수록되어 있다. 多田好問, 『岩倉公實記』, I, II(東京, 1927); 史籍協會(編), 『岩倉具視關係文書』, I(東京, 1927). 다음 문헌은 앞의 두 문헌을 요약하고 이를 범주화하였다. 德富猪一郎, 『岩倉具視公』(東京, 1932). 한편 이와쿠라 도모미의 정치 의식 발전을 보여 주는 담화들은 다음 문헌에 수록되어 있다. 尾佐竹猛, 『明治維新』, III, 736f; 『維新史』, IV, 569-584ff.

24. 다음 문헌에는 이 당시 돌았던, 고메이(孝明) 천황이 막부의 사주로 독살되었다는 소문에 대한 자료가 수록되어 있다. 佐々木高行, 『勤王秘史: 佐々木老侯昔日談』, p.366. 고메이 천황은 막부의 정책에 반대했던 것으로 짐작되며, 따라서 그의 죽음은 막부의 명분을 세우는 데 도움을 주었다고 할 수 있다. 하지만 후속 연구들은 그의 죽음이 막부에 명백한 손해였다고 밝혔다. 그리고 일본에서 양이의 기운을 일깨운 것이 '공식적'인 과거사에 해당한다는 것은 상당히 흥미로운 일이기도 하다. 몇몇 문헌들은 이와쿠라 도모미가 고메이 천황 독살에 가담했음을 '폭로'하고 있으며, 이에 대해서는 다음 문헌을 참조할 것. 蜷川新, "維新史にこれだけウソがある−歷史にはもっと本当の事を書かねばならぬ", 『文芸春秋』(昭和 27年 8月号), pp.158-166.

25. Lord Redesdale, *Memories by Lord Redesdale*, I (New York, n.d.), 394; Ernest Satow, *A Diplomat in Japan*, p.200.

26. 澁澤榮一(編), 『德川慶喜公傳』, III, 436.

27. 大塚武松, "仏国公使 レオン・ロッシュの政策行動に就いて", 『史學雜志』; 本庄栄治郎, "レオン・ロッシュと幕末の庶政改革", 『幕末の新政策』(東京, 1935), pp.178-214. 이 내용은 다음 문헌에 영역되어 있지만, 음력 날짜를 양력으로 변환하는 문제를 간과한 탓에 날짜 표기는 모두 오역이 되어 버렸다. "Leon Roches and Administrative Reform in the Closing Years of the Tokugawa Regime" in *Kyoto University Economic Review*(July 1935), pp.35-53. 한편 다음의 두 문헌도 이와 관련한 유용한 내용을 담고 있다. 澁澤榮一(編), 『德川慶喜公傳』, III, 436-464; 石井孝, 『明治維新の國際的環境』, pp.576f. 나가이 나오무네(永井尙志: 1816∼1891)는 가쓰 린타로와 마찬가지로 서양의 문물 및 제도의 도입을 주장하는 세력의 핵심 인물이었으며, 메이지 신정부에서도 공직을 이어 나갔다. 오와리(尾張) 번주의 아들로 태어나 하타모토(旗本) 가문의 양자로 들어갔으며, 나가사키에서 네덜란드인들에게 항해술을 배운 다음 해군부교와 오메쓰케(大目付)를 거쳐 조정 관련 업무를 담당하는 직책에 임명되었다. 이러한 그는 에도 막부가 종말을 고하는 시기에 중요한 역할을 맡았던 것이다. 사토 신엔(佐藤信淵: 1769∼1850)의 중앙 집권화된 통일 정부 구상은 막부의 개혁안에 영향을 준

전통 사상 중에서도 가장 중요성이 높은 것이었다. 다음 문헌은 이에 대한 논의를 영역하여 수록하고 있다. R. Tsunoda, W. Theodore de Bary, D. Keene, eds., *Sources of the Japanese Tradition*(New York, 1958). 한편 막부 말기 그의 영향력은 다음 문헌에 관련 내용이 수록되어 있다. 石井孝, "佐藤眞圓 學說 實踐の企圖", 『歷史學硏究』, 222(1958), pp.1-10.

28. 로슈 공사에 따르면 이타쿠라 가쓰키요는 그 이전에도 외국 외교관 전원에게, 다이묘들에게 발송하는 회람 문서의 사본을 전달했다고 한다(원문 기록: "la plus entière libertéest garantie a tout sujet japonais que désirera commercer avec les étrangers dan les trois ports ouverts"). 그리고 그는 열성적으로 보고할 수 있었다(원문: "Monsieur le Ministre, chaque jour apporte une nouvelle preuve des bonnes dispositions du Gouvernement Japonais ànotre égard"). *Affairs Etrangèrs: Documents Diplomatiques*(Paris: Imprimérie Imperiale, 1867), pp.357, 358.

29. 尾佐竹猛, 『明治維新』, Ⅲ, 955-958. 니시 아마네의 이후 행적은 다음 문헌에 언급되어 있다. Roger F. Hackett, "Nishi Amane—A Tokugawa—Meiji Bureaucrat", *Journal of Asian Studies*, XVⅢ, 2(February, 1959), pp.213-225.

30. Ernest Satow, *A Diplomat in Japan*, p.182.

31. *A Diplomat in Japan*, p.198.

32. 『大西鄕全集』, Ⅰ, 813-815.

33. 澁澤榮一(編), 『德川慶喜公傳』, Ⅲ, 465-466. 보다 상세한 내용은 다음 문헌을 참조할 것. 『德川慶喜公傳』, Ⅲ, 761-763.

34. *A Diplomat in Japan*, p.184.

35. 『德川慶喜公傳』, Ⅲ, 387-388.

36. 『維新史』, Ⅳ, 530-536; 『德川慶喜公傳』, Ⅲ, 404f.

37. 『德川慶喜公傳』, Ⅲ, 436, 486; 『維新史』, Ⅳ, 627; 石井孝, 『明治維新の國際的環境』, pp.576f.

38. *A Diplomat in Japan*, p.200.

39. 『維新史』, Ⅳ, 629.

40. 일본의 현실을 서구에 대등할 정도로까지 발전시켜야 할 필요성을 강조했다는 점에서 게이키의 요청은 주목할 가치가 크다. 그는 이러한 변화를 '자연의 섭리'로 간주했고, '과거의 악습'을 일소할 필요성을 강조했다. 그는 "오래지 않아 우리 나라의 군사적 위상은 더욱 커지고 발전할 것이다."라고 기록했다. 이러한 점에서 쇼군이 가졌던 안목과 그가 스스로의 언동을 통해 주장한 가치들은 훗날 메이지 정부의 그것과도 상통한다고 할 수 있다. 이상의 내용은 다음 문헌에 번역, 수록되어 있다. Beasley, *Select Documents*, pp.308-309.

41. 원문은 다음 문헌에 번역, 수록되어 있다. *Select Documents*, pp.310-312.

42. 『坂本龍馬關係文書』, Ⅰ, 251, 270. 후쿠오카 고테이가 나가사키에 파견되어 료마를 공식 사면하는 동시에 가이엔타이의 수장으로 임명한 것은, 사이고 다카모리가 도사에서의 용무

를 마치고 귀환한 직후였다.

43. 佐々木高行, 『勤王秘史: 佐々木老侯昔日談』, p.383. 개국의 필요성을 여전히 받아들이지 못하고 있던 조슈 번 근왕파와 시나가와 야지로 또한 효고 항 개항의 필요성을 주장하는 사이고 다카모리에 대해 이러한 종류의 반감을 표출했다.

44. 다테 무네나리는 사이고 다카모리의 의도를 빗나가게 하려고 시도했지만, 다카모리에게 는 어렵지 않은 시험이나 마찬가지였다. 나카오카 신타로는 다음과 같이 기록했다. "번주(다테 무네나리)께서는 '기치노스케, 그대는 교토에 사모하는 여인이라도 두고 있는가?'라 고 물었다. 사이고 다카모리는 그렇다고 대답했다. 번주께서 그 여인의 이름이 무어냐고 질 문해 오자, 그는 '설령 제가 나리를 사모한다고 아뢴다 한들 그것이 무슨 소용이겠습니까? 그보다는 나리께 조금이라도 도움이 되는 말씀을 나누고자 합니다.'라고 대답했다." 尾崎卓爾, 『中岡慎太郎』, p.356;『大西郷全集』, Ⅰ, 819.

45. Beasley, *Select Documents*, p.313. 오쿠보 도시미치와 사이고 다카모리는 시마즈 히사미쓰 에게 두 번째 건의서를 올려 '막부를 위하는' 단계에 돌입해야 함을 역설하게 된다. 이는 다 음 문헌에 인용되어 있으며, 반막부 정책이 얼마나 신중하고 점진적으로 이루어졌는가를 여실히 보여 준다. 尾佐竹猛, 『明治維新』, Ⅲ, 834.

46. 『大西郷全集』, Ⅰ, 220-240.

47. 『維新史』, Ⅳ, 658.

48. 앞서 언급한 것처럼 오가사와라 다다하치는 훗날 보신전쟁(戊辰戰爭) 때 이타가키 다이스 케 휘하에서 막부군과 싸웠으며, 아이즈 번과의 전투 중 와카마쓰 성 공략전에서 전사한다.

49. 료마가 이때 에치젠 사무라이와 나누었던 대화는 다음 문헌에 언급되어 있다. 『坂本龍馬關係文書』, Ⅰ, 223-224.

50. 佐々木高行, 『勤王秘史: 佐々木老侯昔日談』, p.419. 나가오카 겐키치(이마이)에 관한 내용 은 다음 문헌을 참조할 것. 寺石正路, 『土佐偉人傳』, Ⅰ(高知, 1914), 222-223.

51. 『坂本龍馬關係文書』, Ⅰ, 297-298. 결론 부분은 문헌에 따라 상이한데, 어떤 문헌에는 "제 후 회의의 대표자가 이를 조정에 보고한 다음, 이를 천하에 공포하도록 한다. 조정의 승인 을 얻어 공포된 후에는 이에 대한 이의를 제기하는 자에 대해서는 지위고하를 막론하고 처 벌하도록 한다."라는 식으로 기록되어 있기도 하다. 문헌에 따라서는, 사카모토 료마는 야 마우치 요도를 '제후 회의의 대표자'로 생각했다고 기록되어 있다. 이러한 경우와 관련해서 는 다음 문헌을 참조할 것. 千頭淸臣, 『坂本龍馬』, p.165.

52. 이 날짜는 나카오카 신타로의 일기를 토대로 한 것이다. 2차 자료들 중에는 날짜가 상이하 게 기록된 것들이 있다.

53. 막부는 히로시마 번에게 조슈 번에 대한 자비로운 사면이 이루어질 것이라는 실마리를 던 져 주라는 요청을 했지만, 히로시마는 막부의 정책을 검토하는 것조차 거부했다.

54. 『大西郷全集』, Ⅰ, 860. 다음 문헌들은 비록 날짜의 오류가 지적되기는 하지만 영문 번역 본을 수록하고 있다. *Saneatsu Mushakoji, Great Saigō, adapted by Moriaki Sakamoto*(Tokyo,

1942), pp.242-245; 德富猪一郎, 公爵山縣有朋傳, Ⅰ(Tokyo, 1933), 774f.

55. 平尾道雄, 『陸援隊始末記』, p.222.

56. 『維新土佐勤王史』, p.1083.

57. 이와쿠라 도모미는 이시다 미쓰나리의 선례에서 볼 수 있듯, 게이키를 압박하여 정치적으로 이용해야 한다는 논의를 전개하였다. 1600년 도쿠가와 이에야스는 이시다 미쓰나리를 앞잡이로 활용하여 자신의 권력 쟁취 계획을 한층 진전시켰다.

58. 흔히 당시의 정치적 상황을 연극 무대로, 그리고 그들의 활동을 연극의 전개로 묘사하는 경우가 많은데, 이는 지사들에 대한 본문과 같은 관점에 토대하는 것이다. 다음의 두 문헌은 이러한 측면을 보여 주는 대표적인 사례라고 할 수 있다. 佐々木高行, 『勤王秘史: 佐々木老侯昔日談』, p.420; 『木戸と坂本, 坂本龍馬關係文書』Ⅰ, 362-364.

59. 平尾道雄, 『海援隊始末記』, p.211. 하지만 다음 문헌에는 사사키 다카유키 또한 이 자리에 참석했다고 기록되어 있다. 『維新土佐勤王史』, p.1090. 사사키 다카유키의 회고록에는 이 사실에 대한 분명한 언급이 나와 있지 않으며, 그는 단지 회담이 열렸다는 사실만 언급하고 있다.

60. 『坂本龍馬關係文書』, Ⅰ, 310-311.

61. 『坂本龍馬關係文書』, Ⅰ, 304.

62. 사이고 다카모리는 병석에 있었던 탓에 이 연회에는 참석하지 못했다. 사사키 다카유키는 연회에 참석하여 분위기를 돋우었다. 도사 번 참석자들은 흥분한 데다가 주최 측인 사쓰마 측이 이들을 조소로 대했던 탓에, 연회의 시작 분위기는 좋지 못했다. 나카오카 신타로는 후쿠오카 고테이에게 사쓰마 번 가로가 자신의 단골 게이샤를 마음에 들어한다고 귀띔해 주었다. 연회 분위기는 그다지 흥청거리지 않았지만, 신타로가 그러한 행동을 하고 나서 연회는 더욱 성공적으로 이루어졌다. 佐々木高行, 『勤王秘史: 佐々木老侯昔日談』, pp.421-423.

63. 「西鄕と山縣」, 『大西鄕全集』, Ⅰ, 860f.

64. 尾崎卓爾, 『中岡愼太郎』, p.260; 平尾道雄, 『陸援隊始末記』, p.250.

65. 다음 문헌은 이와 관련된 대표적인 내용을 수록하고 있음. 平尾道雄, 『海援隊始末記』, pp.216f.

66. 「西鄕と佐々木」, 『大西鄕全集』, Ⅰ, 893; 佐々木高行, 『勤王秘史: 佐々木老侯昔日談』, p.434.

67. Lord Redesdale, *Memories by Lord Redesdale*, Ⅰ, 411. 새토는 다음과 같은 기록을 남겼다. "늙은 요도는 친구로부터 영국이 자국민의 살해 사건으로 분개해 있으니 일을 빨리 수습하라고 권고하는 편지를 받았다는 이야기를 하였다. 그리고 자신은 그러한 충고를 따르지 않겠다고 말했다. 자신의 영지 백성에게 죄가 있다면, 죄를 지은 영지 백성을 처벌하면 그만이라는 것이었다. 하지만 그들이 무고하다면 자신은 그들의 무고함을 분명히 공표하겠다고 이야기했다." p.269.

68. 『勤王秘史: 佐々木老侯昔日談』, p.441; 『坂本龍馬關係文書』, I, 336.
69. 『維新土佐勤王史』, p.1123. 사사키 다카유키는 누군가로부터 막부 측 대표들이 서양식 의복을 착용한다면 이들을 암살하겠다는 제안을 받았지만, 이를 단념하도록 설득한 적이 있었다고 보고했다. p.445.
70. 파크스(Parkes)의 독설에 종종 골머리를 앓던 새토는, 고토 쇼지로가 파크스에게 대항하게끔 부추겼다. "나는 개인적으로 거만한 독설을 습관적으로 내뱉는 상관을 중재하는 일에 신물이 나 있었다. 그랬기 때문에 고토 쇼지로가 파크스에게 항의하도록 부추겼던 것이다. 물론 나는 내가 모신 상관에게는 아무런 도움도 주지 않았다." A Diplomat in Japan, p.266.
71. A Diplomat in Japan, p.271.
72. 『勤王秘史: 佐々木老侯昔日談』, p.453. 새토는 다음과 같은 기록도 남겼다. "도사 번 관리들도 하나둘씩 내렸다. …… 육지에 내린 나는 옛 친구를 찾아보았고, 아주 과묵한 친구인 이노우에 분다(가오루)를 만날 수 있었다." p.271.
73. 훗날 파크스는 야마우치 요도에게 서신을 보내 자신의 오판에 대해 사과했다. 平尾道雄, 『海援隊始末記』, p.233.
74. 『坂本龍馬關係文書』, I, 471-472.
75. 平尾道雄, 『維新経済史の研究』, pp.28-29.
76. 『勤王秘史: 佐々木老侯昔日談』, p.524.
77. 『坂本龍馬關係文書』, I, 324, 344.
78. 계약서 원문은 다음 문헌을 참조할 것. 『坂本龍馬關係文書』, pp.372-376.
79. 계약서 원문은 다음 문헌을 참조할 것. 『坂本龍馬關係文書』, pp.376-379.
80. 『坂本龍馬關係文書』, p.317-324.
81. 이와 같은 무역의 제한과 조정을 위한 시도들은 새토 및 그에 동조하던 일본 남서부 번들의 지사들에게 대외 관계 및 교역에 대한 근본적인 변화의 필요성이 있음을 입증하기 위한 수단으로 이용되었다.

|역주|

1. 과거 일본 조정의 관직 가운데 하나로, 오늘날의 총리에 해당하는 최고위 관직이었으나 조정이 실권을 갖지 못했던 에도 시대에는 유명무실해짐.
2. 에도 시대에 천황의 말을 전파하고 정무상의 의사(議事)를 상주하는 일을 맡았던 일본 조정의 관직.
3. 메이지 천황의 이름. '메이지'는 연호이며, '무쓰히토'가 이름임. 참고로 일본에서는 사망한 천황은 연호(시호)로 호칭하지만, 살아 있는 천황을 연호로 칭하는 것은 결례에 해당함.
4. 오늘날 나가사키 현 중부의 오무라 시(大村市) 일대에 존재했던 번.

5. 오늘날 나가사키 현 서부의 히라도 시(平戶市) 일대에 존재했던 번.

6. 오늘날의 양원제 의회에 해당하는 의정·합의 기구.

7. 일본 와카야마 번(和哥山藩) 일대에 소재했던 번.

제8장 .. **유신**

···▸

이카루스호 사건이 매듭지어질 무렵, 고토 쇼지로는 히토쓰바시 게이키의 쇼군직 퇴진을 주청하는 건의서를 올린다는 계획에 대해 번주의 승인을 받고는 교토로 돌아올 수 있었다. 사쓰마 측이 에도 막부 타도를 위해 거병하기로 한 기한은 이미 지나 버린 터였다. 사쓰마 번은 동맹자인 조슈 번과 새로운 군사 협정을 맺으려 했으며, 조정으로부터 공식 사면을 받은 이와쿠라 도모미는 이 두 번을 지원할 수 있는 위치에 설 수 있었다. 그렇다고 해서 고토 쇼지로가 자신의 계획을 포기한 것은 아니었다. 두 개의 일정과 계획이 동시에 실시되었다. 그 결과 쇼군은 야마우치 요도의 주청을 받아들여 퇴진했으며, 이후 이와쿠라 도모미와 사쓰마 측이 꾸민 책략의 희생자로 전락하고 말았다.

1867년 가을은 혼란으로 점철된 시기였다. 모든 사람들이 거대한 변화가 이루어지고 있음을 인식했으며, 불리한 쪽으로 밀려나기를 원하는 자는 아무도 없었다. 이로 말미암아 당면한 사태의 판단에 관해 첨예한 논쟁이 벌어지면서, 사쓰마 번처럼 명확한 방침을 세워 두고 있던 세력에서조차 의사 결정이 제때에 이루어지지 못했다. 이러한 논쟁으로 도사 번에서는 내부적인 알력이 불거졌고, 히로시마 번의 경우 정책의 흐름이 완전히 뒤틀려 버렸다. 논쟁이 정점에 다다르면 중재자 또는 선동가 역할을 맡은 낭인들의 비중은 줄어드는 법이다. 그래서인지 이 시기에 이루어진 여러 의사 결정에 대해 사카모토 료마는 비교적 온건한 입장을 유지했다. 그럼에도 불구하고 쇼군의 퇴진 이후 출범할 정부와 관련된 료마의 사상은 면밀히 연구할 가치가 있다. 그의 사상은 젊은 시절을 지배했던 봉건주의적 관념, 그리고 그가 살아서 보지 못했던 초기 메이지 시대의 극적인 변혁 사이에 존재하는 막연한 의문점 사이를 연결하는 가교 역할을 하기 때문이다.

···▶

요도의
주청

1867년 7월 마지막 주에 접어들어 고토 쇼지로는 사쓰마 번과 맹약을 체결하는 데 성공했다. 그 내용은 교토로 가던 길에 사카모토 료마와 함께 정리한 정치 강령의 연장선으로, 그는 이 사실을 보고하기 위해 도사 번으로 돌아왔다. 일단 쇼군이 권좌에서 물러난다면, 조정의 이름에 부끄러움 없는 새로운 정부가 수립될 터였다. 정치적 주도권은 유력 봉건 영주 및 구게들을 대표하는 상원, 그리고 '평민까지도' 아우르는 폭넓은 계층을 대표하는 하원으로 구성되는 이원제의 입법부에 주어질 예정이었다. 고토 쇼지로는 이러한 새로운 구상을 토대로, 여전히 일본 전역에서 가장 넓은 영지와 연공 수입을 보유하고 있는 다이묘인 게이키가 신정부 수립 후에도 강력한 영향력을 행사할 것이라고 야마우치 요도에게 설명했다. 그리고 이러한 노력이 실패한다면 파멸적인 전쟁으로 이어질 것이고, 그 뒤에는 강력한 군사력을 보유한 조슈 번과 사쓰마 번이 전쟁 전의 막부가 그랬던 것처럼 권력을 독점하겠지만, 이들은 도쿠가와 가문과는 달리 도사 번을 충분히 배려하지 않을 것이라는 설명도 이어졌다. 고토는 히로시마 번의 지도자들도 이 계획에 동참하기로 합의했으며, 요도가 동의한다면 게이키의 퇴진을 주청하는 건의서는 도사·히로시마·사쓰마 세 번의 연서(連署)로 이루어질 것이라는 내용의 보고를 했다. 나아가 그는, 게이키가 가장 신뢰하는 측근이자 와카도시요리(若年寄)직을 맡고 있던 나가이 나오무네(永井尚志)도 이러한 건의는 쇼군이 정중하게 다룰 것이라고 말했다는 사실 또한 보고할 수 있었다. 고토는 요도와 대화를 나누면서, 도쿠가와 가문의 쇠락이 목전에 다다랐음을 강조했다. 고토는 요도에게 게이키는 퇴진 주청을 받아들일 것이며, 주청안이 그가 신뢰하는 인물로부터 나온다면 더욱 받아들일 가능성이 높다는 사실을 보증했다. 그는 이러한 계획이 도쿠가와 가문에 대한 야마우치 가문의 의리와 조정에 대한 더 높은 책무를 함께 충족시킬 것이라고 주장했다. 고토는 시마즈 히사미쓰와 마쓰다이라 슌가쿠에게서 친서의 전달을 부탁받았는데, 이 친서에는 요도에게 고토의 간청을 받아들여 쇼군에게 건의서를 제출하도록 교토로 돌아와 달라고 권고하는 내용이 담겨 있었다.

잠시 주저한 끝에, 8월 12일 요도는 고토 쇼지로의 제안을 받아들였다. 요도는 이 제안이 명예를 고려하고 신중히 판단한 토대 위에서 이루어진 것이라고 확신하면서 이를 받아들였고, 파괴적인 내전의 발발을 저지할 수 있는 운동의 선봉에 서기를 원했다.

그러나 앞서 언급했듯이, 요도는 도사 번 부대를 맡도록 해 달라는 고토 쇼지로의 또 다른 요청은 거절했다. 고토는 사쓰마 번과 평화적인 수단을 사용한다는 합의를 이끌어 냈으며, 다만 게이키에 대한 설득이 실패할 가능성도 있기에 반막부 세력의 군사력을 증강해 두는 것뿐이라고 주장했다. 하지만 요도는 게이키에게 압력을 행사한다고 여겨지는 것을 원치 않았으며, 휘하 부대의 지휘관들도 완전히 신뢰하지 않았다. 결국 고토 쇼지로는 계획에 동참하는 대가로 사쓰마 번이 제시한 양보안을 얻지 못한 채 빈손으로 교토에 돌아올 수밖에 없었다.

이카루스호 사건은 삿도맹약의 조항들이 완비되기도 전에 터져 버렸다. 도사 번의 결백함은 10월 4일에 가서야 입증되었다. 그때까지 야마우치 요도와 고토 쇼지로는 도사에 머무르면서 해리 파크스와의 교섭을 진행했고, 사사키 다카유키와 사카모토 료마는 나가사키로 파견되어 현지 조사에 임했다. 이 시기에는 맹약에 규정된 방침에 대해 검토하고 논의할 충분한 기회가 있었다. 요도는 결심을 내렸지만, 그의 측근과 해당 방침에 관련된 가신들은 각자의 이해관계 때문에 의견의 일치를 보지 못하고 있었다.

근왕파를 자처하던 자들 가운데 상당수는 전쟁으로 이어지지 않을 계획을 반대했다. 5년 전 근왕 운동을 이끌었던 고시와 쇼야들의 이해관계는 이제 시대에 뒤떨어져 버렸다. 대신에 이들은 고위 관료들의 지지를 받게 되었다. 그중에서도 쇼군 퇴진의 주청을 올린다는 계획에 특히 강하게 반발했던 인물은 이타가키 다이스케였다. 그해 여름 교토 회의에 참석한 요도를 수행했던 그는, 전쟁이 발발하여 도사 번이 사쓰마와 조슈 두 번을 지원하게 될 날이 오기를 열렬히 고대하며 도사로 귀환했다. 미제 소총 수백 정을 입수하고, 이해 여름 내내 군사 훈련에 힘썼다. 자신의 입지에 대한 자신감으로 충만했던 그는, 만일 번주를 설득하지 못한다면 자기 추종자들에게 탈번 후 교토에서 자신과 합류하도록 지시해야겠다는 생각까지 해 둔 터였다. 그의 불편한 심중을 염두에 둔 야마우치 요도는 그를 달래기 위해 오메쓰케 신분으로 승진시키는 한편, 번의 군제 개혁 임무를 맡겼다. 이러한 조치를 통해 요도는 이타가키 다이스케의 열정을 한동안 다른 곳으로 돌리는 데 성공했고, 다이스케는 이카루스호 사건 해결을 위한 교섭이 끝날 즈음까지 도사 번 병력의 근대화 계획을 추진하느라 분주한 시간을 보냈다. [1]

이카루스호 사건이 일단락될 무렵 이타가키 다이스케가 훈련시킨 부대는 실전에 투입될 태세가 완비되었고, 게이키 퇴진 주청안에 대한 그의 반감은 커져 갔다. 그는 특권 박탈 및 영지 삭감 없이 이루어지는 쇼군의 퇴진은 정국에 별다른 변화를 가져올 수 없다고 보았다. 나가사키의 사사키 다카유키와 마찬가지로, 그는 게이키가 쇼군 직에서 퇴진한 다음 신설될 신정부에서 반드시 간파쿠(關白) 직에 임명될 것이라고 고토 쇼지로와 사카모토 료마가 보증했다는 사실을 전해 들었다. 그는 여기에 대해 단호히 반대했다. 결국 요도는 이타가키 다이스케를 군 지휘관의 직책에서 해임해야겠다는 결정을 내렸고, 도사를 떠나 재차 교토로 향하기 전에 그에게 미국 유학을 명했다.[2] 이 명령은 실행에 옮겨지지 못했고, 종국에 군대의 지휘권을 되찾은 이타가키 다이스케는 1868년 막부군과의 전쟁에서 눈부신 활약을 거둔 정예 부대의 지휘관으로 명성을 떨쳤다. 만일 요도가 다이스케를 미국으로 보내려는 뜻을 관철시켰더라면, 훗날 민권 운동 지도자가 되는 이 인물의 생애는 크게 달라졌을 것이다.[3]

쇼군의 퇴진 권고를 무분별한 행동으로 간주했던 다수의 보수파 가신들 역시 요도에 대한 압박으로 작용했다. 그들은 에도 막부가 약체화되었다는 사실을 받아들이지 못하고 있었기에, 그런 주제넘은 행동에 따를 처벌을 우려했다. 9월 17일, 요도는 가신들을 소집하여 쇼군에게 건의서를 제출하기로 결심했다고 통보했다. 그는 서양의 모범을 받아들이는 것은 시대적으로 절실한 과제이며, 이러한 점에서 일본은 이제 진로를 바꾸어야 할 국면에 처했다는 논의를 펼쳤다. 그런 만큼 그는 낡은 막부의 폐지는 중대한 시대적 과제라고 주장했다. 나아가 그는 자신이 선택한 길이야말로 쇼군가의 이익과도 가장 조화로운 대안이 될 것이라고 언급하면서, 자신은 막부를 대상으로 무력을 행사하려는 계획에는 결단코 동의하지 않는다고 가신들 앞에서 확언했다. 이를 통해 요도는 과격 무단파 가신들을 제지하면서 동시에 보수파 가신들을 안심시키는 데 성공할 수 있었다.[4]

쇼군에게 건의서를 제출하겠다는 결단을 내린 요도는 수하의 유학자 마쓰오카 기켄(松岡毅軒)에게 명을 내려 자신과 고토 쇼지로가 계획해 둔 건의서를 글로 작성하도록 지시했다.[5] 건의서의 내용과 용어는 사카모토 료마와 고토 쇼지로가 작성한 선중팔책에 그 뿌리를 두고 있었다. 건의서는 두 부분으로 구성되었는데, 앞부분에는 그의 가신들이 연서한 구체적인 계획들이 수록되었고, 여기에 요도의 개인적인 의견이 이어지는 형태였다.

요도는 먼저 국가가 분열된 작금의 양상이, "우리 나라에는 심대한 환란인 동시에 외국에는 절호의 행운으로, 이는 외국의 입장에서는 그야말로 바라 마지않는 바"라는 사실을 지적했다. 작금의 문제를 초래한 원인과 이유에 대해서는 거의 언급하지 않았지만, 일본의 모든 세력이 협력하여 "자손들과 외국에 부끄럽지 않은" 정부를 수립할 필요성을 적극 강조했다. 그는 중병 때문에 직접 교토에 가지는 못하지만, 그 대신 가신들을 보내 쇼군이 고려하기 바라는 구체적인 건의 사항을 전달한다고 언급했다.

별지에서 요도는 만세불변의 국체를 건설해야 한다는 자신의 신념을 거듭 피력했다. 요도의 가신들은 번주가 이와 같은 구상을 지난 여름에 열린 교토 회의 때부터 가지고 있었다고 설명해 주었다. 그의 제안은 다음과 같은 8개조로 구성되어 있다.

1. 일본 전국을 통치할 대권은 조정이 가진다. 황국의 모든 법령은 교토의 의정소(議政所)에서 반포한다.
2. 의정소는 양원제로 한다. 제후와 구게를 대표하는 상원, 신분이 낮은 가신과 평민들을 대표하는 하원을 설치한다. 상·하원 모두 청렴강직하고 성실한 인물을 의원으로 선발한다.
3. 다양한 연령층을 고려한 학교를 전국 각지에 설립하여, 학문과 기술을 전수케 한다.
4. 외교 문제는 효고에서 처리한다. 공명정대한 이치를 바탕으로 외국과 새로운 조약 체결을 위한 논의를 하며, 이는 여러 번들과의 협의를 기초로 하여 조정 대신이 주관한다. 상거래는 정직을 기초로 이루어지도록 하며, 외국의 신용을 잃지 않도록 한다.
5. 육해군의 창설은 최우선 과제이다. 교토와 셋쓰(攝津) 사이에 군국(軍局)을 설치하고, 친병(親兵)을 조직하여 조정을 경비하게 한다. 우리는 앞으로 세계 최강의 군대를 건설해 나가야 한다.

6. 중세 이래 일본의 정무는 무가(武家)에서 관장해 왔다. 서양 선박이 내항한 후로 나라는 혼란에 빠졌고, 백성들은 빈궁한 생활에 내몰려 왔다. 이러한 점에서 정권의 변혁은 불가피한 과제이다. 과거의 과오는 바로잡아야 하며, 이는 지엽적인 부분의 사소한 개선 정도에 그쳐서는 안 된다. 근본적인 변화가 이루어져야 한다.

7. 조정의 법령과 제도는 유구한 전통을 갖고 있지만, 오늘날 우리가 직면한 국면에 들어맞지 않은 부분이 적지 않음은 당연한 일이다. 시대에 뒤떨어진 폐습을 청산하고 새로운 시대에 걸맞게 나라의 기틀을 세움으로써, 일본을 세계만방에서도 으뜸가는 나라로 자리 잡도록 해야 한다.

8. 국정을 책임질 사대부는 사리사욕을 버리고, 공명정대한 정치를 펴 나가야 할 것이다. 정치를 일신함으로써 사대부는 지난 과오에 얽매이지 않고 앞으로 직면할 사안에 집중할 수 있을 것이다. 사대부는 일본인들의 뜻을 따라야 하며, 권한을 남용해서는 안 된다. ■6

이 문서에는 요도의 소바요닌(側用人)＊1이었던 데라무라 사젠(寺村左膳) 및 고토 쇼지로, 후쿠오카 고테이, 고야마 구니키요(神山郡廉)의 연서가 날인되었다. 건의서는 준비되었고, 고토 쇼지로는 9월 22일이 되어 교토로 향했다. 악천후 때문에 그는 10월 1일이 되어서야 교토에 당도할 수 있었다.

토막 전쟁의
준비

교토에 도착한 고토 쇼지로는 이곳 정국이 극적으로 변화했음을 감지했다. 7월에 그가 교토를 떠났을 때, 사쓰마 번은 게이키 퇴진 건의가 이루어질 때까지 거사를 미루겠다는 태도를 갖고 있었다. 하지만 이후 사쓰마 측은 도사 번이 이번 계획에 참여할 가능성이 희박해졌다고 판단했다. 사쓰마 측은 이카루스호 사건으로 도사 번이 어려움에 봉착했음을 인지하고 있었지만, 도사 번 병력의 교토 파병 계획이 실패할 것으로 예측되자 지난 여름 맺어진 삿도동맹에 더 이상 구속되지 않으려는 태도를 보이기 시작했다. 그들은 계속 거사를 연기함으로써 조슈 번 동지들의 신뢰를 잃게 되는 것을 우려한 한편, 조정의 동지들에게서도 좀 더 강고한 수단을 취해 달라는 요청을 받고 있었다. 또한 영국 외교관들은 프랑스가 막부를 더욱 강력하게 지원할 가능성에 대해 경고했고, 이는 절박감과 위기감을 더욱 고조시켰다.

실제로는 프랑스가 막부를 전폭적으로 지원할 위험은 잦아들고 있었지만, 이러한 우려는 반대로 커져 갔다. 레옹 로슈는 여전히 막부의 지도부에 크나큰 영향력을 가졌고, 그가 막부 관료들과 수립한 여러 계획들로 인해 일본의 대외 무역에서 프랑스가 점하는 비율은 계속해서 증대되어 갔다. 기술이나 병기 분야는 물론 가이세이조(開成所)로 개칭한 막부의 서양 학문 연구소에서 이루어진 외국어 교육에서조차 나폴레옹 3세의 대리인이었던 이 인물의 역량이 생생히 드러났다. 오구리 다다마사(小栗忠順) 등의 막부 지도자들은 여전히 프랑스의 원조가 필요함을 적극적으로 주장하고 있었다. 1867년 여름에 이루어진 도쿠가와 아키타케(德川昭武)의 프랑스 파견, 이어서 같은 해 9월 14일 구리모토 조운(栗本鋤雲) 등으로 구성된 사절단의 파리 도착 등은 막부가 프랑스와의 관계에 얼마나 의존하고 있었는지를 생생히 보여 주는 사례이다.

하지만 로슈는 꼭 필요한 파리 당국의 지원을 받지 못하게 되었다. 에두아르 드루앵 드뤼(Édouard Drouyn de Lhuys) 외무장관이 1866년 가을부로 무스티에 후작(Marquis de Moustiers)으로 교체되면서, 프랑스의 외교 정책도 더욱 신중한 방향으로 선회했다. 프랑스 제국은 멕시코에서 외교적 파국을 맛

488

본 데다가 유럽 대륙에서 프로이센의 영향력이 커짐에 따라 예전만큼 아시아 진출에 신경을 쓰기 어려운 상황이었다. 그리고 로슈에게는 막부와의 우호 관계를 유지하되 유력 다이묘들과도 관계를 소원하게 하지 말라는 새로운 훈령이 내려졌다. 파리의 외무부에서는 이 다이묘들이 쇼군을 대신하여 일본의 지도자로 대두할 가능성도 있다고 보았던 것이다. 프랑스 하원이 외교 정책에 비판을 제기한 것도, 외교 정책이 신중론으로 선회한 또 하나의 원인이었다. 로슈는 이 새로운 훈령에 대해 이의를 제기했고, 막부가 반드시 승리를 거둘 것임을 적극적으로 주장해 나갔다. 그는 열렬한 태도로 게이키의 능력을 극찬하면서, 막부가 적들을 물리칠 수 있도록 전폭적으로 지원하는 것이야말로 프랑스의 국익에 진정으로 도움이 되는 길이라고 주장했다. 그러나 로슈는 일본 공사 자리를 유지하기는 했지만, 상관들을 설득하지는 못했다. 프랑스에 도착한 도쿠가와 아키타케는 어이없을 만큼 적은 경비밖에 지원받지 못했으며[이 금액은 과거 일본 주재 특별총영사로 임명되어 상업 관련 교섭을 진행했던 플뢰리 에라르(Fleury Herard)에 의해 지급되었다], 이후 구리모토 조운이 파리에 도착하여 가장 먼저 했던 일은 에도에 보낼 보고서에서 프랑스 측의 냉담한 태도를 확인하고 이를 개탄하는 것이었다. 로슈 공사가 그토록 열렬히 보장했던 프랑스의 전폭적인 지원은 이제 현실과는 거리가 먼 일이 되고 말았다. ■7

영국과 사쓰마 측 대표들 모두 이와 같은 파리의 태도 변화를 어느 정도 인지하고 있었다. 해리 파크스는 자신의 고문이었던 폰 지볼트(von Siebold)를 파리로 파견했고, 이를 통해 막부의 대표단이 파리에서 인색한 대접을 받았다는 사실을 제대로 파악할 수 있었다. 프랑스에 파견된 사쓰마 측 대표 이와시타 마사히라(巖下方平) 또한 사쓰마에 서신을 보내 프랑스의 태도와 일본에 파견된 프랑스 측 대표들의 태도에 차이가 있음을 보고하였다. 사실 사쓰마 번 대표단의 존재 자체만으로, 사쓰마는 1867년 런던 만국박람회에 하나의 독립국 자격으로 출품할 수 있도록 허용되었다. 이러한 정세는 로슈의 호언장담과 현실적이지 못한 희망을 실현시켜 줄 조건과는 거리가 먼 것이었다. ▪8 확실한 것은 프랑스 정부가 보여 준 냉담함이 과거 프랑스가 일본에 한 약속들을 취소함을 의미하는 것은 아니라는 사실이었다. 먼 거리탓에 극동에서 작성된 보고서가 프랑스 본국에 도착할 시점이면 적절한 시기를 놓쳐 버리는 경우도 있었다. 그리고 이러한 보고서들은 대부분 다른화급한 보고서에 비해 진지하게 검토되지 않는 편이었다. ▪9

사쓰마 번 지도자와 영국 외교관들은 프랑스의 의도를 정확히 파악하기는 했지만, 프랑스의 원조로 미래의 정세가 바뀌게 될 경우 야기될 불리한국면에 대비하여 상호 협력 및 원조를 하기 위한 어떠한 시도도 하지 않았다. 8월 26일, 사이고 다카모리는 오사카에서 어니스트 새토와 장시간에 걸쳐 유익한 대화를 나누었다. 사쓰마의 한 동지가 영국은 막부와 협정을 맺고 동맹자인 사쓰마를 배신할 우려가 있다고 경고했지만, 사이고 다카모리는 그럴 일은 없다고 스스로를 다독였다. 정말 이처럼 황당한 이야기도 없었을 것이다. 새토는 이와 관련된 영국의 외교 정책 흐름을 다음과 같이 정리하였다.

영국 공사관 측은 그들의 영향력이 닿는 한 미카도(御門)[*2]에게 국가 원수의 자리를 되돌려 준다는 계획을 지지한다는 입장을 세웠다. 일본과 맺은 조약들의 승인에 대해 이의를 제기하려는 자가 있을 것으로는 생각지 않는다. 이를 위해서는 다이쿤(tycoon)[*3]의 정권 체제가 유력 다이묘(또는 유력 가문)들의 권력 분담을 용인하는 형태로 바뀔 필요가 있다. ▪10

새토의 회고록과 가고시마의 사이고 다카모리에게 보낸 장문의 편지 두

통에는, 그가 사이고 다카모리와 가졌던 대담의 내용이 실려 있다. 이 대담에서 두 사람 모두 프랑스라는 적대 세력을 언급함으로써 상대방이 강경한 입장을 취하도록 유도했다는 사실은 흥미를 끈다.

사이고 다카모리는 우선 새토에게, 프랑스는 영국이 이룩한 외교적 성과 위에서 이익을 취하고 있다며 화두를 던졌다. 영국이 개항지를 확대하기 위해 고심하고 있을 때, 프랑스는 막부의 특별 허가를 받은 상인 조합들만이 외국인들과 거래를 할 수 있게끔 막부 측과 조율함으로써 독점적 무역권을 확보했다는 것이었다. 새토가 몹시 진노했었다고, 사이고 다카모리는 만족스러운 태도로 이를 기록했다. ▪11 새토는 사이고 다카모리의 발언에 자신이 취한 행동을 기록하지는 않았지만, 이 사실을 해리 파크스에게 보고했다고 기록했다. 물론 해리 파크스의 언행은 예전과 마찬가지로 난폭했으며, 그 내용은 다음과 같다.

이 소식은 장관의 분노에 불을 지폈다. 그는 즉각 막부와 접촉하여 문제가 된 부분을 철회할 것을 요구했다. 엄청난 외교적 압력이 가해진 끝에 새로운 포고가 내려졌다. ▪12

한편 새토는 프랑스 문제를 구실로 사이고 다카모리를 위협하고 몰아세웠다. 그는 막부가 프랑스 기술 및 군사 고문들로부터 조언은 물론 유사시에는 병력 지원까지 받아 가며 막부 체제하의 일본 통일을 위한 준비에 박차를 가하고 있는 사실을 인지하고 있다고 언급했다. 양대 웅번인 사쓰마와 조슈는 막부의 발아래 무릎을 꿇게 될 것이며, 이에 대한 저항이 뒤따르더라도 무력으로 진압될 것이라고 주장했다. 여기에 대해 새토는 한 가지 대안을 제시했다. 즉 영국 측은 왕정복고를 위해 분투하는 사쓰마 번과 조슈 번을 기꺼이 지원하겠다는 것이었다. 나폴레옹 3세는 영국의 개입에 이어서 프랑스의 개입이 이루어지는 형국이 초래할 위기를 감내하지는 않을 것이라는 견해도 이어졌다. 영국의 목적은 간단했다. 군주는 한 명뿐이어야만 하고, 그 아래에 봉건 제후들이 존재해야 한다는 것이 영국의 견해였다. 이러한 점에서 일본의 국체는 영국의 국체와도 비슷하리라고 보았다. ■13

새토의 논조는 사이고 다카모리에게 깊은 인상을 심어 주었다. 사이고 다카모리는 오쿠보 도시미치에게 제출한 보고서의 말미에 자신이 새토를 관찰한 부분을 언급하면서, "새토는 막부에 대해 대단히 경멸적인 논조를 갖고 있었다"■14라는 표현으로 마무리했다. 하지만 사이고 다카모리는 일본에 대한 영국이나 프랑스의 내정 간섭을 원하지 않았다. 그는 오쿠보 도시미치에게 보내는 보고서에서 다음과 같이 언급했다.

나는 새토에게, 우리 일본은 어떤 상황이 닥치더라도 우리 나라의 정치 제도를 일신한다는 대의를 위해 신명을 바쳐 나갈 것이라고 말했다네. 그런 만큼 우리 일본이 외국인들과 마찰을 빚을 이유가 없다는 이야기도 함께 해 두었네.■15

사이고 다카모리가 이 대담의 내용을 상관인 사쓰마 번 가로 가쓰라 우에몬(桂友衞門)에게 올린 보고서에는, 대담에 대한 자신의 느낌을 더욱 명확하게 밝히고 있었다.

(영국의 원조는) 우리가 지속적으로 영국인들의 신경을 건드리고 분노하게 한 사안들과는 별개의 문제로 접근해야 할 것입니다. 우리는 그들을 프랑스로부터 분리시키고자 노력했고 그들이 프랑스의 막부 원조를 반대하도록 시도해 왔지만, 그들이 제안한 형태의 원조 계획을 용인해서는 안 됩니다. 따라서 저는 그러한 제안을 거절하고, 정도를 선택한 것입니다. 이러한 문제에 대해서 너무 깊게 근심할 필요는 없습니다."■16

492

그러나 사쓰마 번 지도자들을 반막부 전쟁이라는 사안에 대해 강경한 입장을 취하도록 만든 가장 결정적인 요인은 동맹자였던 조슈 번과의 우호 관계를 유지해야 할 필요성이었다. 삿초동맹 자체는 애초부터 다분히 방어적 성격의 동맹이었다. 삿초동맹의 위상이 어느 정도 잡히기 전까지 조슈 번은 여전히 명목상 조정의 적이었으며, 조슈 번 지도자들은 교토에서 이루어지는 각종 계획이나 책모에 공개적으로 참여할 수 없었다. 그들은 사쓰마 번의 보호와 묵인하에 교토에서 미온적인 태도를 보이는 옛 동맹자들에게 의심의 눈길을 보내면서 오히려 공격에 나섰다. 사쓰마 번이 주저하는 태도로 도사 번의 타협적인 계획과 조슈 번과의 군사적 동맹이라는 선택지를 놓고 고민하는 데 대해, 조슈 번은 특히 강한 의혹의 눈길을 보냈다.

이미 밝혔듯이 시마즈 히사미쓰는 1867년 7월 17일 열린 교토 회의가 결렬된 뒤 2명의 조슈 번 사절의 알현을 허락했다. 그는 이들에게 막부는 무력으로 타도되어야 한다는 신념과, 자신은 군사 협력을 위한 최후통첩을 내릴 준비가 되어 있다는 사실을 피력했다. 이로부터 얼마 지나지 않아 사이고 다카모리가 계획을 조율하기 위해 조슈를 내방했고, 또 한 사람의 사쓰마 근왕파인 구로다 기요타카(黑田淸隆)는 오사카까지 조슈 번 지사들과 동행했다. 조슈 번 지사인 야마가타 아리토모(山縣有朋)와 시나가와 야지로(品川彌二郎)는 득의만만해하며 자신들의 번으로 귀환했다. 히사미쓰는 호의의 징표로 야마가타 아리토모에게 6연발 권총을 하사했다. 또한 장래의 약속으로 두 사람에게 내려진 성명서에는, 천황에 대한 무례를 근거로 막부를 토벌할 권한을 조정에 주청한다는 사쓰마 번의 의도가 선명하게 드러나 있다. 5월에 다카스기 신사쿠가 세상을 떠난 후, 야마가타 아리토모는 그의 뒤를 이어 의용군 부대의 지휘관이 되었다. 이제 그는 사이고 다카모리의 도착을 기다리며 그와 논의할 작전 계획을 구상하고 있었다. 그는 막부 측 세력이 집중된 교토 인근 지역을 타격함과 동시에, 교토 일대의 제후들을 소집하여 사쓰마–조슈 연합군('황군')을 지원하게 함으로써 속전속결로 게이키를 제거한다는 계획을 세웠다. 간사이(關西) 평야는 교토에 대한 정면 공격을 감행할 전초 기지가 되었다. ■17

　이러한 군사 계획들이 조슈 번에서 구체화되고 있던 8월 15일, 사쓰마 번 사자가 조슈에 도착했다. 사이고 다카모리가 아닌 무라타 신파치(村田新八)가 사절로 왔으며, 그는 전술 계획이 아니라 평화적인 해결을 목적으로 하는 삿도맹약의 세부 내용을 가져왔다. 그 즉시 조슈 번 지도부는 사쓰마의 변심이 가져올 위험을 직감했다. 단독 행동이 초래한 파멸적인 결과를 잊지 않고 있던 조슈 측은 사쓰마 측의 진의를 제대로 파악하기 위한 자기 측 인원 몇 사람을 무라타 신파치의 귀환길에 동행시켜 교토로 향하게 했다. 무라타 신파치와 동행한 조슈 측의 한 사람이었던 시나가와 야지로는 고마쓰 다테와키, 사이고 다카모리, 오쿠보 도시미치와 대담을 가졌다. 그가 조슈 번에 제출한 보고서에는 사쓰마의 전의가 확실함을 재확인하는 내용이 담겨 있었다. 사쓰마 번 지도자들은 삿도동맹을 통해 평화적인 해결안을 성사시킬 자신이 없다고 밝혔다. 그들은 이미 교토에 1,000명의 병력을 배치해 두고 있었다. 거병일이 오면 이 중 3분의 1에 해당하는 병력이 아군 측 구게들의 본거지가 될 황궁을 점거하고, 일부 별동대는 교토의 아이즈 번 본부를 습격한다는 계획이었다. 1864년의 전례로 보건대 아이즈 번은 에도 막부를 진심으로 지지할 유일한 번으로 여겨졌다. 나머지 병력은 호리카와(堀川)의 막부군 본영을 불사를 예정이었다. 조슈 측 사절들은 이외에도 3,000명의 추가 병력이 사쓰마에서 출병할 것이라는 계획을 전해 들었다. 이들 병력이 맡을 임무는 막부 측 진지인 오사카 성을 습격하고 막부의 포함(砲艦) 부대를 공격하는 것이었다. 이와 더불어 현재 에도에 주둔 중인 1,000명의 사쓰마 병력은 현지의 반막부 병력과 연합 후 고후(甲府)⋯⁴로 진격하여 교토 탈환을 위해 투입될 막부 측 증원 부대를 차단한다는 계획도 세워져 있었다. ■18

　하지만 거사가 얼마 남지 않은 시점에서 소장파 지도자들이 시마즈 히사미쓰에게 권유하고 설득했던 방침의 타당성에 대한 격렬한 논쟁이 빚어지면서, 사쓰마의 거병 일시는 미루어졌다. 사이고 다카모리와 오쿠보 도시미치는 설령 자신들이 실패하더라도 다른 번들이 그 뜻을 이어받아 대의를 완수할 것이라는 신념을 갖고 있었지만, 가고시마의 중진들 입장에서는 조상 대대로 누려 온 기득권을 잃을지도 모르는 위험을 무릅쓰기가 쉽지 않았다. 1867년 늦여름에는 사쓰마 번의 정책 방향을 놓고 격렬한 논쟁이 벌어졌다. 보다 신중한 노선을 선호했던 고위층 인사들은 소장파 지도자들을 '급격당(急激黨)'으로 매도했고, 소장파는 소장파대로 상급자들의 논리를 '속론(俗論)'이라고 비판했다. 당시 여러 번에서 흔히 찾아볼 수 있는 형태의 논쟁이 사쓰마에서도 일어났던 것이다. 그렇지만 오쿠보 도시미치와 사이고 다카모리는 히사미쓰의 절대적인 신임을 얻고 있었다. 더욱 중요한 사실은 두 사람이 자신들이 속한 계층의 대다수로부터 열렬한 지지를 받고 있었다는 점이다. 그들은 번의 움직임이 자신들 구상대로 이루어지도록 한걸음 한걸음씩 생각한 바를 실천에 옮겨 나갔다. 10월 3일에는 3,000명의 병력이 가고시마에서 오사카 항으로 입성했다. 이 사실은 이들 병력이 사이고 다카모리의 지휘하에 들어감을 의미했고, 이를 계기로 역학 관계에 변화가 일어났다. 그는 이 정도의 대규모 병력을 오사카에 그대로 두었다가는 막부 측 주둔군의 공격을 받게 될 위험이 있다고 판단, 조정의 동지와 조율하여 병력을 교토로 이동시키라는 칙명을 받아 냈다. 이는 교토에서의 군사적 국면을 완전히 전환시켰다. 이윽고 교토에는 1만 명의 사쓰마 번 군사들이 있다는

소문이 나돌기 시작했다. ■19

가고시마에서 출발한 사쓰마 번 병력이 도착하기 이틀 전에 고토 쇼지로는 교토로 돌아왔다. 그는 군사 계획이 상당히 진척되어 있음을 확인하고 당혹감에 빠졌다. 사이고 다카모리와 오쿠보 도시미치는 그가 고치로 떠난 다음 계속 자리를 비워 왔기 때문에 자신들끼리 일처리를 해 나갈 수밖에 없었다고 해명했다. 사이고 다카모리는 전쟁 준비를 지원하기 위해 도사에서 병력을 이끌고 오겠노라고 했던 고토 쇼지로의 언약을 다시 한 번 언급했고, 야마우치 요도가 실력 행사를 반대했다는 그의 해명을 좋게 받아들이지 않았다.

고토 쇼지로는 사쓰마 번 지도자들의 생각을 돌리기 위해 전력을 다했다. 요도의 소바요닌(側用人)으로서 그의 교토행에 동행했던 데라무라 사젠의 일기는 이때 고토가 어떤 노력을 쏟았는지를 잘 보여 주고 있다. ■20 사쓰마의 노선을 7월에 맺었던 삿도동맹 수준으로 되돌려 놓으려던 최초의 노력이 실패하자, 고토는 거병 일시를 연기시키려는 시도에 착수했다. 하지만 사이고 다카모리는 요지부동이었다. 사이고는 고토에게, 만약 도사 측이 게이키의 퇴진을 시도한다면 사쓰마도 이를 받아들이기는 하겠지만, 사쓰마의 거병 기일이 미루어지는 일은 없을 것이라고 단언했다. 설상가상으로 히로시마 번[이 번의 가로인 쓰지 쇼소(辻將曹)는 그의 초창기 계획을 지지했었다]까지 사쓰마 번과 조슈 번에 동조하려는 조짐을 보이고 있었다. ■21 전운은 감돌았고, 도사 번은 양 진영 중 어느 한쪽에 가담해야 할 형국이었다. 어느 쪽도 도사 번으로서는 내키지 않는 선택지였다.

고토 쇼지로는 전쟁 계획을 중단하도록 사쓰마 번 지도자들의 생각을 돌릴 수는 없었다. 10월 12일 오쿠보 도시미치와 오야마 가쿠노스케(大山格之助)는 최종 거병 계획을 수립하기 위해 조슈로 건너갔고, 이 계획은 10월 16

일에 완성되었다. 기도 고인, 이토 히로부미, 시나가와 야지로 등 조슈 측 인사들과 논의를 거쳐 10월 23일에 거병한다는 합의를 도출하였다. 사쓰마 번은 병력 수송 선단이 기일에 늦지 않게 조슈에 도착할 수 있도록 준비하고, 조슈 측은 그때까지 병력 동원을 마치기로 했다. 오쿠보 도시미치는 조슈 번에 2명의 대표를 오사카에 보내라는 막부 측의 요구를 전쟁의 구실로 활용하자고 제안했다. 조슈 측이 더 이상 거부할 수 없는 사면 청원을 한 것처럼 보이게 만든 다음, 이를 개전의 구실로 삼자는 내용이었다. 오쿠보 도시미치는 사면 청원의 거부 행위가 자칫 타협적 해결을 표명한 조정을 무시하는 폭거로 비쳐질 수 있다고 판단했다. 교토에 병력을 보낸 사쓰마 측은 개전과 더불어 반드시 천황의 신병을 확보하고자 했고, 이어질 지상전에서는 조슈 번의 부대가 주된 역할을 해 주기를 원했다.■22

히로시마 번은 조슈 번과 국경을 맞대고 있었기 때문에 조슈 번 군세의 진격로와도 맞닿아 있었으며, 교토에 와 있던 도사 번 대표단을 완전히 무력화시키기 위해 사쓰마와 조슈 측이 새로 결의한 거병 계획에 동참하기로 결정했다. 10월 20일, 히로시마 번은 조슈 번과의 협정안을 승인했다. 유신이라는 무대에 조연으로 참여한 여러 세력이 그러했듯, 히로시마 번 지도부는 신념에 따르기보다는 타산적으로 행동했다. 교토에서 고토 쇼지로가 게이키의 퇴진 주청을 위해 벌이고 있던 노력이 어느 정도 진척을 보인다는 정보를 입수한 히로시마 번은 조슈와의 동맹에서 탈퇴하려고도 했고, 마침내는 양측 진영에 모두 발을 담그는 양태를 보였다.■23 한 치 앞도 내다볼 수 없는 거대한 변화의 물결이 임박했음을 누구나 인지하고 있던 이러한 시기에, 모험적이고 무모하기까지 한 정치가는 찾아보기 어려운 법이다.

전쟁 발발이 기정사실화되자, 사쓰마 번 지도부 내에서 또 다른 논쟁이 불거졌다. 데라무라 사젠(그의 일기에는 교토에서 분주히 움직이던 도사 번 지사들의 모습이 나타나 있다)은 가고시마에 여전히 두 개의 당파가 존재하고 있었으며, 이러한 양상은 교토에 머무르고 있던 사쓰마 측 인사들 사이에서도 똑같이 나타났다는 기록을 남겼다. 그의 기록에 따르면 사이고 다카모리와 오쿠보 도시미치는 어떠한 방해가 있더라도 무력을 사용한다는 결단을 내렸지만, 그가 조슈 번에 보내 주기로 한 병력이 기일인 10월 23일이 지나도록 도착하지 않으면서 그들의 입지도 약화되고 말았다. 조슈 번 내부에서는 사쓰마의 의도에 대한 의혹이 또 다시 수면 위로 떠올랐다. 두 사람은 무엇이 잘못되었는지 확인하기 위해 오사카에서 사쓰마로 귀환해야 했다.

이윽고 10월 28일이 되어, 사이고 다카모리와 오쿠보 도시미치에 비해 온건한 입장을 고수해 온 사쓰마 번 가로 고마쓰 다테와키는 쇼군 퇴진을 주청한다는 구상이 가고시마에서 지지를 얻고 있다는 사실을 고토 쇼지로에게 통지했다. 그는 도사 번이 막부에 건의서를 즉각적으로, 그리고 독자적으로 제출해야 한다는 조언을 했다.

한시를 재촉하는 두 개의 계획이 동시에 발을 내딛었다. 10월 28일, 고토 쇼지로는 막부의 로주 이타쿠라 가쓰키요(板倉勝靜)에게 도사 번의 건의서를 제출했다. 고토 쇼지로는 이타쿠라 가쓰키요에게 막부를 타도하기 위한 전쟁 계획이 여전히 진행되고 있으니 여유를 부릴 때가 아니라고 경고했다. 이와 동시에 건의서의 사본이 간파쿠(關白) 니조 나리유키, 교토의 사쓰마 번 본부, 그리고 당시 에도 막부의 가장 강력한 지지 세력이었던 아이즈 번 본부에 전달되었다. ■24 사흘 뒤 히로시마 번주도 도사 번에 뒤처지지 않으려는 듯 게이키의 퇴진을 주청하는 건의서를 황급히 작성하여 제출했다. 조슈 번에 파병하기로 약속했던 사쓰마 번 병력은 11월 1일 마침내 마타지리(三田尻)에 도착하였다. 오쿠보 도시미치와 사이고 다카모리는 가고시마에 가려던 계획을 취소했고, 그들의 전쟁 준비는 원래의 상태로 회복했다.

11월 3일 히로시마 번은 사쓰마, 조슈 두 번과의 군사 동맹에 다시금 뛰어들었다. 결과적으로 게이키 퇴진 건의서가 제출되는 동시에 전쟁 준비 역시 일사천리로 진행되는 형국이었다.

막부의
종말

11월 4일, 료마는 교토에 도착했다. 이카루스호 사건 조사 때문에 한동안 나가사키에 머물러야 했던 료마는 조사가 끝나고 나서 오랫동안 고대해 온 도사로의 귀향을 마침내 실현시켰다. 가이엔타이는 나가사키에서 일어난 살인 사건과는 무관하다는 사실이 입증되었고, 료마 본인은 사사키 다카유키를 비롯한 도사 번 관료들 사이에서 유명 인사가 되었다. [25] 료마는 얼마 전 네덜란드 무역상 하르트만을 통해 입수한 소총을 지닌 채 사사키 다카유키와 함께 도사로 귀향했다. [26] 그는 매우 만족스러운 환대를 받았다. 오랜 적대감은 이미 잊혀 버렸기에, 다케치 즈이잔이 주도했던 도사 근왕당의 살아남은 당원들이 옛 동지를 환영하기 위한 모임을 개최하는 것도 이제는 거리낄 것이 없었다. 료마는 동지들에게 들려줄 국정에 관한 지식과 정보를 넘쳐날 정도로 가지고 왔다. 어느 친구에게 보낸 편지에서, 료마는 다음과 같이 기록했다.

나는 히로시마 번 소속 기선을 타고 이제 막 우라도(浦戸)[5]에 도착했다네. 그 기선에는 내가 매입한 1,000정의 소총도 실려 있지. 시모노세키에 기항했을 때 나는 교토에서 전해 온 최신의 소식을 접할 수 있었네. 교토에서 무언가 큰 사건이 터질 전망이라더군. 내가 듣기로는 이달 말이나 다음 달 초순이면 일이 터질 것이라는 소식이었네. 사쓰마는 이틀 뒤 대부대 둘을 교토로 진격시킬 것이고, 조슈는 군사들을 보내 주기로 약속했다는 소식이었지. 내 생각에 조슈 번은 3개 부대를 오사카 방면으로 보낼 듯하네. 내가 시모노세키에 머무르고 있을 때, 오쿠보 도시미치가 사쓰마 번 사자의 자격으로 그곳에 당도했지. …… 우리 번에는 무슨 일이 일어나고 있는가? 고토 쇼지로의 근황은 어떠한가? 이타가키 다이스케는 무엇을 하고 있는가? 내 자네에게 말해 둘 것도 적지 않으니, 조만간 자네를 만나 봐야겠네. [27]

료마는 귀향길에, 1862년 탈번 후 한 번도 찾지 못했던 고향집에도 들렀다. 유감스럽게도 이때 료마가 친구 및 친지들과 나눈 대화의 내용을 기록한 자료는 오늘날 거의 전해 오지 않는다. [28] 지금까지 전해 오는 몇 안 되는 자료들을 살펴보면, 료마는 도사 번이 기민하게 움직여야 한다고 주장했으며, 도사 번이 향후 정국을 주도하는 역할을 맡기 원했다는 사실을 알 수 있다. 이에 따르면 료마는 쇼군 퇴진 주청안이 받아들여진다면 고토 쇼지로가, 전쟁이 일어난다면 이타가키 다이스케가 번정을 주도하는 역할을 맡아야 한다고 보았다. 실제로 그는 기도 고인에게 보낸 서신에서 "나는 이타가키 다이스케에게 내가 맡은 역할을 물려주려고 고려하고 있소."라고 기록한 적도 있을 정도였다. [29] 하지만 이타가키 다이스케는 오랫동안 도사 번정의 중심에서 밀려나 있었다. 료마는 10월 27일 다시 도사를 떠나, 11월 4일 교토에 당도하게 된다.

교토에 도착한 료마는 이 도시에 긴박함과 기대감이 감돌고 있음을 느꼈다. 곳곳마다 유언비어가 횡행했고, 그중에는 료마 자신에 관한 것들도 있었다. 이 무렵 그는, 배후 조종자로서의 명성이 그의 실제 영향력을 앞서 있었다. 당시 교토 시가에 나돌던 가와라반(瓦版)…[6]에는, 그가 가이엔타이 대원 300명을 이끌고 교토로 올라왔다는 내용이 담겨 있기도 했다. 당시 그가 교토에 이끌고 온 대원의 수는 실제로 5~6명에 불과했다.[30] 또한 그는 당시 진행되고 있던 최고위급 회담이나 교섭에 깊이 관여하지도 않았다.

그럼에도 료마는 오랜 인맥을 동원하여 당시 진행되던 모든 계획에 대한 정보를 파악했다. 료마는 교토에 도착한 당일, 게이키가 신뢰하는 측근이자 와카도시요리(若年寄)직을 맡고 있던 나가이 나오무네(永井尚志)를 만났다. 이런저런 대화가 오간 끝에, 료마는 막부가 사쓰마 번, 조슈 번, 히로시마 번의 군사적 공격을 버텨 낼 수 있다고 생각하는지 나가이 나오무네에게 물어보았다. 나오무네가 작금과 같은 상황에서는 승리를 확신하기 어렵다고 대답하자, 료마는 이러한 상황이라면 게이키에게는 도사 번에서 주청한 퇴진안을 받아들이는 것만이 현실적인 대안이 되리라는 사실을 간파했다.[31] 동시에 료마는 쇼군이 결정을 내릴 수 있도록 조금만 기다려 준다면 군사적 행동 또한 한층 폭넓은 지지를 얻을 수 있을 것이라며 초조해하는 나카오카 신타로와 사쓰마 번 군사 지도자들을 설득했다.

나아가 료마는 고토 쇼지로와 함께, 게이키의 권력을 어느 선까지 제한할 것인가에 대해서도 논의했다. 도사 번의 건의서에는 게이키에게 정치적 특권에 대한 포기를 권고하는 내용이 담겨져 있었지만, 쇼군직 자체의 포기에 관한 구체적인 언급은 없었다. 자신이 중도적인 길을 걸어왔다는 생각을 머릿속에 떠올린 료마는 고토 쇼지로에게 '막부 측에서도 큰 거부감 없이 받아들일 만한' 해결책을 제시했다. 료마는 고토에게 건넨 서신에서, "에도의 화폐 주조소를 교토로 옮겨 화폐 유통을 장악한다면, 막부는 껍데기만 남게 되어 결국 아무런 위협도 되지 못할 것이네."[32]라고 언급했다. 이러한 제안이 료마가 실제로 이처럼 졸렬한 목표를 추구했음을 의미하는 것은 아니지만, 250여 년 동안 일본을 통치해 온 에도 막부를 완전히 대체할 새로운 정치 체제를 구상하는 일은 확고한 근왕주의자에게조차 대단히 어려운 과제였음을 여실히 보여 주는 사례임은 분명하다. 이를 통해 알 수 있는 또 한 가지 확실한 사실은 료마가 에도 막부의 완전한 굴복을 주장한 사쓰마의 입장과 분명한 선을 그었다는 점이다.

이 기간 동안 주전파는 전쟁 준비를 계속하고 있었다. 거병 계획이 완성되고 사쓰마 번 병력의 가세로 주전파의 전력은 증강되었으며, 단지 개전의 명분만 확보하면 되는 단계에 이르렀다.

이러한 명분의 확보는 이와쿠라 도모미(岩倉具視)가 주도하는 조정의 소수 구게 집단에 의해 이루어졌다. 1867년 봄 사실상의 연금 상태에서 풀려난 이와쿠라 모모미는 이후 정기적으로 교토를 방문해 왔다. 이 과정에서 그는 사쓰마 번 지도자들과 계속 친분을 쌓았으며, 특히 오쿠보 도시미치와는 각별한 우정을 맺었다. 동시에 그는 교토에서 추방된 후 다자이후에 머무르고 있던 구게들의 신뢰 회복을 위해서도 각고의 노력을 기울였다. 산조 사네토미를 비롯한 이 구게들은 예전부터 이와쿠라 도모미를 막부와도 비밀리에 연통하고 있는 변절자로 여겨 왔고, 그들을 따르던 낭인들은 끊임없이 그의 목숨을 노려 왔다. 이와쿠라 도모미는 나카오카 신타로와 사카모토 료마의 중재를 통해 다자이후와의 관계를 회복할 수 있었다.[33] 그의 능력과 진정성을 확신한 두 사람은 다자이후의 산조 사네토미를 설득했다.[34]

근왕파 사이에서 신망을 얻기에 성공한 이와쿠라 도모미는 교토에서 자신의 영향력을 확대하는 데 전력을 다했다. 여기서 그는 젊은 무쓰히토 천황의 외조부 나카야마 다다야스(中産忠能)와 나카미카도 게이시(中御門經之)와의 관계를 긴밀히 하는 데 역점을 두었다. 자신의 의견을 대부분 수기로 써 나가야 했던 그는 신도학자 다마마쓰 미사오(玉松操)를 비서로 채용하여 서신이나 문서 등을 대필하는 업무를 맡겼다. ▪35 이후 그는 조정의 동지들에게 정국을 면밀하게 분석하고 검토한 내용을 담은 서신을 보내기 시작했다. 이와 같은 시도를 통해, 이제 그는 막부 타도의 선봉이 될 사쓰마와 조슈에 대한 조정의 지원 체계를 구축하는 데 성공했다. 이러한 노력이 성과로 이어지는 데는 적지 않은 시간이 걸렸지만, 조정 내 최고위 관료들이 확고한 친게이키 성향이었던 만큼 그는 점진적으로 영향력을 확대해 나갔다. 그가 작성한 문서들은 신정부에 대한 상당히 세부적인 구상을 담고 있었으며, 이를 실제로 집필한 다마마쓰 미사오는 멀리 진무(神武) 천황의 시대에 연원을 두는 정치 제도의 모형을 구체화시켜 주었다. 이와쿠라 도모미를 통해 이러한 구상을 접하게 된 조슈와 사쓰마 번은 그가 구상해 놓은 대의의 깃발을 실현시킬 궁극적인 수단인 '황군'을 조직하기 위한 수순에 들어갔다.

료마가 11월 4일 교토에 도착했고 당시 쇼군은 여전히 도사 번의 건의서를 검토하던 바로 그 시기에, 사쓰마 번 지도자들은 이와쿠라 도모미에게 서신을 보내 '근왕파' 다이묘들에게 막부를 공격하라는 교서를 내릴 수 있게 해 달라는 부탁을 이와쿠라 도모미와 조정 내 그의 동지들에게 하였다. 이와쿠라 도모미는 다마마쓰 미사오에게 교서를 작성하도록 했다. 이 교서는 일본의 낙후된 정치 제도를 세계 각국의 앞선 제도와 비교하면서 근본적인 정치 개혁의 필요성을 강조하였다. 나아가 막부 제도는 일본의 진정한 역사와 전통에 위배됨을 지적하면서, 막부 타도의 정당성을 주장하는 것으로 결론을 맺었다. 이와쿠라 도모미, 나카야마 다다야스, 나카미카도 게이시 이세 사람은 어린 천황에게서 이 계획을 승인받기 위한 시도에 착수했다. 어린 무쓰히토 천황의 최측근에 있던 나카야마 다다야스는 교서에 천황의 날인을 받아 내는 데 성공했고, 이제 칙서가 된 이 교서는 막부 측 감시망의 코앞에서 조심스럽게 황궁 밖으로 반출되었다. ▪36 이렇게 만들어진 칙서는 조슈 번주의 사면장과 함께 11월 9일 오쿠보 도시미치(사쓰마)와 히로자와 사네오미(廣澤眞臣, 조슈)의 손에 들어갔다.[37]

　이러한 과정은 공모한 측에서 의도한 것처럼 극비리에 이루어지지는 않았다. 일이 진척되는 과정은 막부의 귀에 들어갔고, 게이키가 결단을 서두르게 되는 원인이 되기도 했다. 게이키의 측근들은 도사 번의 계획에 대해 협조적이라고 보기 어려웠다. 오구리 다다마사 등 일부 인사들은 여전히 프랑스의 원조에 전적으로 의존해야 한다는 입장을 견지했으며, 프랑스가 자신들을 원조해 줄 것으로 믿고 있었다. 전쟁에 반대 입장을 취했던 인사들조차도 도사 번이 올린 건의서의 상세한 부분까지 확실하게 인식하지 못하고 있는 상황이었다. 예컨대 이러한 형태의 대안 구상에 참여한 바 있던 마쓰다이라 슌가쿠조차도 도사 번이 제안한 대의제 정부가 너무 서양적인 것이어서 일본의 현실에 적합한지의 여부에 의문을 가질 정도였다. 그는 이타쿠라 가쓰키요에게 서신을 보내, 그와 같은 제도가 통일과 목표를 제시하는 대신 분열과 파벌을 야기하는 것은 아닐지 물어보기도 했다. 하지만 이들과는 달리 가쓰 린타로, 나가이 나오무네 등 도사 번의 제안에 마음속 깊이 공감하는 인사들도 있었다. 그들은 도사 번의 제안에 협조하는 것이 훗날 더 많은 권력과 영향력을 얻게 해 줄 밑거름이 될 것이라고 믿었다.[38]

　고토 쇼지로는 나가이 나오무네를 통해 게이키에게 더 이상 전쟁을 유예시키기 어렵다고 압박을 가했다. 마침내 게이키는 11월 8일, 교토의 니조 성에 다이묘 전원과 유력 번 관료들을 소집했다. 이날은 이와쿠라 도모미가 칙명을 가지고 사쓰마에 도착하기 하루 전날이었다. 고토 쇼지로도 니조 성에 소집되었다. 그는 이제 주사위는 던져졌다고 직감했다. 니조 성에서 회의가 소집되었다는 소식을 접한 료마는 고토 쇼지로에게 서신을 보내, 만에 하나 쇼군이 퇴진을 거부할 경우 자신을 포함한 가이엔타이 대원들은 목숨

504

을 걸고 그를 지켜 낼 확고한 각오가 되어 있음을 흥분된 어조로 전했다. ▪39

그날 늦게 고토 쇼지로는 료마에게 서둘러 서신을 보냈는데, 그 내용은 다음과 같다.

나는 니조 성에서 이제 막 돌아왔네. …… 쇼군이 자신의 통치권을 조정에 봉환할 의사를 우리에게 밝혔고, 내일 이런 취지로 조정에 청원을 올릴 것이네. 또한 상하의정국도 신설될 것이네. …… 이는 천년의 대사건일세. 이 나라에서 그 어떤 것도 이보다 더 큰 기쁨을 가져올 수 없기에, 내 잠시도 기다리지 못하고 이렇게 자네에게 전하는 바이네. ▪40

회의는 차분한 분위기 속에서 진행되었다. 게이키가 참석자들에게 자신의 계획을 표명했고, 회의가 끝나자 참석자들은 어떠한 언급도 의사 표명도 하지 않은 채 니조 성을 나갔다. 몇몇 참석자들만이 니조 성에 남아 게이키의 희생과 용기에 감사의 뜻을 전하고 찬사를 표했다. 사쓰마 번의 고마쓰 다테와키, 도사 번의 고토 쇼지로와 후쿠오카 고테이, 히로시마 번의 쓰지 쇼소, 그리고 우와지마 번과 비젠 번의 대표들이 그들이었다. 게이키의 고귀한 정신과 태도를 찬미하는 목소리는 지사들 사이에서까지 드높았고, 료마는 이처럼 위대한 인물을 위해서라면 죽음도 각오할 수 있다는 기록을 남겼다. ▪41

11월 9일, 조정은 게이키의 건의를 접수했다. 쇼군 직에 봉직해 온 그는, "큰 흠결 없이 정무에 임하고 법령을 시행해 왔지만, 오늘의 형세가 이 지경이 된 것은 결국 본인의 부덕에 따른 것이니 실로 부끄러움을 금할 길이 없다."라는 기록을 남겼다. 외국과의 교류를 위해서는 통일된 정부가 필요했고, 그런 만큼 그는 대정봉환을 결심했다는 것이었다. 이로써 천하의 공론을 모으고, "대동단결하여 나라를 지켜 나간다"는 것이었다. ▪42 즉 게이키는 권좌에서 물러나겠지만, 자신의 정치적 영향력까지 포기하지는 않으리라고 여겨질 상황이었다.

같은 날, 이와쿠라 도모미가 준비한 무력에 의한 막부 타도의 '칙서'가 사쓰마와 조슈 두 번의 손에 건네졌다. 사이고 다카모리, 오쿠보 도시미치, 고마쓰 다테와키는 서둘러 가고시마로 향했다. 이들 사쓰마 번 지도자들은 도중에 야마구치에서 동맹자인 조슈 번과 향후의 군사 행동을 어떻게 조율해 갈 것인가에 대해 논의했다. 가고시마에 당도한 그들은 교토로 가도록 번주를 설득했다. 명목상의 번주였던 시마즈 다다요시는 12월 8일 3,000명의 병력을 이끌고 가고시마를 떠났다. 그는 조슈에서 잠시 머문 다음, 12월 18일 교토에 도착했다. 이 무렵에는 조슈 번의 대군 역시 교토를 지척에 둔 니시노미야(西の宮)로 상륙할 태세를 완료해 둔 터였다.

사쓰마 측과 마찬가지로 고토 쇼지로 역시 야마우치 요도에게 교토로 올라오도록 설득하기 위해 서둘러 도사로 향했다. 하지만 교토의 정세는 그 후에도 여전히 불안정했기 때문에 도사 번 가신단 내부에서는 요도의 거취에 관한 의견이 갈라지고 말았다. 특히 보수파 가신들은 요도가 고치를 떠나는 것을 강하게 반대했다. 그들은 장문의 건의서(이는 도사 번 내부에서 보수파 가신들이 마지막으로 자신의 의견을 표명한 것이라고 하겠다)를 제출하여, 당시 교토에서 연출되고 있던 연극은 탈번자와 낭인들과 결탁한 과격파들, 기회주의자들이 꾸며 놓은 각본을 따르는 것일 뿐이라고 비판했다. 그러나 요도는 잠시 지체한 끝에 고치를 떠나기로 결정했다. 그는 1868년 1월 2일 교토에 당도했다. ■43

사이고 다카모리와 오쿠보 도시미치가 그랬던 것처럼, 고토 쇼지로는 그 이전에 교토에 도착했다. 사쓰마 번 지도자들은 조정 내부의 동지들이 막부에 대한 징벌의 칙서를 반려해 달라고 요청할 정도로 심각했던, 교토의 정치적 혼란상에 경악을 금치 못했다. 게이키의 대정봉환 결단은 문제를 해결하기보다는 더 많은 혼란을 불러일으키고 말았다. 그는 조정으로부터 계속해서 국토를 지켜 나가는 동시에 최종적인 의사 결정은 제후 회의를 소집한 다음에 내리도록 하라는 명을 받은 상태였다. 하지만 조정에서 내린 문서는 다분히 애매모호한 문구로 이루어져 있었기 때문에 게이키는 보다 분명한 명을 내려 달라는 요청을 해 둔 터였다. 자신이 권한 없는 책임만을 부여받고 있다고 판단한 게이키는 쇼군직의 사의까지 제출하였다. 이 무렵에는 50여 명의 다이묘들이 교토에 도착하여 회의가 개최될 수 있을 것이라고 생각되었다. 하지만 조정은 이제까지 막부의 지시를 따르는 데만 익숙한 조정 관료들이 좌우하고 있던 터라 여전히 불확실성에서 벗어나지 못하고 있었다. 게이키가 소집된 회의를 실제로 주도할 것으로 여겨졌고, 이는 사쓰마 측 지도자들의 바람과는 상반되었다.

이와 같은 정세적 배경에 반해 오쿠보 도시미치, 사이고 다카모리, 이와쿠라 도모미는 최종 계획을 결심했다. 그들은 교토에서의 정변을 성공시키기 위해서는 한층 서둘러 행동에 나서야 한다는 데 의견의 일치를 보았다. 그들은 12월 27일이 되기 전에 고토 쇼지로와 데라무라 사젠에게 향후의 계획을 통지하였다. 데라무라 사젠의 일기에는 사쓰마 번 지도자들이 전임 쇼군을 박대하려고 작정했다는 사실을 알게 된 도사 번 지도자들의 충격이 기록되어 있다. 막부 측이 설치하여 200여 년간 막부와 교토 사이의 의사소통 창구 역할을 해 왔던 조정의 여러 관직은 이제 폐지될 운명에 놓였고, 해당 직책에서 일하던 조정 내 관료들은 자리에서 쫓겨날 위기에 처했다. 교토에서 막부의 통치와 정보 수집을 위해 존재해 온 다른 창구들 역시 사라질 운명이었다. 정변이 일어나면 도사 번, 사쓰마 번, 히로시마 번, 에치젠 번, 오와리 번의 군사들이 황궁을 경비하는 막부 측 병력을 몰아낼 예정이었다.

무엇보다 중요한 내용은, 도쿠가와 가문은 기존의 영지를 황실에 반환하며, 대신 이전의 영지보다 훨씬 작은 규모의 영지를 신정부로부터 수여받도록 한다는 것이었다. 정변 과정에서 임시로 마련될 정부의 수반은 아리스가와 노미야(有栖川宮) 친왕이 유력한 후보자였다. ▪44

고토 쇼지로, 야마우치 요도, 사카모토 료마가 의도한 것보다 훨씬 큰 양보를 게이키에게 요구했다. 계획이 진행됨과 더불어 쇼군의 권위는 하나씩 박탈되는 것이었다. 게이키는 이미 가장 표면적인 행정권을 포기한 터였는데, 이는 향후 마련될 새로운 조직에서 어떤 역할이 주어질 것으로 확신하고 있었기 때문이다. 하지만 자신이 곤란한 입장에 빠져 버릴 소지가 있다고 판단한 게이키는 조상 대대로 세습되어 온 쇼군이라는 직함 또한 포기하고 말았다. 게이키와 그의 가신들을 단결시켰던 유대는 쇼군이라는 직함이 없어도 유지될 수 있는 것이었기 때문에 이 역시 큰 손실은 아니었다. 그에게 가장 중요한 문제는 유력 제후라는 입지가 지속적으로 유지되는 것이었다. 이것마저 무너지면 그의 운명 또한 끝나는 것이기 때문이었다. 이는 이와쿠라 도모미, 사이고 다카모리, 오쿠보 도시미치가 심중에 둔 바와도 정확히 일치했다.

고토 쇼지로는 이 계획을 어떻게든 분쇄하기 위한 방도를 찾아 나섰지만 큰 성과를 거두지는 못했다. 그는 당초 1월 2일에 일으키기로 계획되었던 정변의 기일을 늦추기 위해 야마우치 요도가 도착할 때까지 하루만 거사를 연기해 달라고 사쓰마 측 주모자들을 설득했다. 하지만 그 이상의 성과를 거두지는 못했다.

정변 전야에 이르러 이와쿠라 도모미의 처소에서 작은 모임이 열렸다. 사쓰마 번, 도사 번, 히로시마 번, 에치젠 번, 오와리 번의 대표들은 최종 계획을 확인했고, 전황에 따라 병력을 파병한다는 안에 동의했다. 모든 준비가 끝나자 이와쿠라 도모미는 젊은 천황의 승인을 받기 위해 1월 3일 새벽에 황궁으로 향했다. 이와 동시에 각 번에서 파병된 병력이 조정의 출입문을 점거하기 위한 행동을 개시했다. 이어서 신중하게 이루어진 인선 기준을 충족한 몇 명의 구게, 다이묘, 중신들이 황궁 입궐을 허락받았다. 젊은 천황은 그들 앞에 모습을 드러내어 왕정복고의 선언서를 낭독하였다. 에도 막부는 공식적으로 막을 내렸다.

이 모든 과정에 대해 야마우치 요도는 경악을 금치 못했다. 그는 이러한 일련의 과정이 전면전으로 비화될 가능성을 우려했으며, 동시에 게이키에 대한 조치가 공정하게 이루어지지 못했다고 생각했다. 이어서 개최된 회의에서 그는 도쿠가와 게이키에게 가혹한 조치가 이루어졌음을 격렬히 성토했으며, 에치젠 번과 오와리 번조차 한동안 그의 논조에 동의했을 정도였다. 하지만 요도는 자신이 어떠한 논의를 전개하더라도 사이고 다카모리와 이와쿠라 도모미가 설득되지 않을 것임을 인지하고는 결국 뜻을 꺾고 말았다. 이 소식을 접한 고토 쇼지로와 후쿠오카 고테이도 번주에게 더 이상의 항의는 무의미하다는 조언을 했다. 이 두 사람조차 충격에 빠뜨렸던 정변 계획은 이제 일사천리로 진행되고 있었다. 아리스가와노미야 친왕을 수반으로 하고 전날 이와쿠라 도모미의 처소에 집결한 각 세력의 대표들을 주요 간부로 하며, 사쓰마·조슈·도사 세 번의 군사적 지원을 받는 신정부가 모습을 드러냈다.

분노한 가신들이 파멸적인 내전에 뛰어들 것을 우려한 게이키는 교토와 떨어진 오사카에 은거하면서 이곳에서 조정에 대한 항의를 표명했다. 이러한 행동은 근왕파들이 조정에 대한 불충을 이유로 그를 비난할 빌미를 제공하는 것이기도 했다.

게이키는 오사카에서 레옹 로슈를 접견했지만, 두 사람의 회동은 외교상 서열이 더 높은 자신에게 우선권이 있다고 주장한 해리 파크스의 방해에 직면하고 말았다. 게이키는 이 두 사람의 공사에게 자신은 정치적 모략의 희생양이라고 설명했다. 통역관으로 동석한 어니스트 새토는, 대의 정치 체제의 제안을 눈엣가시로만 여겼던 게이키의 심정을 기록으로 남겼다. 게이키는 신정부 선언 또한, "이전부터 꾸며져 왔던 일로, 그들은 문서상으로 준비를 마친 다음 그 누구와의 상의도 없이 이를 진행한 것"이라고 진술했다. 새토는, "지난해 5월에 대면했던 그토록 긍지 높은 귀공자의 모습이 온데간데없이 사라졌다는 점에서 안타까운 마음을 금할 길이 없다. 초췌하고 야윈 모습으로 변해 버린 그의 입에서는 서글픈 목소리가 흘러나올 따름이었다."■45라는 기록을 남겼다.

1월 27일, 가신들의 강경한 주장에 굴복한 게이키는 대규모 병력을 이끌고 교토에 재입성하려는 시도를 하였다. 이어진 전투, 즉 도바 후시미 전투(鳥羽・伏見の戰い)에서 막부군은 패했고, 이로써 막부 토벌 전쟁이 포문을 열었다. 하지만 게이키 본인이 결사 항전하겠다는 열의가 높지 않았기 때문에, 막부 측은 병력을 규합하여 전쟁을 계속할 원동력이 전반적으로 부족한 실정이었다. 막부 측의 가쓰 린타로와 정부군 측의 사이고 다카모리(이 두 사람은 제1차 조슈 정벌 당시에도 타협을 통한 해결을 이끌어 낸 바 있었다)가 회담을 가진 다음, 에도 성은 전투도 치르지 않은 채 항복하였다. 아이즈 와카마쓰(會津若松) 성에서는 막부 측 잔당의 결사적인 항전이 이어졌으나, 근왕주의자들로 구성된 병력을 지휘한 이타가키 다이스케의 영웅적인 활약 끝에 결국 종결되었다. 혼슈에서의 분쟁은 1868년 초가을에 모두 종식되었고, 막부 해군을 주축으로 한 홋카이도에서의 마지막 항전도 1869년 6월에 끝났다.

신정부의 입장에서는 또다시 전쟁의 불길이 타오르기 전에 일본 국내의 모든 계층으로부터 지지를 모아야 할 필요성이 절실했다. 이러한 시기였던

510

1868년 4월, 조정에서는 그 유명한 '5개조 어서문(五箇條の御誓文)'을 발표하였다. 이는 그 전해에 작성된 도사 번의 계획을 다시 한 번 반영하여 작성된 것이었다. 5개조 어서문의 원고는 에치젠 번의 유리 기미마사(由利公正), 도사 번의 후쿠오카 고테이(福岡孝悌), 조슈 번의 기도 고인(木戸孝允)이 협력하여 작성했다. 이 세 사람은 사카모토 료마에게 영향을 주는 한편 그로부터 영향을 받기도 했다는 공통분모를 갖고 있었으며, 그들이 사용한 용어 또한 이전에 작성된 계획과 강령에 쓰인 언어의 연장선이라고 할 수 있었다.

1. 널리 회의를 개최하여, 만사의 결정은 공론에 입각하여 실시할 것.
2. 상하 한마음이 되어, 부국강병을 위해 노력할 것.
3. 관계와 군부의 고관으로부터 서민에 이르기까지 각자 자신의 뜻을 펴도록 하여, 인심이 나태해지는 일이 없도록 할 것.
4. 오랜 악습과 시대에 맞지 않는 습속을 철폐하고, 세계만방의 흐름에 맞추어 행동할 것.
5. 전 세계의 지식을 궁구하여, 황국의 기틀을 공고히 할 것. ■46

"회의"를 개최하여 "공론에 입각"한 정치를 한다는 공약, 그리고 전 계층이 단결하되 "자신의 뜻"을 자유롭게 펴도록 한다는 문구에는 사카모토 료마와 고토 쇼지로가 구상한 강령을 떠올리게 하는 측면이 다분히 있다. 한편 "오랜 악습과 시대에 맞지 않는 습속"의 철폐와 "세계만방의 흐름에" 따른다는 것, 그리고 "황국의 기틀"을 공고히 할 수 있도록 전 세계로부터 지식을 궁구해 간다는 것은 에도 말기 대부분의 정책안과도 합치되는 것이었다. 불확실성과 불신이 지배하던 전란의 시대에 민심의 향방은 새로운 군사독재 정권의 출현을 우려하는 쪽으로 흘러갔다. 그렇기 때문에 신정부로서는 예전에 료마와 고토 쇼지로가 막부를 설득할 때 사용했던 합의에 따라 정부의 약속을 어느 정도 되돌리는 것이 현명했다고 볼 수 있다. [47] 그렇게 함으로써 훗날 일본의 근대적 헌법 제창자들이 목표로 했던 한층 책임 있는 정부 수립에 그 어떤 초석을 제공할 수 있었던 것이다.

료마와
신정부

사카모토 료마와 나카오카 신타로는 메이지 정부의 수립을 살아서 보지는 못했다. 쇼군의 퇴진에 뒤따른 혼돈의 시기에 교토에서는 의혹과 증오가 불타올랐다. 무질서와 불안이 이어지면서 사람들은 과거의 원한에 집착하게 되었고, 도사 번 사무라이 둘은 결국 희생양이 되고 말았다. 그들은 게이키의 퇴진 후에 이루어진 정치적 공작에는 거의 관여하지 않았다. 사실 두 사람은 그때까지 살아남지 못했다. 이 시기에 나카오카 신타로가 어떠한 활동을 했는지는 그 기록을 찾아보기 어렵다. 그는 리쿠엔타이(陸援隊)의 지휘관직을 유지했으며, 막부와의 전쟁 준비에도 여전히 참여하고 있었다. 그에 비하면, 료마에 대한 자료는 훨씬 풍부하다. 이러한 자료들은 료마가 일본의 정치적 미래를 어떻게 내다보았는지를 이해하는 데 많은 도움을 준다. 동시에 이 자료들은 급진적인 해결책들이 단숨에 채택되어 승인을 받는 놀라운 과정을 보여 주기도 한다. 당시의 봉건적 사회 질서에 기반한 새로운 정치 조직 내에서 게이키가 요직을 맡는다는 구상을 료마가 가지고 있었음은 여러 증거를 통해 입증된다. 그런 한편 료마가 말년에는 봉건주의를 탈피하고 한층 근대화된 사회로의 방향을 추구했음을 보여 주는 증거도 찾아볼 수 있다.

게이키가 권좌에서 물러날 것이 확실시된 이후, 료마는 머무르고 있던 교토의 여관에서 가까운 동지 몇 사람과 모임을 갖고 신정부의 조직에 대해 토론을 벌였다. 료마는 간파쿠[고대 일본의 명문가인 후지와라(藤原) 가문이 개설한 일본 조정의 최고위 관직으로, 에도 시대에는 막부의 통제를 받고 있었다]를 수반으로 하는 형태의 정권 수립을 주장하였다. 또한 그는 친왕, 구게, 제후 중에서 식견이 높으면서도 청렴한 자들을 선발하여, 간파쿠 휘하에서 신정부의 각 부서별 장관직을 맡을 기소(議奏)로 임명해야 한다는 생각을 가졌다. 료마는 일본 남서부의 거대 번주 가문(시마즈, 모리, 야마우치, 다테, 나베시마 가문)과 유력 구게 가문(이와쿠라, 히가시쿠제, 사가, 나카야마 가문)에서 기소직을 맡을 인재들을 찾을 수 있다고 보았다. 다시 말해서 1860년대를 주도했던 세력이 계속해서 정국의 무대를 주도해 가는 셈이었다. 만약 당시에 떠돌던 소문처럼 료마가 게이키를 간파쿠로 추대하려는 생각을 가졌더라면, 그가 애초에 세웠던 계획의 가치와 효과는 빛이 바랬을 것이다. 이 자리에 모인 료마와 그의 동지들은 간파쿠와 기소 밑에 일종의 평의원 집단인 산기(參議)를 두어야 한다는 의견을 도출했다. 이는 각 부서의 업무를 총괄하는, 오늘날의 차관에 해당하는 직책이었다. 이 모임에 참가했던 오자키(尾崎)라는 인물의 기록에 따르면, 참석자 전원이 만장일치로 추대한 인물은 사쓰마의 고마쓰 다테와키, 사이고 다카모리, 오쿠보 도시미치, 조슈의 기도 고인, 도사의 고토 쇼지로와 사카모토 료마, 에치젠의 요코이 쇼난이었다고 한다. 즉 료마 스스로 이 정책 입안자 집단의 일원으로 나설 모양새였던 것이다. 막부에 대한 무력행사를 추구했던 도사 번 지사들(이타가키 다이스케, 나카오카 신타로)과 산조 사네토미의 이름은 거론되지 않았다. ■48

1868년 1월에 출범하는 신정부는 이 계획에서 구상한 것보다 훨씬 진보된 조직이었다. 오랫동안 특정 가문에만 허용되어 왔고 에도 시대의 유물이라는 측면도 강했던 낡은 관직인 간파쿠와 기소는 폐지되었다. 하지만 산기직은 계속 유지되었으며, 유신 지도자들은 한동안 상급자들을 뜻대로 조종하기 위해 이 직책을 이용하기도 했다. [49]

이어진 몇 주에 걸쳐 유신이라는 연극의 주역들은 자신들의 번주에게 최신 정보를 전하기 위해 각기 사쓰마, 조슈, 도사로 되돌아갔다. 이 시기에 료마는 자기 나름의 계획을 세울 시간을 얻을 수 있었다. 그는 형에게 보낸 편지에서, 자신은 침묵하고 있는 것처럼 보이겠지만 실제로는 "밤낮을 가리지 않고 국사에 매진하는 중"이라고 언급한 바 있다. [50]

1867년 11월 26일, 료마는 교토를 떠나 에치젠 번의 후쿠이 성 조카마치를 찾았다. 이곳을 찾아온 까닭은 마쓰다이라 슌가쿠의 가신들 중에서도 가장 젊고 유능한 사무라이였던 유리 기미마사를 만나기 위해서였다. 그는 사쓰마 번에 사절로 파견되었을 때 월권행위를 저질렀다는 이유로, 1863년 가을부터 계속 구금 상태에 있었다. 하지만 이는 대외적인 구실에 불과했고 실제로는 번의 보수파 지도자들에게 밉보였기 때문에 구금된 것이었다. 이때 료마는 도사 번의 메쓰케(目付)와 동행했는데, 에치젠 번 관료들은 그의 방문이 갖는 중요성으로 미루어 유리 기미마사의 구금 조치를 완화할 필요성이 있다고 생각했다. 유리 기미마사는 에치젠 번 관헌들을 대동한 채 료마의 숙소를 방문하도록 허락받았다. 료마와 유리 기미마사는 도사 번과 에치젠 번의 메쓰케들이 동석한 가운데 대담을 가졌다. 유리 기미마사를 재정 분야에 정통한 인물로 판단한 료마는 신정부의 경제 문제에 대한 논의를 벌였다. 료마는 신정부는 아직 구체적인 형태를 갖추지 못했고, 전쟁이 발발할 위협 또한 여전히 존재한다는 이야기로 말문을 열었다. 그는 옛 막부 측 세력이 협력을 거부한다면, 유신 지도자들은 전쟁을 준비해야 한다고 말했다. 나아가 조정은 현재 자금도 군사력도 갖지 못한 불운한 처지에 놓여 있으며, 신정부가 천하의 신뢰와 지지를 얻기 위해서는 이러한 측면을 고려해야 한다는 논지를 전개해 나갔다. 그러면서 유리 기미마사의 조언을 구했다. 유리 기미마사는 만일 천자가 일본을 통치한다면 신하들의 부를 좌지우지할 권리가 있으며, 특히 그들의 생명과 재산을 보호해야 한다는 측면에서는 더욱 그러하다고 답했다. 이러한 의미에서 그는 부(富)를 일본인들의 안전을 보장해 줄 도구로 간주했다. 그는 단기간에 재원을 확보하는 데에는 금 증권(金證券)을 가장 효과적인 수단이라고 생각했으며, 따라서 이를 실현시킬 필요가 있다고 주장했다. 훗날 그는 료마가 이와 같은 유익한 조언에 감사했었다고 술회했다. ▪51 유리 기미마사의 재능에 대한 료마의 높은 평가는, 훗날 유리 기미마사가 메이지 신정부에서 재정 분야의 각료로 임명되는 데 중요한 영향력을 행사했다고 보아야 할 것이다.

료마는 교토로 돌아오는 길에 신정부를 위한 새로운 8개조 강령을 작성했다. 이는 그가 남긴 최후의 정치적 구상이기도 했다. 핵심적인 내용은 다음과 같다.

1. 일본 국내의 유능한 인재들을 초빙하여 산기(參議)로 임명할 것.
2. 유능한 제후들을 선발하여 조정의 요직을 맡기고, 무의미한 직책들은 폐지할 것.
3. 외국과의 관계는 심사숙고한 후에 실행할 것.
4. 법령과 법규를 제정할 것. 새로운 법전이 하자가 없다는 판단하에 승인되면, 제후들은 이를 준수함과 동시에 수하에게 이를 보완해 나가도록 할 것.
5. 상하 양원으로 구성된 의사원을 설치할 것.
6. 육군성과 해군성을 설치할 것.
7. 어친병(御親兵)을 설치할 것.

8. 황국의 금은 가치를 평가하는 기준은 국제 관행과 일치되도록 할 것.

이상의 조항들은 우선 2~3명의 유능하면서도 넓은 식견을 가진 사무라이들의 지지를 얻어야 실행에 옮겨질 수 있었다. 그리고 제후 회의가 개최되면 누군가가 회의의 필두가 되어 이상의 조항들을 백성들에게 포고해야 한다는 뜻을 조정에 상주해야 했다. 나아가 일단 결정이 이루어지면, 결정된 바에 따르지 않는 불손한 자들은 지위 고하를 막론하고 엄벌해 처해야 한다고 언급했다. ■52

료마가 앞에서 말한 '누군가'의 역할을 맡을 인물로 야마우치 요도를 염두에 두고 있었음은 일반적으로 인정되는 바이다. 료마는 이 8개 조항을 통해 일본이 재편성되는 과정에서 널리 확산되었던 평등과 공공 관념이라는 기본 원칙을 천하에 공표해야 한다고 강력하게 주장했다. 이는 1868년 봄에 발표된 5개조 어서문의 목표 및 내용과도 밀접한 관계가 있다. 5개조 어서문을 기안한 인물이 유리 기미마사였다는 사실 또한 기억해 둘 필요가 있다. 료마가 직접 자필로 작성한 이 8개조 강령은 오늘날에도 전해져 오는 만큼, 그가 어떤 철학과 생각을 갖고 있었는지에 관한 논란의 여지는 크지 않다. 그는 자신의 주군(야마우치 요도-역주)을 필두로 한 능력과 명성이 특출난 제후들이 구태에서 벗어나지 못한 조정의 무능한 관료들을 대체할 제도를 마련해야 한다는 생각을 가졌다. 하지만 제후들의 실력 역시 어디까지나 과도적인 만큼, 지체 없이 '유능한 인재'를 선발하여 그들이 제후들을 조정하도록 해야 한다는 생각도 가지고 있었다. 물론 그러한 인재들 중에는 료마와 그의 동지들이 반드시 포함되어야 했다. 또한 법률은 전통보다는 현실에 대한 적합성을 중시하여 제정되어야 하고, 이렇게 제정된 법률을 토대로 운영되는 의사원의 기능을 통해 권력을 영구적으로 제한하고자 했다. 마지막으로 어친병과 제국 육해군을 설치하고, 지방 분권의 미명하에 8개조 정강을 통해 천명한 계획을 방해하려는 움직임을 억제하고, 필요하면 이들을 토벌해야 한다고 주장했다. 신정부를 방해하는 무지몽매한 세력이 있다면 정부군을 동원하여 징벌해야 한다는 것이었다.

게이키 퇴진 후 료마가 어떤 사고를 가졌는가를 알려 주는 자료가 또 하나 있다. 바로 미완성으로 끝난 『번론(藩論)』이라는 제목의 소책자인데, 이는 그가 직접 집필한 저작물이라기보다는 그의 사상을 토대로 쓴 책으로 여겨지는 편이다. 이 책이 실제 료마의 저작인가의 여부는 확실치 않지만, 료마와 그의 동지들이 어떤 생각을 갖고 있었는가를 알려 주는 자료로서의 가치는 충분하다. ▪53 한편 이 책은 무쓰 무네미쓰가 료마와의 대화 내용을 기록한 것이라는 설도 있다.

『번론』은 유신으로 초래된 문제에 대한 일반적인 논의로 시작한다. 여기서는 유신으로 인한 여러 가지 변화의 당위성은 공론화되어 있지만, 어떤 변화가 필요하며 그것이 어떤 식으로 시작되어야 하는지는 의견 일치가 이루어지지 못하고 있다고 언급되어 있다. "서구 서적의 번역본을 겉핥기 식으로 훑어본 자들이나 서양에 다녀온 사람들에게 서양의 사회 제도를 질문하는 자들"로 대표되는 시류에 그대로 휩쓸린 자들이 있는가 하면, 이와는 반대로 역사책을 읽고는 시곗바늘을 거꾸로 돌리려는 자들도 있다고 주장했다. 그리고 안타깝게도 당시 일본이 처해 있던 시대적·역사적 맥락을 제대로 읽어 내는 자들은 찾아보기 어렵다는 견해도 덧붙였다. 이러한 문제의식을 토대로 시대정신을 읽어 내고 성패를 예측할 수 있는 능력이 요구된다는 주장을 폈다. 그리고 일본의 역사를 통틀어 이러한 능력을 갖춘 인물은 두 사람뿐이었다고 언급했다. 그중 한 사람은 14세기에 활동했던 인물로 근왕파의 영웅이기도 한 구스노키 마사시게(楠木正成)인데, 그는 자신의 대의가 무의미하다는 사실을 깨닫고 자결을 택했다고 언급했다. 그보다 뒤에 활동한 또 한 사례는 쇼군 게이키로, 그는 쇼군직을 지속적으로 유지하기 불가능하다는 사실을 깨닫고는 스스로 자리에서 물러났다고 평했다.

이어진 내용은, 광범위한 합의를 토대로 일본의 전체적인 국가 대사를 결정해야 할 때가 왔다는 논의였다. 번 내부와 관련된 사안 또한 여기에서 예외가 될 수 없다는 내용도 뒤따랐다. 즉 "황국의 법도는 일본 국내의 각 번을 다스림에서도 그대로 적용되어야 한다"는 것이었다. 나쁜 정치가 용납되어서는 안 되며, 좋은 정치란 여론으로부터 인정받는 정치라는 것이었다.

이 책은 신분 제도의 부당함을 주장하는 데 많은 지면을 할애했다. 여기서는 먼저 게으르고 어리석은 인물이 권력과 지위를 얻는 것이 타당한가 하는 질문을 던졌다. 그리고 봉건 제후들 대부분은 태생적으로 나태하고 사치스러우며, 성인이 되어서도 여전히 무책임, 이기심 등 미성숙한 습성을 버리지 못하고 있다는 논의가 이어졌다. 화려한 옷차림을 한 그들은 겨울바람의 매서움을 알지 못하며, 백성들이 굶주림과 추위로 죽어 가는 현실을 인지하지도 못하고 이를 해결하려는 노력도 하지 않는다고 주장했다. 시대적 흐름의 중요성을 모르는 그들은 오직 자신들의 안위에만 관심이 있으며, 이러한 문제는 다이묘뿐만 아니라 그들의 고위 가신에게도 해당된다는 주장도 이어졌다. "자질이 부족한 자들이 관직을 채워 왔으며, 부패가 만연한 탓에 이를 해결하려는 노력도 무위로 돌아갈 뿐"이라는 것이었다.

그러나 『번론』의 저자는 대중에 영합하는 인물은 아니었다. 그는 계급이 낮은 자들 중 대부분은 우둔하고 시야가 좁으며 끈기가 부족하다고 지적했다. 그들은 쉬운 길만 가려고 하며, 직접 민주주의적 대의제가 실시된다면 능력 있는 인물이 아닌 친분 있는 사람에게 표를 던질 것이라는 주장도 이어졌다. 이러한 문제점을 해결하기 위해 "다른 나라에서 실시되고 있는 제도를 본받아" 간접 민주주의적 대의제를 도입하자고 주장했다. 이어진 주장은, 각 번의 번주들은 우선 가신들에게 "낡은 관행은 폐지될 것이며, 완전히 새로운 제도가 실시될 것"임을 인지시켜야 한다는 것이었다. 그리고 군신 관계의 낡은 관념을 청산하고, 신분의 평등을 토대로 새로운 계약 관계가 도입되어야 한다는 주장도 덧붙여졌다. 이것이 실현됨으로써 제후들은 신분과 연공의 세습 제도를 종식시키고 "연공서열을 불문하고 전 관료 집단을 해임할 수 있다."라는 논의를 전개했다.

이를 통해 새롭게 형성된 평등한 관료 집단은 집단별 인원수의 비율을 기준으로 자신들의 지도자를 선출할 권한을 갖는다. 여기에 따르면 먼저 1차 투표를 실시하고, 여기서 선발된 인사는 이어지는 더욱 중요한 선거의 선거인이 된다. 즉 선출된 선거인단에 의해 능력과 자질을 갖춘 지도자들을 선발한다는 구상이었다. 이를 통해 중우 정치(衆愚政治)의 위험성을 최소화할 수 있다고 보았다. 저자는 이어서, 이러한 형태의 투표가 이루어지고 나면 평민들도 일상적인 사안을 처리하기 위해 이와 동일한 방법으로 자신들의 지도자를 선출하게 될 것이라는 논의를 전개해 나갔다. 이것이 『번론』의 마지막 구절이며, 이 뒤에는 추후 추가적인 내용을 다룰 것이라는 언급이 이어져 있다.

『번론』은 대단히 흥미로운 문헌이다. 이 책은 많은 점에서 료마의 사상을 토대로 한 부분이 크다. 게이키를 극찬한 부분은, 게이키 퇴진 당시 료마가 그에게 진심 어린 경의를 보냈던 사실과도 들어맞는다. 유신을 위해 노력하다가 처벌을 받고 곤경에 빠진 충신들의 이야기는, 유리 기미마사를 비롯한 료마의 여러 동지들을 연상시키는 부분이다. 봉건적 신분제의 정점을 이룬 특권 계급에 대한 경멸이라는 측면에서 보면, 다케치 즈이잔이 이끌었던 도사 근왕당 운동이 보여 준 저항 정신, 그리고 료마가 오랫동안 당시에 상식으로 받아들여지던 봉건적 의무와 권위에 대한 존중으로부터 자유로운 낭인으로 활동하면서 보여 준 불손한 언행이 연상된다. 봉건적 관료제의 문제점을 해결하기 위한 대안으로 간접 민주주의적 대의제를 주장한 점은, 료마와 그의 동지들이 서양의 사상과 제도를 당면한 문제의 해결책으로 재빨리 받아들였던 사실을 연상시키는 부분이기도 하다.

하지만 『번론』에서 다루지 않았던 부분 역시 앞서 언급한 내용에 못지않게 흥미롭다. 언급한 내용대로 봉건적 신분과 관직에 변혁이 이루어진다면 봉건제는 머지않아 종언을 고하게 될 것임이 자명함에도 불구하고, 이 책에서는 봉건제 종식에 대해 분명하게 언급해 두지 않았다. 천황제에 대한 논의 역시 많은 부분을 할애하지 않았는데, 단지 나쁜 정치는 그것이 설령 천황으로부터 유래되었다고 할지라도 용납해서는 안 된다고 언급했을 뿐이었다. 메이지 시대에 접어든 뒤에도 초반에는 천황 숭배 사상이 빠르게 확산되지는 않았으며, 고토 쇼지로는 새토에게 "과격분자들이 도를 넘어서 천황제를 폐지하자고 덤벼들지 않을까 우려된다."라고 말한 적이 있을 정도였다. ■54

물론 이와 같이 급진적인 측면도 지니고 있기는 했지만, 『번론』에 나타난 사고의 형태는 사쓰마 조슈 두 번에 의한 과두 정치와는 애초부터 어울리기 어려웠다. 이는 훗날 도사 번 지도자들이 그러한 형태의 정치에 반발함으로써 사실로 드러나게 된다. 『번론』은 확고한 특권의 존재 여부가 여전히 주된 관심사였던 하급 무사들이 훗날 취하게 되는 입장이 투영된 책자이기도 했다. 봉건적 신분 제도가 붕괴된 이후 이 책에서 볼 수 있는 서구식 대의 정치에 대한 열정은 일시적으로 사그라지지만, 이와쿠라 도모미 일파는 자신들의 지배 권력을 강화하기 위해 메이지 천황의 '신성한' 이름을 빌려 대의 정치의 필요성을 다시 한 번 일본 전역에 호소했다. 새로운 권력 독점의 모습이 분명해지면서, 이 책에서 확고한 특권에 대해 비판했던 료마와 그의 동지들이 사용한 용어들은 봉건 시대 당시 그들의 상급자였던 이타가키 다이스케와 고토 쇼지로에 의해 입법원의 설치 요구라는 새로운 모습으로 부활하였다.

신이 된
사무라이

이러한 계획을 구상해 나가는 중에 료마와 신타로는 숙소에서 최후를 맞이하였다. 이는 교토에서 정변이 일어나 황궁을 경비하던 막부 병력이 황궁에서 쫓겨나는 시기보다 한 달이나 앞서 일어났고, 사쓰마 번 지도자들이 교토에 도착한 시점보다도 시기적으로 일렀다. 료마는 후시미에서도 이와 비슷한 형태의 습격을 받았다가 목숨을 건진 적이 있었지만, 이번에는 암살에 대한 방비가 전혀 이루어지지 않은 상태였다. 데라다야(寺田屋) 사건 때와는 달리, 이번에는 그의 목숨을 구해 줄 친절한 여관 여종업원이 그의 옆에 없었다.

1867년 11월 30일, 료마는 후쿠이 번에서 교토로 돌아왔다. 그는 교토에 돌아오자마자 동지들과 함께 신정부 구상을 위한 8개조 강령을 수립하기 위해 모임을 시작했다. 여기서 그는 『번론』에 담긴 사상을 논의하고, 이에 대한 저작 활동에도 착수했다. 교토는 여전히 심각한 혼란에 휩싸여 있었고, 유언비어가 횡행했다. 좌막파들은 세력이 조금이라도 남아 있을 법한 친막부파 다이묘들이 암암리에 이루어지는 음모의 희생양이 될까 봐 극도로 우려했으며, 실제로 이런 우려는 기우로 끝나지 않았다. 이들은 반막부 음모에 관여했던 모든 사람들에 대해 의심과 증오심을 보냈고, 이들 중 능력이나 명성에서 료마를 능가할 사람은 많지 않았다. 교토의 치안 활동을 보조하기 위한 목적으로 편성되었던 여러 조직들이 유신 과정에서 명성을 드높인 인물과 혁명가들을 노린 것은 당연한 귀결이었다. 그중에서도 대표적인 조직으로는 교토의 낭인들로 구성된 신센구미(新選組), 그리고 에도 막부 가신들의 장남이 아닌 아들들을 모아서 조직한 미마와리구미(見廻組)가 있었다. 1867년 당시 이 두 조직의 구성원은 모두 수백 명에 달했다. 낭인 지사들을 처단하기 위해 편성된 이 두 조직은 맡은 임무를 무자비하면서도 효율적으로 수행했다. 이러한 조직들은 료마와 그의 동지들에게 깊은 적개심을 보였고 큰 위협을 가했다. 이보다 몇 년쯤 전에 료마가 데라다야 여관을 빠져나온 사건은 당시도 널리 회자된 유명한 이야기였다. 기도 고인을 비롯한 수많은 동지들은 료마에게 막부의 앞잡이들이 그를 살해하거나 납치하기 위해 틀림없이 재차 습격해 올 것이라고 주의를 주었다. 근간에 교토에서 이런저런 소동이 일어나 그 와중에 신센구미가 인명 피해를 입기도 했고, 이 때문에 자부심에 타격을 받은 신센구미 대원들은 극히 공격적이면서도 위험했다.

료마는 이러한 위협을 감지했지만, 천성이 밝고 낙천적이었던 터라 이에 대비해 철저한 경계를 지속해 나가지 못했다. 교토에 올라오기 전부터 그는 교토 가와라마치(河原町)의 오미야(近江屋)라는 간장 가게에 근거지를 두고 있었다. 오미야의 주인은 료마에게 창고 2층의 뒷방을 마련해 주었다. 이 방은 유사시 인근의 사찰로 재빨리 도피할 수 있는 위치에 있었다. 하지만 후쿠이에서 교토로 돌아온 후 감기로 몸져누운 료마는 주변 사람들에게 폐를 끼치지 않으려는 생각에 한층 드나들기 쉬운 앞방으로 거처를 옮겼다.

12월 10일, 료마는 이 방에서 나카오카 신타로를 만났다. 그날 밤은 몹시도 추웠다. 료마의 방에서 두 사람은 화로를 사이에 두고 마주 앉았다. 두 사람의 얼굴은 화롯불 옆에 있던 등잔불의 빛을 받아 밝게 빛났다. 와병 중인 료마는 안색이 어딘지 창백해 보였지만, 신타로는 활력에 넘치는 건강한 모습이었다. 이 자리에는 두 사람이 더 있었다. 한 사람은 신타로의 동행이었고, 다른 한 사람은 여관 종업원으로 료마의 시중을 들던 도키치(藤吉)라는 인물이었다. 도키치는 료마의 방 바깥에 앉아 있었다. 잠시 후 료마는 이들 중 한 사람에게 먹을 것을 좀 사와 달라고 부탁하였다. 다른 한 사람이 그와 함께 먹을 것을 사러 나가면서, 방 안에는 료마와 신타로 둘만 남았다. 그들은 대화를 이어 갔다.

이때 아래층에서 문을 두드리는 소리가 들렸다. 도키치는 문을 두드린 사람이 누구인지 확인했다. 그는 면식이 없는 인물로 자신을 도쓰카와(十津川) 출신이라고 밝혔다. 도쓰카와는 조정의 재산으로 사용되는 미곡이 산출되는 지역이었다. 료마가 도쓰카와 지역과 관계를 맺은 사실을 알고 있던 도키치는 손님이 왔음을 알리기 위해 위층으로 올라갔다. 그가 손님 맞을 준비를 위해 아래층으로 되돌아오는 사이, 미처 확인하기도 전에 세 사람이 위층으로 올라갔다. 그중 한 명이 도키치를 베어 넘겼고, 다른 두 사람은 료마와 신타로에게 달려가 공격을 가했다. 머리와 얼굴, 몸통, 사지에 무수한 상처를 입은 료마는 쓰러지고 말았다. 신타로 역시 치명상을 입었다. 겉으로 보기에는 료마만큼 심한 부상을 입지 않은 듯했지만, 그 역시 치명상을 입은 터였다. 어쨌든 그는 공격을 받은 후에도 숨이 끊어지지 않아, 리쿠엔타이의 부지휘관인 다나카 고켄이 피투성이가 된 채 쓰러져 있던 두 동지를 찾아왔을 때 자신들에게 무슨 일이 벌어졌는가를 설명해 줄 수 있었다. 신타로는 강한 정신력과 용기를 잃지 않았지만, 몸은 급속히 약해져 갔다. 다나카 고켄은 그를 격려하기 위해 조슈에서 자객의 습격을 받은 이노우에 가오루(井上馨)가 기적적으로 회복한 이야기를 들려주었고, 앞으로 벌어질 전쟁에서 신타로가 맡을 역할이 얼마나 중요한지에 대해서도 이야기해 주었다. 하지만 이러한 노력도 결국 허사로 돌아갔다. 이틀이 지난 12월 12일, 나카오카 신타로도 결국 숨을 거두고 말았다. 이때 그의 나이 29세, 료마는 32세였다. [55]

두 사람의 죽음을 애도하기 위해 모인 지사들은 복수심에 불타올랐다. 이어진 보신전쟁에서 포로로 잡힌 신센구미와 미마와리구미 대원들에게 처형당하기 전 자신들의 죄상을 소명할 기회를 주었지만, 사카모토 료마 암살에 대한 상세한 내막은 끝끝내 밝혀내지 못했다. 습격 당시 아래층에서 망을 보던 자들 중 한 사람은 1870년에야 자신이 당시 무슨 일을 맡고 있었던가를 털어놓았고, 이후 시즈오카에 유폐되었다. 훗날 그는 장문의 진술서를 썼지만, 다나카 고켄을 비롯한 여러 지사들은 이 진술서의 내용이 자신들이 기억하고 있는 바와 모순된다는 점에서 이를 인정하지 않았다. 어찌 되었든 이 암살 사건을 누가 결정했고 누구에게 책임이 있는지 그 상세한 내막은 밝혀지지 않았다. [56]

유신 지도자들은 두 지사의 죽음을 애도했다. 이와쿠라 도모미는 특히 나카오카 신타로의 죽음을 애석히 여겼지만, 전반적으로는 많은 친구를 가진 따스하면서도 친화력 있는 인품의 소유자였던 료마 쪽이 좀 더 많은 찬사를 받았다. 다나카 고켄은, "나카오카 신타로는 고결한 인물이었고, 사카모토 료마는 진정한 영웅이었다."[57]라고 기록했다. 기도 고인은 교토의 히가시야마(東山)에 있는 사찰의 묘지에 묻힌 두 사람의 묘비 비명(碑銘)을 써 주었다. 다자이후에서 산조 사네토미는 두 사람을 기리기 위한 시를 써서 보내주었다.

용맹함으로 충만한 무사들은,

신이 되어 나라를 수호하리니. ■58

료마가 일약 일본의 국민적 영웅으로 성장한 과정은 근대 일본에서 국가
주의가 발전한 과정을 보여 주는 하나의 좋은 사례이기도 하다. 이는 하루
아침에 이루어진 일이 아니었다. 나라의 앞길을 개척한 지도자들이 국민의
지지와 동의를 얻기 위해서는 국가 건설이라는 어려운 사업에 적지 않은 시
일을 쏟아 성공을 거둘 필요가 있었기 때문이다. 그들이 뜻한 바를 성취하
여 세상의 찬사를 받을 날이 다가왔을 때, 료마는 이와 같은 영광을 누릴 이
상적인 조건을 갖추고 있었다. 그의 낭만 가득한 생애와 그가 쓴 편지에서
살펴볼 수 있는 낙천적이고 자신감 넘치는 태도는, 일본인이 마음속으로부
터 갈구한 유신지사의 이미지와도 무척이나 잘 들어맞았다. 그의 재빠른 기
지와 실행력, 지위와 권력, 금전에 연연해하지 않았던 태도, 위기에 처해서
도 냉정함과 침착함을 잃지 않았던 성품에 대한 수많은 이야기들은 그를 지
용(智勇)을 겸비한 영웅으로 거듭나도록 하는 데 손색이 없었다. 료마가 『영
장비기(英將秘記)』라는 책의 저자라는 설은 사실 과장된 측면이 많기는 하지
만, 그가 얼마나 대중적인 사랑과 존경을 받았는가를 생생히 보여 주는 지
표이기도 하다. 이 책에 나타난 확고하면서도 격렬한 반막부 정서와 주어진
기회를 잘 활용해야 한다는 주장은, 그의 인생 역정과 잘 들어맞는 내용이
기도 했다. ■59 이와 동시에 료마가 메이지 정부에도, 그 반대 세력에도 참
여하지 못했다는 사실은 그를 소속이나 파벌을 막론하고 모든 사람들의 찬
사를 받는 영웅으로 거듭나게 한 또 하나의 요인이다.

최초로 출간된 료마 전기는 1883년에 발간된 『일본 제일의 영웅, 사카모
토 료마전(日本無雙の英雄, 坂本龍馬傳)』이다. 사실과 허구가 반반씩 섞여 있는

이 책은 내용에서 후학들의 재평가가 요구된다는 점도 있지만, 료마의 대중적인 이미지를 만들어 낸 최초의 계기였다는 점에서 그 의의를 찾을 수 있다. 1880년대 후반에 접어들어 일본의 국민 정서와 자부심이 고양되면서, 료마의 명성도 상승하였다. 그는 1891년에 들어 나카오카 신타로와 더불어 정4위에 추서되는 영예를 얻게 되었다. 이후 료마는 메이지 유신을 다룬 역사 소설 등의 창작물에서 중심 인물로 자리 잡게 된다. 메이지 유신 이후 살아남은 유신 지도자들의 회고 역시 그에게 아낌없는 찬사를 보냈다. 무엇보다도 그는 우선적으로 도사의 영웅으로 받들어졌으며, 가쓰라하마(桂濱) 해안에 우라도(浦戸) 만을 굽어보며 서 있는 그의 동상은 해운의 선구자이자 나라의 지도자였던 그의 역할을 상징적으로 보여 준다.

훗날 메이지 천황의 황후는, 산조 사네토미가 료마를 추모하기 위해 쓴 시에서 그가 신이 되어 나라를 지킬 것이라고 한 표현에 의미를 부여했다. 대한해협에서 일본 함대가 러시아 함대를 격파하기 전, 황후는 두 번이나 꿈에서 료마를 만났다고 한다. 이 중 두 번째 꿈속에서 료마는, "전하, 소인은 도사에서 태어난 사카모토 료마라고 하옵니다. 신 비록 재주는 일천하옵니다만, 황국 해군의 운명을 위해 신명을 다하겠나이다. 하오니 전하께옵서는 안심하여 주시옵소서."■60라며 자신을 소개했다는 것이다. 료마의 명성은 이미 더 이상의 찬사를 받지 않아도 될 만큼 드높았지만, 이처럼 황실의 비호가 더해지면서 그의 위상은 이제 전설의 범주에 들어가게 되었다. 용감한 영웅이라는 대중적인 료마관이 확립되면서 낭인 시절의 비교적 사소한 업적들은 묻혀 버린 감도 있지만, 료마의 이 모든 측면은 근대 일본의 발전 과정을 비추는 거울이라는 점에서 대단히 높은 관심과 흥미를 끄는 대상이기도 했다.

|미주|

1. 당시 교토에 있던 나카오카 신타로는 사쓰마 번과 조슈 번에서 이루어진 군제 개혁 내용을 비교한 자료를 이타가키 다이스케에게 전달하여 활용하도록 했다. 그는 사쓰마 번의 개혁은 영국을 모델로 한 것으로 도사에는 잘 맞지 않는다는 의견을 개진했다. 그에 따르면, 사쓰마 번 사무라이들은 도사 번 아시가루(足輕)보다도 못한 박봉을 받았다. 모든 계층이 개혁에 참여했고, 관직에 나간 자와 그렇지 않은 자들이 모두 함께 훈련을 받았다. 그는 교토에 주둔한 사쓰마 병력들이 매우 낮은 액수의 생활비를 지급받았음에도 불구하고 높은 사기를 유지했다는 사실 또한 지적했다. 그는 사쓰마보다는 조슈 번의 군사 개혁이 도사 번에 더욱 많은 시사점을 줄 것으로 판단했다. 그는 조슈 번에서 근대적인 군사 제도와는 전혀 어울리지 않는 자들이 많은 액수의 녹봉을 받는 경우가 적지 않다는 사실을 발견했다. 조슈 번 지도자들은 이러한 문제를 극복하기 위해 하급 무사들이 주가 되고 평민들까지도 수용하는 의용병 부대들을 조직했다. 적지 않은 시행착오를 거친 끝에 병력 1인당 연공 50석이라는 최종 원칙이 수립되었다. 신타로는 중·상급 사무라이 중심의 군사 개혁이 아닌, 이와 같은 조슈 번을 모델로 한 형태의 개혁을 제안했다. 이러한 논의에는 상급 무사들에 대한 고시, 쇼야 계층의 불만이 여전히 투영되어 있는 것이다. 『人傑坂本龍馬』, pp.362-364, 534-535.

2. 維新史料編纂事務局(刊), 『維新史』, IV, 714; 平尾道雄, 『陸援隊始末記』, pp.224-225; 平尾道雄, 『容堂公記傳』, 233-234.

3. 이타가키 다이스케는 이미 전쟁 영웅으로 대중적 인지도를 확보한 다음인 1880년대에 서양을 방문했다. 이때의 경험을 통해 그는 서양의 오만함에 맞서 국가를 통합할 필요성을 절감했고, 한동안은 메이지 정부와 협력한다는 관점에 더욱 경주하기도 했다. E. Cecil Cody, "A Study of the Career of Itagaki Taisuke(1837-1919), A Leader of the Democratic Movement in Meiji Japan".

4. 平尾道雄, 『容堂公記傳』, p.234.

5. 마쓰오카 기켄의 생애에 대해서는 다음 문헌들을 참조할 것. 寺石正路, 『土佐偉人傳』, p.147; 『維新史』, IV, 728f.

6. 원문은 다음 문헌에 수록되어 있다. 『維新史』, IV, 728, 732-736. 한편 다음 문헌은 원문 번역본을 수록하고 있다. Ishii Ryosuke, ed., *Japanese Legislation in the Meiji Era*(tr., W. J. Chambliss, Tokyo, 1958), pp.708-711.

7. 石井孝, 『明治維新の國際的環境』, pp.590ff.

8. 로슈는 사쓰마 번 사절단의 영향력을 최소화하기 위해 프랑스 현지에 전시할 물품을 보내고 전시관을 일본 단일 공간으로 보이게 만드는 등 최선의 노력을 다했다. 나가사키의 프랑스 영사는 이러한 노력을 나가사키 지사에게 설명했으며, 그 원문은 다음과 같다. "sinère Dévouement au Gouvernement de TaiKoon … qui est làseule pour la bonheur du Japon…."

Nagasaki Prefectural Library, document dated 28 October 1866, s/W. Drury.

9. 이와시타 마사히라가 사쓰마 번에 제출한 보고서에는 다음과 같은 내용이 언급되어 있다. "프랑스인들 중에는 막부를 강력히 지지하는 자들이 많다. 3년쯤 지나면 다이묘라는 신분은 사라지고, 마치 프랑스에서 그랬던 것처럼 다이묘들은 지위와 부를 누리되 정치적인 실권은 갖지 못한 계층으로 변화될 것이라는 소문이 돌고 있다." 石井孝, 『明治維新の國際的環境』, p.591.

10. Ernest Satow, *A Diplomat in Japan*, p.244.

11. 「西鄕と桂右衛門」, 『大西鄕全集』, I, 900.

12. *A Diplomat in Japan*, p.256.

13. 이 내용은 사이고 다카모리가 8월 26일 오쿠보 도시미치에게 제출한 보고서에 수록되어 있다. 출처는 다음 문헌을 참조할 것. 『大西鄕全集』, I, 880-892. 한편 다음 문헌은 이 보고서의 영역본을 수록하고 있으며, 여기서 저자(새토)는 '오랜 친구인 마쓰가타 마사요시'로부터 해당 문헌 원본을 입수했다고 언급하고 있다. *A Diplomat in Japan*, pp.254-255. 한편 원문에는 일본의 국체가 '영국과 비슷하다'라고 기록한 반면, 새토의 번역본에는 '다른 여러 나라의 정치 제도와 비슷하다'라고 언급되어 있다는 차이점이 있다.

14. 『大西鄕全集』, I, 892.

15. 『大西鄕全集』, p.887. 이 부분 역시 새토의 번역본에 수록된 내용은 원본과 상이하다. 해당 부분을 옮겨 본다. "나는 새토에게, 우리 일본은 정치 개혁을 위해 분투할 것이며, 외국인들과 비교했을 때 정당성(?)을 갖지는 않는다고 대답했다."(I replied that we would exert ourselves for the transformation of the Japanese government and we had no justification(?) vis-à-vis foreigners.") *A Diplomat in Japan*, p.255.

16. 『大西鄕全集』, I, 904.

17. 다음 문헌은 이에 대한 상세한 내용을 영문판으로 기록하고 있다. Saneatsu Mushakoji, *Great Saigō*, pp.244-245.

18. 다음 문헌은 이때 파견된 조슈 번 사절의 일원이었던 가시무라 가즈마의 일기를 수록하고 있다. 『維新史』, IV, 676-677. 이 계획은 사이고 다카모리가 육성으로 언급한 바 있으며, 관련 내용은 다음 문헌에 수록되어 있다. Mushakoji, *Great Saigō*, pp.252-253.

19. 『維新史』, IV, 679.

20. 岩崎英重(編), 『維新日乘纂輯』, III(東京, 1926).

21. 『維新史』, IV, 727.

22. 『維新史』, pp.680-681.

23. 『維新史』, p.740.

24. 『維新史』, pp.737, 741.

25. 료마는 나가사키에서 도사 번 출신자가 외국 선원을 공격한 사건에 대해 지연 보고를 함으로써 외국과의 또 다른 마찰을 회피하는 데 일조하기도 했다. 佐々木高行, 『勤王秘史: 佐々

木老侯昔日談』, p.482.

26. 료마가 얼마나 도량이 큰 인물이었는지는 이 사실만으로 명확하게 추론하기는 어렵다. 사사키 다카유키는 소총의 선적에 대해 보증을 서 주었고, 선적 비용으로는 사쓰마 번의 자금이 사용되었다.

27. 『坂本龍馬關係文書』, I, 385. 이 편지는 당초 사쓰마, 조슈 두 번이 거병에 나서기로 약조한 그날보다 2일 앞서 작성된 것으로 기록되어 있다.

28. 예외적으로 모토야마라는 인물이 남긴 것으로 알려진 문헌에는 료마가 놀라운 소식과 자료들을 가져온 것으로 기록하고 있다. 『坂本龍馬關係文書』, pp.408ff.

29. 『坂本龍馬關係文書』, p.382.

30. 『坂本龍馬關係文書』, p.412.

31. 平尾道雄, 『海援隊始末記』, pp.254-255.

32. 『坂本龍馬關係文書』, I, 418.

33. 1867년 나카오카 신타로가 이와쿠라 도모미를 방문하면서 후쿠자와 유키치의 『서양사정(西洋事情)』(신타로는 이미 이 책을 읽어 둔 터였다)을 선물로 가져왔다는 사실은 특기할 만한 일이다.

34. 이에 관한 상세한 내용은 다음의 문헌들을 참조할 것. 平尾道雄, 『陸援隊始末記』, pp.245-250; 『維新史』, IV, 687.

35. 다마마쓰 미사오(1810-1872)는 국학자 오쿠니 후루마사의 문하에서 공부를 한 인물로, 열렬한 근왕주의자이기도 했다. 이러한 그의 성향은 그가 써 나간 이와쿠라 도모미의 서신과 문서에도 상당 부분 반영되었다.

36. 이 당시 메이지 천황은 자신의 인장이 날인된 교서를 본 적조차 없으며, 이들이 천황의 실질적인 허가도 받지 않은 채 감행했던 정치 공작은 훗날 어용 학자들에 의해 우국충정에 입각한 행동으로 미화되었다고 보는 견해도 있다. 遠山茂樹, 『明治維新』, p.206.

37. 『維新史』, IV, 692, 706ff.

38. 도사 번의 건의서에 대해서 게이키가 어떻게 검토했는가에 대해서는 다음 문헌을 참조할 것. 澁澤榮一(編), 『德川慶喜公傳』, IV, 79ff.

39. 『坂本龍馬關係文書』, I, 419.

40. 『坂本龍馬關係文書』, p.420.

41. 平尾道雄, 『海援隊始末記』, pp.259-260.

42. 해당 부분은 다음 문헌에 영문으로 번역, 수록되어 있다. K. Asakawa, *The Documents of Iriki*, p.377.

43. 平尾道雄, 『容堂公記傳』, p.266.

44. 寺村左膳手記, 『維新日乘纂輯』, p.501.

45. *A Diplomat in Japan*, p.302.

46. 5개조 어서문은 여러 판본으로 영역되었으나, 본문에서는 다음 문헌에 수록된 번역

문을 인용하였음을 밝혀 둔다. Nobukata Ike, *The Beginnings of Political Democracy in Japan*(Baltimore, 1950), p.36.

47. 다음 문헌은 이와 관련된 5개조 어서문의 목적을 강조하고 있다. 遠山茂樹, 『明治維新』, p.228.

48. 『坂本龍馬關係文書』, Ⅰ, 414-415.

49. 초기 메이지 정부의 관직명에 대해서는 다음 문헌을 참조할 것. Robert Wilson, *Genesis of the Meiji Government in Japan, 1868-1871*, Univ. of Calif. Press(Berkeley, 1957).

50. 『坂本龍馬關係文書』, Ⅰ, 425.

51. 다음 문헌에는 이때 나눈 대담에 대한 유리 기미마사의 논평이 언급되어 있다. 三岡丈夫, 『由利公正傳』(東京, 1916), pp.125-128. 또한 다음 문헌은 당시 유리 기미마사가 겪은 고초를 후쿠이 번에 교사 자격으로 초빙된 미국인의 눈으로 기록한 흥미로운 자료가 수록되어 있다. W. Griffis, *The Mikado's Empire*, Book Ⅱ, "Personal Experiences"(New York, 1871).

52. 『坂本龍馬關係文書』, Ⅰ, 427-428.

53. 이 책은 사실 요코하마 총영사 홀(J. Carey Hall)이 해리 파크스 공사를 위해 작성한 번역본을 통해서 그 존재가 전해져 올 수 있었다. 이 번역본은 다음 문헌에 수록되어 출간되었다. *Japan Chronicle for June* 21(1911). 원본은 유실되었고, 번역본은 다음 문헌에 다시 한 번 수록(해당 문헌의 저자는 원본이 유실된 사실을 인지하였음)된다. 千頭淸臣, 『坂本龍馬』(東京, 1914). 이 책은 실제 저자가 누구인지는 확인되지 않았기 때문에 료마 관련 문헌의 편찬 과정에서 누락되기도 했다. 1930년대 들어 尾佐竹猛는 이 책의 원본을 찾아내어 다음 간행물에 투고함으로써 이 책은 다시금 세상의 빛을 보게 되었다. 『土佐史談』, 46(1934). 이 '원본'은 1868년 출간된 것으로 기록되어 있고, 'Y.M.'이라는 서명이 있다. 尾佐竹猛는 이를 료마가 직접 쓴 문서로 간주하고, 다음 책에서 료마 관련 부분을 집필할 때에도 해당 부분에 수록하였다. 『幕末維新の人物』(1935). 서문은 "어느 번 출신의 옛 동지 하나가 자기 번의 문제를 가지고 내게 상담하러 왔다. 이는 그때 내가 내놓은 의견을 기록한 것이다."라는 문구로 시작한다. 이 동지는 료마가 운영했던 가이엔타이의 일원이기도 했었다. 다음 문헌(이 또한 앞에 언급한 尾佐竹猛의 저서에 수록된 부분을 재인용했음)에는, 'Y.M.'이 기이 번 출신의 가이엔타이 대원이었던 무쓰 무네미쓰[당시 그는 요노스케(陽之助)라는 이름을 사용했음]의 서명이라고 언급하고 있다. 平尾道雄, 『海援隊始末記』(東京, 1941). 하지만 문제의 '동지'는 무쓰 무네미쓰가 아니라 료마의 비서로 서양 학문에 능통했던 인물인 나카오카 겐키치일 가능성도 있다.

54. *A Diplomat in Japan*, p.297. 신정부에 대한 고토 쇼지로의 설명을 들은 새토는 이에 대해 다음과 같이 평했다. "이는 우리가 고토 쇼지로에게 제안했던 미래 정부의 구조에 가까웠다."

55. 이때 료마의 숙소에 있던 사람들 및 용의자로 지목된 사람들에 대한 상세한 내용은 다음 문헌을 참조할 것. 『坂本龍馬關係文書』, Ⅱ, 357ff.

56. 平尾道雄, 『海援隊始末記』, pp.274-275.

57. 熊澤一衛, 『青山餘影: 田中光顕伯小傳』(東京, 1924), p.235.

58. 平尾道雄, 『海援隊始末記』, p.273.

59. 이 책의 내용 및 이와 관련된 문제에 대해서는 다음 문헌을 참조할 것. 塩見薫, "坂本竜馬語録とつたえられる「英将秘訣」について", 『歷史学研究』, 208(1957), pp.39-41. 이 책은 당초 료마의 저서로 간주되었으며(千頭清臣, 『坂本龍馬』, 히라오 미치오 선생도 가이엔타이와 관련된 초기 저술에서 이러한 논의를 받아들였음), 이후 히라오 선생은 다른 많은 저술가들과 마찬가지로 이 책이 료마의 저서라는 사실을 부정하지만, 료마의 사상, 그리고 에도 시대 말기 도사 번 지사들이 모의했던 부분에 적지 않은 영향을 받았음은 계속 인정하게 된다. 한편 앞서 언급한 문헌의 저자인 시오미(塩見)는 자신의 주장을 뒷받침할 증거로 어느 아이즈 번 사무라이의 일기를 제시했다. 이 아이즈 번 사무라이는 낭인들에 대한 정탐 임무를 맡았으며, 이 책과 같은 반막부적 내용을 담은 인쇄물에 대해 강경한 어조의 보고를 비밀리에 올렸다.

60. 이 책(영문판 원본–역주)에서는 다음 문헌에서 영문으로 표기한 부분을 인용하였음을 밝혀 둔다. 千頭清臣, 『坂本龍馬』, 서문, iv-v. 다음 문헌에서 이 책의 저자는 자신의 자서전(및 나폴레옹의 전기)이 일본에서 일본어로 출간되기 전에 이미 영문판을 집필했을 정도로 영어 실력이 탁월했음을 언급하였다. 『續土佐偉人傳』(高知, 1923), pp.297-299.

|역주|

1. 에도 시대에 쇼군의 측근에서 쇼군과 로주 간 연락을 맡은 요직. 여기서는 막부의 직책이 아닌 번의 직책으로, 번주 밑에서 막부의 소바요닌과 같은 역할을 맡던 직책으로 보면 됨.
2. 일본 천황, 또는 황실이나 조정을 달리 일컫는 말.
3. 일본의 개화기에 서양인들이 에도 막부의 쇼군을 일컫던 말.
4. 오늘날 일본 야마나시 현(山梨縣) 일대를 일컫는 옛 지명.
5. 고치 현에 있는 지명.
6. 에도 시대 일본에서 사용된, 찰흙에 글자나 그림을 새겨 기와처럼 구운 인쇄판 또는 그것으로 인쇄한 것. 메이지 초기까지 사용되었으며, 오늘날의 신문에 해당하는 구실을 하였음.

Sakamoto Ryōma and the Meiji Restoration

제9장.. **도사에서의 유신**

…▶

일개 번이나 지역에서 관찰된 특징을 마치 일본 전역에서 나타난 것처럼 일반화시키는 일이 지닌 어려움과 위험함은 유신 시대 역사를 일반화하고자 한 대부분의 시도에서 이미 밝혀진 바이다. 특정 인물 또는 특정 집단의 경험만을 토대로 이 시대를 해석하려 하는 것은 더욱더 현명하지 못한 일이다. 만일 이러한 시도가 필요한 경우라면, 이는 에도 막부 타도를 주도한 세력인 사쓰마 번과 조슈 번의 움직임을 토대로 이루어져야 할 것이다. 도사의 상황은 어떤 각도에서 바라보든 지극히 특이한 경우에 해당한다. 도사 번주 가문은 대대로 도쿠가와 가문에 대한 깊은 의무감을 잊은 적이 없었다. 이 가문의 당주는 결단력 있는 유능한 다이묘였지만, 그의 가신단 중 상당수는 에도 시대 이전에 도사를 지배했던 토착 세력인 조소카베(長宗我部) 가신들의 후예였다. 이는 일본의 다른 어떤 지역에서도 비슷한 사례를 찾아보기 힘든 독특한 구조였다. 하지만 이러한 도사만이 지녔던 특성을 고려한다 하더라도, 료마와 신타로가 체험했던 지적·사회적 흐름이 그들의 사후 일본 전체라는 한층 폭넓은 무대의 발전 방향에 어떻게 반영되고, 또한 그 방향을 어떻게 예측했는가를 살펴보는 일은 충분한 가치가 있다. 즉 이러한 작업을 통해 왕정복고는 혁명적 변혁의 종점이 아니라 단지 그 출발점에 지나지 않았음을 한층 심도 있게 이해할 수 있을 것이다.

…▶

서양에 대한
단계별 대응

  우선 앞서 이야기했듯이 메이지 유신이 무르익어 가던 시절 활동가들이 얻은 괄목할 만한 지적·정치적 경험은, 다름 아닌 일본 사회가 서양의 위협에 제대로 대처할 능력이 없었다는 사실을 자각한 점이라는 것을 되새길 필요가 있다. 서양의 위협을, 페리 제독의 기항으로 초래된 일련의 변화와 관련된 유일한 요인으로 보아서는 곤란하다. 에도 시대의 정치적·사회적 질서를 부정하는 다양한 지적 흐름이 이미 물꼬를 터 나가고 있었다. 고시와 쇼야의 자제들이 사숙에서 배운 유교적 가르침에서는 충절을 강조했고, 이는 그들의 낮은 신분에 대한 불만과 곧잘 결합되면서 새로운 정치 질서와 신분 상승을 위한 봉기의 기회를 엿보게 만들었다. 한편 이러한 배경 자체는 사실 오랫동안 지속되어 왔지만, '신성한 국토와 천황의 안녕'에 위협을 초래함으로써 그들을 행동에 나서게 한 것 역시 서양의 위협이었다는 사실이다. 분노와 저항의 전제 조건은 오래전부터 존재해 왔지만, 합법성과 정당성을 부여받는 행동에는 일단 무엇보다도 원대하면서 드높은 목표가 설정되어야만 했다. 유신기에 이루어진 활동은 어떤 특정 집단의 사회적 분노로는 결코 정당화될 수 없었으며, 적어도 명목상으로는 '이타심'과 이상주의를 내세워야 했다. 일본이 직면한 내우와 외환이 서로 포개지고 악순환으로 이어지면서 그러한 원동력은 발전해 갔다. 양이에서 출발한 사상적 흐름은 도막으로 이어졌고, 종국에는 『변론』에서 살펴볼 수 있듯이 반봉건적 정서로 귀결되었다. 천황의 안녕이라는 대의명분 속에서 이 모든 것의 정당화가 일관되게 이루어졌으며, 언어적·수사적 측면에서도 놀라울 정도의 일관성이 확인된다. 그럼에도 불구하고 그 이면에는 중대한 내용상의 변화가 이루어졌다. 이러한 변화는 세계가 당면한 과제는 무엇인지, 그리고 일본의 부족한 점은 무엇인지에 대한 새로운 자각에 뿌리를 두었다.

료마의 경우, 서양과 관련된 문제의 심각성을 인지해 가는 과정을 대체로 네 단계로 구분해 볼 수 있다. 첫 번째 단계는 페리 제독의 기항을 계기로 싹텄고, 이이 나오스케가 타운센드 해리스와 통상 조약을 체결할 때까지 계속된다. 당시 패기와 뜻을 지닌 일본의 청년이었다면 조국이 직면한 위기에 무관심할 수 없었다. 시급한 국방의 필요성은 사무라이로 하여금 무사의 본분과 초심을 되찾게 하였다. 도사 번에서는 민병대가 조직되었다. 이러한 부대는 보통 위급 상황에서 조직되는데, 그 구성원은 평민까지 포함했고 고시가 지휘를 맡았다. 도사 번 전역에서 검술이 장려되었고, 청년들은 전통 무술의 수련을 통해 비분강개와 야망을 분출하고자 했다. 료마는 검술의 오의(奧義)를 연마하기 위해 에도에 유학했고, 이곳에서 동년배 중에서도 가장 진취적이고 활동적인 인물을 만나면서 시대적인 비분강개와 열정에 자연스레 물들게 되었음은 당연지사라고 하겠다. 그가 가족들에게 서양 오랑캐의 목을 베기 전에는 고향에 돌아오지 않겠노라고 공언한 것도, 도사 각 지역 및 다른 번 출신의 동료들과 외세를 쳐부술 방안에 대해 논하는 과정에서 자연스레 형성된 결과물이었다.

당시 도사 번 내부에서는 야마우치 요도가 요시다 도요의 건의를 수용하고 그의 문하생들을 수하로 받아들여, 정치·군사·경제 분야에서 번의 실력을 증강하기 위한 조치에 착수했다. 이러한 노력 덕택에 향후 도사 번은 이웃 번들에 대한 위상을 강화할 수 있었다. 다시 말해 이 시기는 도사 번의 중흥기였고, 다수의 도사 번 가신들 또한 활력을 회복해 간 시기였다고 할 수 있다. 막부가 조언을 구하고 스스로의 약체화를 노출시킴으로써, 다이묘들은 활기를 얻을 수 있었다. 번 간의 접촉을 금했던 오랜 규칙은 애초에 반막부 세력의 결집을 저지하기 위해 만들어진 것이었지만, 일치단결하여 외세에 대응해야 할 필요성이 제기되는 시대가 오자 그 설득력을 잃고 말았다. 아베 마사히로 등 막부 내 온건파는 처음부터 이러한 움직임을 장려했다. 그 결과 야마우치 요도를 포함한 유력 도자마 다이묘들이 쇼군의 계승 문제에까지 개입하는 지경에 이르렀다. 하지만 이 시대에도 정보를 얻는 것은 쉬운 일이 아니었고, 지식은 소수의 사람들에게 집중되어 있었다. 번의 요직을 독점한 보수파는 자신들의 특권 유지에 관심이 쏠려 있던 탓에 시대적 문제의 적응에는 관심이 없었고, 그러한 능력도 갖추지 못했다고 비판받기도 했다. 하급 사무라이들은 양이의 실력을 사실적으로 판단하지 못했고, 단지 경계심과 투지에만 호소할 뿐이었다. 이들은 상급자들이 직면해 있던 문제의 복잡성을 인식하지 못했다. 이러한 점에서 요시다 도요와 같은 개혁파 관료들 또한 유능한 번주의 강력한 지원이 따르지 않았다면 비난과 공격의 화살을 피하기 어려웠을 것이다. 이 시기가 끝날 무렵 이이 나오스케는 이러한 보호막을 제거해 버렸다. 그는 쇼군 후계 선정 과정에서 히토쓰바시 게이키 옹립에 가담했다는 이유로 야마우치 요도를 연금에 처했다.

　서양에 대한 료마 반응의 두 번째 단계는, 1860년에 일어난 이이 나오스케 암살로부터 시작된다. 외국인 입국의 허가, 요도의 처분과 같은 막부의 행태에 대한 분노의 물결이 고조되는 가운데, 료마를 비롯한 청년 검객들은 사쓰마와 조슈 번의 동지들과 협력 관계를 구축할 수 있다는 희망을 키워 갔다. 그들은 이러한 노력을 통해 막부가 조정을 더욱 존중하도록 압력을 가하고, 천황의 본심이기도 한 양이를 실천에 옮길 수 있다고 믿었다. 다케치 즈이잔과 료마가 이끄는 도사 근왕당이 출현한 시기도 바로 이때였다. 막부는 향후 그들에게 등을 돌린 세력이 야심을 드러내기도 전에 동요해 버렸고, 이는 다케치 즈이잔 일파의 급진 성향이 배태되는 토양으로 작용했다. 반막부 근왕 운동을 둘러싼 사쓰마와 조슈의 경쟁은 젊은 근왕주의자들을 자극했고, 조슈와 구게 세력을 자기편으로 끌어들임으로써 그들의 흥분은 고조되어 갔다. 다케치 즈이잔 일파가 거리낌 없이 폭력을 행사할 수 있었던 배경에는 막부의 경찰력을 무력화(적어도 잠시 동안은)할 수 있는 조슈와 도사의 실력이 자리잡고 있었다는 사실을 간과해서는 안 된다. 그리고 산조 사네토미, 아네노코지 긴토모와 같은 청년 구게들의 열정과 낙관주의가 없었다면, 과격분자들이 천황의 뜻을 빙자해 자행했던 일련의 암살 사건들을 은폐하기 위해 훨씬 많은 고초를 겪어야 했을 것이다. 하지만 그들은 이러한 지원 세력을 얻었기에 자신들의 행동이 순수한 동기에서 출발했음을 주장할 수 있었다. '정의'라든가 '개화'와 같은 명칭을 내건 당파들은 정적들에게 '천벌'을 내릴 권리가 있다고 주장하는 데에도 거리낌이 없었다. 과격함, 격정, 영웅주의, 무자비함과 잔혹함이 이 시대를 지배했다. 하급자가 상급자를 타도하거나, 또는 그 지배에서 이탈했다. 신앙이나 사상의 영역으로까지 발전한 양이 사상은 일본이 가진 고유성의 정수라 할 수 있는 신성한 천황과 국토에서 그 정당성을 찾았다. 양이 사상은 여전히 외국을 타도한다는 사상을 의미했고, 외세에 우호적인 자들은 누구를 막론하고 공격의 대상으로 삼았다. 이는 전술이라기보다는 하나의 사상이었고, 이러한 사상의 신봉자들(적어도 도사 번 내부를 기준으로 놓고 보면)은 열정만 넘치는 우직한 자들이었다. 덕분에 그들은 사상의 일관성과 순수성을 충분히 유지해 나갈 수 있었다. 이러한 분위기 속에서 료마는 고향을 벗어나 낭인 운동에 가담했고, 신타로는 가족과 주어진 책임을 버리고 위기에 직면한 야마우치 요도를 지키기 위해 에도로 달려갔던 것이다. 위기 상황은 상식을 저버리고 상급자의 권위를 무시하는 것조차 정당화시켰던 한편으로, 개인적인 명성을 드높이는 것은 물론 국가를 위해 큰일을 해 나갈 기회를 부여하기도 했다. 이러한 위기 속에서 검객들은 지사로 거듭날 수 있었다. 봉건 제도하에서 여태까지는 타인의 지시에 따라야만 했던 하급 무사들은 이제 자신감과 주체적인 목적의식에 충만한 활동가로 탈바꿈했다.

　서양에 대한 료마 반응의 세 번째 단계는, 일본에서 서양 세력을 힘으로 몰아낼 수 없다는 자각에서 시작한다. 이는 이제까지의 감정적이었던 태도를 이성적인 수준으로 끌어올린 계기가 되기도 했다. 예전에는 단순한 시각으로 문제를 인식하던 활동가들이었지만, 이제는 세련되고 균형 잡힌 대안을 구상할 수 있는 수준으로까지 발전했다. 많은 경우 이러한 변화는 종교적인 깨달음과 같은 일면을 지니고 있다. 예컨대 초창기에 가졌던 생각이 현실에 적합하지 않다는 사실을 분명하게 인식하고는 사고방식을 전환해 가는 양상이었다. 이러한 변화는 지사들마다 제각각 상이한 시점에 상이한 형태로 다가왔다. 어떤 이들은 기선을 타고 항해한 경험을 통해 현실에 눈 뜨기도 했다. 이노우에 가오루의 경우, 상하이 만에서 서양 선박의 돛대들이 숲처럼 도열한 광경을 목도한 것이 이러한 변화의 계기였다. 료마의 경우 가쓰 린타로를 암살하려고 한밤중에 그의 처소에 잠입한 일이 이와 같은 변화의 계기가 되었다. 숭고한 임무를 해내야 한다는 생각으로 흥분과 긴장에 사로잡혀 있던 그는 얼마 지나지 않아 이러한 투지를 온화한 응대로 무너뜨린 바로 그 인물의 가르침과 지도를 새로이 받아들이기 시작했다. 물론 이러한 변화가 모든 활동가에게 공통적으로 일어나지는 않았다. 죽이고 죽음을 당하는 일을 되풀이하는 자들도 있었다. 하지만 료마는 조국의 방비를 강화하고자 하는 희망을 가슴에 품고, 막부 측 관료이기도 했던 이 스승을 모셨다. 가쓰 린타로 밑에서 일하면서 얻은 경험과 인간관계 덕분에, 그는에도 시대 말기의 중요한 인물로 성장할 수 있었다. 나카오카 신타로의 경우는 조슈 번 근왕주의자들과 생사고락을 나누는 가운데, 외세에 대처하기 위해서는 그전에 먼저 그들에 대해 배우고 그들의 문물을 받아들일 시간이 필요하다는 인식을 해 나갔다. 이제 그는 양이란 인내심과 의지를 갖춘 사람만이 실행할 수 있다는 사실을 절감하기에 이르렀다. 미국의 워싱턴이 영국 오랑캐들을 쫓아낼 만한 군사력이 길러질 때까지 기다렸던 것처럼, 일본 또한 그들이 추구하는 이상을 실현할 수 있는 날이 오기까지 기다릴 수 있고 또 그래야 한다는 것이었다. 이처럼 눈앞의 시대적 상황을 세계적인 폭넓은 시야로 바라보고 그 역사적 의미를 깊이 통찰할 수 있는 능력을 갖추면서, 이 도사 번 지사는 정치가로 발전해 갔다.

이들이 이러한 교훈을 깨쳐 가는 동안, 도사 번에서는 옛 동지들이 야마우치 요도가 행한 숙청의 희생양으로 전락했다. 그 결과 현실에 눈뜨지 못함으로써 더한층 성장하지 못한 세력은 숫자도 영향력도 줄어들고 말았다. 이후 도사 번 지도부로서는 향후 국정에 참여할 날이 오면 근왕파의 활력과 인맥 또한 필요했기에 료마와 신타로를 활용해야만 했다. 애초에 근왕 운동에 참가한 사람들 가운데 여전히 자유롭게 활동하면서 번 외부에 광범위한 관계를 맺고 있던 인물이라고는 이 둘뿐이었기 때문이기도 했다. 한편 야마우치 요도에 의해 요직에 임명된 도사 번의 새로운 지도자들은 예전 요시다 도요가 추진했던 것과 유사한 내용의 실력 양성책을 실시했고, 이는 도사 번이 향후 다시금 국정의 주도권 다툼에 뛰어들 날이 오면 미래의 동맹자들에게 제공할 새로운 실력과 영향력을 갖추게 되는 것을 의미했다.

이 시기까지는 개인과 집단을 막론하고 도사에서 이루어진 서양에 대한 대응은 서양 세력의 출현에 따른 결과라는 측면이 강했다. 하지만 료마와 신타로의 경우, 그 네 번째 단계는 막부에 대한 대응이라는 측면이 다분했다. 온건파와 강경파, 개항 찬성파와 유보파의 대립이라는 양상으로 표출된 막부의 분열상은 이전부터 일본의 정치·사회에 영향을 끼친 요인이기도 했다. 그러나 1864년에 접어들면서 잇따른 가시적인 승리에 고무된 막부 측은 이를 계기로 실추된 권력을 되찾으려는 시도에 박차를 가했다. 조슈 번 군사들은 그 전해 9월에 교토에서 쫓겨났고, 뒤이어 국정의 주도권을 되찾으려는 그들의 시도가 실패로 돌아가면서 조슈 번은 '조정의 적'이라는 오명까지 뒤집어쓰고 말았다. 외국 세력은 조슈 번이 굴복하도록 압력을 가했고, 이 역시 막부 측에 호재로 작용했다. 막부 측은 황실의 권한을 위임받았다는 강점을 가진 데다 유력 가신단 전원의 지지까지 얻어내면서 조슈 번에 대한 무력 정벌을 선언했다. 1862년 이후 조슈의 번정을 책임져 왔던 근왕파는 자신들의 동원 가능한 병력을 압도하는 대규모 정벌군 앞에 무릎을 꿇었고, 이후 그들의 자리는 막부 측에 순응하려는 보수파들이 차지했다. 에도의 보수 세력은 이제 자신들의 세력을 완전히 회복할 순간이 왔다고 생각했다. 그들은 새로 정벌을 일으켜 조슈 번의 씨를 말려야 한다는 선동에 나서기 시작했다. 철저한 근대화 계획을 골자로 하는 프랑스의 원조는, 막부가 지배하는 새로운 중앙 집권적 정부가 수립되어 조슈를 비롯한 반대 세력을 일소할 날이 오리라는 희망을 실현시켜 줄 것처럼 보였다. 또한 그들은 과거 에도 막부가 지방 다이묘들을 통제하기 위한 초석으로 활용했던 산킨고타이 제도를 부활시키려는 시도에도 나섰다. 그들은 여기에 그치지 않고 1862년 이후 사쓰마, 우와지마, 도사 등의 번주들을 신하가 아닌 동격으로 대해 온 각료와 관료들까지도 숙청하려는 결단을 내렸다. 마쓰다이라 순가쿠와 히토쓰바시 게이키는 새로이 형성된 '강경' 노선에 동참하지 않는다면 자신들의 영향력은 끝날 것임을 인지했다. 효고의 해군조련소에 다수의 낭인들을 숨겨 준 해군부교 가쓰 린타로는 해임되었다. 그의 해임으로 사카모토 료마의 후원자가 에도 막부에서 사쓰마로 옮겨 갔다는 사실은 이 시기의 시대상을 상징적으로 보여 주는 예이다.

이렇게 해서 최후의 단계는 막부를 전복시키려는 정치적·경제적 계획으로 표면화된다. 일본 남서부 번의 무사들은 이제 자신들이 제때 나서지 않으면 막부 측이 선수를 칠 것이라고 믿기 시작했다. 그들은 프랑스의 막부 원조에 대한 풍문을 모조리 사실로 받아들였고, 제2차 조슈 정벌이 이루어질 경우 초래될 위험성에 대해서도 인식하고 있었다. 이러한 상황에서 료마와 신타로는 사쓰마와 조슈 두 번의 동맹이 성사되는 데 도움을 주었다. 또한 이제 갓 활동을 시작한 가이엔타이는 가고시마, 시모노세키, 나가사키를 돌며 곡물과 총포를 수송함으로써 동맹이 공고해지는 데 기여했다. 이때 료마는 사쓰마 번과 조슈 번 지도자들 사이에 반막부 정서가 고조되고 있음을 간파하고 교역뿐만 아니라 사상까지 중개하는 중개인 역할에 나섰다. 가쓰 린타로와 오쿠보 이치오의 가르침을 받은 료마의 사고는 서양 사정에 정통한 요코이 쇼난과 나가사키의 동지들과의 만남을 통해 한층 발전할 수 있었다. 이를 통해 그는 정치권력을 막부에서 제후 회의로 이양한다는 내용을 골자로 하는 8개조의 정치 강령을 구상해 낼 수 있었다. 이 강령에서 쇼군은 제후의 일원으로 다른 제후와 동등한 선상에 위치하지만, 여전히 강력한 영향력을 갖는 존재였다. 이러한 계획은 조슈와 사쓰마의 동지들로부터 지지를 받을 만한 것은 아니었다. 왜냐하면 그들은 과거에도 막부가 해 온 역할을 자신들이 물려받기를 원했기 때문이다. 하지만 도사 번은 달랐다. 료마의 계획은 다시금 국정의 무대에 뛰어들고자 했던 도사 번 지도자들의 이해관계와 잘 맞았기 때문이었다. 이후 그의 계획은 몇 가지 수정을 거쳐 도사 번의 정치 강령으로 채택되었다.

료마와 신타로가 시류를 앞서서 생각하고 행동했다는 데에 이의를 제기하기는 어렵다. 하지만 그들이 거쳐 간 여러 과정들은 그들 세대가 지나가야만 하는 과정이기도 했다고 보는 것이 타당하다. 다른 사람들이나 다른 지역의 경우, 방침의 선택에 따른 위험을 권력층이 어떻게 판단하느냐에 따라 복종의 길을 선택할 것인지 아니면 반항의 길을 선택할 것인지가 결정되었다. 하지만 비분강개와 실력 행사로 대표되는 이후의 단계는 크게 보면 일본 각지에서 공통적으로 나타나는 현상이기도 했다. 일본의 국정이 변화하는 속도가 하루가 다르게 빨라지면서, 수많은 개혁안들이 미처 실시되기도 전에 구시대의 유물로 전락해 버리는 경우도 생겨났다.

이와 같은 단계를 밟아 온 료마는 애국심과 그의 야망을 결합시켜 나갔다. 료마는 에도 막부의 마지막 쇼군이 받아들인 주청의 초안자, 가이엔타이의 지휘관, 그리고 큰일을 이루어 이에 따른 찬사와 비난을 한 몸에 받는 신비로운 인물이 되면서 이제 1862년 도사를 떠난 고시 출신의 청년 근왕주의자와는 완연히 다른 인물이 되었다. 평등과 관리 선출을 주장한 『변론』의 내용을 탈번 초기에 그가 집에 보낸 편지들과 비교해 보면 이러한 변화는 뚜렷이 확인된다. 료마는 수많은 동시대인들과 마찬가지로 서양에 대해 배우고 서양 문물을 받아들일 기회를 잘 이용해 나갔다.

서양이라는 모범, 그리고 서양의 위력이 가져온 놀라울 정도의 영향력을 충분히 살피지 않고서는 이 시대 일본의 시대상을 제대로 이해할 수 없다. 후쿠자와 유키치의 명저 『서양사정』은 수천 부가 발간되어 일본 전역에서 읽혔고, 그 시대의 교과서라고 할 수 있는 위치에까지 올랐다. 사사키 다카유키와 나카오카 신타로가 이 책에 영향을 받았음은 틀림없는 사실이다. 이 책은 계몽의 필요성에 목말라하던 아네노코지 긴토모, 이와쿠라 도모미 등의 구게들에게도 증정되었다. 가쓰 린타로와 같은 사람들이 서양 학문에 일찍 관심을 가짐으로써 확실한 권위를 지니게 되었지만, 이것만이 서양 문물을 제대로 받아들일 수 있는 충분조건이라고 보기는 어렵다.

서양의 기술을 제대로 받아들여 활용할 수 있는 구조로 일본을 개편해야 한다는 확신은, 몇몇 선구자들 사이에서는 결코 짧지 않은 시간 동안 공유해 온 것이기도 했다. 따라서 한동안은 사쓰마−조슈와 막부가 서로 상대방을 희생시켜 국가 통일을 이루려는 경쟁 구도가 형성되기도 했다. 오구리 다다마사를 비롯한 막부 측 지도자들은 프랑스에 의지했고, 기도 고인을 비롯한 조슈 측 인사들 사이에서는 당시의 일본 사회가 무엇을 요구하는가에 대해 기본적인 합의가 이루어져 있었다.

물론 오구리 다다마사 등의 인사들이 자신들의 계획을 성공시켰을지도 모른다는 가정도 하지 말라는 법은 없다. 막부 내 개혁파 인사들은 특권 의식과 맞서 싸우는 데 많은 노력을 기울여야 했고, 외세가 '신성한' 일본 땅에 들어온 이후 존왕 사상이 민심을 얻으면서 그들의 개혁안은 그로부터 이익을 얻기는커녕 시류에 역행하는 측면이 다분해졌다. 훗날 도사 번의 정책으로 계승되는 료마의 계획에서는 새롭게 들어설 합의 체제하에서 에도 막부의 수장인 도쿠가와 가문과 유력 다이묘들에게 동격의 대표권을 부여함으로써 양자 간에 가교를 놓으려 했다. 이러한 시도가 실현되기 위해서는 시대가 요구하는 강력한 지도력이 수반되어야 한다는 비판도 제기될 수 있다. 메이지 시대 초기에 이루어진 대의 정치의 실험은, 과두 정치의 지배 세력이 대의제 아래에서 실질적인 권력 공유를 실천에 옮기려 하지 않음에 따라 숱한 난관에 봉착했다. 하지만 이러한 실험들의 또 다른 실패 원인을 살펴보면, 무엇이 이루어져야 하는가에 대한 의식이 소수에게만 집중되어 있던 탓에 개혁을 위한 시도가 지역적·개인적 이해관계와 계속 뒤엉켰던 부분도 적지 않다. 료마가 구상했던 상하의정국이 실현되기 위해서는 그 권위를 강화하기 위한 즉각적인 노력이 일본 남서부 유력 번들의 지도자들에 의해 이루어졌어야 했다는 지적도 있다. 돌이켜 생각해 보면, 도사 번의 강령이 사람들에게 공감을 얻을 수 있었던 비결은 사실 실천에 옮겨지지 못했기 때문이라고도 볼 수 있다.

　에도 막부를 타도하기 위해 벌인 전쟁은 보수적인 막부 지지 세력을 타도함으로써 그들과 관련된 문제를 해결했다. 또한 이 과정에서 일본 남서부 유력 번들의 젊은 개혁파 인사들이 번 내부의 지배력을 장악하면서 정치적 주도권의 문제를 일단락 짓는 데 기여하기도 했다. 메이지 시대에 이루어진 여러 개혁을 추진한 세력에게 행운으로 작용했던 것은, 야마우치 요도와 쇼군 게이키 등 그들로서는 배제해야만 했던 인물들 대부분이 기본적으로는 그들의 계획에 공감하고 있었던 데다 자신들이 물러나고 은거해야 할 때를 정확히 파악할 줄 아는 시대감각의 소유자였다는 사실이다. 도사 번주 야마우치 요도는 일본이 새롭게 건설되는 단계에 접어들면 구시대의 다이묘들은 걸리적거리는 존재가 될 뿐이라고 판단했다. 신정부 수립 후 짧은 공직 생활을 마치고 유유자적한 은거 생활을 보내던 그는 1874년 46세의 나이로 세상을 떠났다. ■1

지도자들과
그들의 목표

　왕정으로의 복귀라는 복고적인 목표를 가진 유신기와 문명개화라는 구호를 내건 메이지 시대 사이에 분명한 간극이 존재한다는 의견도 있다. 메이지 유신의 지도자들 중에서도 시대적 요구를 정확히 꿰뚫고 있던 인물은 소수에 불과했고, 그중에서도 상당수는 암살자의 손에 쓰러지고 말았다(사카모토 료마, 나카오카 신타로, 요코이 쇼난, 오무라 마스지로 등. 요코이 쇼난의 암살범은 고토 쇼지로도 노렸음). 이러한 사실을 근거로 한층 근대적인 목표를 내세운 관료적 성격의 새로운 지도자 집단이 초기의 지도자 집단을 대체하면서 등장했다는 주장이 제기되기도 했다. 이러한 주장에 따르면, 소수의 예외적인 경우를 제외하면 대부분의 유신 지도자들은 과거로의 회귀에 관심을 쏟았으며, 반면에 바로 그 다음 세대에 속하는 집단은 미래로의 진보를 추구했다.∎2 이와 같은 공식을 일본의 전 지역에 일반화시킬 수 있는가에 대해서는 한층 깊은 고찰이 요구된다. 요컨대 이러한 논의를 도사 번에도 그대로 적용할 수 있는가 하는 질문을 제기해 볼 수 있다.

도사 번의 경우 유신 지도자와 메이지 시대 지도자 사이가 아니라 반개화 근왕 지도자와 개화파 유신 지도자 간에 뚜렷한 차이가 존재했다. 다케치 즈이잔으로 대표되는 전자의 경우, 강력하고 근대화된 국가 체제의 건설에 대한 전망은 거의 갖지 못했다. 그들은 유신이 일어나기 한참 전에 야마우치 요도의 손에 처단되었다. 사카모토 료마, 나카오카 신타로 등 소수만이 이러한 변혁기에 살아남아 유신이라는 연극 무대에서 번의 이익에 기여하였다. 하지만 거듭 말하건대 근왕 운동에서 유신으로의 이와 같은 전환은, 앞서 언급한 '유신기에서 메이지 시대로의 변화'와는 근본적으로 다른 성격의 문제이다. 도사 번은 료마 사후 지도력과 목표가 일관성을 보였다는 특징이 관찰되며, 암살이나 인사 교체가 아니라 교육을 통해 변화가 일어났다 (예컨대 이타가키 다이스케는 1867년 당시까지도 완고한 양이파였다).

도사 번의 지배 세력은 이전과 마찬가지로 요시다 도요의 일문이었다. 그들은 야마우치 요도가 번정의 전면에 복귀한 1863년 이후 계속해서 번정을 장악했다. 그들은 요도의 지지와 신뢰를 얻어 냄으로써 보수파를 통제할 수 있었고, 기댈 곳 없는 신세로 전락한 옛 근왕파 세력의 반대에 직면할 일도 없었다. 이들 중에서도 가장 유능한 정치가이자 책략가였던 고토 쇼지로는 후쿠오카 고테이를 비롯한 여러 동료들과 함께 유신 직후 들어선 신정부의 요직을 차지하는 데 성공했다. 보신전쟁에서 신정부 측으로의 합류에 마지못해 동의한 요도 본인은 전쟁 수행을 위해 국론 일치가 절실히 요구되던 시기에 여러 명예직에 임명되었다. 이후 그는 오늘날의 장관급 관직인 기조(議定)에 임명되어 마쓰다이라 슌가쿠와 함께 내국사무총독(內國事務總督)을 맡았으며, 마지막으로 그가 맡은 의정관상국(議政官上局: 오늘날 양원제 국가의 상원에 해당)의 의장이었다. 의정관상국은 1868년 6월 이루어진 정부 조직 개편(그 내용은 '도사 번 강령'과 유사하다)에 의해 설치된 기관으로, 요도는 이곳에서 일본 최초의 의회 관련 법령이 작성되는 과정을 감독했다. 하지만 보신전쟁이 신정부 측의 승리로 끝나고 더 이상 지지 세력을 모을 필요성이 줄어들자 이와쿠라 도모미, 오쿠보 도시미치 등 강경파 지도자들은 도사 번 지도자들이 옹호했던 의회 제도의 실험을 종식시키려 했다. 그들에게는 야마우치 요도와 같은 인물이 더 이상 필요치 않은 상황이 되었다.

고토 쇼지로는 참사관 격인 산요(參與)에 임명되어 외국사무괘(外國事務掛)를 담당함으로써 메이지 신정부에서의 공직 생활을 시작했다. 그는 유신 직후 외국 각국과의 교섭에서 중요한 역할을 수행했다. 그는 오사카 부(大阪府) 지사를 역임하기도 했다. 에도(1868년 9월부로 '도쿄'로 개칭)가 새 수도로 선정되는 데는 그의 입김이 컸다. 이후 그는 신정부의 여러 요직을 역임했다. 고토 쇼지로와 함께 산요에 임명된 후쿠오카 고테이는 법률 및 제도의 개정과 정비를 담당하는 부서에서 일했고, 에치젠의 유리 기미마사와 함께 1868년 4월 발표된 5개조 어서문 작성에 참가했다. 이뿐만 아니라 그는 같은 해 6월에 이루어진 정부 조직 개편에도 참여했다. 후쿠자와 유키치의 저서『서양사정』에 기록된 서양의 제도와 체제를 참고하여 이루어졌던 이 작업은 『정체서(政體書)』(야마우치 요도는 의정관상국 의장 재직 시 이 책을 참조하면서 업무에 임했다)라는 결과물을 만들어 냈다. 하지만 앞서 언급한 것처럼 에도 막부가 몰락하고 신정부 반대파들이 막부 재흥을 시도할 우려도 사라지면서 신정부의 정치권력이 확고해지자, 도사 번의 강령에 포함되었던 실험적인 시도들은 결국 폐기되고 말았다.

유신 초기에 가장 큰 명성을 얻은 인물은 이타가키 다이스케였다. 야마우치 요도가 보신전쟁에 도사 번 병력을 파병하는 안을 승인한 후, 그는 예전에 자기 손으로 정비하고 근대화시킨 부대를 이끌고 북상하여 도사와 인접해 있던 다카마쓰·마쓰야마 두 번을 굴복시켰다. 이후 그는 혼슈로 진격하여 보신전쟁의 주요 전장을 전전하며 싸워 나갔다. 그가 이끈 군사들은 특히 오랜 시간을 끌었던 아이즈 와카마쓰 성 포위전에서 눈에 띄는 전공을 세웠다. 이 전투 이후 이타가키 다이스케는 일약 국민적 영웅으로 발돋움했다. 더욱이 그는 일본 봉건 시대 마지막 전쟁에서 얻은 경험을 통해, 일반 평민들을 각성시키고 그들의 국정 참여 의식을 키워야 함을 확신하게 되었다. 그는 나라에 전쟁이 벌어졌는데도 지방의 농민들은 아무런 관심도 기울이지 않고 수수방관할 뿐이었으며, 단지 참전한 군인들에게 어떻게 하면 식량을 최대한 많이 그리고 안전하게 팔아 치울 것인가에만 관심을 쏟을 뿐이었다고 기록했다. 오래지 않아 그는 프랑스의 민중들이 프로이센군에게 저항하고 있다는 소식을 접했다. 이어진 몇 년 동안 도사 번에서는 강도 높은 개혁이 이루어졌으며, 이때 작성된 문서들에는 앞에서 언급한 프랑스인들처럼 애국심을 고양시킬 필요가 있다는 점이 강조되어 있었다.

이타가키 다이스케가 이끌었던 군대가 이룩한 빛나는 전과는 다른 도사 번 지도자들에게도 기회로 다가갔다. 다니 간조(谷干城)와 가타오카 겐키치(片岡健吉)는 군문(軍門)에서 두각을 나타냈다. 교토에서 나카오카 신타로의 부관으로 활동했던 다나카 고켄은 리쿠엔타이의 분견대를 이끌고 막부 측 군대와 싸웠다. 사사키 다카유키는 나가사키에서 료마 휘하에 있던 가이엔타이 대원들을 규합하여 현지의 막부 측 부교소를 점거했고, 사쓰마 번의 마쓰카타 마사요시(松方正義)가 도착할 때까지 이 중요한 항구 도시를 사수했다. 보신전쟁에 참전한 도사 번 지도자가 이타가키 다이스케 한 사람만은 아니었지만 가장 두각을 보인 인물이었음에 틀림없다.

혼슈 북부에서 일어난 전투가 종결되던 즈음, 도사 번은 이타가키 다이스케와 고토 쇼지로의 공로를 치하하여 기존의 우마마와리 신분에서 가신단 최고위 신분인 가로로 승진시켰다. 두 사람 외에 후쿠오카 고테이를 비롯한 다른 인물들도 둘에 비해 정도는 조금 낮지만 신분이 상승했다. 중앙정부에서도 그들에게 은사금(이때까지도 화폐가 아닌 쌀을 기준으로 한 녹봉이 주어졌다)을 하사하였다. 일본의 중앙 입법 기관에서 고토 쇼지로의 명성과 위상은 한때 이타가키 다이스케를 앞지를 정도였다. 그의 전기를 집필한 작가에 따르면, 이타가키 다이스케는 고토 쇼지로에게 자신은 정치보다는 군사 방면에 재능이 뛰어나니, 고토가 정부에 진출하여 자신들의 공통된 이익을 대변해 주었으면 좋겠다고 권했다 한다.■3 하지만 이타가키 다이스케는 다른 뛰어난 지도자들이 그랬듯이 계속 도쿄에 머물렀다. 번주 야마우치 요도도 이곳에 머물렀기 때문에 도쿄에는 국정은 물론 도사 번의 관심이 집중되는 결과가 빚어졌다. 도사 번에서는 야마우치 도요노리가 도쿄의 지시를 받으면서 정무를 총괄했는데, 다니 간조(도사에 잔류했던 도사 번 관료단의 일원이었다)를 비롯한 적지 않은 도사 번 관료들은 도쿄에서 도사의 자금이 낭비되는 결과를 낳았다는 불만을 갖게 되었다. 다니 간조는 "도쿄로 올라간 자들은 도사로 귀향하는 것을 마치 천국에서 지옥으로 떨어지는 것처럼 생각하고 있으니, 그들에게 고향으로 돌아오라고 요청하는 것은 몹쓸 짓으로 여겨질지 모를 일이다."라고 개탄할 정도였다. 다니 간조가 1870년도 번 예산을 정리한 자료를 살펴보면 예산액의 3분의 1 이상이 도쿄의 비용으로 지출되었는데, 이 액수에는 군사 관련 비용이 포함되지 않았다. 이 중 도사 번의 내정을 위해 지출된 예산은 전체의 6분의 1에 불과했다.■4

1869년에도 정치 상황은 여전히 극도로 불안하여 도사 번 지도자들은 계속 번의 방비에 대부분의 노력과 자금을 쏟아부을 수밖에 없었다. 이 무렵 많은 사람들은 사쓰마와 조슈 사이에 조만간 전쟁이 일어날 것이라고 생각하면서 이에 대한 대책 회의들이 열렸다. 여기서는 만일 이러한 전쟁이 실제로 발발했을 때 도사 번이 취할 태도 또한 논의의 대상이 되었다. 도사 번은 보신전쟁에 소극적·부분적으로 참전하여 그 위상이 실추된 터였기 때문에, 실제로 사쓰마와 조슈 간의 전쟁이 일어난다면 이때도 마찬가지의 입장을 취할 것으로 여겨졌다. 어느 쪽에 가담할 것인가를 결정하는 것은 쉬운 일이 아니었다. 조슈 번의 모리 가문과 사쓰마 번의 시마즈 가문 모두 도사 번주 가문과 관계를 맺고 있었지만, 시마즈가와 더 밀접했다. 더욱이 료마가 활동하는 과정에서 사쓰마의 사이고 다카모리에게 큰 호의를 입었기 때문에, 도사 번 지도자들은 유사시에 사쓰마를 지지한다는 안에 합의를 보았다. 1870년 봄 야마우치 도요노리는 가고시마를 방문해 사쓰마 측과 공식적인 회담을 가졌다. 도사의 군사 지도자들은 전쟁이 발발하면 전 병력을 이끌고 교토로 진격하여, 조정(그리고 사쓰마)의 대의를 충실히 받든다는 결정을 내렸다.

이러한 계획이 실현되기 위해서는 도사 번 병력이 원정을 떠나더라도 시코쿠 내 인접 번들이 도사 본토를 공격하지 않도록 보장할 외교적 준비가 선행되어야 했다. 인접한 12개 번과의 교섭이 시작되었고, 합의가 이루어진 후에는 사누키(讚岐)····1의 곤피라(金比羅)에서 각 번 대표들의 회의가 소집되었다. 여기서는 도사 번의 주도로 회의가 소집되었다는 사실에 유념할 필요가 있다. 이 회의의 목적은, 대표를 파견한 번들 간의 상호 신뢰를 강화하고 정보를 공유하자는 데 있었다. 하지만 별다른 진전을 가져오지는 못했다. 다니 간조에 따르면, 개최 첫 해 동안 이 회의에 참석한 각 번 대표들은 애초에 제대로 선발된 자들도 아닌 데다가 자신들의 책무도 깨닫지 못했다. 그의 기록에 의하면 이들은 일본의 국가 정세는커녕 자기 번의 정세조차 제대로 파악하지 못했고, "아무런 성과도 거두지 못한 채 그저 서로 모여서 음주와 유흥으로 시간을 보냈을 뿐"이었다. 이 시도는 실패로 끝나고 말았다. ■5

같은 시기에 도사 번의 군사력 강화를 위한 시도가 적극적으로 이루어지고 있었다. 도쿄에서는 프랑스 육군 장교를 초빙하여 유럽식 군사 훈련과 전술 교육을 실시했고, 다수의 (이미 해산된) 옛 막부군 장교들을 교관으로 채용했다. 도쿄에서 이루어진 이러한 시도들은 이타가키 다이스케의 지휘하에 이루어졌다. 그는 보병과 포병은 물론 기병대와 공병대까지 아우르는 균형 잡힌 전력을 가진 부대를 편성하는 데 역점을 두었다. 도사 현지에서도 다니 간조와 가타오카 겐키치의 주도로 이와 유사한 개혁이 이루어졌다. 그 결과 1871년 중앙 집권화를 위한 마지막 시도가 이루어졌을 때 도사 번은 일본의 중앙 정부에 규모는 작지만 훈련 및 장비의 수준이 뛰어난 군대를 제공할 수 있었다. ■6

이러한 군사 개혁과 더불어 서양식 기술 교육 측면에서도 근대화를 위한 노력이 이어졌는데, 이 때문에 번의 부채가 증가하는 문제는 피할 수가 없었다. 1869년 3월 도사, 사쓰마, 조슈, 히젠 4개 번의 번주들이 판적봉환(版籍奉還)﹏2을 청원한 것은 명목상으로는 도쿄 정부의 지시에 따라 이루어진 것이지만, 실제로는 지방 분권이 여전히 지배적으로 자리 잡고 있었음을 보여 준다. 1869년 7월에는 청년 번주 야마우치 도요노리가 도사 번 지사로 임명되었지만, 수백 년에 걸쳐 이어져 온 지방 분권 체제가 이러한 직함의 변화로 뒤집어지지는 않았다. 따라서 번의 예산 또한 예전과 다름없이 도사라는 한 지역의 목적과 필요만을 반영해서 이루어졌다. 그러다 보니 표면적으로는 옛 번이 주관하는 형태의 무역이 허가되지 않았음(이는 전근대적인 형태의 무역이었을 뿐만 아니라, 지방 세력의 강화로 이어질 위험성도 내포하고 있었다)에도 불구하고, 도사 번에서 번이 주관한 무역의 중요성은 예전에 비해 줄어들지 않았다. 이와사키 야타로는 1868년 사사키 다카유키와의 불화 끝에 도사 번의 나가사키 주재 대표직에서 물러났지만, 그 직후 같은 해 오사카에 개설된 도사상회 영업소의 책임자로 복직했다. 도사상회 영업소는 국내외 교역량에서 예전에 그가 근무했던 나가사키 출장소를 능가했다. 이는 표면적으로는 이와사키 야타로의 개인 회사였지만, 실질적으로는 도사 번이 운영을 맡았다는 점에서 이전과 달라진 바는 없었다. 하지만 중앙 정부의 통제력이 지방을 압도할 정도로 강력해지면서 도사상회 영업소 역시 명목상의 운영자와 실제 운영 주체를 일치시켜야만 했다. 그 결과 이 상회는 이제 명실상부한 개인 소유 사업체가 되었고, 이와사키 야타로가 도사 번 소유 주식을 매입함으로써 미쓰비시(三菱) 그룹, 즉 근대 일본의 가장 강력한 재벌의 토대가 형성되었다. ■7

오사카의 도사상회 영업소와 나가사키 간의 교역은 유신으로 말미암아 급격히 늘어난 번의 경비 지출을 충당할 수 있는 유일한 수단이었다. 긴급 '대출'과 군사 관련 징세가 사무라이들의 연공에 부과되었고, 택지, 상업 활동은 물론 종교 시설까지 과세의 대상에 포함시키는 새로운 형태의 징세 제도가 도입되었다. 게다가 도사 번은 번 내부는 물론 오사카와 외국 상인들에게서도 적극적으로 대출을 받았다. 1871년 폐번치현(廢藩置縣) 당시 도사 번의 부채액은 1년치 세입을 조금 상회하는 액수인 92만 2,389냥이었다. 나가사키 출장소에는 빚 독촉을 하는 외국 회사들의 항의가 이어졌고, ■8 결국에는 외국인 채권자들에 대한 총액 18만 냥의 채무가 상환되었다. 이때 이루어진 부채 상환은 아직 구입 대금도 다 치르지 않은 선박들을 일본 정부 또는 이와사키 야타로에게 처분하는 방식으로 이루어졌다. 이와 더불어 도사 번에서는 대량의 지폐를 발행하기도 했다. ▪9

  이러한 문제가 도사 번 주민들을 생활고로 내몬 원인이 되었다는 사실은 의심의 여지가 없다. 후일 다니 간조는, "화폐 가치는 급속히 하락했고, 물가는 하루가 다르게 뛰었다. 우리 번에서 산출된 미곡과 각종 산물은 해외 시장에 불법적으로 흘러갔고, 도처에서 물자 부족 문제가 불거졌다. 번 지도부와 백성들은 곤궁과 절망으로 고통받았다. 번 당국에서는 ……, 번에서 생산되는 다양한 산물을 매입하여 오사카에 판매함으로써 이러한 난국을 타개하고자 했지만, 이러한 시도를 할 때면 이미 상인들이 물자를 선점해 둔 터였다. 이와 같은 도사 번의 시도들은 대부분 실패로 끝났고, 그 결과 도사 번은 백성들의 신뢰를 잃고 말았다……."라는 기록을 남겼다. 그는 이러한 문제의 해결책으로 에도에서 도사 번의 자금이 불필요하게 낭비되는 부분에 대해 점검해야 한다는 계획안을 제출했다. 이를 통해 부정부패를 감시하고, 과거의 근검절약하던 기풍을 되살리고자 했다. ▪10

  이와 같은 재정 위기에 국정의 위기까지 더해진 상황은 이타가키 다이스케 일파가 이 시기에 이루어진 사회 개혁을 논박하게 만든 중요한 원인으로 작용했다고 볼 수 있다. 군사적 효용성이 급감하면서 봉록만 축내는 존재로 여겨진 사무라이들은 개혁 성향의 근대화론자들에게는 절호의 표적이었다. 군대 서열에 따라 녹봉이 결정되었고, 그것은 정부에 막대한 부담이 되었다. 한편 이타가키 다이스케가 훈련시키고 무장시킨 근대적 군대에는 사무라이 계급이 아닌 자들도 부대원으로 편성되었는데, 이들은 대규모 부대의 구성원에게 요구되는 군인으로서의 자질이나 군기 엄수 등의 측면에서 오히려 뛰어난 경우도 많았다.

도쿄의 중앙 정부도 이러한 점을 지지하고 공인해 주었지만, 도사 번 사람들은 늦은 출발에도 불구하고 중앙 정부의 기대 그 이상의 실적을 보였다. 1869년 판적봉환이 실시되면서 각 번을 다스리던 번주의 신분이 지사(知事)로 전환되었을 때, 일본 정부 지도자들은 다이묘 신분을 폐지하고 옛 제후들과 구게들에게는 화족(華族: 일본에서 메이지 시대부터 제2차 세계대전기까지 존재했던 귀족을 일컫는 명칭—역주)이라는 새로운 신분을 부여했다. 이어서 이해 말에 접어들어서는 새로운 훈령이 내려져, 기존의 복잡 다양한 신분 제도를 통폐합하여 기존의 상급 무사에게는 사족(士族) 신분을, 하급 무사에게는 졸족(卒族) 신분을 부여했다. 나아가 기존의 농(農), 공(工), 상(商), 천[賤: 에타, 히닌(非人)]의 구분을 폐지하고, 이들에게 일괄적으로 평민(平民) 신분을 부여했다. 이러한 조치는 옛 번에 대해 명령의 형태로 하달되었으며, 도사에서는 1868년 12월 26일 공포된 훈령을 통해 법제화되었다. 하지만 이러한 조치가 사회 계층 간의 상대적 입장에 큰 변화를 가져온 것은 아니었으며, 이는 다른 번들에서도 마찬가지였다. 이 시기에 이루어진 타협적인 행태들은 대단히 흥미롭고 주목할 가치도 크다. 이는 에도 시대 말기 도사 번에서 신분에 대한 인식과 평가가 실제로 어떻게 이루어졌는가를 일목요연하게 보여 주는 증거이기 때문이다.

사족 신분은 5개 등급으로 구분되었고, 그중 3개 등급은 다시 2개의 하위 등급으로 나누어져 총 8개 등급으로 분화되었다. ▪11 상세한 내용은 다음과 같다.

1등 사족: 야마우치 가문의 분가, 가로(家老), 가로에 준하는 가신단
2등 사족: 주로(中老), 우마마와리(馬廻り), 새로 임명된 우마마와리

3등 사족 상(上): 고쇼구미(小姓組), 새로 임명된 고쇼구미

　　　하(下): 루스구미(留守居組), 새로 임명된 루스구미

4등 사족 상: 오위(五位)[3]급 진쇼쿠(神職)[4], 고시(鄕士), 가치(徒士), 가치

　　　에 준하는 가신단

　　　하: 구미가이(組外), 도사 번내 9개 신사의 진쇼쿠

5등 사족 상: 이외의 진쇼쿠, 원 아시가루(古足輕), 상급 아시가루

　　　하: 하급 아시가루, 자닌(社人)[5] 오조야반가시라(大庄屋番頭)

　　졸족 또한 사족의 경우와 마찬가지로 3개 하위 등급으로 나뉘어 총 6개 등급으로 구성되었다. 이러한 계급 구분이 상상 이상으로 관대했다는 사실은 주목할 만하다. 사족의 수는 7,250명(가족 포함 30,500명)이었고, 졸족은 3,700명(가족 포함 17,681명)이었다. [12] 신사에 봉직하는 신관들의 신분을 복잡하게 구분 지음으로써 이들에 대한 존중을 표시한 것은, 천황 숭배의 강조와 반불교 선언에 나타나 있는 당시의 사상적 순수성의 반영이라는 측면도 있다. 하지만 가장 충격적으로 여겨졌을 부분은 고시는 물론 심지어 병졸 정도의 신분으로 여겨지던 아시가루조차 사족의 일원으로 받아들여졌다는 점이다. '평민' 계층에서는 쇼야 집단의 지도자들(나카오카 신타로 등)이 사족의 반열에 올랐다. 이외의 쇼야들은 가문의 성(姓)을 쓸 수 있는 신분인 졸족에 등록되어, 그렇지 못한 자들보다는 높은 신분을 얻었다. 하지만 도사 번의 유신 지도자들은 사실상 전원이 사족 반열에 오르다시피 했다. 마지막까지 활동했던 이타가키 다이스케, 고토 쇼지로, 후쿠오카 고테이 등은 당연히 최고위 계층에 올랐다.

　　도사의 개혁은 이처럼 서서히 이루어졌고, 일본의 중앙 정부가 기대한 만큼 신속한 변화를 이루지 못했던 데는 나름의 이유가 있었다. 번정의 중추를 담당했던 인사들의 의견 조율 문제 또한 그러한 조치들이 완만하게 이루

어졌던 이유로 작용했다.

1870년 1월 이타가키 다이스케가 고토 쇼지로, 후쿠오카 고테이와 함께 고치로 귀환하면서 이러한 흐름에 변화가 나타났다. 고토 쇼지로는 꽤 오랫동안 정무에 나서지 않았지만, 이타가키 다이스케와 후쿠오카 고테이는 귀향한 직후 고치에서 정책 결정에 관여하는 직책을 맡았다. 이들이 귀향한 데는 여러 가지 이유가 있었다. 도쿄에서는 보수 성향이 강한 귀족들이 한동안 정국을 장악하면서 개혁보다도 신도(神道)가 더욱 중요시되는 분위기가 형성되었다. 사무라이 지도자들 간의 결속력도 느슨해져 갔다. 막부와의 전쟁이 끝나면서 약소 세력을 회유해야 할 필요성도 줄어들었기 때문에, 사쓰마와 조슈 측에서는 도사 측의 의견에 대해서도 이전만큼 관심을 보이지 않았다. 하지만 개인 차원의 문제보다도 훨씬 중요하게 바라보아야 할 부분은 당시 일본 정부가 여전히 대대적인 개혁을 강력히 추진할 수 있는 조직력과 추진력을 갖지 못했다는 점이다. 이로 인해 일본 남서부 번의 지도자들은 자신들의 영역으로 되돌아가 그곳에서 정치적 지배력을 재확립하려고 결심하게 되었다. 이를 통해 군사력을 강화하여 향후 발발할지도 모르는 전쟁에 대비하는 한편, 사회적·제도적 개혁을 이루어 냄으로써 훗날 이루어질 일본 전체에 대한 개혁의 초석을 마련하고자 했다. 기도 고인과 오쿠보 도시미치 또한 각각 조슈와 사쓰마로 돌아갔다. 사이고 다카모리는 이들보다도 먼저 사쓰마에 귀향해 있었다. ■13 훗날 이타가키 다이스케는 이때의 목표에 대해 도사부터 먼저 개혁함으로써 당시 도쿄를 지배하고 있던 과두 지배 세력을 개혁·배제할 발판을 마련하려는 것이었다고 설명한 바 있다. 이러한 구상은 국내 개혁의 모범으로 자리 잡으면서, 이후 한국(김옥균에 의한), 중국[쑨원(孫文)에 의한], 만주[관동군(關東軍)에 의한]····6에서 이루어지는 개혁들에서도 논의되었다.

이타가키 다이스케가 제안한 개혁안은 도쿄에 있는 야마우치 요도 및 중앙 정부의 구성원들에게 공감을 얻을 필요가 있었다. 그와 후쿠오카 고테이는 다이산지(大參事: 1869년 여름에 이루어진 행정 개혁으로 제정된 최고위 관직)에 임명된 직후 다시금 도쿄로 귀환해서, 도사 번 지사 야마우치 도요노리의 이름으로 정부에 개혁안을 제출했다. 이들의 건의는 만인이 평등한 권리를 갖고 있음에 대한 언급으로 시작한다. "사무라이, 평민, 군관을 불문하고" 직업의 세습은 철폐되어야 하며, 이를 통해 "만백성은 나라의 동등한 구성원"이 되어야 한다는 것이었다. 사족뿐만 아니라 졸족과 평민 사이에서도 관리를 선발해야 하며, 사무라이로 구성된 기존의 군사 조직을 대체할 새로운 형태의 군대가 편성되어야 한다는 주장도 이어졌다. 무사 계급에 지급하던 녹봉을 공채(公債) 형태로 전환하는 것을 내용으로 하는 재정 개혁도 이루어져야 한다고 주장했다. 그들의 건의서는 "농민, 장인, 상인 사이에는 어떤 직업에 종사하는가의 차이가 있을 뿐이다. 이는 사회적 지위나 신분과는 아무런 관계가 없다."라는 주장을 이어 갔다. 그리고는 모든 계층을 차별하지 않고 평등하게 다루는 국민등록법의 제안으로 마무리를 지었다. 건의서의 부록에서는 신분이 다양하게 분화된 사회 제도는 에도 시대의 봉건 제도에서 유래한 것으로, 낡은 정치 제도와 함께 철폐해야 할 대상이라고 언급했다. 즉 "이와 같은 습속은 문명화된 나라에서는 유례가 없는 것으로, 신분 제도란 인위적으로 조작된 산물이며 하늘이 인간에게 내려 준 권리에 대한 박탈"이라는 것이었다. 무사들을 무위도식하는 생활에 익숙하게 만든 그들의 특권 또한 이제는 폐지되어야 한다는 주장이 이어졌다. 나아가 "하늘의 소망, 즉 만인이 배움을 원하고 이를 통해 나라에 기여함"[14]이 실현되어야 한다는 것이었다. 물론 이 건의서는 신분과 계급의 완전 철폐를 주장했다기보다는 그러한 것들을 무의미하게 만드는 방안을 제시했다고 보아야 할 것이다.

이에 대한 도쿄의 반응은 그들에게 철저히 동조한다고까지는 보기 어려웠지만 호의적이었다. 중앙 정부 내에서도 계급들 간에 불평등이 존재한다고 지적하는 이가 있었으며, 무사들의 신분과 연공수입만을 완전히 무너뜨리는 것은 공정하지 못하다는 의견도 나왔다. 반면에 봉토와 녹봉 대신 공채를 제공한다는 대안은 과거에 대한 의무와 현재의 필요성을 절충한 합리적인 대안으로 여겨졌다. 따라서 건의서는 승인받을 수 있었다. 이타가키 다이스케와 측근들은 조만간 일본 전역에 요구될 이러한 원칙이 도사에서 실험될 수 있기를 바라고 있었다. 그들은 소츠조쿠(卒族) 계급과 사무라이 계급에게 주어져 온 검을 패용할 수 있는 권리를 폐지해야 한다고 주장했다. 도쿄 정부는 졸족 계급 폐지를 고치에서 시험적으로 시행한 다음 이를 전국적으로 확대시켰지만, 폐도령(廢刀令)의 실시에는 더 많은 시간이 걸렸다. 도사의 제안은 당시의 시류에 앞서 있었다. 고치의 인사들은 조슈와 우와지마를 비롯한 다른 번 인사들의 의견을 참조하고 그것을 반영시키면서 자신들의 생각을 발전시켜 갔지만, 다른 번의 경우에는 어떤 정책적 시도를 하기 전에 먼저 도사에서 어떤 성과를 거두었는가를 확인해 보는 것이 일반적이었다.

이타가키 다이스케와 후쿠오카 고테이는 열정적으로 직무에 임했다. 당면한 가장 중대한 문제는 앞에서 설명한 시도와 개혁 조치가 갖는 의미를 사무라이 계급에게 이해시키는 것이었다. 1870년 초 도사 번 당국은 '사민평등(四民平等)의 원칙'을 공포하게 된다. 이는 "사람은 경이롭고 신비로운 자질을 타고난, 세상에서 가장 존귀한 존재이다. 지혜와 능력을 갖추고 있기에 만물의 영장이라 불린다. 그러니 사람의 가치를 사농공상이니 귀천이니 하는 것으로 구분 짓는 것은 도리라고 할 수 없다."라는 문구로 시작한다. 여기서는 사무라이들에게만 군대나 관청에서 봉직할 수 있는 권한을 준 것은 봉건 시대의 악습으로, 이 때문에 평민들은 전쟁이 일어나도 그 결과에 무관심할 수밖에 없었다고 언급하였다. 그런 만큼 이제부터는 능력 있는 자들에게 관직의 문호를 개방하여, 만민이 자신의 뜻을 세상에 펼치도록 해야 한다고 주장했다. 모든 계급의 사람들이 나라를 위해 일한다면, 이것이 나라의 이익으로 이어진다는 주장이었다. 근간에 유럽에서 일어난 전쟁(프랑스·프로이센 전쟁-역주)에서 프랑스는 패했지만, 기나긴 공방전에서 프랑스인들이 프랑스를 위해 최선을 다해 노력했다는 일화도 소개했다. 그리고 일본인들도 이와 같은 정신을 길러야 한다는 논의를 전개해 나갔다. 국민들이 개명되고 높은 기상을 가질 때 비로소 진정한 국가의 통합과 부강함이 실현될 수 있다는 주장이 이어졌다. 국민의 부유함은 나라의 부유함이고, 국민의 궁핍은 나라의 궁핍이기 때문에, 양자에는 어떤 차이도 존재하지 않는다고 언급했다.

이어진 몇 주 동안 도사 번 당국은 번의 정무와 군무를 담당하고 있던 현직 관료들을 전원 해임하고 새로운 인재(실제로는 형식상 해임한 인물을 원래 자리에 다시 앉히는 경우도 적지 않았다)를 채용하여 그 후임으로 삼는다고 공포하였다. 평민들도 군대에 입대하여 군 조직의 일원이 되었다. 신분에 따라 차등적으로 주어지던 사무라이들의 녹봉은 연금 공채(年金公債) 형태로 전환되었다. 새로운 사업에 대한 사무라이들의 투자를 장려하기 위해 3년치 공채를 일시불로 지급하였다. 이와 같은 도사 번의 시도는 1871년 8월 봉건제가 폐지되고 완전한 중앙 집권 체제가 이루어지면서 애초의 목적을 완벽하게 달성하지 못한 측면도 있지만, 이후 일본 전역에서 이루어질 역사적 발전 단계를 미리 제시했다는 점에서 의의를 찾을 수 있다.

사무라이들의 특권 폐지를 내용으로 하는 또 다른 시도들(상대적으로 눈길을 덜 끌기는 했지만)도 이루어졌다. 무사 계급에 대한 불경죄는 철폐되었고, 그들에게 부여되었던 사적 제재와 보복 행위의 권리 또한 폐지되었다. 번 경계의 관문도 폐지되었고, 평민들은 도사의 영역을 마음대로 넘나들 수 있게 되었다. 사무라이들이 상거래에 종사할 있도록 허가함은 물론 이를 장려하기까지 했다. 의회 제도에 대해서도 다양한 시도가 이루어졌다. 1870년 4월 22일에는 최초로 이러한 종류의 시도가 이루어졌다. 이때 열린 회의는 3등 사족 이상의 당주만이 대상이기는 했지만, 월 2회 회의를 개최하는 것으로 결론이 났다. 회의 장소는 의장의 자택으로 정했고, 옛 사례를 참조하여 회의장 밖에 투서함을 설치하여 백성들의 청원을 수용할 수 있도록 했다. 하지만 이 의회는 그 구성부터 봉건적 잔재가 다분히 남아 있었던 터라 2개월 후에는 결국 해산되고 말았다. 이어진 시도는 또 다른 급진성을 내포하고 있었다. 같은 해 8월 2일에 소집된 '집의소(集議所)'의 구성원은 촌장이나 촌락의 원로 또는 지도자들이었다. 이는 여전히 번정을 좌우하고 있던 상위 계급과는 쉽게 화합할 수 있는 성격이 아니었다. 후쿠오카 고테이가 설치한 집의소는 회의가 소집되고 얼마되지 않아 그가 중앙 정부로 돌아가면서 폐지되고 말았다. 마지막으로 귀족과 평민 두 계층을 결속시키기 위한 이원제 형태로 한층 성공 가능성이 높은 시도가 이루어졌다. 하지만 이 마지막 시도가 미처 정비되기도 전에 폐번치현이 실시(1871년)되면서, 이처럼 지역에 기반을 둔 실험은 종지부를 찍고 말았다. ▪15 이와 같은 개혁은 신분이 높은 인사들을 경악시킨 측면도 없지 않았다. 하지만 불평이나 불만의 목소리가 이어지기는 했어도, 폭력이나 실력 행사로 이어지지는 않았다. 이는 평민들이 아직까지 그들에게 주어진 새로운 권리를 적극적으로 행사하지 않았기 때문으로도 해석될 수 있다.

이타가키 다이스케의 개혁안은 이상에서 언급한 정도로 끝나지 않았다.

그는 1870년대 내내 도사의 근대화를 실현하는 데 박차를 가했다. 고급 음식점과 극장의 설립 허가를 비롯한 여러 가지 권리가 새로이 인정되면서, 개인 소유 기업의 시대가 열렸다. 고치에서는 유곽에 대한 규제가 이루어지기도 했다. 법전 개편에 대한 의견과 자문을 구하기 위해 외국인들이 초빙되었다. 그들이 암살 대상이 아닌 환영받는 존재가 될 수 있도록, 사무라이들에게 이 외국인들을 초빙하게 된 까닭을 설명하기 위한 특별 포고령이 발표되었다. ■16 평민들을 지배하고 통제할 목적으로 발간된 옛 봉건 시대의 서적들은 소각하라는 명이 내려졌고, 심지어 야마우치 가문의 옛 번주들을 그린 초상화들마저 폐기되었다. 신도의 부흥을 위한 운동은 이와 더불어 이루어진 불교 배척 운동과 함께 이타가키 다이스케가 주도한 도사 지도부로부터 높은 지지를 얻었다. 고치의 명찰들이 철거되면서 파괴된 조각, 회화 등은 그 수를 헤아리기 어려울 정도였다. 정치 혁명이 문화 혁명으로 이어진 것이었다. ■17

이처럼 급진적인 성격을 지녔던 개혁 시도들은 사실 『번론』의 토대가 된 사상과 한 뿌리에서 출발한 것이었다. 그리고 이러한 시도를 행한 세력은 에도 시대 말기에 도사를 이끈 바로 그 인사들이었다. 정권을 이끌었던 이타가키 다이스케, 고토 쇼지로, 후쿠오카 고테이 세 사람은 요시다 도요의 제자들이면서 야마우치 요도의 총애를 받은 인물들이었다. 사사키 다카유키, 다니 간조 등 소장파 인사들도 경험을 축적하면서 명성을 얻기는 했지만, 책임 있는 위치에 오르지는 못했다. 이 두 사람은, 이타가키 다이스케는 지나치게 성급한 탓에 현실적이지 못했고, 고토 쇼지로는 교활한 데다 자기중심적이라고 평가했다. 하지만 도사에 계속 머물렀던 두 사람이 이와 같은 의견을 글로 표현한 것은, 훗날 이타가키 다이스케와 고토 쇼지로가 도사를 떠나 중앙 정계로 진출한 뒤의 일이었다.

이러한 점에서 메이지 유신 이후 수년에 걸친 기간 동안 도사의 지도부 구성이 일변했다고 보기 어렵지만, 그 정책의 내용을 살펴보면 새로운 문제가 새로운 수단의 필요성을 낳는 과정을 거치면서 상당히 변화했음을 확인할 수 있다. 초창기 정치와 외교의 방향은 사쓰마와 조슈 두 번과의 경쟁에 초점이 맞추어졌다. 도사 측 인사들은 두 세력의 분열을 예견했고, 이를 최대한 유리하게 활용하기 위한 조치를 취했다. 군사 개혁 및 시코쿠의 인접 번들과의 동맹 체결이 바로 이러한 조치들이었다. 일반적인 세입 외에 추가적인 수익을 얻을 수 있도록 관영 무역을 지속하기 위한 노력도 이루어졌다. 이후 지역적 통합이 요구되면서 도사의 지도자들은 이를 위해 정치, 사회, 문화 분야의 급격한 개혁 조치에도 착수했다. 점차 새로운 정치적 환경이 조성되는 한편, 이전과는 다른 유형의 사회를 건설하기 위한 혜안의 필요성도 높아져 갔다. 당시의 각종 문서들을 살펴보면, 진정한 국가 통합을 가져온 요인은 사쓰마와 조슈의 후원도, 몰락해 가는 봉건제의 유산도 아니었음을 분명히 확인할 수 있다. 즉 도사 번은 향후 일본 전역으로 확산될 각종 개혁의 실험지를 자청했고, 또 스스로 그러한 노력에 힘을 기울였다. 그러면서 평민들이 국가의 목표와 운명에 동참해야 한다는 인식을 갖도록 하는 문제에 새로이 관심이 모아졌고, 이러한 상황은 급진적인 사회 개혁을 위한 시도로 이어졌다.

서양을 시대적으로 요청되는 사회상의 모범으로 삼았다는 점은 에도 시대 말기와 달라진 것이 없었다. 진정한 통일과 애국심 형성이라는 과제는 일본의 관습을 세계 각국의 그것과 보조를 맞추는 표준화 작업을 요구했다. 와카마쓰(若松) 성 공방전 당시 이타가키 다이스케를 경악시켰던 무심하기 짝이 없는 일본 농부와 대비되는 프랑스 인들의 이야기는 애국심의 의미를 잘 보여 주는 사례이기도 했다. 고치에서 중앙 정부에 제출한 건의서의 논지는 "인간의 도리(평등)가 무사의 도리를 대신하고 만민이 각자의 노력을 통해 자신과 타인의 행복에 기여할 수 있도록 권장한다면, 우리 일본의 만백성은 나라에 전쟁이 일어났을 때 기꺼이 군문에 들어가 나라를 위해 신명을 바칠 것이다."라는 문장으로 설명된다. 건의서는, 국민이 번영할 때만이 나라의 발전도 이루어질 수 있다는 주장을 이어 갔다. 이어진 논의는, "영국의 부채액은 세계 그 어느 나라보다도 크다. 하지만 영국 국민들은 부유하고 풍요로운 삶을 영위하고 있다. 설령 막대한 보화를 갖고 있다고 하더라도 국민들의 삶이 도탄에 빠져 있다면 그 나라 정부는 어떤 일도 할 수 없는 법이다."■18라는 문장으로 대표된다. 여기에 나타난 사상은 훗날 민선의원 (民選議院) 설립 건의서에서 약간의 정련과 수정이 가해진 채 다시 한 번 반복된다. 이 보고서는 이타가키 다이스케와 고토 쇼지로가 1873년에 정부에서 물러난 이후 동지들과 함께 발표했다. 국민들의 관심과 열정을 결집시키고 활용해야 한다는 이러한 신념은 이타가키 다이스케가 후반 생애를 민권 운동에 바치게 된 가장 중요한 동기이기도 했다. 이는 한편으로, 민주 제도를 요구하는 메이지 시대의 정치 선전에 일관되게 나타났던 민족주의적 색채를 이해하기 위한 중요한 단서이기도 하다.

계급 이해의
문제

노먼(E. H. Norman)이 메이지 유신사 연구의 선구적인 지평을 개척한 이후, ■19 메이지 유신은 상인 계급과 하급 사무라이들 간의 맹약에 따른 결과라는 인식이 주류를 이루어 왔다. 노먼은 조슈를 심층적인 연구 대상으로 삼았고, 이를 통해 유능하면서도 사회 체제에 불만을 가진 상인과 사무라이들이 농민 등 하층민에게 가해져 왔던 억압과 곤경을 이용했다고 보았다. 그리고 이는 하층민들이 1870년대에 이루어진 지세, 징병, 경찰 정치 등에 저항이 아닌 순응을 선택하게 한 요인으로 작용했다고 결론지었다.[20] 앞서 살펴본 바와 같이 도사는 전형적인 경우와 거리가 있었던 지역이기는 하지만, 이와 같은 명제를 검증하기 위해 도사의 사례를 다시 한 번 되짚어 보는 것도 결코 무익한 일은 아니다. 도사는 요지였다. 그리고 이익 집단의 전국적인 동맹이 아니라 지역적 특성이 이 지역에서 일어난 일련의 사건들을 만들어 낸 요인으로 볼 수 있다면, 일본 도처에서 정치적·사회적 조치들로 인해 지역주의가 고무되고 정착되던 당시의 일본에 대해 전체를 아우를 수 있는 특정 사회 분석 방법을 적용하는 데는 세심한 주의가 필요하다는 사실을 일깨워 준다.

무엇보다도 먼저 강조되어야 할 부분은 정치적 결정과 행동을 할 수 있는 권한이 소수 집단에만 한정되어 있던 당시의 상황에서, 어떤 정책안이 실현에 옮겨진다고 한들 이로써 만족할 사람들 역시 소수에 지나지 않았다는 점이다. 계급적 이해관계를 끄집어내는 것은 이 정도면 충분하다고 볼 수 있다. 서양의 위협에 직면하면서 영향력과 권위를 지닌 집단 내부의 소수 인사들만이 변화의 필요성을 인식해야 했다. 그렇다면 과연 그들이 특정 계급 이익을 대표하는 소수들이라는 말인가?

도사와 관련해서는 먼저, 앞서 언급한 근왕 운동과 유신 운동의 차이점을 다시 한 번 언급할 필요가 있다. 여러 사건이나 인물 면에서 이 두 요인이 중첩되는 경우도 적지 않지만, 양자의 차이점이 지닌 중요성을 간과해서는 안 된다. 전자의 경우, 다케치 즈이잔이 활동했던 시기의 도사 근왕당 운동은 고시와 쇼야 계층이 주된 구성원이었다. 이들은 자신들보다 신분이 높은 자들에게 깊은 적개심을 가졌다. 이러한 적개심은 페리 제독이 등장하기 전에 이미 여러 차례 불만으로 표출되었으며, 1860년대 초반 근왕당 운동이 지지를 얻은 하나의 요인으로 작용하기도 했다. 고시 및 쇼야 집단과 상급 무사들 간의 대립은 단순히 신분의 차이나 정치적 압박에 따른 결과물이라고 보기는 어렵다. 물론 이러한 요인도 무시할 수는 없지만, 도회지와 촌락의 대립이라는 문제가 더욱 근본적인 요인으로 작용한 측면이 크다. 촌락의 지도자들은 번이 전매 사업과 사업체 경영을 통한 이윤을 얻기 위해 자신들의 경제적 이익과 권위를 제한한 조치에 깊이 분노했다. 이러다 보니 그들은 존엄한 조정과 실질적인 지배권을 가진 농촌 지도자들 사이에 봉건적인 간섭 세력이 존재하지 않았던 옛 질서를 부활시키려는 시도가 이루어졌다. 하지만 서양 세력의 도래 이후 중앙 집권화의 필요성이 줄어들기는커녕 오히려 커지면서, 이상향 건설을 위한 그들의 희망도 그야말로 이루어질 수 없는 꿈으로 전락하고 말았다. 아무리 훌륭한 계획을 세워 본다 한들 실현 가능성이 사라진 마당에는 의미가 없는 일이었다. 시작은 희망적이었지만, 에도 말기에 이르러 그들은 도사에서 모든 영향력을 상실하게 된다. 메이지 초기의 정세에 그들이 대응해 나간 과정은 후술하기로 한다.

 하지만 이와 같은 일개 계급의 이해관계가 존왕양이 시대의 정치 강령으로 직결되지는 않았다. 우선 유력한 고시들 중 상당수는 돈을 주고 고시 신분을 구입한 도회지 가문 출신인 경우가 많았다. 권력에 가까이 다가서게 된 그들이 입안한 경제 정책은 과거 동료들이 그토록 반대했던 정책과 별반 다를 것이 없었다. 이들의 활동이나 저작을 살펴보더라도 국가적인 입장을 강조한 경우가 일반적이었지, 그 주된 관심사나 강조점이 특정 계급이나 지역에 국한되지는 않았다.

한편 도사에서의 유신 운동이 관료층, 그리고 정책과 공식적 의사 결정에 영향을 줄 수 있는 계층에 의해 주도되었음은 필연적인 귀결이라고도 하겠다. 이들을 '하급 무사'라고는 했지만, 이는 페리 제독의 기항 당시 권력을 쥐고 있던 무능한 특권층에 상대되는 개념일 뿐이었다. 특권층 출신 중에는 완전히 무능한 데다 학식마저 바닥인 인물도 일부 있었던 듯하다. 1853년 페리 제독이 보낸 친서의 번역본조차 읽지 못한 사례, 고토 쇼지로가 정적들의 눈길을 피하기 위해 야마우치 요도에게 올린 의견서를 한문으로 작성했던 사례 등은 이들 특권층이 그들보다 신분이 낮은 자들이 입안한 계획에 대응할 만한 대안을 내놓을 수 있는 능력을 전혀 갖추지 못했음을 입증하는 근거들이다. 고토 쇼지로, 이타가키 다이스케, 후쿠오카 고테이 등 유신기 도사의 지도자들은 요시다 도요의 문하생이자 도사 번주의 총신들이었다. 그들의 개혁안은 고시와 쇼야들을 원래 그들의 지위에서 벗어나지 않도록 함을 전제한 것이었으나, 일단 개혁이 실천에 옮겨지고 일본 국정에 도사의 영향력을 지속적으로 확보할 필요가 있자 그들은 근왕파의 정치 노선을 주저 없이 받아들여 활용했다. '상급 무사'라고 불려야 할 이들은 유신기 내내 도사의 권력을 확보하고 있었다.

　이상에서 살펴본 여러 사건에서 상인들의 영향력과 지배력을 살펴보기란 한층 더 어렵다. 촌락에서 농업과 상업을 함께 주관했던 고시와 쇼야는 상인들의 이해도 어느 정도는 대변하는 세력이었다. 하지만 그들의 사상과 가치관은 분명 비상업적(실제로는 상업 발달 이전 수준)이었고, 자신들을 초기 부르주아로 간주하는 데에는 틀림없이 분노할 것이다. 한편 도회지(고치)의 상인들은 번의 전매 사업에 결탁했을 뿐만 아니라 이를 통해 이익을 챙기기도 했다. 물론 그들 전원이 그러한 일에 개입했던 것도 아니고, 다수의 상인들은 가이세이칸과 그것이 가진 새로운 형태의 독점적 권력에 불만을 가졌다.

566

그럼에도 불구하고 도사가 유신에서 제 역할을 해낼 수 있었던 원동력은 가이세이칸이었지 상인들이 아니었다. 하지만 유신 이후에도 전매 사업을 지속, 강화하려던 도사 번의 시도가 상인들의 방해로 좌절되었다는 사실에 주목할 필요가 있다. 이에 대해 다니 간조는, "정부는 ……, 경쟁 상대인 상인들보다 앞서 나가는 경우를 살펴볼 수 없다."[21]라는 기록을 남겼다. 당시의 불확실한 정치 상황으로 유발된 긴장과 불만은 여러 해에 걸쳐 표출되었지만, 이러한 긴장과 불만이 정치적 불확실성을 초래한 원인으로 작용했는가의 여부는 입증할 수 없다.

일본 전국이라는 무대에서 료마가 가졌던 여러 상인들과의 인맥은 그의 활동에 도움을 주었다. 교역 활동에 종사하며 자본과 보호막이 필요했던 그가 당대 상인들이 취해 왔던 방도를 따랐음은 필연적인 귀결이라고 해석된다. 번 간의 교역이라는 공통된 이해관계 위에서 조슈 상인이었던 시라이시 세이이치로와 이토 스케다유, 그리고 나가사키 상인 고소네 에이시로와 맺은 친분은 그에게는 다방면에 걸쳐 유익한 인맥으로 작용한 동시에 좋은 우정을 쌓을 수 있는 계기이기도 했다. 이들이 독점 상인들의 이해관계를 대변하는 인물이었다거나, 또는 료마와 그의 동지들에게 이런 식의 영향력을 행사했다고 단정 짓는 것은 바람직하지 않다. 계급 간의 평등, 과거 도사에 제한되었던 새로운 사업에 대한 허용, 교역로에 대한 번 당국의 독점 철회는 상인들에게 새로운 기회를 제공해 주었다. 하지만 이러한 변화가 이루어질 수 있도록 압력을 행사한 부분에서 상인들의 기여는 극히 미미한 수준에 지나지 않았다. 그 당시에는 사사키 다카유키와 같은 구시대적 인사들조차 번 직영 사업은 비효율적인 데다가 부패의 온상이라는 측면까지 갖고 있었으며, 이로 인해 평민들이 지게 될 부담은 그들의 불만으로 이어질 것이라는 판단하에 번 직영 사업의 폐지를 주장했다는 사실을 잊어서는 안 된다.

19세기 서양의 대세이기도 한 자유 무역의 원칙을 강조했던 근대화론자들 또한 이러한 변화를 가져온 중요한 동인이기도 했다. 이와 같은 개혁들이 실시될 수 있었던 배경에는 상인 계급의 이해관계가 자리 잡고 있었다는 설도 제기될 수는 있겠지만, 그러한 논리가 실제로 성립했던 것은 아니었음이 오늘날 밝혀졌다.

한편 메이지 초기에 접어들어서도 고시와 쇼야 간의 계급적 이해관계가 여전히 가시적으로 존재했으며, 이러한 의식이 주장으로 표출되기도 했다. 이러한 이해관계의 대립과 갈등이 1870년대 중반 도사 내부에서 심각한 위기를 초래하기도 했음을 숙지할 필요가 있다. 현존하는 자료들은 전반적인 상황을 추론하는 데는 부족한 단편적·부분적인 것들이기는 하지만, 도회지 산업화 추진을 위해 과도하게 지조가 사용되었고 이에 대한 촌락 지도자들의 불만과 메이지 초기에 이루어진 '민권' 운동이 관련 있다는 주장의 신빙성을 판가름하는 데는 의미 있는 자료라 할 수 있다. ■22

유신기 도사 번 군대에서 쇼야와 고시 출신의 구성원들이 차지하는 비율은 높았다. 보신전쟁 종전 이후 그들은 자신들의 계급과 신분을 상승시키기 위해 적극적인 노력을 벌였다. 그들은 전공을 통해 얻은 계급과 신분을 포기하라는 요구가 자신들에게만 가해진 데 대해 불만을 표출했다. 이들의 불만 표출이 당장 가시적인 성과로 이어진 것은 아니었다. ■23 하지만 이들은 또 다른 성과를 얻어 내기도 했다. 사족과 졸족으로 구성된 새로운 신분 체계가 공포되었을 때, 이 두 계급은 예전보다 나은 대접을 받을 수 있었다. 이보다 훨씬 중요한 사실은 봉건적 잔재가 일소되면서 무사 계급에게 주어지던 봉급의 액수는 격감했지만, 고시들은 오히려 지주로 인식되면서 결과적으로는 '신지주'라는 새로운 위치에 설 수 있었다. 쇼야 또한 촌락의 조직과 행정 체계가 개편되면서 권력과는 거리가 멀어졌지만, 고시와 마찬가지로 대지주인 경우가 많았다. 이로 말미암아 무사 계급의 세력과 그들이 누리던 특권이 급속히 쇠퇴한 것과 달리, 그들의 영향력과 특권은 이어 갈 수 있었다. [24]

이러한 과정을 통해 이루어진 변화는 이어진 1870년대의 민권 운동에도 영향을 주었다. 1871년 이타가키 다이스케와 고토 쇼지로는 중앙 정계에 진출하여 도쿄로 돌아왔지만, 얼마 지나지 않아 정한론(征韓論)을 둘러싼(고토 쇼지로는 이미 1869부터 이를 주장해 왔다) 논쟁이 불거지면서 그들은 자신들의 뜻을 관철시키기 어려운 입장에 처하게 되었다. 그들은 동료들이 무사 계급의 지지를 받을 것이 분명한 운동에 나서는 것을 보고 실망하면서, 히젠 출신 동료들과 더불어 관직에서 물러난 뒤 유명한 민선의원 설립 건의를 발표하였다. 이는 자유 민권 운동이 일어날 수 있도록 불씨를 당긴 계기이기도 했다. 이타가키 다이스케를 충실히 따르던 근위대 내부의 도사 번 출신자들도 부대를 이탈하여 지도자를 따라 도사로 귀환했다. 하지만 도사의 모습은 그들에게 충격을 줄 정도로 변해 있었다. 공채를 투자하여 사업을 벌였던 사무라이들이 보여 준 형편없는 상업적 감각과 재능 탓에 '사족상법(士族商法)'[7]이라는 새로운 단어가 등장했을 정도였다. 성냥 공장과 음식점을 비롯한 다양한 형태의 사업들이 열화와 같이 문을 열었지만, 대부분 참담한 실패로 끝나고 말았다. [25] 지폐 가치가 팽창하면서 공채의 가치는 액면가의 몇 분의 일 수준으로 추락하고 말았다. 봉건 시대에 지체 높던 인물들의 저택도 주인이 바뀌었고, 세금이 매겨짐과 더불어 요정이나 음식점, 술집 등의 용도로 전용되었다. 가로 신분의 고위 무사들이 소장했던 가재도구와 재산들도 저잣거리에서 매매되는 지경에 이르렀다. "형편이 곤궁하여 가족들이 한집에서 살기 어려운 경우도 많습니다. 부모 자식 간에 떨어져 살아가는 경우도 심심찮게 찾아볼 수 있습니다. 개중에는 인력거꾼으로 소일하

는 경우도 있고, 하루하루 근근이 먹고사는 자들도 허다했습니다."라는 식
으로, 사족들이 번 당국에 탄원서를 제출하는 경우도 생겨났다. ■26

　도쿄에 머무르던 군인들의 귀향은 이와 같은 불만에 기름을 끼얹는 결과
로 이어졌다. 얼마 지나지 않아 여러 파벌들이 형성되었다. 그중에서도 레
이난샤(嶺南社)라는 단체로 이어지는 한 파벌은 사회적·이념적으로 보수 세
력 연합을 표방했다. 이 파벌은 존왕 사상을 따랐고, 이를 도사 내부로 확
산시키기 위해 교토에서 근왕학자들을 초빙하여 청년들을 교육시켰다. 레
이난샤는 유신 이전의 근왕 사상, 그리고 그 외에 여러 가지 보수주의와 관
련된 요인들의 통합을 표방했다. 이러한 요인들은 도사 전역에서 찾아볼 수
있었으며, 고시와 쇼야들이 벌인 운동을 통해 일찍이 표출되었던 촌락의 이
해관계에 그 뿌리를 두었다. ■27 주리쓰샤(中立社)라는 이름의 조직으로 발전
한 두 번째 조직은 사사키 다카유키가 주도했으며, 정부 자금도 쓰였다. 이
는 여타 조직에 대한 대항마라는 성격을 가졌으며, 그들에 대한 정보원으로
서의 기능도 하였다. 이타가키 다이스케가 사무라이 출신의 동조자들을 규
합하여 1874년 창설한 릿시샤(立志社)는 고치에 본부를 두었다. ■28 이 단체
는 사족들에 대한 지원 대책과 더불어, 근대 세계의 여러 문제와 가치 체계
에 대한 교육을 실천할 계획 마련에 활동의 주안점을 두었다. 서양의 언어
와 법률을 교육하기 위한 학교들이 설립되었고, 누군가의 도움이 필요했던
몰락 사무라이들을 지원하기 위한 협동 조합 사업도 시작되었다. 이와 동시
에 릿시샤는 헌법 제정 및 민권 신장이라는 화두를 공론화하기 위한 적극적
인 시도에 나서기도 했다.

　지금까지 이루어진 도사 지역사 연구의 결과물들은 이타가키 다이스케
가 주도했던 운동이 고시와 쇼야 계층의 격렬한 반발을 초래했음을 보여 준
다. 이들은 레이난샤가 표방했던 보수주의의 편에 서 있었다. 지주들이기

도 했던 그들은 이미 부유하고 안락한 사회 지도층으로 자리잡았고, 그러다 보니 민권 신장의 공론화를 천황의 존엄함을 망각한 급진적인 사상으로 치부했다. 게다가 릿시샤의 구성원들은 고치의 관료와 실력자들에게는 요시찰 대상이었기 때문에 고치에서 그들 앞에는 험난한 행보가 기다리고 있었다. 이와 같은 사정이 없었더라면 릿시샤가 시도하고 진행했던 운동을 통제하기는 한층 어려웠을 것이다. 지금까지 알려진 사실들을 종합하여 판단해 보면, 하급 무사들이 농민들의 힘을 이용하여 정권이나 사회 체제의 전복을 기도했고, 이후 그들에 의해 야망이 꺾여 버린 농민들이 민권 운동을 통해 재기를 모색해 나갔다는 식의 논의는 타당하다고 보기 어렵다. 적어도 고치에서만큼은 (물론 이 역시 과장된 측면이 없지 않지만) 고시와 쇼야 계급이 무사 계급의 야망을 이용하여 자신들의 사회적·경제적 우위를 실현한 다음 이용 가치가 없어진 옛 상급자들을 내쳤다고 봄이 오히려 타당하다고 할 수 있다. 1870년대 이후 일본 사회에서는 자신만만하게 기세가 오른 고시 출신 지주들과 몰락해 버린 그들의 옛 상전들만큼 극명한 대조를 보이는 것을 찾아보기가 어려울 정도였다.

다수의 릿시샤 구성원과 그들의 정적들은 1877년까지만 하더라도 유신기의 정국이 재연되리라고 여겼다. 또한 몇 차례 강력한 소요를 통해 사쓰마와 조슈의 주도권이 사라지고 그 대신 도사에 한층 우호적인 새로운 동맹으로 대체되리라고 판단했다. 하지만 1877년에는 사이고 다카모리가 사쓰마 사무라이로 구성된 군대를 이끌고 도쿄로 진격하려 했다가 실패했고, 그는 자결을 선택했다. 도사 번의 친정부 인사들은 사이고 다카모리의 군대를 쳐부수는 데 일조했다. 다니 간조는 구마모토 부대를 지휘하여 반군을 섬멸하는 전과를 거두었다. 하지만 사이고 다카모리의 사망 소식이 도사에 전해지기 전까지, 일본 중앙 정부는 이타가키 다이스케가 병력을 이끌고 사이고 다카모리를 지원하지 않을까 하는 우려를 떨쳐 내지 못했다. ■29 그가 그러한 행동에 나서지 않았던 데는, 이러한 무력행사가 이미 시대에 뒤처졌다는 판단에 기인하는 부분이 크다. 동료들이 오사카의 정부 청사를 상대로 신속히 봉기를 일으킨 다음 주요 관료들을 암살한다는 계획을 세웠을 때에도 그는 극력 반대했다. 이들에게 무기를 획득할 능력이 없었음이 드러났고 사이고 다카모리의 패배가 확실시되면서, 공공연한 반역 모의는 더 이상 일어날 수 없었다. 이후에는 '근대적인' 정치 운동이 정부 입장에 반대할 수 있는 유일한 방법으로 떠올랐고, 이타가키 다이스케는 이러한 추세에 따랐다. ■30

　적어도 오늘날까지 이루어진 연구 성과의 토대 위에서 앞에서 개괄적으로 살펴본 내용으로 판단하건대, 유신을 전후한 시기에 이타가키 다이스케가 이끌었던 정치 세력이 보여 준 행동을 계급 간 이해관계로만 귀속시킬 수 없음을 알 수 있다. 상급 무사들 사이에는 다양한 파벌과 당파가 형성되어 있었음이 확실하며, 계급과 특권을 둘러싼 적대 의식은 지배 계급 전체에 퍼져 있었다. 이들에 비해 촌락과 관련된 고시와 쇼야 계급의 이해관계는 근왕당 운동의 짧은 전성기에 널리 확산되고 표출되었지만, 1864년 이후에는 이때와 같은 수준의 결속력과 열정을 되찾지 못했다. 이와 같이 계급적이고 지역적인 이해관계는 사카모토 료마와 나카오카 신타로의 사상과 행동에 별다른 영향을 주지도 못했다. 그들은 정치 세계에 입문했고, 그들의 관심사는 늘 일본이라는 나라가 직면했던 위험과 필요에 머물렀다.
　도사 측 인사들의 사상적 입장에 대해서도 한층 신중하게 접근할 필요가 있다. 물론 그 정도에는 차이가 있겠지만, 오늘날 메이지 유신을 접하고 배우는 사람들은 어쩌면 수십 년에 걸쳐 '관 주도'로 편찬된 유신사(維新史)의 피해자가 아닐까 싶다. 이러한 형태의 역사 저술은 신도의 순수성이라든가 천황의 존엄함을 강조하다 보니, 한층 광범위한 국가적 목표는 물론 이보다 더욱 세밀한 시각으로 바라보아야 할 개인적 야심과 같은 문제들도 도외시한 측면이 크다. 사카모토 료마와 나카오카 신타로 같은 유형의 인물들은 자신들이 받았던 교육으로 인해 어린 시절부터 강한 존왕 사상의 토양을 마음속 깊이 품고 있었다. 이러한 특성은 신도 용어인 제정일치를 권고하는 글을 자주 남겼던 나카오카 신타로의 경우에 더욱 확연하게 드러난다. 그가 료마에 비해 제대로 된 정규 교육을 받았다는 사실도 이러한 측면에 일정 부분 영향을 주었을 것이다. 하지만 야마우치 요도나 막부, 또는 양자를 모두 지지했던 사람들이 이러한 주장에 전혀 또는 거의 동의하지 않았다고 단정 짓는 것도 타당하다고 보기 어렵다. 의견의 차이는 주로 수단이나 가능성의 부분에서 나타났으며, 또한 의견의 차이는 대개 실제적인 고려나 판단에서 비롯되는 경우가 많았다. 절대적인 근왕 사상이나 극도의 이념적 순수성과 같은 것들은 경륜 있고 책임 있는 자리에 앉아 있던 사람들로서는 유지하기 어려운 이념적 허세일 뿐이었다. 신분이 낮은 고시들은 극도의 흑백 논리에 빠져드는 경향을 보였고, 그러다 보니 시국에 대해 한층 정확한 정보를 갖고 있던 그들의 상급자들이 왜 그토록 서두르는지 이해할 수 없었다. 한편 고위층들, 심지어 이타가키 다이스케마저도 구게들의 미숙함을 과도하게 의식한 데다가 정세의 복잡함에도 지나치게 신경을 기울인 나머지 강경한 입장을 고수했다. 그들은 신성한 도리와 같은 부분에 대해서는 가급적 말을 아꼈고, 사쓰마나 조슈 측에 이익을 가져다줄 절대 왕정의 도래를 저지하기 위해 입헌 정치 도입에 각고의 노력을 집중했다. 사카모토 료마의 경우를 보더라도 그가 신도 신앙과 관련하여 남긴 기록은 의외로 찾아보기 어렵다. 사실 료마에게 왕정복고라는 단어는 강력한 국가 통일을 위한 하나의 전제 조건이라는 의미를 가졌으며, 그와 가장 자연스럽게 어울릴 만한 표현은 공명심이나 야심에 관한 것이었다.

국가적 위기에 발현되었던 이러한 종류의 개인적인 목적의식과 용기는 메이지 유신을 주도한 걸물들을 그 이전 일본사 또는 중국사에서 활약했던 인물들과 차별화시켜 주는 요인이라 볼 수 있다. 지사들을 가공할 만한 적수로 만들었던 자신감과 확신, 방약무인한 태도는 전례가 없는 것이었다. (알려지지도 않은) 천황의 뜻에 복종한다고 공언한 그들이었기에 주변의 통제나 지도를 받는 것은 불가능했다. 자신들이 생각한 바대로 행동했던 그들은 의견이 상충하는 상대에 대해 개인적으로 간섭하는 전통을 수립했다. 이는 유신 이후에도 계속 이어지면서 근대 일본 정치사를 구성하는 가장 역동적인 요인으로 작용했다. 훗날 일본 정치사에서 모습을 드러내는 혁명가들이 내놓은 주장의 근저에도 이러한 전통이 계속해서 자리 잡게 된다. 이러한 전통의 효시는 이타가키 다이스케의 보좌역을 맡기도 했던 도사 출신 저술가 우에키 에모리(植木枝盛)에게서 찾아볼 수 있다. 그는 "도량이 넓고 고결하며, 범인들과는 어딘가 다른 점이 있는" 자를 예찬하고 사소한 일에 얽매이는 자를 경멸하는 인물에 대한 구사카 겐즈이의 찬사를 인용하면서, 그의 사상에 공감을 표했다. 그는 에도 시대에 활동한 지사들의 이야기를 담은 책인『애국사담(愛國史談)』을 펴내, 눈앞의 이익에 초연했던 그들의 태도와 그들이 보여 준 자신감과 용기를 찬양했다. ■31 지사들이 남긴 유산은 급진주의자들에게만 전해진 것이 아니었다. 새뮤얼 스마일스(Samuel Smiles)의 저서『자조론(自助論)』이 일본에서 베스트셀러가 되었을 무렵 정비된 메이지 시대의 교육 제도는, 모든 학생들의 가슴속에 목표 성취와 자기 계발의 의지를 심어 주는 데 주안점을 두었다. ■32 이러한 점에서 료마의 정신은 메이지 시대 일본이 보여 준 역동적이었던 사회상의 정치적 선구였다고 볼 수 있다. 또한 료마의 정신은 일본이 아닌 다른 아시아 국가들의 야심가와 이상주의자들에게도 매력적으로 다가갔다. 메이지 시대 말기에 접어들면서 아시아 각지의 혁명가들에게 협력했던 일본의 모험가들은 친구나 추종자들에게 자신들의 영웅 이야기를 들려주었고, 이들 모두는 그 영웅들의 후계자임을 자처했다. 예컨대 쑨원마저, "우리는 메이지 유신의 지사들이다."라는 이야기를 할 정도였다. ■33

지사들의 전통은 자신이 '대의'라고 믿는 바를 실천에 옮기기 위해서 권위와 법도마저도 거리낌 없이 무시했던 과격분자들에게도 더없이 매력적으로 다가왔다. 그리고 유신 지사들의 이름과 언행 그리고 사례들은 훗날 다른 방법을 통한 저항이 가능함에도 불구하고 폭력적인 수단을 정당화시키는 구실로 이용되었다. 일관되지 못했던 세간의 태도는 예상을 뛰어넘는 과감하기 그지없는 행동에 압도당했고, 그러다 보니 살인자 개인의 책임보다는 선동하거나 도발한 측에 문제의 초점을 맞추는 풍조가 생겨났다. 이러한 풍조는 젊은 광신자들이 자신의 분별없는 행동을 정당하다고 확신하도록 만든 한 요인으로 작용했다. 하지만 이런 자들이 스스로를 유신 지사들의 후계자로 자처하는 것은 근거 없는 일이다. 이러한 사람들은 사회적 이상의 실현에는 별다른 관심이 없었고, 백 년도 채 안 되는 기간 동안 일본의 세계적 위상이 얼마나 달라졌는가를 반추하는 데만 진력하는 부류에 해당한다. 백 년 전에 의미 있던 문구도 오늘날에 와서는 시대에 뒤처져 효용 가치가 없어지는 경우가 적지 않다. 진정한 진보로 이어질 이성적인 계획에 눈을 뜨면서 폭력적인 수단을 버렸던 메이지 유신의 선각자들과, 입으로는 그들의 후계자를 자처하면서 실제로는 이성에 등을 돌리고 근거 없고 시대착오적인 미신의 불합리로 자신의 조국을 내모는 허망한 시도를 하면서 폭력에 호소한 후세의 아류들의 차이점을 보지 못할 사람은 아무도 없다.

에도 시대 말기 지사 개개인이 보여 준 이상과 용기는 그들이 추구해야 할 목적이 무엇인가에 대해 보편적인 합의가 이루어져 있던 사회상에서 배태된 측면이 다분하다. 물론 그 방법에 대해서는 의견이 엇갈렸지만. 진보와 보수를 나누었던 경계를 면밀히 살펴보면 방법이나 시기의 문제에 지나지 않는 경우가 많다. 누가 주도할 것인가, 언제 행할 것인가의 문제였지 무엇을 추구할 것인가의 문제는 아니었다. 그 결과 소수의 정치적 선각자들 사이에 놀라울 정도의 합의가 이루어질 수 있었다. 이러한 결과는 문제가 '대외' 문제로 설명될 수 있었다는 것이 부분적인 이유가 될 수 있다. 이로 인해 국가의 정치적·문화적 보전이라는 논점에 대해 광범위한 합의가 이루어질 수 있었던 것이 아닌가? 분명 그러한 부분도 있음을 부정하기는 어렵다. 하지만 이에 대한 최종적인 평가를 내려 보자면, 에도 시대 사회의 근간을 이루었던 여러 사회적 규범들의 뿌리 깊은 활력에서 그 해답을 찾을 수 있다. 정치적 이상의 표현이라기보다는 오히려 이를 부정하는 측면이 다분했던 이러한 사회적 규범들은 정치 질서가 붕괴한 뒤에도 계속해서 생명력을 유지했다. 권위를 유지하던 세력이 몰락한 뒤에도 그것이 사회 전반에 침투되는 경로는 사라지지 않았고, 그 후계자들은 이러한 경로를 그대로 이용할 수 있었다. 단지 소수 엘리트 집단만이 격리되었을 뿐이었고, 이 또한 합의라는 요소와 관련되는 경우가 대다수였다. 이렇다 보니 경쟁에서 밀려났던 히토쓰바시 게이키는 언젠가 또 다른 싸움에서 밀려났을지도 모를 인물인 사카모토 료마와 마찬가지로, 역사학자들과 그들이 기록한 역사를 읽는 독자들에게 유신의 영웅으로 칭송받을 수 있었다.

유신기에 이루어진 이 같은 합의는 한 세기 후 일본에 나타났던 이와는 극명히 대립되는 상황을 설명해 주기도 한다. 일본의 국가 정신은 과거에는 신성불가침으로 여겨졌지만, 제2차 세계대전의 패전으로 그 실체가 폭로되어 이제는 그 가치와 효력을 잃고 말았다. 정치적 이상이 될 만한 대안도 나오지 않았고, 한편으로 19세기 서유럽에서 이상적인 사회를 갈구했던 것과 같은 합의도 찾아볼 수 없게 된 작금의 세계에서는 외부로부터의 영향마저도 분열되고 있다. 전후 일본은 민주주의, 번영, 국제주의 등의 용어들로 외견상의 합의를 표방해 왔지만, 그 이면을 살펴보면 사회적 목적과 목표에 대한 심각한 수준의 의견 대립을 은폐해 온 측면이 다분하다. 하지만 역설적이게도 그 이면에서 긍정적인 측면도 찾아볼 수 있다. 왜냐하면 일본이 신비주의적 국가주의로부터 탈피하여 한층 민주적이고 매력적인 사회의 틀 안에 정착함에 따라, 일본이 달성한 근대화가 다른 나라들로부터 환영받을 수 있기 때문이다. 이러한 점에서 조국의 국가 조직을 다른 나라의 수준으로 끌어올려 자손들로 하여금 세계 그 어느 나라에 대해서도 '부끄럽지 않게' 해 주겠다던 유신 지도자들의 목표는 백 년 전에는 천황주의라는 이상을 달성함으로써 이루어질 수 있었지만, 이제는 그러한 이상을 버림으로써 그 목표를 이룰 수 있으리라.

|미주

1. 다음 문헌에는 고토 쇼지로가 기록한 야마우치 요도의 견해가 수록되어 있다. 大町桂月, 『伯爵後藤象二郞』, pp.415-422.

2. 이와 관련된 논의는 다음 문헌을 참조할 것. Sakata Yoshio, "An Interpretation of the Meiji Reformation," *Silver Jubilee Volume, Zinbun Kagaku Kenkyusho*(Kyoto, 1954).

3. 『伯爵後藤象二郞』, p.386.

4. 島內登志衛(編), 『谷干城遺稿』, I(東京, 1912), 318f.

5. 『谷干城遺稿』. 이 당시 이루어진 외교적 교섭의 상세한 과정과 내용은 다음 문헌을 참조할 것. 沼田賴輔, "土州藩の大政奉還運動と其後の行動", 『明治維新史硏究』(史學會(編), 1958), pp.705-706.

6. 沼田賴輔, loc.cit.

7. 平尾道雄, 『維新経済史の研究』, pp.29-46. 한편, 고토 쇼지로의 전기는 다음과 같이 기록하고 있다. "오사카의 상회를 시작으로, 도사 번이 번 직영 무역을 운영하는 과정에서 보유하고 있던 주식과 지고 있던 부채 전액은 이와사키 야타로의 손으로 넘어갔다. 도사 번 소속 기선들은 한때 대장성(大藏省)에 넘어갔다가, 미쓰비시상사에 헐값으로 매각되면서 개인이 운영하는 해운 회사에 소속되었다. 고토 쇼지로 백작의 지원과 이와사키 야타로의 능력은 궁합이 잘 맞았고, 다이산지(泰山寺) 하야시 유조(林有造) 또한 적지 않은 도움을 주었다." 『伯爵後藤象二郞』, p.415.

8. 나가사키 도서관에는 이와 관련하여 영국 공사 플라워스에게 접수된 민원 서류들이 소장되어 있다. 그는 1868년 2월 3일, "여러분, 알트 상회에 따르면 도사 번주는 이 회사에 합계 27,000냥, 479달러에 해당하는 액수의 빚을 졌으며, 이곳의 번 출장소를 관할하는 이와사키 야타로 대표로부터 부채 상환을 받아 내지 못하고 있다고 합니다. 저는 제 명예를 걸고 도사 번이 빌려 간 돈을 되받아 내겠다는 약속을 드립니다. 만일 도사 번에서 부채 상환을 거부하는 상황이 발생할 경우, 도사 번주와의 협상이 원만히 끝날 때까지 알트 상회 관계자분들과 함께 항구에 정박한 기선에서 기다려 주셨으면 하는 부탁을 드립니다."라는 내용의 보고서를 작성했다. 이틀 뒤에는 77,500달러에 해당하는 부채 관련 민원이 제기되었다. 이 금액은 쇼일린(Shoeyleen)호(이 선박은 사카모토 료마, 사사키 다카유키, 어니스트 새토가 이로부터 몇 달 전에 매입하여 나가사키 항에 입항시킨 것이었음) 구입 자금으로 쓰인 것이다. 이 민원인은 1867년 4월에 도사 번이 에도 막부의 보증하에 네덜란드로부터 10만 멕시코 달러를 대출(이율 1%)받았음을 기록한 문서도 갖고 있었다. 이 문서는 네덜란드 측이 에도 막부의 보증을 얻어 내기 위해 노력했음을 보여 주는 자료이기도 하지만, 보증 또는 대출금의 지급이 실제로 이루어졌는가의 여부를 알려 주는 증거는 없다는 내용의 자료도 있다.

9. 다음 문헌은 이 시기에 이루어진 지폐 발행에 대해 논하고 있다. 平尾道雄, 『維新経済史の

研究』, pp.88-160. 한편 다음 문헌은 이로 인한 번 재정상의 문제를 폭넓게 다루고 있다. 平尾道雄, 『高知藩經濟史』, pp.51-55.

10. 다니 간조는 18개조의 경제 재건 계획안을 제출했다. 『谷干城遺稿』, I, 315-324.

11. 平尾道雄, 『維新経済史の研究』, pp.162-167.

12. 日本史籍協会(編), 『藩制一覧』, I, 152; 吉川秀造, 『士族授産の研究』(東京, 1942), p.59.

13. 『伯爵後藤象二郞』, pp.399-403; 平尾道雄, 『維新経済史の研究』, pp.171-172.

14. 『維新経済史の研究』, pp.178-180; Hirao Michio, "Proposal presented on the twenty-fifth day of the tenth moon of 1870", 『憲政資料室所蔵目録』(国立国会図書館, 東京).

15. 高知市史編纂委員会, 『高知市史』, pp.639-644; 平尾道雄, 『高知縣の歴史』, pp.145-146.

16. 『高知市史』, pp.646, 651ff.

17. 沼田頼輔, "土州藩の大政奉還運動と其後の行動", 『明治維新史研究』(史學会(編)), p.709.

18. 『憲政資料室所蔵目録』(国立国会図書館, 東京).

19. E. H. Norman, *Japan's Emergence as a Modern State*(New York, 1940).

20. E. H. Norman, *Soldiers and Peasant in Japan: The Origins of Conscription*(New York, 1943); *Feudal Background of Modern Japanese Politics*(New York, mimeographed, 1945). 하지만 다음 문헌은 조슈에 대한 노먼의 관점을 수정해야 한다는 논의를 담고 있다. Albert Craig, forthcoming, *Chōshū in the Meiji Restoration*.

21. 앞의 주 10) 참조.

22. 그중에서도 1860년대 자유당이 촌락의 양조장인과 지주들의 지지를 받았다는 학설은 이러한 논의와도 연관성이 있다고 할 수 있다.

23. 이들이 올린 상소문에 대해서는 다음 문헌을 참조할 것. 平尾道雄, 『長岡村史』, pp.101-110.

24. 高知県(編), 『高知県農地改革史』(高知, 1952), pp.110-114; 松好貞夫, 『新田の研究』, p.308.

25. 다음 문헌은 '사족 상법'에 대한 내용을 수록하고 있다. 平尾道雄, 『維新経済史の研究』, pp.188-217.

26. 平尾道雄, 『長岡村史』, p.123.

27. 『長岡村史』, pp.113ff.

28. 다음 문헌은 릿시샤에 관한 가장 권위 있는 연구 자료이다. 平尾道雄, 『立志社と民2運動』(高知, 1955). 조지 샌섬 경(Sir. George Sansom)이 지적했듯이, '릿시샤'라는 명칭은 새뮤얼 스마일스(Samuel Smiles)의 저서 Self Help의 일역판 제목에서 차용한 것이다. 따라서 릿시샤를 영역한다면 'Self Help Society' 정도가 적절할 것이다. 다음 문헌은 릿시샤의 구체적인 구성원과 활동에 대한 향토 연구 자료를 담고 있다. 『中村町史』, p.114.

29. 이 당시에는 메이지 정부의 충실한 지지자였던 사사키 다카유키는 도사 내부의 모든 연줄을 활용하여 이타가키 다이스케의 일거수일투족을 정부에 보고했다. 도사의 지방 행정력과 경찰력 또한 그와 동일한 임무에 나섰다.

30. 일본 정부는 도사에서의 반역 모의를 수개월에 걸쳐 수사한 끝에 가타오카 겐키치, 하야시

유조, 다케우치 쓰나에게 유죄 판결을 내렸다(다케우치 쓰나의 아들인 요시다 시게루 전 일본 총리는 이타가키 다이스케와 관련된 도사의 정치적인 전통을 대변하는 최후의 인물이라고도 볼 수 있을 것이다).

31. 植木枝盛, 『無天雑録』(森下菅根(編), 高知, 1957), pp.256ff; 家永三郎, 『革命思想の先驅者』(東京, 1955). 이보다 더 상세한 내용은 다음 문헌을 참조할 것. Eiji Yutani, "Ueki Emori: Tradition and Change in Meiji Japan"(unpublished M.A. thesis, University of Washington, 1960).
32. 다음 문헌은 메이지 시대의 교육 제도가 추구하고 강조했던 부분에 대한 내용을 수록하고 있다. R. P. Dore, *City Life in Japan*(London, 1958), pp.191ff.
33. 필자는 메이지 시대의 지사들, 그리고 이른바 '중국 낭인'들의 행적에 대해 연구한 바 있다. Marius B. Jansen, *The Japanese and Sun Yat-sen*(Cambridge, 1954).

|역주|

1. 오늘날 시코쿠 북동부에 소재한 가가와 현(香川縣)의 옛 이름.
2. 일본에서 메이지 시대 초기인 1869년 7월 25일에 행해진 조치로, 다이묘들이 천황에게 자신들의 영지와 영민, 즉 '판적'을 반환한 일.
3. 일본의 전통적 관등(官等) 가운데 하나.
4. 일본에서 신사에 봉직하는 신관.
5. 신사에서 각종 잡무를 담당하는 하급 신관.
6. 원서에는 이처럼 '관동군에 의한 만주 개혁'이라는 식의 내용이 언급되어 있지만, 관동군은 사실 구 일본 육군의 총군[總軍: 대규모 전역(戰域) 또는 지역을 관할했던 구 일본군의 최상위 부대 편제로, 오늘날의 야전군, 군관구 등에 대응하는 개념임]의 하나로, 1905년 러일전쟁으로 얻은 일본령 만주 일대, 이른바 관동주(關東州)를 본거지로 하면서 만주사변, 만주국 설립, 중일전쟁, 구 소련 및 몽골과의 국경 분쟁 등에 주도적으로 개입하는 등, 20세기 전반에 이루어진 일본의 제국주의적 침략 전쟁에 앞장섰던 집단이다. 이들이 세운 만주국은 단지 '만주'라는 지명 또는 민족의 이름을 내세웠을 뿐, 그 실상은 만주족 또는 만주 지역의 자치가 아니라 일본 제국의 군국주의적 팽창과 전쟁을 합리화하고 지원하기 위한 괴뢰국이었고, 실권 또한 만주국 황제와 정부가 아니라 관동군 사령부였음은 이미 여러 연구들을 통해 밝혀진 바 있다. 더욱이 세균전 및 생체 실험으로 악명 높은 731부대 역시 이 관동군에서 관할하던 부대였다. 즉 '관동군이 만주를 개혁'했다는 내용은 과거 제국주의 일본의 주장, 또는 표면상으로는 만주국 정부의 이름으로 간행되거나 발표된 정책, 문서 등을 저자가 액면 그대로 받아들이거나 하여 기록한 것으로 생각되며, 본 번역본에서는 일단 원문의 표기를 그대로 번역하기는 하되 이러한 표기가 가진 문제점 또는 오류는 분명히 지적해 두

고자 한다.

7. 여기서 '상법'이란 상업 관련 법규가 아니라 상술을 의미함.

  2010년 매주 일요일 밤 1시간씩 총 50회에 걸쳐 일본 NHK에서 방영했던 대하드라마 '료마전(龍馬傳)'은 공전의 인기몰이를 하면서 막을 내렸다. 료마가 주인공으로 등장한 TV 드라마는 지금까지 10여 편에 달하며, 이외에도 소설, 만화, 영화, 연극 등 다양한 분야에서 매력적인 주인공으로 등장했다. 사실 메이지 유신의 전개 과정에서 삿초동맹과 선중팔책으로 대변되는 료마의 역할은 결코 작다고 할 수 없다. 하지만 '일본 1000년의 리더 1위', '일본 역사상 가장 존경받는 인물', '현대 일본 경영자들이 입을 모아 칭찬하는 신화와 같은 존재' 등등, 당시 일개 하급 무사로 33세에 요절한 청년에게 붙이는 수식어로는 지나치게 부풀려진 감도 없지 않다.

  '료마전' 1회는 료마와는 동갑내기 고치 출신 친구이자 미쓰비시 재벌의 창시자인 이와사키 야타로의 저택에서 열리는 화려한 연회로 시작된다. 환영 인사를 하던 야타로는 하객 속에서 갑자기 뛰쳐나온 자객의 위협에 연단을 벗어나 자신의 사무실로 자리를 옮기지만, 그곳에는 고치에서 발간되는 토요 신문의 기자가 그를 기다리고 있었다. 그 기자는 야타로에게 료마에 관해 묻는다. "료마를 아느냐"고, 그리고 "어떤 인간이었느냐"고. 한참을 망설이다가 야타로는 답한다. "내가 이 세상에서 가장 싫어하는 남자였다. 아주 경박하고 분방하며 사람을 홀렸다. 그리고 여자들에게 사랑을 독차지했다. 그만큼 불쾌한 남자는 이 세상에 없다."라고……

  야타로의 대답은 료마에 대한 시기와 질투를 담은 반어적 표현이라고 할 수 있다. 료마는 당시나 지금이나 아주 매력적인 인물이었던 모양이다. 물론 료마 개인의 인간적 매력이 그에 대한 지금까지의 평가에 큰 몫을 차지함은 당연한 일이다. 하지만 그가 죽자마자 지금과 같은 국민적 영웅으로 높이 평가받은 것은 아니었다. 시대가 다르면 영웅상도 달라지는 법. 사실 제2차 세계대전 이전의 일본 제국에서 사카모토 료마는 그다지 높은 평가를 받지 못했다. 아무리 영웅적인 활약을 했다고 하더라도, 탈번은 아들로서의 도리와 주군에 대한 복종을 강조하던 당시의 엄격한 규범에 반하는 행동이었다. 더군다나 자신의 정치적 야망을 위해 가족과 영주를 저버린 자기중심적이고 개인주의적인 젊은이를 용납한다는 것은, 메이지의 유산을 이어받은 일본 제국으로서도 한계가 있었다.

그러나 제2차 세계대전이 끝나자, 바로 그러한 료마의 가치관이 그를 다른 메이지 유신의 지도자들과 차별화시켰다. 유신 지도자들이 거둔 성공은 종국적으로는 제국주의 일본을 전 세계와의 전쟁으로 몰아넣었을 뿐만 아니라, 수백만의 희생자만 남긴 채 그토록 자랑스럽던 근대 일본이 패망으로 이어지는 요인이 되고 말았기 때문이다. 반면에 사카모토 료마는 시간이 갈수록 대중적 인기를 누리게 되었고, 일본이 어려운 시기에 직면할 때마다 국론일치의 아이콘으로서 등장했다. 료마의 이미지는 소설이나 TV 드라마는 물론, 기타 사후에 쏟아진 온갖 종류의 찬사로 과장된 부분도 없지 않지만, 결과적으로 사이고 다카모리, 오쿠보 도시미치, 기도 다카요시 등 전통적인 메이지 유신 주역들의 이미지를 훨씬 능가하게 되었다. 결국 료마에 대한 평가는 그 자신의 개인적 매력에 덧붙여져, 각 시대마다 요구하는 하나의 시대적, 문화적, 정치적 아이콘으로 재탄생된 것이라 볼 수 있다.

어쩌면 Re-Japan이라는 화두로 2010년 NHK에서 방영된 드라마 '료마전' 역시 이와 같은 맥락에서 보아야 할 것이다. 이 드라마에서 사카모토 료마 역을 맡아 열연한 배우 후쿠야마 마사하루(福山雅治)는 기자 회견에서 "'료마전'은 한 영웅의 이야기라기보다는 청춘의 좌절과 실패, 헤어짐과 분함을 겪으며 앞으로 나아가는 료마를 그린 작품이라, 누구나 공감할 수 있을 것"이라고 언급했다. 또한 자신의 길을 개척하면서 세력 다툼, 권력 다툼이 아닌 대화로 사람을 움직이는 인물로 료마를 그려 낸 점이 이 드라마가 인기를 얻은 비결이라고 밝힌 바 있다(한겨레신문, 2011. 1. 26.). 결국 이 드라마는 일본 사회가 료마의 개인적 매력에 편승해 잃어버린 20년의 일본호를 구출하기 위한 구원 투수로 료마를 다시금 등장시킨 것으로 보아야 할 것이다.

지금의 료마 이미지는 어떤 이유에서건 각색된 것임을 부정하기 어렵다. 하지만 그가 죽은 지 150년이 다 되어 가는 오늘날에도 료마가 우리에게 던져 주는 소중한 메시지는 분명히 있다. 즉 료마는 메이지 유신의 성사에 지대한 공헌을 한 인물일 뿐만 아니라, 부단한 노력과 학습, 그리고 성찰을 거친 끝에 스스로의 길을 개척함은 물론 역사의 흐름에도 심대한 영향을 줄 수 있을 만큼 성장해 나간 인물이었던 것이다. 더욱이 그가 선중팔책을 작성하여 대정봉환 건의서의 기틀을 잡은 것은, 대화와 타협을 통한 평화적이면서도 합리적인 사고와 행동의 모범이라고도 할 수 있다. 이러한 점에서 료마는 일본의 위인을 넘어, 전 세계 보편적인 사람들에게까지 소중한 메시지를 전해 줄 수 있는 것이 아닌가 생각된다. 더군다나 중국의 굴기로 료마가 살았던 19세기 말의 동북아 정세를 점차 닮아 가는 작금의 상황에서는 더욱 그러하다.

일본의 인기 대중소설가인 시바 료타로가 쓴 『료마가 간다』는 앞서 말한 료마의 이미지 형성에 결정적인 역할을 했으며, 그 이후 발간된 소설, 만화, 영화, 드라마, 연극 등이 모두 이 소설에 큰 영향을 받았다. 그런데 시바 료타로가 이 소설을 쓰면서 모티브를 얻고 결정적으로 참고했던 책이 바로 마리우스 잰슨(Marius B. Jansen) 교수의 『사카모토 료마와 메이지 유신(Sakamoto Ryoma and the Meiji Restoration)』이었다는 것은 널리 알려진 사실이다. 이 책에서 메이지 유신을 바라보는 입장을 몇 가지로 정리해 본다면, 막부의 국정 수습 한계로 인한 개국의 불가피성, 일본 근대화의 단초로서 개국의 의의, 료마를 비롯한 유신 지사들의 영웅적 활동에 대한 찬미 등을 꼽을 수 있다. 하지만 이 모두는 역사를 인민의 추동력이 만든 결과물로 보는 진보 사학자들에게는 어불성설일 뿐이다.

이 책을 비롯해 우리가 접할 수 있는 많은 책들과 인터넷 등에서 메이지 유신과 당시의 료마 역할을 살펴보면, 대부분 '일본은 개국과 더불어 근대 사회로 변혁할 수 있었다'는 근대화론이 그 근저를 이루고 있다. 따라서 여기서는 약간 다른 시각으로 이 책과 이 책이 나온 1961년의 일본을 살펴볼 필요도 있다. 패전 후 일본에서는 미국의 군정이 시작되었고 1952년부터 평화 헌법에 따라 새로운 시대가 전개되었지만, 미국의 영향력, 다시 말해 소련과의 대치 상황에서 반공을 기조로 한 냉전 기류는 더욱더 확고해진다. 1960년 '안보' 반대 투쟁을 시발로 일본에서는 반미 운동이 본격화되었고, 마치 이에 대응이나 하려는 듯 다음 해인 1961년에 동양사와 일본사에 관한 당대 최고 권위자인 에드윈 라이샤워(Edwin O. Reischauer) 교수가 주일 미국 대사로 부임하게 되었다. 물론 당시 미국 대통령은 '평화 전략'이라는 미명 하에 소련과 극단의 냉전 관계를 유지하던 존 F. 케네디였다.

　라이샤워가 대사로 취임하면서 노동자, 인민의 투쟁을 진정시키고, 일본의 일부 문화인, 지식인, 노동 관료들을 매수해 친미 사상으로의 전환을 시도했다는 비난을 받기도 했다. 다시 말해 라이샤워가 일본에서 친미 사상 공작의 선두에 서서 중요한 역할을 했다는 것이다. 라이샤워의 제자이기도 한 마리우스 잰슨은 공교롭게도 라이샤워의 대사 취임과 같은 해인 1961년에 이 책을 발간했으며, 이 책 역시 '일본은 개국으로 근대화되었다', '개인적 영웅이 역사를 움직인다'는 그릇된 근대화 사관으로 메이지 유신의 혁명적 의미를 호도했다는 비난을 일부 좌파 사학자로부터 받았다. 게다가 다음 해인 1962년부터 친미, 반공의 기치를 내건 산케이신문에 시바 료타로의 『료마가 간다』가 연재되기 시작했다.

라이샤워 대사의 취임과 친미 사상 공작 그리고 그의 제자인 마리우스 잰슨의 출판이 공교롭게 같은 해 이루어졌고, 그 다음 해에 시바 료타로의 소설이 연재되었다는 사실을 제외하고는, 이 사실들을 둘러싼 실제적 연관성에 대해서는 더 이상 알려진 것이 없다. 어쩌면 역자에게 주어진 새로운 숙제일 수 있으나 능력 밖의 일이라 이 숙제만은 거절하고 싶다. 이제 이 책의 저자인 마리우스 B. 잰슨에 대해 알아보자.

네덜란드 태생인 마리우스 잰슨은 1922년 네덜란드에서 태어났으며, 2000년 78세를 일기로 사망한 미국의 저명한 동양사학자이다. 프린스턴대학에 입학해 서양사를 전공했고, 1943년 학부를 졸업했다. 그 후 미 육군에 입대해 일본 점령 요원으로 한자권 연구를 시작했고, 1945년 6월 오키나와에, 그리고 같은 해 11월에 진주군으로 일본 본토에 상륙했다. 이때 받은 일본어 훈련과 일본에서의 경험 때문에 일본 연구자로서 인생의 경로가 바뀐다. 1948년 하버드대학 대학원에 입학했고, 1950년에 받은 박사 학위 논문을 일부 수정하여 최초의 저서인 『Japanese and Sun Yat-sen(日本人과 孫文)』을 1954년에 발간했다. 당시 박사 학위 논문의 공동 지도 교수였던 사람 중 하나가 바로 저명한 일본사 연구자이자 주일 미국 대사를 역임한 에드윈 라이샤워였다.

마리우스 잰슨은 1950년부터 워싱턴대학에서 교수직을 시작했다. 1955년부터 1956년까지 고치의 저명한 향토사가 히라오 미치오의 지도 아래 고치에 머물면서 자료를 수집했고, 1958년부터 1959년까지 원고를 집필했던 결과가 바로 자신의 베스트셀러가 된『Sakamoto Ryōma and the Meiji Restoration』이다. 그는 1959년에 모교인 프린스턴대학으로 자리를 옮기고 2년 후인 1961년에 이 책을 출간했다. 이 책은 출판되자마자 반향을 불러일으켰고, 지금까지도 서구 학자들뿐만 아니라 일본 학자들 사이에서 이 분야의 고전으로 인정받고 있다. 또한 이 책은 마리우스 잰슨의 집필에 큰 도움을 주었던 히라오 미치오와 또 한 사람의 번역자에 의해 1965년에「坂本龍馬と明治維新」이라는 제목으로 발간되었고, 그 후 1989년, 2009년 두 차례에 걸쳐 신판과 증보판이 발간될 정도로 일본에서도 인정을 받았다. 마리우스 잰슨은 일본사 연구로 총 20여 편의 책을 단독 또는 공동 집필했다. 이러한 연구 업적을 인정받아 1991년에 일본학사원의 객원 회원이 되었고, 1999년에는 외국인 최초로 문화공로자로 표창을 받았다. 우리나라에도 그의 저서가 제법 많이 번역되어 소개되었는데,『일본의 근대화와 지식인』(1993, 정명환 역, 일본문화총서 1, 교학연구사),『일본과 세계의 만남』(1999, 장화경 역, 한림신서 일본학총서 45, 소화),『일본과 동아시아 이웃 나라들』(2002, 지명관 역, 한림신서 일본학총서 69, 소화) 등이 그것들이다. 또한 마리우스 잰슨은 사망 일주일 전에『The Making of Modern Japan』(2000)이라는 기념비적인 책을 발간했는데, 이

책은 우리나라에서『현대 일본을 찾아서 1, 2』(2006, 김우영 역, 이산)로 번역되어 일본 근대사 연구의 기본서로 널리 이용되고 있다.

역자는 지리학자이고 그중에서도 자연지리학자라 인문학적 소양이 모자란다고 말하기도 부끄러울 정도, 아니 천박하다고 말하는 것이 오히려 솔직할 것이다. 이 순간에도 나 같은 문외한이 일본 근대사라는 전혀 생소한 판에 뛰어들어 이처럼 번역물을 내는 것이 옳은 일인지 망설여진다. 대학 교수로 국가의 녹을 받으면서 하는 일에나 전념할 것이지, 왜 여기저기 기웃거리느냐고 누군가는 책망할 수도 있다. 하지만 번역 역시 책상 앞에서 이루어지는 작업이라, 괜히 용역하겠다며 관공서나 기웃거리고 정치하겠다며 나서거나 하지 않고 그나마 연구실을 지켰던 것만으로 이 주제넘는 일에 용서를 구하고자 한다.

이 작업은 역자의 오지랖에서 출발했다. 1990년대 후반 일본 규슈 여행당시, 고등학교 시절 배웠던 세이난전쟁이 바로 이곳 가고시마에서 유래된 것이라는 사실을 상기하게 되었다. 하지만 메이지 유신에 대한 소양이 전무한 터라 거리 곳곳에 세워진 사이고 다카모리, 오쿠보 도시미치, 고마쓰 다테와키 등의 동상도, 유신향토관에서 상영하던 인형극도, 시마즈가의 아름다운 이신관의 정원도 주마간산의 대상일 뿐이었다. 그 이후 주머니 사정이 조금 나아졌다는 이유로 일본 이곳저곳을 기웃거렸지만, 깃발 따라 몰려다니지 않을 뿐 평범한 관광객에 불과했다.

　그런데 지난 10년간 메이지 유신에 관해 특별한 관심을 갖게 된 계기는 정말 우연이었다. 2003년 여름 야외 조사를 위해 제주도에 들렀고 그중 어느 날 비가 쏟아져 시간을 보내는 방편으로 극장을 찾았다. 사실 야외 조사자에게 비는 현장 근로자의 그것과 마찬가지이다. 하지만 행운인지 아니면 불운인지 그때 본 영화가 톰 크루즈 주연의 '라스트 사무라이'였다. 이 영화가 나에게는 마치 200여 년 평화스러웠던 에도 막부가 말기에 이르러 재정 위기, 사회 변화, 자연재해 및 농민 봉기 등의 내홍을 겪던 와중에 들이닥친 페리의 내항처럼, 새로운 세상을 열어 주었다(물론 이러한 근대화론에 반대하는 진보 이론도 있다).

　지금이야 이 영화의 줄거리가 보신전쟁(1868~1869)에 마지막까지 참전했던 프랑스 군 장교 이야기와 세이난전쟁(1877)의 사이고 다카모리의 최후가 마구 뒤섞여 있다는 것을 알게 되었지만, 당시로서는 등장인물이 누구인지, 그들이 실제 인물인지의 여부도 알지 못했다. 하지만 갑작스레 엄습했던 궁금증은 막을 수 없었고, 그것이 이런저런 경로를 거치면서 이 책 『사카모토 료마와 메이지 유신』의 번역으로 이어진 것이다. 자막이 있는 일본 역사 드라마라면 뭐든지 밤을 새우며 보았고, 일본 근대사 책이며 역사 소설도 손에 잡히는 대로 마구 읽었다. 그중 가장 재미있었던 드라마는 '아츠히메(篤姬)', 가장 읽기 편했던 근대사 책은 이 책의 저자가 임종 일주일 전에 발간한『현대 일본을 찾아서』였고, 소설은 역시 시바 료타로의『료마가 간다』였다. 이쯤 되니 료마 탄생지도, 료마 기념관도, 료마 동상도 궁금해져 더듬거리는 일본어지만 용기를 내어 스스로 무언가를 찾아 나서는 일본 여행에 처음으로 도전하게 되었다. 2009년 여름 도사 번이 있던 고치를 가기 위해 오카야마에서 출발한 기차로 세토나이카이를 건넜다. 가쓰라하마 해변에 우뚝 서 있는 료마 동상 앞에서 사진도 찍었고, 료마 기념관도 들어가 이것저것 기웃거리기도 했으며, 가쓰라하마 해변도 거닐어 보았다. 하지만 그뿐이었다. 6살 때 귀국한 재일 교포라 듣는 것은 당시까지 조금 남아 있어 가벼운 여행은 가능했지만, 일본어를 전혀 읽을 수 없으니 료마에 대한 궁금증은 더 이상 해결할 방도가 없었다. 낙담은 되었지만 본전 생각에 일본 100대 명산 중 하나인 쓰루기 산에도 올랐고, 나루토 해협의 엄청난 소용돌이 조류도 구경했으며, 료마가 지났을 법한 오보케 협곡 유람선도 탔다.

돌아와서 평범함 일상을 보내던 중 영어로 쓰여진 료마에 관한 저서가 있다는 사실을 알게 되었고, 그것이 바로 이 책의 원저『Sakamoto Ryōma and the Meiji Restoration』이었다. 아마존을 통해 중고 책을 구입한 후 무턱대고 읽었다. 하지만 영어로 된 책이라 눈만 지나갈 뿐 머리에 남는 것이 전혀 없었다. 그러던 중 2010년 가을 서울대학교 지리교육과 대학원생들에게 '지도의 기능과 상징'에 대해 특강을 한 후 뒤풀이 자리에 참석했다. 당시 NHK에서 한창 방영되고 있던 터라 '료마전' 이야기를 꺼냈으나 모두들 묵묵부

답. '역시 쓸데없는 데 관심을 가졌군' 하면서 화제를 돌리려는 찰나, 한 대학원생이 내 이야기를 받아 대화를 이어 가기 시작했다. 그 대학원생이 바로 이 책의 공동 역자인 이동민 박사이다. 좌중을 무시하고 둘이서 한참 동안 열을 올리며 료마에 대해 이야기했고, 별다른 약속 없이 헤어졌다. 그 후 6개월이 지난 어느 날 그 대학원생이 전화를 걸어 와 자신과 함께 그 책을 번역하면 어떻겠느냐고 제안하여 즉각 수락했다. 번역 과정에 여러 난관이 있었음은 주지의 사실이다. 우여곡절 끝에 잰슨 교수의 미망인으로부터 번역 저작권도 확보할 수 있었다. 어쩌면 푸른길 김선기 사장의 믿음과 도움이 없었다면 이런 난관에 굴복해 아마 한 발짝도 나아가지 못했을 것이다. 진심으로 감사드린다.

번역 막바지에 접어들어 일본어판에도 없는 참고문헌과 각주를 해결해야 하는 문제는 역자를 아주 당혹스럽게 했지만, 편집 책임자인 김란 씨의 도움으로 슬기롭게 헤쳐 나갔다. 그녀의 꼼꼼한 편집 솜씨는 이 책 번역자들의 수준을 훨씬 넘어섬을 밝혀 둔다. 책을 내면서 이런 말을 하는 것이 의례적인 것으로 들릴 수 있겠지만, 정말 여러 사람들의 도움이 없었다면 이 책은 결코 빛을 보지 못했을 것이다. 이제 여러 분에게 감사의 마음을 전하고 싶다. 우선 2009년 고치 여행에 동행해 주신 신라대 김성환 교수님, 2010년 이동민 박사를 만날 수 있게 나를 특강 연사로 초청해 주신 서울대 이상일 교수님, 2012년 6개월간 일본어를 가르쳐 주신 이영옥 선생님, 마지막 참고

문헌 정리 때 도움을 주신 부산대 홍성화 교수님, 그리고 제대로 정리되지 않은 로마 이야기를 늘 귀담아 들어주신 부산대 정인철 교수를 비롯한 주변 모든 친구들에게 감사드린다.

　지금까지 제법 많은 책을 번역했다. 하지만 나이도 있고 해서 이 책이 마지막 번역 책이라는 생각으로 이번 번역에 임했다. 혹시 이 책으로 받을 찬사가 있다면, 그건 빠듯한 수입에도 짜증내지 않고 매일 아침 8시면 뒤도 돌아보지 않고 출근하는 가장을 성원해 준 가족의 몫이다. 늘 애처로운 마음으로 지켜봐 준 노모, 아내, 큰애와 작은애, 그리고 올 초 식구가 된 며느리에게 고맙다는 말을 전하고 싶다. 이제 마지막으로 이동민 박사에게 감사드린다. 이 책이 나오는데 이동민 박사의 노력이 절대적이었음을 밝혀 둔다. 다만 나이가 많다는 이유로, 성이 가나다 순서로 앞이라는 이유로, 역자 이름에서 내 이름이 이동민 박사의 이름보다 앞서 있을 뿐이다. 이마저 허락해 준 이동민 박사에게 이 글을 빌려 진심으로 고맙다는 말을 전한다.

　다시 읽어 보니 부족한 점이 너무 많다. 앞서 밝힌 모든 분들로부터 크나큰 도움을 받았지만, 이 책에서 만날 수 있는 모든 실수는 역자들의 책임임을 다시 한 번 말씀드린다.

2014년 1월

역자를 대표해서 손일 씀.

Sakamoto Ryōma and the Meiji Restoration

부록

연표

연도	일본	도사 번	사카모토 료마
1853	페리 제독 기항.	야마우치 요도 실각.	검술 수련을 위해 에도 유학. 페리 제독의 기항으로, 특별 소집된 부대에 입대함.
1854	나가사키에서 네덜란드 분견대가 항해술 훈련을 시작, 가쓰 린타로 등이 이 훈련을 받게 됨.	요시다 도요가 번정의 주도권을 잡아, 경제 및 군사 분야의 개혁을 추진함. 민병 부대(민페이타이) 창설.	
1856	타운센드 해리스, 통상 조약 체결을 위해 일본을 방문함.	다케치 즈이잔, 에도로 향함.	다케치 즈이잔의 영향으로, 재차 에도로 향함.
1857	반쇼시라베쇼 개국.	다케치 즈이잔, 도사로 귀향.	도사로 귀향.
1858	이이 나오스케, 다이로에 임명됨. 쇼군 직은 히토쓰바시 게이키가 아닌, 도쿠가와 이에모치가 계승함. 반대파 지사, 다이묘, 구게 들에 대한 숙청 시작됨.	미토 번 사절단, 도사 번 근왕파와의 접촉 시도함.	미토 번 사절단과의 접촉을 위해 번경(藩境)으로 파견됨.
1859		야마우치 요도, 가택 연금에 처해짐.	
1860	오구리 다다마사, 가쓰 린타로, 후쿠자와 유키치 등을 구성원으로 한 보빙사절단을 미국으로 파견함. 미일수호통상조약 발효됨. • 3월: 미토·사쓰마 번 지사들이 이이 나오스케 암살에 성공, 근왕파 시대가 시작됨. • 8월: 도쿠가와 나리아키의 사후, 미토 번은 분열됨.	도사 번 출신, 보빙사절단에 선발됨. 요시다 도요, 번정 개혁을 추진, 동시에 법전인 「해남정전」을 편찬함. • 8월: 야마우치 요도에 대한 연금 조치가 어느 정도 완화됨.	
1861	조슈 번, 나가이 우타가 내놓은 조정과 막부 사이의 조율(공무합체론) 노선을 채택함. 가즈노미야 황녀, 쇼군과 혼인함.	다케치 즈이잔, 검술가로서 명망을 얻고 근왕파 내부에서의 명성도 높아짐. • 10월: 다케치 즈이잔, 도사 근왕당 조직함.	다케치 즈이잔의 보좌역을 맡아, 사절로 활동함. 사카모토 료마·나카오카 신타로, 도사 근왕당 입당.

연도	일본	도사 번	사카모토 료마
1862	• 2월: 안도 노부마사 습격, 실패로 돌아감. • 4월: 시마즈 히사미쓰, 조슈에 대한 조정의 지지를 이끌어 낼 목적으로 교토로 향함. • 5월: 시마즈 히사미쓰, 데라다야의 낭인들을 습격하여 해산시킴. • 7월: 오하라−시마즈 사절단, 에도로 향함. 사절단이 임무를 마치고 귀환하던 시기에, 나마무기 사건이 일어남. 막부의 권력 구조는 마쓰다이라 슌가쿠와 히토쓰바시 게이키를 중심으로 개편되고, 산킨고타이 제도가 완화됨.	다케치 즈이잔, 요시다 도요 설득에 실패함. • 5월: 요시다 도요 암살당함. 야마우치 요도, 사면받음. • 7월: 근왕주의자들이 야마우치 도요노리를 수행하여 고토로 향함(9월 도착). • 11월: 산조−아네노코지 사절단(야마우치 도요노리 수행), 에도로 출발(12월 도착).	• 4월: 료마, 탈번함. • 11월: 가쓰 린타로 암살을 시도했으나, 역으로 그에게 설득되어 전향함.
1863	쇼군, 첫 번째 교토 방문. • 6월: 조슈 번, 시모노세키에서 외국 선박에 발포. • 7월: 조슈 세력, 교토에서 완전한 우위를 점함. 아네노코지 긴토모 암살당함. • 8월: 영국 함대의 가고시마 포격. • 9월: 사쓰마 번−아이즈 번이 주도한 정변으로 조슈 세력은 교토에서 축출됨. 산조 사네토미 등의 구게들은 조슈로 망명. 야마토·이쿠노 지역, 봉기 발생. 쇼군, 두 번째 교토 방문.	• 2월: 야마우치 요도, 교토에서 에도로 돌아옴. • 5월: 야마우치 요도의 도사 귀향. 근왕파 탄압 시작. • 7월: 마자키 소로·히라이 슈지로·히로세 겐타, 할복함. 나카오카 신타로 탈번. 도사 출신 낭인들이 조슈 등지에서 두각을 나타냄.	가쓰 린타로의 중재로 번으로부터 사면받음. 효고 해군조련소 설립됨. • 12월: 료마, 효고 해군조련소의 조교로 임명됨.
1864	• 8월: 교토에서 조슈 번 세력 제거당함. • 9월: 서양 선박들이 시모노세키에 포격을 가함. • 11월: 가쓰 린타로, 해군부교직에서 해임됨.	• 8월: 고토 쇼지로, 야마우치 요도의 최측근 관료로 발탁됨. 새로운 개혁안 실시됨. 노네야마에서 근왕파 봉기가 일어났으나, 실패로 끝남.	가쓰 린타로와 오쿠보 이치오를 통해 쇼군 퇴진 계획을 전해 들음. • 11월: 가쓰 린타로 해임됨. 료마, 사쓰마 번 보호를 받게 됨.

연도	일본	도사 번	사카모토 료마
	• 12월: 막부, 조슈 번을 '조정의 적'으로 간주, 조슈 토벌을 개시함. 사이고 다카모리, 이에 대한 중재안을 제시함. 가토 시쇼는 할복함.		
1865	망명 구게들, 다자이후로 거처를 옮김. 조슈 번, 근왕주의자들이 봉기를 일으켜, 번정을 장악함. • 6월: 막부 내 보수파 인사들, 제2차 조슈 정벌을 결의함. 막부 측, 레옹 로슈의 협조 아래 프랑스의 원조안을 구상해 냄. 해리 파크스, 일본 주재 영국 공사로 부임함.	가이세이칸 개관. 나가사키와의 교역 계획 이루어짐. 다케치 즈이잔, 할복함.	사쓰마와 조슈 두 번에 무기를 공급할 목적으로, 가이엔타이의 모체가 되는 상회가 창립됨. 료마, 시모노세키행. • 12월: 유니언호 및 조슈 번에 공급할 무기 구입.
1866	• 2월: 프랑스와의 통상 협정 체결됨. • 3월 7일: 삿초동맹이 비밀리에 체결됨. 영국 정책을 다룬 새토의 책자가 출현함. • 7월: 막부 측, 조슈 침공이 참패로 끝남. • 8월: 쇼군 이에모치 서거.	도사 번 지도부, 근왕주의자의 가치를 새로이 인식함에 따라 사사키 다카유키를 다자이후에 파견함. • 9월: 고토 쇼지로, 나가사키를 거쳐 중국 상하이로 향함.	• 3월 7일: 료마, 삿초동맹 체결을 위해 조력함. 데라다야 사건 발발. 료마는 목숨을 건짐. 가고시마에서 신혼여행 후, 막부와의 전쟁에 참전하기 위해 시모노세키로 돌아옴.
1867	히토쓰바시 게이키(도쿠가와 요시노부), 신임 쇼군으로 취임함. 프랑스 공사 레옹 로슈의 자문 하에 적극적인 개혁안이 실시됨. • 6월: 효고항 개항과 조슈 번의 처벌 문제로, 사쓰마, 도사, 우와지마, 후쿠이 번주로 구성된 제후회의가 쇼군 주재로 열림.	도사 번, 사카모토 료마와 나카오카 신타로에 대한 공식적 지원을 결정함. 이로하마루 사건 해결을 위한 교섭이 이루어짐. 이와사키 야타로, 고토 쇼지로의 후임으로 도사 번의 나가사키 주재소 대표가 됨. 삿초동맹 체결. 이카루스호 사건 발발, 막부 타	료마, 가이엔타이 대장으로 취임. • 7월: 선중팔책 작성. • 8월: 이카루스호 사건 발발. • 11월: 료마, 교토에 당도함.

연도	일본	도사 번	사카모토 료마
	• 11월 9일: 게이키, 쇼군직 복귀에 대한 청원서를 조정에 제출함.	도를 위한 거병이 연기됨. • 9월: 야마우치 요도, 쇼군 게이키의 퇴진을 권고하는 건의서 주청을 결심함. • 10월 28일: 게이키 퇴진 건의서 주청됨.	• 12월 10일: 나카오카 신타로와 함께 교토에서 암살당함.
1868	• 1월: 교토에서 정변 발발, 반막부 세력 연합군이 교토를 점거하고 막부 측 세력을 축출함. '유신' 선포됨. • 1월 27일: 게이키, 교토 재입성 시도. 도바 후시미 전투 발발, 보신전쟁의 도화선이 됨. • 4월: '5개조 어서문' 발표. 이는 사카모토 료마가 기초한 도사 번의 8개조 강령 원칙을 재확인한 선언이기도 했음. • 9월: 에도, 도쿄로 개칭, 일본의 새 수도가 됨.	도사 번 군대, 시코쿠의 다카마쓰와 마쓰야마를 점령한 다음, 북상하여 와카마쓰 성 전투 등에 참전함. 사카이에서 일어난 프랑스 인들 공격 사건은 대외적인 위기로 비화됨. 노네야마에서 희생된 근왕파 지사들의 위령 행사 열림.	
1869	일본 내 각 번은 조정에 반환되고, 번주들은 번의 지사에 임명됨. 홋카이도를 근거지로 한 막부 잔당 세력의 저항이 종료됨.	무사 계급의 신분 체계에 변화가 이루어짐.	
1870		이타가키 다이스케·후쿠오카 고테이, 신분 차별 철폐를 내용으로 하는 정책 실시.	
1871	폐번치현.	의회 제도를 위한 실험적인 시도들이 이루어짐.	

참고문헌

1. 서양서

Affairs Etrangères: Documents Diplomatiques(Paris: Imprimérie Imperiale, 1867).

Alcock, Sir Rutherford, *The Capital of the Tycoon: A Narrative of a Three Year's Residence in Japan*, 2 Vols.(New York, 1863).

Asakawa, K., *The Documents of Iriki*, 2nd ed.(Tokyo, 1955).

Beasley, W. G., *Great Britain and the Opening of Japan*(London, 1951).

_____, *Select Documents on Japanese Foreign Policy*, 1853-1868(London, 1955).

Bellah, Robert N., *Tokugawa Religion: The Values of Pre-industrial Japan*, Ill(Glencoe, 1957).

Byas, Hugh, *Government by Assassination*(New York, 1942).

Courant, Maurice, *Ōkubo*(Paris, 1904).

de Bary, W. Theodore, and Tsunoda, R., eds., *Sources of the Japanese Tradition*(New York, 1958).

Doeff, H., *Herinneringen uit Japan*(Haarlem, 1833).

Dore, R. P., *City Life in Japan*(London, 1958).

Fukuzawa Yukichi, *The Autobiography of Fukuzawa Yukichi*, tr. Eiichi Kyooka(Tokyo, 1948).

Griffis, W., *The Mikado's Empire* 1(New York, 187).

Hall, John W., *Tanuma Okitsugu(1719-1788): Forerunner of Modern Japan*(Havard, 1955).

Harrison, John, *Japan's Nothern Frontier*(Gaineswille, 1955).

Ike, Nobutaka, *The Beginnings of Political Democracy in Japan*(Baltimore, 1950).

Ishii Ryosuke, *Japanese Legislation in the Meiji Era*, tr. W. J. Chambliss(Tokyo, 1958).

Jansen, Marius B., *The Japanese and Sun Yat-sen*(Cambridge, 1954).

Meijlan, G. F., *Japan: Voorgesteld in schetsen over de zeden en gebruiken van dat ryk, byzonder over den Ingezetenen der stad Nagasaky*(Amsterdam, 1830).

Mushakoji Saneatsu, *Great Saigō*, tr. Sakamoto Moriaki(Tokyo, 1942).

Norman, E. H., *Japan's Emergence as a Modern State*(New York, 1940).

_____, *Soldier and Peasant in Japan: The Origins of Conscription*(New York, 1943).

_____, *Feudal Background of Modern Japanese Politics*, mimeographed(New York, 1945).

Redesdale, Lord(Hugh Mitford), *Memories by Lord Redesdale*, 2 vols.(New York, n.d.).

Sansom, George B., *The Western World and Japan*(New York, 1950).

Satow Sir Ernest, *A Diplomat in Japan*(Philadelphia, 1921).

Smith, Thomas C., *The Agrarian Origins of Modern Japan*(Stanford, 1959).

Takekoshi, Yosaburo, *The Economic Aspects of the History of the Civilization of Japan*, 3 vols.(London, 1930).

Teng, Ssu-yü, and Fairbank, John K., *China's Response to the West*(Havard, 1954).

Tsudzuki, K., *An Episode from the Life of Count Inouye*(Tokyo, 1912).

van der Chijs, J. A., *Neerlands Streven tot Openstelling van Japan voor den Wereldhandel* (Amsterdam, 1867).

van Meerdervoort, J. L. C. Pompe, *Vijf Jaren in Japan(1857-1863)*, 2 vols.(Leiden, 1868).

Warriner, Emily V., *Voyager to Destiny: the Amazing Adventures of Manjiro, the Man Who Changed Worlds Twice*(Indianapolis, 1956).

Wilson, Robert, *Genesis of the Meiji Government in Japan, 1868-1871*(Univ. of Calif. Press, Berkeley, 1957).

2. 일본서

阿部道山, 『海軍の先驅者: 小栗上野介正傳』(東京, 1941).

日本經濟史硏究所(編), 『幕末經濟史硏究』(東京, 1935).

千頭淸臣, 『坂本龍馬』(東京, 1914).

『大日本維新史料』, 第3部, 4卷, 7卷(東京, 1940).

東京帝國大學(編), 『大日本古文書: 幕末外國關係文書』, 18卷(東京, 1925).

大西鄕全集刊行会(編), 『大西鄕全集』, 3冊(東京, 1926).

福島成行, 『吉田東洋』(東京, 1927).

五代龍作(編), 『五代友厚傳』(東京, 1936).

五代友厚刊行会(編), 『五代友厚秘史』(大阪, 1960).

春山育次郎, 『平野國臣傳』(東京, 1933).

『藩制一覽』(東京, 1928-1929).

土方久元, 『回天實記』(東京, 1900).

平尾道雄, 『容堂公記傳』(東京, 1941).

平尾道雄, 『吉村虎太郎』(東京, 1941).

平尾道雄, 『海援隊始末記』(東京, 1941).

平尾道雄, 『陸援隊始末記』(東京, 1942).

平尾道雄, 『維新遺文選書: 坂本龍馬, 中岡慎太郎』(東京, 1943).

平尾道雄, 『武市瑞山と土佐勤王党』(東京, 1943).

平尾道雄, 『高知藩經濟史』(高知, 1953).

平尾道雄, 『土佐農民一揆史考』(高知, 1953).

平尾道雄, 『土佐藩漁業経済史』(高知, 1955).

平尾道雄, 『長岡村史』(高知, 1955).

平尾道雄,『立志社と民権運動』(高知, 1955).

平尾道雄,『土佐藩經濟史研究』(高知, 1956).

平尾道雄,『土佐藩工業経済史』(高知, 1957).

平尾道雄,『維新経済史の研究』(高知, 1959).

本庄栄治郎,『幕末の新政策』(東京, 1935).

家永三郎,『革命思想の先驅者』(東京, 1955).

菴原鈊次郎, 木村知治,『土方伯』(東京, 1914).

入交好脩,『徳川幕藩制の構造と解体』(東京, 1957).

石井孝,『明治維新の国際的環境』(東京, 1957).

岩崎英重(編),『維新日乘纂輯』(東京, 1926).

維新史料編纂事務局(刊),『維新史』(東京, 1939−1941).

瑞山会(編),『維新土佐勤王史』(東京, 1911).

岩井良太郎,『三菱コンツェルン讀本』(東京, 1937).

大塚武松(編),『岩倉具視關係文書』(東京, 1925−1933).

『人傑 坂本龍馬傳』(大阪, 1926).

『鹿児島縣史』(鹿兒島, 1939−1943).

勝海舟(麟太郎),『海舟全集』(東京, 1929).

勝田孫彌,『大久保利通傳』(東京, 1911).

吉川秀造,『士族受産の研究』(東京, 1942).

近世村落研究会,『近世村落自治史料集 2巻: 土佐の國地方史料』(東京, 1956).

高知地方史研究会,『高知歴史年表』(高知, 1958).

高知県(編),『高知県農地改革史』(高知, 1952).

『高知縣史料』(大阪, 1924).

高知市史編纂委員会,『高知市史』(高知, 1958).

幸田成友,『大鹽平八郎』(東京, 1910).

児玉幸多,『近世農民生活史』(東京, 1957).

熊澤一衞,『青山餘影: 田中光顕伯小傳』(東京, 1924).

呉秀三,『シーボルト先生: 其生涯及功業』(東京, 1926).

栗原亮一, 宇田友猪,『板垣退助君伝』(東京, 1893).

葛生能久,『東亜先覚志士記伝』(東京, 1933−1936).

松好貞夫,『新田の研究』(東京, 1936).

松好貞夫,『土佐藩經濟史研究』(東京, 1930).

松澤卓郎,『萬葉と鹿持雅澄の生涯』(東京, 1943).

三上參次,『江戸時代史』(東京, 1943−1944).

三岡丈夫,『由利公正傳』(東京, 1916).

中濱東一郎, 『中濱萬次郎傳』(東京, 1936).

中村町役場, 『中村町史』(高知, 1950).

奈良本辰也, 『近世封建社會史論』(東京, 1948).

沼田次郎, 『幕末洋学史』(東京, 1950).

尾形裕康, 『鹿持雅澄』(東京, 1944).

大町桂月, 『伯爵後藤象二郎』(東京, 1914).

尾佐竹猛, 『明治維新』(東京, 1942-1948).

尾崎卓爾, 『中岡愼太郎』(東京, 1926).

岩崎英重(編), 『坂本龍馬關係文書』(東京, 1926).

坂崎斌, 『鯨海酔侯』(東京, 1902).

岩崎英重(編), 『三條實萬手録』(東京, 1925).

佐佐木高行, 『勤王秘史: 佐佐木老侯昔日談』(東京, 1915).

關順也, 『藩政改革と明治維新』(東京, 1956).

澁澤榮一(編), 『徳川慶喜公傳』(東京, 1916).

史學会(編), 『明治維新史研究』(東京, 1930).

司書會(編), 『加藤司書傳』(福岡, 1933).

多田好問, 『岩倉公實記』(東京, 1927).

早川純三郎(編), 『武市瑞山關係文書』(東京, 1916).

田中惣五郎, 『岩崎彌太郎傳』(東京, 1940).

島内登志衛(編), 『谷干城遺稿』(東京, 1912).

寺石正路, 『土佐偉人傳』(高知, 1914).

寺石正路, 『續土佐偉人傳』(高知, 1923).

徳富猪一郎, 『岩倉具視公』(東京, 1932).

徳富猪一郎(編), 『公爵山縣有朋傳』(東京, 1933).

徳富猪一郎, 『土佐の勤王』(東京, 1929).

友厚会(編), 『近代之偉人故五代友厚傳』(東京, 1921).

『土佐藩郷土調査書』(土佐資料叢書, 高知, 1958).

遠山茂樹, 『明治維新』(東京, 1951).

植木枝盛, 『無天雑録』(森下菅根(編), 高知, 1957).

山崎正董, 『横井小楠傳』(東京, 1942).

大塚武松(編), 『吉田東洋遺稿』(東京, 1929).

栗島山之助(編), 『大日本人名辞典』(東京, 1916).

3. 서양어 논문 및 문헌 자료

Beasley, W. G., "Councillors of Samurai Origin in the Early Meiji Government 1868-9", *Bulletin of the School of Oriental and African Studie*s, XXX(University of London, 1957).

Brown, Sidney, "Kido Takayoshi and the Meiji Restoration: A Political Biography, 1835-1877", unpublished doctoral dissertation(University of Wisconsin, 1952).

_____, "Kido Takayoshi, Japan's Cautious Revolutionary", *Pacific Historical Review,* XXV, 2 (1956).

Cody, Cecil E., "A Study of the Career of Itagaki Taisuke(1837-1919), A Leader of the Democratic Movement in Meiji Japan", unpublished doctoral dissertation(University of Washington, 1955).

Craig, Albert, "Choshūin the Meiji Restoration", unpublished doctoral dissertation(Havard University, 1959).

_____, "The Restoration Movement in Chōshū", *Journal of Asian Studies*, XVIII, 2(1959).

Fukuzawa Yukichi, "Kyūhanjō", tr. Carmen Blacker, *Monumenta NIpponica*(Tokyo, 1953).

Goodman, Grant K., "The Dutch Impact on Japan(1640-1853)", unpublished doctoral dissertation (University of Michigan, 1955).

Grinnan, R. B., "Feudal Land Tenure in Tosa", *Transactions of the Asiatic Society of Japan*, XX, 2(1893).

Hackett, Roger F., "Yamagata Aritomo: A Political Biography", unpublished doctoral dissertation (Havard University, 1955).

_____, "Nishi Amane-A Tokugawa-Meiji Bureaucrat", *Journal of Asian Studies*, XVIII, 2(1959).

Hall, John W., "Bakuhu and Chōnin", Occasional Papers, Michigan Center for Japanese Studies, 1(1951).

Henderson, Dan F., "Patterns and Persistence of Traditional Procedure in Japanese Law", unpublished doctoral dissertation(University of California, 1955).

Hiraga Noburu, "Tosa in the Meiji Restoration", unpublished M.A. thesis(University of Washington, 1955).

Honjo, Eijiro, "Leon Roches and Administrative Reform in the Closing Years of the Tokugawa Regime", *Kyoyo University Economic Review*(Kyoto, 1935).

_____, "The Views of Various Hans on the Opening of the Country", *Kyoto University Economic Review*, XI, 2(1936).

Jansen, Marius B., "New Materials for the Intellectual History of 19th Century Japan", *Havard Journal of Asiatic Studies*(1957).

_____, "Takechi Zuizan and the Tosa Loyalist Party," *Journal of Asian Studies*, XVIII, 2(1959).

Naff, William E., "The Origins of the Satsuma Rebellion", unpublished M.A. thesis(University of Washington, 1959).

Sakai, Robert K., "Feudal Society and Modern Leadership in Satsuma-han", *The Journal of Asian Studies*, XVI, 3(1957).

Sakata Yoshio, "An Interpretation of the Meiji Reformation", Silver Jubilee Volume, Zinbun Kagaku Kenkyusho(Kyoto, 1954).

Smith, Thomas C., "The Japanese Village in the 17th Century", *Journal of Economic History*, XII, 1(1952).

_____, "Landlords and Rural Capitalists in the Modernization of Japan", *Journal of Economic History*, XVI, 2(1956).

_____, "The Land Tax in the Tokugawa Period", *Journal of Asian Studies*, XVIII, 1(1958).

Tsukahira, Toshio, "The Sankin-Kōtai System of Tokugawa Japan", unpublished doctoral dissertation(Havard University, 1951).

Webb, Hershel F., "The Mito Theory of the State", *Research in the Social Sciences on Japan*, Columbia University East Asian Institute Studies, no. 4, ed. John E. Lane(New York, 1957).

Yutani, Eiji, "Ueki Emori: Tradition and Change in Meiji Japan", unpublished M.A. thesis (University of Washington, 1960).

4. 일본어 논문 및 문헌 자료

江頭恒治, "幕末における高知藩の新政策", 『幕末經濟史研究』(東京, 1925).

原平三, "天誅組擧兵始末考", 土佐史談 62(1938), 63(1938).

平尾道雄, "幕末浪人と其の保護及び統制", 『明治維新史研究』(史學會(編), 東京, 1930).

平尾道雄, "後藤象二郎の長崎上海出張と其の使命", 『土佐史談』, 52(1935).

平尾道雄, "高知藩民兵制度", 『土佐史談』, 35(1931).

平尾道雄, "高知市の今昔", 高知建築史會 發行(n.d.).

平尾道雄, "溝淵廣之丞", 『土佐史談』, 29(1929).

平尾道雄, "天保 '膽組' 始末", 『土佐史談』, 36(1931).

本庄栄治郎, "レオン・ロッシュと幕末の庶政改革", 『幕末の新政策』(東京, 1935).

池田敬正, "天保改革論の再檢討: 土佐藩を中心に就いて", 『日本史研究』, 205(1957).

池田敬正, "藩政改革と明治維新: 高知藩", 『社會經濟史學』, 212(1957).

池田敬正, "土佐藩における安政改革と其の反對派", 『歷史學研究』, 222(1929).

入交好脩, "土佐藩町人郷士'の改正に關する一資料", 『社會科學討究』, 1(1956).

石井孝, "佐藤眞圓 學說 實踐の企圖", 『歷史學研究』, 222(1958).

永見德太郎, "長崎時代の坂本龍馬", 『土佐史談』, 29(1929).

沼田頼輔, "土州藩の大政奉還運動と其後の行動", 『明治維新史研究』, 222(史學会(編), 1958).

沼田頼輔, "土佐穀高考", 『歴史地理』, 28(1)(1916).

大塚武松, "仏国公使 レオン・ロッシュの政策行動に就いて", 『史學雜誌』, 46(1935).

小關豊吉, "漢文の解體について", 『土佐史談』, 24(1928).

坂田吉雄, "明治維新と天保改革", 『人文學報』, 2(1952).

新村出, "蘭書訳局の創設", 『史林』, 1(3)(1916).

塩見薫, "坂本龍馬の元治元年-薩摩藩への結びつきを中心に-", 『日本歴史』, 108(1957).

塩見薫, "坂本竜馬語録とつたえられる「英将秘訣」について", 『歴史学研究』, 208(1957).

塩見薫, "才谷屋のことなど", 『寧楽史苑』, 8(1960).

竹崎五郎, "坂本龍馬先生系圖", 『土佐史談』, 76(1941).

遠山茂樹, 原平三, "江戸時代後期一揆覚書", 『歴史學研究』, 127(1947).

참고문헌에 대한 첨언

이 책에서 참조한 문헌 자료의 서지 정보는 참고문헌 목록에 수록하였고, 본문에서 구체적으로 인용한 부분은 주석을 달아 미주 처리하였다. 본문에서 인용된 횟수는 이 책에서 해당 문헌이 차지하는 비중과 어느 정도 일치한다. 다음에 이어질 참고문헌 및 자료에 관한 논의들은 어떤 절대적이거나 완벽한 논리를 제공하지는 않는다. 하지만 필자는 이를 통하여 에도 시대 초기의 도사 번, 유신 지사, 고치 현의 향토사에 관한 자료들이 일본사를 연구하는 데 어떤 중요성을 가지고 있는가, 그리고 메이지 유신과 관련된 향후 연구에 어떻게 활용될 수 있는가에 대한 한층 폭넓은 이해를 제공할 수 있다고 믿는다.

1. 도사 번의 역사와 관련된 문헌 자료

오늘날 에도 시대 도사 번의 역사를 기록한 가장 중요한 문서로 인정받는 자료는 도사 번주 야마우치 가문에 대대로 전해 오는 기록물들이다. 도사 번의 경우 동시대의 다른 번과 비교했을 때 압도적일 정도로 많은 수의 기록물이 전해져 오며, 이 자료들에는 번의 재정, 행정, 토지 대장 목록, 의례, 가신들의 가사사, 조정과 번의 연대기 등에 관한 내용이 상세하게 기록되어 있다. 이는 에도 시대의 관료제가 사회 전반에 걸쳐 어느 정도로 성숙했는지를 보여 주는 생생한 자료이다[오카야마 번의 문서는 이와 관련된 구체적인 사례를 수록하고 있다. 해당 문서에 대해서는 다음 문헌을 참조할 것. John W. Hall, "Materials for the Study of Local History in Japan: Pre-Meiji Daimyō Records", *Havard Journal of Asiatic Studies*, 20(1957), pp.1-2]. 제1차 세계대전 이후, 야마우치 가문의 문서들은 후손들이 세운 도쿄의 家史編纂所로 이관되었다. 누마타 라이스케(沼田賴輔), 후쿠시마 나리유키(福島成行), 히라오 미치오(平尾道雄), 이 세 사람의 역사학자들이 이 문서들을 분류하고 편집하는 업무를 담당했다. 이들은 『大日本史料』를 참고로 그 역사 기술 및 편찬 방식에 입각하여, 야마우치 가문의 기록을 시기별로 분류하는 작업에 착수했다. 1945년에 이르러 이들의 노력은 수백 권에 달하는 원고의 형태로 결실을 맺는 듯했지만, 이 중 상당수는 때마침 일어난 도쿄 대화재로 잿더미가 되고 말았다. 고치 현에 거주하는 후손들의 자택에 보관되어 있던 문헌들은 화마를 피할 수 있었지만, 고치현립도서관에 소장되어 있던 자료들은 1945년 7월 4일에 일어난 화재로 소실되었다. 제2차 세계대전의 화마는 오카야마 번뿐만 아니라 가나자와 현(옛 가가 번), 야마구치 현(옛 조슈 번)에 대한 충실한 문헌 조사의 가능성을 박탈한 재난이기도 했다.

그럼에도 불구하고 도사 번의 역사를 기록한 자료의 양적·질적 깊이는 놀라울 정도의 수준을 보여 준다. 19세기 초반의 사실을 기록한 문헌과 1865~1871년간의 사실을 기록한『山內豊範記』는 오늘날까지 전해져 내려오며, 이 중 후자는 유명한 일본사 사료인『島津久光公實記』의 편찬 방식을 따르고 있다. 나가사키를 통해 이루어진 번 무역에 관한 문헌들도 오늘날까지 전해져 오며, 이 문헌들에는 계약서 및 구체적인 거래 내용까지 수록되어 있다. 현존하는 자료 중에서 가장 시기가 앞선 것은 1590년 이루어진 토지 측량 자료이다. 이 자료 속에는 놀랍게도 368권에 달하는 모든 문서들이 온전히 전해져 오고 있다. 유례를 찾아보기 힘든 이 문서에는 16세기 말 도사의 토지 구획 배정 현황이 상세히 기록되어 있으며, 동시대에 작성된 이러한 문서 중에서 자연재해나 화재, 관리 소홀로 인한 부패 등을 피해 살아남은 것은 이 자료를 포함하여 일본 전역에 2~3종밖에 존재하지 않는다. 이 문서는 히라오 미치오 선생이 고치현립도서관의 도움을 얻어 평역 중에 있다. 1960년 현재 도사, 나가오카, 아키 지역에 관한 부분이 5권의 책으로 출간되었다.

아직까지 많은 역사학자들의 본격적인 주목을 받고 있는 것은 아니지만, 에도 시대에 편찬된 주요 간행물 중 상당수는 오늘날에도 남아 있다. 이 자료들은 추후 연구의 진행에 많은 도움을 줄 것으로 확신한다. 몇몇 역사학자들은, 이들 자료의 존재 및 편찬 방식이 에도 시대 문학과 학문 발전에 대한 더욱 심층적인 통찰을 제공할 것이라는 주장을 펴기도 했다.

그중에서 대표적인 자료로는『난로시(南路志)』를 꼽을 수 있다. 이는 호상이었던 무토 무네자키(武藤致和, 1741~1813)가 아들의 도움을 받아 편찬한 일본 남부 지방의 역사책이다. 무토 가문은 목재, 석회, 건조식품, 약재, 종이 거래에 관여했으며, 간척지를 소유하기도 했다. 당주는 쇼야 신분의 대우를 받았다. 이들은 모토오리 노리나가(本居宣長)가 제창한 신도 학파의 가르침을 받는, 교육 수준이 높은 집안이기도 했다. 고문헌과 유물에 관심이 많고 이를 파고들 수단도 갖추고 있던 무토가 당주는 도사 번의 역사책을 편찬하려는 계획을 세웠다. 그 결과물이 바로, 그가 조사한 자료들을 내용과 연대에 따라 구분하여 일본 전통 서적의 형태로 발간한 총 120권의 책들로 구성된 이 자료였다. 오늘날에는 총 2질의 완본이 전해져 오며, 그중 한 질은 도쿄대학교 사료편찬소에, 다른 한 질은 일본 국립국회도서관 우에노 분관에 소장되어 있다. 원본의 9권부터 33권까지는 도사 번 전체 취락의 역사와 지리를 망리하고 있으며, 이는 1960년 이래로 고치에서 출간되기도 했다. 이외에 비교적 짧고 중요도가 낮은 내용을 담은 4권의 증보판도 나와 있다.

두 번째 자료는 도사 번이 요시무라 슌포(1836~1881)의 협력을 얻어 발간한『土佐國

『羣書類從』이며, 이는 매우 다양하면서도 흥미로운 내용을 수록하고 있는 자료이기도 하다. 농부의 아들로 태어난 요시무라 슌포는, 본문에 언급했듯이 다케치 즈이잔의 백부이기도 한 가모치 마사즈미에게 일본의 전통 학문을 배웠다. 국수주의적이면서도 고색창연한 색채가 짙었던 국학의 영향은 학구적인 성격의 편찬으로 이어졌다. 요시무라 슌포는 20대에 쇼야가 되었고, 메이지 시대에 들어와 봉건제가 폐지될 때까지 자신의 신분을 유지했다. 그는 하나와 호키이치(1746~1822)가 편찬한 에도 시대의 유명한 『군쇼루이즈(羣書類從)』[과거 일본에서 편찬되었던 지지(地誌)의 한 종류 – 역주]의 구성과 접근 방식을 자료 편찬의 모범으로 삼았지만, 그 내용은 조소카베 가문과 야마우치 가문이 도사를 통치하던 시기로 한정했다. 『난로시』와 마찬가지로 총 307권으로 구성된 이 자료는 2질이 현존한다. 이 중 한 질은 도쿄대학교 사료편찬소에, 다른 한 질은 일본 국립국회도서관 우에노 분관에 소장되어 있다. 이 자료에서도 『長宗我部 百條目』(에도 시대 직전에 도사를 다스렸던 다이묘 조소카베 모토치카가 1597년 반포한 법령 – 역주) 등 특히 중요성이 높은 부분들은 『日本經濟大典』(54冊, 1928~1930), 『近世社會經濟叢書』(36冊, 1914~1917), 『近世村落自治史料: 土佐國地方史料』(東京, 1956)에 발췌 수록되기도 했다. 하지만 원문에 수록된 자료들은 아직 널리 보급되거나 참조되고 있지는 못한 실정이다. 원문은 예컨대 해당 시기에 일어난 농민 봉기와 같은 내용에 대해서도 거의 완벽하다시피 한 기록과 자료를 실제 문서와 함께 수록하고 있다. 수백에 달하는 가신 집안의 성쇠, 교육에 대한 논의, 불교 사찰의 등기, 각 지역의 지명, 미국에서 귀환한 나카하마 만지로에게 했던 질문 내용의 축약과 같은 자료들도 여기서 찾아볼 수 있다.

세 번째 자료는 『土佐史談』으로 학술적 중요성이 높은 사료이다. 이 문헌은 1945년 7월 4일 고치에 가해진 폭격으로 소실되었지만 전화의 와중에도 살아남은 일부 자료들은 재구성되었고, 이는 이 책에서도 인용된 바 있다. 『土佐史談』의 편찬은 고치 현청 주관으로 1912년에 시작되었으며, 앞의 두 책에 수록되지 않은 자료들까지 직접 조사하고 확인한 편찬자들의 뼈를 깎는 노력의 결과물이다. 편찬 작업은 1923년 완결되었고, 617개 항목을 수록했으며 오직 1부만 발간되었다. 이 책을 보관하고 있던 고치현립도서관이 전소된 뒤에는 1925년부터 1940년에 걸쳐 출간된 도서관 월보에 실린 여러 분석 글을 통해 이 책의 중요성을 짐작할 수 있었지만, 최근 들어서는 남아 있는 원본 자료 기록을 통한 복원을 시도한 도서관 직원들의 노력 덕분에 원본에 수록되어 있던 중요 부분들을 재구성할 수 있었다. 이 자료는 특히 에도 시대 말기의 문서 자료를 참조하는 데 효과적이다. 공적 · 행정적 분야의 자료들(예컨대 고치 시청 관련 문서, 촌장이나 지역 유지들을 대상으로 한 법규 등)을 대량으로 수록했기 때문에 부분적 복원 작업이라 할지라도 그 중요성은 상당하다.

마지막으로, 에도 시대 도사 번의 각종 법령을 망라한 자료인 『겐쇼보(憲章簿)』를 소개하고자 한다. 총 68책으로 구성된 이 문헌은 업무상의 필요 때문에 법령과 법규를 정리하는 작업을 시작했던 가네마쓰라는 하타 군 쇼야가 에도 시대 최후기에 편찬하였다. 전권이 온전히 남아 있는 원본은 교토대학교 경제학도서관에 한 질이 소장되어 있다. 고치대학교에도 원본이 소장되어 있기는 하지만 전권이 아니라 원래 분량의 3분의 1 정도만 남아 있다. 이 문헌은 역사적 중요성이 대단히 크지만, 이에 대한 학계의 관심은 매우 저조한 실정이다.

앞서 언급했듯이, 상술한 자료들에 수록된 내용 및 편찬 방식에 대해 살펴봄으로써 에도시대 도사 번에 대한 유용한 통찰을 얻을 수 있을 것으로 판단된다. 교육 수준이 높으면서도 그에 합당한 대우를 받지 못했던 다수의 무사 계급이 관료 집단에 편입되었다. 이를 통해 그들의 소득 수준이 증가하고 여가 시간이 보장되면서, 유교적 소양을 갖추고 있던 그들이 역사서 편찬과 같은 세련된 지적 작업에 힘을 쏟는 계기가 되었음을 어렵지 않게 추론할 수 있다. 하지만 여기서 살펴본 4종의 문헌 가운데 3종은 상인, 쇼야 신분을 얻은 농민, 그리고 쇼야에 의해 편찬된 저작물이다. 쇼야 동맹 운동 당시 제출된 탄원서에서 찾아볼 수 있는 전통에 대한 향수, 그리고 나카오카 신타로가 대표적으로 보여 주는 그들의 향학열은 형편이 조금 나은 서민들이 지녔던 그다지 깊지 못한 학문적 깊이의 지적 소양 정도로 치부될 수준의 것이 결단코 아니었음을 말해 준다. 사무라이들은 도대체 무엇을 하고 있었던가? 그들 중 적지 않은 인원이 그로부터 한 세기 전 덴포 개혁의 후폭풍 속에 소실되었던 공문서나 연대기 등을 복원하는 데 노력을 쏟고 있었던 것이다. 하지만 훨씬 많은 사무라이들은 관직을 통해 출세하기에 혈안이 되어 있었고, 그들은 과거의 사실을 기록하는 데 정열을 쏟는 성실한 기록자들을 업신여겼다. 짧은 견지에서 보았을 때 사무라이들과 그들의 행태는 제법 웅장해 보였을지 모르나, 이는 길게 지속되지 못했다. 19세기 일본이 과거의 낡은 허물을 그토록 성공적으로 벗어던질 수 있었던 비결에는 여러 해에 걸쳐 학식 높은 사람들에게 대가 없는 지원을 수행해 왔던 것도 들 수 있다.

2. 유신기

메이지 유신 시대의 역사를 기록한 문헌과 이에 관한 2차 자료는 풍부하게 존재하며, 따라서 이러한 자료들의 타당성을 검증하려면 필자가 쓰고 있는 이 글보다도 훨씬 많은 분량의 글을 써야 할지도 모른다. 이처럼 방대한 자료가 존재하는 까닭은 메이지 유신이 일본사에서 대단히 중심적인 위치를 차지하는 측면도 있다. 이 시기의 역사는 유신 이후 수십 년 동안 메이지 정부 지도자들의 애국심을 기록하는 데 주력한 관제 사학자들의 손이 들어갔다가, 이러한 시기가 지나고 나서는 진보적 · 저항적 정치 이념을 지향했던 사람들로부터 논박의 대상이 되었다. 이들에 따르면, 근대 일본의 '전제주의'를 수립했던 반혁명 정치 지도자들로 인해 일본의 '진보적' 발전이 정체되었다는 것이다.

역사학자들은 다년간에 걸쳐 그들의 역사적 위상을 메이지 유신 이후보다는 일본의 '근세', 즉 에도 시대의 역사적 맥락과 결부지어 접근해 왔다. 에도 시대는 관료 집단 또는 혈통적 정당성을 가진 집단이 아니고서야 왕정복고라는 대의를 위해 매진하기가 어려운 시대였다. 이러한 점에서 에도 막부의 실정 및 이를 바로잡는다는 대의에 초점을 맞춘 역사 인식이 주를 이루었다. 메이지 정부 또는 이 시대의 유력 정치가 가문에 매수되어 형성된 사관은 개인이나 특정 계급의 이해관계가 가져올 수 있었던 역사적 가능성에 무게를 두지 않았을 소지가 크다. 문부성의 지원으로 발간된 총 6권으로 이루어진 이 시대의 역사책『維新史』(1939~1941)]은 사쓰마 번, 조슈 번, 도사 번, 히젠 번 출신의 지사들과 유신 및 메이지 정부 지도자들에 대한 찬양을 주된 내용으로 담고 있다. 이러한 한계가 지적됨에도 불구하고 이 사료는 유신기라는 격동의 시기를 간명하면서도 상세하게 서술한 자료라는 점에서 사료로서의 가치는 결코 무시할 수 없다. 이 시기의 역사를 다룬 기념비적인 사료라고 할 수 있는 尾佐竹猛,『明治維新』(4冊, 東京, 1942~1949)은 한층 상세한 자료와 설명을 제공하고 있다. 메이지 시대 역사 연구의 선구자라고 할 수 있는 저자의 마지막 저작물인 이 사료는 저자의 평생에 걸친 연구 성과가 충분히 녹아든 역작이며, 『維新史』와 더불어 메이지 유신을 이해하는 데 반드시 참고해야 할 사료로서의 가치가 매우 높다.

『維新史料』(19冊, 1938~1942), 『幕末外交關係史料』(33冊, 1910~1959) 등 메이지 유신을 다룬 문헌 자료, 그리고 보신전쟁과 메이지 초기를 다룬 『復古記』(15冊, 1930~1931) 등의 문헌 자료가 편찬되었지만, 아직 나아가야 할 부분이 많이 남아 있다.

일본사적협회(日本史籍協會)가 보여 준 탁월한 실력과 노고에 대해서는 찬사를 금할 길이 없다. 이 협회에서 1915~1931년 사이에 발간한 186권의 출판물은 유신기를 이해하는 데 필수적인 서신, 일기, 기록물, 통계 자료 등의 문헌들을 대거 수록한 유익한 자료이다. 그 내용은 서구 세계를 처음으로 방문한 일본인이 받았던 인상("Records of the Period when the Barbarians Entered the Ports", *Ihi nyūkō roku*, 2 vols., 1930~1931), 조슈 번 기헤이타이 대원에 관한 기록(『奇兵隊日記』, 4冊, 1918), 에도 시대 말기 일본 각 번의 통계 자료들(『藩制一覽』, 2冊, 1928~1929; W. G. Beasley, "Feudal Revenue in Japan at the Time of the Meiji Restoraion", *Journal of Asian Studies*, XIX, 3, 1960)에 이르기까지 폭넓은 분야의 자료들을 망라하고 있다. 또한 각 진영의 구게, 관료, 활동가들에 대한 내용도 상세하게 다루어져 있다. 그중에서도 특히 사카모토 료마(『坂本龍馬關係文書』, 2冊, 1926),

다케치 즈이잔(『武市瑞山關係文書』, 2冊, 1916), 요시다 도요(『吉田東洋遺稿』, 1929)에 관한 자료들은 이 책을 집필하는 데 특히 중요하게 활용되었다. 다테 무네나리의 일기(『在京日記』, 1916)와 마쓰다이라 슌가쿠의 기록(『再夢紀事』, 12冊, 1920~1922) 또한 유익한 자료들이었다.

상술한 인물들은 필자가 이 책을 집필하기 전부터 이미 여러 전기 작가들의 많은 관심을 받아 온 터였으며, 특히 제2차 세계대전 이전에는 오늘날보다도 더욱 관심이 뜨거웠다. 사카모토 료마에 대한 전체적인 조망은 이미 이루어진 바 있으며(千頭淸臣, 『坂本龍馬』, 東京, 1914;『人傑 坂本龍馬傳』, 大阪, 1926), 히라오 미치오 교수도 그와 관련된 상세한 연구를 발표한 바 있다(『海援隊始末記』, 1941). 최근 들어서는 나라대학(奈良大學)의 시오미 가오루(塩見薫) 교수가 사카모토 료마의 삶에 대한 연구를 진행해 오고 있으며, 시오미 교수의 연구 자료는 필자에게도 적지 않은 도움을 주었다.

나카오카 신타로의 일기(전부가 아니라 몇몇 부분만 전해져 오기는 하지만)도 일본사적협회의 간행물에 수록되어 있다. 히라오 미치오 교수가 집필한 나카오카 신타로 전기(『陸援隊始末記』, 東京, 1942)와 오자키 다쿠지(尾崎卓爾)의 『中岡愼太郞』(1926)는 신타로의 편지를 수록한 문헌들이다. 한편 히라오 미치오 교수는 신타로의 편지를 통해 당시의 정치 상황을 분석한 적(『維新遺文選書: 坂本龍馬, 中岡愼太郞』, 東京, 1943)도 있다.

다카나시 고지(高梨光司)의 저서(『維新史籍解題: 伝記篇』, 東京, 1935)는 유신 관련 인물에 대한 방대한 내용을 담은 자료이다. 이 책에는 수록한 인물에 대한 비평도 나와 있으며, 1934년 이전에 발간된 관련 출판물에 대해서도 망라되어 있다. 1935년 이후에 발간된 서적이나 문헌 중에도 이 책보다 나은 것은 찾기 어려울 정도이다. 한편 고다이 도모아쓰(五代友厚)의 75주기를 기념하여 발간된 문헌(『五代友厚秘史』, 大阪, 1960)의 존재 또한 흥미로운 사실이다. 메이지 유신의 주역들치고 전기의 주인공이 되지 못한 경우는 찾아보기 어렵다. 실제 인물에 대한 전기문이 작성되면, 해당 인물의 품성이나 언행은 전기 작가의 손에 의해 균형 잡히고 모범적인 방향으로 재구성되는 경우가 많다. 이러한 전기들은 유신의 주역들을 에도 시대 봉건적 잔재를 완전히 일소하려는 신념과 확신에 불타는 인물로 묘사하는 데만 치중한 나머지 그들의 인간적이고 내면적인 측면, 신정부 수립 후에도 그들 대부분이 갖고 있던 서양의 실력과 발전상에 대한 열등감과 같은 부분은 간과하거나 소홀히 한 측면도 있다. 어쨌든 유신 관련 인물들에 대한 자료들이 충분히 나온 덕분에 서양의 연구자들은 메이지 유신 관련 연구를 더욱 잘 진행할 수 있었다. 최근 들어 미국 대학들에서 유신기 일본 정치가들을 주제로 한 학위 논문이 심심찮게 통과되고 있는 것도 결코 이와 무관하다고 할 수 없다. Roger F. Hackett의 저서 『Yamagata Aritomo』는 하버드대학교에서 발간하는 역사학 총서 시리즈인 『Harvard Historical

Monographs』의 하나로 출간될 예정이다. 이외에도 다음 문헌은 사료로서의 가치가 기대되는 자료들이기도 하다. Cecil E. Cody, "Itagaki Taisuke(1837-1919), a Leader of the Democratic Movement in Meiji Japan"(University of Washington, 1955); Sidney D. Brown, "Kido Takayoshi and the Meiji Restoration: A Political Biography 1835-1877"(University of Wisconsin, 1952); Joyce Lebra, "Japan's First Modern Popular Stateman: A Study of the Political Career of Ōkuma Shigenobu(1838-1922)"(Radcliffe, 1958).

이상에서 언급한 메이지 유신 관련 자료들은 살펴본 바와 같이 여러 문서들을 편찬한 자료나 편년체로 작성된 사서, 또는 전기나 인물 연구 형태의 자료인 경우가 많다. 하지만 1930년대 이후 한동안 일본 사회 전체를 지배했던 군국주의의 영향으로 이러한 종류의 연구는 제2차 세계대전 이후에는 사실상 명맥이 끊기다시피 했다. 이후 일본공산당의 강령에도 명기된 마르크스주의적 이론을 토대로 한 연구가 이루어지기 시작했다. 최근 들어서는 일본에서도 정책 결정은 '사회주의' 역사관에 입각하여 일본의 역사 발전 단계에 대한 '과학적'인 판단을 내린 다음에 이루어져야 한다는 목소리가 나오고 있다. 이러한 시각에서 보더라도 메이지 유신은 중대한 역사적 의미와 의의를 가진다. 세속적·정치적 인정이나 성공에는 초연한 채 연구 성과가 실생활에 접목될 수 있기를 갈망하는 연구자들에게도 이러한 접근법은 대단히 매력적으로 다가간다. 사실 예로부터 내려온 '나열식' 역사 서술 방법은 이제 열성적인 젊은 사학자들에게 시대에 뒤떨어진 것으로 치부되는 형편이다. 이러한 관점에서 보면 메이지 유신을 단순히 부르주아 사회와 자본주의의 진보로만 평가하는 것은 바람직한 역사 인식이라고 할 수 없다. '나열식' 사관은 사회주의를 거짓말로 치부하겠지만, 사회주의적 사관에서는 메이지 유신이 이루어지는 과정에서 나타난 계급 투쟁 과정과 전술을 한층 심층적으로 접근할 것이다. 반동적이었던 구 일본 정부는 사회주의적 사관과 역사학을 금지했고, 이로 인해 일본의 자본주의는 중국의 희생을 딛고 착실히 발전해 나갔다는 식의 논리, 즉 군국주의적인 역사 인식이 주류를 이루게 되었던 것이다. 일본 자본주의의 속성에 관한 역사적 논쟁을 책으로 엮으면 수십 권은 족히 나올 것이다. 일본 고유의 역사 발전 과정을 이미 상정된 범주로 범주화하는 것은 결코 쉬운 일이 아니지만, 이는 동시에 적지 않은 많은 연구자들이 풀어야 할 중대한 과업이기도 했다. 비록 여러 가지 제한적인 요소들이 존재했지만, 그들은 사료로서의 가치가 충분한 연구 성과를 이룩해 왔다.

이러한 추세는 자신들의 사회가 무엇 때문에 방향을 잃고 헤매었는가에 대해 고민하고 천착했던 일본 사학자들 덕분에 제2차 세계대전 후에도 계속해서 이어졌고, 한때는 방대한 연구 성과를 거두기도 했다. 분명히 말해 두건대 일본인들만큼 가까운 과거의 역사에 불만을 가진 민족이나 국민도 찾아보기 어렵다. 이는 메이지 시대의 지도자들에게 쏟아졌던 찬사들과는 상충되는 측면이다. 1950년대의 일본 초등학교 교과서를 둘러싸고, 교과서 내용을 비애국적·정치적이라고 비난했던 보수파들과 교과서 집필진 사이에 격렬한 논쟁이 벌어지기도 했다.

앞서 살펴본 새로운 역사학의 흐름을 보여 주는 기념비적인 저작으로는 도야마 시게키(遠山茂樹)의『明治維新』(1951)을 들 수 있다. 이 책은 충분한 사료와 근거 자료를 바탕으로 마르크스주의적 관점과 기법에 따라 분석한 책이다. 이 책은 20년에 걸쳐 이루어진 마르크스주의 역사 연구의 토대 위에서 메이지 유신을 간명하면서도 절제된 논조로 분석했다.

최근 들어 마르크스주의 역사 연구가 퇴조하는 조짐이 관찰되고 있다. 이는 오늘날의 정치 상황과도 밀접한 관계가 있다. '진보' 세력이 선거에서 지지를 받지 못하는 것은 그들 자신이 교조주의에 빠져 인민 대중의 진정한 열망이나 관심사에서 유리되었기 때문이라는 반성이 이루어지는 것도 이와 무관하지만은 않다. 이로 인해 역사학자들 사이에 사료에 충실하자는 반성이 이루어지면서, 역사 속의 인물과 현재의 독자들 사이의 의사소통을 중시하는 움직임이 일어났다. 이윽고 19세기에 일본이 맺었던 불평등 조약과 이를 시정하기 위한 메이지 지도자들의 노력을 미국과의 대립 구도로 바라보는 관점이 생겨났다. 에도 시대 말기와 메이지 시대에 활약했던 일본 지도자들의 짧은 평전을 출판한 요시카와고분칸(吉川弘文館) 출판사의 기획은 바로 이러한 움직임의 연장선으로 바라볼 수 있다. 이노우에 기요시(井上清著)의 사카모토 료마 평전도 출간 예정이다.

제2차 세계대전 이전의 일본 역사학자들은 에도 말기 일본의 대외 정책이 가졌던 문제점이 유신 지도자들에게 지대한 영향을 주었음을 특히 강조했다. 하지만 마르크스주의 사관이 유행할 때에는 이러한 논리가 큰 지지를 받지 못했다. W. G. Beasley의 대표작인 *Select Documents on Japanese Foreign Policy, 1853-1868*(London, 1955)는 유신기 일본의 대내 정책과 대외 정책이 상호 관련되어 있었음을 언급하고 있으며, 이 책의 참고문헌 목록에는 일본 문헌과 자료들이 눈에 띌 정도로 많이 수록되어 있다. 이 중에서도 특히 중요도가 높은 자료는 石井孝,『幕末貿易史の研究』(東京, 1944)와『明治維新の国際的環境』(東京, 1957)의 두 문헌이다. 이 중에서도 후자에서는 제국주의 성향의 국제 자본주의가 일본 고유의 '절대주의'와 결합하여 장차 유럽의 상공업자들에게 경쟁 상대가 될지도 모를 일본의 진정한 부르주아 계급이 성장하지 못하도록 숨통을 끊었다는 마르크스주의 사관의 논리가 다시 한 번 확인된다. 이러한 논리 자체는 딱히 새로울 것도 없지만, 이 책이 에도 말기, 특히 프랑스의 외교 정책을 다룬 자료들을 폭넓게 다루었다는 점, 그리고 과거에는 다루어지지 않았던 어니스트 새토의 정치에 대한 견해를 새롭게 다루었다는 것은 결코 간과될 수 없는 중요한 점이다. 필자 또한 일본의 개국 과정을 다룬 네덜란드 자료(van der Chijs, Neerlands Streven tot Openstelling van Japan voor den Wereldhandel, Amsterdam, 1867)를 유용하게 활용한 바 있다. 과거 필자가 반쇼시라베쇼에 대해 연구했을 때에도(Marius B. Jansen, "New Materials for the Intellectual History of Nineteenth Century Japan", Harvard Journal of Asiatic Studies, 20, pp.3-4, 1957) 이 자료에서 많은 도움을 얻었다.

3. 도사 지역의 지역사와 향토사

필자는 이 책을 준비하는 과정에서 주로 최신 자료를 참조했다. 필자의 견해로는, 앞으로 시간이 흐를수록 서구 학계는 일본사 연구와 관련하여 일본의 구체적인 지역사에 의존하는 부분이 증가할 것이라는 판단된다. 이러한 점에서 도사 지역의 지역사 연구와 관련된 최신 연구 동향을 이해할 필요가 크다고 할 수 있다.

도사 지역의 지역사 연구는 역사가 깊다. 『土佐史談』은 일본 지역사 학술지 중에서도 가장 수준이 높은 간행물이다. 1917년부터 발간되기 시작한 이 간행물은 1971년 현재 99호까지 발행되었으며, 특정한 주제에 대한 심층적인 분석에서 고서화나 골동품에 관한 글에 이르기까지 도사 지역사의 전반을 망라하는 내용을 다루고 있다. 이 학술지의 발전에 가장 큰 기여를 한 인물로는 오제키 도요키치(1877~1940) 선생과 히라오 미치오 교수(1900~1979)를 들 수 있다. 특히 히라오 미치오 교수는 제2차 세계대전 이전에 『土佐史談』에 기고한 글을 제2차 세계대전 후 발간된 책에 재구성하여 수록하는 식으로 재출간한 바 있다.

지역 사학자들은 도사의 유신사 연구를 위한 길을 잘 닦아 놓았다. 瑞山會에서 1911년 발간한 『維新土佐勤王史』는 이러한 연구의 가장 기본이 되는 동시에 널리 인용되는 자료이다. 이 책은 고시, 쇼야 등 하급 무사들을 영웅시하는 단순하고 상투적인 구도를 갖고 있기는 하지만, 이 시기의 사실을 그 어떤 책이나 문헌보다도 효과적으로 서술한 자료이기도 하다. 고치 현 사카와(佐川)에 유신기 지사들의 사진, 서신, 문서 등 방대한 자료를 소장한 도서관을 세운 다나카 고켄(田中光顯)의 전기(『青山餘影』, 1924)도 거론할 가치가 있다. 근왕 운동의 비사를 기록한 사사키 다카유키(佐々木高行)의 저서(『勤王秘史: 佐々木老侯昔日談』, 東京, 1915)는 유신기 도사 번 및 근왕 운동 연구에 특히 가치가 있다. 도쿄대학교 사료편찬소에는 그의 일기가 소장되어 있다.

고치 현 및 개인들의 노력 또한 도사의 지역사 연구에 기여해 왔음을 잊어서는 안 된다. 고치 현에서 발간한 자료("Materials for the History of Kōchi Prefecture", 『高知縣史料』, 大阪, 1924)는 그중에서도 특히 사료적 가치가 높다. 이 자료는 방대한 내용을 다루고 있으며, 부록으로 수록한 겐로쿠(元禄) 시대의 법령은 야마우치가가 지배했던 시대의 도사 번 행정 및 관료 체제를 이해하는 데 필수적인 사료이기도 하다. 최근 고치 시가 발간한『高知市史』(1958) 또한 사료적 가치가 부족하지 않으며, 이 책에는 히라오 미치오 교수의 글이 다수 수록되어 있다.『高知市史』는 단지 고치 시의 역사만을 다룬 자료는 아니다(고치 시 역사에 관한 내용은 1권에서 중점적으로 다루고 있음). 이 책은 메이지 초기에 이르기까지 옛 도사 번 지역 전체의 역사를 심도 있게 다루고 있으며, 덧붙여 새롭게 수록된 자료들(고치 시내에 거주하던 고시들의 주거 문제 등) 또한 무시할 수 없다. 1949년에 발간된『高知縣史』(2冊)도 주목할 만한 사료이다. 히라오 미치오 교수가 가와무라 겐시치, 세키타 히데사토, 요코가와 스에키치와 공동 집필하여 중등학교 교재용으로 발간한『高知縣の歷史』(1956)도 손쉽게 읽어 볼 수 있는 사료로 추천할 만하다.

제2차 세계대전 이후에는 전화에서 살아남은 사료들을 보존, 복원하기 위한 운동이 적극적으로 이루어지기 시작했고, 이 과정에서 일어난 기존 사료에 대한 재해석의 움직임은 사회사와 경제사 분야에 기여한 측면도 적지 않다. 와세다대학교의 이리마지리 요시나가(入交好脩) 교수는 과거 자신이 와세다대학교 간행물에 기고했던 자료들을 재구성하여『德川幕藩制の構造と解体』(1957)라는 제목으로 출간한 바 있다. 이 책의 내용 중에서도 고시 제도에 관한 부분과 상인 집단의 내부적 관계에 관한 부분은 필자가 본서를 집필하는 데 지대한 도움이 되었다.『겐쇼보』를 비롯한 도사의 사료와 문헌의 연구에 천착해온 젊은 연구자 이케다 요시마사(池田敬正) 또한 여러 편의 연구 성과를 출간한 바 있다. 그는 실로 장래가 기대되는 연구자라고 할 수 있다.

이 책에서 인용한 각종 법령과 규정, 상소문과 건의서들 가운데 상당수는『近世村落自治史料: 土佐國地方史料』(東京, 1956)에 수록된 자료들이다. 16세기 도사의 토지 측량 자료인『長宗我部地檢書』가 출간(총 5권)되었다는 사실 또한 이미 언급한 바 있다.『長宗我部 百條目』의 출간 또한 역사학도로서 관심을 가질 수밖에 없는 소식이기도 하다. 이에 대한 이노우에 가즈오(井上和夫) 판사의 해설서(『長宗我部掟書の研究』, 高知, 1955)는『長宗我部 百條目』이 도사 지역의 정치사와 경제사 연구에 없어서는 안 될 정도로 중요하고 가치 있는 자료임을 다시 한 번 확인시켜 주는 것이기도 하다. 이노우에 가즈오의 또 다른 저서인『藩法幕府法と維新法』(1940)은 비록 오늘날 찾아보기 힘든 책이 되었지만(출간된 책의 대부분이 전화에 소실되었음), 해당 분야에서 가장 기초적인 자료로서의 가치를 가진다는 사실에는 변함이 없다. 이노우에 판사는 이들 책의 원고를 대부분 도사 지역에서 작성했다.

최근 들어 고치시립도서관에서는 지역사를 다룬 소책자들을 다수 간행했다. 그중에는 오늘날의 지역 일간지 형식의 간행물이 있는가 하면, 역사적 주제를 담은 것들도 있다.

후자에 해당하는 간행물의 대부분은 히라오 미치오 교수의 노력으로 간행될 수 있었다. 이러한 시도를 통해 히라오 교수는 젊은 시절 몸담았던 야마우치 후작 가사편수소(侯爵山內家家史編修所)에서 얻은 자료들이 빛을 볼 수 있도록 노력을 아끼지 않았다. 이러한 간행물들은 토론이나 토의 내용, 논평 등의 보고이기도 하다. 한편 에도 시대 도사 번의 재정(『土佐藩經濟史研究』, 高知, 1956), 농민봉기(『土佐農民一揆史考』, 高知, 1953), 어업(『土佐藩漁業經濟史』, 高知, 1955), 임업(『土佐藩林業經濟史』, 高知, 1956), 공업(『土佐藩工業經濟史』, 高知, 1957), 농업(『土佐藩農業經濟史』, 高知, 1958), 유신기에 이루어진 사업(『維新經濟史の研究』, 高知, 1959), 상업(『土佐藩商業經濟史』, 高知, 1960) 등 경제상을 구체적으로 보여 주는 자료들도 찾아볼 수 있다. 이들 자료들은 마쓰요시 사다오(松好貞夫)의 선행 연구(『土佐藩經濟史研究』, 東京, 1930) 및 『新田の研究』(東京, 1936)의 연장선으로도 활용할 수 있다. 이러한 자료들은 도사 번 지역사를 연구하는 연구자들이 여러 가지 현실적인 어려움에도 불구하고 이러한 귀중한 사료들이 전해져 올 수 있도록 많은 노력을 해 왔고, 또 그러한 노력들이 헛되지 않았음을 보여 주는 증거들이다.

하지만 도사 지역의 지역사는 아직도 계속해서 연구될 필요성이 있는 부분도 많다. 근간 예정인 Albert Craig의 저서(*Chōshū in the Meiji Restoration*, Harvard University Press)는 유신기의 조슈 번을 다룬 원전(『防長回天史』)을 현대에 맞게 재구성한 2차 사료로 그 가치가 주목된다. 미시간대학교의 홀(John W. Hall) 교수는 다년간에 걸쳐 다니구치 스미오 등의 지역 사학자들과 함께 오카야마 번 연구를 진행해 왔다. 이들의 연구는 에도 시대 일본의 지방 관료 조직을 설명하는 데 대단히 높은 적합성을 지닌 자료를 제공해 줄 것으로 기대된다. 필자 또한 도사 지역의 역사와 관련된 사료들을 수집하는 작업에 임하고 있으며, 이를 통해 과거 도사 지역의 사회 구조가 작동했던 체계와 사회의 발전상에 대해 한층 상세히 살펴볼 계획이다. 고이즈미 야쿠모(小泉八雲: 1850~1904, 영국계 일본인 작가로 본명 Lafcadio Hearn)는 저서 *Japan: An Attempt at Interpretation*에서 "(에도 시대의) 사회는 백성의 행복을 중시하는 측면이 강했다. …… 어떠한 목표를 위해 무리수를 두거나 특별한 노력을 할 필요는 없었다. 뼈를 깎는 노력이 이루어지는 경우를 찾아보기는 쉽지 않았다. 백성들로서는 굳이 노력해서 무언가를 성취할 이유도 없었다."라는 글귀를 남긴 바 있다. 이와 같은 고이즈미 야쿠모의 글이야말로 사카모토 료마를 옥죄었던 에도 시대의 사회적 제약이 아니었나 싶다. 필자의 관점에는 료마는 원래 양조업에 종사했다가 고시 신분을 얻은 신분적 배경에 만족하며 살아가기에는 너무 큰 그릇이었다고 생각된다.

등장인물

가모치 마사즈미(鹿持 雅澄, 1791~1858): 도사에서 국학과 시가를 가르쳐 많은 제자를 두었던 교육자. 다케치 즈이잔의 백부이기도 하며, 그의 제자들 중에는 사사키 다카유키를 비롯한 상급 무사 출신도 다수 있었음.

가쓰 린타로(勝 麟太郎, 1823~1899): 본명 야스요시(安房). 흔히 '가이슈(海舟)'라는 호로 불리기도 함. 대대로 에도 막부를 섬겨 온 하타모토의 아들로 태어났으며, 난학을 공부했고 나가사키에서 네덜란드 해군 장병들로 구성된 교관단에게 항해술을 배웠음. 이후 막부의 해군부교직에 임명되었고, 이때 사카모토 료마에게 거처를 제공했음. 히토쓰바시 게이키의 자문 역을 맡기도 했던 그는 반막부군과의 충돌에 반대했으며, 사이고 다카모리를 상대로 에도 성의 항복을 중재하기도 했음. 메이지 정부 수립 후에는 해군 관련 직책 및 자문직을 맡아 두각을 나타냈음.

가타오카 겐키치(片岡 健吉, 1843~1903): 우마마와리 신분의 도사 번 사무라이로, 에도 시대 말기에는 군사 관련 직책을 맡아 이타가키 다이스케의 부관으로 활동했음. 보신전쟁 때 이타가키 다이스케 휘하에서 활약했으며, 유럽 순방을 마치고 귀국한 뒤에는 그와 함께 공직에서 물러났음(1873). 이후 그는 입헌주의 운동의 거두가 되었으며, 동시에 기독교에 귀의하여 YMCA 운동을 주도하기도 했음.

고다이 도모아쓰(五代 友厚, 1834~1885): 나가사키와 영국에서 수학했으며, 상하이에서 서양식 선박의 구매를 위한 임무를 수행하기도 했던 사쓰마 번 사무라이. 사쓰마 번이 서양의 기술과 군비를 도입하는 데 중요한 역할을 수행했음. 메이지 유신 후에는 여러 정부 요직을 역임하다가, 정계에서 물러나 실업가가 되어 광산업, 방직업, 운수업 등의 다양한 방면에 걸쳐 사업을 확장했음.

고마쓰 다테와키(小松 帶刀, 1835~1870): 오쿠보 도시미치, 사이고 다카모리와 긴밀히 협력하여 조슈 번과의 동맹을 성사시키고 막부를 타도하는 데 기여했던 사쓰마 번 가로. 지사들 중에서는 최상위 신분이었던 그는 지병이 그를 역사의 무대에서 내려오게 만들 때까지 메이지 유신 지도자들 중에서도 최전선에 나서서 활약한 인물이었음.

고메이 천황(孝明 天皇, 1831~1867): 일본의 121대 천황(재위 1846~1867)으로, 메이지 천황의 부황.

고미나미 고로에몬(小南 五郎右衛門, 1812~1882): 마부치 가헤이가 주도한 덴포 개혁, 그리고 요시다 도요가 주도한 번정 개혁 때 활약했던 도사 번 관료. 그는 히라이 젠노조와 더불어 1862~1863년에 일어난 도사 근왕당 운동에 참여한 몇 안 되는 무사 계급 출신이었음. 이로 인해 야마우치 요도가 근왕파를 숙청했을 때 그는 관직과 성(姓)을 박탈당했다가 메이지 시대에 복권되었음. 이후 고치와 메이지 정부에서 여러 요직을 역임한 끝에 1877년 은퇴했음.

고토 쇼지로(後藤 象二郎, 1838~1897): 에도 시대 말기에 도사 번정을 주도했던 도사 번 사무라이로, 요시다 도요의 제자이기도 했음. 상하이와 나가사키에서 료마와 함께 일한 경험을 바탕으로 도사 번의 쇼군 퇴진 주청이 번에 이익을 가져다줄 것으로 판단하여 야마우치 요도에게 쇼군 퇴진의 건의서를 제출하도록 설득했음. 메이지 정부 수립 후에는 몇 년간 공직 생활을 하다가 정한론에 대한 입장 문제로 1873년 이타가키 다이스케와 더불어 공직에서 물러났으며, 이후 자유 민권 운동의 중심적 인물로 활동했음. 1882년 이타가키 다이스케와 함께 유럽을 순방하고 귀국한 뒤 여러 차례에 걸쳐 각료에 임명되었음. 그는 실업가로 활동하기도 했음.

곤도 조지로(近藤 長次郎, 1838~1866): 도사 번 상인 집안 출신이었지만 학업, 그중에서도 특히 서양 학문에 뛰어난 소질을 보였음. 그의 자질에 주목한 번 당국은 그에게 칼을 패용할 권리를 인정해 주고 성(姓)을 내렸으며, 녹봉을 올려 주었음. 하지만 그는 가쓰 린타로의 효고 해군조련소 입교를 선택했고, 이후 사카모토 료마의 측근이 되었음. 조슈 번이 나가사키에서 유니언호를 입수하는 과정에서 그의 수완을 눈여겨본 이토 히로부미는 조슈 번주에게 '우에스기 소지로(上杉 宗次郎: 당시 곤도 조지로가 스스로를 일컫던 이름)를 외국에서 공부할 수 있도록 해 달라'는 청원을 올렸음. 하지만 이토 히로부미가 토머스 글로버와 이에 대한 이야기를 나누었다는 사실이 동료들의 귀에 들어가자 그들은 그를 변절자로 매도했고, 결국 그는 자결하고 말았음.

구로다 기요타카(黑田 淸隆, 1840~1900): 서양식 포술에 정통했던 사쓰마 번 관료로, 에도 말기에 군무와 조슈와의 외교 교섭에서 두각을 나타냈음. 신정부 수립 후에는 여러 요직을 역임했고, 1888년에는 총리대신이 되었음.

구리모토 조운(栗本 鋤雲, 1822~1897): 에도 막부에서 외교를 담당했던 인물로, 본래 의사 가문 출신이며 의학과 서양 학문을 공부했음. 능력과 공적을 인정받아 막부의 요직에 임명되어 외교 사절로 프랑스를 방문했음. 그가 프랑스에 체류하던 중 에도 막부가 전복되었고, 귀국한 뒤에는 신문업에 종사하여 메이지 시대의 대표적인 언론인이 되었음.

구사카 겐즈이(久坂 玄瑞, 1840~1864): 요시다 쇼인의 문하생이었던 조슈 번 근왕주의자로, 다케치 즈이잔이 1860년대 초반에 주도한 근왕당 운동의 핵심 인물이기도 했음. 번주에게 양이 계획을 설득하는 임무를 맡았고, 영국 공사 일행에 대한 습격을 주도했으며, 시모노세키 해협에서 일어난 서양 군대와의 교전 및 제1차 조슈 정벌에 참전하기도 했음. 이후 그는 야마우치 요도에게 자결을 명받았음.

기도 고인(木戶 孝允, 1833~1877): 본명 가쓰라 고고로(桂 小五郎). 사이고 다카모리, 오쿠보 도시미치와 협상을 벌여 삿초동맹을 성사시킨 조슈 번 사무라이. 이후 메이지 신정부의 골격을 이룬 강령인 5개조 어서문 작성 과정에서 주도적인 역할을 했으며, 봉건 제도 폐지를 비롯한 여러 개혁을 주도하기도 했음. 1872~1873년에 이루어진 이와쿠라 사절단의 일원이 되어 서양 국가들을 순방했으며, 이후 1874년 대만 정벌에 대한 항의의 뜻으로 공직에서 물러났다가 세이난 전쟁의 와중에 사망했음.

나가오카 겐키치(長岡 謙吉, 1834~1872): 도사 번 출신으로 에도와 나가사키에서 의술을 공부하던 중, 사카모토 료마의 영향으로 가이엔타이의 비서가 되었음. 신정부 강령 작성에 참여했으며, 그리스도교를 논박하는 책(1865년 우라카미에서 천주교 신자들의 미사가 열린 뒤에 출간되었음)의 저자로도 알려져 있음. 이후 보신전쟁에 참전했음.

나가이 나오무네(永井 尙志, 1816~1891): 도쿠가와 가문의 방계 가문 출신 다이묘[미카와 지역의 오쿠도노(奧殿) 번주]의 장남이 아닌 아들로 태어났으며, 하타모토 가문에 양자로 입양되었음. 나가사키에서 네덜란드 인 교관단의 교육을 받은 이래 해군 양성 분야의 전문가가 되어 막부의 여러 직책에 근무했고, 히토쓰바시 게이키 집권 후에는 와카도시요리의 일원이 되었음. 홋카이도에서 마지막까지 저항한 막부 잔당의 일원이었으나, 신정부 측의 사면을 받아 입법 관련 직책에 종사했고, 훗날에는 원로원 의원이 되었음.

나가이 우타(長井 雅樂, 1819~1863): 조슈에서 공무합체론에 입각한 운동을 추진했고, 1862년에는 조슈 번주의 상경을 수행했던 조슈 번 관료. 하지만 사쓰마에서 내놓은 안이 조정에서 더 많은 지지를 얻으면서 그에 대한 교토 측의 지지는 약화되었고, 이는 조슈 번 내부에서의 입지 약화로 이어졌음. 조슈 번이 사쓰마로부터 조정의 지지와 정국의 주도권을 되찾기 위해 근왕파와 양이파의 노선을 채택하면서, 실패에 대한 책임을 지고 자결을 강요받았음.

나스 신고(那須 信吾, 1829~1863): 도사 번 고시의 양자 출신으로, 도사 근왕당의 설립 회원이었으며, 1862년 요시다 도요 암살 사건 당시 암살범 3명 가운데 한 명이었음. 이후 도사를 탈번하여 구사카 겐즈이와 사쓰마 번 동지들의 보호를 받았음. 1863년 요시무라 도라타로가 야마토에서 일으킨 봉기에 참여했으나, 구게 나카야마 다다미쓰를 수행하던 중 전사했음.

나카야마 다다야스(中山 忠能, 1809~1888): 막부 측이 서양 국가들과 초창기에 체결한 조약들에 대한 반대 운동을 적극적으로 주도했던 구게로, 메이지 천황의 외조부이기도 했음. 그는 이와쿠라 도모미와 더불어 사쓰마 번 지도자들이 에도 막부를 타도하기 위해 조정과 접촉하는 과정에서 필수적인 창구 역할을 맡은 인물이기도 했음.

나카에 조민(中江 兆民, 1847-1901): 도사 번 하급 무사의 아들로, 번의 지시로 나가사키에서 서양 학문을 배웠으며 특히 프랑스 어를 깊이 공부했음. 그 후 에도에서 공부하게 된 그는 잠깐 동안 레옹 로슈의 통역관으로 일하기도 했으며, 유신 후에는 도쿄에서 프랑스 어를 강의했음. 공직에 몸담았다가 프랑스 유학을 다녀온 뒤로 자유 민권 운동에 가담했음. 프랑스 정치 철학과 무신론, 유물론의 옹호자로 명성을 얻었음.

나카오카 신타로(中岡 愼太郎, 1838~1867): 쇼야 출신의 도사 번 근왕 운동 지도자. 사카모토 료마와는 동향 출신의 동료이자 친구이다. 야마우치 요도의 근왕파 숙청이 이루어지던 당시 도사를 탈번했으며, 사카모토 료마와 더불어 삿초동맹 체결을 위해 노력했고, 민병 조직인 리쿠엔타이를 창설했음. 하지만 메이지 유신 성사를 눈앞에 두고 료마와 함께 암살당했음.

나카하마 만지로(中濱 萬次郎, 1827~1898): 본래 도사 번의 어부로, 1841년 난파당해 표류하던 중 미국 선박에 구조되어 매사추세츠 주로 갔음. 이곳에서 존 멍(John Mung)이라는 미국식 이름까지 얻고 학교를 다녔음. 이후 포경선 선원으로 활동하다가 골드 러시(gold rush)에 뛰어들었고, 이를 통해 얻은 재산으로 1851년에는 미국 포경선을 타고 오키나와로 돌아올 수 있었음. 일본으로 돌아온 후에는 사쓰마 번, 도사 번, 막부, 메이지 정부에서 서양 사정에 대한 자문 역을 수행했고, 동시에 통역사, 포경 교관, 교사로도 활동했음.

노나카 겐잔(野中 謙山, 1615~1663): 학문·경제·정치 분야에서의 제도 정비를 통해 도사가 일본의 유력한 번으로 자리 잡는 데 크게 기여한 도사 번 행정가. 고시 계급을 신설했고, 번 독점 사업을 통해 세수를 증대시켰으며, 야마자키 안자이와 다니 학파의 학술 활동을 지원했음.

다나카 고켄(田中 光顯, 1843~1939): 조슈로 탈번한 도사 출신 낭인으로, 리쿠엔타이 대원이 되어 나카오카 신타로를 보좌했음. 신정부 수립 후에는 군에 투신하여 외국에서 정보 수집 임무를 수행하기도 하다가 육군 대장으로 승진했음. 11년간 궁내대신으로 봉직하기도 했으며, 백작에 서임되어 원로원 의원으로 추대되었음. 고치 현 사가와 정(佐川町)의 세이잔분코(靑山文庫)는 그가 설립한 것으로 유신기의 문서를 다수 소장하고 있으며, 현재는 사가와 정에서 운영을 담당하고 있음.

다니 간조(谷 干城, 1837~1911): 도사 번 사무라이로, 다케치 즈이잔의 사상에 공감하는 인물이었지만 그가 주도한 근왕 운동에 적극 가담하지는 않았음. 에도에서 여러 차례 수학하면서 고전과 병법에 숙달했고, 에도 말기에 군사 훈련과 작전에서 중요한 역할을 수행했음. 메이지 시대에도 계속해서 군문(軍門)에 남았으며, 세이난전쟁 때 많은 활약을 했음. 천황 숭배를 비롯한 '일본 정신'을 고취하는 데 힘썼고, 과두 정치와 이타가키 다이스케파의 정치를 모두 반대했음. 자작에 서임되었음.

다카스기 신사쿠(高杉 晉作, 1839~1867): 조슈 번의 근왕주의자로 기헤이타이 등의 민병대를 조직한 인물이며, 요시다 쇼인의 문하생이기도 했음. 상하이를 둘러본 후 1865년에는 조슈에서 근왕 세력이 번내 보수 세력을 제압하는 데 기여했으며, 1866년에는 막부군과의 전투를 승리로 이끌었음. 유신이 일어나기 전에 병사했음.

다케치 즈이잔(武市 瑞山, 1829~1865): 본명 한페이타(半平太). 도사 근왕당 운동을 주도했던 도사 번 고시. 검술의 달인으로 명성을 얻었으며, 사쓰마·조슈 두 번과 도사 번의 동맹을 시도하기도 했음. 1862년에는 요시다 도요 암살 공작을 꾸몄고, 목적을 달성했음. 이후 잠깐 동안 번정의 주도적 위치에 서기도 했지만 야마우치 요도가 귀향하여 번의 실권을 장악하자 실각했으며, 신분에 걸맞지 않은 행동을 했다는 죄목으로 자결을 명받았음.

다테 무네나리(伊達 宗城, 1818~1892): 도자마 다이묘 출신의 우와지마 번주(연공 10만석, 재위 1844~1858). 은거한 후에는 교토의 봉건 제후들 중에서도 유력한 인물로 부상했음. 메이지 정부 수립 후에는 외교 및 내정 분야에서 여러 요직을 역임했음.

도쿠가와 나리아키(德川 齊昭, 1800~1860): 미토 번주(재위 1829~1844)를 지낸 인물로 대외 강경파였으며, 그의 행적은 교토에서 정당성을 구하고자 하는 정치적 움직임의 효시가 되었음.

도쿠가와 아키타케(德川 昭武, 1853~1910): 도쿠가와 나리아키의 18남으로 미토 번주를 계승했으며, 1867년 파리 만국박람회에 막부 측 대표로 참석했음. 메이지 유신이 일어난 후에 일본으로 귀국했으며, 1877년에는 프랑스 유학길에 올랐음.

도쿠가와 요시노부: 히토쓰바시 게이키 항목 참조.

도쿠가와 이에나리(德川 家齊, 1773~1841): 에도 막부 7대 쇼군(재위 1787~1837)으로, 집권 후기에는 덴포 개혁이 일어났음.

도쿠가와 이에모치(德川 家茂, 1846~1866): 에도 막부 14대 쇼군(재위 1858~1866)으로, 히토쓰바시 게이키와 쇼군직 계승을 위한 경쟁을 벌이기도 했음.

도쿠가와 이에사다(德川 家定, 1824~1858): 에도 막부 13대 쇼군(재위 1853~1858). 시대

적으로 요청되었던 유능하고 사려 깊은 쇼군과는 거리가 먼 무능한 모습을 보여 준 인물로, 이로 인해 후계자인 히토쓰바시 게이키의 영향력이 증대되었음.

레옹 로슈(Roches, Leon, 1809~1901): 1864년 일본에 부임한 프랑스 공사. 에도 막부에 대한 차관 제공, 기술 및 군사 분야의 지원 등을 통해 일본에서 프랑스의 통상 및 정치적 우위를 확보하기 위한 적극적인 시도를 하였음. 그의 노력 덕택에 막부의 공식 외국어는 프랑스어로 선정되었고, 육해군 군사 훈련 또한 프랑스 어를 토대로 이루어지게 되었음. 오구리 다다마사를 비롯한 몇몇 막부 관료들은 프랑스의 지원에 전적으로 의존하는 모습을 보이기도 했음. 그는 에도 막부의 몰락에 대해 아무런 대안도 없었고, 나폴레옹 3세의 몰락과 더불어 그의 임무도 끝났음.

마부치 가헤이(馬淵 嘉平, 1793~1839): 루스구미 출신의 도사 번 사무라이로, 검술에 능했으며 상도(商道)를 중시하는 새로운 학풍인 신가쿠(心學)를 공부한 인물. 덴포 개혁 당시 도사 번정을 총괄하는 위치에 올랐으나, 기득권층의 사상적 공격을 받아 결국 실각했음. 요시다 도요는 그가 실권을 쥐었던 시기에 두각을 나타내기 시작했음.

마쓰다이라 가타모리(松平 容保, 1836~1893): 도쿠가와 가문의 방계 출신 다이묘로, 아이즈 번주(연공 23만 석, 재위 1852~1869)를 지냈음. 1862~1864년과 1864~1868년에 걸쳐 도쿄 슈고쇼쿠를 역임하면서 전투에 능한 낭인들로 조직된 특무 조직을 결성했음. 보신전쟁에서는 와카마쓰 성을 지휘하며 정부군에게 격렬히 저항했지만, 결국 도사 번 군대에 함락당하고 말았음. 그의 고위 가신들은 신정부에 의해 처단되었지만, 가타모리 본인에게는 비교적 관대한 처분이 내려졌음. 유신 이후에는 정치적 생명이 사실상 끝났음.

마쓰다이라 슌가쿠(松平 春嶽, 1828~1890): 본명은 요시나가(慶永)로 음독(音讀)인 '게이에이'라 불리기도 함. 도쿠가와 가문의 방계 출신 다이묘로, 후쿠이 번주(연공 32만 석, 재위 1838~1858)를 지냈음. 1857~1858년에 걸쳐 히토쓰바시 게이키를 쇼군의 후계자로 만들기 위한 공작을 주도했으며, 1862~1864년에는 막부 내에서 특별 관직에 올랐음. 공무합체론을 옹호했던 세력을 주도한 다이묘이기도 했음. 메이지 초기에는 여러 요직을 역임했고, 일본 조정은 그에게 찬사와 상훈을 내렸음.

마쓰오카 기켄(松岡 毅軒, 1814~1877): 요시다 도요의 문하에서 명성을 얻었던 도사 번 유학자로, 행정 법전인 『海南政典』을 한문으로 집필했음. 쇼군 퇴진을 주청하는 주청서를 글로 쓴 인물이기도 하며, 신정부 수립 후에는 교육 분야와 입헌 제도 관련 분야에서 근무했음.

마쓰키 고안(松木 弘庵, 1832~1893): 사쓰마 번 출신으로 서양 학문을 공부했으며, 1861~1862년에 이루어진 일본 최초 유럽 사절단의 일원으로 선발되었던 인물. 가고시마가 서양 함대로부터 포격을 받았을 때 고다이 도모아쓰와 함께 영국군의 포로가 되었다가, 사건이 매듭지어질 무렵에는 영국 측과의 협정을 주도했음. 이후 영국에 유학했고, 막부에서 서양 학문을 강의하는 직책을 맡기도 했음. 유신 후에는 데라지마 무네노리(寺島宗則)로 개명하여, 외교·교육·법률·궁정 분야에서 요직을 역임했음.

마자키 소로(間崎滄浪, 1834~1863): 본명 데쓰마(哲馬)로 '소로'는 호. 하타 군 출신의 도사 번 근왕사상가. 에도에서 수학하면서 고전에 대한 상당한 경지에 올랐으며, 학자이자 교육자로서 높은 명성을 얻은 그가 도사에 귀향하자 많은 사람들이 그 문하에 들어왔음. 히로세 겐타, 히라이 젠노조와 더불어 도사 근왕당 운동의 핵심 인물이었는데, 도사 번정 개혁에 대한 조정의 승인을 받기 위한 시도에 나섰다가 이것이 화근이 되어 결국 자결을 명받았음.

몽블랑 백작(Monblanc, Comte Descantons de): 1841년 벨기에 왕실에 의해 잉겔문스터(Ingelmunster) 남작 칭호를 받기도 했음. 에도 시대 말기에 유럽을 방문한 일본인들과의 교류를 통해 일본에서 명성을 얻은 인물로, 사쓰마 대표단과의 통상 협정 체결에 관여했음. 유신기에 일본을 방문한 바 있으며, 1868년에는 데라지마 무네노리(마쓰키 고안 항목 참조)의 요청으로 외국 대표단의 성명문을 기초했음.

무쓰 무네미쓰(陸奧宗光, 1844~1897): 원래 이름은 '요노스케(陽之助)'. 기이 번 사무라이 출신이었으나, 에도 막부 고산케 가문의 영지였던 고향을 떠나 교토에서 근왕파에 가담했음. 가쓰 린타로의 해군조련소에 입교했다가, 이후 사카모토 료마가 이끈 가이엔타이 대원이 되었음. 신정부에서 요직을 두루 섭렵했으며, 특히 청일전쟁기에 외무대신을 역임하며 이전에 체결된 불평등 조약들을 개정한 것으로 유명함.

미요시 신조(三吉愼藏, 생몰 미상): 1866년 데라다야 사건 당시, 료마의 곁에 있었던 조슈 번 사무라이.

사사키 다카유키(佐々木高行, 1830~1910): 통칭 산시로(三四郎). 우마마와리 출신의 도사 번 사무라이로, 근왕주의적 사고의 소유자였지만 도사 근왕당에는 참여하지 않았음. 에도 시대 말기에는 도사 번의 나가사키 주재소 대표를 맡는 등 번의 요직을 역임했고, 메이지 정부에서도 여러 요직을 맡았으며, 1872년에는 이와쿠라 도모미를 수행하여 이와쿠라 사절단의 일원으로 미국과 유럽 각국을 순방하기도 했음. 메이지 정부의 여러 정책에 불만을 품기도 했던 그였지만 자유 민권 운동을 주도했던 이타가키 다이스케와는 노선이 확연히 달랐으며, 히지카타 히사모토와 함께 도사에서 반체제 인사 색출과 억압적인 정책을 주도한 적도 있었음. 이후 화족원의 일원으로 후작에 서임되었음.

사이고 다카모리(西鄕隆盛, 1828~1877): 토막 운동을 주도했던 사쓰마 번의 지도자. 전술

가. 1873년 메이지 정부의 공직에서 물러났으며, 1877년에는 실패로 끝난 반란을 주도했음.

사카모토 료마(坂本 龍馬, 1835~1867): 도사 번 근왕주의자로 다케치 즈이잔의 추종자였으며, 이후 가쓰 린타로의 문하생이 되었음. 가이엔타이를 조직했고, 삿초동맹의 체결을 도왔으며, 메이지 신정부 강령의 모태가 되는 선중팔책을 작성했음.

사쿠마 쇼잔(佐久間 象山, 1811~1864): 개국을 옹호한 마쓰히로 번 사무라이로, 서양의 기술 도입을 통한 부국강병을 추구했음. 요시다 쇼인 등의 스승으로서 여러 번에서 초빙받기도 했지만, 교토에서 열광적인 양이파 분자의 손에 암살당했음.

산조 사네토미(三條 實美, 1837~1891): 구게 산조 사네쓰무(1802~1859)의 아들로, 도사 번주 가문과도 인척 관계에 있었음. 양이 성향이 강하여 도사 번 지사들의 지지를 모았고, 1862년에는 아네노코지 긴토모와 함께 에도로 향하여 외국인의 추방을 요구했음. 1863년에는 교토에서 관직에 올랐지만, 조슈 세력이 교토에서 축출되면서 그 역시 추방당했음. 이후 다른 망명 구게들과 더불어, 도사를 비롯한 여러 지역 출신 낭인들의 도움을 받으며 마타지리와 다자이후에 체류했음. 메이지 유신 이후에는 여러 요직을 역임했으며, 메이지 초기에는 오늘날의 수상에 해당하는 직책인 다이조다이진(太政大臣)에 임명되기도 했음. 이후 공작에 서임되었음.

새토(Satow, Sir Ernest Mason, 1843~1929): 해리 파크스 공사의 통역관으로, 유신 지사들 사이에서는 유명 인사였음. 훗날 일본에 공사로 부임함.

스후 마사노스케(周布 政之助, 1823~1864): 1862년 조슈 번의 노선이 공무합체론에서 양이 사상으로 전환되었을 때, 이를 주도했던 조슈 번 관료. 제1차 조슈 정벌 후에는 번 지도부에 의해 사건의 책임 인물로 간주되어 자결을 명받았음.

시라이시 세이시로(白石 正一郎, 1811~1880): 해운 무역에 종사하던 시모노세키 상인으로, 사쓰마 번과의 교역에 종사했음. 지사들에게 식량, 자금, 숙소를 지극정성으로 제공해주어 '협객 상인'으로 불리기도 했음. 이후 조슈 번주는 그의 공적을 기려 사무라이로 신분을 상승시켜 주었음.

시마즈 나리아키라(島津 齊彬, 1809~1858): 매우 뛰어난 능력을 소유한 인물로 널리 추앙받았던 사쓰마 번주(연공 77만 석, 재위 1851~1858)로, 쇼군 계승 문제에서 히토쓰바시 게이키를 지지했음.

시마즈 다다요시(島津 忠義, 1840~1897): 본명 모치히사(茂久). 시마즈 히사미쓰의 아들로, 시마즈 나리아키라에게 입양되어 그의 후계자가 되었음. 나리아키라의 뒤를 이어 사쓰마 번주(재위 1859~1868)가 되지만 실질적으로는 명목상의 번주였으며, 신정부 수립 후에는 가고시마 현 지사로 임명되었음. 이후 공작에 서임되었음.

시마즈 히사미쓰(島津 久光, 1817~1887): 통칭 사부로(三郎). 시마즈 나리아키라의 후임 번주로 등극한 아들 다다요시의 섭정(1859~1868)을 맡아 번정을 잘 수행했음.

아네노코지 긴토모(姉小路 公知, 1839~1863): 1334년 고다이고(後醍醐) 천황 복위 운동으로까지 거슬러 올라가는 명문 출신의 구게. 산조 사네토미와 더불어 근왕파 구게들을 주도했던 인물로, 1862년 도사 번주의 호위를 받으며 에도에 사절로 갔음. 임무를 마치고 귀환한 얼마 후 암살당했음.

아베 마사히로(阿部 政弘, 1819~1857): 후다이 다이묘 출신의 후쿠오카 번주(연공 10만 석, 재위 1837~1857). 로주로 재직(1843~1857)하기도 했으며, 페리 제독이 내항했을 때에는 다이묘들의 자문을 구하기 위해 이들을 소집하는 한편, 유력 다이묘들과는 직접 접촉하여 자문을 얻기도 했음.

안도 노부마사(安藤 信正, 1820~1871): 후다이 다이묘 출신의 이와키타이라 번주(연공 5만 석, 재위 1847~1862). 로주로도 재직(1847~1862)했으며, 1862년에는 자객들의 표적이 되었음.

야마가타 아리토모(山縣 有朋, 1838~1922): 조슈 번 근왕파 군사 지도자로 다카스기 신사쿠의 후계자였으며, 보신전쟁을 기획한 인물이기도 했음. 메이지 정부에서는 이토 히로부미와 쌍벽을 이루는 정계의 거물로 성장했음. 일본의 근대적인 군대와 관료 제도를 창시한 인물로, 총리대신을 역임하고 공작에 서임되었음.

야마우치 가즈토요(山內 一豊): 도쿠가와 이에야스로부터 도사 번주(재위 1600~1605)로 임명받아, 도사 번주 야마우치 가문의 시조가 되었음.

야마우치 도요노리(山內 豊範): 야마우치 요도 은거 이후 그의 자리를 계승한 번주(재위 1859~1871, 1886년 사망)로, 실권은 야마우치 요도와 일족들이 계속 가지고 있었으며 그는 명목상의 번주 노릇을 했음.

야마우치 도요스케(山內 豊資): 보수파를 지지했던 도사 번주(재위 1809~1843, 1872년 사망)로, 이와 관련된 정책을 내놓는 한편 개혁을 추진하기도 하였음.

야마우치 도요시게(山內 豊信): 호는 요도(容堂). 1848~1859년간 재직했던 도사 번주(1872년 사망)로, 에도 말기에 가장 유능한 다이묘들 가운데 한 사람이었음.

야마우치가(山內家): 도자마 다이묘 출신의 도사 번주 가문(연공 202,600석).

오가사와라 다다하치(小笠原 唯八, 1829~1868): 근왕 운동 초창기에 야마우치 요도의 최측근으로 신임을 받았던 도사 번 관료로, 근왕파에 대한 밀정 임무를 수행하면서 신분이 낮은 지사들의 폭주를 저지하는 데 기여했고, 노네야마에서 일어난 봉기의 진압을 지휘했음. 이후 에도 막부 타도의 필요성을 확신하게 된 그는 한때 지위와 관직을 박탈당하기도 했음. 마키노 시게유키(牧野茂敬)라는 이름으로 보신전쟁에 참전했다가 와카마쓰 성 공략전 때 전사했음.

오구리 다다마사(小栗 忠順, 1827~1868): 에도 막부의 부교 가문 출신으로, 에도 말기에 고속 승진을 거듭했으며 미국 보빙 사의 일원이기도 했음. 간조부교, 마치부교, 군함부교 등을 역임했고, 프랑스의 지원을 얻어 내는 데 가장 중요한 역할을 맡았음. 보신전쟁 중 정부군에게 체포된 후 처형당했음.

오쿠보 도시미치(大久保 利通, 1830~1878): '이치조(一藏)'라고도 불림. 사쓰마 번의 유신 지도자였고, 메이지 정부 수립 후에는 죽을 때까지 핵심적인 요직에 있었던 인물. 시마즈 히사미쓰의 최측근 인사였으며, 이와쿠라 도모미와도 긴밀한 관계를 유지한 협력자였음. 메이지 정부의 초창기인 1870년대에 강력한 중앙 집권의 토대를 다지면서, 사가 번과 사쓰마 번(사이고 다카모리)의 반란을 견제했음. 1878년 암살로 최후를 맞았음.

오쿠보 이치오(大久保 一翁, 1817~1888): 에도 시대 말기의 막부 측 관료 중에서도 가장 영향력이 강했고 시야가 넓었던 인물. 반쇼시라베쇼 총재, 교토 히가시마치 부교(京都東町奉行), 강무소부교(講武所奉行), 외국부교 등의 관직을 역임했고, 히토쓰바시 게이키의 퇴진을 권고하기도 했음. 신정부 수립 후에는 시즈오카 지사가 되었고, 이후 원로원 의원이 되면서 자작에 서임되었음.

요시다 도요(吉田 東洋, 1816~1862): 본명 겐키치(元吉). 야마우치 요도가 총애했던 도사 번 정치 지도자로, 이타가키 다이스케, 고토 쇼지로, 후쿠오카 고테이, 이와사키 야타로 등의 후원자이기도 했음. 번 경제의 통제 강화에 의한 근대화를 추진했으나, 이는 안세이 대옥 당시 번주가 궁지에 몰리는 구실이 되기도 했음. 한편 그는 다케치 즈이잔이 이끌었던 근왕파를 번정에서 배제했고, 결국 1862년에 암살로 최후를 맞았음.

요시무라 도라타로(吉村 寅太郎, 1837~1863): 근왕 운동의 주류에 뛰어들기 위해 탈번한 도사 번 쇼야. 1863년 야마토 일대에서 봉기를 일으켰으나 실패했고, 이때 목숨을 잃었음.

요코이 쇼난(橫井 小楠, 1809~1869): 후쿠이 번주 마쓰다이라 슌가쿠 휘하에서 일했던 구마모토 번 사무라이. 개국론자인 동시에 국가 통일을 위한 의회 조직의 설치를 주장하기도 했음. 신정부의 의회 조직 건설을 위해 노력하던 중 반동주의자의 손에 암살당했음.

우에스기 소지로(上杉 宗次郎): 곤도 조지로 항목 참조.

유리 기미마사(由利 公正, 1829~1909): 본명 미오카 하치로(三岡八郞). 페리 제독의 기항 이후 근대화의 필요성을 역설했던 후쿠이 번 사무라이. 마쓰다이라 슌가쿠의 측근이었던 그는 지사들 사이에서 명성을 얻었으며, 료마에게 큰 감화를 받기도 했음. 1868년 이루어진 5개조 어서문 작성 및 통화(通貨) 개혁에 참여했고, 이와쿠라 사절단의 일원으로 선발되기도 했음. 이후 도쿄 시장을 역임했으며, 자작에 서임되어 원로원 의원이 되었음.

이노우에 가오루(井上 馨, 1835~1915): 호는 분타(聞多). 요시다 쇼인의 제자이자 조슈 번 근왕파 출신으로, 메이지 시대에는 공직을 역임했음. 토머스 글로버의 도움으로 영국에 유학했으며, 사쓰마와의 동맹 성사에 기여했음. 메이지 정부 수립 후에는 다양한 공직을 역임한 끝에 후작에 서임되었음. 그는 특히 일본 자본가 계급의 발달(미쓰이 상사의 고문직을 맡기도 했음)과 외교적 평등 확보에 크게 기여했음.

이와사키 야타로(岩崎 彌太郎, 1834~1885): 요시다 도요의 제자로, 하급 무사 출신이었지만 번의 재정을 담당하는 관료로 승진했음. 에도 시대 말기에는 나가사키와 오사카에 소재한 도사 번 무역소를 총괄하는 직책을 맡아 번 재정과 투자를 좌우하는 데 성공했으며, 이를 토대로 오늘날 미쓰비시 그룹의 모체가 되는 미쓰비시 상사를 창업했음.

이와시타 마사히라(岩下方平, 1827~1900): 1866년 프랑스로 파견되어 막부와 프랑스 간의 관계에 대한 보고를 올렸던 사쓰마 번 사무라이. 메이지 시대에는 교토 시장 등의 요직을 역임했으며, 훗날 자작에 서임되어 귀족원 의원이 되었음.

이와쿠라 도모미(岩倉 具視, 1825~1883): 도쿠가와 이에모치와 가즈노미야 황녀의 혼인을 지지했던 구게. 근왕파가 득세한 시기에는 실각하여 유형에 처해졌다가, 조정과의 접점이 필요했던 사쓰마 번 지도자들의 도움을 받아 에도 막부 소멸 직전에 재기했음. 유신 이후에는 메이지 정부의 중요한 인사로 발돋움했음. 1872~1873년에 이와쿠라 사절단을 이끌고 미국과 유럽 각국을 순방했으며, 공작에 서임되었음.

이이 나오스케(井伊 直弼, 1815~1860): 후다이 다이묘이자 히코네 번주 가문인 이이 가문에서 태어나 히코네 번주(1850~1860)를 역임했음. 1858년 6월에 다이로직에 임명되어, 1860년 3월 암살당할 때까지 직책을 유지했음. 안세이 대옥으로 유력 다이묘들을 정치적으로 공격하고 박해한 탓에, 그들의 가신들을 막부의 적으로 돌리고 말았음.

이케 구라타(池 內藏太, 1841~1866): 본명 사다카쓰(定勝). 에도에서 수학하던 중 근왕 운동에 뛰어든 도사 번 사무라이. 1863년에는 도사를 탈번하여 조슈로 향했으며, 이후 조슈 번 군대의 일원이 되어 교토, 야마토 등지에서 일어난 전투에 (요시무라 도라타로와 함께) 참전했고, 조슈 번이 외국 함대와 무력 충돌을 빚었을 때에도 조슈 측에서 싸웠음. 이후 료마가 이끈 가이엔타이의 일원이 되지만, 해난 사고로 사망했음.

628

이타가키 다이스케(坂垣 退助, 1837~1919): 원래 성은 이누이(乾)였음. 우마마와리 출신의 도사 번 사무라이로, 요시다 도요의 문하에서 공직 생활을 시작했음. 유신 직전에는 도사 번 군대를 재편했고, 이들을 지휘하여 보신전쟁에서 활약했음. 전쟁 후에는 도사 번에서 일어난 신분 개혁 운동을 주도했다가 메이지 정부에 입성했지만, 얼마 지나지 않아 조선을 침공하지 않기로 한 메이지 정부의 결정에 항의하는 뜻으로 관직을 사임했음. 이후에는 대의제 정부 수립 운동을 주도했으며, 수차에 걸쳐 각료를 역임했지만 1900년 이후에는 정계에서 완전히 은퇴했음.

이토 스케다유(伊藤 助大夫, 생몰 미상): 료마와 수차례에 걸쳐 접촉했고 근왕 운동을 지원하기도 했던 시모노세키 상인.

이토 히로부미(伊藤 博文, 1841~1909): 본명 슌스케(俊輔). 메이지 시대에 활동한, 조슈 번 근왕파 출신의 정치가. 이노우에 가오루와는 정치적 동지였고, 개인적으로도 각별했음. 메이지 내각의 조직자이며, 메이지 정부 관료들의 필두라 할 만한 인물. 공작에 서임되었음.

조소카베 모토치카(長宗我部 元親, 1539~1599): 16세기 도사 일대의 다이묘로 부상했던, 토착 무사들의 지도자. 그의 5남으로 조소카베 가문의 마지막 당주였던 모리치카(盛親)는 세키가하라 전투(1600) 후 영지를 몰수당했고, 1615년 오사카 전투에서는 도요토미 히데요리의 편에 가담하여 전투에 나섰다가 결국 처형당했음. 다수의 도사 번 고시와 쇼야는 조소카베 가신들의 후예로, 이러한 사실은 이들이 에도 막부와 야마우치 가문에 대해 충성심이 낮았던 이유로 작용하기도 했음.

토머스 글로버(Glover, Thomas, 1841~1911): 사쓰마와 조슈 등 일본 남서부 웅번들이 서양에 대한 경험과 정보, 군비를 획득할 수 있도록 지원했던 나가사키의 글로버 상회(Glover and Co.) 대표. 이토 히로부미, 이노우에 가오루, 고다이 도모아쓰를 비롯한 수많은 유신 지사들이 그의 도움으로 외국에 나갈 수 있었으며, 훗날 이토 히로부미는 메이지 천황에게 건의하여 훈장을 서훈받게 함으로써 그의 은혜에 보답하기도 했음.

하라 이치노신(原 市之進, 1830~1867): 하라 다다나리(原忠成)라고 불리기도 함. 미토 번 사무라이 출신으로, 에도 막부의 마지막 쇼군 도쿠가와 요시노부의 가장 유능한 가신이라는 평가를 받기도 했음. 1867년 과격파 양이론자에게 암살당했음.

해리 파크스(Parkes, Sir Harry, 1828~1885): 영국의 외교관으로, 중국에서 외교관으로서의 경력을 시작했을 때 그의 나이는 15세였음. 중국의 개항과 관련된 대부분의 중요한 조약 체결에 통역관 또는 영사 신분으로 참여했으며, 1865년에는 일본 공사로 임명되었음.

후쿠오카 고테이(福岡 孝弟, 1835~1919): 요시다 도요의 문하생이었다가 번정에 참여한 도사 번 사무라이로, 번에서 그의 입지는 급속히 상승했음. 1867년 고토 쇼지로와 함께 교토로 파견되어, 쇼군의 퇴진을 권고하는 역할을 맡았음.

후쿠자와 유키치(福澤 諭吉, 1834~1901): 19세기 일본 사회에 서양의 지식을 대중화시키는데 지대한 기여를 한 규슈 사무라이. 오사카에서 오가타 고안(緒方洪庵)을 사사했으며, 에도에 오늘날 게이오대학교의 모체가 되는 사숙을 세웠음. 에도 시대 말기에 막부 측 사절단의 일원이 되어 여러 차례 서양을 방문했으며, 그의 대표적인 저작인『서양사정(西洋事情)』은 메이지 유신의 주도자들에게 지대한 영향을 주었음.

히라이 고쿠오(平井 國臣, 1828~1864): 근왕 운동에 열렬히 참여했던 후쿠오카 번 사무라이로, 이쿠니 지방에서 일어난 봉기에 참여했음. 이때 그는 37명의 동지들과 함께 처형당했지만, 이로 인해 그의 명성이 높아지기도 했음.

히라이 슈지로(平井 收二郎, 1833~1863): 다케치 즈이잔의 도사 근왕당 창설과 활동에 중요한 역할을 했던 고치 출신의 근왕주의자. 1862년 말 다케치 즈이잔이 아네노코지－산조 사절단을 수행하여 에도로 향했을 때, 그는 교토에 남아 다른 번 및 구게들과의 접촉을 유지하는 임무를 맡았음. 아네노코지－산조 사절단이 임무를 마치고 귀환한 후 그는 고치로 귀향하기 전 교토의 구게들로부터 정치 개혁에 참여할 수 있는 일종의 면허를 받았음. 이러한 행동이 고치의 상급 사무라이들에 대한 불경으로 여겨져, 고치에 돌아온 그는 요도로부터 자결을 명받았음.

히라이 젠노조(平井 善之丞, 1803~1865): 다케치 즈이잔이 주도한 도사 근왕당 운동에 참여한 우마마와리 신분의 도사 번 사무라이로, 요시다 도요 암살 이후 도사 번정에서 요직을 맡았음. 야마우치 요도가 귀환하자 그는 숙청당하거나 처벌받지는 않았지만 권력과 영향력을 잃게 되었으며, 도사 번이 다시금 근왕 노선에 합류하기 전에 사망했음.

히로세 겐타(弘瀨 健太, 1836~1863): 초창기부터 다케치 즈이잔을 따랐던 도사 번 근왕주의자. 1862년 도사 번주 야마우치 도요노리가 교토로 향했을 때 다케치 즈이잔과 함께 번주를 수행하며 보좌했고, 아네노코지－산조 사절단의 에도행이 성사되도록 조력하기도 했음. 도사 번으로 귀향하고 나서는 번정 개편을 맡게 되리라는 기대를 받았던 그였지만, 야마우치 요도가 휘두른 근왕파 숙청의 칼날에 결국 희생되고 말았음.

히지카타 히사모토(土方 久元, 1833~1918): 도사 번 고시 가문 출신으로, 사토 잇사이 등과 에도에서 수학한 다음 근왕파로서 확고한 입지를 구축했음. 구게 산조 사네토미의 보좌역을 맡게 되어 비타지리와 다자이후까지 시네토미를 수행했으며, 사쓰마, 조슈, 도사의 근왕파 동지들의 지원을 이끌어 내기 위해 최선을 다했음. 유신 이후 메이지 정부에서 여러 요직을 거쳤으며, 농상무대신을 역임하기도 했음. 1887년 궁내대신에 임명되는 등 주로 궁정 관련 직무를 역임했으며, 귀족원의 일원으로 백작에 서임되기도 했음.

히토쓰바시 게이키(一橋 慶喜, 1837~1913): 일본의 마지막 쇼군으로, 쇼군으로서의 이름은 도쿠가와 요시노부임. 도쿠가와 나리아키의 아들로 태어나 히토쓰바시 가문(연공 10만 석)에 입양되어 가독을 물려받았으며, 1847~1859년과 1862~1867년에 걸쳐 히토쓰바시 가문의 당주였음. 1866년 쇼군직을 계승하고 퇴진한 후 귀족원의 일원이 되어 공작에 서임되었음.

저자 및 역자 소개

지은이..

마리우스 B. 잰슨(Marius Berthus Jansen)_1922년 네덜란드에서 출생하여 미국 매사추세츠 주에서 성장기를 보낸 네덜란드계 미국인 사학자. 프린스턴대학교를 졸업하고 하버드대학교에서 박사 학위를 취득했으며, 워싱턴대학교를 거쳐 1960년부터 1992년까지 모교인 프린스턴대학교에서 일본사 교수로 재직하였다. 20세기 후반 일본사 연구를 대표하는 세계적인 권위자로 평가받고 있으며, 미국 아시아학회 회장을 역임하는 등 미국의 일본사 연구에서 중심적인 역할을 수행하기도 했다. 미국 외교협회 회원을 역임하였으며, 1991년에는 일본학사원 명예회원으로 추대되었고, 1999년에는 외국인으로는 최초로 일본 정부로부터 문화공로자로 선정되기도 했다. 2000년 12월 10일 타계했으며, 주요 저서로 『현대 일본을 찾아서(The Making of Modern Japan)』, 『일본과 세계의 만남 : 격동의 200년(Japan and its World: Two Centries of Change)』, 『일본의 근대화와 지식인(Changing Japanese Attitudes Toward Modernization)』 등이 있다.

옮긴이..

손 일_1956년 일본 오카야마에서 태어난 재일교포 2세로 1961년 귀국 후 부산에서 초등, 중등학교를 마쳤다. 서울대학교 사회과학대학 지리학과를 졸업하고, 영국 사우샘프턴대학교에서 지리학 박사 학위를 받아, 현재 부산대학교 지리교육과 교수로 재임 중이다. 『자연지리학이란 무엇인가?』, 『자연지리학과 과학철학』, 『지도와 거짓말』, 『지도전쟁』, 『메르카토르의 세계』, 『조선기행록』, 『휴먼임팩트』 등을 번역했고, 저서로는 『앵글 속 지리학(상 · 하)』 등이 있다.

이동민_1980년 경북 구미 출생으로 대구교육대학교를 졸업하고, 서울대학교 지리교육과 박사 학위를 받았다. 세계화 시대에 요구되는 지역 인식 및 국제 이해 교육에 관심을 두고 연구를 진행하고 있으며, 외국의 우수한 연구 사례와 출판물을 우리나라에 소개하기 위한 번역 활동에도 참여하고 있다. 한국번역가협회 회원으로, 일본 히토쓰바시대학교 미즈오카 후지오(水岡不二雄) 교수의 『経済 · 社会地理学』을 번역하여 출간하였다. 2006년 계간 『지구문학』으로 등단하고, 한국문인협회 회원으로 활동 중인 수필가이기도 하다.